한국어 의미 특성의
인지언어학적 연구

한국문화사
인지언어학 시리즈

한국어 의미 특성의
인지언어학적 연구

임 지 룡 지음

한국문화사

▪ 머리말

『한국어 의미 특성의 인지언어학적 연구』는 한국연구재단의 2010년도 우수학자 지원 (NRF-2010-342-A00013) 계획에 의해서 집필되었다. 나는 오랫동안 인지언어학적 관점에서 한국어의 의미 특성을 규명해 보려는 꿈을 지니고 있었다. 이 지원이 그 꿈을 실현시킨 동력이 된 셈이다. 때마침 대학으로부터 연구년을 받아 그동안의 머릿속 그림을 깁고 고치면서, 부족한 상태로나마 책을 완성하게 되었다.

이 책은 한국어의 의미 특성을 인지언어학적 관점에서 6부 23장에 걸쳐 기술한 것이다. 이 책에서는 "언어는 일반적인 인지능력의 일환이다.", "언어의 원리·현상·지식은 세상사의 원리·현상·지식과 상통한다.", "언어의 구조와 의미는 의사소통의 기능적 목표에 의해 동기화되어 있다.", "의미와 의미론은 언어 연구의 최우선 과제이다.", "의미의 작용 방식에는 인간의 몸과 마음, 그리고 사회 문화적 배경이 상호 긴밀히 연관되어 있다." 등의 인지언어학적 관점에 따라 한국어의 의미 특성을 몸, 마음, 의미 관계, 문화의 측면에서 탐구하였다.

제1부는 '총론'으로서 인지언어학의 특성 및 한국어 의미 특성 탐구의 기본 방향을 제시한 것으로, 인지언어학의 관점에서 한국어 의미 특성의 지평을 넓히고 새롭게 해석하기 위한 기반을 마련하였다. 제2부는 '몸과 의미'로서 '몸'에 대한 인지언어학적 탐구의 기본 개념과 탐구 과제를 바탕으로, '영상 도식의 개념과 가치론', '감각어의 의미 확장', '신체어의 의미 확장', '감정의 그릇 영상 도식'의 의미 특성을 기술하였다. 제3부는 '마음과 의미'로서 '마음'에 대한 인지언어학적 탐구의 기본 개념과 탐구 과제를 바탕으로, '기본층위', '비유', '대립어의 머릿속 작용 양상', '해석 작용'의 의미 특성을 기술하였다. 제4부는 '의미 관계와 의미'로서 '의미 관계'에 대한 인지언어학적 탐구의 기본 개념과 탐구 과제를 바탕으로, '다의어와 다면어', '동의어 '기쁘다'와 '즐겁다'의 의미 양상', '대립어', ''착하다'의 연어적 의미 확장'의 의미 특성을 기술하였다. 제5부는 '문화와 의미'로서 '문화'에 대한 인지언어학적 탐구의 기본 개념과 탐구 과제를 바탕으로, '동물 속담의 가치론', '청자 대우법', ''화'의 문화적 변이 양상', ''두려움'의 문화적 변이 양상'의 의미 특성을 기술하였다. 제6부는 '맺음말'로서 이 논의의 '의의와 전망, 그리고 남은 일'을 제시하였다. 이 책은 원래의 청사진에 기반을 둔 것이지만, 나날이 새롭고 강력한 모습으로 성장해 가는 인지언어학의 추세에 따라 그 흐름과 동향을 열린 마음으로 수용하려 하였다.

이 책과 함께한 지난 몇 년은 내 삶에서 중대한 선택이 강요되던 시간이었다. 한 가지 일에 매달리면 다른 일은 전혀 돌아보지 못하는 성정을 지닌 터라, "화분을 부수고 산으로 들어가다(打盆入山)."라는 석재 서병오(石齋 徐丙五) 선생의 난(蘭) 그림의 화제를 따라 마침내 팔공산 깊은 자락으로 들어오게 되었다. 실제로 이 기간 동안 마음 편한 날이 그리 많지 않았다. 책을 이루려 노심초사하면서 또 다른 나 자신을 꾸짖고 달랬다. '사마천'을 생각했다.

> 그대는 사랑의 기억도 없을 것이다
> 긴 낮 긴 밤을
> 멀미같이 시간을 앓았을 것이다
> 천형(天刑) 때문에 홀로 앉아
> 글을 썼던 사람
> 육체(肉體)를 거세(去勢) 당하고
> 인생(人生)을 거세(去勢) 당하고
> 엉덩이 하나 놓을 자리 의지하며
> 그대는 진실을 기록하려 했는가 (박경리 '사마천(司馬遷)')

이제 감사한 마음을 기록할 때가 되었다. 무엇보다도 '인지언어학'이라는 '거인의 어깨' 위에서 한국어의 의미 특성을 조망할 수 있었음에 감사드린다. 이 책을 쓰도록 지원해 준 한국연구재단, 그리고 수많은 책과 논문을 제때 구해 준 경북대학교 도서관에 감사드린다. 인지언어학의 정신을 공유하면서 긴 시간 많은 가르침을 준 윤희수 교수님, 나익주 교장 선생님, 김동환 교수님께 감사드리며, 내 삶과 학문의 길에서 깊은 울림을 준 Andrew Finch 교수님께 감사드린다. 또한, 이 책의 초고를 읽고, 깁고 고쳐 준 인지언어학·국어교육 연구실의 정수진, 송현주, 정병철, 김령환, 임태성, 리우팡, 석수영, 왕난난 교수님께 감사드린다. 성근 원고를 정성스레 책으로 펴내 준 한국문화사에 감사드린다. 그리고 부족한 사람을 뒷바라지하느라 애쓴 아내 혜화정께 감사드린다. 땅이 끝나는 곳, 거기서 바다가 시작된다고 했다. 하나의 문을 나서면서, 내가 열어야 할 또 다른 문이 기다리고 있음에 감사한다.

2017년 1월 3일
팔공산 자락의 밝고 따뜻한 뜨락 '혜화정(慧和庭)'에서
임 지 룡

■ 차례

총론

제1장
인지언어학의 특성

1. 들머리

이 장은 언어 연구, 특히 의미 연구의 새로운 방법론인 '인지언어학(Cognitive Linguistics)'[1]의 특성을 기술하는 데 목적이 있다. 인지언어학은 언어와 의미에 대해 종래의 생성언어학으로 대표되는 객관주의 언어관과 대비하여 커다란 차이점을 지니고 있다. 기존 언어학의 방향과 방법론에 비추어 볼 때 인지언어학의 출현은 정도의 문제가 아니라 질적 차이를 함의한다는 점에서 '틀의 전환(paradigm shift)'으로 간주된다. 인지언어학은 객관주의 언어관과 다음 세 가지 측면에서 구별된다.

첫째, 언어 분석에서 사용 주체인 인간의 배제 또는 포함에 대한 시각 차이이다. 객관주의 언어관은 과학의 이름 아래 방법론상으로 검증 가능한 객관성과 엄밀성, 그리고 연구 대상의 분업화를 중시하며, 언어는 객관적으로 존재하는 세계를 단순히 반영하는 것이므로, 언어 연구에서 인간을 배제한 채 언어 자체의 자율적 구조 기술을 추구해 왔다. 그 반면에, 인지언어학에서는 언어를 인간 마음의 반영이라고 보며, 인간의 마음 또는 마음과 연관된 언어는 인간, 특히 인간의 신체적 경험 및 문화적 배경과 분리하여 연구할 수 없다고 본다.

둘째, 언어능력 및 언어 연구의 시각 차이이다. 객관주의 언어관은 인간의 여러 능력 가운데 하나인 언어능력을 다른 인지능력과 무관한 독자적이고 자율적인 구성 원리의 인지 체계로 간주하며, 통사론을 비롯한 언어학의 하위 분야들 간에는 각각 매우 다른 종류의 구조화

---

1 'Cognitive Linguistics'라는 용어는 초기에 'Cognitive Grammar', 'Space Grammar', 'Cognitive Semantics' 등으로 사용되다가 Rudzka-Ostyn(ed.)(1988)의 *Topics in Cognitive Linguistics*에서 본격적으로 등장하였다. 실제로 'Cognitive Linguistics'라는 용어 자체는 Lamb(1971)의 "The crooked path of progress in **cognitive linguistics**"에서 사용되었지만(Peeters 2001: 90 참조), 이 논문은 '성층 언어학(Stratificational Linguistics)'의 체제로서 당시의 새로운 지적 운동과 소통되지 않은 것으로 보인다.

원리가 존재한다고 보았다.[2] 이에 비해 인지언어학에서는 언어의 이해와 사용을 일반적 인지능력의 일환으로 간주한다. 이와 관련하여 Janda(2010: 8)에서는 인지언어학의 궁극적인 목표는 인간의 인지가 언어 현상과 동기화되어 있는 방식을 이해하는 것이라고 하였다. 또한 인지언어학은 의미론을 비롯한 언어 연구의 다양한 분야 전반에 걸쳐 적용되는 공통적 구조화 원리가 존재한다고 본다.[3]

셋째, 단어의 의미에 대한 언어적 지식과 백과사전적 지식의 시각 차이이다. 객관주의 언어관은 순수한 '언어적 지식(linguistic knowledge)'과 화자의 '백과사전적 지식(encyclopedic knowledge)'을 엄격히 분리하고, 의미 분석의 대상을 '언어적 지식'에 국한하였다. 그 반면 인지언어학에서는 의미를 언어적 지식과 세상사의 지식, 즉 백과사전적 지식 속에 들어 있는 인지구조로 간주하고 그 둘의 뚜렷한 구분을 부정하며, 단어의 의미를 본질상 백과사전적 지식으로 본다.

요컨대, 인지언어학은 '언어'와 '의미'에 대해 인간의 배제에서 인간 중심의 관점으로 틀의 전환을 가져왔다는 데 그 의의가 있다고 하겠다. 곧 언어는 사람의 인지적 산물일 뿐 아니라 인지적 도구이므로 그 구조와 기능에 있어서 필연적으로 사람의 일반적인 인지능력을 반영하고 있으며, '의미'는 언어의 가장 중요한 요소이므로 언어 연구의 일차적인 대상으로 삼게 되었다.[4] 따라서 언어 연구의 중심축이 통사론에서 의미론으로 옮겨졌을 뿐만 아니라, 의미 작용에 관한 언어 연구에 사람의 신체적 경험과 사회·문화적 배경이 중요한 기반이 된다는 이해에 도달하였다.

아래에서는 언어, 특히 의미 분석의 주요 연구 방법론으로서 인지언어학의 성격, 위상, 주요 방법론, 의의와 전망에 대해 살펴보기로 한다.

2. 인지언어학의 성격

인지언어학은 1970년대 중반 이후 생성주의자의 인지능력 및 과정과 분리된 문법관의 반작용으로 출현하였다.[5] 자의식적인 지적 운동으로 출발한 인지언어학은 40여 년간 수많은

---

2   이것은 생성문법에서 말하는 '언어능력의 자율성(autonomy of linguistic competence)'과 '통사론의 자율성(autonomy of syntax)'이다.
3   이것은 인지언어학에서 공유하고 있는 '인지적 언명(cognitive commitment)'과 '일반화 언명(generalization commitment)'을 가리킨다(Lakoff 1990: 39-47 참조).
4   Geeraerts(2006: 3-6)는 인지언어학에서 '의미'를 보는 관점으로 '원근법적이다', '역동적이며 유연하다', '백과사전적이며 비자율적이다', '용법과 경험에 기초를 두고 있다'의 네 가지를 제시한 바 있다.

지류가 모여 큰 물줄기를 형성하면서 언어 연구의 가장 중요하고도 지배적인 지위를 획득하게 되었다. 최근의 문헌을 통해 인지언어학의 정의와 기본 가정에 대해서 살펴보기로 한다. 먼저, 인지언어학의 정의에 대한 네 가지 견해를 들면 다음과 같다.

(1) a. 인간 마음의 본질, 더 나아가서 인간의 본질을 규명하기 위한 학제적 연구의 일환으로서 '언어, 몸과 마음, 문화'의 상관성을 밝히려는 언어 이론 (임지룡 2006d: 4)
  b. 언어, 마음, 인간의 사회 문화적 경험 간의 관계를 탐구하는 데 관심을 가지고 언어적 사고와 관행을 연구하는 현대 학파로서, 인지과학의 학제 간 기획에서 점차 큰 영향력을 발휘하며 급속도로 발전하는 학문 분야 (Evans 2009: 50)
  c. 우리의 언어적 능력은 우리의 일반적 인지능력에 강하게 뿌리박고 있으며, 의미는 본질적으로 개념화이며, 문법은 용법에 의해서 형성된다는 가정에 기초를 둔 언어 연구의 접근법 (Dąbrowska & Divjak 2015: 1)
  d. 언어를 '비-구성 단위적(non-modular)', 상징적, 용법 기반적, 유의미적, 창조적인 것으로서 특징짓는 언어 연구의 일반적 접근법 (Hamawand 2016: 61)

(1a, b)에서는 인지언어학을 '인지과학'의 학제적 성격과 언어·사람·사회-문화적 경험의 상관성에 주목하고 있다. (1c)에서는 언어능력과 인지능력의 상관성을 언급하며, 의미가 개념을 파악해 가는 과정의 '개념화'이며, 문법이 용법에 기반을 두고 있다는 점을 명시하였다. 또한 (1d)에서는 인지언어학의 기본적 가정 다섯 가지를 언급한 것이다.

다음으로, 인지언어학의 주요 기본적 가정에 대한 다섯 가지 견해를 들면 다음과 같다. 첫째, Croft & Cruse(2004: 1)에서는 '인지언어학'에 대한 세 가지 '주요 가설(major hypothesis)'을 (2)와 같이 제시하고 있다.

(2) a. 언어는 자율적 인지능력이 아니다.
  b. 문법은 개념화이다.
  c. 언어 지식은 언어 사용으로부터 나온다.

둘째, Geeraerts & Cuyckens(2007: 5)에서는 인지언어학의 세 가지 '기본적 특징(fundamental

---

5 '인지언어학'은 1970년대의 모색기를 거쳐 Lakoff(1987)의 *Women, Fire and Dangerous Things: What Categories Reveal About the Mind* 및 Langacker(1987)의 *Foundations of Cognitive Grammar*(Vol.1)의 출간으로 그 토대가 구축되었다. 1989년 Dirven에 의해 독일 디스버그에서 제1차 국제인지언어학대회(International Cognitive Linguistics Conference, ICLC)'가 개최되고, 이 학술대회에서 '국제인지언어학회(International Cognitive Linguistics Association, ICLA)'가 결성되었으며, 1990년에 학회지 *Cognitive Linguistics*의 창간호가 간행됨으로써 그 체제가 정립되었다.

characteristics)'을 (3)과 같이 들고 있다.

> (3) a. 언어 분석에서 의미론의 우선성
> b. 언어 의미의 백과사전적 본성
> c. 언어 의미의 원근법적 본성

셋째, Evans(2011: 73)에서는 인지언어학의 다섯 가지 '정립(thesis)'을 (4)와 같이 들고 있다.

> (4) a. 신체화된 인지 정립
> b. 백과사전적 의미론 정립
> c. 상징적 정립
> d. 의미는 개념화라는 정립
> e. 용법 기반 정립

넷째, 임지룡(2012: 377)에서는 인지언어학의 다섯 가지 '특징'을 (5)와 같이 제시한 바 있다.

> (5) a. 언어의 원리·현상·지식은 세상사의 원리·현상·지식과 상통한다.
> b. 사고 및 인지는 구체적(또는 신체적)인 데서 추상적(또는 심리적)인 데로 확장된다.
> c. 범주 구성원(즉 원형과 주변 요소)은 비대칭적이다.
> d. 형식(또는 형태·구조)과 내용(또는 기능·의미)은 자의적인 것만이 아니라 도상적, 동기화되어 있다.
> e. 의미는 해석이다.

다섯째, Hamawand(2016: 62-72)에서는 인지언어학의 다섯 가지 '기본적 가정(fundamental assumption)'을 (6)과 같이 들고 있다.

> (6) a. 언어는 자율적 구성단위가 아니다. 즉, 언어를 위해 특수화된 뇌의 자율적 부분은 없다.
> b. 언어는 상징적이다. 즉, 언어의 형태와 의미 사이에는 직접적인 관계가 있다.
> c. 언어는 사용에 근거한다. 즉, 언어 지식은 언어의 실제 예에서 파생된다.
> d. 언어는 유의미적이다. 즉, 모든 언어 표현은 의미 값을 부여받고, 언어에서 중요한 역할을 부여 받는다.
> e. 언어는 창조적이다. 즉, 언어는 화자가 관습적인 표현에서 새로운 언어 표현을 생산하며 동일한 상황을 다른 방식들로 기술하도록 허용한다.

(2)-(6)에서 인지언어학의 기본 가정에 대한 다양한 관점을 볼 수 있다. (1)의 정의를 포함하여 (2)-(6)에서 본 기본 가정의 다양성과 관련하여 다음 사항을 언급할 필요가 있겠다. 즉 인지언어학은 기존의 구조언어학이나 생성언어학과 같이 그 창시자에 의해 명시된 경전이 있는 것이 아니라, 언어는 일반적 인지능력의 일환이라는 생각에 기반을 둔 채 끊임없이 검증되고 확산되어 가는 '열린 언어학'이라는 점이다.

구체적으로, 인지언어학은 언어에 대한 다음의 세 가지 공통된 생각에 기반을 두고 있다 (ICLA 홈페이지 참조[6]). 첫째, 언어는 문화적, 심리적, 의사소통적, 기능적 고려의 상호작용을 반영하는 인지의 필수적인 부분이다. 둘째, 언어는 개념화와 인지적 과정이라는 현실적 관점의 맥락에서 이해될 수 있다. 셋째, 언어에 대한 어떤 이론적 개념이라도 신경 조직과 기능에 관해 알려진 것과 공존해야 한다.

3. 인지언어학의 위상

여기에서는 '인지'라는 용어의 뜻넓이를 비롯하여, 좌표, 핵심 분야를 중심으로 그 위상을 살펴보기로 한다.

3.1. '인지'의 뜻넓이

'인지언어학'은 글자 그대로 언어를 인간의 '인지'와 관련하여 파악하려는 언어학적 접근법이다. '인지'의 뜻넓이에 대한 세 가지 견해를 살펴보기로 한다.

첫째, '인지(cognition)'는 '인지심리학(cognitive psychology)'에서 유래된 용어로서, '고등' 정신적 과정을 가리키는 일반적 용어이다. 인지는 일반적으로 사고와 개념화, 기억·표상·정신적 영상, 지각과 주의, 추론과 의사 결정과 같은 정신적 활동을 포함한다(Stratton & Hayes 1993: 36 참조).[7] Arnheim에 따르면 우리의 머릿속에 정보가 저장되고 사용되는 과정은 감각의 단계, 지각의 단계, 인지의 단계가 있다(김정오 역 1982: 439-40 참조). 예를 들어,

---

6   http://www.cognitivelinguistics.org

7   '인지(cognition)'에 대해서 Arnheim(1969)은 정보의 수용, 저장 및 처리에 관여하는 모든 정신적 조작, 즉 감각·지각·기억·사고·학습 등을 뜻한다고 하였으며(김정오 역 1982: 31 참조), Wessells(1982: 1-2)은 기억 속에 있는 정보의 종류를 식별하고 정보를 얻고 저장하며 사용하는 정신적 작용이라 하였다. 한편, Evans(2007: 17)에서는 인지를 의식적 및 무의식적 정신적 기능의 모든 양상과 관련이 있다고 보며, 특히 인지는 '낮은 층위'의 사물 지각에서부터 '높은 층위'의 의사결정 과정까지 다수의 전체 과제에 수반되는 정신적 과정과 지식을 구성한다고 하였다.

어린이들이 언어를 습득하는 과정이나 어른이 되어 낯선 외국어를 직면하게 될 경우 '감각 (sensation)'의 단계에는 음성의 연속체가 귀에 들리기는 하지만 단어로 분절하지 못할 뿐 아니라 그 뜻을 이해하지도 못한다. '지각(perception)'의 단계에는 감각의 단계보다 한층 더 이해의 단계에 접근한 경우로서 단어의 덩어리가 분절되며 부분적으로 그 뜻이 파악된다. 그에 비하여 '인지(cognition)'의 단계에서는 발화나 이야기 덩어리가 형식적인 측면의 음운, 형태, 통사뿐만 아니라 의미적인 측면의 뜻 파악이 이루어진다. 외부 자극에 대하여 감각의 단계는 수동적이며, 인지의 단계는 능동적이며,[8] 지각의 단계는 그 중간에 해당한다(임지룡 1997a: 12-13 참조). 요컨대, '인지'는 의미와 관련하여 정보를 수용하고 생산하는 마음의 능동적이고 주체적인 작용이라 할 수 있다.

둘째, Gibbs(1996: 27-29)에서는 '인지언어학'에서 '인지적(cognitive)'이라는 용어를 다음 두 가지로 규정한 바 있다. 첫째, 인지언어학은 철학, 심리학, 인류학 등 다른 학문 분야로부터의 마음과 그 작용에 관한 경험적 발견 사실을 언어 이론에 통합하려는 점에서 인지적이다. 둘째, 인지언어학은 인간의 개념적 지식의 구조뿐만 아니라 그 구체적인 내용의 탐구를 동시에 추구하려 하는 점에서 인지적이다. 이 경우 언어의 구조가 인간의 개념적 지식, 신체적 경험, 담화의 의사소통 기능과 관련되어 있으며 그러한 요인들에 의하여 동기화되어 있다고 본다. 요컨대, 인지언어학에서 '인지적(cognitive)'은 언어가 인지의 필수적인 국면으로 간주됨을 의미한다. 언어 지식은 경험에 근거하고 있으며, 마음은 초기에 백지상태이고 인지 발달은 학습의 문제로 간주된다(Hamawand 2016: 189 참조).[9]

셋째, 野村益寬(2014: 175-179)에서는 눈앞의 것이 의미로 나타날 때 언어가 수반되는데, 이 경우 의미로 나타나는 것을 가능하게 하는 마음의 작용을 '인지'로 규정하였다. 따라서 언어는 인지 기제의 중요한 몫을 담당하고 있다고 본다. 이 견해는 인간 진화의 역사 가운데 언어가 비교적 최근에 인간의 고유한 인지능력을 기반으로 해서 출현한 것으로 간주한다. 그러한 인지능력에는 범주화, 해석, 유추, 참조점 관계, 전경과 배경 등이 있다. 요컨대, 언어는 인지 기제의 하나이며, 언어에는 인지능력이 반영되어 있는데, 그 중심에 의미가 놓여 있다고 하겠다.

---

8 이정모(2001: 24)에서는 인지심리학에서 말하는 '인지'란 '지(知), 정(情), 의(意)'의 세 요소를 포괄하는 의미이며, 능동적 심적 활동으로서의 '지(知, intelligence)'를 강조하는 의미라고 하였다.

9 대조적으로, 생성언어학에서 '인지적'은 언어가 마음의 한 가지 자율적인 성분으로 간주된다는 것을 의미한다. 언어 지식은 선천적이며, 마음은 언어에 대한 청사진을 가지고 있다고 본다.

3.2. 인지언어학의 좌표

넓게 보면 인지언어학은 '인지과학(cognitive science)'[10]에 속한다. 인지과학은 철학, 심리학, 언어학, 인류학, 컴퓨터과학, 신경과학 등의 여러 학문 분야로부터 인간의 '마음(mind)'과 '마음의 작용'[11]을 탐구하기 위한 '학제적 연구(interdisciplinary research)'로서, 인간의 행동 및 그 산물 자체는 마음의 산물이라는 관점을 취하고 있다. 이 경우 언어가 인지의 주된 도구이며 언어 과정이 인지 과정의 핵심이기 때문에[12] 언어의 인지적 연구, 즉 인지언어학은 마음의 본질을 밝히는 데 중추적인 역할을 하고 있다.

'인지언어학'에서는 언어의 이해와 사용이 지각, 개념 체계, 신체적 경험, 세상사의 경험, 지식, 문화적 배경 등의 일반적 인지능력과 깊은 상관성을 전제하고 있다. 이 연장선상에서 인지언어학은 "언어 지식은 일반적 인지의 일환이다."라는 언명을 표방하고 있다. '인지언어학'의 원리가 언어학의 여러 하위 분야에 걸쳐 적용되는 과정에서, 연구의 초점 분야에 따라 <그림 1>에서 보듯이 '인지의미론', '인지문법론', '인지화용론', '인지음운론', '인지유형론', '인지언어습득론', '인지시학' 등으로 그 지평이 세분화될 뿐 아니라 정밀해지고 있다. 또한 '인지문법론'은 '인지형태론'과 '인지통사론'으로 다시 나뉘기도 한다.

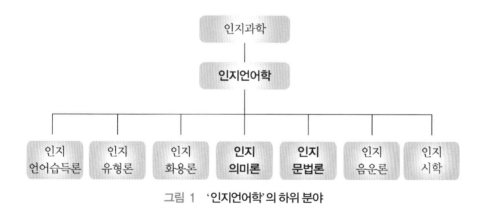

그림 1 '인지언어학'의 하위 분야

---

10 Lakoff & Johnson(1999: 3)에서는 인지과학의 세 가지 주요 발견 사항으로 "마음은 본유적으로 신체화되어 있다.", "사고는 대부분 무의식적이다.", "추상적 개념들은 대체로 은유적이다."를 들고 있다.

11 Taylor(2002: 4)에서는 '마음의 작용'은 기억, 학습, 지각, 주의, 의식, 추리, 그리고 더 타당한 단어가 없기 때문에 간단히 말해서 '사고(thought)'와 같은 것이라고 하였다.

12 Lutzeier(1992: 63)에서는 언어가 인지 연구의 핵심적 대상이므로 '언어학'을 '인지과학'으로 규정한 바 있다.

3.3. 인지언어학의 핵심 분야

'인지언어학'은 그 이론의 성립과 체계화 과정에서 의미와 문법이 중심 연구 대상이 됨으로써 Lakoff(1987)에 의한 '인지의미론(Cognitive Semantics)'과 Langacker(1987)에 의한 '인지문법(Cognitive Grammar[13])'이 중요한 두 개의 축이 되었다. 이들의 관계 및 개요는 <그림 2>와 같다(Evans 2009: 50 참조).

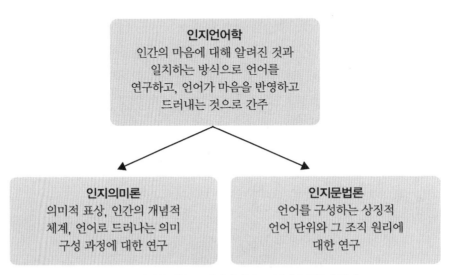

그림 2 인지언어학 · 인지의미론 · 인지문법론의 관계

<그림 2>에서 보듯이, '인지언어학'은 인간 마음에 대해 알려진 바와 공존하는 방식으로 언어를 탐구하며, 언어에 대해 마음을 반영하고 마음의 작용 방식을 밝혀 주는 창구로 간주한다. 그중 '인지의미론'은 의미의 문제를 인지와의 관련 속에서 파악하는 의미 이론으로서, 개념적 체계가 작용하는 방식을 이해하기 위해 언어에 의존하는 것이며, '인지문법론'은 언어의 작용 방식을 이해하기 위해 개념적 지식에 의존하는 것으로 동전의 양면과 같다고 하겠다(임지룡 2010b: 7 참조).

먼저, '인지의미론'의 주요 기본적인 가정 네 가지를 살펴보기로 한다.[14] 첫째, Matsumoto

---

13 'Cognitive Grammar'라는 용어는 Lakoff & Thompson(1975)에서 처음 사용되었으며, Langacker (1982)의 'Space Grammar(공간 문법)'가 Langacker(1986)에서 'Cognitive Grammar'로 정착되었다.

14 Lemmens(2016: 103)에서는 '인지의미론'을 몇 개의 핵심어로 요약할 경우 '개념화', '해석', '영상도식', '원형-구조적 범주화'가 적절한 후보가 될 것으로 보았으며, 이 원리들은 형태소, 어휘 항목, 반-개방적 관용어에서부터 의미적으로 매우 도식적인 문법적 유형의 모든 언어 구조에 내재되어 있다고 하였다.

(2007: 1-12)는 '인지의미론'의 세 가지 '주장(claim)'을 (7)과 같이 들고 있다.

(7) a. 의미는 개념적이다.

　　b. 의미적 지식과 세계의 지식 간에는 명확한 경계가 없다.

　　c. 의미는 이 세상의 인간 경험에 의해 동기화되어 있다.

둘째, Evans & Green(2006: 153)에서는 '인지의미론'의 네 가지 '지침 원리(guiding principle)'를 (8)과 같이 들고 있다.

(8) a. 개념적 구조는 신체화되어 있다.

　　b. 의미적 구조는 개념적 구조이다.

　　c. 의미 표상은 백과사전적이다.

　　d. 의미 구성은 개념화이다.

셋째, Riemer(2010: 238)에서는 '인지의미론'의 네 가지 '언명(commitment)'을 (9)와 같이 제시하였다.

(9) a. 언어에 대한 '단위적(modular)' 접근 방식의 거부

　　b. 의미를 '개념적 구조(conceptual structure)'와 동일시

　　c. 통사론-의미론 구분의 거부

　　d. 의미론-화용론 구분의 거부

넷째, Hamawand(2016: 73-80)에서는 인지의미론의 다섯 가지 '기본적 가정(fundamental assumption)'을 (10)과 같이 들고 있다.[15]

(10) a. 의미는 신체화되어 있다. 즉, 개념적 조직의 본질은 신체 경험에서 발생한다.

　　b. 의미는 동기화되어 있다. 즉, 한 언어 형태의 선택은 화자가 전달하려고 의도하는 의미에 의해 동기화된다.

　　c. 의미는 역동적이다. 즉, 어떤 언어 표현의 의미도 화자들이 삶에서 마주치는 새로운 경험에 대처하기 위해 바뀌거나 확장된다.

15　이와 관련하여 Hamawand는 "인지의미론은 언어 현상들을 조사할 수 있는 렌즈로 언어를 사용한다. 따라서 인지의미론은 인지언어학 분야에서 가장 최신의 발전을 보여 준다.", "인지의미론은 인지언어학의 연구 분야에서 가장 흥미진진하고 보람 있는 연구 분야 가운데 하나이다."라고 하였다 (Hamawand 2016/임지룡·윤희수 옮김 2017: '한국어판 서문' 5쪽 참조).

d. 의미는 백과사전적이다. 즉, 한 언어 표현의 의미적 내용은 광범위하며, 언어적
   및 비언어적 지식을 포함한다.
e. 의미는 개념화이다. 즉, 한 언어 표현의 의미 구조는 개념적 내용과 그 내용을 개념
   화하는 특정한 방식을 포함한다.

다음으로, '인지문법론'의 주요 기본적인 가정 세 가지를 살펴보면 다음과 같다. 첫째,
Radden & Dirven(2007: xi-xii)은 '인지문법론'의 5가지 '가정(assumption)'을 (11)과 같이 제
시하고 있다.

(11) a. 한 언어의 문법은 '인간 인지'의 일부분이며 다른 인지능력(지각 · 주의 · 기억 등)
        과 상호 작용한다.
     b. 한 언어의 문법은 세상의 현상에 관한 '일반화'를 화자가 그 현상을 경험하는 대로
        반영하고 제시한다.
     c. 문법 형태도 어휘 항목처럼 '유의미'하다.[16]
     d. 한 언어의 문법은 그 언어의 어휘범주와 문법 구조에 대한 토박이 화자의 '지식'을
        나타낸다.
     e. 한 언어의 문법은 하나의 특정한 장면에 대한 화자들의 견해를 제시하기 위해 그
        들에게 다양한 구조적 선택을 제공한다는 점에서 '용법 기반적'이다.

둘째, Taylor(2002: 27-30)에서는 인지문법론의 세 가지 '일반적인 특징(general characteristics)'
을 (12)와 같이 들고 있다.

(12) a. 용법 기반적
     b. 의미론의 중요성
     c. 구별 흐리기

셋째, Paradis(2013: 690-696)에서는 인지문법론의 네 가지 '주요 신조(main tenet)'를 (13)
과 같이 들고 있다.

---

16 종래의 언어 연구에서는 음운론, 어휘부, 형태론 및 통사론을 엄격히 분할하였으며, 어휘 및 형태
   항목은 의미적 단위로, 문법은 통사규칙을 제공하는 것으로 이원화하였다. 그러나 인지문법에서는
   문법적 단위도 유의미하며 어휘부, 형태론 및 통사론의 차이는 '상징 단위(symbolic unit)'의 연속체
   에서 정도상의 문제로 간주한다(Radden 2008: 408 참조).

    (13) a. 의미의 우선성
        b. 언어적-백과사전적 연속체
        c. 원근법과 해석
        d. 용법 기반적 접근법

위의 (2)-(6), (7)-(10), (11)-(13)에서 여러 학자들의 견해를 통하여 인지언어학, 그리고 그 하위 분야인 인지의미론과 인지문법론의 기본적인 가정을 살펴보았다. Hamawand(2016)는 인지언어학과 인지의미론의 양쪽에 걸쳐 견해를 밝히고 있는데, 인지언어학에 대해서는 '언어', 그리고 인지의미론에 대해서는 '의미'에 초점을 맞추어 변별성을 부여하고 있다. 그렇지만 대부분의 경우 인지언어학, 그리고 인지의미론 및 인지문법론의 기본적인 가정이 겹쳐 있다. 요컨대, 인지언어학은 상위 용어이며, 인지의미론과 인지문법론은 공-하위 용어이지만, 현실적으로 그 구별은 불명확하다.

4. 인지언어학의 주요 방법론

인지언어학은 하나의 근원에서 완성된 것이 아니라, 많은 연구가들에 의해서 제안되고 검증되고 다듬어진 개념들의 조합체이다.[17] 또한, 이 체제는 만들어진 시점의 상태에서 고정된 것이 아니라 인지언어학 공동체에 의해서 끊임없이 향상되어 가고 있다. 여기서는 인지언어학의 주요 방법론에 대해 기원, 특성, 기능을 간략히 기술하기로 한다.

4.1. 원형 이론

'원형 이론(prototype theory)'은 1950년대에 인지심리학자 Rosch와 그녀의 동료들에 의해 개발되었다. 이 이론은 자연 범주가 원형적인 구성원을 중심으로 '방사상 범주(radial category)'를 형성한다고 봄으로써 사물을 범주화할 때 '원형'을 인지 과정의 '참조점(reference point)'으로 삼는다는 관점이다.[18]

원형 이론은 Lakoff(1987)에 의해 단어의 의미를 중심으로 언어적 범주에 적용됨으로써,

---

17 Janda(2010: 5)에서는 이 체제를 창설하는 데 가장 큰 영향력을 미친 학자들로 Brugman, Casad, Croft, Dąbrowska, Fauconnier, Goldberg, Johnson, Lakoff, Langacker, Lindner, Sweetser, Talmy, Taylor, Tomasekkor, Tuggy, Turner를 들고 있다.

18 '원형 이론'에 대한 자세한 논의는 임지룡(1997a: 62-88) 참조.

범주화의 문제가 의미 연구의 중심축으로 자리매김하게 되었다. 이 경우 '원형(prototype)'이란 해당 범주를 대표할 만한 가장 '전형적, 적절한, 중심적, 이상적, 좋은' 보기를 말한다. 예를 들어, 중립적인 문맥에서 '새'라고 하면 '닭, 타조, 펭귄' 등이 아니라, '참새, 비둘기, 까치' 등 원형적인 새가 추론된다. 범주의 구성원들 사이에는 '원형 효과(prototype effect)'가 나타나는데, 이는 원형적인 보기가 비원형적인 보기에 대하여 특권적, 우월적 효과를 가리킨다. 이와 관련하여 언어적 범주는 원형 효과를 가진 방사상 범주임이 드러났다.

이러한 원형 이론은 범주화, 단어의 의미 규정, 다의어를 비롯한 의미 변이, 의미 관계, 의미 확장, 의미 변화 등을 탐구하는 데 유용하게 사용될 수 있다.

4.2. 백과사전적 의미관

'백과사전적 의미관(encyclopedic view of meaning)'은 Haiman(1980)이 단어 의미의 사전적 견해를 거부하고 백과사전적 설명을 옹호한 것이 그 선구적 발상이다. Langacker(1987)는 이 접근법에 대해 상세한 사례를 제시하였으며, Evans & Green(2006: 206-222)에서 명료화되었다.

단어의 백과사전적 의미란 그 단어에서 상기되는 지식의 총체를 가리킨다. 자율주의 언어학에서는 순수한 '언어적 지식(linguistic knowledge)'과 화자의 '백과사전적 지식(encyclopedic knowledge)'을 엄격히 분리하고, 의미 분석의 대상을 '언어적 지식'으로 국한했다. 그 반면, 인지언어학에서는 의미를 언어적 지식과 세상사의 지식, 즉 백과사전적 지식 속에 들어 있는 인지구조로 보고 그 둘의 뚜렷한 구분을 부정하며, 단어의 의미는 본질적으로 백과사전적 지식이라고 본다.

백과사전적 의미관의 특징 다섯 가지를 들면 다음과 같다(Hamawand 2016: 149 참조). 첫째, 의미적 지식과 화용적 지식을 구분하지 않는다. 즉 한 어휘 항목의 의미는 그것이 의미하는 것과 사용되는 방식의 지식을 포함하며, 따라서 한 어휘 항목의 실제 의미는 화용적 의미가 된다. 둘째, 백과사전적 지식은 하나의 망으로 조직화된다. 이 경우 관련된 의미 양상들은 비대칭적이다. 셋째, 의미는 문맥의 한 결과이다. 한 어휘 항목이 사용되는 문맥은 그것이 불러일으키는 백과사전적 정보에 기여한다. 넷째, 어휘 항목들은 특정한 개념과 관련된 지식의 방대한 창고에 대한 접근을 제공한다. 다섯째, 한 어휘 항목이 접근을 제공하는 백과사전적 지식은 역동적이다. 즉 새로운 경험들은 늘 그 어휘 항목에 관한 지식을 증가시킨다.

이러한 백과사전적 의미관은 의미의 본질, 다의어, 은유, 의미 변화 등을 탐구하는 데 유용하게 사용될 수 있다.

4.3. 신체화와 영상 도식

'신체화(embodiment)'란 인지 과정에서 사람의 몸 또는 신체성의 작용 양상을 가리킨다 (Lakoff & Johnson 1999: 36 참조). 인지언어학에서는 추상적인 '의미(meaning)'를 인간의 신체화된 경험에 기반한 것으로 보고 있다(Janda 2010: 9 참조). 다시 말해서, 우리의 일상적이며 신체적 경험은 의미 또는 개념적 세계를 구조화하는 데 필수적 역할을 수행하게 된다는 것이다.

이와 관련하여 Johnson(1987)은 반복되는 신체적 경험, 즉 우리의 감각 경험 및 지각 경험이 개념적 체계 내에서 '영상 도식'을 발생시킨다고 하였으며, Gibbs *et al.*(1994: 233)에서는 지식은 신체적 경험의 패턴에 기초를 두고 있는데, 이러한 패턴을 '영상 도식(image schema)'이라고 하며, 영상 도식은 사물을 조작하고 공간적으로나 시간적으로 우리 자신을 적응시키고, 다양한 목적으로 우리의 지각적 초점을 지시하는 '감각운동 활동(sensorimotor activity)'을 통해서 나타난다고 하였다. 이러한 '영상 도식'에는 '그릇/포함', '연결', '중심-주변', '부분-전체', '균형', '경로', '원근', '방향' 도식 등이 대표적이다.

신체화 및 영상 도식은 의미의 본질, 다의어를 비롯한 의미 확장, 감정의 개념화 등을 탐구하는 데 유용하게 사용될 수 있다.

4.4. 틀 의미론

'틀 의미론(frame semantics)'은 Fillmore(1985)에 의해서 개발된 것으로, 한 단어 또는 언어적 표현의 의미는 그것과 관련된 백과사전적 지식의 접근 없이는 이해될 수 없다는 발상이다. '틀 의미론'에서는 한 표현에 대한 개념의 적절한 이해는 그 개념을 포함한 체계 전체의 구조에 대한 이해를 필요로 한다고 보는데, 이러한 개념 체계, 또는 배경 지식이 '틀(frame)'이다.[19]

'틀'은 해석의 장치로서, 이에 따라 단어의 위상이 결정된다. 먼저, 동일한 현상이 틀에 따라 서로 다른 명칭으로 해석되는 경우를 보기로 한다. 영어의 'land'와 'ground'는 동일한 지표면이지만 'land'는 바다에서 본 지표면인 반면, 'ground'는 공중에서 본 지표면이다. 이것은 곧 'land'와 'sea'의 틀이 'ground'와 'air'의 틀과 대조적임을 뜻한다(Fillmore 1982: 121, 1985: 236-237, 임지룡 1997a: 124 참조). 예를 들어, (14a)의 경우 'land'에서 사는 새는 날

---

19 Fillmore(1985: 223)에서는 '틀'을 지식의 특정한 통합적 '체제(framework)'나 경험의 일관성 있는 '도식화(schematization)'라고 하였으며, Fillmore & Atkins(1992: 75)에서는 '틀'을 인지적 구조이며, 단어로 부호화되는 개념이 이 구조에 대한 지식을 전제한다고 하였다. 또한 Hamawand(2016: 146)에서는 '틀'은 특정한 장면과 연결된 어휘 항목을 관련시키는 지식 구조이며, 되풀이되는 인간 경험에 기초한다고 하였다.

수 있지만 헤엄치지는 못하며, 'ground'에서 사는 새는 헤엄칠 수 있지만 날지 못하는 새를 뜻한다. 마찬가지로, (14b)의 경우 'land'에서 두 시간을 보냈다는 것은 항해 중이었음을, 'ground'에서 두 시간을 보냈다는 것은 비행 중이었음을 나타낸다.

(14) a. A bird that spends its life on the {land/ground}.
     b. He managed to spend two hours on {land/ground} today.

다음으로, 동일한 단어가 '틀'에 따라 서로 다른 의미로 해석되는 경우를 보기로 한다 (Fillmore 1985: 226-227, 임지룡 1997a: 123-124 참조). 예를 들어, '크기'류 어휘 (15a)에서 'large'는 '크다'를 뜻하지만, (15b)에서 미국 슈퍼마켓의 합성세제 상표에 붙어있는 'large size'는 가장 작은 크기의 세제를 일컫는다.

(15) a. '크기'류 어휘: tiny - small - medium - *large* - gigantic
     b. '합성세제' 틀: *large* - economy - family - jumbo size

'틀 의미론'은 의미장, 인지 모형, 다의어, 의미 변화, 해석 및 개념화 등을 탐구하는 데 유용하게 사용될 수 있다.

4.5. 개념적 환유·은유·혼성

'개념적 환유(conceptual metonymy)'와 '개념적 은유(conceptual metaphor)' 이론은 Lakoff & Johnson(1980)에서 비롯되었으며, '개념적 혼성(conceptual blending)'은 Fauconnier & Turner(2002)에서 정착되었다.

그 가운데서 '개념적 환유'는 동일한 개념 영역 안에서 인접성을 확보하여 개념적으로 현저한 실체인 '매체(vehicle)'를 통해 또 다른 개념적 실체인 '목표(target)'에 정신적 접근을 제공해 주는 인지적 전략이다. 예를 들어, (16)의 '제1 바이올린'은 '제1 바이올린 연주자'를 지칭하는데, 이는 현저한 매체인 '바이올린'과 그 '연주자' 간의 인접성에 의한 이해된다.

(16) **제1 바이올린**은 병가 중이다.

또한, '개념적 은유'는 다른 개념 영역 간에 유사성을 확보하여 구체적인 '근원영역(source domain)'으로써 추상적인 '목표영역(target domain)'을 개념화하는 인지적 전략이다. 예를 들어, (17)에서 추상적인 '인생'은 구체적인 경험의 '나그네길'에 의해 이해된다.

(17) 인생은 나그네길이다.

한편, '개념적 혼성'은 '통합 연결망(integration network)'[20]을 통해 의미 구성의 동적인 양상을 설명하려는 시도로서 혼성 공간을 통해 의미 구성의 '발현 구조(emergent structure)', 즉 성분 부분의 합 이상의 의미를 처리할 수 있는 인지 과정을 가리킨다. 예를 들어, (18)의 '입씨름'은 <그림 3>과 같이 혼성 공간을 통해 '말다툼'이라는 새로운 개념이 발현하게 된다 (임지룡 2008a: 368-369 참조)

(18) 칠 월 십 일에 시작된 정전 회담은 시월이 되어서도 아무런 진전 없이 **입씨름**만 계속 하고 있다. (홍성원의 '육이오'에서)

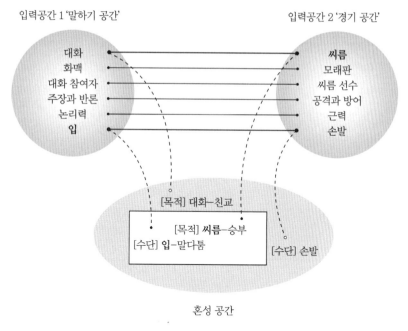

그림 3 '**입씨름**'의 혼성 공간

---

20 '통합 연결망'이란 제3의 발현적 의미가 어떻게 발생할 수 있는지를 모형화하기 위한 기제이다 (Evans & Green 2006: 403 참조).

즉 <그림 3>에서 입력공간1은 '말하기'의 영역이며, 입력공간2는 '경기'의 영역인데, 두 영역의 대응요소 간에 사상이 일어나며, 입력공간1에서는 '입'이 혼성 공간에 투사되었고 입력공간2에서는 '씨름'이 혼성 공간으로 투사됨으로써 입력공간1과 입력공간2의 부분적인 개념들이 혼성 공간에 투사되어 '입씨름'이라는 합성어가 만들어지고 '말다툼'이라는 새로운 개념을 형성하게 된 것이다.

개념적 은유 및 환유는 다의어를 비롯하여 의미 확장 및 변화 현상을 유용하게 설명할 수 있으며, 개념적 혼성은 합성어, 주관적 이동, 수수께끼 등을 탐구하는 데 유용하게 사용될 수 있다.

4.6. 동기화

'동기화(motivation)'란 언어의 구조와 의미의 관계에 대해 설명이 가능한 것을 뜻한다. 즉 왜 어떤 언어적 형태가 주어진 의미를 가지게 되었으며, 또한 왜 어떤 의미가 주어진 형태를 가지게 되었는지에 대해 설명해 낼 수 있는 경우 그 형태와 의미가 동기화되어 있다고 한다. 동기화와 관련하여 Lakoff(1987: 346)에서는 언어에서 자의적이지도 (충분히) 예측 가능하지도 않은 경우는 '동기화되어(motivated)' 있다고 하였다. Radden & Panther(eds.)(2004)에서는 동기화의 유의미한 논의가 진행되었다. 동기화는 더 구체적으로 '도상성(iconicity)'이라고도 하는데, 이는 형태와 의미 간의 닮음, 또는 언어 구조와 개념 구조 간에 존재하는 상관성을 가리킨다. 도상성은 다음 세 가지가 있다(임지룡 2004e: 177-193 참조).

첫째, '양적 도상성'으로서 개념의 복잡성 정도가 언어적 재료의 양과 비례하는 경우이다. (17)에서 a의 기본층위와 하위층위, b의 긍정과 부정처럼 개념상 단순한 전자가 형태상으로 더 단순하다.

(17) a. 나무－소나무－리기다소나무
      b. 자라다－모자라다, 규칙－불규칙, 작용－반작용

둘째, '순서적 도상성'으로서 시간적 순서, 자연성 및 우선성의 정도가 언어 구조에 도상적으로 반영되는 경우이다. (18)에서 a는 자연 시간의 흐름대로 합성어가 구성된 것이고, b는 가까운 거리를 먼 거리보다 더 잘 인지하는 경향성이 언어 구조에 도상적으로 반영된 것이다.

(18) a. 어제오늘, 금명간, 여닫다, 문답
      b. 이곳저곳, 이쪽저쪽, 이리저리, 이제나저제나, 여기저기, 그럭저럭

셋째, '근접적 도상성'으로서 개념적 거리와 언어적 거리가 비례 관계를 형성하는 경우이다. 예를 들어, (19)에서 수식어는 중심어의 본유적 성분에 근접한 ①→②→③→④의 차례대로 놓여 있다.

(19) a. <u>소문나고 맛있는 울릉도 호박</u>엿
　　　　④　　③　　②　　①

b. <u>the famous delicious Italian pepperoni</u> **pizza**
　　　④　　　③　　　②　　　①

인지언어학에서는 언어의 구조와 의미는 인지적 필터를 통해 이해되고 동기화되어 있다고 본다. 즉 인지주의자들은 언어의 구조가 인지의 직접적인 반영이라고 주장하는데, 왜냐하면 특정한 언어 표현은 주어진 상황을 개념화하는 특정한 방법과 관련이 있다고 보기 때문이다 (Lee 2001: 1 참조).

동기화 또는 도상성은 종래 '형태-의미'의 자의성에 대한 편향적 시각을 극복해 주며, 언어 표현의 '구조-기능'에 나타나는 광범위한 현상, 특히 합성어 어순, 새말 형성, 외국어 학습 등의 탐구, 그리고 문법 교육에서 단어 형성법 등의 학습에 유용하게 사용될 수 있다.

4.7. 해석

'해석(construal)'은 Langacker(1987: 487-488)에서 유래된 용어이며, Croft & Wood(2000), Radden & Dirven(2007) 등에서 그 성격과 기능이 명확하게 규정되기에 이르렀다.

인지언어학에서는 의미란 객관적 대상의 개념적 내용에 국한되는 것이 아니라, 그 개념적 내용에 대하여 의미를 부여하는 개념화자의 해석을 포함한다는 관점이다. 이 경우 해석은 대안적 방식으로 장면을 개념화해서 표현하는 개념화자의 선택을 가리키며, 의사소통의 효율성을 위한 개념화자의 적극적·능동적·주체적 인지능력의 발현으로 본다.

(20)은 동일한 사건에 대해 개념화자가 자신의 '관점(viewpoint)'으로 대상이나 사태를 달리 해석하고 있음을 보여 주는 예이다. (20)에서 a의 '테러와의 전쟁'은 사태가 긍정적으로 해석된 것이며, b의 미국의 '이라크 침공'은 부정적으로 해석된 것이다. 반면, c의 '이라크 전쟁'은 중립적으로 사건을 해석한 것이다.

(20) a. 여태까지 **테러와의 전쟁**으로 내세운 것은 전략적 적으로서 이슬람에 물리적 공격을 주로 하는 것이다. (중앙일보 2015.11.19.)

b. IS 탄생의 배경은 2003년 미국의 **이라크 침공**으로 거슬러 올라간다. (중앙일보 2015.11.18.)

c. 2003년 시작돼 2011년까지 이어진 미국의 **이라크 전쟁** 기간에도 이라크에는 끊임없이 무기가 공급됐다. (연합뉴스 2015.12.8.)

해석의 기제는 의미 규정, 동의성, 중의성 등을 탐구하는 데 유용하게 사용될 수 있다.

4.8. 구문문법

'구문문법(construction grammar)'은 Langacker(1987: 58)가 문법을 형태와 의미로 짝지어진 '상징 단위(symbolic unit)'라고 정의한 데서 유래하였다. 구문문법에서는 언어 구조가 문법의 모든 층위에서 '형태-의미 사상(form-meaning mapping)'인 '구문들(constructions)'로 구성되어 있다고 본다(Fillmore *et al*. 1988, Goldberg 1995, 2006, Croft 2001 참조). 따라서 '구문'은 언어의 모든 단위를 아우르는 개념이다.[21]

구문문법에서는 구문이 그 자체의 의미를 가진다고 본다. 이와 관련하여 Goldberg(1995: 152)의 '사역이동 구문(caused-motion construction)'에 대해서 살펴보기로 한다.

(21) a. Frank pushed the tissue off the table. (프랭크는 밀어서 화장지를 테이블에서 떨어뜨렸다.)

b. Frank sneezed the tissue off the table. (프랭크는 재채기를 해서 화장지를 테이블에서 떨어뜨렸다.)

(22) a. They laughed her off the stage. (그들은 웃어서 그녀를 무대에서 내려오게 했다.)

b. They laughed Joe out of his depression. (그들은 웃어서 조를 우울함에서 벗어나게 했다.)

(21), (22)는 '주어-동사-목적어-부사류(SVOA)'의 사역이동 구문으로, 누군가가 다른 어떤 것이 이동하게 하는 기본적 경험을 가진 것이다(Goldberg 1995: 70 참조). 먼저, (21)에서 a는 타동사 'push(밀다)'가 사용된 원형적인 사역이동 구문인 반면 b는 자동사 'sneeze(재채기

---

21 예를 들어, '나무'라는 의미를 가진 형태는 어휘적 구문이며, 복수 접미사 '들'이나 영어 접미사 '-s'에 의한 복수는 형태론적 구문이며, '주어-목적어-필수부사어-서술어'는 통사론적 구문이다.

하다)'가 구문의 힘에 의해 사역이동으로 해석된 경우이다. 한편, (22)는 사역이동을 포함하지만, 'laugh(웃다)'는 물리적인 힘을 발휘하는 동사가 아니며 'off the stage' 그 자체는 이동을 의미하지 않으며, 'out of his depression'은 글자 그대로의 이동을 포함하지 않지만, 구문의 은유적 용법에 의해 사역이동의 의미를 수행하게 된다.

구문문법은 다의어, 은유, 틀, 동기화, 관용어 등을 탐구하는 데 유용하게 사용될 수 있다.

5. 인지언어학의 의의와 전망

여기에서는 인지언어학의 장점, 성과, 미래, 그리고 과제를 살펴보기로 한다.

5.1. 인지언어학의 장점

인지언어학의 장점 일곱 가지를 들면 다음과 같다(임지룡 2004c: 70-72, Janda 2010: 21-23 참조).

첫째, 인지언어학은 '인간 중심의 언어학(humanistic linguistics)'이다. 인지언어학은 인간의 몸과 마음, 문화적 배경에 기초한 체험과 경향성이 언어에 반영된 양상을 규명하며, 인간 자신의 인식과 확인에 기여한다.

둘째, 인지언어학은 유연성이 높고 개방적이다. 인지언어학의 '인지적 언명' 및 '일반화 언명'은 언어와 사고, 그리고 의미론을 비롯한 통사론 및 화용론 간의 통합 모형이다. 또한 인지언어학은 아날로그적 성격과 디지털적 성격을 통합하며, 기능주의뿐만 아니라 형식주의의 관심사를 통합한다.

셋째, 인지언어학은 설명력이 높다. 인지언어학에서는 언어의 구조가 경험의 구조, 즉 화자가 세계에 부과한 관점인 세계의 구조를 반영한다고 보기 때문에 경험 친화적이며, 언어 현실의 용법 기반 모형에 바탕을 두고, 인간의 체험·경향성·문화적 배경을 중시한다.

넷째, 인지언어학은 의미와 의미론에 초점을 두고 있다. 언어의 일차적인 목적이 의미의 생성과 전달에 있으므로, 인지언어학에서는 '의미'에 초점을 두고(Lee 2001: xi), '의미론'의 중요성을 강조하고 있으며(Taylor 2002: 29),[22] '의미'를 '개념화'의 문제로 봄으로써(Langacker 1997:

---

22 인지언어학의 터전을 마련한 Lakoff(1987: 583)에서는 "언어의 일차적 기능은 '의미(meaning)'의 전달에 있다. 따라서 '문법(grammar)'은 형태 요소가 의미 요소와 가능한 한 직접적으로 연계되는 원리를 보여 주어야 한다."라고 하였으며, Langacker(1987: 12)에서는 "의미는 언어에서 가장 중요한 것이다."라고 하였다.

242 참조) 의미의 본질 규명에 한걸음 더 다가서게 되었다.

다섯째, 인지언어학은 실용적이다. 인지언어학은 언어 현실에 바탕을 둔 체험주의[23] 및 용법 기반 모형을 중시함으로써, 언어 교육 및 외국어 교육에 효율적으로 응용하고 적용할 수 있다.

여섯째, 인지언어학은 자료 친화적이다. 인지언어학은 언어 현상의 실제 자료를 '아래에서 위로'의 경험적 방법론으로 수집하며, 문법은 언어 사용의 지식으로부터 나온다고 본다. 이른바 '용법 기반 모형(usage-based model)'에 따라 인지언어학의 관점에서 말뭉치를 활용한 '계량적 분석(quantitative analysis)'은 2000년대 이후 인지언어학의 새롭고 유망한 분야로 주목받고 있다.[24]

일곱째, 인지언어학은 사용자 친화적이다. 인지언어학의 주제와 분석의 결과는 학자들에게는 물론, 학생 및 교사, 그리고 일반인들에게 유용하고도 쉽사리 접근하도록 해 준다.

5.2. 인지언어학의 성과

지난 40년 동안 인지적 언어 연구 방법론의 가장 중요한 성과를 네 가지로 간추려 보면 다음과 같다(Evans & Green 2006: 777-779 참조).

첫째, 언어와 사고에 대한 통합된 관점의 제시이다. 인지언어학 접근법을 뒷받침해 주는 일반화 언명과 인지적 언명은 언어적·개념적 조직에 대한 통합적 접근법을 발생시켰으며, 이것은 인지의미론과 인지문법론에서 한층 더 분명해졌다.

둘째, 경험적 정립의 재검토이다. 언어에 대한 생성문법적 접근법을 뒷받침해 주는 합리주의는 지난 반세기 이상 언어학계를 지배해 왔지만, 많은 한계점이 나타났다. 이 무렵 인지언어학은 경험주의적 관점에 대해 다시 관심을 갖도록 함으로써 신체화, 경험, 용법의 연계 속에서 언어와 마음에 대한 탐구의 통로를 새롭게 열게 되었다.

셋째, 개념적 현상에 대한 초점 부여이다. 인지언어학은 인지과학자들에 의해 연구된 개념적 현상의 범위를 확장하는 데 기여해 왔다. 예를 들어, 개념적 은유 이론, 정신공간 이론, 개념적 혼성 이론의 주요 기제인 '개념적 투사(conceptual projection)' 또는 '사상(mapping)'은 인간 상상력의 풍부함과 복잡성을 모형화하는 계기가 되었다. 곧 인지언어학은 최근까지 인지의 주변에 있었거나 체계적으로 연구될 수 없었던 상상력의 연구에 대한 접근법을 제공

---

23 '체험주의(experientialism)'란 인지언어학의 철학적 기반으로서, 우리의 추상적인 사고 및 의미가 근본적으로 일상의 신체화된 경험에서 유래한다는 관점을 가리킨다.

24 Stefanowitsch & Grice(2003, 2005)는 'collostructional analysis(연어 구조적 분석)'을 창안하였으며, Stefanowitsch(2006a, b)에서는 은유 표현의 분석에 대한 통계적 수단을 제안하였다.

했으며, 이 상상력이야말로 우리의 사고방식에 중심이 된다고 주장해 왔다.

넷째, 형식주의와 기능주의의 관심에 대한 통합이다. 형식주의는 언어적 현상에 대해 기술적으로 타당한 설명 방식을 개발하는 데 있는 반면, 기능주의는 언어가 사용되는 상황의 사회적, 의사소통적 기능을 탐구하는 데 일차적인 관심을 기울여 왔다. 기능주의에 한결 가까운 인지언어학은 기술적 타당성의 성취와 함께 인지적 현상으로서 언어의 모형화에 관심을 기울임으로써 양쪽의 장점을 통합하게 된 것이다.

5.3. 인지언어학의 미래

인지언어학은 출발 시점에서 40여 년이 지남으로써 사람으로 비유하면 장년기에 이르렀다. 먼저, 인지적 언어 연구가 나아갈 긍정적인 방향 몇 가지를 기술해 보면 다음과 같다.

첫째, 인지언어학은 인적, 제도적 측면에서 전 세계적으로 인지언어학 공동체 간의 강한 연대를 구축함으로써 한층 더 역동적인 미래를 열어갈 것으로 전망된다.

둘째, 인지언어학의 이론적 성숙이 한층 더 가속화될 것이다.[25] 인지언어학은 다양한 근원에서 출발되어 끊임없이 그 지평을 넓히고 완성도를 높여 왔다. 연구 방법론과 주제의 확장은 외연의 확장뿐만 아니라, 개념적 은유 및 다의관계와 같이 하나의 주제 안에서 이론적 심화를 지속하고 있다.

셋째, 인지언어학에 대한 출판물(단행본, 논문 모음집, 관련 학술지)의 양적 팽창뿐만 아니라, 연구의 내용이 한층 더 깊이 있고 수준이 향상될 것이다. 실제로 국제인지언어학회(ICLA)를 비롯하여 ICLA의 여러 나라와 지역에 걸쳐 17개 회원가입 학회, 그리고 *Cognitive Linguistics*를 비롯하여 10개의 저널이 정례적으로 인지언어학의 새로운 연구 성과를 양산하고 있다.[26]

다음으로, 장차 인지언어학의 활성화가 예상되는 네 가지 분야를 살펴보기로 한다.

첫째, 의미론 분야이다. 이제까지 불명확한 상태로 남아 있던 '의미의 본질, 형태 그리고

---

[25] 이와 관련하여 Dąbrowska & Divjak(2015: 3-6)에서는 인지언어학의 '미래'는 가설 검증과 행동 및 통계 방법 사용, '학제성(interdisciplinarity)', 사회적 전환이 이루어질 것으로 보았다.

[26] 인지언어학 분야의 대표적인 10개 저널은 다음과 같다. *Cognitive Linguistics*(De Gruyter Mouton, 1990~), *Pragmatics and Cognition*(Benjamins, 1993~), *(Annual) Review of Cognitive Linguistics*(Benjamins, 2003~), *Constructions*(peer-reviewed e-journal, University of Düsseldorf, 2004~), *CogniTextes*(peer-reviewed e-journal of AFLiCo, the French Cognitive Linguistics Association, an ICLA affiliate organization, AFLiCO 2007~), *Language and Cognition*(Mouton, 2009~), *Constructions and Frames*(Benjamins, 2009), *International Journal of Cognitive Linguistics*(Nova Science Publishers, 2010~), *Cognitive Linguistic Studies*(Benjamins, 2014~), *Journal of Cognitive Linguistics*(Kaitakusha, 2015~).

구조와 의미의 관계, 의미 확장, 의미 변화' 등의 문제에 대하여 새로운 이해의 장이 마련될 것이며, 어휘·문장·담화 의미의 연계가 활성화될 것이다.

둘째, 언어학 분야이다. 언어학의 내부 영역인 음운론, 형태론, 통사론, 의미론, 담화와 텍스트의 분야에 인지언어학의 원리를 적용함으로써 영역 간의 엄격한 경계를 허물고 이들 영역을 망라하는 포괄적 시각이 확보될 것이다.

셋째, 언어학과 인접 학문 간의 학제적 연구가 수행될 것이다. 예를 들어, 언어학과 철학, 심리학, 인류학, 컴퓨터공학, 신경과학, 문학, 사회학 간에 인지언어학의 원리를 적용함으로써 언어의 본질과 기능, 언어와 마음, 언어와 문화 등에 대한 담론이 활성화되고 학제적 연구를 통한 상승효과가 일어날 것이다. 특히 '언어습득'에 대한 원리와 절차가 해명될 것이며, 언어와 사고의 신비를 밝히려는 '뇌 과학' 및 '머릿속 사전' 분야의 높은 관심과 성과가 기대된다.

넷째, 응용언어학 분야이다. 특히 (제2)언어교육과 언어공학에 대한 보다 더 가시적이며 실용적인 성과가 기대된다. '(제2)언어교육'의 경우 종래 자율주의적 시각과는 달리 학습자의 신체적, 사회 문화적 체험에 바탕을 둔 주제가 다양하게 개발될 수 있을 것이다. '언어공학'의 경우 저장·검색·교정 기능이 강화되고, 완성도가 높은 자동번역 프로그램이 개발될 것이다.

5.4. 인지언어학의 과제

인지적 언어 연구의 과제를 밝힌 네 가지 견해와 우리 학계의 과제에 대해서 살펴보기로 한다(임지룡 2007b: 82-83 참조).

첫째, Langacker(1991/2002)에서는 장차 인지문법의 연구 방향에 대한 희망으로 인지문법이 다양한 언어와 다양한 기술적 현상에 심도 있고 자세히 적용되어야 할 것이며, 통시적 연구와 유형론 연구를 수행하는 데도 광범위하게 적용되어야 한다고 보았다. 또한 심리언어학·신경언어학·언어습득 분야의 연구 사항에도 대처해야 하며, 언어 교육과 같은 실용적인 적용을 통해 검증받아야 하며, 언어의 사회적·문화적 토대를 인정하고 수용하는 방식을 더 투명하게 밝혀야 할 것으로 보았다.

둘째, Croft & Cruse(2004: 328-329)에서는 인지언어학과 인지심리학 간의 상호작용을 위한 영역으로서, 특히 인지언어학 가설이 비판적인 실험을 통해 검증되어야 할 영역과 인지심리학자의 실험적 설계 이면의 언어적 가정을 더 세련시켜야 할 영역이 적지 않다고 하였다.[27]

---

27 이와 관련하여 Riemer는 본질적으로 인문주의적 지적 전통에 견고히 뿌리를 내리고 있는 '언어 의미론'의 특징적 설명 모형들은 수십 년 동안 '언어학의 외부에 있다고 전통적으로 생각된 실험적

그리고 인지언어학의 안팎에서 일고 있는 "언어 지식은 언어 사용에서 발생한다."라는 가설의 비판에 대해 인지언어학자들이 장차 어떻게 대응하는가에 따라 위기와 기회가 엇갈릴 것으로 보고 있다.

셋째, Evans & Green(2006: 779-782)에서는 '개념적 은유'와 관련하여 은유 학자들이 만든 이 이론의 일반화가 그들이 의존하는 언어 자료와 거리가 멀며, 이 이론이 문맥의 역할을 경시한다는 점 등이 우려된다고 하였다. 또한 개념적 구조에 대한 인지언어학적 설명에는 여전히 경험적 엄격함이 결핍되어 있기 때문에 더 강한 경험적 기초를 개발해야 하며, 문법과 의미론을 넘어서 여러 분야에 대해 더 상세한 설명을 개발할 과제가 남아 있다고 하였다.

넷째, Ungerer & Schmid(2006: 346)에서는 인지언어학이 인지과학 안에서 인접 분야와 학제적 연구를 수행함으로써 얻는 이점뿐만 아니라, 학제적 쟁점과 논의의 과정에서 복합적인 분야의 차용에 의해 방향 감각을 잃어버릴 위험성에 대해서 경고하고 있다.

한편, 우리 학계의 경우 인지언어학계와 일찍부터 협력하여 왔다.[28] 많은 이론서가 번역되고 그 흐름을 이해하려는 노력이 이어져 왔다. 그러나 우리 학계에는 언어 연구와 교육에서 인지언어학의 유용성에 대한 이해의 저변 확대, 이론의 토착화, 국제적 교류의 활성화, 학문 후속 세대의 양성[29] 등의 과제가 산적해 있다.

6. 마무리

이제까지 인지언어학의 성격, 주요 하위분야 및 방법론, 그리고 의의와 전망에 대해서 살펴보았다. 이상의 내용을 되새기면서 이 장을 마무리하기로 한다.

인지언어학은 20세기 이후 현대 언어학, 즉 구조주의·기술주의·변형생성주의의 언어관

연구 방법론'으로부터 점증하는 경쟁에 직면하였다고 하면서, 앞으로 수십 년 동안 두 연구 방식이 어떻게 전개될지 살펴보면 퍽 흥미로울 것이라고 하였다(Riemer 2010/임지룡·윤희수 옮김 2013: '한국어판서문' xi 참조).

28 우리나라의 '담화인지언어학회'는 2005년에 제9차 '국제인지언어학대회(ICLC)'를 서울에 유치하였으며, 여덟 번째로 '국제인지언어학회(ICLA)'의 회원국이 되었다. 한편, Langacker는 "한국은 상당히 많은 학자들이 인지언어학을 진지하게 받아들였던 최초의 나라들 중의 하나이다. 인지언어학 연구의 양과 다양성으로 인해 한국은 인지언어학 흐름의 선봉에 계속해서 서 있었다(Langacker 1999/김종도·나익주 옮김 2001: 『문법과 개념화』의 출판에 부쳐' 9쪽)."라고 한 바 있다. 또한 Dancygier & Sweetser는 "한국 언어학 공동체는 인지언어학의 출발 시점부터 관련을 맺어 왔다."(Dancygier & Sweetser 2014/임지룡·김동환 옮김 2015: '한국어판 서문' xii)라고 하였다.

29 이와 관련하여 전 세계적으로 인지언어학을 학위과정으로 개설하고 있는 대학이 늘어가고 있는 추세인데, http://www.cognitivelinguistics.org/study.shtml에서는 Ph.D., B.A. in Linguistics, University of California at Berkeley를 포함하여 25개 대학이 소개되어 있다.

에 대한 인식의 전환을 가져왔다. 구조주의 및 기술주의에서는 언어 자체의 테두리 안에서 음운, 형태 및 통사 부문의 구조나 분포를 체계적이며 객관적으로 기술하려 하였다. 변형생성주의에서는 모국어 화자의 천부적인 언어능력, 즉 '무한수의 문장을 생성할 수 있는 유한한 규칙의 명세화'를 지상 과제로 삼았다. 또한, 언어에 관한 독자적인 두뇌의 모듈을 상정하고 의미론과 상관없이 고유의 원리에 따른 통사론을 중시하였다. 이 연장선상에서 '자율언어학' 또는 '객관주의 언어학'은 언어과학의 객관성, 엄밀성을 추구하기 위해 연구 부문을 분화하고 부문 간의 자율성에 초점을 두었으며, 언어의 구조와 의미 간에 '자의성'을 전제로 하였다. 또한 언어를 사용하는 주체로서 인간의 경험이나 그 배경으로서 문화적인 요인을 철저히 배제하였다.

이러한 언어관은 언어를 사용하면서 살아가는 우리 자신의 경향성과 체험과는 매우 동떨어져 있었다. 이 연장선상에서 지동설을 주창한 갈릴레이처럼 당시의 주류 언어학의 위세 속에서 일군의 언어학자들이 "벌거숭이 임금님!"을 외치자 Langacker(1991/2002: xv)의 표현대로 '토대가 넓고 자의식이 강한 지적 운동으로서 인지언어학'이 봇물 터지듯이 한 순간에 태동한 것이다. 한마디로, 언어는 일반적인 인지능력의 일환이며, 언어의 구조와 내용은 의사소통의 기능적 목표에 의해 동기화되어 있으며, 의미와 의미론을 언어의 최우선 과제로 인식하게 되었다. 또한 언어적 의미의 작용 방식에는 인간의 몸과 마음, 그리고 사회 문화적 배경이 상호 긴밀히 연관되어 있다는 인식을 널리 공유하게 되었다.

요컨대, 인지언어학은 언어와 인간 그리고 문화의 상관성 속에서 열린 시각으로 언어의 본질, 특히 한국어 의미의 특성을 밝히는 '길잡이 별(guiding star)'의 역할을 해 줄 것으로 기대된다.

제2장

의미 특성 탐구의 기본 방향[*]

1. 들머리

이 장은 의미 연구의 성과와 반성의 바탕 위에서 국어 의미 특성 탐구의 기본 방향을 모색하는 데 목적이 있다. 국어학계에서 의미론은 1950년대 중반에 소개되었으며, 지난 60여 년의 세월 속에서 괄목할 만한 성과를 가져온 것은 주지의 사실이다. 그중 세 가지 주요 성과를 꼽아 보면 다음과 같다.

첫째, 국어 연구의 내용 체계에서 의미론이 음운론, 문법론과 더불어 한 축을 형성하게 된 점을 들 수 있다. 언어는 형식과 내용으로 이루어진 것이므로, 언어의 형식에 대한 연구가 음운론과 문법론의 몫인 반면, 그 내용에 대한 연구가 의미론인 것은 의문의 여지가 없다. 그러나 일반 언어학계에서와 마찬가지로 신생 학문 분야로서 의미론이 국어학계에서 정당한 위상을 확보한 것은 그 자체로 큰 의의를 지닌다고 하겠다. 둘째, 국어 연구의 내용 체계로서 의미론이 양적으로나 질적으로 그 지평이 크게 넓어지고 깊이를 더하게 된 점을 들 수 있다.[1] 곧 의미 연구의 층위가 어휘 의미, 문장 의미, 발화 의미를 망라하게 되었으며, 이들 층위를 기술하고 설명하는 틀이 구조의미론·생성의미론·형식의미론·화용론·인지의미론 등에 걸쳐 다양하고 정밀해진 것이 주목된다. 셋째, 국어 의미 연구에서 공동의 소통 공간이 구축된 것을 들 수 있다. 1992년부터 국립국어(연구)원에서는 『국어 연감』을 발행하고 있는데, 이를 통해 의미론 분야의 연구 동향과 논저 목록을 공유하게 되었으며,[2] 1997년에 '한국어 의미학

---

[*] 이 장은 임지룡(2008b). "한국어 의미 연구의 방향"(『한글』 282: 195-234. 한글학회.)의 내용을 깁고 고친 것임.

[1] 이와 관련하여, 서상준(2014: 101-265)에서는 『국어 연감(2014)』을 통해 2006년-2013년 어휘론·의미론·화용론·사전연구 분야의 연구 성과물을 단행본 197, 학위논문 711, 일반논문 1,490 등 2,467건으로 집계하였다. 또한 최호철 외(2005: 10)에서는 1970년대 초에서 2004년에 제출된 국어 의미론 분야의 학위 논문을 박사 학위 논문 145편, 석사 학위 논문 674편으로 집계하였다.

[2] 『국어 연감』(국립국어원)의 '의미론' 분야에 대한 기술은 1992년(이남순), 1993년(안명철), 1994년

회'가 창립되고 학술지『한국어 의미학』이 간행됨으로써 국어 의미론 연구에 뜻을 둔 회원 상호 간의 학술 정보 교환 및 연구 활동의 열린 공간이 마련된 점이 주목된다.

이러한 성과에도 불구하고 국어 의미 연구는 다음과 같은 한계점을 안고 있다. 첫째, 국어 연구의 내용 체계상 한 축으로서 의미론은 대내적으로 음운론 및 문법론에 비해 그 짜임새나 정밀도에서 성근 점을 부인하기 어렵다. 둘째, 국어 의미 연구는 대외적으로 일반 언어학계의 의미 연구 수준에 비추어[3] 그 지평을 펼치는 과정에서 뒤처진 면이 없지 않은 것으로 보인다. 셋째, 국어 의미 연구는 국어에 나타나는 의미 현상의 풍부함과 매력을 인식하는 데 충분하지 못하며, 의미 연구의 효용성이나 실용적인 목적에 시선이 미치지 못한 것으로 생각된다.

이에 이 장에서는 의미의 이해에 대한 객관주의와 인지주의 관점을 대비하고, 인지언어학의 관점에서 장차 국어 의미 연구가 지향해야 할 방향을 제시하기로 한다.

2. 의미의 이해

'의미란 무엇인가?'라는 물음은 의미 연구에서 해명해야 할 가장 기본적인 과제이다. 곧 의미의 정의·본질·성격에 대한 인식에 따라 의미 연구의 목적, 대상, 방법론이 도출되기 마련이다. 아래에서는 '의미관'과 '의미'에 대한 대립적인 양상을 기술하고 인지언어학적 의미관의 의의에 대해서 살펴보기로 한다.

2.1. 의미관의 대립적 양상

'의미'는 본질적으로 사람의 머릿속에 있는 추상적이고 심리적인 존재이므로 그 실체를 명시적으로 규정하기가 어렵다. 이론은 현상을 포착하는 창구이므로, 의미의 추상적인 속성은 의미관, 곧 의미를 보는 관점에 따라 그 성격 규명이 매우 다른 양상을 띠게 된다. 20세기를 전후로 하여 언어 또는 의미 연구에서 객관주의 또는 형식주의와 인지주의 또는 개념주의 관점이 대립되어 왔다. 두 가지 관점을 검토해 보기로 한다.

(조남호), 1995년(문금현), 1996년(김종학), 1997년(임지룡), 1998년(김광해), 1999년(최호철), 2000년(신현숙), 2001년(윤평현), 2002년(양태식), 2003년(문금현), 2004년(이찬규), 2005년(전영철), 2006년(이선영), 2007년(이찬규), 2008년(도원영), 2009년(박제연), 2010년(박동근), 2011년(김윤신), 2012년(도원영)에서 이루어진 바 있다.

3   이와 관련하여 Cruse는 "오늘날 의미에 대한 문제들은 언어학에서 현대적인 사고의 선두 자리로 이동하고 있는데, 이것은 언어학에 대한 인지적 접근법의 현저성이 상승된 결과이다."라고 하였다 (Cruse 2000b/임지룡·김동환 옮김 2002: '한국어판 서문' 9 참조).

'객관주의(objectivism)' 언어관은 자율성 가설에 기초하고 있는 반면, '인지주의(cognitivism)' 언어관은 인지언어학적 언명을 표방하고 있다. 언어 연구에서 전자는 인간적 요소를 배제하거나 언어 특정적 능력에 초점을 두고 통사론의 독자적 작용 원리를 추구한 반면, 후자는 인간의 신체와 정신 능력을 극대화하고 언어의 모든 양상에 적용되는 일반화 원리를 추구하고 있다. 구체적으로 양자의 대립적인 성격을 보면 다음과 같다.

먼저, 객관주의 언어관이 지향하는 언어능력 및 통사론의 자율성 가설은 언어 연구에서 '형식주의(formalism)' 접근법으로 알려져 있다. 이 언어관을 대표하는 생성문법에서는 언어의 구조와 규칙에 대한 지식을 자율적 '구성단위(module)' 또는 '능력(faculty)'이라고 주장하였다. 이러한 자율성은 언어 외적인 측면에서 볼 때 언어적 지식은 주의력, 기억력, 추리력 등의 다른 정신적 능력과 독립적이라는 입장이며, 언어 내적인 측면에서 볼 때 음운론, 통사론, 의미론은 각각 독립적인 구성단위를 형성한다고 본다. 이 경우 구성단위상의 차이는 정도의 문제가 아니라 본질상의 차이라고 가정한다. 따라서 언어 외적으로 다른 정신적 능력에 대한 언급 없이 언어적 원리를 탐구하는 것이 이상적이라고 보며, 언어 내적으로 의미론적 내용의 언급 없이 통사론적 원리를 탐구하는 것이 바람직하다는 것이다. 요컨대, 객관주의 언어관은 형식적으로 우아하며, 개념적으로 단순하며, 수학적으로 적형의 방식에서 자율성을 추구하는 것이 이상적이며 가능하다고 여긴다.

한편, 인지주의 언어관이 지향하는 '인지적 언명'과 '일반화 언명'은 언어 연구에서 '개념주의(conceptualization)' 접근법으로 알려져 있다.[4] 곧 언어의 구조와 규칙에 대한 지식은 인간 인지에 대한 지식인 마음과 뇌의 작용 방식을 반영하고 있다고 주장한다. 이러한 상관성은 언어 외적으로 볼 때 언어 사용의 원리는 일반적 인지 원리를 구체화하며, 언어 내적으로 볼 때 언어 법칙의 원리는 음운론, 통사론, 의미론의 경계를 넘나드는 것이 타당하다고 본다. 인지주의에서는 언어와 다른 정신적 처리 과정 간의 차이는 본질상의 차이가 아니라 정도의 문제라고 보며, 언어 내적으로도 인지 영역을 가로질러 공유된 원리를 찾는 것이 바람직하다

4　Lakoff(1990: 39-47)에서는 인지언어학의 두 가지 언명을 다음과 같이 제시하였다. 첫째, '인지적 언명(cognitive commitment)'은 여러 학문 분야로부터 밝혀진 마음과 뇌에 대한 지식과 일치하는 언어의 일반 원리를 밝혀내는 것이 타당하다는 믿음이다. 언어 구조의 원리는 타 학문 분야에서 밝혀진 인간 인지에 대한 지식을 반영해야 한다는 것으로, '주의(attention)', '범주화(categorization)', '은유(metaphor)'의 기제를 통해서 증명된다. 둘째, '일반화 언명(generalisation commitment)'은 음운론, 의미론, 화용론, 형태론, 통사론 등 언어 연구의 다양한 분야 전반에 걸쳐 적용되는 공통적 구조화 원리가 있으며, 언어학은 이러한 공통된 원리를 밝혀내는 것이 타당하다는 믿음이다. 이 언명은 범주화, 다의성, 은유의 기제를 통해서 증명된다(Evans & Green 2006: 27-43 참조).

고 주장한다. 요컨대, 인지주의 언어관에서 언어는 인지적 산물일 뿐 아니라 인지적 도구이므로 그 구조와 기능에 있어서 필연적으로 인간의 일반적인 인지능력을 반영할 것으로 보고 그 상관성을 해명하려 한다.

2.1.2. 진리조건 의미론과 인지의미론

의미에 대해 객관주의 언어관은 진리조건 의미론으로,[5] 인지주의 언어관은 인지의미론으로 대표된다. 양자의 대립적인 성격을 살펴보기로 한다.

먼저, 의미의 '사전적 모형'을 채택하는 '진리조건 의미론(truth-conditional semantics)'은 의미를 단어 및 문장과 세계 간의 관계로 간주하고 언어 체계에서 인지의 관련성을 배제하는 것으로, 그 특징은 다음과 같다. 첫째, 언어의 의미는 '세계 지식'과 분리되어 있다. 둘째, 의미론(사용 문맥과 상관없이 의미 분해될 수 있는 단어의 의미와 관련 있음)과 화용론(화자가 추리를 구성하기 위해 문맥적 정보를 사용함)을 구분한다. 셋째, '의미 분해'를 통해 단어 의미의 엄격한 정의를 추구한다. 넷째, 단어 및 문장 의미에서 '합성성의 원리(compositional view)'를 채택한다. 다섯째, 객관주의 관점에서, 객관적인 실재를 가정하고 언어로 이루어진 기술을 참이나 거짓으로 판단하며 그 결과 논리적 상위 언어에 의해 명시적인 의미 모형을 설정한다.

한편, 의미의 '백과사전적 모형'을 채택하는 '인지의미론(cognitive semantics)'의 특징은 다음과 같다. 첫째, 언어의 의미는 '세상사의 지식'과 얽혀 있다. 둘째, 의미론과 화용론의 명확한 구분을 부인한다. 셋째, 단어 의미에 대해 '의미 분해'에 기초한 엄격한 정의를 부인하고 의미의 '원형 모형'을 채택한다. 넷째, 관용어 및 비유 언어의 의미에서 '구성성의 원리(constructional view)'를 채택한다. 다섯째, 의미는 실재에 대한 인간의 경험적 해석이라는 체험주의를 채택한다.

2.2. 의미의 정의에 대한 대립적 양상

의미를 규정함에 있어서 객관주의 언어관은 점검표 이론과 진리조건설을 따랐으며, 인지주의 언어관은 원형 이론과 해석설을 주창해 왔다.

5 　이와 관련하여 Lakoff(1988: 125-126)에서는 객관주의 의미론의 특성을 다음 세 가지 원리로 기술하고 있다. 첫째, 진리조건적 의미 원리: 의미는 지시와 진리에 기초한다. 둘째, 진리의 대응관계 이론: 진리는 기호와 세상사의 사태 간 대응관계에서 존재한다. 셋째, 객관적 지시 원리: 기호와 세계의 사물을 연결하는 것이 객관적으로 올바르다.

2.2.1. 점검표와 원형

의미에 대한 점검표 이론과 원형 이론의 대립적인 성격을 살펴보면 다음과 같다.

먼저, '점검표 이론(checklist theory)'[6]은 단어의 의미가 고정되고 명확하다는 전제 아래, 그 의미를 기준 조건 및 속성에 대한 집합으로 규정한다. 곧 점검표 이론에서는 각 단어에 대한 필수적인 속성의 목록이 우리의 머릿속에 저장되어 있는 것으로 간주하고, 어떤 단어에 대해 자극을 받게 되면 화자는 그 의미 속성을 잠재의식적으로 점검하여 기준 속성에 부합될 때 그 단어에 특정한 이름을 붙이게 된다는 것이다. 예를 들어, '정사각형'의 의미는 '닫힌 도형', '네 개의 변을 가짐', '변의 길이 및 각이 동일함'으로 이루어진 기준 조건 및 속성의 집합으로 기술된다.

의미의 점검표 이론은 언어 교사나 사전 편찬자들에게 큰 호응을 받았으며, 구조의미론에서 단어들의 의미 관계를 기술하는 데 크게 기여하였을 뿐 아니라, 생성문법에서 문장의 적형성을 판별하는 준거를 제공하였다.[7] 그러나 점검표 이론은 어떤 속성이 점검표의 목록에 들어가는지 결정하기 어려우며, 사물에 해당하는 어떤 필수적 조건도 찾기 어려울 때 점검표는 실제로 존재하지 않는 것처럼 보인다. 또한, 단어의 의미가 고정되고 명확하여 그 의미를 구성하는 점검표가 있다고 가정하더라도 소수의 전문가들만이 그것을 알고 있을 것이며 전문가들마저도 의견이 일치하기 어렵다는 점에서 설득력을 잃게 되었다 (Aitchison 1987/2003: 45-48 참조).

한편, '원형 이론(prototype theory)'은 단어의 의미가 유동적이고 불명확하다는 전제 아래, 자연 범주가 그 범주의 전형적인 보기, 즉 원형적인 구성원을 중심으로 '방사상 범주'를 형성한다고 봄으로써 사물을 범주화할 때 '원형'을 인지 과정의 참조점으로 삼는다는 관점이다.[8] 자연 범주에 대한 원형 이론은 단어의 의미를 중심으로 언어적 범주에 적용됨으로써, 단어의

---

6 '점검표 이론'은 구조의미론의 '성분 분석(componential analysis)' 이론으로 더 널리 알려져 있는데, 그 명칭은 Fillmore(1975: 123)에서 단어를 규정하는 속성의 목록, 즉 기준 속성의 점검과 관련하여 이를 '의미의 점검표 이론(checklist theory of meaning)'이라고 한 데서 유래하였다. 이것은 "범주는 구성원 모두가 공유하는 필요충분 속성으로 이루어지며, 명확한 경계를 가지며, 그 구성원들은 동등한 자격을 갖는다."라는 '고전 범주화(classical categorization)'에 뿌리를 두고 있다.

7 변형생성문법에서 적형의 문장은 점검표, 즉 의미 성분으로 구성된 단어들 간에 문법적으로 정확하고 의미적으로 수용 가능한 논리적 규칙인 '선택 제약(selectional restriction)'의 규제를 받는다. 예를 들어, "자동차가 퍼졌다."와 같은 표현은 '자동차'의 의미 성분 가운데 하나인 [-유생적]과 '퍼지다'의 의미 성분 가운데 하나인 [+유생적]이 선택 제약에 어긋남으로써 부적형의 문장으로 간주된다(Ungerer & Schmid 1996/2006: 2 참조).

8 '원형 이론'은 "범주는 원형을 중심으로 가족의 닮음처럼 연쇄적인 망을 이루며, 그 경계는 불명확하며, 범주의 구성원 간에는 원형에서부터 주변에 이르기까지 비대칭성을 이루고 있다."라는 '원형 범주화(prototype categorization)'를 성립시켰다.

의미는 범주 원소의 원형을 통하여 인지되며 범주의 판정은 참조점인 원형과의 대조를 통하여 결정된다는 인식이 확립되기에 이르렀다.

의미의 원형 이론은 범주의 층위에서 이른바 '기본층위'와 관련을 맺고 있음이 밝혀졌다. 또한 원형 이론은 범주 구성원들 간의 비대칭 양상인 원형 효과가 발생함을 입증하였는데, 이 경우 원형 효과는 '이상화된 인지 모형'[9]의 산물임이 드러났다. 그 결과 원형 이론은 단어의 의미에 대한 점검표 이론의 한계를 극복한 대안으로서, 의미의 본질을 비롯하여 다의어·동의어·의미 습득·의미 변화의 현상을 설명하는 데 발상의 전환을 가져 왔다. 그러나 원형 이론 역시 입증해야 할 많은 미해결 과제들을 안고 있다.

2.2.2. 진리조건과 해석

의미에 대한 진리조건설과 해석설의 대립적인 성격을 살펴보면 다음과 같다.

먼저, 진리조건설에 따르면 언어 표현의 '의미'를 '진리조건'과 동일시하는데, 이 경우 의미는 단순히 외부 세계의 객관적 반영일 뿐이다. 예를 들어, "날씨가 흐리다."라는 문장의 의미, 즉 그 진술의 진위를 검증하기 위해 사람들은 하늘을 보아야 한다(Hamawand 2016: 79 참조). 따라서 이 관점에서는 지시 대상이나 진리조건이 같으면 의미가 같은 것으로 처리된다. 그 결과 동일한 지시 대상을 가리키는 단어들은 동의어가 되며, 능동문과 피동문은 진리조건적 의미가 동일하므로 동의문으로 간주된다. 그러나 의미를 단순히 이 세계에 존재하는 지시 대상을 그대로 반영하는 '지시'로 보거나 객관적으로 동일한 지시 대상에 대해 진리조건이 같다고 하여 그 의미가 동일하다고 하는 것은 설득력이 약하다.

한편, 해석설에서는 의미란 객관적 대상의 개념적 내용에 국한되는 것이 아니라, 그러한 개념적 내용에 대하여 의미를 부여하는 인지 주체의 '해석'을 포함한다.[10] 이 경우 '해석(construal)'은 대안적 방식으로 대상이나 상황을 파악해서 언어로 표현하는 화자의 선택을 가리킨다. 예를 들어, (1)에서 '섬' 하나를 두고 우리는 '독도'라고 부르는 반면, 일본에서는 '다케시마'라 하고, 미국 연방정부 기관의 하나인 지명위원회(BGN)에서는 최근 '리앙쿠르 록스'로 명명한 바 있는데, 각각의 명칭에는 한국 영토, 일본 영토, 그리고 주권 미지정 지역이

---

9   Lakoff(1987: 68-76, 284-286)에 따르면 사람들은 '이상화된 인지모형(idealized cognitive models)'에 의하여 지식을 조직한다고 하는데, 이 모형은 현실적으로 존재하는 것이 아니라 사람들의 의식속에 만들어진 모형을 뜻한다(Aitchsion 1987/2003: 69-72, 1994: 94-95 참조).

10   이와 관련하여 Langacker(1997: 242)에서는 "의미는 개념의 주체와 객체로 구성되는 개념화로서, 한 표현의 의미는 그 표현이 환기하는 개념적 내용과 그 내용이 표현 목적을 위해 해석되는 방법과의 함수 관계이다."라고 하였다.

라는 해석이 담겨 있다. 그리고 (2)의 두 표현은 종래에 동의문으로 처리되어 왔으나, 화자의 의미 초점이 (2)의 a에서는 '사냥꾼'에, b에서는 '사슴'에 놓임으로써 그 의미가 결코 같을 수 없다. 또한 야구 경기에서 '노 아웃 만루'라는 객관적으로 동일한 장면이나 상황에 대해서 관중들은 "위기다!"라고도 하며 "기회다!"라고도 한다. 이들 세 가지 사례에서 볼 때 단어, 문장, 발화에는 화자의 선택적 해석이 담겨 있음을 확인할 수 있다.

(1) 독도, 다케시마(竹島), 리앙쿠르 록스(Liancourt Rocks)

(2) a. 사냥꾼이 사슴을 쫓고 있다.
    b. 사슴이 사냥꾼에게 쫓기고 있다.

이상에서 본 바와 같이 객관주의 언어관과 진리조건 의미론은 자율성 가설과 사전적 모형을 채택함으로써 의미 탐구에서 인간적인 요소를 배제하거나 최소화하는 반면, 인지주의 언어관과 인지의미론은 인간 중심적 언명과 백과사전적 모형을 채택함으로써 사람의 몸과 마음뿐만 아니라 문화적인 배경을 포함한 인간적인 요소를 최대화하려는 관점에 서 있다.

2.3. 의미의 본질

'의미(meaning)'[11]는 음운이나 형태·통사 단위에 비해 추상적이며 그 범위가 광범위하며 유동적인 속성을 띰으로써 체계적인 기술이 어렵다. 일찍이 히포 어거스틴(Augustine of Hippo, 354-430)은 의미를 '단어의 영혼(souls of words)'이라고 하였는데(Riemer 2010/임지룡·윤희수 옮김 2013: '한국어판 서문' xi 참조), 이 말 속에는 '의미'가 본질적으로 공기같이 가볍고 교묘하게 달아나는 본질을 적절히 파악하였을 뿐 아니라, 의미가 그만큼 소중하다는 뜻이 함축이 되어 있다. 현대 언어학에서 '의미'와 '의미론'의 중요성을 적극적으로 인식한 것은 (3), (4)에서 보듯이 인지언어학이라 하겠다.

(3) a. 언어의 일차적 기능은 '의미(meaning)'의 전달에 있다. 따라서 '문법(grammar)'은 형태 요소가 의미 요소와 가능한 한 직접적으로 연계되는 원리를 보여 주어야 한다. (Lakoff 1987: 583)

---

11 '의미(意味)'에 대한 토박이말은 '뜻맛'이다. 이에 관한 최초의 문헌은 '月印釋譜(1459) 8:25'의 "뜯마시 다오미 업슬씨 솟는 싁매 가줄비며"와 '楞嚴經諺解(1462) 6:56'의 "소리는 오직 일훔과 句왓 마새 븓들여…마순 뜯마시라 = 聲은 唯局名句味ᄒᆞ야…味는 意味也ㅣ라"이다.

b. 의미는 언어에서 가장 중요한 것이다. (Langacker 1987: 12)

　c. 인지언어학의 가장 매력적인 특징 중 하나는 의미에 초점을 둔다는 점이다. (Lee 2001: xi)

　d. 인지문법의 제1 원리는 의미의 우선성이다. (Paradis 2013: 690)

　e. 의미는 언어의 중심이다. 의미는 언어가 존재하는 이유이다. (Hamawand 2016: 5)

(4) a. 인지문법은 의미론의 중요성을 강조하고 있다. (Taylor 2002: 29)

　　b. 언어 분석에서 의미론의 일차성 (Geeraerts & Cuyckens 2007: 5)

실제로 현대 언어학에서 의미 연구는 시련과 도전의 시험장이 되어 왔다. 언어과학을 주창해 온 기술언어학에서는 의미 연구를 회피하였으며,[12] 구조의미론과 형식의미론에서는 의미 자체를 다루지 않았다. 즉 구조주의에서는 의미 관계를 포착함으로써 간접적으로 의미에 접근하였는데, 한 표현의 의미를 체계 내에서 다른 표현들과 맺는 관계들의 합으로 보았다.[13] 형식의미론 역시 지시와 진리조건을 탐구함으로써 간접적으로 의미를 포착한 것이다.

그 반면, 인지언어학은 의미 자체의 본질을 파악하려 한다는 점에서 의의를 가지며 기존의 관점과 다음 네 가지 측면에서 구별된다.

첫째, 의미는 개념적이다. 원형 이론은 의미가 본질적으로 유동적이며 모호한 경계와 불명확한 가장자리를 가지고 있다는 입장이므로, 단어의 의미에 관한 개념 층위에 초점을 둔다. 이에 인지언어학에서 언어 표현의 의미는 개념적 내용과 그에 대한 개념화자의 인지적 해석을 망라한 것으로 보고 있다.

둘째, 의미는 신체화되어 있다. 즉, 의미는 우리의 일상적이며 공유된 신체적 경험에 바탕을 두고 있으며, 그 반복된 경험이 영상 도식을 형성한다. 이 영상 도식은 은유적 확장을 통해 추상적 세계를 개념화하는 매체 역할을 해 주는 기준점이다.

12　이 시기를 대표하는 Bloomfield(1933: 140)는 "의미의 진술은 언어 연구에서 약점이며, 인간의 지식이 현재의 상태보다 훨씬 더 향상될 때까지 약점으로 남아 있을 것이다. 실제로, 우리는 언어 형태의 의미를 우리가 할 수 있는 한 다른 과학에 의해서 정의한다."라는 언급에서 과학적 의미 연구에 대한 불신과 두려움을 드러내고 있다. 또한, Fries(1954: 58)는 "우리 언어학자들 가운데 중요한 일부의 학자들은 모든 '의미의 사용'을 너무나 필사적으로 비난해 와서 언어학을 전공하는 많은 학생들에게 의미라는 단어 그 자체가 거의 파문되기에 이르렀다."라는 언급에서 당시 언어학도들에게 '의미(meaning)'라는 용어 자체가 금기시되었음을 보여 준다.

13　구조의미론자 가운데 Lyons(1963)에서는 "단어의 의미는 그것이 참여하는 의미 관계들의 전체 집합으로 정의될 수 있다."라고 하였으며, Lyons(1977: 270-317)는 의미를 '계열적 접근법(paradigmatic approach)'에 의한 계열체에서 상호 대치될 수 있는 어휘 항목으로 규정하였다. 또한, Firth(1957) 및 Cruse(1986)는 의미를 '결합적 접근법(syntactic approach)' 또는 '문맥적·용법 접근법(contextual·usage approach)'의 관점에서 문법적 출현의 용법에 의해 정의하였다.

셋째, 의미는 세상사의 지식과 불가분의 관계를 맺고 있으며, 그 지식은 고정된 것이 아니므로 실시간대의 용법이 의미를 결정하는 매개 변항이 된다.

넷째, 언어 표현은 의미를 전달하기 위한 실마리이며 언어 표현과 의미 간에는 화자와 청자에 의한 해석의 인지 기제가 작용하고 있다. 즉 언어 표현 그 자체는 의미 표현을 위해 완전한 수단이라거나 그 속에 의미가 내재해 있는 것이 아니라, '의미 구성'이라는 동적 과정의 '개념화'를 위한 실마리이다.

아래에서는 인지언어학적 관점에서 몸, 마음, 의미 관계, 그리고 문화에 기반을 둔 의미 탐구의 방향에 대해서 살펴보기로 한다.

3. 몸에 기반을 둔 의미 탐구

인지언어학의 특징 가운데 가장 중요한 측면의 하나는 사람의 몸 또는 신체성에 대한 관심이라 할 수 있다. 이것은 의미 작용, 즉 추상적인 사고 과정이 우리 몸의 신체적 경험에 기반을 두고 있다는 것을 뜻한다. 언어는 단순히 형식과 의미의 대응 관계에 의한 자율적인 기호 체계가 아니라, 몸과 마음을 가진 언어 사용 주체가 환경 세계와 상호 작용하면서 신체적 경험을 기반으로 획득해 온 전달 수단이므로, 언어에는 인간의 신체와 신체적 경험이 다양하게 반영되어 있게 마련이다(임지룡 2007b: 2 참조). 이 점을 고려해 볼 때 국어 의미 연구는 몸 또는 신체적 경험이 언어의 의미 구조에 어떻게 반영되고 제약을 부가하는지에 대해 시선을 돌려야 한다.

3.1. 영상 도식의 형성

사람은 몸을 통해서 존재한다. 몸은 그 자체로 사람을 지탱시키는 구조물이며 그 속에 마음이 담겨 있다. 마음속에 내재해 있는 의미는 본질적으로 몸이나 몸의 경험으로부터 형성된다. 사람은 몸의 반복되는 경험에서 '영상 도식(image schema)'을 형성하는데, 이 도식은 원초적으로 태아에 의해 산모의 자궁 속에서 싹 튼다. 태아는 선개념적으로[14] 이 자궁을 통해 '그릇'의 영상 및 탯줄을 통해 '연결'의 영상을 경험하게 되며, 걸음마를 시작하면서 '균형'의 영상

---

14 '선개념적 경험(pre-conceptual experience)'이란 신체적 경험에서 비롯되는 개념 형성 이전의 경험을 뜻하는데, 근육운동을 중심으로 한 이 경험은 그 자체로 구조화되어 있으며, 개념적 구조를 발생시킨다(Lakoff 1987: 267 참조).

을 경험하게 된다. 또한 우리 몸은 '방향'의 영상을 확보하는 출발점이 된다.

그 가운데서 '그릇 영상 도식'의 전개 과정을 보면, 우리는 신체를 하나의 그릇이나 그릇 속에 들어 있는 사물로서 경험하며, 신체에서 형성된 원초적 경험과 함께 물리적 그릇을 참조점으로 하여 이 도식은 '사회적 그릇(가정·학교·지역사회·직장·나라 등)'뿐만 아니라 '추상적 그릇(감정·정신·이론·이야기 등)'으로 확장된다.

요컨대, 우리는 날마다 반복되는 신체 경험에 따라서 다양한 '영상'을 형성하며, 이 경험을 추상화·구조화하여 도식이라는 지식 형태로서 새로운 대상의 이해를 촉진하는 규범이나 틀로 활용한다.

3.2. 영상 도식의 확장

신체적 경험에서 형성된 영상 도식은 은유적 확장의 기반이 되어 새롭고 추상적인 대상을 개념화한다. '그릇', '위-아래' 및 '앞-뒤' 영상 도식이 확장되는 양상을 보면 다음과 같다.

먼저, (5)에서 보듯이 추상적인 '사랑'은 우리 몸에서 비롯된 '그릇 영상 도식'을 통해 개념화된다.

(5) 서로의 마음을 확인한 두 사람은 달콤한 **사랑에 빠졌다.** (국제뉴스 2016.9.25.)

(5)는 '사랑'에 대하여 '우물에 빠지다'처럼 '사랑에 빠지다'로 표현하는데, 이것은 '사랑'을 '그릇'이나 '그릇 속의 액체'로 파악한 것이다. 이러한 비유적 원리를 '개념적 은유(conceptual metaphor)'라고 한다. 이 경우 '그릇'이나 '그릇 속의 액체'를 '근원영역(source domain)'이라 하고 '사랑'을 '목표영역(target domain)'이라고 하는데, 생리적 환유와 '그릇 영상 도식'은 근원영역의 기반이 됨으로써 개념적 은유를 성립시킨다.

다음으로, 영상 도식과 관련하여 수직 은유의 '위-아래' 도식과 수평 은유의 '앞-뒤' 도식에 대한 경험의 상관성을 보기로 한다.

(6) {봉급·사기·신분}이 {높다/낮다}.

(7) 우리의 의식 수준이 그들보다 십 년 {앞섰다/뒤쳐졌다}.

(6), (7)의 방향과 관련된 방향적 은유는 우리의 일상적 신체 경험과 상관성을 맺고 있다. (6)에서 '봉급'과 관련하여 "많음은 위, 적음은 아래"라는 개념적 은유가 성립되는데, 이것은

물건을 쌓을 때 양이 많아지면 더미가 높아지게 되는 '위-아래'의 영상 도식을 기반으로 양의 증가가 높이의 증가로 나타난 것이다. '사기(士氣)'와 같은 평가의 경우 "좋음은 위, 나쁨은 아래"라는 개념적 은유가 성립되는데, 이것은 기분이 좋을 때 몸이 솟구치는 느낌과 우울하고 몸 상태가 나쁠 때 자리에 눕거나 쓰러지는 경험과 관련된다. 또한 '신분'과 같은 지배의 경우 "지배자는 위, 피지배자는 아래"라는 개념적 은유가 성립되는데, 이것은 씨름판에서 승자는 서서 환호하며, 패자는 쓰러져서 일어나지 못하는 경험의 연장선상에 있다. 한편, (7)에서 '의식 수준'과 같은 가치의 경우 "앞은 긍정적, 뒤는 부정적"이라는 개념적 은유가 성립되는데, 이것은 우리 몸의 경험에서 비롯된다. 곧 몸의 앞부분은 주요 관심 부위인 '얼굴', 특히 주요 감각기관인 '눈'이 위치해 있으며, 뒷부분은 '등'이나 '항문'이 위치해 있다.[15] 또한 앞은 뒤보다 쉽게 지각되며 선호된다.

3.3. 신체어의 의미 확장

신체어는 의미 확장의 진원지이다. 이것은 수많은 관용 표현이 신체어를 중심으로 발달해 있는 데서 쉽사리 확인된다.[16] 여기서는 신체어 '머리'와 '목'의 의미 확장 양상을 살펴보기로 한다.

첫째, (8a)의 신체어 '머리'는 사람의 목 위에 있는 부분으로서 눈, 코, 입 따위가 있는 얼굴을 포함하며 머리털이 있는 부분을 이르는데, 이것을 기준점으로 삼아 (8b-h)에서 보듯이 '동물, 식물, 사물, 공간, 시간, 수량 단위, 추상'으로 확장된다.

(8) a. **머리**를 긁다. <신체>
　　b. 말(馬) **머리**를 돌렸다. <동물>
　　c. 뒤뜰 장독 뒤로 도라지꽃이 **머리**를 다소곳하게 되어 있었다. <식물>
　　d. 기차의 **머리**가 보였다. <사물>
　　e. 한 **머리**에서는 장구를 치고 또 한 **머리**에서는 징을 두드려 대고 있었다. <공간>
　　f. **머리**도 끝도 없이 일이 뒤죽박죽이 되었다. <시간>
　　g. 한 **머리** 태풍이 지나고 햇빛이 비쳤다. <차례>

15　권투 시합에서 '등'을 보이는 행위는 패배를 뜻한다. 또한 '등을 돌리다', '뒤가 구리다' 등은 부정적인 의미를 갖는 관용 표현으로 굳어진다.

16　이와 관련하여 Kövecses(2002: 16)에서는 "인간의 신체는 영어 및 그 밖의 '서구' 언어와 문화에서 은유적 의미의 출현에 핵심적 역할을 담당할 뿐 아니라, Heine와 같은 학자들은 전 세계의 언어와 문화에서 인간 신체가 인간적 개념화에 중심적 역할을 한다는 것을 풍부하게 증명하였다."라고 한 바 있다.

h. 구성원의 **머리**가 되려면 용기와 지혜가 필요하다. <추상>

둘째, 신체어는 문법화에 의해 추상적으로 의미가 확장되기도 하는데,[17] 그 보기는 (9)의 '턱'을 들 수 있다. 곧 (9a)의 신체어 '턱'은 (9b-g)에서 보듯이 '공간', '몫', '수량', 그리고 추상적인 '정도'나 '까닭'으로 확장되고 있다. 그중 문법화가 한층 더 진행된 (9f)의 경우에는 '-을 턱이 없다'와 같이 고정된 형식으로 사용된다.

(9) a. **턱**에 수염이 나다. <신체>
    b. 아파트 입구에 **턱**을 설치했다. <공간>
    c. 그는 합격 **턱**으로 우리에게 술을 샀다. <몫>
    d. 승진하여 **한턱냈다.** <수량>
    e. 별로 달라진 것이 없이 늘 그 **턱**이지요. <정도>
    f. 그가 일을 다 끝냈을 **턱**이 없어. <까닭>
    g. **턱없이** 높게 책정되는 분양 값은 그런 논리로 설명되지 않는다. <까닭 없이>

4. 마음에 기반을 둔 의미 탐구

인지언어학에서는 언어가 사고 체계를 반영한다고 보고 언어 연구를 통해 인간의 개념화 과정을 해명하려 한다. 언어의 구조 속에는 인간 마음의 작용 방식이 투영되어 있다. 따라서 국어 의미 연구는 언어에 내재해 있는 우리 마음의 인지적 경향성과 인지적 전략에 대해 시선을 돌려야 한다.

4.1. 인지적 경향성

인지적 경향성은 우리의 몸과 마음에 배어 있는 경험, 지각, 주의력 등에서 자연스러운 인지능력을 가리킨다. 이러한 인지적 경향성은 다음 세 가지 측면에서 확인된다.

4.1.1. 기본층위

---

17 '문법화(grammaticalization)'란 내용어가 기능어로, 기능어가 더 추상적인 기능어로 바뀌는 현상을 말한다.

범주의 계층 구조에서 '기본층위(basic level)'는 상위 층위와 하위 층위에 비해 현저한 특성을 지닌다. 예를 들어, '생물-식물-나무-소나무-리기다소나무'와 같은 계층 구조에서 '나무'는 기본층위로서 다음과 같은 인지적 경향성을 보여 준다.

첫째, 어떤 대상을 두고 "저것이 무엇이냐?"라는 질문을 받으면 일반적으로 '나무'라고 대답한다. 이처럼 사람들이 보편적으로 지각하고 개념화하는 층위가 곧 기본층위이다. 기본층위는 우리의 머릿속에서 그 영상을 명확히 떠올릴 수 있으므로 인지의 기준점이 된다. 실제로 우리의 머릿속에서 '나무'의 영상은 쉽사리 포착되는 데 비해 '생물'이나 '식물'의 영상을 하나의 통일체로 포착하기는 어려우며, 구체적으로 피험자에게 상위 층위의 '생물'이나 '식물', 그리고 하위 층위의 '소나무'나 '리기다소나무'를 그리게 할 경우 흔히 기본층위의 '나무'를 그리는 일에서도 확인된다.

둘째, 기본층위는 기능적인 측면에서 발생 빈도가 높다.[18] 또한 언어 습득의 경우에도 기본층위는 상위 층위보다 먼저 발달된다. 실제로 유아를 대상으로 관찰해 보면 '나무'는 '식물'이나 '리기다소나무'보다 이른 시기에 습득된다.

셋째, 기본층위는 형태가 짧고 토박이말로 되어 있다. '나무'에서 보듯이 기본층위는 형태적으로 단순하고 토박이말로 되어 있는 반면, 상위 층위는 '동물'에서처럼 다른 언어에서 차용하는 경우가 많으며 하위 층위는 '소나무, 리기다소나무'에서처럼 복합어로서 형태가 길다.

요컨대, 기본층위는 인지적 경제성의 측면에서 볼 때 범주의 계층 구조에서 가장 많은 양의 정보가 가장 적은 인지적 노력으로 획득되는 층위이므로 인지적, 기능적, 형태적으로 현저한 경향성을 드러낸다.

4.1.2. 어순

어순은 언중의 인지적 경향성을 반영하고 있다. 첫째, 병렬의 어순 (10), (11)에서 대립적인 두 요소는 고정되어 있는데, 그 어순에는 다음과 같은 인지적인 경향성이 나타난다. 곧 (10)의 경우 공간적으로나 시간적으로 나에게 가까운 요소가 앞자리에 놓이며 먼 요소가 뒷자리에 놓이는데, 이것은 우리의 사고방식과 인지의 출발점이 자아 중심적인 경향성을 반영한 것이다. (11)의 경우 지각적으로 더 현저한 요소가 앞자리에 놓이며 덜 현저한 요소가 뒷자리에 놓이는데, 이것은 우리가 현저하거나 적극적인 요소에 우선적으로 주의를 집중하는 경향성을

---

18 이와 관련하여 조남호(2002)의 『현대 국어 사용 빈도 조사』에 따르면 1,531,966어절에서 '동물'은 179회(빈도 차례 1,294), '개'는 145회(빈도 차례 1,569), '삽살개'는 2회(빈도 차례 33,623)로 나타났다. 이 경우 '개'의 동위어인 '소(89회), 고양이(10회), 말(81회), ……'의 빈도수를 합하면 기본층위의 발생 빈도가 상위 층위나 하위 층위에 비해 현저히 높음을 알 수 있다.

반영한 것이다.

    (10) a. 이곳저곳, 여기저기, 이리저리, 그럭저럭
        b. 엊그제, 오늘내일하다, 내일모레
        c. 내남없이, 안팎, 국내외

    (11) a. 높낮이, 장단, 고저, 강약
        b. 길고 짧은 것은 대어 보아야 안다.
        c. 높고 낮은 저 무덤아!

    둘째, 언어 구조에서 개념적 근접성이 언어적 근접성으로 나타나는 사례를 보기로 한다. (12)의 경우, '엿'과 'pizza'의 수식어는 중심어의 본유적 성분에 근접한 차례로 배열되어 있다. (13)의 경우, 한국과 영국의 주소 표현에서 어순이 정반대로 되어 있지만, 이름을 중심으로 개념상 본유적이고 가까운 요소에서 이차적이고 먼 요소로 배치되고 있음은 공통적이다. 이러한 사례들은 인지적으로 근접한 요소에 대한 자연스러운 경향성이 언어 표현에 그대로 반영되어 있음을 뜻한다.

    (12) a. 소문나고 맛있는 울릉도 호박엿
        b. the famous delicious Italian pepperoni pizza

    (13) a. 대한민국 대구광역시 북구 대학로 80 임지룡
        b. Jiryong Lim 29 Dane Road Dane Bank Denton Manchester U.K.

4.1.3. 주관적 시점

    '시점(perspective)'은 개념화자가 장면이나 상황을 해석하는 데 취하는 관점을 가리키며, 개념화자로부터 분리된 장면의 해석을 '객관성'이라 하고 개념화자가 포함된 장면의 해석을 '주관성'이라고 한다(Radden & Dirven 2007: 342, 347 참조). 주관성, 즉 주관적 시점에는 다음과 같이 개념화자의 인지적 경향성이 반영되어 있다.
    첫째, (14)의 두 가지 표현에서 '지나가다'라는 이동 동사의 주어는 '기차', '옥수수 밭'이다. 일반적으로 이동 동사는 (14a)와 같이 주어가 이동체인 경우에 사용되는 데 비해, (14b)의 주어는 이동체가 아니다. 시점의 관점에서 (14a)를 객관적 이동이라 하고, (14b)를 주관적 이동이라고 한다. 객관적으로 볼 때 '옥수수 밭'은 움직일 수 없지만 기차로 여행할 때 우리는

자신이 정지해 있고 '옥수수 밭'이 움직이는 상대적 이동을 자연스럽게 경험한다. 이러한 이동 지각의 상대성이 (14b)와 같은 표현을 낳게 된 것이다.

(14) a. 기차가 들판을 지나가고 있다.
　　 b. 창밖에는 여전히 옥수수 밭이 지나가고 있다. (박경리, 『만리장성의 나라』, 1990: 86, 동광출판사.)

둘째, 개념화자의 이동은 (15), (16)에서 보듯이 물리적으로 고정된 대상의 이동을 자연스럽게 경험한다. 실제로 (15a)는 개념화자가 바다로 다가간 것인 반면, (15b)는 차를 몰고 바다 쪽으로 향할 때 상대적으로 바다가 다가오는 것처럼 지각된 것이다. (16a)는 물리적으로 길이 넓어진 것인 반면, (16b)는 고정된 '길'을 상대적으로 넓게 지각한 것이다.

(15) a. 바다로 다가갔다.
　　 b. 바다가 다가왔다.

(16) a. 확장 공사로 길이 넓어졌다.
　　 b. 계곡을 벗어나자 길이 넓어졌다.

셋째, 개념화자의 주관적 시점은 (17), (18)에서처럼 객관적인 대상을 자기중심적으로 인지한다. (17a)는 (17b)에서 보듯이 물리적으로 '옷'이 줄어들 수도 있지만, 개념화자의 상태 변화 곧 '몸'이 커짐으로써 '옷'의 상태 변화를 느끼게 될 수도 있다. 또한 (18)에서는 물리적으로 상태 변화가 일어나지 않는 대상과 상태 변화가 일어날 수 있는 대상이 혼재되어 있다. "고향이 변해간다.", "동산이 작아졌다.", "고향집이 작고 비좁아졌다."라고 하는 것은 개념화자가 변하고 커짐으로써 '고향'의 상태 변화를 느끼게 된 것이며, "부모님이 작아진다."는 부모님과 개념화자 양쪽이 변함에 따른 지각이다.

(17) a. 옷이 작아졌다.
　　 b. {세탁을 잘못하는 바람에/체중이 불어나는 바람에} 옷이 작아졌다.

(18) 고향은 자꾸자꾸 변해간다. 내가 해질 녘까지 뛰어놀던 동산도 너무 작아졌다. …… 동산만 그렇겠는가. 내가 살던 싸리울 고향집도 작고 비좁아지고 나의 아버지와 어머니도 흘러내리는 모래 비탈처럼 작아지고 허물어지겠지. (문태준, '눈에 서늘한 싸리울 고향집', 중앙일보 2007.9.23.)

4.2. 인지적 전략

언어 속에는 인간의 인지적 전략이 투영되어 있다. 인지적 전략이란 화자가 의사소통의 목적상 대상 세계를 의도적이며 주체적으로 개념화해 나가는 인지능력을 가리킨다. 이러한 인지적 전략의 몇 가지 사례를 들면 다음과 같다.

4.2.1. 개념적 환유와 은유

인간은 인접성과 유사성의 인지 기제를 활용하여 개념 영역 간의 유연한 소통을 하게 된다. 이러한 인지적 전략을 '개념적 환유'와 '개념적 은유'라고 한다. 곧 '개념적 환유(conceptual metonymy)'란 동일한 개념 영역 안에서 인접성을 확보하여 개념적으로 현저한 실체인 '매체(vehicle)'를 통해 또 다른 개념적 실체인 '목표(target)'에 정신적 접근을 제공해 주는 전략이다. 또한 '개념적 은유(conceptual metaphor)'란 다른 개념 영역 간에 유사성을 확보하여 구체적인 '근원영역(source domain)'으로써 추상적인 '목표영역(target domain)'을 개념화하는 인지적 전략이다.

예를 들어, (19a)에서 '동네가 두려움에 빠지는 것'은 글자 그대로 보면 있을 수 없을 것이며, 문장의 적형성을 선택 제약의 관점에서 판단하는 생성문법에서는 비문법적인 문장으로 처리될 것이다. 그러나 언중들은 이 비유적 표현을 (19b)의 글자 그대로의 표현만큼 자연스럽게 생산하고 이해할 뿐만 아니라 더 선호한다. 곧 (19a)에는 '동네'와 '동네 사람' 간에 인접성의 기제에 의한 개념적 환유, 그리고 추상적인 감정인 '두려움'을 구체적인 대상인 '그릇 속의 액체'로 파악함으로써 '그릇 속의 액체'에 빠지는 경험과 '두려움'에 잠기는 경험 간에 유사성의 기제에 의한 개념적 은유가 함께 작용하고 있다.

    (19) a. 온 동네가 두려움에 빠졌다.
         b. 온 동네 사람들이 두려워했다.

개념적 환유는 글자 그대로의 표현에 비해 효율성과 유연성의 측면에서 유용한 인지 전략의 기제로 작용한다. 또한, 개념적 은유는 글자 그대로의 용법으로 표현하기 불가능한 대상을 표현하며, 표현의 생생함을 제공하며, 복잡한 개념에 대해서 간결성을 제공해 줄 뿐 아니라, 추론 및 의미 확장의 도구가 된다는 점에서 유효한 인지 전략의 기제가 된다.

4.2.2. 정신공간과 개념적 혼성

인지의미론에서는 언어 자체가 의미를 부호화하는 것이 아니라, 언어 단위를 의미 구성의 '촉진제'로 간주한다. 이 경우 의미 구성은 '개념화(conceptualisation)'와 동일시되는데, 개념화란 언어 단위가 개념적 작용과 배경 지식의 보충을 위한 촉진제 역할을 하는 동적 과정을 뜻한다(Evans & Green 2006: 162 참조). 개념화자가 언어 단위를 촉진제로 하여 의미 구성, 즉 개념화를 수행하는 데는 정신 공간과 개념적 혼성의 인지적 전략이 사용된다(Fauconnier 1985, Fauconnier & Turner 2002 참조).

먼저, 정신 공간 이론에 따르면 '정신 공간(mental space)'은 담화가 진행될 때 우리의 머릿속에 형성되는 다양한 공간을 뜻하는데, 이것은 만화가들이 등장인물의 속마음을 드러내기 위해 '생각 풍선'을 사용하는 전략에 비유될 수 있다. 예를 들어, 교사가 말썽꾸러기에게 (20)과 같이 말했을 때, 이 말은 적어도 세 가지 해석이 가능하다. 첫째는 '관대한 아버지 해석'으로 너희 아버지는 관대하여 너를 때리지 않지만, 너희 아버지는 너를 좀 더 엄하게 대할 필요가 있다는 뜻이다. 둘째는 '엄한 아버지 해석'으로 너희 아버지는 엄한 아버지라서 너를 때리겠지만 나는 그렇지 않기 때문에 너를 때리지 않는다는 의미이다. 셋째는 '역할 해석'으로 내가 아버지라면 너를 때리겠지만, 나는 교사이기 때문에 너를 때리지 않는다는 의미이다. 이것은 곧 의미가 언어 단위 속에 있는 것이 아니라 언어 단위를 촉진제로 하여 실제 상황과 정신 공간의 해석 사이를 연결하는 동적 과정에서 형성됨을 보여 준다.

(20) 내가 네 아버지라면 너를 때릴 것이다.

한편, 근원영역과 목표영역에 의한 '개념적 은유 이론'과 두 개의 입력 공간을 기본으로 하는 '정신공간 이론'은 제3의 의미, 즉 '발현 구조(emergent structure)'에 대한 설명력의 부재가 드러남으로써 다공간 모형에 의한 '개념적 혼성 이론(conceptual blending theory)'으로 발전하게 되었다. 예를 들어, (21)은 외과의사의 수술 실력이 형편없다는 뜻을 가진 은유 표현이다. 이에 대해 개념적 은유 이론에서는 근원영역 '도축자'와 목표영역 '외과의사'의 대응 요소인 '도축자/외과의사', '식칼/수술용 칼', '짐승의 몸통/환자', '몸통 절단/수술' 간에 사상이 이루어진다고 보는데, 이 분석은 도축자도 해당 분야의 전문가라는 점과 (21)에서 외과의사의 무능함을 뜻한다는 점을 설명하지 못한다.

(21) 그 외과의사는 도축자이다.

그런데 개념적 혼성 이론에서는 한 입력 공간으로부터는 수술의 목표가, 다른 입력 공간으로부터는 도축의 수단이 혼성 공간에 각각 선택적으로 투사됨으로써 수술의 목표와 도축의 수단 간에 불일치가 나타나는 '발현 구조'가 형성된다. 그 결과 '수단-목표' 관계의 불일치에서 '외과의사의 무능함'이라는 추론에 이르게 된 것이다. 요컨대, 개념적 혼성 이론은 개념적 은유 이론의 한계를 극복해 줄 뿐 아니라, 합성어·혼성어·가상적 담화·주관적 이동 표현 등의 개념화 과정을 유연하게 설명해 주는 인지적 전략이라 하겠다.

4.2.3. 해석

의사소통에서 실현된 언어의 의미는 다음 두 가지 측면에서 '해석'이라는 개념화자의 인지적 전략이 반영되어 있음을 확인할 수 있다. 화자의 측면에서 볼 때 장면이나 상황은 사진 촬영처럼 객관적으로 옮겨지는 것이 아니라, 화자는 그 장면이나 상황을 몇 가지 방식으로 사고하고 이를 자신의 관점에 비추어 하나를 선택해서 언어로 표현하게 된다. 청자 역시 화자의 표현에 대하여 그 의미를 몇 가지 방식으로 추론하고 이를 자신의 관점에 기초하여 그중 하나를 선택적으로 수용하게 된다. 이러한 과정에 비추어 볼 때, 언어의 의미란 장면을 개념화하고 기술하는 대안적인 방식 가운데 개념화자의 선택을 가리키는 '해석(construal)'으로 볼 수 있다(Radden & Dirven 2007: 337 참조). 언어적 해석은 우리가 세상사를 해석하는 전략과 다를 바 없다. 언어에 나타난 해석의 사례를 들면 다음과 같다.

첫째, 능동문과 피동문의 구성에는 장면에 대한 화자의 해석이 작용한다. (22)의 두 문장은 종래 진리조건적 측면에서 의미값이 동일하다고 하여 동의문으로 인정되어 왔다. 그러나 (22a) 또는 (22b)는 객관적으로 동일한 장면, 즉 '경찰'과 '도둑'이 쫓고 쫓기는 상황에 대한 개념화자의 해석이 투영되어 있다. 즉 (22a)의 능동문에서는 '경찰'이 주어로서 '전경(figure)'이 되며, '도둑'이 목적어로서 '배경(ground)'이 되는 반면, (22b)의 피동문에서는 '도둑'이 주어로서 전경이 되며, '경찰'이 목적어로서 배경이 된다. 이 경우 상대적으로 '전경'은 현저하고 초점이 되며, '배경'은 덜 현저하고 초점을 받지 못한다.

    (22) a. 경찰이 도둑을 잡았다.
         b. 도둑이 경찰에게 잡혔다.

둘째, 이동 동사 '오다'와 '가다'의 시점 변환에는 화자의 해석이 작용한다. '오다'와 '가다'의 일반적인 용법을 보면 "그가 나를 만나러 왔다가 곧장 자기 집으로 갔다."에서처럼 '오다'

는 화자를 지향하는 상황에서 사용되고 '가다'는 화자를 벗어나는 상황에서 사용된다. 그런데 (23b)에서는 '오다'가 청자를 지향하는 상황에 사용되고 있다. (23a)가 '가다'의 일반적인 용법으로서 화자 중심 시점인 반면, (23b)에서 '가다' 대신에 '오다'가 쓰인 것은 화자가 청자를 배려하기 위하여 특별히 청자 중심 시점을 선택한 것이라 하겠다.

(23) a. (전화) 김 교수님, 제 조교가 교수님 연구실에 갔습니까?
 b. (전화) 김 교수님, 제 조교가 교수님 연구실에 왔습니까?

셋째, 가상적 이동에는 화자의 해석이 작용한다. '가상적 이동(fictive motion)'은 '주관적 이동(subjective motion)'이라고도 하는데, 이는 (24)의 "산맥 하나가 서쪽으로 뻗어갔다.", "산협 소로가 고개를 넘어갔다.", "집이 산으로 올라갔다."에서 보듯이 비이동체를 이동체로 파악하여 이동 동사를 사용하는 경우이다. 가상적 이동에는 개념화자의 심리적인 '주사 전략(scanning strategy)'이 내포되어 있다. 곧 개념화자가 '산맥·소로·집'과 같은 정적인 대상 세계를 시선이나 마음속으로 탐사해 나가는 과정에서 '순차적 주사(sequential scanning)'[19] 전략을 사용하여 연속적이며 동적으로 해석한 것이다.

(24) a. 백운산 어름에서 큰 산맥 하나가 백두대간과 갈라져 서쪽으로 뻗어간다. (류인학, 『우리명산답사기』 1, 1995: 43, 자유문학사.)
 b. 이 사이를 좁다란 산협 소로가 꼬불꼬불 깔그막져서 높다랗게 고개를 넘어갔다. (채만식, '쑥국새', 『채만식 전집』 7, 1987: 295, 창작과 비평사.)
 c. 이 항구에서는 사람들이 들어 사는 집은 될 수 있는 대로 산으로 올라갔고, 그 산꼭대기에는 도야지 울들이 삐뚤어져 붙어 있다. (김기림, '주을 온천행', 『길』, 1992: 221, 깊은샘.)

5. 의미 관계에 기반을 둔 의미 탐구

현대 의미론의 큰 성과 가운데 하나는 '의미 관계(meaning relation)'에 대한 체계적 해명을

---

19 이와 관련하여 Langacker(1991: 80)에서는 정보를 처리하는 방식으로 일괄적이며 정적인 '요약 주사(summary scanning)'와 연속적이며 동적인 '순차적 주사(sequential scanning)'를 구별하고 있다. '요약 주사'가 폭이나 길이를 가진 대상을 한 컷의 사진으로 찍어내는 것이라면 '순차적 주사'는 이를 그림으로 그리거나 동영상으로 찍어내는 경우에 비유될 수 있다.

들 수 있다. 의미 관계는 계열적 관계와 결합적 관계로 구분되는데, 어휘 항목이 전자는 계열체에 의해서 선택적으로 대치되는 관계이며, 후자는 결합체에 의해서 연쇄적으로 공기되는 관계를 말한다.

의미 관계에 대한 구조의미론과 인지의미론의 접근 방법은 다음과 같은 대조적 시각을 갖는다. 첫째, 구조의미론에서는 의미 관계의 정적인 측면에 주목하며 의미를 언어내적 맥락에서 고정된 대조로 취급하는 반면, 인지언어학에서는 의미 관계의 역동적인 성질에 주목하며 언어 외적 환경에 의존하고 있다고 본다. 둘째, 구조의미론에서는 의미 관계의 대칭성을 포착하고 기술하는 데 많은 노력을 해 왔으며, 그 결과 또한 언어 구조의 체계성을 밝히는 데 크게 기여해 왔다. 그 반면, 인지언어학에서는 어휘 구조가 외적인 맥락에서뿐만 아니라, 내면적으로 비대칭성을 이루고 있다고 본다. 이러한 비대칭성은 의미 관계의 형성이 인간의 인지적, 경험적 요인에 동기화되어 있기 때문이라고 하겠다.

따라서 국어 의미 연구는 역동적이며, 인간의 인지적, 경험적 요인과 동기화되어 있는 의미 관계의 탐구에 시선을 돌려야 한다.

5.1. 다의관계

'다의관계(polysemy)'란 하나의 어휘 항목이 두 가지 이상의 관련된 의미를 지닌 경우이다. 다의관계를 대표하는 것을 '중심의미' 또는 '원형의미'라고 하며, 확장된 것을 '주변의미' 또는 '확장의미'라고 한다.

다의어에 대한 종래의 관점은 다의어 및 의미 확장을 언어 내적 또는 언어 자체의 문제로 보았으며, 다의어는 '핵 의미(core meaning)'를 공유하며 핵 의미를 공유하지 않는 형태-의미의 복합성은 동음이의어 또는 동형어로 간주하였으며, 다의어와 동음이의어는 뚜렷이 구분되며, 다의어의 중심의미와 주변의미의 관계는 평면적이며 대칭적이라고 보았다.

다의관계의 인지언어학적 접근법은 다음 네 가지이다. 첫째, 다의어의 경계 문제이다. '다의어' 또는 '다의관계'의 개념을 정의하는 데는 단어의 '형태'와 '의미' 대응에서 '불연속성(discreteness)', 즉 '경계(boundary)'의 문제가 고려되어야 한다. (25)는 하나의 '형태'에 대응하는 '의미'의 양상이 4가지 측면에서 다름을 보여 주는데, a의 '새¹, 새²'는 문맥적 변이의 '단의어(monosemic word)'이며, b의 '법¹'은 '법률'을 뜻하는 중심의미이며 '법²'는 '습성'을 뜻하는 확장의미로서 '다의어(polysemous word)'이다. 한편, c의 '책¹'은 '형태'로서 '책'을 지칭하고 '책²'는 '내용'으로서 '책'을 지칭하는 '다면어(faceted words)'이며, d의 '못¹'은 '목재 따위의 접합이나 고정에 쓰는 물건'이며 '못²'는 '연못'으로서 '동음이의어(homonymous word)'이다.

(25) a. 타조는 **새**^{1}이지만, **새**^{2}처럼 날 수 없다.

　　　b. **법**^{1}을 전공한 그는 좀처럼 서두르는 **법**^{2}이 없다.

　　　c. 이 **책**^{1}은 두껍지만 저 **책**^{2}만큼 지루하지 않다.

　　　d. **못**^{1}이 **못**^{2}에 빠졌다.

　둘째, 다의어의 의미 구조이다. '핵심 구조'는 다의관계를 이루는 의미들 간에 '핵심 의미' 즉 '중심의미'를 공유하는 구조이며, '연쇄구조'는 다의관계를 이루는 의미들이 중심의미에서 연쇄적으로 확장되는 구조이며, '망구조'는 중심의미인 '원형'과 유사성을 통하여 수평적으로 '확장' 관계를 이루며 원형과 확장의 공통성을 추상화하여 수직적으로 '도식' 관계를 이루는 구조이다.

　셋째, 다의어의 의미 확장이다. 다의어의 전형적인 확장 경로는 '사람→동물→식물→무생물', '공간→시간→추상', '물리적 위치→사회적 위치→심리적 위치', '문자성→비유성→관용성'이 있다. 즉 의미의 확장은 '사람, 공간, 물리적 위치, 문자성' 등 우리의 신체적 및 구체적 경험의 바탕에서 추상적으로 진행되며, 이 과정에서 다의어가 형성된다.

　넷째, 다의어의 비대칭성이다. 다의어의 중심의미는 주변의미에 비해 구체적이며, 구조적으로 제약을 덜 받고, 빈도수가 높으며, 인지적인 측면에서 학습의 시기가 빠르며, 우리 머릿속에 뚜렷이 각인됨으로써 일상 언어생활에서 더 쉽게 이해되고 연상된다.

　요컨대, 다의관계에 대한 논의는 다의어의 경계, 의미의 구조 및 확장, 다의어의 중심의미와 주변의미의 됨됨이 등에서 종래의 사전상의 고정되고 엄격한 기준에서 한층 더 열린 시각에서 유동적이고 현재 진행 상태에 있으며, 용법 기반 모형에 관심을 갖는다.

5.2. 동의관계

　'동의관계(synonymy)'는 형태가 다른 둘 이상의 단어가 동일한 의미를 지닌 것을 말한다. 여기서 '동일한 의미'에 대해서 엄격한 기준을 적용하느냐 또는 느슨한 기준을 적용하느냐에 따라 절대적 동의어와 상대적 동의어로 구분된다. 개념상으로 절대적 동의어를 인정하지 않는 쪽에서는 '유의어'라는 용어를 사용하지만, 용어의 수준이 아니라 동의관계에 대한 보다 더 근본적인 이해가 필요하다.

　이와 관련하여 인지언어학에서는 원형이론을 통해 동의어의 됨됨이를 파악하려고 한다.

원형이론의 기본 원리 가운데 하나는 범주 구성원 간에 정도성을 부여한다는 점이다. 이에 따라 생각하면, 원형적 동의어란 다음과 같은 두 측면이 고려되어야 한다.

첫째, 개념과 표현의 문제로서, 동일한 개념에 대한 형태가 다른 둘 이상의 단어와 유사한 개념에 대한 형태가 다른 둘 이상의 단어가 동의관계를 이룰 경우, 전자는 원형적 동의어가 되며 후자는 비원형적 동의어가 된다. 이 경우 개념의 동일성과 유사성은 동의어의 됨됨이를 통해서 확인하는 것이 보통이다. 예를 들어, '메아리-산울림'은 동일한 개념에 대한 동의관계이므로 원형적 동의어가 되며, '참다-견디다'는 유사한 개념에 대한 동의관계이므로 비원형적 보기가 된다.

둘째, 절대적 동의어든 상대적 동의어든지 간에 동의관계에 놓인 둘 이상의 단어에서 빈도수가 높고 문맥에서 제약을 덜 받는 쪽과 상대적으로 빈도수가 낮고 문맥에서 제약을 더 받는 쪽이 있게 마련이다. 이 경우 전자는 동의어의 원형적 보기가 되며, 후자는 비원형적 보기가 된다.

요컨대, 동의관계에 대한 논의는 원형적 동의어와 비원형적 동의어의 성격을 규명하는 일이 필요한데, 이러한 작업은 빈도수를 고려하고, 개념적·연상적·주제적 의미를 대조하며, 문맥상의 제약 정도를 확인하는 것 등을 포함한다.

5.3. 대립관계

'대립관계(opposition)'는 '남/여'와 같은 상보관계, '길다/짧다'와 같은 반의관계, '위/아래'와 같은 방향관계를 중심으로 대립적인 짝을 이루는 단어를 이른다. 구조의미론에서는 대립관계의 유형을 분류하고 기술하는 성과를 이루어 냈다. 그에 비해 인지언어학에서는 대립관계에 대한 인지적, 경험적 설명력을 추구하고 있다. 그러면, 구조상으로 비대칭관계에 있는 대립 쌍을 중심으로 언어 외적 동기화를 부여해 보기로 한다.

첫째, 공간 감각어는 '길다/짧다', '높다/낮다', '깊다/얕다', '멀다/가깝다', '넓다/좁다', '굵다/가늘다', '두껍다/얇다', '크다/작다'의 형용사 대립어로 이루어져 있다. 그런데 이들 대립어들의 용법을 살펴보면 다음과 같은 비대칭성이 나타난다. 곧, 적극적인 쪽이 소극적인 쪽에 비하여, 중립적인 의문문으로 사용되며, 사용 빈도가 높으며, 결합관계에서 앞자리에 놓이며, 파생에 있어서 더 생산적이다. 이러한 편향성은 '길다'류의 적극적인 쪽이 '짧다'류의 소극적인 쪽보다 물리적으로 두드러지므로 언어적으로나 인지적으로 우월성을 띠게 된 것이다.

둘째, 방향 대립어는 '위/아래', '앞/뒤', '오른쪽/왼쪽' 등이 있는데, 이에 대한 용법은 "한 수 {위/아래}이다.", "의식 수준이 {앞섰다/뒤처졌다}.", "그는 내 오른팔이다./왼 고개를 젓다.” 등에서 보듯이 ‘위·앞·오른쪽’은 긍정적으로, ‘아래·뒤·왼쪽’은 부정적으로 사용된다. 이러한 비대칭성은 일차적으로 우리의 신체적 경험에서 비롯되며, 이차적으로 사회 문화적 경험에 의해서 강화된다.

요컨대, 대립관계에 나타나는 언어 구조의 비대칭성은 세상에 대한 우리의 지각 및 신체·문화적 경험과 긴밀하게 동기화되어 있다.

5.4. 하의관계

‘하의관계(hyponymy)’란 상위어와 하위어가 의미의 계층적 구조를 이룬 경우이다. 예를 들어, ‘식물’과 ‘나무’에서 ‘식물’은 상위어이며, ‘나무’는 하위어이다.

논리적 접근 방식에 따르면 하의관계에서 하위어는 상위어를 함의한다. 이것은 의미 자질과 관련되는데, 상위어는 하위어에 비해서 의미 자질의 수가 적다. 따라서 함의관계나 의미 자질을 중심으로 하의관계를 논의하는 쪽에서는 다음과 같은 견해를 고수하게 된다. 첫째, 하의관계의 상위어나 하위어의 구조 자체에 관심을 갖는다. 따라서 언어내적 측면에서 어휘 쌍들의 관계 기술에 치중하게 된다. 둘째, 하의관계를 이루는 모든 어휘 쌍은 이행관계에 놓인다. 곧 상위어는 모든 계층의 하위어를 포함한다. 그 결과 하의관계의 됨됨이에 우열을 고려하지 않는다.

한편, 인지언어학에서는 하의관계의 문제를 전혀 다른 시각으로 접근하고 있다. 첫째, 하의관계를 이루는 상위층위, 기본층위, 하위층위에서 인지적으로 더 현저한 범주의 층위가 있다고 본다. 그중, ‘기본층위(basic level)’는 ‘나무’ 및 ‘개’와 같이 사람들이 보편적으로 사물을 지각하고 개념화하는 층위를 말한다. 기본층위는 상위층위나 하위층위에 비하여 기능적, 인지적, 언어적으로 우월성을 갖는다. 곧, 발생 빈도가 높고 지각상으로 현저하며 형태가 단순하다. 이러한 우월성은 계층구조를 파악하는 인간의 인지적 경향성과 관련되어 있다. 둘째, 하의관계의 됨됨이를 비대칭적이라고 본다. (26), (27)에서 보듯이, 이행관계에 있어서 ‘과일-사과-홍옥’의 계층구조에서 모든 하위어는 상위어에 포섭되지만, ‘비행기-글라이더-행글라이더’의 이행관계는 부분적으로 충족된다.

(26) a. 홍옥은 사과의 한 유형이다.
　　 b. 사과는 과일의 한 유형이다.
　　 c. 홍옥은 과일의 한 유형이다.

(27) a. 행글라이더는 글라이더의 한 유형이다.
　　 b. 글라이더는 비행기의 한 유형이다.
　　 c. ?행글라이더는 비행기의 한 유형이다.

또한 하의관계를 이루는 어휘쌍 가운데서 상위어와 하위어의 관계가 더 뚜렷한 원형적인 보기와 그렇지 않은 보기가 있게 된다. 예를 들어, 상위어 '과일'에 해당하는 다양한 하위어 가운데 원형적인 '사과'와 비원형적인 '살구'의 의미 관계는 동일하지 않으며, 따라서 '과일-사과' 및 '과일-살구'의 의미 관계에는 차이가 있게 된다.

요컨대, 하의관계에 대한 종래의 관점은 계층구조 자체의 기술과 논리적 상관성을 추구한 반면, 인지주의에서는 하의관계를 파악하는 인간의 경험적·인지적인 경향성의 해명에 관심을 갖는다.

6. 문화에 기반을 둔 의미 탐구

언어의 의미 속에는 문화적 요인이 깊이 관련되어 있다. 앞에서 본 바와 같이 의미 작용은 몸과 마음을 가진 인간에 의해서 이루어지며, 인간은 진공 상태가 아니라 특유의 문화적 배경을 바탕으로 의미 작용을 수행하게 된다. 실제로 문화인류학에서는 색채어나 분류 체계의 연구를 통해 범주화에 대한 인식의 전환을 가져왔는데, 이 새로운 인식이 인지언어학의 성립에 크게 기여했음은 주목되는 사항이다. 이 점을 고려해 볼 때 국어 의미 연구는 문화의 탐구에 시선을 돌려야 한다.

6.1. 문화 모형

의미는 사회 문화적 배경이나 지식에 의존하는데, 이러한 지식은 '문화 모형(cultural model)'을 구성한다. 곧 '문화 모형'이란 하나의 문화 공동체가 공유하는 '인지 모형'[20]을 가리킨다. 본질적으로 인지 모형은 개별적인 반면, 문화 모형은 집단의 인지 모형을 뜻하므로 이 둘은 동전의 양면과 같다. 즉 개인의 인지 모형은 문화 모형에 의존하며, 역으로 문화 모형은 인지 모형의 결합적 측면이 강조된다. 문화 모형은 종종 문화권 간의 차이점에 주목하

---

20 '인지 모형(cognitive model)'은 개인을 중심으로 어떤 분야의 지식에 대한 인지적, 심리적 견해를 뜻하는데(Ungerer & Schmid 1996/2006: 51 참조), Fillmore(1985) 및 Fillmore & Atkins(1992: 76-77)에서는 '틀(frame)', Langacker(1987: 147-182)에서는 '영역(domain)', Lakoff(1987: 68-76)에서는 '이상적 인지 모형(ICMs)'이라는 용어를 사용하고 있다.

므로 모형 간의 대조 연구가 흥미를 끌게 된다. 이와 관련하여 '사회 계층'과 '아침 식사'에 대한 문화 모형의 사례를 들면 다음과 같다.

첫째, 사회 계층에 관한 문화 모형을 보기로 한다. 영국인들은 '층으로 된 케이크 사회(layer cake society)'의 심상을 가지고 있는데, 맨 위에는 부유한 상위층, 중간에는 안락하게 살아가는 중산층, 밑바닥에는 가난한 노동 계층이 있다. 오늘날까지 하나의 '층으로 된 케이크 사회'로서 영국의 문화 모형은 영국인들의 정신세계를 지배하고 있으며, 생활양식에도 반영되어 있다(Aitchison 1987/2003: 71 참조). 인도의 경우, 사회는 네 가지 계급의 '카스트'인 '브라만-크샤트리아-바이샤-수드라'로 되어 있으며, 많은 인도 사람들은 카스트의 구조를 신체에 비유하여 브라만은 '머리', 수드라는 '발'로 간주하고 있다(Kövecses 2006: 340 참조). 우리의 경우, 조선시대의 신분 계층은 '양반-중인-상민-천민'으로 엄격하게 구분되어 있었는데, 이 문화 모형은 당대 사람들의 정신세계와 생활양식을 철저하게 규제하였다. 조선시대의 문화 모형은 대우법을 통해서 언어에 반영되기에 이르렀다. 그러나 오늘날에는 이러한 신분 계층이 무너지고 경제적인 척도에 의해 '부유층-중산층-빈곤층'으로 대치되었는데, 이것은 문화 모형이 고정된 것이 아니라 변화한다는 것을 보여 준다.

둘째, 영국과 프랑스의 '아침 식사'는 매우 다른 문화 모형을 지닌다. <표 1>에서 보듯이 영국식은 풍성한 내용으로 구색을 갖추어 거실에서 제공되며 요금이 숙박비에 포함된다. 대조적으로 프랑스식은 커피 한 잔과 크루아상의 다소 빈약한 내용으로 접시에 담아 침실이나 가까운 카페 또는 바에서 들며 별도의 요금이 부과된다. 이러한 차이는 식사의 기능과 적절성에 관한 서로 다른 문화 모형을 반영하기 때문이다. 곧 영국의 문화 모형에는 아침과 저녁 식사를 중시하고 점심 식사는 가볍게 하는 반면, 프랑스의 문화 모형에서는 아침 식사를 가볍게 하고 점심과 저녁 식사를 풍성하게 차린다. 따라서 '아침 식사'라고 하더라도 'English Breakfast'와 'Petit Déjeuner'는 문화 모형에서 현저한 차이를 드러낸다(Ungerer & Schmid 1996/2006: 51-53 참조).

표 1 **영국과 프랑스의 '아침 식사'**

성분 \ 아침 식사	English Breakfast	Petit Déjeuner
내용	시리얼 · 우유, 차 · 커피, 오렌지 주스, 토스트, 버터, 마멀레이드, 베이컨, 달걀, 찐 콩, 소시지, 토마토	커피, 크루아상
장소	거실	침실, 카페, 바
요금	숙박비에 포함됨	숙박비에 포함되지 않음

6.2. 민간 모형

'민간 모형(folk model)' 또는 '소박한 모형(naive model)'은 문화 모형의 일종으로서 어떤 문화권의 언중들이 일상생활 속에서 얻은 경험과 직관을 통해 형성해 온 상식적인 세계관을 말한다.[21] 이러한 세계관은 비공식적 관찰, 전통적 믿음, 심지어는 미신에 근거를 두기도 하지만, 그 속에는 언중들의 경향성, 지혜, 예측력이 집약되어 있으므로 주목된다. 언어에 투영되어 있는 민간 모형의 몇 가지 사례를 들면 다음과 같다.

첫째, 감정 표현의 경우를 보기로 한다. 우리말 속에는 신체 생리적 반응에 기초하여 감정을 표현하는 장치가 섬세하게 발달되어 있다. (28)은 '화', (29)는 '사랑'에 관한 민간 모형의 보기들이다.

(28) a. 속이 {상하다, 뒤집히다, 뒤틀리다, 꼬이다, 치밀다}.
　　 b. 부아가 {나다, 치밀다}.

(29) a. 눈에 콩깍지 씌다, 눈이 삐다.
　　 b. 마누라가 귀여우면 처갓집 쇠말뚝 보고도 절한다.
　　 c. 나는 향기로운 님의 말소리에 귀먹고, 꽃다운 님의 얼굴에 눈멀었습니다. (한용운의 '님의 침묵'에서)

여기서 주목되는 것은 이러한 표현들이 우리의 경험에 근거를 두고 있을 뿐만 아니라 과학적으로 증명된다는 점이다. 실제로 (28a)의 경우, 우리는 "속상하면 속이 상한다."는 것을 경험한다. (28b)에서 '부아'는 '허파'의 토박이말로서 우리 겨레는 오랜 세월에 걸쳐 화가 나면 허파가 팽창됨을 알고 있었던 것이다. 이에 관한 생리학적 설명에 따르면 정상적인 경우, 1분에 16회의 호흡을 하고 한 번 호흡할 때 들이마시는 공기는 약 500ml이지만, 화가 나면 700ml를 들이마신다고 하는데, 이것을 통해 볼 때 화가 나면 부아가 나는 것이 증명된다. 또한 (29)의 표현은 사랑을 하면 눈이 먼다는 것인데, 최근에 이 점이 의학적으로 증명된 바 있다.[22] 이렇게 볼 때 '두려움'에 대한 (30)의 표현을 실마리로 해서 생리학적·의학적으로 두려울

21　'민간 모형'에 대립되는 '과학적 모형(scientific model)' 또는 '전문 모형(expert model)'은 기존 학문 분야에서 실험 및 사례 분석과 논증을 통하여 검증된 객관적이며 엄격한 모형을 가리킨다.
22　『선데이 타임스』에 따르면 영국 런던 유니버시티 칼리지의 세미르 제키 교수가 사랑에 빠진 사람들의 뇌를 단층 촬영한 결과 비판적인 기능을 담당하는 부분의 활동이 정지된 반면, 긍정적인 관계 유지를 돕는 뇌하수체 호르몬인 옥시토신·바소프레신에 직접 반응하는 뇌기능이 활성화하였다는 것이다(중앙일보, 2005.2.14. 참조).

때 간이 수축되고 체온이 낮아지는지를 검증해 볼 필요가 있다고 하겠다.

(30) a. 간이 콩알만 하다, 간이 콩알만 해지다, 간이 콩알 같다.
 b. 간이 떨리다, 간이 서늘하다.

둘째, 미각 표현의 경우 기본 미각어가 국어에는 (31a)와 같이 다섯 가지가 있으며 영어에는 (31b)와 같이 네 가지가 있다. 이와 관련하여 생리학에서는 혀의 끝에 '단맛', 앞에 '짠맛', 옆에 '신맛', 뒤에 '쓴맛'의 미뢰가 분포되어 있다고 할 뿐, '떫은 맛'에 대해서는 언급이 없다. 그러나 우리 문화권에서 '떫다'는 '설익은 감의 맛처럼 거세고 텁텁한 맛'으로서, 그 의미가 확장되어 '하는 짓이나 말이 덜되고 못마땅한' 경우에 사용될 만큼 우리 삶에 밀착되어 있다. 곧 미뢰를 찾아낸 서양 생리학자들에게는 '떫다'라는 개념이나 단어가 없으므로 그에 대응하는 미뢰나 미각을 탐색해 볼 계기가 마련되지 않은 것으로 보인다.[23]

(31) a. 달다, 짜다, 시다, 쓰다, 떫다
 b. sweet, salty, sour, bitter

6.3. 의미장

'의미장(semantic field)'은 문화 모형의 일종으로서 하나의 상위어 아래 의미상 밀접하게 연관된 단어의 무리를 가리킨다. 단어의 무리로 실현되는 '의미장'을 '개념장'이라고도 하는데, 의미장 속에는 개별 언어의 의미 특성뿐만 아니라 그 의미장을 통해서 살아온 언어 공동체의 개념 체계가 반영되어 있다. 국어와 영어의 몇 가지 의미장을 대비해 보기로 한다.

첫째, '온도어장'의 경우 국어에는 (32a)와 같이 여덟 가지, 영어에는 (32b)와 같이 네 가지 또는 다섯 가지가 있다. 국어의 온도어장은 조어의 측면에서 '-ㅂ다' 형과 '-하다' 형으로 대별되는데, 이러한 형태는 '과한 온도/적당한 온도' 또는 '불쾌한 온도/유쾌한 온도'의 대립을 이루며, '덥다, 뜨겁다, 따뜻하다, 뜨뜻하다'와 '춥다, 차갑다, 서늘하다, 미지근하다'는 '높은 온도/낮은 온도' 또는 '확장적 온도/수축적 온도'의 대립을 이루며, '덥다, 춥다, 따뜻하다, 서늘하다'와 '뜨겁다, 차갑다, 뜨뜻하다, 미지근하다'는 '생리적 온도/물리적 온도' 또는 '전체적 온도/부분적 온도'의 대립을 이룬다(천시권 1980: 1-14 참조). 이를 통해서 볼 때 국어의

---

23 영국에는 우리 농촌에서 흔하디흔한 '모과'나 '땡감'과 같은 떫은맛의 자극 원을 찾아보기 어려울 뿐 아니라, 영어에는 '떫다'라는 단어가 없다. 실제로 한영사전에서 '떫다'를 찾아보면 'astringent' 라고 되어 있으며, 이를 영한사전에서는 '수렴성의·엄한'으로 풀이하고 있다.

온도어장은 (32b)와 같은 영어의 단선 구조에 비해 매우 풍부하고 입체적임이 확인된다.

(32) a. 덥다/뜨겁다, 따뜻하다/뜨뜻하다, 서늘하다/미지근하다, 춥다/차갑다
    b. hot, warm, (lukewarm), cool, cold

둘째, '착탈어장'의 경우 국어에는 (33)과 같이 '착(着)'에 관한 단어는 다양하게 분화되어 있는 반면, '탈(脫)'에 관한 단어는 그 수가 제한되어 있다. 대조적으로 영어에는 (33)에서 보듯이 '착탈'에 관한 단어가 수적으로 제한되어 있으며 대칭적이다. 그런데 국어의 착탈어장에 나타나는 구조상의 비대칭성은 우리의 경험과 경향성을 잘 반영하고 있다는 점에서 흥미롭다. 곧 '착'에 관한 동작을 발생시키거나 그 상태를 유지하는 데는 에너지의 양이 많이 요구되므로 더 활성적인 반면, '탈'에 관해서는 상대적으로 에너지의 양이 적게 요구되므로 덜 활성화한 것으로 볼 수 있다.

(33) a. 입다 · 쓰다 · 신다 · 두르다 · 끼다 ↔ 벗다
    b. 끼우다 · 꽂다 ↔ 빼다
    c. 매다 · 차다 · 드리다 ↔ 풀다

(34) wear ↔ doff, put on ↔ take off

7. 마무리

이제까지 국어 의미 연구의 성과와 반성의 바탕 위에서 의미관의 대립적 관점을 살펴보고 인지언어학적 관점에서 장차 국어 의미 연구가 지향해야 할 방향에 대해서 논의하였다. 이러한 연장선상에서 의미 연구의 몇 가지 과제를 제시하면 다음과 같다.

첫째, 인지언어학은 인간의 언어, 마음, 사회 문화적 관계를 다루는 인간 중심의 언어학으로서 유연성과 설명력이 높으며, 의미와 의미론에 초점을 두고 발전해 온 언어 이론이다. 따라서 국어 의미 연구는 인지언어학적 관점에서 활성화될 필요가 있다.

둘째, 의미는 언어 구조 자체의 자율적인 연구 대상이 아니라 언어를 둘러싸고 있는 인간의 몸, 마음, 의미 관계, 문화적 배경과 깊은 상관성을 맺고 있다. 따라서 국어 의미 연구는 동적이며 복합적인 의미 작용의 양상을 다양하고 체계적으로 분석하며 유기적으로 설명해야 할 필요가 있다.

셋째, 종래 의미 연구는 실용적인 측면에서 활용되지 못하였다. 따라서 국어의 의미 연구에서 밝혀진 의미 작용의 원리는 언어 및 문화 교육, 사전 편찬, 언어공학 및 뇌 과학 등에 응용되어야 하며, 나아가 인간의 본질 규명에 이바지하도록 할 필요가 있다.

요컨대, 언어의 의미는 마음의 작용 방식을 반영하는 추상적 실체이지만, 그 마음은 우리의 신체적 경험과 우리가 몸담고 있는 문화적 배경을 기반으로 형성된 것이다. 따라서 이러한 방향에서 의미를 탐구하게 될 때 국어 의미 연구의 새로운 지평이 열리고 그 효용성도 극대화될 것이다.

제2부

몸과 의미

제3장
몸의 인지언어학적 탐구

1. 들머리

이 장은 인지언어학의 기반이 된 '몸' 또는 '신체화'의 성격을 밝히고 그 인지언어학적 탐구의 방향을 제시하는 데 목적이 있다. 기존의 자율언어학에서는 언어 또는 언어의 의미 작용에 언어 외적 요소, 특히 몸 또는 신체에 대한 관련성을 배제한 채 언어 자체의 체계와 기능을 탐구해 왔다. 또한 자율언어학의 객관주의를 대표하는 생성문법에서는 언어를 관장하는 자율적인 마음의 모듈이 존재한다고 생각하였다. 이에 따라 언어의 사용 주체인 사람의 신체적 작용 방식과 관련된 말의 본질을 탐구하는 데 주목하지 못하였다.

그런데 인지언어학에서는 언어 특히 의미 작용에는 마음이 중요한 역할을 하며, 그러한 마음은 몸과 깊은 관련성을 맺고 있다고 본다. 1980년대 이후로 몸이 다양한 방식으로 마음에 중요하다는 생각은 '신체화(embodiment)'로 알려져 왔다(Rosch & Lloyd(eds.) 1978, Johnson 1987, Varela *et al.* 1991, Gibbs 2006 참조). 인지언어학에서는 의미가 신체화되어 있다고 전제하는데, 이는 추상적인 의미가 인간의 공유된 신체적 경험에 기반을 두고 있다는 것을 뜻한다. 신체화, 그리고 체험주의에 대한 관심이 증가됨에 따라 언어 특히 의미 작용에 몸을 기반으로 한 양상들이 하나 둘씩 그 베일을 벗게 되었다.

우리 자신을 형성하고 있는 몸은 어떤 모습을 하고 있는가? 원통이나 직육면체가 아닌 얼굴, 몸통, 손발을 가진 '털 없는 호모사피엔스'를 우리는 너무 잘 알고 있다.[1] 외관상으로

---

[1] 영국의 동물학자 Morris는 『털 없는 원숭이(*The Naked Ape*)』라는 책을 출간하였는데(Morris 1967/ 김석희 옮김 2001), 그 내용 속에는 다음과 같은 질문이 포함되어 있다. "오늘날 지구상에는 193종의 원숭이와 유인원이 살고 있다. 그 가운데 192종은 온몸이 털로 덮여 있고, 단 한 가지 별종이 있으니, 이른바 '호모 사피엔스'라고 자처하는 '털 없는 원숭이'가 그것이다. 곧 땅 위에 살아 있는 온갖 것들이 진화의 경주를 벌이고 있는데, 털 없는 원숭이가 홀로 멀리 앞장서 달리고 있다. 진화의 경주에서 인간이 홀로 앞장서 내달리는 까닭은 무엇인가?" 지은이는 이 질문의 해답으로 "언어야말로 인간이 이룩한 가장 위대한 성취의 하나이다. 협동 활동인 사냥을 하려면 좀 더 정확하고 유익한

하나의 코와 입이 있으며, 눈과 귀, 콧구멍, 손과 발 그리고 손가락과 발가락이 대칭을 이루고 있다. 몸의 앞면은 얼굴을 비롯하여 사람다운 특징적 부위가 구비되어 있는 반면 측면과 뒷면은 별 특징 없이 밋밋하다는 점에서 비대칭적이다. 몸의 초점 부위라 할 수 있는 '얼굴'은 전면을 향하고 있으며, 인지의 주요 창구인 '눈'의 시야는 180도 전방이며 15도 위쪽을 향한다. 더욱이 짐승과 달리 사람은 직립보행을 한다. 이러한 신체적 특징은 '앞'과 '뒤', '위'와 '아래'에 대한 비대칭적 경험의 근원이 된다. '오른손'과 '왼손'은 대칭적이지만, 오른손을 많이 쓰는 경험에 의해 '오른쪽'은 '긍정적'이며 '왼쪽'은 '부정적'인 편향성이 형성된다. 또한 사람의 몸 가운데 빼놓을 수 없는 것은 고도의 정신 활동을 할 수 있는 두뇌의 존재와 말을 할 수 있도록 예정된 음성 기관을 갖추고 있다는 점이다. 이 경우 '몸속의 두뇌(the brain in the body)'는 '마음속의 몸(the body in the mind)'과 동전의 양면 관계에 있다.

인지언어학의 관점에서 사람의 몸속에 마음이 어느 정도로 관여하며 그 구체적인 모습은 어떠한지에 대한 탐색은 이제 시작 단계이다. 이와 관련하여 이 장에서는 몸과 마음에 대한 관점의 변화, 신체화의 기본 개념, 환경세계, 그리고 신체화의 작용 범위에 대해 살펴보기로 한다. 이 과정에서 몸 또는 신체를 통한 경험이 언어의 중요한 기반이 된다는 것이 드러날 것이다.

2. 신체화의 기본 개념

여기서는 마음과 몸의 상관성, 신체화, 신체화된 마음을 중심으로 신체화의 기본 개념에 대해서 살펴보기로 한다.

2.1. 마음과 몸의 관계

'마음'과 '몸'은 어떤 상관관계를 가지고 있는 것인가? 이 물음은 동서고금을 막론하고 철학, 심리학, 문학, 언어학, 그리고 종교학 등에 걸쳐 중요한 화두가 되어 왔다. 이에 대한 두 가지 극단적 견해를 보면 다음과 같다.

먼저, 마음과 몸 사이에는 유의미한 관계가 없다는 '이원론적 견해(dualist position)'인데, 이는 마음이 몸의 물질적인 영역으로 환원될 수 없는 질적으로 특유한 것이라는 가정이다.

의사 전달 수단이 꼭 필요했는데, 언어는 바로 이런 절박한 필요성과 관련되어 있다."라고 하였다.

이 견해는 17세기 프랑스 철학자 르네 데카르트(René Descartes)로 거슬러 간다. 데카르트가 마음과 몸이 구별되는 실체라는 견해, 즉 '마음-몸의 이원론(mind-body dualism)'을 주창한 이래로, 철학 및 초기의 인지과학에서 몸, 즉 신체화에 대한 의존 없이 마음을 연구할 수 있다는 생각이 널리 퍼져 있었다(Evans & Green 2006: 44 참조). 현대 언어학에서 이러한 '합리주의 접근법(rationalist approach)'은 촘스키의 '생성문법(Generative Grammar)'과 몬테규가 주창한 형식의미론의 형식주의 접근법에서 가장 잘 드러났다. 특히 형식의미론에서는 언어란 객관적으로 존재하는 세계를 단순히 반영하는 것이므로, 언어 연구에서 신체화를 배제한 채 언어의 역할을 세계의 사태 기술로 간주하였다. 요컨대, 이원론은 인간의 몸이나 경험의 본질을 고려하지 않고서 언어를 형식적 체계나 전산 체계로 연구하는 것이 가능하며 언어과학이 지향해야 할 기본적인 입장으로 생각하였다.

다음으로, '일원적 견해(monist position)'는 우리가 마음에 대해 알고 싶어 하는 모든 것이 물리적으로 환원될 수 있고, 물질적인 용어로 설명될 수 있다는 주장이다. 따라서 일원론은 '제거적 유물론(eliminative materialism)'[2]의 기치 아래에 있다(Bergen 2015: 10-11 참조).

한편, 인지과학과 그 하위 분야로서 인지언어학의 대다수 연구는 이 두 극단 사이에 위치하고 있다(Bergen 2015: 11 참조). 특히 인지언어학은 합리주의가 아니라, '경험주의 견해(empiricist view)' 또는 '체험주의(experientialism)'를 옹호한다. 이는 우리의 사고가 근본적으로 신체화된 경험에서 유래한다는 관점이다. 체험주의에 따르면 언어는 세계를 직접적으로 반영하는 것이 아니라, 우리가 적응한 '생태적 지위(ecological niche)'와 '신체화의 본질'에 의해서 제약을 받는다고 본다. 따라서 언어는 '신체화'라는 렌즈를 통해서 세계에 대한 우리의 고유한 인지적 해석을 반영하는 것으로 간주한다.

2.2. 신체화

'신체화'는 인지언어학 연구에서 중심적이고 지향적인 개념이다. 그런데 '신체화'는 연구자들마다 다른 것을 의미하고, 시간이 지나면서 그 개념이 바뀌기도 했다.[3]

일반적으로, '신체화'는 마음이 어떻게 몸과 관련되는지에 대해 무언가를 의미하는 데 사용되어 왔다(Bergen 2015: 11 참조). 신체화에 대한 인지언어학 문헌에서 가장 유력한 견해를

---

2   리차드 로티(Richard Rorty)는 심리철학의 중요한 쟁점인 '마음과 몸의 문제(the mind-body problem)'에서 정신 현상을 과학의 영역에서 제거해야 한다는 '제거적 유물론'의 입장을 취한 바 있다.
3   이와 관련하여, Rohrer(2007: 28-31)에서는 '신체화(embodiment)'의 용어가 인지에 관해 최소한 12가지 의미로 사용됨을 밝히고 있으며, Bergen(2015: 11)에 따르면 '신체화'라는 단어를 사용하는 사람과 대략 같은 수만큼 이 단어에 대한 정의가 있다고 하였다.

들면 다음과 같다. 즉 "우리의 개념적 체계들을 결합하는 데 사용되는 구조는 신체적 경험으로부터 발생하고, 그것에 의해 뜻이 통한다. 더욱이 개념적 체계의 핵심은 지각, 몸동작, 물리적·사회적 본질의 경험에 직접 기초를 둔다(Lakoff 1987: xiv)." 이 정의는 신체화의 두 가지 주된 유형과 관련된다.

첫째, 신체화의 발달적 개념으로서 Lakoff & Johnson(1999: 37)에서는 다음과 같이 기술된다. "따라서 마음이 신체화되어 있다는 주장은 우리가 생각하려고 할 경우에 몸이 필요하다는 단순화된 마음에 대한 주장을 훨씬 더 넘어설 것이다. […] 우리의 주장은 오히려 개념들의 바로 그 특성들이 두뇌와 몸이 구조화된 방식의 결과로서, 그리고 대인 관계 또는 물리적 세계에서 작용하는 방식의 결과로서 만들어진다는 것이다."

둘째, 실시간 입장으로서 Lakoff & Johnson(1999: 37-38)에서는 다음과 같이 기술된다. "신체화된 마음에서는 지각 작용(즉, 신체적 이동)에 관련된 것과 동일한 신경계가 개념 작용에도 중심적인 역할을 한다고 생각할 수 있다. 즉, 지각, 이동, 대상 조작에 관여하는 바로 그 기제가 개념화와 추론에도 관여할 수 있다."

요컨대, 신체화는 우리의 신체가 우리의 사고방식과 말하는 방식에 어떻게 영향을 미치는지를 설명해 준다(Hamawand 2016: 93 참조).

2.3. 신체화된 마음

인지언어학에서는 인간의 마음, 마음과 연관된 언어는 인간의 신체적 경험과 분리하여 연구할 수 없다고 본다. 이러한 주장은 '마음'이 신체화되어 있으며, 추상적인 사고 과정인 의미 작용은 우리 몸의 신체적 경험에서 출발된다는 인식의 전환을 가져왔다. 이와 관련하여 신체화된 경험과 인지에 대해서 살펴보기로 한다.

첫째, 인지언어학에서는 신체화된 경험을 중시한다. 경험이 신체화된다는 것은 우리 신체의 고유한 특질로 말미암아 인간이 종 특유의 세계관을 가지게 됨을 뜻한다. 만약 우리가 지금과 같은 신체를 가지고 있지 않다면, 즉 신체적 구조가 다르다면 현재 우리가 사용하고 있는 방식으로 의미를 만들고 이해하며 의사소통할 수는 없을 것이다. 이것은 곧 '실재(reality)'에 대한 우리의 해석이 대부분 신체의 본질에 의해 중재되며 제약을 받게 된다는 점이다. 이와 관련하여 신경과학자 Ernst Pöppel(1994)은 생물체마다 사건 지각 능력을 뒷받침하는 신경 '타이밍 메커니즘(timing mechanism)'이 다를 수 있다는 가정을 제안했다. 이처럼 생물체마다 신체화의 본질 때문에 경험의 종류가 다르다는 생각을 '가변적 신체화(variable embodiment)'라고 한다(Evans & Green 2006: 45 참조). 우리의 신체화가 경험의 본질에 영향을 미치는 사례는 다음과 같다. 예를 들어, 인간은 색채와 관련하여 세 개의 채널을 가지며, '빛'과 '색'의 경우 적외선(赤外線)과 자외선(紫外線)이 인간의 신체에 영향을 미치지만 인간은 빨강과 보라 사이의 색을 지각할 수 있을 뿐이다. 또한 '소리'의 경우 인간은 주파수 20Hz~20,000Hz 내의 음을 지각할 수 있을 뿐이다. 이밖에도 '냄새'나 '맛'의 지각이나 '중력'의 경험 방식에서 다른 생물체와 구별된다.

둘째, 인지언어학에서는 신체화된 인지를 중시한다. 우리의 경험이 신체의 본질과 신경조직에 의해 구조화된다는 사실은 인지에 영향을 미치게 된다. 즉 우리가 사용할 수 있는 개념과 생각하고 이야기하는 실재의 본질은 우리의 신체화에 달려 있다.[4] 이와 관련하여 Johnson(1987: xiv)은 신체화된 경험이 인지적 층위에서 나타나는 보기로 '영상 도식(image schema)'을 들고 있는데, 이는 "우리의 경험에 일관성과 구조를 제공하는, 우리의 지각적 상호작용과 근육운동 프로그램의 반복적인 동적 패턴"이다. 반복적인 신체적 경험에 의한 영상 도식은 '개념적 투사(conceptual projection)' 과정을 통해 더 추상적인 개념과 개념적 영역에 구조를 제공하게 된다.

반복되는 신체적 경험은 영상 도식을 형성하며, 이것은 은유적 투사를 통해 추상적인 영역으로 의미가 확장되어 간다. Evans & Green(2006: 176-177)에서는 <그림 1>과 같이 "신체화는 개념적 구조를 형성하며, 개념적 구조는 의미적 구조를 낳게 된다."라고 하였다. <그림 1>에서는 신체화와 관련된 두 가지 주요 이론이 연계되어 있다. 즉 Johnson의 '영상 도식 이론'으로서, 개념적 구조가 신체적 경험을 반영하며 및 신체화로부터 나온다는 것이며, Talmy의 '개념적 체계 이론'으로서 의미적 구조가 개념적 구조를 반영한다는 것이다. 곧 언어의 의미적 구조는 개념적 구조를 반영하며, 개념적 구조는 신체화를 반영한다는 관점이다.

요컨대, 언어는 단순히 형식과 의미의 대응 관계에 의한 자율적인 기호 체계가 아니라, 신체와 정신을 가진 언어 사용 주체가 환경세계와 상호작용하면서 신체적 경험을 기반으로 획득해 온 전달 수단이므로, 언어에는 인간의 신체와 신체적 경험이 다양하게 반영되어 있다. 따라서 신체화는 인간 인식의 출발점일 뿐만 아니라 의미 확장의 진원지이며, 신체적 경험은 원초적인 경험으로서 새롭고 추상적인 대상을 이해하는 준거가 된다.

---

4 '색맹(色盲, color blindness)'은 색채 지각의 이상 현상으로 다음의 4가지 유형이 있다. 적색과 녹색을 변별하지 못하는 '적록색맹', 황색과 청색을 변별하지 못하는 '황청색맹', 모든 색을 변별하지 못하는 '전색맹', 색을 잘못 인지하는 '색약'이다. 따라서 일반인과 색맹의 색채 인식은 전혀 다르다.

그림 1　신체화로부터 언어 의미까지

3. 환경세계

모든 생명체는 생존과 번식을 위해 자신이 놓인 세계와 상호작용하면서 적응해 간다. 그런데 종들이 저마다의 신체적 특성을 통해 환경과 상호작용하는 방식은 차별적이다. 이와 관련하여 생물이 자신이 구축한 세계에서 의미 작용을 수행해 나가는 '환경세계'에 대해서 살펴보기로 한다.

3.1. 윅스킬의 환경세계

윅스킬(Jakob von Uexküll)은 생물이 저마다 자기 주변 환경에 의미를 부여함으로써 주관적으로 세계를 구축하고 있는데, 이를 '객관적 세계(Welt)'에 대응되는 '환경세계(Umwelt)'라고 하였다.[5] 즉 모든 생명체가 개체별로 인식하는 세계의 모습은 죄다 다른데, 이에 따라 생명체들은 저마다의 감각과 기억이 만들어 가는 '주관적인 세계(subjective world)'로서의 '환경세계' 속에 살고 있다는 것이다.

5 　윅스킬(Jakob von Uexküll, 1864-1944)은 에스토니아 출신 독일의 동물생물학자로서 'Umwelt'를 통해 생물학과 의미론의 접점을 제시한 선구자이다. 1934년의 *Streifzüge durch die Umwelten von Tieren und Menschen: Ein Bilderbuch unsichtbarer Welten*(동물과 인간의 환경세계를 산책하기: 보이지 않는 세계의 그림책)과 1940년의 *Bedeutungslehre*(의미론)의 합본이 제자 George Kriszat와 공저로 1956년에 Hamburg의 Rowohlt 출판사에서 출간되었다. 이 책은 김준민 역(1988) 및 정지은 옮김(2012)으로 두 차례 번역되었다.

환경세계 이론에 따르면 동물들은 제각기 자기의 세계를 가지고 있으며 동일한 대상물이라 하더라도 동물마다 그것을 전혀 다르게 지각하게 된다. 즉 고양이, 말, 원숭이는 모두 같은 포유류이지만 그들의 환경세계는 자신의 종에 맞는 특유한 형태를 가지고 있다(Uexküll & Kriszat 1956/김준민 역 1988: 12 참조).

환경세계는 객관적이지 않고 매우 주관적이며, 동물마다 다르다. 이것은 동물 고유의 감각 기관에 의한 '지각의 틀'이 다르기 때문이다. 예를 들어, 인간의 눈은 자외선(紫外線)과 적외선(赤外線)을 보지 못하며 400~700mm 범위의 가시광선(可視光線)을 감지할 뿐이다. 그 반면 호랑나비는 자외선을 감지할 수 있으며, 방울뱀과 같은 일부 생물체는 적외선을 감지할 수 있는데 이로써 밤에 다른 생물체가 발산하는 열을 시각적으로 탐지하여 먹이를 사냥한다. 이처럼 자외선과 적외선이 현실 세계에 존재하고 인간은 그 작용을 받으면서도 그것을 보지도 느끼지도 못한다.

윅스킬은 생명체를 물리학적·생리학적 법칙들이 적용되는 영역으로 환원시키는 태도를 비판하고, 동물이 주체이며 동물 주체가 자신이 살고 있는 세계와 지각적으로, 행위적(능동적)으로 관계한다고 주장하였다. 이러한 관계가 <그림 2>의 '기능적 고리(functional circle)'인데, 이에 따라 각 동물 종은 '지각 기관(perceptual organ)'과 '작동 기관(effector organ)'을 매개로 자신에게 고유한 환경세계를 이루게 된다(Uexküll 1982: 32 참조).

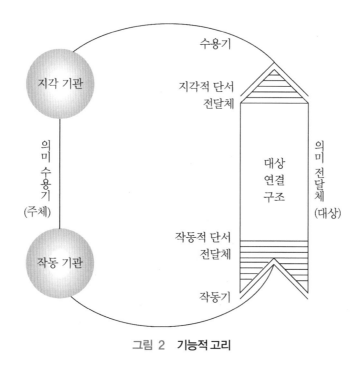

그림 2 기능적 고리

그림 3 사람이 본 방

그림 4 개가 본 방

그림 5 파리가 본 방

그러면, 동일한 '방'에 대해 사람, 개, 파리가 그 대상에 의미를 부여하는 방식을 보기로 한다. 윅스킬은 대상물에 대한 내포 의미를 색채로 표현하여 '사람이 본 방', '개가 본 방', '파리가 본 방'의 세 장의 그림을 제시하였다. <그림 3>은 '사람이 본 방', <그림 4>는 '개가 본 방', <그림 5>는 '파리가 본 방'의 환경세계를 대비한 것이다(Uexküll & Kriszat 1956: 96-97/김준민 역 1988: 96 별지 참조). <그림 3>은 '의자, 탁자, 잔, 접시, 마룻바닥, 책장, 책상, 벽, 램프' 등이 <표 1>에서 보듯이 그 내포 의미 및 색채가 인간의 환경세계로 포착된다. 그 반면, '개'의 경우 '앉기'의 의자, '식사하기'의 탁자, '걷기'의 마룻바닥, '빛'의 램프만이 유의미하며, 나머지는 '장애물'이 된다. 또한 '파리'의 경우 '빛'의 램프, '음식'과 관련된 탁자 ·잔·접시만이 유의미하며, 나머지 대상들은 음식물을 향해 날아다니는 길일 뿐이다.

표 1 **사람 · 개 · 파리가 본 방의 모습**

대상물	내포의미(색채)	사람이 본 방	개가 본 방	파리가 본 방
의자	앉기(올리브색)	√	√	
탁자	식사하기(노란색)	√	√	√
잔	마시기(갈색)	√		√
접시	먹기(붉은색)	√		√
마룻바닥	걷기(회색)	√	√	
책장	독서(라일락색)	√		
책상	쓰기(푸른색)	√		
벽	장애물(녹색)	√		
램프	빛(흰색)	√	√	√

이와 관련하여, "보이는 만큼 보는 것이 아니라, 보고자 하는 만큼 본다."라는 말이 있는데, 윅스킬은 주체가 의미를 부여한 것만이 그곳에 존재한다는 것이다. 요컨대, 동물들은 저마다 가 가진 환경세계의 범위 안에서 보고 듣고 느끼고 냄새 맡으며 살아가는 것이다.

3.2. 진드기의 환경세계

윅스킬이 환경세계의 전형으로 제시한 '진드기'의 경우를 보기로 한다(Uexküll & Kriszat 1956/김준민 역 1988: 16-30, 정지은 옮김 2012: 13-25 참조). 진드기는 시각과 청각 기관이 없는데, 교미가 끝난 암컷은 온 살갗에 퍼져 있는 빛 감각에 의해 나뭇가지 끝으로 기어 올라가 머문다. 그러다가 나무 밑에서 흘러나오는 '낙산(lactic acid)' 냄새를 신호로 그곳을 지나는 온혈동물을 향해 떨어진다. 운 좋게 그 동물에게 닿으면 촉각으로 털이 적고 따뜻한 곳을 찾아내어 피를 빨아먹는다. 이처럼 진드기에게는 후각에 의한 '젖산'과 '비-젖산'의 구분, 촉각에 의한 '체모'와 '비-체모'의 구분, 온각에 의한 '따뜻함'과 '비-따뜻함'의 구분만이 유의미하다. 즉 진드기의 환경세계는 젖산의 냄새를 맡고 포유류의 체모를 감지하고 따뜻한 피부를 지각하여 피를 빨아먹는 것 그 이상도 그 이하도 아니다.

윅스킬은 객관적으로 동일한 물리적 세계라 하더라도 생명체들은 스스로 갖춘 감각기관의 제약과 자신에게 유의미한 환경세계를 통해 살아간다는 것이다.[6] 이 연장선상에서 볼 때 인간은 특유의 신체적 기관과 고도의 두뇌와 관련한 언어를 통해 의미 작용을 수행해 나간다.

4. 신체화의 탐구 과제

우리의 경험이 신체화되어 있다는 사실, 즉 우리의 경험이 신체의 본질과 신경 조직에 의해 구조화되어 있다는 것은 인지에 영향을 미친다. 아래서는 신체화의 영향과 역할을 중심으로 영상 도식, 은유, 다의관계, 감각어, 감정 표현, 분류사, 시뮬레이션 의미론, 수어에 대해서 살펴보기로 한다.

4.1. 영상 도식

Gibbs et al.(1994: 233)에서는 우리의 지식은 영상 도식이라고 부르는 신체적 경험의 패턴에 기초하고 있다고 하였다. 이 경우 '영상 도식(image schema)'은 우리가 세계와 일상적으로 상호 작용함으로써 나오는 간단하고 기본적인 인지구조를 가리킨다(Ungerer & Schmid 1996/2006: 167 참조). 영상 도식의 주창자 가운데 한 사람인 Johnson(1987)은 반복되는 신체적 경험, 즉 우리의 감각 경험 및 지각 경험이 개념적 체계 내에서 '영상 도식'을 발생시킨다고 하였다. 이처럼 영상 도식은 신체성이나 신체적 경험에 바탕을 둔 영상이라는 추상적 도식이다.

체험주의를 주창한 Lakoff & Johnson(1980), Johnson(1987), Lakoff(1987)에서는 인간의 신체성에 기초한 경험을 추상적 층위에서 구조화한 영상 도식이 개념 구조의 기반으로서 기능을 수행한다고 주장하였다. 이 점을 <그림 6>에서 '균형(balance)'의 범주 삼각형을 통해서

---

6 환경세계는 객관적으로 존재하는 현실이 아니라, 동물 주체가 객관적인 전체에서 일부분만을 떼어내어 주관적으로 구축한 현실이다. 이에 대해 『동물이 보는 세계, 인간이 보는 세계』를 지은 히다카 도시다카는 동물과 인간의 '색안경' 또는 '환상(illusion)'이라고 부르고 있다(히다카 도시다카 (2003)/배우철 옮김 2005: 15-16 참조).

살펴보기로 한다(Taylor 2002: 519-523 참조).

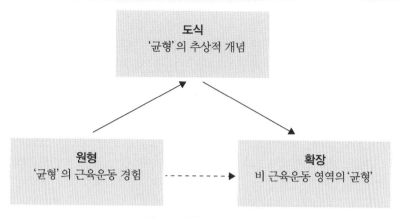

그림 6 균형의 범주 삼각형

첫째, '균형' 개념의 '원형(prototype)'은 신체화에 의한 근육운동 경험이다. 즉 균형의 개념은 주로 직립 자세를 유지하고자 하는 우리의 신체적 경험을 통해서 발생한다. 예를 들어, 아기는 서고 비틀거리고 쓰러지는 과정을 통해 균형 잡힌 직립 자세를 유지하게 된다. 균형의 경험은 우리의 일상생활에서 매우 널리 퍼져 있기 때문에 그 경험 자체를 거의 의식하지 못할 정도이다. 이와 같이 균형이라는 개념은 '규칙을 이해하는 것이 아니라 우리의 몸으로(Johnson 1987: 74)' 학습되는 것이다.

둘째, 반복되는 균형과 불균형의 신체적 경험을 통해 균형의 의미, 즉 균형의 추상적 개념인 '도식(schema)'을 확립하게 된다. 이 경우 도식은 서로 다른 경험들 간의 유사성을 추상화한 것이라 하겠다.

셋째, 균형의 개념은 '은유적 투사(metaphorical projection)'에 의해서 비 근육운동 영역·비 신체적 영역으로 '확장(extension)'이 일어난다. 즉 신체적 균형의 영상 도식은 '균형 있는 발전', '수요 공급의 균형', '여야 간 힘의 균형', '마음의 균형'에서 보듯이 심리적 상태, 판단, 재정 상태, 권력 관계, 예술적 구도 등을 망라한다. 이러한 영상 도식에는 '그릇', '경로', '연결', '힘', '균형' 도식뿐만 아니라 방향성과 관련된 '위-아래', '앞-뒤', '오른쪽-왼쪽' 도식 등이 있다.

요컨대, 신체화에 바탕을 둔 반복되는 경험은 영상 도식을 통하여 한편으로는 직접적으로 경험되는 물리적 개념을 발생시키고, 다른 한편으로는 은유적 확장을 통하여 간접적으로 형성되는 추상적 개념을 발생시키는데, 후자의 추상적 개념도 궁극적으로는 신체적 경험에 근거하며 동기화된 것이다.

4.2. 은유

신체화는 인지언어학의 중요 기제인 '개념적 은유'를 형성하는 데 큰 영향력을 발휘하였다. 이와 관련하여 Kövecses(2002: 16)에서는 "은유적 의미의 상당한 부분이 우리 자신의 신체에 대한 경험에서 비롯된다. 의미의 '신체화'는 은유에 관한 인지언어학적 견해의 중심적 착상이며, 실제로 의미에 관한 인지언어학적 견해의 중심적 착상이기도 하다."라고 한 바 있다.

그러면 신체적 경험이 개념적 은유의 근원영역으로 작용하는 몇 가지 사례를 들기로 한다.

(1) a. 어머니의 **따뜻한 손길**
    b. 그 사람에게 너무 **차갑게 굴지 말고** 따뜻하게 대해라.

(2) a. **책임이 무겁다.**
    b. 이번에 우리가 **맡은 일은 결코 가벼운 일**이 아님을 명심해라.

(3) a. **부풀어 오르는 기쁨**을 감추기 어려웠다.
    b. **슬픔이** 가슴속으로 **가라앉았다.**

(4) a. 사기가 {**올라가다/내려가다**}.
    b. {신분 · 수준 · 격}이 {**높다/낮다**}.

(5) a. 삶이 **깨끗하다.**
    b. 행실이 **더럽다.**

(1)의 '따뜻하다/차갑다'와 관련하여 "애정은 따뜻함이다.", (2)의 '무겁다/가볍다'와 관련하여 "중요성은 무거움이다.", (3)의 '오르다/가라앉다'와 관련하여 "기쁨은 위이고, 슬픔은 아래이다.", (4)의 '올라가다/내려가다' 및 '높다/낮다'와 관련하여 "좋음은 위이고, 나쁨은 아래이다.",[7] 그리고 (5)의 '깨끗하다/더럽다'와 관련하여 "좋음은 깨끗함이고, 나쁨은 더러움

---

7 방향적 은유와 관련하여 수직 방향의 은유인 '위/아래'에서 '위'는 '많음, 지배, 활성, 좋음, 기쁨, 건강'을, '아래'는 '적음, 피지배, 침체, 나쁨, 슬픔, 질병'의 개념적 은유를 지향하고 있다. 또한 수평 방향의 은유에서 '앞'은 긍정적, '뒤'는 부정적이며, '오른쪽'은 긍정적, '왼쪽'은 부정적이다. 또한, '가까움'은 친밀함이며, '멂'은 '소원함'의 개념적 은유를 지향하고 있다. 이들은 모두 우리 몸을

이다."라는 개념적 은유가 성립된다.

이와 관련하여 은유적 근원영역에 대한 신체화의 최근 실험 결과가 주목을 끈다(Dancygier & Sweetser 2014: 37, Gibbs 2015: 178-179 참조).

'따뜻하다/차갑다'와 관련하여 Williams & Bargh(2008: 606-607)에서는 뜨거운 커피 잔을 받은 피험자들은 차가운 커피 잔을 받은 피험자들과 달리 실험 기간 동안 소개 받은 사람을 좋아한다고 말할 가능성이 더 높다는 것을 발견했다.

'무겁다/가볍다'와 관련하여 Jostman et al.(2009: 1169-1174)에서는 무거운 물건을 건네받아서 쥐고 있는 사람들은 가벼운 물건을 쥐고 있는 사람들보다 자신들에게 제시된 새로운 견해를 중요한 것으로 판단할 가능성이 더 높다는 것을 발견했다. 또한 Ackerman et al.(2010: 1712-1715)에서는 피험자들이 가벼운 클립보드보다 무거운 클립보드를 들고 있을 때 자신과 무관한 인물을 더 중요하고 훌륭한 입사 지원자로 판단하였다.

'오르다/가라앉다'와 관련하여 Casasanto & Dijkstra(2010: 179-185)에서는 수직성과 감정 사이의 인지적 연결을 검토할 때, 피험자들에게 그들의 어린 시절에 대한 이야기를 하면서 대리석을 높은 선반에서 낮은 선반으로 옮기거나, 또는 낮은 선반에서 높은 선반으로 옮기도록 했는데, 대리석을 위로 옮길 때는 행복한 이야기를 했고, 아래로 옮길 때는 슬픈 이야기를 했다.

'올라가다/내려가다' 및 '높다/낮다'와 관련하여 Meier & Robinson(2004)에서는 실험에서 긍정적인 단어가 컴퓨터 스크린의 낮은 위치보다 더 높은 위치에 제시될 경우, 그리고 부정적인 단어가 스크린의 높은 위치보다 더 낮은 위치에 나타날 경우 더 빨리 평가하고 인식한다는 것을 밝혔다. 또한 Meier et al.(2007)에서는 피험자들은 신과 관련된 단어들이 컴퓨터 스크린의 윗부분에 제시되고 악마와 관련된 단어의 경우 아랫부분에 제시된 경우 신과 관련된 단어를 더 빨리 판단했다. 또한 피험자들에게 사진을 두고 어떤 사람들이 신을 믿을 것 같은지를 추측하도록 했을 때, 사진이 컴퓨터 스크린의 더 높은 수직축을 따라 놓여 있을 때 더 자주 선택했다.

'깨끗하다/더럽다'와 관련하여 Schnall et al.(2008: 1219-1122)에서는 피험자들에게 깨끗한 작업실에서보다 더러운 작업실에서 낯선 사람들의 행동을 판단하도록 했을 때 더 비도덕적인 것으로 평가했다. 또한 Zhong & Liljenquist(2006: 1451-1452)에서는 윤리적 행동과 반대되는 비도덕적 행동을 상기해 보도록 요청했을 때, '맥베스 효과'[8]처럼 실험 뒤에 무료 선물

기준점으로 '위/아래', '앞/뒤', '오른쪽/왼쪽', '가까움/멂'에 기반을 둔 신체화된 경험에 동기화되어 있다(임지룡 2008a: 186-187 참조).

[8] '맥베스 효과(Macbeth effect)'란 한 심리 연구에서 설문지를 작성하고 제출하면 감사 선물로 초콜릿과 비누 중 하나를 선택해서 가져갈 수 있게 했는데, 한 설문지는 즐거운 일을 회상하는 내용이고 또 하나의 설문지는 비도덕적인 일을 한 경험을 회상하게 하는 내용이었다. 비도덕적인 일을 회상한

로서 초콜릿보다 비누를 선택할 가능성이 더 높았다.

이로써 은유의 근원영역인 '따뜻함과 차가움', '가벼움과 무거움', '위와 아래', '깨끗함과 더러움'은 모두 우리 몸의 신체화된 경험에 기반을 두고 있음이 확인된다. 또한 사람들의 직접적인 신체적 경험은 은유적 개념과 사회적 판단에도 영향을 미칠 수 있음을 보여 준다.

4.3. 다의관계

신체화는 다의관계의 문제에 새로운 시각을 제공해 준다. 다의관계는 하나의 단어가 둘 이상의 관련된 의의를 갖는 것을 이른다. 더 구체적으로 한 단어의 중심의미 또는 원형의미가 다른 국면에 적용되어 주변의미 또는 확장의미로 그 범주가 넓어지는 경우이다. 신체어는 다의어, 새로운 복합어, 그리고 관용어가 형성되는 진원지이다.

먼저, 인접성에 의한 대상들의 다의적 확장을 보기로 한다. (6)의 '얼굴'은 '배우'를, '손'은 '일꾼'을, '입'은 '대변인'을 가리키며, (7)의 '머리'는 '두뇌'를, '코'는 '후각'을 가리킨다. 이들은 '환유(metonymy)'에 의해 다의적 확장이 일어난 사례이다. '손'이 '일꾼'을 가리키거나 '코'가 '후각'을 지칭하는 것은 인접성 관계에 있는 대상들을 관련시키는 인지능력에 따른 것이다.[9]

(6) a. 가요계에 새 **얼굴**(→배우) 이 등장했다.
    b. **손**(→일꾼)이 모자라다.
    c. 그는 우리당의 **입**(→대변인)이다.

(7) a. 그녀는 **머리**(→두뇌)가 좋다.
    b. 그녀는 **코**(→후각)가 예민하다.

다음으로, 유사성에 의한 대상들의 다의적 확장을 보기로 한다. (8b)의 '새싹, 저울, 태풍, 카메라·레이다'의 '눈'은 (8a)의 '사람'의 '눈'과 닮은 데 기초하여 확장된 것이다. 또한 (9a)의 합성어는 '사람'의 '머리'와 '물리적·공간적' 위치의 닮음, 그리고 (9b)의 복합어는 '사람'의 '눈, 코, 손, 어깨, 허리, 등, 발, 다리'와 모양이나 기능 등이 닮은 데 기초하여 확장된

사람들은 높은 비율로 비누를 선택하였다. 이에 맥베스 효과란 부도덕한 행위를 한 뒤 죄책감을 덜기 위해 손을 씻거나 이를 닦는 등 청결 행위를 하는 현상을 말한다.

9   이와 관련하여 Barcelona(2015: 154)에서는 환유를 전통적으로 어휘적 현상으로 보고, 'hand'가 '육체 노동자'나 '선원'을 의미하거나, "This dog has a good nose."에서처럼 'nose'가 '후각 능력'을 의미하는 것과 같이 신체화에 의한 다의관계의 환유를 기술하고 있다.

것이다. 이들은 유사성에 바탕을 둔 '은유(metaphor)'에 의해 다의적 확장이 일어난 사례이다.

 (8) a. 그녀는 **눈**이 예쁘다.
   b. 새싹의 **눈**, 저울의 **눈**, 태풍의 **눈**, 카메라 · 레이다의 **눈**

 (9) a. **머릿**돌, 산**머리**, 뱃**머리**, 책상**머리**, 밥상**머리**, 베갯**머리**
   b. 그물**눈**, 버선**코**, 덩굴**손**, 길어깨, 산허리, 산등, 오리발, 안경다리

한편, (10)은 관용 표현인데, (10a)는 일련의 행동 과정 가운데 한 부분으로서 전체를 대신하는 '환유'이며, (10b)는 글자 그대로의 신체어 의미와 관용적 의미 간의 닮음을 바탕으로 한 '은유'이다.

 (10) a. 머리를 맞대다, 얼굴을 붉히다, 손을 대다/손을 떼다, 발을 담그다/빼다
    b. 눈이 높다/낮다, 눈을 뜨다/감다, 입이 짧다/[?]길다, 손이 크다/작다, 가슴이 넓다/좁다, 발이 넓다/좁다

이처럼 다의관계의 많은 사례들은 사람의 몸에 기반한 것이다. 이 경우 신체어의 원형의미와 확장의미 간에는 신체화에 따른 인접성 및 유사성으로 동기화되어 있다.

4.4. 감각어

'감각어'는 눈, 귀, 살갗, 혀, 코, 등 감각기관으로부터 외부 자극에 대한 우리 신체의 반응을 표현하는 어휘를 가리킨다. 다섯 가지 감각에 따른 감각어를 분류해 보면, <표 2>와 같다.

표 2 **감각과 감각어**

감각	감각명사		감각동사	감각형용사
시각		색, 명암, 차원	보다	밝다, 희다, 길다 등
청각		소리	듣다	조용하다, 시끄럽다 등
촉각	느낌	온도, 감촉, 통증	느끼다	뜨겁다, 부드럽다 등
미각		맛	맛보다	달다, 쓰다, 짜다, 시다, 떫다 등
후각		냄새	맡다	구수하다, 비리다 등

국어의 감각어는 (11)과 같이 음운 대립이나 다양한 접사를 통해 색채어, 미각어, 온도어

등이 특히 발달됨으로써 이들 감각 세계를 섬세하게 표현할 수 있다.

(11) a. 색채어: 발갛다-벌겋다, 붉다-불그스름하다-불그무레하다-붉으죽죽하다
 b. 미각어: 달다-달콤(/곰)하다, 달큼(/금)하다, 달큰하다, 달짝(/착)지근하다, 달째(/차)
   근하다, 달크무레하다, 들큼하다, 들쩍(/척)지근하다, 들찌근하다, 들부레하다 등
 c. 온도어: 뜨겁다-뜨뜻(/끈)하다-따뜻(/끈)하다-미지근하다-시원하다-차갑다

그런데 감각어는 외부 자극에 대해 우리 몸이 인지하고 반응하는 모습을 나타내는 만큼 이들 어휘의 구조와 의미는 신체적 경험과 매우 밀접하게 연관된다. 그 신체화의 작용 양상을 세 가지 측면에서 살펴보기로 한다.

첫째, 감각 경험이 감각어 분화에 작용한 경우이다. 예를 들어, 미각어 가운데 '달다'의 형태가 가장 다양하게 분화되어 있는데, 이는 단맛과 관련된 우리의 신체 경험에 기초한 것이다. 단맛은 혀의 미각세포로 느끼는 맛 중에서 대표성을 띠는 맛으로 우리에게 쾌감을 주고 음식의 불쾌한 맛을 덜어 준다. 또한 단맛은 농도에 따라 부드러움과 끈끈함의 쾌감이 구별되기도 한다. 이처럼 '달다'의 생산적인 어휘 분화, 즉 어휘의 생성은 단맛의 정도와 쾌적도에 대한 우리의 신체 경험에 기반한 것이다(정수진 2003: 307-308 참조).

둘째, 신체 구조가 감각어의 어순에 작용한 경우이다. 예를 들어, (12)의 '달콤쌉쌀하다', '새콤짭짤하다' 등 복합 미각어의 어순은 우리 신체 구조에 동기화되어 있다.

(12) a. 달콤짭짤하다, 달콤새콤하다, 달콤쌉쌀하다, 달콤씁쓸하다, 달콤매콤하다
 b. 새콤짭짤하다, 새콤쌉쌀하다

(12)와 관련하여, 혀의 앞쪽에는 단맛을 느끼는 세포가 집중적으로 분포되어 있다. 즉 혀끝이 단맛에 가장 민감하다. 따라서 단맛이 포함된 복합적인 맛을 경험할 때 단맛을 가장 먼저 느끼는 것은 신체 구조상 자연스러운 것이며, 이러한 경험이 언어 표현의 구조에 반영되어 대부분 단맛이 합성어의 앞부분에 위치한다.[10] 또한, 긍정과 부정의 합성이 이루어지는 경우 긍정을 지향하는 인간의 심리 기제에 따라 '긍정-부정'으로 어순이 고정되는 것이 일반적이다. 따라서 대표적 쾌감인 단맛이나 상쾌함으로 입맛을 돋우는 적절한 농도의 신맛이 합성어의 앞부분에 위치하는 것은 매우 자연스러운 현상이라 하겠다(정수진 2003: 310-311 참조).

---

10 다만 '매콤달콤', '새콤달콤'과 같이 단맛이 신맛이나 매운맛과 결합될 때, 신맛과 매운맛이 합성어의 앞부분에 오는 경우를 볼 수 있다. 이는 두드러진 쪽을 그렇지 않은 쪽보다 먼저 지각하는 현저성의 원리가 어순에 투영되었기 때문이다. 즉 단맛보다 더 자극적인 신맛이나 매운맛을 먼저 강하게 느낀 경험이 어순에 반영되어 신맛이나 매운맛이 합성어의 앞부분에 놓일 수 있다.

이처럼 복합 미각어의 구조는 우리의 신체 구조에서 비롯된 경험에 기반한 것이다.

셋째, 감각에 동반된 경험이 감각어의 확장에 작용한 경우이다. 특정 감각을 경험할 때 우리는 만족이나 불만족, 또는 유쾌하거나 불쾌한 감정을 갖게 된다. 즉 색, 맛, 촉감, 냄새, 소리를 지각하는 과정에서 이들 감각에 대한 심리적 판단이 자연스럽게 발생하게 된다. 이러한 경험이 반복되면서 감각의 개념은 '감정이 수반된 감각'으로 도식화되고 이렇게 도식화된 개념은 (13)과 같이 새롭고 추상화된 상황이나 행위에 동반되는 감정을 이해하는 기반이 된다.

> (13) a. 택시 타는 데 한번 **맛을 들였더니** 이제 정말 버스는 못 타겠어. (고려대 한국어대사전)
> b. **따뜻한 문자**를 받으며 **말**에도 **온도**가 있다는 것을 알게 되었습니다. 공격적이고 업무적인 **말**은 언성은 높지만 **온도**는 **차갑습니다.** (마누엘 블로그 2010.1.12.)[11]

요컨대, 감각을 수용하는 신체 구조와 외부 자극에 대한 신체 감각의 반복적 경험이 감각어 생성의 진원지가 되고, 특정 감각을 경험할 때 동반되는 감정은 감각어의 의미가 확장되는 준거가 된다. 이처럼 감각어는 생성 단계 및 범주 확장 단계에서 신체화의 작용과 깊은 상관성을 띠고 있다.

4.5. 감정 표현

감정은 인간의 가장 원초적이며 원시적인 의사소통 양식이다. 이 원초적이며 원시적인 양식은 우리의 몸을 통해 표출된다. 이와 관련하여 인지언어학에서는 '감정'을 언어, 특히 의미 연구의 중심 과제로 인식하고, '감정학(emotionology)'이라는 새로운 분야에 관심을 집중하고 있다(Athanasiadou & Tabakowska(eds.) 1998: xi 참조). 그러면 신체화와 관련하여 감정 표현의 5가지 탐구 방향에 대해 살펴보기로 한다(임지룡 2006d: 3-28 참조).

첫째, 감정은 '체험주의(experientialism)'가 적용되는 전형적인 영역이다. 곧 우리가 추상적인 감정을 인지하고 개념화하는 것은 일차적으로 우리 자신의 신체 생리적 반응과 경험에 기반을 둔 것이다.

둘째, '민간 모형(folk model)'에서는 감정을 인과관계의 일환으로 간주하는데,[12] '감정 유발 사건→감정 상태→생리적 반응'의 체계를 갖는다. 이 경우 감정에 대한 어떤 사람의 신체

---

11 http://blog.naver.com/manuelshin/30078062643
12 민간 모형에 대립되는 '전문 모형(expert model)', 또는 '과학적 모형(scientific model)'은 철학, 심리학, 생리학 및 의학의 분야에서 논증, 실험 및 사례 분석을 통하여 검증된 객관적이며 엄격한 모형을 말한다.

생리적 반응은 그 사람의 감정 상태를 나타내게 된다.

셋째, 추상적인 감정은 우리의 신체 및 일상적 경험에 기반을 둔 환유와 은유에 의해서 구조화된다. 먼저, 감정 분석의 환유를 보기로 한다. 감정 상태에서 우리 몸에는 여러 가지 신체 생리적 반응이 일어난다. 예를 들어, '화'의 감정과 그 반응 간에는 (14)에서 보듯이 인과관계가 성립된다. 즉, "화의 신체 생리적 반응은 화의 감정을 대표한다."라는 것을 뜻하는데, 이 관계를 '화'의 '생리적 환유(physiological metonymy)'라고 한다.

> (14) a. "쉼을 잡아채지 그냥 둬, 이 바보야!" 하고 또 **얼굴이 빨개지면서** 성을 내며 안으로 샐쭉하니 튀들어가지 않느냐. (김유정, 「봄·봄」, 『한국현대대표소설선』 3, 1996: 386, 창작과 비평사.)
> b. 이걸 가만히 내려다보자니 내 대강이가 터져서 피가 흐르는 것같이 **두 눈에서 불이 버쩍 난다.** (김유정, 「동백꽃」, 『한국현대대표소설선』 3, 1996: 390, 창작과 비평사.)

다음으로, 감정 분석의 은유를 보기로 한다. 감정의 생리적 반응은 개념적 은유의 기반이 된다. 즉 (15)를 통해서 볼 때 목표영역인 '화'는 근원영역인 '그릇 속의 액체'와 '불'을 통해 개념화되어, "화는 그릇 속에 있는 액체의 열이다.", "화는 불이다."라는 '개념적 은유(conceptual metaphor)'가 형성된다.

> (15) a. **화가 머리끝까지 치밀었습니다.** (공지영, 『우리들의 행복한 시간』, 2005: 19, 푸른숲.)
> b. 현의 얼굴을 흐르는 땀은 더위 때문이 아니라 **가슴에서 타는 분노의 불길** 때문이었다. (선우휘, 「불꽃」, 『한국현대대표소설선』 8, 1996: 356, 창작과 비평사.)

넷째, '화'나 '두려움'이 우리의 몸과 마음에서 발생하여 평행 상태로 회복되는 과정에는 체계적인 인지 모형, 곧 감정 시나리오가 존재한다. '화' 및 '두려움'의 시나리오는 <표 3>과 같이 감정의 원인(1단계), 감정(2단계), 통제 시도(3단계), 통제 소실(4단계), 행동(5단계)의 전개 과정으로 이루어진다(Kövecses 1986: 28-36, 1990: 67-68, Lakoff 1987: 397-406, Ungerer & Schmid 1996/2006: 141-144 참조). <표 3>에서 제2단계는 '화'나 '두려움'이 실제로 일어난 경우로서 신체화와 관련하여 가장 주목되는 단계이다. 이 단계에서 자아는 '화'나 '두려움'의 실체를 신체적 증상, 곧 생리적 반응을 통해서 경험하게 된다.

표 3 '화'와 '두려움'의 시나리오

단계	화	두려움
1단계 원인	• 가해자가 자아를 화나게 한다. • 화나게 하는 사건이 자아를 불쾌하게 한다.	• 죽음, 신체적 또는 정신적 고통을 포함한 위험한 상황이다. • 자아는 그 위험을 안다.
2단계 감정	• 화가 존재한다. • 자아는 생리적, 행동적 효과를 체험한다.	• 두려움이 존재한다. • 자아는 생리적, 행동적 효과를 체험한다.
3단계 통제시도	• 자아는 화를 통제하려는 시도로 저항력을 발휘한다.	• 자아는 두려움을 드러내지 않거나 달아나지 않으려고 노력한다.
4단계 통제소실	• 화의 강렬함이 한계를 초월한다. • 자아는 화에 대한 통제력을 소실한다.	• 두려움의 강렬함이 한계를 초월한다. • 자아는 두려움에 대한 통제를 소실한다.
5단계 행동	• 자아는 가해자에 대한 보복 행위를 수행한다.	• 달아남: 자아는 위험으로부터 달아난다.

다섯째, 감정의 관용 표현에서, <표 4>는 '화, 두려움, 슬픔, 미움, 긴장, 걱정, 기쁨, 사랑'의 감정을 중심으로 신체 외부와 내부에 관한 관용 표현이다. 이들 감정의 관용 표현은 감정 상태를 대표하며, 우리의 신체 생리적 경험이나 문화적 배경과 상관성을 갖는다.

표 4 감정 유형별 관용 표현

관용 표현 감정 유형	신체 외부	신체 내부
화	얼굴이 붉으락푸르락하다	부아가 치밀다
두려움	등골이 오싹하다	간이 콩알 만 해지다
슬픔	어깨가 무겁다	창자가 미어지다
미움	눈꼴이 사납다	배알이 뒤틀리다
긴장	손에 땀을 쥐다	가슴이 조마조마하다
걱정	얼굴이 파래지다	애가 타다
기쁨	얼굴이 빛나다	가슴이 벅차다
사랑	눈에 불꽃이 튀다	가슴이 두근거리다

요컨대, 추상적인 감정은 우리 몸의 신체 생리적 반응과 일상의 구체적인 경험에 기초한 은유의 방식에 의해 개념화되며, 그 작용 방식은 우리의 몸과 마음, 문화적인 토대 위에서 우리의 언어와 함께 유기적인 상관성을 맺고 있다.

4.6. 분류사

'분류사(classifier)'는 언어 유형론에서 명사 지시물의 범주화 장치로 정의된다(Allan 1977: 285, Aikhenvald 2000: viii 참조). 국어 분류사는 전형적으로 '사람 한 명', '소 한 마리'의 '명(名)'이나 '마리'와 같은 형태로서 분류사의 여러 유형들 중 가장 보편적이고 잘 인식되는 '수 분류사(numeral classifier)'에 해당된다.[13] 국어 분류사는 일반적으로 (16)과 같은 수량 표현 구성에서 대상 명사 지시물에 대한 수량화·범주화 기능을 수행한다(리우팡 2015b: 20 참조). 즉, 분류사는 명사 지시물의 수량화 단위를 나타냄으로써 수량화 기능을 수행할 뿐 아니라, 명사 지시물의 속성을 표시함으로써 범주화 기능을 수행한다.

> (16) a. 명사-수관형사-분류사: '소 한 마리'
> b. 수관형사-분류사(의)-명사: '한 마리의 소', '한 가닥 희망'

분류사 가운데 신체화에 기반한 경우가 특별히 주목되는데,[14] 신체화의 작용 양상을 세 가지 측면에서 살펴보기로 한다.

첫째, 신체 부위에 대한 경험이 분류사에 작용한 경우이다.[15] 예를 들어, (17)의 '손', '입'은 각각 신체어에서 '한 손에 잡을 만한 분량을 세는 단위'와 '한 번에 먹을 만한 음식물의 분량을 세는 단위'로서 분류사가 된 것이다. 즉, 분류사 '손' 및 '입'의 생성은 '그릇(신체 부위)→내용물(신체 부위에 들어가 있는 대상물)'의 환유적 사상에 기반한 것이다.

> (17) a. 장사꾼은 미안하다며 **고등어 한 손** 척 내놓고 구워 드시라 하곤 길을 떠난다. (농촌 여성신문 2016.5.20.)
> b. 시원한 **아이스크림 한 입**, 빙수 한 그릇이 간절해지는 계절이 다가오고 있다. (업코리아 2016.5.17.)

문법화의 정도가 높아서 관련 신체어와 다른 형태를 가진 분류사도 있다. 예를 들어, '소 한 마리'의 '마리'와 '열두 발 상모'의 '발'은 각각 신체어 '머리'와 '팔'에서 '짐승이나 물고기,

---

13 국어 분류사는 현행 학교 문법에서 의존명사의 일부로 '단위성 의존명사'라고 불린다.
14 이와 관련하여, 리우팡(2015b: 30)에서는 신체어와 신체동작어가 분류사의 여러 기원 어휘들 중의 일부인 것을 지적하였고, 리우팡(2015a)에서는 신체어에 기반한 한·중 분류사를 중심으로 신체어로부터 분류사가 문법화되는 인지적 기제를 논의하였다.
15 이와 관련하여 Aikhenvald(2000: 253)에서는 분류사는 기원적으로 신체어가 중요한 비중을 차지한다고 하였다.

벌레 따위를 세는 단위'와 '두 팔을 양옆으로 펴서 벌렸을 때 한쪽 손끝에서 다른 쪽 손끝까지의 길이 단위'를 나타내는 분류사가 된 것이다. 즉, 분류사 '마리'와 '발'의 생성은 각각 '부분(머리)→전체(동물)'와 '도구(팔)→척도(길이)'의 환유적 사상에 기반을 두고 있다. 이와 같은 환유 사상은 각각 몸에서 '머리'의 현저성과 길이를 재는 데 '팔'의 현저성에 대한 경험에 기초한 것이다.

둘째, 몸동작에 대한 경험이 분류사에 작용한 경우이다. 예를 들어, '책 한 묶음'의 '묶음'과 '모래 한 움큼'의 '움큼'은 각각 동사 '묶다'와 '움키다'의 명사형에서 분류사가 된 것이다. 분류사로서의 '묶음'은 '묶어 놓은 덩이를 세는 단위'를 나타내고 '움큼'은 '손으로 한 줌 움켜 쥘 만한 분량을 세는 단위'를 표시한다. 즉, 분류사 '묶음'과 '움큼'의 생성은 '동작(묶음이나 움킴)→결과물'의 환유적 사상에 기반을 두고 있다. 이러한 환유적 사상은 인간이 관련 몸동작을 반복적으로 수행함으로써 갖게 된 경험에 기초한다. 또한, '물 한 모금'의 '모금'과 '진달래 한 아름'의 '아름'은 각각 머금는 동작과 안는 동작의 의미에서 분류사로 된 것이다.[16] 즉, 분류사 '모금'과 '아름'도 관련 몸동작에 대한 경험에서 발생한 '동작→결과물'의 환유적 사상에 기반하여 생성되었다.

셋째, 지각 경험이 분류사에 작용한 경우이다. 인간의 사물에 대한 인지는 시각, 청각, 촉각, 후각, 미각과 같은 지각에 크게 의존한다. 이들 중에서 시각은 가장 일차적인 지각으로서 분류사가 범주화 기능을 수행하는 데 중요한 준거가 된다. 예를 들어, '한 가닥의 머리카락'의 '가닥', '종이 한 장'의 '장', '쌀 한 톨'의 '톨'은 모두 시각적 형상을 기준으로 사물을 범주화하는 분류사이다. '가닥'은 길고 가느다란 대상물을, '장'은 얇고 평평한 대상물을, '톨'은 작고 둥근 사물을 전형적으로 범주화한다. (18)의 '한 가닥 희망', '소식 한 장', '한 톨의 거짓'과 같이, 추상적 대상에 대한 범주화도 시각적 형상에 기반한 것이다.

(18) a. 이 회장은 8 · 15 특별사면에 **한 가닥 희망**을 걸고 있다. (국제신문 2016.7.21.)
   b. 몇 달이 지나도 **소식 한 장** 없었다. (매일신문 2014.2.14.)
   c. 그만큼 공인의 말은 **한 톨의 거짓**도 없어야 한다. (중앙일보 2016.11.21.)

요컨대, 신체 부위와 몸동작에 대한 반복적 경험이 분류사 생성의 진원지가 되고, 몸에 의존한 시각적 경험은 분류사가 범주화 기능을 수행하는 준거가 된다. 이처럼 분류사는 생성

---

16 '모금'은 '액체나 기체를 입 안에 한 번 머금는 분량을 세는 단위'를 나타내는데 '머금다'의 어간이 모음 교체로 분화된 것이고, '아름'은 '두 팔을 둥글게 모아 만든 둘레 안에 들 만한 분량을 세는 단위'로 '안다'의 명사형 '안음'이 활음조 현상으로 인해 형태가 바뀐 것이다(조현룡 1998: 55-56 참조).

단계와 범주 확장 단계에서 모두 신체화의 작용과 크게 관련성을 맺고 있다.

4.7. 시뮬레이션 의미론

'시뮬레이션 의미론(simulation semantics)'은 어떤 언어 표현을 이해하는 과정에서 그것이 지시하는 내용을 경험할 때와 유사한 뇌의 반응이 발생한다는 것을 경험 과학적으로 증명하고, 이를 통해 언어의 다양한 현상을 설명하기 위해 발생하였다(Narayanan 1997, Bailey 1997, Feldman & Narayanan 2004: 385-390, Barsalou 1999: 62-75 참조).[17] '신체화'의 관점에 따르면 인지의 다양한 측면들은 뇌와 몸의 생물학적 특성과 제약을 고려해야만 적절히 설명될 수 있으므로, 언어의 의미를 이해하는 과정이 '지각(perception)'과 '근육운동'의 '가상 체험(simulation)'에 의해 이루어진다고 보는 것은 매우 자연스러운 발상이다.

시뮬레이션 의미론에서는 두뇌가 언어 표현이 지시하는 것을 경험할 때와 같은 반응을 보이는 가상의 체험을 통해 그 언어 표현이 제대로 해석될 수 있다고 가정한다. 따라서 학자들은 언어의 여러 측면들이 어떻게 정신적 영상을 구성하는지, 그리고 언어의 사용을 위한 시뮬레이션이 발생시키는 신체적 활동이 무엇인지 탐구하고 있다(Bergen *et al.* 2003: 139-144 참조). 시뮬레이션 의미론의 특징은 간접적인 방식과 직접적인 방식의 관찰을 통해 가설을 점검하는 경험 과학적인 성격을 띠고 있다는 점이다.

먼저, 간접적인 연구 방식에 속하는 '호환 효과(compatibility effect)'와 '간섭 효과(interference effect)'의 예를 살펴보기로 한다. '호환 효과 실험'은 어떤 움직임을 수행할 때 움직임을 담당하는 신경이 활성화되어 그것과 관련된 수행이나 언어 처리를 더 빠르게 하는 효과를 검증한다. 예를 들어, Glenberg & Kaschak(2002: 559-563)은 피험자들이 옷장을 열라거나 닫으라는 명령을 들으면서 지시된 방향과 같은 쪽으로 손을 움직일 때가 다른 방향으로 손을 움직일 때보다 문장을 더 빨리 이해한다는 것을 관찰했다. 또한, Spivey & Geng(2001: 235-241)은 피험자들이 큰 건물의 높은 층에 대한 이야기를 들을 때 시선이 스크린의 위를 향하고 낮은 층에 대한 이야기를 들을 때는 시선이 아래로 향한다는 것을 관찰했다. 동일한 '신경 구조(neural structure)'가 동시에 두 개 이상의 과제를 수행하도록 요구될 때 점화 효과와 반대로 활성화 시간이 더 늘어나게 되는데, '간섭 효과'에 대한 연구는 바로 이런 현상을 이용한 것이다. Bergen *et al.*(2003: 139-144)은 그림과 동사의 짝을 맞추는 과제에서 그림과 동사가 같은 부위에 의해 수행되는 동작을 나타내는 경우가 서로 다른 부위에 의해 수행되는

---

17 정병철(2009)은 시뮬레이션 의미론의 가정과 연구 성과를 토대로 동사의 다의적 구조와 의미망을 논의한 것으로 주목된다.

동작을 나타내는 경우보다 맞는 짝을 결정하는 시간이 더 오래 걸리는 것을 관찰했다. 이는 간섭 효과를 통해 언어 처리 과정이 신체적인 기반을 가지고 있음을 검증한 것이다.

한편, 직접적인 연구는 언어의 이해를 담당하는 뇌의 특정 부위들을 밝힘으로써 더 직접적으로 시뮬레이션 과정의 실재성을 검증하는 방식이다. 최근에는 PET(Positron Emission Tomography, 양전자 단층 촬영)와 fMRI(functional Magnetic Resonance Imaging, 기능성 자기공명영상)와 같이 몸에 손상을 주지 않고 두뇌의 활동을 영상화하는 방법이 개발되어 언어의 처리 과정을 직접적으로 관찰하는 작업이 한결 쉬워졌다. 이와 같은 직접적 관찰을 통해 인간의 언어 처리 과정에서 신경의 '거울 활동(mirror activity)'이 매우 섬세하고 광범위하게 작동하고 있다는 것이 알려지게 되었다(Buccino *et al.* 2001: 400-404 참조). 즉, 우리가 어떤 언어 표현을 이해하는 동안 그 표현이 나타내는 경험을 할 때 활성화되는 두뇌의 영역이 다시 활성화되는 것이다. 예를 들어, 발레리나가 비디오로 발레 영상을 볼 때 일반인보다 두뇌의 운동감각 영역이 더 많이 활성화되는 까닭도 시뮬레이션이 개인의 신체적 경험을 토대로 발생하기 때문이다. 이 때 같은 영역의 활성화가 언어의 의미를 이해하기 위해 머릿속에서 가상적인 경험을 하는 과정이라고 한다면, 이것은 인간의 언어 처리 과정이 신체화되어 있다는 가장 본질적인 증거로 여겨질 것이다. 그렇지만, 단순히 언어를 처리할 때 두뇌가 거울 활동을 한다는 관찰만으로 언어 처리의 과정을 완전히 이해했다고 할 수는 없다. 앞에서 본 Bergen *et al.*(2003: 139-144)의 연구는 두뇌의 거울 활동이 언어 처리에 필요한 수단인지 아니면 부수적인 결과인지를 확인하려는 시도이기도 하다. 현 상태로 이 문제에 대한 최종적인 결론에 이르지는 못했다. 만약 어떤 사람이 "이 레몬을 들어 보세요. 이렇게 신 레몬은 처음이에요."라는 문장을 읽으면 입안에 침이 고일지 모른다. 물론, 입에 침이 고이지 않고도 이 문장을 이해하는 것은 가능하다. 이처럼 직접적인 관찰은 언어학적 연구의 참고 사항일 뿐이므로 과학적인 연구의 성과들은 언어학적인 통찰과 설명을 거쳐야 더 의미 있는 것이 될 수 있다.

요컨대, 언어의 의미는 그 실체를 관찰할 수 없기 때문에 쉽게 접근할 수 없는 영역이다. 이를 극복하기 위해서는 의미 구조와 개념 구조, 그리고 신체적 경험 간의 관계가 실제로 어떻게 연결되어 있는지를 보여 줄 수 있는 경험 과학적 사실들이 뒷받침될 필요가 있다. 이와 관련하여, 시뮬레이션 의미론의 연구 성과들은 인지언어학의 기반을 검증해 줄 뿐 아니라, 실증적으로 새로운 모형을 설계하는 데 중요한 역할을 담당하고 있다.

4.8. 수어

'수어(手語, sign language)'는 청각장애인들의 의사소통을 위한 손짓 중심 언어이다. 수어는 인지언어학의 신체화와 도상성의 관점에서 그 성격이 한층 더 뚜렷이 드러난다. 수어의 '도상적 양상'[18]을 개념적 은유와 환유를 중심으로 살펴보기로 한다.

첫째, '개념적 은유(conceptual metaphor)'에 의한 수어의 양상을 보기로 한다. 이는 '유사성'의 인지능력에 의해 구체적이고 익숙한 근원영역으로써 추상적이고 새로운 목표영역을 구조화하고 개념화하는 인지 전략이다. <그림 7>의 '닭'은 닭의 벗이 흔들거리는 모습, '나비'는 나비의 날개 짓하는 모습과 닮은 것으로 개념적 은유에 의한 수어이다.

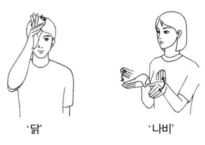

'닭' '나비'

그림 7 수어 '닭', '나비'

<그림 8>의 '향상'이라는 긍정적인 개념은 위쪽 방향으로, '퇴보'라는 부정적인 개념은 아래쪽 방향으로 손을 움직여 표현한 것으로, "좋음은 위이며, 나쁨은 아래이다."라는 개념적 은유에 의한 수어이다.

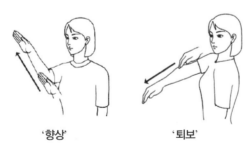

'향상' '퇴보'

그림 8 수어 '향상', '퇴보'

---

18 '도상성'은 언어의 구조(형식)와 의미(내용) 간에 존재하는 유사성을 가리키며, 그 구조적 유형으로 '도상적 양(iconic quantity)'의 원리는 개념의 복잡성 정도가 언어적 재료의 양과 비례하는 것이며, '도상적 순서(iconic sequence)'의 원리는 시간적 순서나 우선성의 정도가 언어 구조에 반영된 것이며, '도상적 거리(iconic distance)'의 원리는 개념적 거리와 언어적 거리가 비례 관계를 형성하는 것이다.

둘째, '개념적 환유(conceptual metonymy)'에 의한 수어의 양상을 보기로 한다. 이는 '인접성'의 인지능력에 의해 동일한 영역 안에서 '부분(→매체)'을 통해 '전체(→목표)'를 가리키거나 '전체(→매체)'를 통해 '부분(→목표)'을 가리키는 인지 전략이다. <그림 9>는 '집'의 수어인데, 두 손의 손끝을 맞대고 좌우로 비스듬히 세워서 지붕의 모양을 나타낸 것으로, '집'의 여러 구성 요소 가운데 가장 현저한 '지붕'을 선택하여 '집' 전체를 표현하는데, 이는 환유의 기제에 따른 도상적 수어이다.

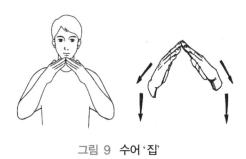

그림 9 수어 '집'

<그림 10>은 개념적 환유에 의한 '집'의 수어 형성 과정을 나타낸 것으로 먼저, '집' 전체의 구체적 이미지에서 이미지를 선택하며('환유 1'), 그 결과 전형적 '집'의 이미지인 '지붕'을 포착하게 된다. 다음으로, 지붕'을 도식화하며('환유 2'), 그 결과 수어로서 '집'을 표현하게 된다(島田浩之 2005: 92 참조)

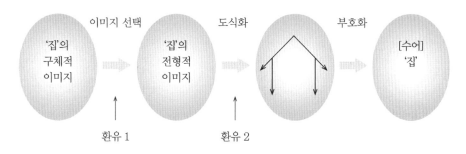

그림 10 환유의 기제에 따른 '집'의 수어 과정

셋째, 한국 수어와 미국 수어 간의 도상적 양상을 보기로 한다. <그림 11>에서 '소/cow'의 '한국 수어(Korean Sign Language, KSL)'와 '미국 수어(American Sign Language, ASL)' 간에는 '소'의 뿔 모양을 취한 도상적 공통성이 확인된다.

그림 11 '소/cow'의 한국-미국 수어

한편, <그림 12>의 'tree/나무'의 ASL과 KSL 간에는 차별성이 확인되는데, '나무'에 대해 ASL에서는 '밑둥치, 줄기, 가지'를 '왼팔의 평면, 오른 팔뚝, 손바닥'을 통해 표현하는 반면, KSL에서는 나뭇가지의 뻗는 모습을 양손의 엄지와 검지로 표현한다.

그림 12 'tree/나무'의 미국-한국 수어

요컨대, 수어는 인지언어학의 신체화 원리와 긴밀한 관련성을 맺고 있다. 개념적 환유와 은유에 바탕을 둔 형태-의미의 도상성이 수어의 근간을 이루는 점에서 주목되며, 이러한 도상성의 실현 양상에 대한 한국 수어와 미국 수어, 중국 수어 등과의 공통성과 특이성에 대한 논의도 중요한 탐구 과제이다.

5. 마무리

이상에서 몸 또는 신체에 대한 인지언어학적 탐색의 성격과 방향에 대해서 살펴보았다. 이제까지 논의한 내용을 간추려 이 장을 마무리하기로 한다.

첫째, 종래 언어 연구에서 몸과 그 작용 양상에 대한 관심은 매우 소극적이었다. 이러한 경향을 대표하는 객관주의에서는 의미를 사람의 신체적 본질과 경험으로부터 분리된 것으로 간주해 왔다. 그에 비해 체험주의에서는 마음과 몸은 분리할 수 없으며, 마음속에 몸이 있고, 의미란 사람의 생물학적 능력 및 사람을 둘러싸고 있는 환경 속에서 기능을 발휘하는 신체적 ·사회 문화적 경험에 의해서 특징짓는다.

둘째, '신체화'란 인지 과정에서 사람의 몸 또는 신체성의 작용 양상을 가리킨다. 의미는 신체화되어 있으며, '신체화'의 많은 부분이 일상 언어의 구조와 의미 속에 내재되어 있다. 따라서 신체화는 인간 인식의 출발점일 뿐만 아니라 의미 확장의 진원지이며, 신체적 경험은 원초적인 경험으로서 새롭고 추상적인 대상을 이해하는 준거가 된다.

셋째, 웍스킬의 '환경세계(Umwelt)'는 생물체가 종 특유의 감각기관의 제약에 따라 자기 주변 환경에 의미를 부여함으로써 주관적으로 구축한 세계를 뜻한다. 이 연장선상에서 인간은 특유의 신체적 기관과 고도의 두뇌와 관련한 언어를 통해 의미 작용을 수행해 나간다.

넷째, 우리의 경험이 신체화되어 있다는 사실, 즉 우리의 경험이 신체의 본질과 신경 조직에 의해 구조화되어 있다는 것은 인지에 영향을 미친다. 이와 관련하여 신체화와 관련된 탐구 분야로는 영상 도식, 은유, 다의관계, 감각어, 감정 표현, 분류사, 시뮬레이션 의미론, 수어 등이 있다.

제4장
영상 도식의 개념과 가치론

1. 들머리

이 장은 신체화에 기반을 둔 영상 도식의 성격과 작용 양상을 살펴보는 데 목적이 있다. 우리는 신체를 중심으로 대상 세계와 상호작용하는데, 그 과정에서 반복되는 경험이 쌓여 도식적 구조가 발생하게 되고 이것이 두뇌 또는 마음속에 표상되는데, 이를 개략적으로 '영상 도식(image schema)'이라고 한다. 영상 도식은 본질적으로 추상적인 도식이므로, 그 실체를 이해하기가 쉽지 않다. 그렇지만 우리는 영상 도식을 매우 가까이에서 자연스럽게 부려 쓰고 있다.

예를 들어, "이야기를 꺼내다."에서 '꺼내다'는 "속이나 안에 들어 있는 물건 따위를 손이나 도구를 이용하여 밖으로 나오게 하다(『표준국어대사전』)."라는 뜻풀이에서 보듯이 '그릇' 안의 물체를 밖으로 나오게 하는 것이다. 그런데 '이야기를 꺼내다'의 경우 꺼내는 그릇은 어디에 있으며, 과연 그릇이 있기나 한 것인가? 실제로 이야기를 담아 놓은 물리적 그릇은 없지만 우리 자신은 그런 그릇, 예를 들어 '이야기 주머니'와 같이 '이야기'를 담는 그릇이 있다고 생각하므로 아무 의심이나 어려움 없이 "이야기를 꺼낸다."라고 하는 것이다. 이것은 (1)의 '독, 주머니, 서고'와 같은 그릇에서 '쌀, 돈, 책'과 같은 물체를 나오게 하는 반복적 경험에서 '그릇 도식'이 형성되어 (2)의 '이야기, 말, 기억'과 같은 언어 및 사고가 담긴 도식적이고 추상적인 그릇을 상정하는 것으로 볼 수 있다.

> (1) a. 독에서 **쌀을 꺼내다.**
>   b. 주머니에서 **돈을 꺼내다.**
>   c. 서고에서 **책을 꺼내다.**

(2) a. 이 대목에서 이씨는 '작가는 자기 자신에게 복무해야 한다'는 **이야기를 꺼냈다.**[1] (동아일보 1999.1.19.)

　　b. 제2연평해전 발발 10년… 6용사 유족들 가슴에 담아뒀던 **말 꺼내다.** (동아일보 2012.6.13.)

　　c. 일본 야구의 간판스타 스즈키 이치로가 가슴 속에 묻어뒀던 아픈 **기억을 끄집어냈다.** (조이뉴스24, 2009.1.1.)

　이처럼 우리가 영상 도식을 자유자재로 사용하는 것은 그것이 신체화되어 있을 뿐 아니라, 어린 시절 말을 시작하기도 전부터 몸에 배어서 그 도식의 존재를 무의식적인 상태에서 개념화 과정에 활용하기 때문이다. 실제로 영상 도식은 우리가 세계를 이해하는 데 매우 중요한 역할을 한다. 눈에 보이지 않고 추상적이고 상상적인 대상과 경험을 이해하는 데 언제 어디서든지 자유자재로 활용할 수 있는 영상 도식이 없다면 우리의 인지 작용이 미치는 범주는 매우 제한될 것이다.

　영상 도식은 Harnad(1990: 335-346)가 제기한 '상징 토대화(symbol grounding)'와 관련하여 언어 표현이나 상징의 중요한 문제를 해결하는 데 도움이 된다. 여기서 '상징 토대화'란 '단어'로 나타나는 '상징'이 어떻게 의미를 획득하는가의 문제, 특히 언어 표현이 어떻게 우리에게 유의미하게 되는가 하는 것이다. 이에 대해 객관주의 의미관에서는 언어 표현이 세계의 실체를 가리키며, 이 표현을 유의미하게 만드는 것은 '지시'라고 주장한다. 그 반면 영상 도식의 설정은 상징과 표현이 의미를 얻는 방식에 대해 지시 이론의 문제점에 대해 대안을 제시한다는 점에서 주목된다(Kövecses 2006: 208 참조). 아래에서는 영상 도식의 기본 개념에서 정의, 특성, 유형을 살피고, 주요 영상 도식의 가치론적 양상에 대해서 살펴보기로 한다.

2. 영상 도식의 기본 개념

　여기서는 영상 도식의 정의, 특성, 그리고 유형을 통해서 그 기본 개념을 기술하기로 한다.

1　'꺼내다'의 유의어 '끄집어내다'도 다음과 같이 동일하다. "달밤이었으나 어떻게 해서 그렇게 됐는지 지금 생각해두 도무지 알 수 없어." 허생원은 오늘밤도 또 그 **이야기를 끄집어내려는** 것이다. (이효석 '메밀꽃 필 무렵'에서)

2.1. 영상 도식의 정의

'영상 도식'은 개념 구조의 한 형태, 즉 신체화된 경험의 반복되는 사례로부터 발생하는 '개념 표상(conceptual representation)'이다(Hamawand 2016: 92 참조). Johnson(1987: xiv)은 영상 도식을 "우리의 지각적 상호작용과 운동 감각[2] 프로그램의 반복적이며 동적인 유형으로서, 우리의 경험에 일관성과 구조를 제공한다."라고 하였다.

이와 관련하여 영상 도식은 본질적으로 상상력에 바탕을 둔 정신적 그림으로, 명제적이지 않다. 또한 영상 도식은 고도로 도식적이며 추상적이다. 이것은 영상 도식에 시각적이거나 운동 감각의 자세한 영상이 없다는 것을 의미한다(Kövecses 2006: 207 참조).

2.2. 영상 도식의 특성

'영상 도식'의 주요한 특징 다섯 가지를 살펴보면 다음과 같다(Evans & Green 2006: 179-190, Hamawand 2016: 93-94 참조).

첫째, 영상 도식은 '선개념적(先槪念的, pre-conceptual)'이다. 이것은 영상 도식이 신체적 경험 즉 감각 경험에 토대를 둔 것임을 뜻한다. Lakoff(1987: 267)에서는 '선개념적' 경험을 신체적 경험에서 비롯되는 개념 형성 이전의 경험이라고 하였으며, Mandler(2004)는 영상 도식이 개념 형성을 선행하는 인간 발달의 초기 단계에서 감각 경험으로부터 발생한다고 하였다. 이 경험은 그 자체로 구조화되어 있으며, 개념 구조를 발생시킨다. 신체화에 바탕을 둔 선개념적 경험은 한편으로는 직접적으로 경험되는 물리적 개념을 발생시키고, 다른 한편으로는 은유적 확장을 통하여 간접적으로 형성되는 추상적 개념을 발생시키는데, 후자의 추상적 개념도 궁극적으로는 신체적 경험에 기반을 둔 것이다.

둘째, 영상 도식은 본질적으로 의미적이다. 이것은 영상 도식이 세계와 상호작용함으로써 발생하기 때문이며, 영상 도식의 기반이 되는 신체적 경험의 결과를 예측할 수 있기 때문이다. 예를 들어, 손에 커피 잔을 들고서, 컵을 천천히 아래위나 옆으로 움직이면 커피도 잔과 함께 움직일 것으로 예상된다. 이것은 '포함'이 경계 안에 있는 실체를 한정하기 때문인데, 이 경우 잔은 커피를 힘 역학적으로 통제한다. 이러한 지식은 우리가 물리적 환경과 상호작용한 결과로 얻을 수 있는 것이다.

셋째, 영상 도식은 아날로그 표상이다. 이것은 영상 도식이 감각 경험으로부터 발생한다는

---

2 '운동 감각(kinaesthesia)'은 근육을 쓰는 노력이나 이동에 대한 사람의 신체적 경험이다(Evans & Green 2006: 199 참조).

것을 뜻한다. 즉 영상 도식적 개념은 물리적 경험에 대한 기억처럼 전체적 감각 경험에 의해 마음속에서 표상된다. 예를 들어, 자전거를 타거나 자동차를 운전하는 것은 운행 교범을 읽거나 강의를 통해 규칙을 이해하는 것과는 별개의 문제이다. 이런 방법은 개략적인 실마리만 제공할 뿐이다. 그 대신에 경험을 통해 자전거를 타고 자동차를 운전하는 것이 어떤 감각인지를 몸으로 익혀야 한다. 이런 학습은 복잡한 과정이며 그 과정에서 서로 관련된 일련의 운동 감각을 숙달하게 된다.

넷째, 영상 도식은 내적으로 복합적이다. 이것은 영상 도식이 여러 가지 구성 요소로 이루어져 있음을 뜻한다. 예를 들어, '경로 도식(path schema)'은 이 세상에서 우리의 움직임 또는 다른 실체로의 이동 경험에서 나온다. '경로 도식'은 '출발점-경로-목표'로 구성되는데, (3)과 같이 각 성분이 윤곽부여될 수 있다.[3]

(3) a. 그는 고향을 떠났다. (출발점)
    b. 그는 서울로 떠났다. (목표)
    c. 그는 고향에서 서울로 떠났다. (출발점-목표)
    d. 그는 대전을 거쳐 서울로 떠났다. (경로-목표)
    e. 그는 고향에서 대전을 거쳐 서울로 떠났다. (출발점-경로-목표)

다섯째, 영상 도식은 은유에서 목표영역을 위해 근원영역으로 사용된다. 즉 영상 도식은 새로운 경험의 이해를 돕는다는 점에서 중요하다. 예를 들어, '물체 도식(object schema)'의 경우를 보기로 한다. (4a)의 '배낭'은 글자 그대로 무게를 가진 물체인데, 이처럼 구체적인 물체와의 일상적 상호작용을 통해 '물체'의 영상 도식이 형성된다. 이 도식은 (4b)의 '죄·세금·음성·색깔·분위기·마음'으로, 그리고 (4c)의 '책임'과 같은 추상적인 대상에 사상된다.

(4) a. 배낭이 무겁다.
    b. {죄·세금·음성·색깔·분위기·마음}이 무겁다.
    c. 책임이 무겁다.

---

3 '경로'의 영상 도식은 구체적인 데서 추상적인 영역으로 확장될 수 있는데, "He is composing a poem for his wife, and he is nearly **there**.(그는 아내를 위해 시를 쓰고 있는데, 거의 **거기에** 도착했다.)"에서 '시 쓰기'가 'there'를 통해 '경로'로 인지된다(Hamawand 2016: 94 참조).

2.3. 영상 도식의 유형

영상 도식의 목록은 관점에 따라 다양하다. Evans & Green(2006: 185)과 Hamawand(2016: 94-95)에 따라 주요 영상 도식과 그 하위 도식의 목록을 제시하면 다음과 같다.

표 1 영상 도식의 목록

중심 도식	하위 도식
공간	위-아래, 앞-뒤, 좌-우, 가까움-멂, 중심-주변
포함	그릇, 안-밖, 표면, 가득함-빔, 내용
운동력	타성, 출발점-경로-목표
균형	축 균형, 쌍둥이식 균형, 점 균형, 평형상태
힘	강요, 봉쇄, 저항, 전환, 장벽제거, 가능성, 인력, 저항
다양성	합병, 수집, 분열, 반복, 부분-전체, 가산-질량, 연결
일치	조화, 상위부과
존재	제거, 한정 공간, 순환, 사물, 과정

3. 영상 도식의 가치론적 양상

영상 도식의 일차적 근원은 사람의 몸이다. 우리는 신체를 통하여 '그릇', '연결', '중심-주변', '부분-전체', '균형', '경로', '원근', '방향'을 지각하며, 이 원초적 경험을 바탕으로 긍정과 부정의 가치를 부여한다.[4] 여기서는 이러한 영상 도식의 가치론적 양상에 대해서 살펴보기로 한다.[5]

3.1. 그릇 도식

'그릇 도식(container schema)'은 '안', '경계', '밖'의 구조로 이루어진 영상 도식으로서, '안'과 '밖'은 그릇 도식의 성격에 따라 가치의 규정이 달라진다.

---

[4] 가치와 양은 상관성을 갖는다. 동양사상의 '음양(陰陽) 대립'에서 '양(陽)'은 영어의 'positive'에 해당하며, 이는 '긍정적/적극적'이라는 다의적 의미를 갖는다. 또한, '음(陰)'은 'negative'에 해당하며, 이는 '부정적/소극적'이라는 다의적 의미를 갖는다(임지룡 1989: 49 참조).

[5] 이 부분은 임지룡(1997c). "영상도식의 인지적 의미 특성"(『어문학』 60. 한국어문학회.) 중 196-208쪽의 내용을 깁고 고친 것임.

그릇 도식의 일차적인 경험은 우리의 몸이다. 곧 우리는 몸을 하나의 그릇이나 그릇 속에 들어 있는 사물로서 경험한다. 이러한 도식에는 '그릇으로서 몸' 도식과 '그릇 속의 몸' 도식의 두 가지 유형이 있다.

3.1.1. 그릇으로서 몸 도식

'그릇으로서 몸' 도식과 관련된 근본적 경험은 호흡하고 먹는 것이다. 숨을 쉴 때 들이마시는 공기와 섭취하는 음식물은 생명을 유지시켜 주는 에너지원으로서 필수불가결하다. 그러므로 이 경험과 관련하여 '안'이라는 방향은 필연적으로 긍정적이다. 사람의 몸은 생명을 유지하는 데 필요하고 유익한 것을 받아들이고, 해로운 것은 거부하고 내버린다. 숨을 들이마시고 음식을 먹는 것과 대조적인 경험으로서, 숨을 내뿜는 것과 대소변을 배설하는 것은 항상 '밖'의 방향에 따른 부정적인 가치를 띠게 된다. 이 경우 '안'은 긍정적(+)이며, '밖'은 부정적(-)이다.

3.1.2. 그릇 속의 몸 도식

'그릇 속의 몸' 도식에 대해서 살펴보기로 한다. Johnson(1987: 30) 및 Lakoff(1987: 271)이 지적했듯이, 우리는 몸을 그릇 속에 들어 있는 대상물로서 경험한다. 우리 몸은 그릇이며, 우리는 집, 건물, 숲뿐만 아니라, 대한민국 및 지구촌과 같은 더 큰 그릇 속에서 산다.

그릇 도식과 관련된 일차적 경험은 산모의 자궁 속에 있는 경험인데, 이 자궁은 우리 자신이 위치했던 최초의 그릇이다. 이 경우 그릇 안은 보호처라는 점에서 긍정적(+) 가치이며, 그릇 밖은 외부의 위험에 노출된다는 점에서 부정적(-) 가치이다. 그런데 이 그릇은 시간상으로 제한되어 있다. 곧 모체는 태아가 생명체로서 완성될 때까지만 머물 수 있는 시한부의 그릇이므로, 그릇을 떠나지 않을 수 없다.[6] 그 결과 그릇 밖으로 나오는 경험은 고통과 위험이 동반된다. 따라서 사람은 어머니의 자궁에서 경험된 그릇 도식의 향수를 지니고 있다. 그런 뜻에서 '가정'은 우리가 후천적으로 만나는 또 다른 자궁이다. 가정이라는 그릇에서 우리는 보호와 안락함을 동시에 누리게 된다. 나아가서 학교나 지역사회, 직장, 나라도 그릇 도식의 확장이라 할 수 있다.

한편, 그릇의 영상 도식은 역전될 수 있다. 곧 그릇에서 갇혀 있는 것은 폐쇄적이고 구속적인 경험이며, 그릇에서부터 벗어 나오는 것은 개방적이고 해방감의 경험이다. 예를 들어, 교도

---

6   가정이나 학교도 '모체'처럼 시간상으로 제약된 그릇인데, 부모나 스승의 보호 아래 있던 자녀나 제자가 홀로서기 위해 분가하거나 졸업하는 경우는 모체를 떠나는 경험과 동일하다.

소에 갇히거나 병원에 입원하는 것은 부정적인 경험이며, 교도소에서 출소하거나 병이 나아 퇴원하는 것은 긍정적인 경험이다. 마찬가지로, '조롱'이나 '우리' 속에 갇힌 짐승은 자유가 없지만, 그것으로부터 벗어나는 순간 자유를 얻게 된다.

이렇게 볼 때 그릇 속의 몸은 상반된 가치를 지니고 있다. 곧 다음의 두 표현은 그릇의 안팎에 대하여 긍정, 부정의 가치가 다르게 규정됨을 알 수 있다.[7]

(5) a. 정신이 나갔다.
    b. 정신이 {들었다/돌아왔다}.

(6) a. 열린 사고
    b. 닫힌 사고

요컨대, 그릇 도식은 '그릇으로서 몸' 도식과 '그릇 속의 몸' 도식으로 대별되며, 그릇의 '안'은 긍정적(+), 그릇의 '밖'은 부정적(-) 가치를 지니나, 그릇 속의 몸 도식에서는 그 가치의 방향이 역전될 수 있다.

3.2. 연결 도식

'연결 도식(link schema)'은 두 개체의 연결 구조에 의한 영상 도식으로서, 연결은 긍정적(+)이며, 분리는 부정적(-)이다.

이 영상 도식의 일차적 경험은 어머니의 '탯줄'이다. 태아는 탯줄이라는 연결을 통해서 어머니로부터 생명의 에너지와 안전을 제공 받으며, 유산하는 일은 산모로부터 태아의 연결 고리가 끊어진 것을 뜻한다. 태어날 때 유아는 어머니의 탯줄에서 분리되는데, 이 연결 고리는 단지 물리적으로만 단절될 뿐 가정이라는 사회적 층위에서 부모로부터 양육을 받음으로써 새로운 연결 고리를 형성한다. 따라서 '연결'은 긍정적 경험으로, '분리'는 부정적 경험으로 인지된다. 이 원초적 연결은 생명의 탄생으로서 교접 행위, 결혼, 공동사회의 유대형성 등 다양한 종류의 사회적 연관 관계에 투사된다.

끈·(밧)줄·인연 등의 연결 고리는 대상물을 연결시키는 매체이다. 사람은 연결을 형성하려는 뿌리 깊은 경향을 지니고 있다. 따라서 우리는 한 평생 동안 혈연, 지연, 학연의 연결

---

7   영상 도식의 은유적 확장은 "상태·관계·시계(視界)는 그릇이다." 등에서 볼 수 있다. 예를 들어, "우리는 위기에 처해 있다.", "그들은 사랑에 빠져 있다.", "들판이 시야 속으로 들어온다."에서 '위기', '사랑', '시야'는 일종의 그릇이다.

고리에 묶여 있다. (7)에서 보듯이 유교 사상의 '삼강(三綱)', 즉 '세 가지 벼리'는 이러한 연결 도식을 잘 보여 주는데, 이 경우 '벼리'는 그물의 굵은 줄을 가리킨다.

(7) 君爲臣之綱 父爲子之綱 夫爲婦之綱 此言出於禮記 白虎通 東萊集 東萊集曰何 爲三綱 擧基網 萬目自張(임금은 신하의 밧줄이 되고, 아비는 아들의 밧줄이 되고, 남편은 아내의 밧줄이 되나니라. 이 말은 예기, 백호통, 동래집에서 나온 것이다. 동래 집에 이르기를 삼강이란 무엇인가 하면 그 밧줄을 들면 온갖 그물눈이 저절로 펴진다 는 것을 두고 일컬음이다.) (呂增東 1985: 261 참조)

인간 사회에서 연결 고리가 끊기거나 막히면 외톨박이로 고립되고 이단시된다. 실제로, 직장 및 연구 생활에서 다른 사람이나 학회와 관계를 맺지 못하면 승진과 발전에 이롭지 못하 다. 고려가요 가운데 "구슬이 바위에 떨어진들 끈이야 끊어지겠습니까?"라는 표현에서는 사 랑의 끈에 대한 절실함이 잘 나타나 있다. '끈'에 대한 다음 속담을 보기로 한다.

(8) 끈이 붙다.

(9) a. 끈이 떨어지다
    b. 끈 떨어진 뒤웅박

(8)은 긍정적 가치를 지니는 반면, (9a)는 부정적 가치를 지니며, (9b)는 의지할 데가 없어 외롭고 불안한 처지를 일컫는 말이다. 한편, 연결 도식은 다음과 같은 은유 표현으로 확장되기 도 한다.

(10) a. 부부는 일심동체이다.
     b. 열 손가락 깨물어 안 아픈 손가락이 없다.

(11) a. 인연을 {맺다/끊다}.
     b. 유대[8]가 돈독하다.
     c. 결속력이 {강하다/약하다}.

---

8 '유대(紐帶)'는 '끈'과 '띠'라는 뜻으로, 둘 이상을 서로 연결 또는 결합하는 것이나 그런 관계를 가리킨다.

요컨대, 우리는 탯줄이라는 신체적 경험을 통하여 연결 도식을 형성한다. 이를 바탕으로 연결은 긍정, 분리는 부정의 가치를 지닌다.

3.3. 중심-주변 도식

'중심-주변 도식(center-periphery schema)'은 중심과 주변의 구조로 이루어진 영상 도식으로서, 중심은 긍정적(+)이며, 주변은 부정적(-)이다.

이 도식의 인지는 사람의 신체와 그 다양한 부분의 경험에 근거를 두고 있다. 곧 신체에서 중심은 '몸통' 및 심장을 비롯한 '내장 기관'이며, 주변은 '손가락, 발가락, 손톱, 발톱, 머리카락, 팔다리' 등이다. 신체 경험에서 중심은 주변보다 중요하다. 이를테면, 신체의 중심부에 입은 상처는 주변부의 상처보다 치명적이지만, 머리카락을 자르거나 손가락을 다쳐도 생명과는 무관하다. 또한, 신체의 주변은 중심에 의존하고 있으나 그 역은 성립되지 않는다. 예를 들어, 혈액순환이 나쁘면 모발 상태에 영향을 미치지만, 머리카락을 잘라도 순환계에 영향을 미치지는 않는다. 마찬가지로, '식물'의 줄기는 사람의 몸통처럼 중요하지만, 가지나 잎은 필요에 따라 가지치기를 하거나 가을이 되면 중심부인 생명체를 유지하기 위하여 잎사귀가 저절로 떨어진다. 따라서 중심은 긍정적 가치로, 주변은 부정적 가치로 인지된다.

이러한 경험은 우리의 일상사나 사회, 문화적 제도에서 널리 퍼져 있다. 예를 들어, 양궁 경기에서 화살이 과녁의 중심에 꽂힐 때 우승이 결정되며, 주변의 극단인 과녁을 벗어나는 경우 실격하게 된다. 사진을 찍을 때 중요한 인물은 중심에 위치하는 반면, 덜 중요한 인물은 주변에 위치하며, 대통령은 권력의 중심으로서 그 중심부의 거리에 비례하여 영향력이 결정된다. 또한 한 나라의 이상적인 수도는 변방이 아니라 중심부에 위치하게 되며, '중앙청'이나 '중앙부서'는 지방의 '도청'이나 '변방부서'보다 힘이 있으므로 선호된다. "말은 제주도로 보내고, 자식은 서울로 보낸다."라는 우리 속담은 중심부의 중요성을 경험적으로 드러낸 것이다.

다음은 정약용이 유배지에서 자식들에게 보낸 편지의 한 대목으로서, 서울에 살면서 후일을 기약하라는 내용을 담고 있다.

> (12) 무릇 사대부 집안의 법도는 벼슬길에 높이 오르거나 권세를 날릴 때에는 오히려 산기슭에 셋집을 내어 살면서 선비로서 본색을 잃지 않아야 한다. 그러나 만약 벼슬길이 끊어지면 속히 서울에 붙어살면서 문화(文華)의 안목을 잃지 않도록 해야 한다. 만약 집안의 힘이 쇠락하여 서울 한복판으로 깊이 들어갈 수 없다면 잠시 서울 근교에 살면서 과일과 채소를 심어 생활을 유지하다가 재산이 조금 불어나면 바로 도시 복판으로 들어가도 늦지는 않다. … 옛날부터 화를 피해 살면서도 더 멀고 깊은 곳으로 들어가

지 못했음을 걱정하곤 하는 사람이 많았다. 그리하면 마침내 노루나 산토끼처럼 문명에서 멀어진 무지렁이가 돼버릴 뿐이다. 요컨대 부유하고 귀하고 권세 있는 집안은 눈썹을 태울 정도의 급박한 재난을 당하여도 느긋하게 걱정 없이 지내지만, 재난당할 것을 두려워하여 먼 시골 깊은 산속으로 몰락하여 버림받은 집안이야 겉으로는 태평이 넘쳐흐르는 듯하지만 마음속에는 항상 근심을 못 떨치고 살아간다. 그 이유를 살펴보면, 대개 그늘진 벼랑 깊숙한 골짜기에서는 햇볕을 볼 수가 없고 함께 어울려 지내는 사람은 모두 버림받아 쓸모없는 사람으로 원망하는 마음만 가득 차기 때문이다. 그들이 가진 식견이란 실속 없고 비루한 이야기뿐이다. 그래서 그들은 사람들로부터 멀리 떠나 영영 다시 돌아올 수 없게 된다. 진정으로 바라노니, 너희들은 항상 마음을 화평하게 하여 벼슬길에 있는 사람들과 다르게 생활해서는 안 된다. 너희 자손 대에 이르러서는 과거에 응시할 수 있고 나라를 경륜하며 세상을 구제하는 일에 뜻을 둘 수 있도록 하여라. 천리(天理)는 돌고 도는 것이니 한번 넘어진 사람이 반드시 다시 일어나지 못하는 것은 아니다. 만약 하루아침의 분노를 이기지 못하여 서둘러 시골로 이사가 버린다면 무식하고 천한 백성으로 일생을 끝마치고 말 따름이다. (김상렬 엮음, 『사랑하는 내 아들아』, 1996: 27-29, 큰산.)

요컨대, 우리는 신체적 경험에서 비롯된 중심-주변의 긍정적, 부정적 영상 도식을 통하여 우리를 에워싼 물리적, 사회적, 추상적 환경에 적응하면서 살아간다.

3.4. 부분-전체 도식

'부분-전체 도식(part-whole schema)'은 부분과 전체의 구조로 이루어진 영상 도식으로서, 부분은 부정적(-)이며, 전체는 긍정적(+)이다.

이 도식의 인지는 신체적 경험에서 비롯되는데, 우리 몸은 '부분'으로 구성된 '전체'이다. 전체에 대한 가장 근본적인 경험은 몸의 규범적 형태이다. 이러한 규범적인 전체는 긍정적(+)으로 경험되며, 나아가 추상적인 층위에서 '선(善)'으로 인지된다. 그 반면, 팔다리 등 신체의 한 부분을 잃는 것은 부정적(-)으로 경험되며, 나아가 '악(惡)'으로 인지된다. 전통적 유교 문화권에서는 '몸·머리털·피부'는 부모에게 받은 것이므로 감히 헐거나 상하게 해서는 안 된다는 것을 강조해 왔다. 이것은 신체의 전체에 대한 가치를 드러낸 것이다.[9]

신체적 경험에서 비롯된 '부분-전체 도식'은 인간의 삶 속에 널리 퍼져 있다. 예를 들어,

---

9   영어의 경우, '건강(하다)'을 뜻하는 health, whole은 고대영어에서 동일한 어근인, '전체'를 뜻하는 hāl에서 유래했으며, 부정적 성격을 띠고 있는 devil, idiot은 '이간하다' 및 '분리되다·고립되다'를 뜻하는 그리스 단어에서 유래했다고 한다(Krzeszowski 1993: 312 참조).

'결혼'은 부분으로서의 남녀가 모여 전체를 이루는 긍정적 경험이며, '이혼'은 전체의 분리로서 부정적 경험이다. 부모와 자식으로 구성된 '가정'은 전체의 긍정적 개념이며, 구성원의 일부가 이탈된 '결손가정'은 부정적 개념이다. 또한, 부분-전체의 경험은 다음과 같은 일상생활에서 강화된다. 즉 옷을 만들거나 집을 짓는 일에서처럼 부분을 결합하여 전체를 구성하는 것은 긍정적으로 경험되며, 역으로, 전체를 허물어서 규범적인 형태를 해체시키는 것은 부정적으로 경험된다.[10] 이러한 생각은 다음 표현에서 잘 드러나 있다.

(13) a. 뭉치면 살고 흩어지면 죽는다.
　　 b. 우리의 소원은 통일!
　　 c. 구슬이 서 말이라도 꿰어야 보배다.

(14) a. 수족을 자르다.
　　 b. 파산하다, 난파선
　　 c. 낙동강 오리알

　(13)의 표현에서 전체를 지향하는 것은 긍정적 가치이다. 그 반면, 전체의 해체나 부분 그 자체는 부정적 가치로 이해되는데, (14a)의 '수족을 자르다'에서 '수족(手足)'은 '손발'인데, 비유적인 의미로 '가까운 조력자'를 뜻한다.
　요컨대, 우리는 신체적 경험에 근거한 부분-전체의 구조를 통하여 긍정과 부정의 양극적인 영상 도식을 형성한다. 또한, 은유적 확장을 통하여 사물과 과정에 통합된 전체는 긍정적 가치로, 그 규범적 형태에서 일탈되는 과정이나 결과는 부정적 가치로 개념화한다.

3.5. 균형 도식

　'균형 도식(balance schema)'은 균형과 불균형의 대립적 영상 도식으로서, 균형은 긍정적(+)이며, 불균형은 부정적(-)이다.
　이 도식의 일차적인 경험은 우리 몸이다. 몸은 균형 잡힌 대칭물인데, 정면에서 바라본 우리 몸은 좌우의 눈썹, 눈, 콧구멍, 귀, 젖가슴, 팔다리, 손발 등으로 대칭을 이루고 있다. 몸이 정상적으로 활동하고 기능을 수행하는 것은 균형을 유지하고 있기 때문이다. 영양분을

10　영어에서 'to keep body and soul together(역경에 굴하지 않고 살아가다)', 'to come back in one piece(원상 복구되다)', 'to be whole and sound(건강하다)'는 긍정적인 표현이며, 'to fall apart(분리되다)', 'to fall to piece(분리되다)', 'to disintegrate(분리되다)'는 부정적인 표현이다(Krzeszowski 1993: 311 참조).

섭취하고, 운동하며, 일하고 쉬는 등 자연스러운 경험은 균형 상태에서 이루어진다. 그 반면, 몸을 다치거나 병들면 균형이 깨어져 정상적인 생활을 수행하지 못한다. 따라서 균형은 긍정적인 가치로, 불균형은 부정적인 가치로 인지된다.

균형 감각은 균형을 잃을 때까지 거의 의식되지 않는다. 예를 들어, 우리는 징검다리를 건널 때나 맴을 돈 뒤 균형 감각을 직접 경험한다. 어린아이의 경우 균형 상태에서는 잘 자고 놀지만, 배가 고프거나 몸이 아플 때 울음을 통해 불균형의 징후를 알린다. 또한, 운동을 한 뒤 호흡이 가빠지거나 땀이 나는 것은 산소의 공급이나 체온 유지를 위해서 필요하며, 목이 마르면 물을 마셔서 균형을 되찾는다. 놀라서 외치거나 화나서 욕설을 퍼붓는 것도 균형을 지키려는 우리 몸의 자연스러운 반응이라 할 수 있는데, 만약 이러한 경우에 침묵으로 일관한다면 그 충격은 누적된 스트레스로 말미암아 심신의 불균형을 일으키게 된다. 균형 도식은 이 세계에 대한 우리 경험 속에 스며 있으며, 모든 심신활동 속에 내재해 있다. 우리가 균형 도식을 잃을 때 우리는 아래로 넘어지고, 앞으로 나갈 수 없고 목표에 도달할 수 없다. 한편, 균형을 유지함으로써 우리는 직립의 똑바른 자세를 유지하고 목표를 향하여 앞으로 계속 나갈 수 있다.

Johnson(1987)은 체계적 균형, 심리적 균형, 수학적 균형을 포함한 다양한 종류의 균형을 구별한 바 있다. 따라서 이 균형 도식은 윤리적이고 미적인 근거를 제공해 주는 중심적 도식이 된다. 예를 들어, 몸의 균형이 빼어난 사람은 미스 코리아나 미스터 코리아로 뽑히며, 마음의 균형이 잘 잡힌 사람은 인격자로 존중받는다. 특히 균형 도식은 올바르고, 바람직한 성질을 갖고 있는 '선(善)'의 의미에 대한 동기를 제공하는데, 이것은 지나치지 않음을 뜻한다. 예를 들어, 감각의 층위에서 '커피'는 너무 달지 않아야 하며, '음식'은 너무 맵거나 짜지 않아야 좋다. 심지어 정직, 행운, 예의의 경우에도 지나침은 경계의 대상이 된다. 그렇게 볼 때, '중용(中庸)'이라고 하는 것은 지나치지도 모자라지도 않는 균형 상태에 다름 아니다.[11] 다음은 균형의 흐트러짐에 대한 일상 언어의 보기이다.

    (15) a. 그는 너무 정직해서 이 세상에 살아가기 어렵다.
        b. 김첨지는 이상하게도 꼬리를 맞물고 덤비는 이 행운 앞에 조금 겁이 났다. (현진건 '운수좋은 날'에서)
        c. 지나친 공손은 예의에 어긋난다.

요컨대, 신체에서 출발된 균형 도식은 추상적인 세계로까지 확장되어 긍정과 부정의 가치

---

11   이와 관련하여, 논어의 선진편(先進篇) 나오는 '과유불급(過猶不及)'은 정도를 지나침은 미치지 못함과 같다는 뜻으로 중용의 중요함을 이르는 말이다.

를 형성한다.

3.6. 경로 도식

'경로 도식(path schema)'은 '출발점-경로-목표'의 구조로 이루어진 영상 도식으로서, 목표가 정해진 이동은 긍정적(+)이며, 이동하지 않는 것은 부정적(-)이다.

이 도식의 일차적 경험은 갓난아이 때부터 배밀이를 하면서 목표하는 곳의 물체를 잡는 경험의 반복에 있다. 일정한 나이가 되면 '집'에서 '유치원'까지 오가는데, '집(출발점)→경로→유치원(목표)', '유치원(출발점)→경로→집(목표)'을 반복하며, 일상생활에서 스스로 이동하거나 물체를 이동시키는 경험의 반복을 통해 이 도식이 몸에 배게 된다.

경로 도식의 은유적 확장은 "인생은 여행이다."에서 볼 수 있다. '여행'은 '출발점-경로-목표'가 정해져 있는데, 일상의 물리적 여행을 비롯하여 (16)에서 보듯이 이성 교제, 학교 다니기, 시험 준비, 글쓰기 등은 '인생'이라는 여행의 축소판이다.

    (16) a. 그들은 드디어 결혼에 골인했다.
           b. 졸업의 관문을 넘어섰다.
           c. 그 과목 시험을 겨우 통과했다.
           d. 논문의 8부 능선에 올라섰다. 고지가 저긴데 여기서 멈추어 설 수 없다.

(16)과 같이 '목표점'에 도달하는 경험은 긍정적(+)이다. 그러나 (17)과 같이 움직이지 않거나 (18)과 같이 중단하거나, (19)와 같이 경로의 이탈은 부정적(-)이다.

    (17) a. 행동하지 않는 양심은 악의 편이다.
           b. 그들의 관계는 더 이상 진전되지 않고 있다.

    (18) 잘 가노라 닫지 말며 못 가노라 쉬지 말라.
          부디 긋지 말고 촌음을 아껴 쓰라.
          가다가 중지 곧 하면 아니 감만 못하리라. (김천택)

    (19) a. 이번 일은 정도에서 벗어났다.
           b. 정치가 궤도를 벗어났다.
           c. 인생의 목표를 잃고 좌초해 있다.

요컨대, 신체적 경험에서 출발된 경로 도식은 물리적 여행에서 추상적 여행에 이르기까지 출발점에서 목표에 도달하는 긍정적 가치와 중단 및 궤도 이탈의 부정적 가치를 형성한다.

3.7. 원근 도식

'원근 도식(near-far schema)'은 '두 실체 사이의 거리에서 가까움-멂'의 구조로 이루어진 영상 도식으로서, 대체로 가까움은 긍정적(+)이며, 멂은 부정적(-)이다.[12]

이 도식의 일차적 경험은 아기가 가장 가까이 느끼는 대상으로서 엄마, 아빠를 비롯한 가족의 경험이다. 촌수는 원근 도식의 전형적인 보기인데, "가까운 남이 먼 일가보다 낫다.", "사촌이 땅을 사면 배가 아프다." 그리고 "처삼촌 뫼에 벌초하듯."과 같은 속담에서 가까움과 멂의 심리적 거리가 상징적으로 드러난다. 또한, 아기가 성장하면서 행동반경의 중심지인 집의 경험이다. "똥개도 제 집 앞에서는 크게 짓는 법이다."나 "똥개도 제 집 앞에서는 50점 먹고 들어간다."라는 속담은 가까움과 멂의 물리적 거리를 잘 드러낸다. 이른바 '수신제가치국평천하(修身齊家治國平天下)'나 '나 먼저 원리'[13]는 가까운 데서 먼 데로 나아가는 인지의 확장 단계를 잘 보여 준다.

Peña(2003: 184-187)에서는 원근 도식을 환기시키는 언어 표현의 내적 논리 양상으로, 어떤 실체가 또 다른 실체 가까이에 있고 그중 하나가 더 강하다면 다른 것에 통제력을 발휘하려고 하며, 어떤 실체가 또 다른 실체에 더 가까이 있을수록, 전자 실체가 후자 실체에게 발휘하는 영향력이 더 클 것이고 그것의 영향을 더 많이 받게 될 것이라고 하였다. 실제로 권력자와의 거리가 권력이나 영향력에 비례하는 것은 고금동서의 여러 사례에서 볼 수 있다.

원근 도식의 은유적 확장은 (20), (21)의 '관계', (22)의 '전문성'에서 보듯이 '가까움'은 긍정적(+), '멂'은 부정적(-)인 가치를 부여 받는다.[14] 또한 (23)의 '체온'이나 '정신'에서 화자

12　임혜원(2004: 207)에서는 국어의 수평 공간 은유와 관련하여 <나는 가까운 것, 남은 먼 것>, <좋은 것은 가까운 것, 나쁜 것은 먼 것>, <같은 것은 가까운 것, 다른 것은 먼 것>, <친한 것은 가까운 것, 친하지 않은 것은 먼 것>, <현재는 가까운 것, 과거·미래는 먼 것>으로 구조화되는데, 그중 "이리로 오너라./저리로 가거라."와 "정신이 돌아왔다./정신이 나갔다."의 '오다'는 가까운 것으로서 '나, 좋은 것'에 해당하며, '가다'는 먼 것으로서 '남, 나쁜 것'에 해당한다고 하였다.

13　'나 먼저 원리(Me First Principle)'는 사물이나 현상에 대하여 나에게 가까운 요소를 중심으로 지각하고 파악해 나가는 인간 본유적 성향을 말한다. Cooper & Ross(1975: 65-7, 93) 및 Ross(1982: 282)에서는 '나'(Me)를 발화시 공간과 시간에 놓여 있는 '사람', '어른', '남성'으로 규정하여 '나 먼저 원리'에 적용을 받는 20개의 유형을 제시하였다. 예를 들어, 화자에 가까운 요소(this and that), 발화시간에 가까운 요소(now and then), 화자의 세대에 가까운 요소(father and grandfather), 집에 있는 요소(home and abroad), 단단한 요소(solid, liquid and gas), 살아 있는 요소(living or death), 사람(man and beast), 단수(one or more) 등을 앞자리에 놓는다.

14　예외적으로 '근시안적(近視眼的)'은 앞날의 일이나 사물 전체를 보지 못하고 눈앞의 부분적인 현

를 지향하는 '오다'는 긍정적(+)인 반면, 화자를 일탈하는 '가다'는 부정적(-)이다.[15]

(20) a. 우리는 가깝게 지낸다.
　　 b. 그가 멀게 느껴진다.

(21) 가까운 남이 먼 일가보다 낫다.

(22) a. 너의 그림 솜씨는 화가에 가깝다.
　　 b. 너의 그림 솜씨는 화가가 되기엔 아직도 멀었다.

(23) a. 환자의 체온이 {올라온다 · 내려온다/올라간다 · 내려간다}.
　　 b. 정신이 {돌아왔다/나갔다}.

　요컨대, 신체적 경험에서 출발된 원근 도식은 물리적인 친숙도에서 심리적인 친숙도에 이르기까지 '가까움'은 긍정적, '멂'은 부정적 가치를 형성한다.

3.8. 방향 도식

　'방향 도식(orientational schema)'은 '위-아래', '앞-뒤', '오른쪽-왼쪽' 등의 방향과 관련된 영상 도식으로서,[16] '위', '앞', '오른쪽'은 긍정적(+)이며, '아래', '뒤', '왼쪽'은 부정적(-)이다.
　이 도식의 일차적 경험은 우리 몸의 규범적 형태와 관련된다. 범언어적으로, '위-아래', '앞-뒤', '오른쪽-왼쪽'에 해당하는 대립어를 지니지 않은 언어는 찾아보기 어려운데, 이것은 우리 몸이 지니고 있는 대칭성에 바탕을 두고 있다. 만약 우리 몸이 공 모양을 하고 있다거나 직립하지 않는다면 이러한 방향 개념은 불가능하거나 다른 모습을 띨 것이다. 곧 이러한 기본적인 방향은 우리 몸이 지향하고 있는 삼차원적이고 시간적인 세계에서 작용하는 방식과 관련된다.

상에만 사로잡히는 것으로서, '근시안적 태도 · 행정 · 교육 개혁안'은 부정적이다. 또한 "가까운 무당보다 먼 데 무당이 영하다."도 일반적인 원근의 가치와 반대이다.

15 Peña(2003: 184-187)는 영어에서 '가깝다/멀다'의 은유적 확장을 다음과 같이 들고 있다. "She cannot get *close to* him.(그녀는 그에게 가까워 질 수 없다.)", "They've *moved away* from each other emotionally.(그들은 감정적으로 서로 멀어졌다.)"

16 Hill(1991: 173)에서는 우리가 방향을 인지할 때 수직축을 수평축보다 더 쉽게 지각하며, 수평축 가운데서는 '앞/뒤' 축이 '왼쪽/오른쪽' 축보다 더 잘 개념화된다고 하여, 그 우선순위를 경험에 근거하여 '위/아래>앞/뒤>왼쪽/오른쪽'으로 파악하였다.

3.8.1. 위-아래 방향

우리 몸의 규범적 형태는 '위'로 향한다. 몸의 해부도는 구인 게시판 앞에 서 있듯이 똑바른 자세를 취하고 있으며, 서 있을 때 우리 눈은 15도 위쪽을 향한다. 또한 '위'는 긍정적 방향으로의 움직임을 나타내므로 개념적으로 다루기 더 쉽다.[17] 또한 사람은 태어나서 기어 다니다가 말을 배우면서 직립한 뒤 위로 자란다. 그 반면 기어오르다가 힘이 빠지면 아래로 떨어지거나 주저앉게 된다. 이러한 신체적 경험은 '위'의 방향을 긍정적(+)으로, '아래'의 방향을 부정적(-)으로 인지하는 계기가 된다.

'위'의 긍정적 가치는 사회 문화적인 경험에 의해서 강화된다. 곧 우리가 건강하고 기분 좋을 때는 머리와 얼굴을 위로 한 채 직립하며, 손님을 환영해 맞이하거나 그 환영에 답례할 때 손을 위로 치켜든다. 범문화적으로, 위로 향한 엄지손가락은 상황이 좋다는 표시이다. 흔히, 기분 좋을 때 우리는 "뛸 듯이 기쁘다."라고 하며, 승리한 선수는 팔을 치켜들고 경기장을 돌며 그를 응원하던 관중은 앉았다가 벌떡 일어나 환호한다. 또한, 우리는 신체의 위쪽 부분에 위치한 입을 통하여 생명을 지탱하는 영양분을 섭취한다.

역으로, 우리가 아프거나 죽을 때는 땅으로 구부러지며, 죽은 뒤 땅 속에 묻혀 영원히 잠든다. 우리는 신체 아랫부분의 구멍을 통하여 배설하고 불순물을 처리한다. 따라서 '아래'의 방향은 부정적(-)인 의미를 지니게 된다. '위'와 대조적으로 '아래'로 향한 엄지손가락은 상황이 나쁘다는 표시이다. 또한, 슬픔·패배감·비참함을 느낄 때 우리는 머리를 숙이고, 얼굴을 파묻고 운다. 위와 아래의 가치는 얼굴 표정에서 볼 수 있는데, 기쁨과 행복의 표시로서 미소를 지을 때는 입의 가장자리가 위로 약간 올라가며, 고통과 슬픔의 표현으로서 얼굴을 찡그리거나 울 때는 입술이 밑으로 처지게 된다. 웃는 모습과 찡그린 모습은 <그림 1>과 같다.

그림 1 웃는 모습과 찡그린 모습

---

17 이와 관련하여 Clark & Brownell(1975: 352)에서는 '위-아래의 판단하기' 실험에서 '위'가 '아래'보다 정보처리에 있어서 시간이 덜 걸리는 것으로 나타났다.

이처럼 '위'는 '좋음', '아래'는 '나쁨'의 신체적 경험은 관습적인 표현 속에 그대로 녹아 있다.[18] 예를 들어, (24)는 "지배자는 위, 피지배자는 아래이다."에서 힘을 가진 집단은 위에 있고 상대적으로 힘이 없거나 약한 집단은 아래에 있음을 보여 준다.[19]

(24) a. 윗물이 맑아야 아랫물도 맑다.
　　 b. 위로는 대통령부터 아래로는 말단 실무자에 이르기까지 입이 열 개라도 할 말이 없을 것이다. (동아일보 2008.10.28.)
　　 c. 그는 나보다 한수 {위/아래}이다.

요컨대, 방향의 '위'는 긍정적 가치로, '아래'는 부정적 가치로 인지되는데, 이것은 우리의 신체적 경험에서 동기화된 것이다.

3.8.2. 앞-뒤 방향

'앞-뒤' 방향의 도식은 사람의 신체 구조에 의해서 '위-아래' 도식과 관련되어 있다. 사람의 체형은 진화 과정에서 직립의 위치를 갖게 되었는데, 앞쪽을 향한 머리 부분은 직립한 다음에도 위가 되었으며, 또한 뒷부분은 밑이 되었다. 실제로 많은 언어에서 신체의 밑에 있고 뒤에 있는 것은 '뒤'라는 단어로 사용된다.[20]

'앞'은 우리 신체의 가장 대표적인 부분인 얼굴이 위치해 있는 방향이므로 긍정적인 가치를 지닌다. Lakoff & Johnson(1980: 37)이 지적했듯이, 우리는 종종 환유적으로 사람의 얼굴을 사진이나 초상화 속의 전체 모습과 동일시한다. 얼굴은 사람의 몸을 대표하는 부분이므로, 화장이나 성형수술의 중심 부위는 얼굴이 된다. 또한 목표를 향해 이동할 때 우리는 눈앞의 방향으로 나아간다. 따라서 얼굴이 위치한 앞은 자연히 긍정적인 값을 띠게 된다.

신체화된 경험에 바탕을 둔 긍정적 가치는 많은 사회 문화적 관습에 의해 뒷받침된다. 건물의 앞부분은 뒷부분과 대조적으로 더 좋고 장식적이며 조명을 많이 받는다. 새 차의 모델은 앞쪽과 측면에서부터 나타나며, 결코 차의 뒤쪽을 내세워 전시하지는 않는다. 또한, 공연장의 앞좌석은 가장 좋은 자리로 여기며, 다양한 경주 대회에서 앞선 사람은 우승자가 된다.

18　Lakoff & Johnson(1980/2003: 15-17)에서는 '방향 은유(orientation metaphor)'에서 '행복/슬픔', '의식/무의식', '건강 · 삶/질병 · 죽음', '지배/피지배', '많음/적음', '높은 지위/낮은 지위', '좋음/나쁨', '미덕/악행', '이성적/감정적' 등의 대립 가운데 전자는 '위', 후자는 '아래'로 규정한 바 있다.
19　인도 사회의 카스트 제도는 '몸'에 비유되는데 최상류층인 '브라만(Brahman)'은 '머리'로, 하류층인 '수드라(Sudra)' 또는 최하류층인 '불가촉천민(Untouchable)'은 '발'로 간주된다.
20　예를 들어, 폴란드어 tyłek, zadek, 체코어 zadnica, 프랑스어 derrière, 영어 backside, bottom 등은 'back'과 관련된다(Krzeszowski 1993: 322 참조).

상대적으로, '뒤'의 부정적인 값은 동일하게 우리의 신체적 경험에서 동기화되어 있다. 우리 몸의 뒷부분은 앞부분에 비하여 특징적이지 않으며, 몸의 아래쪽과 뒷부분은 덮여 있고 감추어져 있다. 또한 권투 시합이나 소싸움에서 '등'을 보이는 행위는 패배를 뜻하며, 고양이는 화가 나면 등을 구부린다.[21] '뒤'가 가진 이러한 부정적인 뉘앙스는 '화장실'을 '뒷간'이라 하며, '뒷북'은 어떤 일이 끝난 뒤 쓸데없이 수선을 피우는 일일 뿐 아니라,[22] 다음과 같은 관용 표현 속에서 흔하게 찾아 볼 수 있다.

(25) a. 등을 {돌리다/지다}.
 b. 뒤가 구리다.
 c. 이면을 들추다.
 d. 뒤에서 호박씨 까다.
 e. 뒷문으로 들어오다.
 f. 뒷북을 치다.
 g. 뒤통수 때리다.

이러한 긍정-부정의 가치는 은유적으로 확장되는데, 앞쪽은 사람이 자연스럽게 움직이는 방향을 지향하고 있다. 또한, 앞은 미래 지향적이며, 뒤는 과거 회고적이다. 그 결과 "앞은 긍정적이며 뒤는 부정적이다."라는 개념적 은유를 갖는다. (26)은 이에 바탕을 둔 것인데, (26a-c)의 '전진(前進)' 및 '앞서다'는 긍정적이며, '후퇴(後退)' 및 '뒤처지다'는 부정적이다. 또한, (26d)의 '앞에 내세우다'는 다른 것보다 더 두드러지게 드러내 놓거나 중요시한다는 뜻이며, (26e)의 '앞길이 구만 리 같다'는 희망과 가능성을 내포한 관용 표현이다. 이러한 가치의 부여는 '앞'을 '뒤'보다 더 쉽게 지각하고 좋아하는 신체적 경험에서 비롯된 것이라 할 수 있다.

(26) a. 전진하다/후퇴하다.
 b. {전진적/후진적} 복지 정책
 c. 우리 회사 기술력이 10년은 더 {앞섰다/뒤처졌다}.
 d. 이번 광고에서는 무엇보다도 친절을 앞에 내세웁니다.
 e. 앞길이 구만 리 같다.

---

21 고양이의 감정 표현은 몸의 반응으로 나타난다. 즉 화가 난 고양이는 등을 구부린 채 웅크리고 으르렁거리며, 털이 일어서고, 귀가 뒤로 젖혀지며, 눈을 크게 뜨고 노려본다. 그 반면, 우호적인 고양이는 등을 둥글게 하고, 귀를 세우며, 눈을 가늘게 뜨고 가르랑거린다(Kagan *et al.* 1984/김유진 외 공역 1985: 281 참조).
22 '뒤'에 관한 '뒤(처)지다', '뒤떨어지다', '뒤탈', '뒷걸음질', '뒷구멍', '뒷돈', '뒷말', '뒷문', '뒷물', '뒷거래' 등은 모두 부정적인 의미를 갖는다.

요컨대, 방향의 앞과 뒤는 사람 신체의 경험적인 도식에 의하여 긍정적인 가치와 부정적인 가치로 개념화된다.

3.8.3. 오른쪽-왼쪽 방향

오른쪽과 왼쪽의 방향은 우리의 신체적인 경험에 의하여 비대칭적이다. 대부분의 사람들은 오른손잡이인데, 이것은 사람들이 먹고, 일하고, 싸우고, 글 쓰는 등 수많은 활동에서 쉽사리 확인된다. 오른손은 보통 솜씨 좋고 바른 손이다.[23] 활동을 할 때 오른손이 우세한 것은 오른쪽이라는 방향과 관련된 일차적인 경험을 나타낸다. 이 경험은 근본적으로 오른쪽 방향과 관련된 긍정적 가치의 동기를 제공해 준다.

이러한 신체적인 경험은 수많은 사회 문화적 경험에 의해서 강화된다.[24] 예를 들어, 손님을 환영할 때 오른손을 내밀어 악수를 하며, 국기에 대한 경례를 할 때 오른손을 가슴에 얹으며, 의식에서 선서를 할 때 오른손을 치켜들며, 가톨릭 신자들은 오른손으로 성호를 긋는다.[25] 와이셔츠·남방·정장 등 윗도리의 주머니는 왼쪽에 나 있는데, 이는 상대편의 오른쪽 시선에 초점을 맞춘 것이다. 마찬가지로, 고전극에서 관객을 중심으로 무대의 오른쪽에는 탄생, 결혼, 풍년, 승리, 축제 등이 이루어지고, 왼쪽에는 흉년, 질병, 죽음, 패배, 음모와 시기 등이 이루어진다. 민속에서 오른쪽과 왼쪽의 가치는 판이하게 다르다(이두현 1971: 455-8, 박경현 1986: 102 참조). 곧 오른쪽을 선(善)·정(淨)·남성으로, 왼쪽을 악(惡)·부정(不淨)·여성으로 여겨 왔다. 손의 사용에 있어서, 신을 신거나 하체를 긁거나 소변을 볼 때, 또는 밑을 닦을 때는 왼손을 사용하며, 밥상이나 술상의 시중을 들 때 왼손을 사용하면 결례를 저지르는 것이 되었다.[26] 방향에 있어서, 사대부 집안에서 왼쪽 대문이나 장지문으로 손님을 맞이하면

---

23 Cooper & Ross(1975: 88)에 따르면 'dexterous(솜씨 좋은)'는 라틴어에서 '오른쪽'을 뜻하며, 'gauche(솜씨가 서툰)'는 프랑스어에서 '왼쪽'을 뜻하며, 'sinister(불길한)'는 라틴어에서 '왼쪽'을 뜻한 것이라고 한다.

24 '오른쪽/왼쪽'의 대립은 범문화적으로 '무표항: 오른쪽→남성→삶→행운(긍정적 가치)', '유표항: 왼쪽→여성→죽음→불행(부정적 가치)'의 상징관계를 갖는다(임지룡 1997a: 414 참조).

25 오른손의 긍정적 가치에 대한 서양 문화권의 사례를 보면, 정통 유대인들은 결혼반지를 신부의 오른손 검지에 끼워 준다. 성경의 '시편' 118절에는 "신의 오른손은 우월성을 갖는다."라고 하였으며, Hertz(1973: 13)에서는 "최후의 심판 그림에서 신이 든 오른손은 선민에게 천당을 가리키는 반면, 아래로 내린 왼손은 망령들을 삼키려고 아가리를 벌린 지옥의 구덩이를 가리킨다."라고 하였다.

26 '왼손'의 부정적인 상징은 범문화적으로 퍼져 있다. 예를 들어, 아랍사람들은 음식을 먹을 때는 오른손을 사용하지만, 화장실에서는 왼손을 사용한다. 아프리카의 니제르에서는 왼손을 마법의 도구이며 악령의 매개체라고 생각하기 때문에 여성들은 음식을 준비하는 데 왼손을 사용하는 것이 금기시된다. 또한, 기니아 제도의 원주민들은 음료수를 마실 때 주인의 왼손이 음료수에 조금만 닿아도 그것을 유독하게 만든다고 믿기 때문에 주인을 면밀히 주시한다고 한다(Ruben 1984/정근원 역 1994: 112 참조).

큰 결례가 되었으며, 윗사람의 오른편에 앉거나 서는 것은 금지되었으며, 구한말까지 종로에서는 차마(車馬)나 천민은 좌측통행, 양반은 우측통행을 했으며, 가르마를 탈 때 잘못하여 왼쪽으로 기울면 불길하다고 여겼다.

오른쪽에 비하여 왼쪽의 부정적인 가치론은 언어 표현에도 녹아 있다. 예를 들어, "그는 내 오른팔이다."에서 '오른팔'은 가장 믿을 만한 조력자를 뜻하는 반면, "왼고개를 {젓다·치다}."는 부정이나 반대의 뜻을 나타내는 것이며, '왼소리'는 궂은소리를 뜻한다. 또한 "왼새끼를 꼬다."는 퍽 걱정스러운 일이 어떻게 될지 몰라 애를 태우는 것(『우리말 큰사전』) 또는 다음 표현과 같이 관용적으로 비비 꼬아서 말하거나 비아냥거림을 뜻한다(최기호 1995: 246 참조).[27]

(27) a. 수가 적으니까 그런 사람이 나올지 모른다는 소리는 무슨 이면으로 하는 소리여? 그런 곰배팔이 **왼새끼 꼬듯** 되잖은 소리는 자네 동네 쪽으로나 두르고 해! (송기숙 '암태도'에서)
    b. 그러던 분이 근년에 와서는 온통 **왼새끼를 꼬며** 생산대의 말은 귀 밖으로 듣고 제멋대로 하여 동네 사람들의 입에 올랐다. (허해룡 '이사'에서)

요컨대, 오른쪽과 왼쪽의 신체적 경험은 긍정과 부정의 가치로 인지되는데, 이에 따라 일상의 언어 표현에도 깊이 동기화되어 있다.

4. 마무리

이제까지 영상 도식의 기본 개념과 가치론적 양상에 대해서 살펴보았다. 이상의 내용을 바탕으로 이 장을 마무리하기로 한다.

첫째, 영상 도식은 반복되는 신체적 경험, 즉 지각적 상호작용과 근육운동 프로그램의 반복적이며 동적인 패턴으로서 우리의 경험에 일관성과 구조를 제공해 주는 추상적이며 도식적인지 기제이다.

둘째, 영상 도식은 마음이 신체화되어 있음을 명확히 해 주며, 신체화된 영상 도식적 경험은 마음에 대해 많은 구조를 제공해 준다. 예를 들어, '범주'는 '그릇 도식', '틀'은 '부분-전체

---

27 영어의 경우, 'left-handed compliment'는 성실성이 의심스러운 칭찬이며, 'left marriage'는 가짜 결혼을 뜻하며, 'over the left shoulder'는 언급된 내용이 정반대로 해석된다는 뜻이다(Krzeszowski 1993: 325-6 참조).

도식', '위계 구조'는 '부분-전체 도식' 및', '위-아래 도식', '관계적 구조'는 '연결 도식', '방사 구조'는 '중심-주변 도식' 및 '연결 도식', '전경-배경 구조'는 '앞-뒤 도식'에 의해 구조화된다.

셋째, 영상 도식은 우리가 이 세상을 이해하는 기본적인 인지능력의 하나로서 수많은 단어 의미의 해석, 비유적 의미 확장 및 새로운 지식의 획득을 가능하게 해 준다.

넷째, 영상 도식의 가치론적 양상은 긍정적, 부정적 평가로 대립되는데, 이것은 우리 몸과 관련하여 '그릇', '연결', '중심-주변', '부분-전체', '균형', '경로', '원근', '방향'의 경험에서 몸에 밴 긍정적-부정적 경험에 기초한다. 이 도식의 일차적 경험은 몸에 기초하며, 이차적으로 사회, 문화적, 그리고 추상적·심리적 경험으로 확장된다.

끝으로, Kövecses(2006: 225)의 지적대로, 영상 도식은 몸과 세계 사이의 중요한 접점을 제공하는 동시에 우리가 '우리 자신을 통해' 우리 스스로를 이해하도록 해 준다는 점에서 그 의의가 크다고 하겠다.

제5장

감각어의 의미 확장[*]

1. 들머리

이 장은 신체화의 일환으로 감각어에 대한 의미 확장 양상과 특성을 밝히는 데 목적이 있다. 우리 몸의 감각기관은 우리 자신이 세계와 소통하는 원초적이며 기본적 통로이다. 이 인지 통로의 구체적인 매체가 감각어이다. 이와 관련하여, 이재선(1986: 159-161)에서는 "감각어란 결국 몸의 언어요 생리적 언어다. 눈이 보고 귀가 듣고 코가 냄새를 맡고 혀가 맛보고 손과 살갗이 접촉하는 세계와 아주 밀착되어 있기 때문이다."라고 한 바 있다.

이처럼 감각어는 시각·청각·촉각·미각·후각의 오감에 걸쳐 있으며, 감각기관의 신체 부위 명사인 '눈·귀·살갗·혀·코'에서 지각되는 감각 동사와 감각 형용사로 이루어진다. 실제로 감각어는 그 폭이 매우 넓고 범주에 따라서는 전형적인 감각어의 선정이 쉽지 않은 경우도 있는데, 토박이말을 대상으로 주요 감각 동사와 감각 형용사를 한 자리에 모으면 <표 1>과 같다.

표 1 주요 감각어의 유형별 목록

감각어 \ 오감	동사	형용사
시각	보다	밝다·어둡다, 희다·검다·붉다·푸르다·누르다
청각	듣다	조용하다·시끄럽다
촉각	느끼다	부드럽다·거칠다, 뜨겁다·따뜻하다·미지근하다·서늘하다·차갑다
미각	맛보다	달다·쓰다·짜다·시다·떫다
후각	맡다	상큼하다·구수하다·구리다·비리다

---

[*] 이 장은 임지룡(2017). "감각어의 의미 확장 양상과 특성"(『국어교육연구』 63: 1-38. 국어교육학회.) 의 내용을 깁고 고친 것임.

감각어는 우리 자신이 환경 속에서 신체적 경험을 수용하고 표출하는 창구의 역할을 해준다. 즉 우리는 감각어를 통해 일차적으로 가장 기본적이고 물리적인 감각 경험의 의미를 표현하고 이해할 뿐 아니라, 이에 기반을 둔 의미 확장에 의해 추상적이고 주관적인 인식과 판단의 경험 세계에 대처해 나간다. 이와 관련하여 이 장에서는 <표 1>을 대상으로 오감의 감각어인 감각 동사, 감각 형용사의 기본의미, 즉 원형의미를 중심으로 확장의미의 양상과 특성을 논의하기로 한다. 이 과정에서 감각어의 활성화 양상과 의미 작용의 경향성, 그리고 신체화와 관련된 동기화 원리가 드러날 것이다.

이를 위하여 이 장에서는 인지언어학의 신체화에 기반을 두고,[1] 오감에 대한 감각어의 의미 작용에 대한 사전, 말뭉치, 빈도 조사 등의 자료 및 정보를 활용하기로 한다. 구체적으로, 대상 어휘에 대하여 문화관광부 한국어 세계화 추진 위원회(2000)의 교육용 기초어휘 1,087개에 대한『한국어 교육 기초 어휘 의미 빈도 사전의 개발』(이하『교육 기초 어휘』)의 빈도수에 따라 의미 확장 양상을 살피며, 이에 포함되지 않은 경우에는 국립국어원(2011)의 21세기 세종계획에 의해 구축된 형태분석 말뭉치(『세종』),『표준국어대사전』(이하『표준』),『연세 한국어사전』(이하『연세』)의 용법을 활용하기로 한다.

2. 감각 동사의 의미 확장

여기서는 감각 동사의 사용 빈도를 살펴보고, 오감의 감각을 대표하는 '보다', '듣다', '맛보다', '느끼다', '맡다'의 의미 확장 양상과 특성에 대해서 기술하기로 한다.

2.1. 감각 동사의 사용 빈도

감각 동사의 사용 빈도에 대한 정보는 매우 유용하다. 이와 관련하여『교육 기초 어휘(2000)』, 국립국어원(2002)의『현대 국어 사용 빈도 조사』(이하『현대 국어』), 그리고 국립국어원(2011)의『세종』에서 감각 동사의 검색 결과를 보면 <표 2>와 같다.

---

[1] 감각어에 대한 인지언어학적 접근은 Sweetser(1990: 37, 43)의 '감각 동사'에 대한 논의가 주목된다. Sweetser에서는 '시각'은 사고와 관련되며 '청각'은 이해와 관련된다고 하였으며, '시각'을 의미하는 어원이 인구어에서 가장 넓게 분포하고, '청각'의 경우 그 다음을 따른다는 것이다. 이처럼 '시각'과 '청각' 어휘가 발달하고 어원적으로 동일한 것은 이 두 가지 감각이 다른 감각에 비해 위계에서 우위에 있음을 뜻한다.

표 2 감각 동사의 사용 빈도

항목	『교육 기초 어휘』		『현대 국어』		『세종』	
	빈도	비율	빈도	비율	빈도	비율
보다	4,858	60.88	6,045	70.21	28,066	66.53
듣다	2,008	25.16	1,593	18.50	6,719	15.93
느끼다	865	10.84	867	10.07	6,804	16.13
맛보다	( )	( )	62	0.72	384	0.91
맡다	249	3.12	43	0.50	214	0.50
합계	7,980	100	8,610	100	42,187	100

<표 2>에서 『교육 기초 어휘』의 경우 대상 어휘에 대해 동형어의 구분이 없이 하나의 표제어로서 빈도가 조사되었지만, 그 용법을 살펴보면 감각 동사가 주로 사용되기 때문에 어휘의 빈도의 경향을 이해하는 데는 어려움이 없다. 그중 '맛보다'는『교육 기초 어휘』총 1,087개에 포함되지 않은 것으로, 대조군들에 비해 빈도가 가장 낮다.[2]

<표 2>의 세 자료에서 빈도와 비율은 '보다(시각)>듣다(청각)>느끼다(촉각)>맛보다(미각)>맡다(후각)'의 순으로 출현한다.[3] 다만 『교육 기초 어휘』의 경우 '미각'의 빈도가 가장 낮다. 아래에서는『교육 기초 어휘』[4]에서 감각 동사를 중심으로 다의적 고빈도 차례에 따라 의미 확장 양상을 살펴보기로 한다.

2.2. 시각 동사 '보다'

시각 동사 '보다'의 원형의미와 확장의미를 보기로 한다. (1)은 '보다'의 수많은 용법 가운데, 빈도 비율 1% 이상의 다의적 용법 12가지를 차례대로 제시한 것이다.[5]

   (1) ① (눈으로) 인식하거나 느끼다. "숙이는 나를 보고 울먹이는 소리를 내었다."
     <42.81%>

---

2 임지룡·송현주(2012)에서는 감각 동사의 의미 확장 양상을 파악하기 위하여 『세종』에서 검색된 결과물 가운데 100개씩 총 500개의 자료를 살펴보았다. 이는 검색된 용례 가운데 '보다'와 '듣다'의 경우 그 용례의 수가 너무 많아서 이들 모두를 검토 대상으로 하여 의미 확장의 경향성을 파악하기 어려웠기 때문이다.

3 이와 관련하여 Viberg(1984: 136)에서는 세계 여러 언어의 용례를 바탕으로 하여 감각 양태와 관련된 오감 동사의 다의성 위계를 'sight>hearing>touch>smell·taste'로 제시한 바 있다.

4 문화관광부 한국어 세계화 추진 위원회(2000)의『한국어 교육 기초 어휘 의미 빈도 사전의 개발』은 '한국어 교육용 말뭉치(100만 어절)'를 대상으로 하였으며, 언어정보개발연구원에서 편찬한『연세 한국어사전』(1998, 두산동아)의 전자 데이터를 기본적인 의미 분류의 기준으로 삼았다.

5 『교육 기초 어휘』에는 1% 미만의 빈도를 가진 '보다'의 확장의미가 52가지나 제시되어 있다.

② 인식하고 판단하다. "당신은 사태를 바로 보는 능력에 문제가 있는 것 같소." <7.37%>

③ 눈이 보이는 것(신문, 문서 따위)의 내용을 읽고 알아차리다. "내용을 알려면, 도면을 봐야 하니까 말이야." <7.27%>

④ (눈으로) 즐기거나 감상하다. "어제는 지용이랑 인형극을 봤지?" <6.73%>

⑤ (무엇을 어떠하다고/무엇이라고) 생각하다, 판단하다. "이건 우발적인 사고로 보기에는 힘든 구석이 있어." <6.38%>

⑥ '-다고' 추측하다의 뜻. "여기는 우리 같은 사람들은 오는 데가 아닌가 봐요." <4.41%>

⑦ -을 근거로 추측 또는 판단하자면. "그렇게 얘기하는 거 보니까, 완전히 아저씨네." <4.3%>

⑧ (사람을) 만나다. "요즈음 그를 보기가 힘들어졌다." <2.78%>

⑨ 어떤 일을 계속하다가 그 결과로 드디어. "걷다 보면 휴게소가 나타날 거야." <2.37%>

⑩ (사람을) 대하다. "당신 보기가 민망하오." <1.21%>

⑪ (시험을) 치르다. "시험을 이틀 동안이나 보았다." <1.17%>

⑫ 생각하다, 느끼다. "내가 보기에는 전혀 그런 것 같지 않아." <1.13%>

(1)에서 ①은 '감각기관 눈을 통해 직접 물리적인 대상을 인식하고 느끼다'라는 것으로 '보다'의 원형의미에 해당하며, '보다'에서 비율은 42.81%로 가장 높다. 한편 ②-⑫는 원형의미를 바탕으로 한 확장의미이다. 그중 ②뿐만 아니라 ③, ⑤, ⑦, ⑫도 '(인식하고) 판단하다'를 의미한다는 점에서 확장의미 가운데 가장 큰 비중을 차지하고 있다. 이밖에 확장의미의 사용 비율은 ④의 '(눈으로) 즐기거나 감상하다', ⑥의 '추측하다', ⑧ 및 ⑩의 '(사람을) 만나다', ⑪의 '(시험을) 치르다' 순이다.[6]

이상에서, '보다'는 (1)과 같이 '감각기관 눈을 통해 물리적 대상을 인식하고 느끼다'라는 원형의미에서 주로 '인식하고 판단하다', '즐기거나 감상하다', '만나다', '시험을 치르다' 등의 확장의미로 사용된다.[7]

---

6 이밖에도 '일을 보다'는 '일을 맡아서 수행하다', '맥을 보다'는 '맥을 짚어 진찰하다', '장을 보다'는 '시장에서 물건을 사다'를 뜻한다. 또한, '며느리/아들/새서방 보다', '잠자리/음식상을 보다', '대소변을 보다', '아이를 보다', '점을 보다', '시험을 보다'와 같이 '보다'와 관련된 문맥 특유의 표현들이 많이 있다. 이들은 모두 각 사건의 가장 현저한 하나의 장면을 통해 사건 전체를 표현하고 있는 개념적 환유의 일종이다. 『표준』과 『연세』에서는 이들을 모두 별개의 '의의(sense)'로 기술하고 있으나, 이것은 특정 단어와 함께 굳어진 표현으로서 '보다'의 관용 표현이라 하겠다.

7 '보다'의 의미 확장에 대한 논의로 송효빈(2002), 정병철(2006)이 주목된다. 송효빈(2002: 597)에서

2.3. 청각 동사 '듣다'

청각 동사 '듣다'의 원형의미와 확장의미를 보기로 한다. (2)는 '듣다'의 용법 가운데, 빈도 비율 1% 이상의 다의적 용법 4가지를 차례대로 제시한 것이다.[8]

> (2) ① (귀를 통해) 말의 내용을 전달받다. "그는 그 이야기를 듣고 큰 감명을 받았다."
> <63.55%>
> ② 소리를 귀로 알아차리다. "발소리를 들은 그는 고개를 돌려 돌아보았다." <29.88%>
> ③ 남에게서 칭찬 꾸중 따위의 감정적 영향을 주는 말을 전달받다. "나는 칭찬을 별로 들어 보지 못했다." <2.74%>
> ④ 남이 시키거나 일러 주는 대로 따르다. "어머니 말씀 잘 들어라." <2.19%>

(2)에서 ②는 '감각기관 귀를 통해 직접 물리적인 자극을 인식하고 느끼다'라는 것으로 '듣다'의 원형의미에 해당한다. 한편 ①, ③, ④는 원형의미를 바탕으로 한 확장의미이다. 그중 ①은 '말의 내용을 전달받다'라는 뜻으로 '듣다' 가운데 가장 큰 비중을 차지하고 있다. 또한 ③은 '칭찬이나 꾸중 등 평가를 받다'라는 뜻이며, ④는 '말의 내용을 이해하고 따르다' 의 의미로 확장된 것이다.

이상에서, '듣다'는 (2)와 같이 '감각기관 귀를 통해 직접 어떤 소리를 듣다'라는 뜻에서 '귀를 통해 들어온 소리의 내용을 듣다', '평가받다', '들은 내용을 따르다'의 의미로 확장된다.

2.4. 촉각 동사 '느끼다'

촉각 동사 '느끼다'의 원형의미와 확장의미를 보기로 한다. (3)은 '느끼다'의 용법 가운데, 빈도 비율에 따른 다의적 용법 6가지를 제시한 것이다.

는 그 의미가 ①지각→②판단→③수행→④경험 · 획득의 방향으로 확장된다고 하였다. 정병철 (2006: 33-38)에서는 '보다'가 15개 이상의 개별적인 의미를 나타낸다고 하면서, 특별히 특정 상황 에서 화용적 강화를 통해 고착화된 추론적 의미를 상황 의미별로 묶어 제시하고 있다. 즉, ①어떤 대상을 기다리다 얻기 ②어떤 일을 처리하기 ③어떤 대상에 특별한 관심과 주의를 주기 ④어떤 일에 주의를 기울이면서 준비하고 확인하기 ⑤어떤 대상에 대한 최종적인 결정을 내리기 직전 ⑥추 론의 단서로 어떤 대상을 고려하기 ⑦관용화된 의미(진찰하다, 구독하다, 욕하다, 시장에서 물건을 사다, 관상이나 사주를 보다).

8 『교육 기초 어휘』에는 이밖에도 1% 미만의 빈도를 가진 '듣다'의 확장의미로 "침술 강의를 듣다.", "내 말을 고깝게 듣지 마.", "듣도 보도 못하다.", "엄마 말을 잘 들어라.", "자동차가 말을 듣지 않는다.", "외박으로 어머니에게 말을 많이 들었다." 등 6가지가 더 제시되어 있다.

(3) ① (마음속에서 어떤 감정을) 의식하거나 경험하다. "순간의 동정이 아닌 진한 슬픔을 느꼈다." <36.18%>

② (어떠한 사실을 마음속으로) 깨닫거나 알게 되다. 알아차리다. "내가 직접 보고 느낀 소감은 이렇다." <22.22%>

③ (어떤 기운을) 몸의 감각을 통하여 알아차리거나 의식하다. "계곡의 밤은 서늘했으나 그들은 추위를 느끼지 않았다." <14.68%>

④ (어떤 사실이 어떠하다고) 마음속으로 생각하다. "선희는 그녀의 눈이 아름답다고 느꼈다." <13.06%>

⑤ (어떤 사람이나 사실을 어떠하다고) 마음속으로 생각하다. "산다는 걸 이렇게 힘들게 느껴 본 적은 없다." <10.06%>

⑥ (무엇을 체험하여) 깊이 깨닫다. "그 곳은 그 나라의 동물과 서민들의 삶의 모습을 느끼고자 하는 외국인들에게 더없이 중요한 관광 명소다." <3.47%>

(3)에서 ③은 '감각기관 피부를 통해 직접 물리적인 자극을 알아차리거나 의식하다'라는 것으로 '느끼다'의 원형의미에 해당한다. 한편 ①-②, ④-⑥은 원형의미를 바탕으로 한 확장의미이다. 그중 ①은 '(마음속에서 어떤 감정을) 의식하거나 경험하다'라는 뜻으로 '느끼다' 가운데 가장 큰 비중을 차지하고 있다. 또한 ②와 ⑥은 '깨닫다', ③과 ④는 '생각하다'의 의미로 확장된 것이다.

이상에서, '느끼다'는 (3)과 같이 '감각기관 피부를 통해 자극을 직접 느끼다'에서 '감정을 경험하다', '생각하다', '깨닫다'의 의미로 확장된다.

2.5. 미각 동사 '맛보다'

미각 동사 '맛보다'의 원형의미와 확장의미를 보기로 한다. 앞에서 언급한 바와 같이 '맛보다'는 『교육 기초 어휘』총 1,087개에 포함되어 있지 않다. 이에 대한 『연세』의 뜻풀이를 보면 (4)와 같이 3가지이다.

(4) ① 음식의 맛이 어떠한지 알려고 조금 먹어 보다.
② 음식을 먹어 보다.
③ (어떠한 느낌이나 경험을) 직접 경험하다.

대안적으로, 『세종』의 검색 결과물에서 '맛보다'의 실제 용법을 분석해 보면 (5)와 같이 4가지로 간추릴 수 있다.

(5) ① "갖가지 과자를 풀어놓고 이것 한번 맛보고 다른 것 한번 맛보는 아이들의 태도와
　　흡사하다."
② "오랜만에 맛보는 겨울다운 날씨였다."
③ "나는 결국 파쇼의 억압 속에서 아주 가끔 맛보게 되는 감추어진 자유를 그리워하
　　게 되리라."
④ "온 당의 군사를 격퇴시켜 승전의 기쁨을 맛보던 백성들은 이 눈이 전사 병졸의
　　원한이란 소문에 슬퍼하지 않을 수 없었다."

(5)에서 ①은 '감각기관 혀를 통해 직접 물리적인 자극을 알아차리거나 의식하다'라는 것으
로 '맛보다'의 원형의미에 해당한다. 한편 ②-④는 원형의미를 바탕으로 한 확장의미이다.
그중 ②는 '자연 현상이나 사건을 직접 체험하다', ③은 '상태를 경험하다', ④는 '감정을
경험하다'의 뜻을 갖는다.

이상에서, '맛보다'는 (5)와 같이 '감각기관 혀를 통해 직접 음식물의 맛을 지각하다'에서
자연 현상, 상태, 감정 등의 경험으로 의미가 확장된다.

2.6. 후각 동사 '맡다'

후각 동사 '맡다'의 원형의미와 확장의미를 보기로 한다. '맡다'는 『교육 기초 어휘』 1,087
개에 포함되어 있지만, 앞에서 언급한 바와 같이 동형어인 '(책임을) 맡다'와 '(냄새를) 맡다'
가 어우러져 있다. 그중 후각 동사 '(냄새를) 맡다'의 다의적 용법 2가지를 보면 (6)과 같다.

(6) ① (코를 통해) 냄새를 알아차리다. "그는 쑥잎을 뜯어 냄새를 맡았다." <12.85%>
② 감추려고 하는 일이나 어떤 일의 기미나 상황 등을 알아차리다. "혹시라도 신문
　　기자들이 냄새를 맡게 되면 거북한 일이 아니겠습니까?" <3.61%>

(6)에서 ①은 '감각기관 코를 통해 직접 물리적인 자극을 인식하고 느끼다'라는 것으로
'맡다'의 원형의미에 해당한다. ②는 확장의미로서, '어떤 일의 낌새를 알아차리다'의 뜻이다.
이것은 감각기관 코를 통해 직접적으로 지각하는 데 기반을 두고 '어떤 사건이나 상황을 추측
하다'라는 의미로 확장된 것이다.

이상에서, '맡다'는 (6)과 같이 '감각기관 코를 통해 직접 냄새를 느끼다'라는 뜻에서 '사건이
나 상황에 대해 추측하다'의 의미로 확장된다. 이것은 인간이 짐승과 달리 '시각' 및 '청각'에
의존하는 바가 크며, '후각'은 상대적으로 구체적인 정보를 제공하기 어렵기 때문이라 하겠다.[9]

3. 감각 형용사의 의미 확장

여기서는 오감의 감각 형용사를 대상으로 의미 확장 양상과 특성에 대해서 기술하기로 한다.

3.1. 시각 형용사

시각 형용사는 크게 빛에 관한 '밝다·어둡다'와 색채에 관한 '희다·검다·붉다·푸르다·누르다'가 있다.

3.1.1. 빛

빛에 관한 '밝다·어둡다'의 원형의미와 확장의미를 보기로 한다. (7)은 '밝다'의 빈도 비율에 따른 다의적 용법 11가지를 차례대로 제시한 것이다.

    (7) '밝다'
      ① (해, 달, 빛, 조명, 광선 따위의) 빛이 환하다. "유리창엔 햇살이 밝았다." <31.21%>
      ② (얼굴, 표정, 목소리 등이) 침울하지 않고 명랑하다. "혜련은 밝게 웃었다."
        <24.11%>
      ③ (빛을 충분히 받아, 어떤 장소가) 환하다. "집 주위는 대낮같이 밝았다." <10.64%>
      ④ (사람, 사람의 성격, 성품 등이) 왜곡되거나 어두운 곳이 없이 명랑하다. "그녀는
        성격이 매우 밝았다." <8.51%>
      ⑤ (색깔에서 받는 느낌이) 탁하지 않고 산뜻하다. "그녀는 밝은 감색 스커트를 입고
        있었다." <5.67%>
      ⑥ (장래, 미래, 전망 등이) 성공의 빛이 보이며 희망적이다. "우리나라의 미래는 밝다."
        <4.96%>
      ⑦ (분위기, 환경, 주위 등이) 우울하지 않고 명랑하다. "젊은이들이 모인 그곳은 밝은
        분위기였다." <4.26%>
      ⑧ 어떤 부분/분야에 막히는 데 없이 환히 잘 알아 능숙하다. "그는 서울 물정과 지리
        에 밝다." <3.55%>
      ⑨ (시력, 청력 따위가) 좋다. "이명주를 마시면 귀가 밝아진대." <2.84%>
      ⑩ (계산, 셈, 이치 따위가) 흐릿하지 않고 확실하고 선명하다. "그는 계산이 밝은 사람

---

9   이와 관련하여 山梨正明(2000: 131)에서는 일본어에서 감각 양태의 사고·판단으로의 확장 순서
    를 '시각>청각>미각>(?)후각·(?)촉각'으로 우위성의 차이를 기술하고 있다.

이다.” <2.13%>

    ⑪ (사회, 세상, 정치 따위가) 공명하고 건전하다. “공공질서를 준수하여 밝은 사회를 이룩하자.” <2.13%>

  (7)에서 ①은 ‘광원이나 조명기구에서 내는 빛이 환하다’라는 것이며, ③은 ‘그 빛을 받은 장소가 환하다’라는 것으로 ‘밝다’의 원형의미에 해당한다. 이에 바탕을 둔 ②, ④-⑪은 그 확장의미이다. ‘밝다’의 의미 확장에서 구체적인 감각으로의 확장은 ⑤의 ‘색깔’, ②의 ‘얼굴ㆍ표정ㆍ목소리’, ⑦의 ‘분위기’ 등이며, 추상적인 감각으로의 확장은 ⑨의 ‘시력ㆍ청력’, ④의 ‘성격’, ⑧의 ‘어떤 부분ㆍ분야’, ⑩의 ‘계산ㆍ셈ㆍ이치’, ⑥의 ‘장래ㆍ미래ㆍ전망’, ⑪의 ‘사회ㆍ세상ㆍ정치’ 등이다.

  (8)은 ‘어둡다’에 대해 『연세』를 중심으로 다의적 용법 10가지를 제시한 것이다.

  (8) ‘어둡다’
    ① (어떤 물체가 내는 빛이) 환하지 않다. “어두운 불빛 아래”
    ② (빛을 충분히 받지 못해) 환하지 않다. “숲이 어둡다.”
    ③ (빛깔이) 짙고 검다. “어두운 보라색 천”
    ④ (성격이나 마음이) 명랑하지 못하다. “그는 성격이 어둡다.”
    ⑤ (분위기나 표정이) 무겁고 침울하다. “표정이 어두웠다.”
    ⑥ 희망이 없어 우울하다. “그는 어두운 생각을 떨쳐 버렸다.”
    ⑦ 전망이나 예상이 좋지 않다. “올해의 물가 전망이 더욱 어둡다.”
    ⑧ 시력이나 청력이 약하다. “귀까지 어두운 할아버지를 향해 나는 악을 쓰다시피 말했다.”[10]
    ⑨ 감각의 기능이 무디다. “언니는 말귀가 어두운 편이었다.”
    ⑩ (사물에 대하여) 잘 모르다. “아버지는 사리 판단에 어둡고 독선적이다.”

  (8)에서 ①, ②는 ‘광원이나 조명 기구’에서 그리고 ‘그 빛을 받은 장소가 환하지 않다’라는 것으로 ‘어둡다’의 원형의미에 해당한다. 이에 바탕을 둔 ③-⑩은 그 확장의미이다. ‘어둡다’의 의미 확장 과정은 (7)의 대립어 ‘밝다’와 거의 유사하다. 한편, 『표준』에는 ‘어떤 것에 욕심을 내다’를 뜻하는 “돈ㆍ욕심에 눈이 어둡다.”라는 용법이 제시되어 있다.

  이상에서, ‘밝다’는 물리적으로 ‘빛이 환하다’라는 원형의미에, 그리고 ‘어둡다’는 ‘빛이 환하지 않다’라는 원형의미에 바탕을 두고 ‘빛→색깔→분위기→장래→사회’ 및 ‘빛→표정→

---

10 ‘{귀ㆍ눈}이 {밝다/어둡다}’는 글자 그대로의 ‘{청력ㆍ시력}이 {강하다/약하다}’와 은유적 또는 관용적으로 ‘사리 분별력이 뛰어나고 지혜롭다’의 의미를 갖는데, 후자는 전자의 신체적 감각에 바탕을 둔 것이다.

시력·청력→성격→이치' 등에서 보는 바와 같이 구체적인 데서 추상적인 데로 의미 확장이 일어난다. 이러한 확장에는 개념적 은유가 작용하고 있다고 하겠다.

3.1.2. 색채

색채에 관한 '희다·검다·붉다·푸르다·누르다'의 원형의미와 확장의미를 보기로 한다. (9)는 '희다'의 빈도 비율에 따른 다의적 용법 2가지이다.

> (9) '희다'
>> ① 눈이나 우유의 빛깔처럼 하얗다. "담장 위의 박꽃은 하얀 옥양목보다 더 희다."
>> <95.65%>
>> ② 밝고 깨끗하다. "불법(佛法)을 세우고 불법이 희게 빛날 세상을 준비해야 한다."
>> <4.35%>

(9)에서 ①은 '색이 눈이나 우유 빛깔과 같다'라는 것으로 '희다'의 원형의미이다. 이에 바탕을 둔 ②의 '밝고 깨끗하다'는 확장의미인데, "마음이 {희다/검다}."에서처럼 '희다'는 밝고 깨끗한 반면, '검다'는 어둡고 더러운 것으로서 대립된다.

이밖에 '희다' 및 파생형 '하얗다'에서 의미 확장이 일어난 경우를 보기로 한다. (10)의 '흰 눈으로 보다'는 '업신여기거나 못마땅하게 여기다'라는 뜻인데, 이러한 상황에서 눈을 흘길 때 흰자위가 드러나는 데 따른 것이다. 또한 (11)의 '흰소리', '흰소리하다'는 터무니없이 자랑으로 떠벌리거나 거드럭거리며 허풍을 떠는 말이나 그런 말을 떤다는 의미이다.[11]

> (10) 배운 것 없고 가진 것 없는 그였기에 주변 사람 모두 그를 흰 눈으로 보는 것은 당연한 일이었다.

> (11) a. 배 선생을 위해 청부 추방을 맡겠다던 수작은 어디까지나 농담이요, 흰소리에 불과한 것이었다. (윤흥길 '묵시의 바다'에서)
> b. 순평이 왕년에 첫 경험 없어 본 놈 있다더냐고 흰소리할 밑천을 벌어 둔 건, 스무 살도 저물어 섣달 초승이었다고 기억된다. (이문구 '장한몽'에서)

---

11 이와 관련하여 『표준』에서는 '희다'의 뜻풀이 가운데 '희다=희떱다'를 들고 있는데, '희떱다'의 의미와 용례는 다음과 같다. ①실속은 없어도 마음이 넓고 손이 크다. "제 살림에 맵고 짜다가도 없는 사람 사정 봐줄라 치면 희떱게 굴 줄도 알았다."(박완서 '미망'에서) ②말이나 행동이 분에 넘치며 버릇이 없다. "두 손 털고 나서는 것을 세상이 다 아는 마당에 번연히 갖지 못할 것을 갚을 듯이 희떠운 소리만 한다면…."(염상섭 '무화과'에서)

한편, '하얗다'의 확장의미를 보면, (12a, b)의 '얼굴이 (새)하얗게 질리다'는 '두렵다'라는 의미이며, (12c)의 '하얗게 밤을 새우다'는 '뜬눈으로 밤을 새우다'라는 의미이다. (12d)의 '하얗게 깔리다'는 '굉장히 많다'라는 의미인데, 전통 사회에서 사람들이 흰 옷을 입은 데서 비롯된 표현이다. 또한 (13)의 '(새)하얀 거짓말'은 선의의 거짓말이다.

(12) a. 남편은 하얗게 질린 얼굴로 일어나 다락문으로 붙어 섰다. (이창동 '소지'에서)
     b. 모두 낯빛이 새하얗게 질렸고 입술이 까맣게 탔다. 비로소, 죽으러 왔구나! (오영수 '후일담'에서)
     c. 명훈은 잠깐도 졸거나 방심하지 못하고 하얗게 밤을 새워야 했다. (이문열 '변경'에서)
     d. 이른 아침에 동구로 나가 보면 이슬로 축축하게 젖은 강변에 난민들이 하얗게 깔려 있었다. (이동하 '우울한 귀향'에서)

(13) (새)하얀 거짓말

(14)는 '검다'의 빈도 비율에 따른 다의적 용법 3가지이다.

(14) '검다'
     ① (색이) 숯이나 먹의 빛과 같다. "둑에서는 검은 염소 몇 마리가 풀을 뜯고 있다." <76.47%>
     ② 어둡거나 칙칙하다. "구름 빛이 검게 변했다." <19.61%>
     ③ 마음이 정직하지 못하고 엉큼하다. "내가 그의 검은 속셈을 모릅니까?" <3.92%>

(14)에서 ①과 ②는 '색이 숯이나 먹의 빛깔과 같다'라는 것으로 '검다'의 원형의미이다. 이에 바탕을 둔 ③의 '마음이 검다'는 확장의미로서 '정직하지 못하다'라는 뜻이다.

이밖에 '검다' 및 파생형 '까맣다'에서 의미 확장이 일어난 경우를 보기로 한다. (15a)의 '검은 {손길·뱃속}'은 (14)의 ③과 같이 부정직하고 엉큼한 사람의 유혹이나 속마음을 가리키며, (15b)의 '검은 {돈·거래}'는 부정직한 돈과 거래를 뜻한다.[12]

(15) a. 검은 {손길·뱃속}
     b. 검은 {돈·거래}

---

12 영어에서 'a black deeds'는 '악행', 'a black lie'는 '악의적인 거짓말', 'a black plot'는 '고약한 계획', 'a black rent'는 '부정한 임대료', 'a black-hearted'는 '사악함'을 뜻한다.

(16)의 '(새)까만 {옛날·후배}', '까맣게 멀어지다'의 '(새)까맣다'는 '거리나 시간 따위가 (매우) 아득하게 멀다'라는 뜻이다. (17)의 '까맣게 잊다'의 '까맣다'는 '필름이 끊기듯이 캄캄하여 기억이 전혀 나지 않는다'라는 뜻이며, '난민들을 새까맣게 태우다'에서는 '헤아릴 수 없이 많다'라는 뜻이다.

    (16) a. 까만 옛날의 일

        b. 새까만 후배

        c. 정거장이 까맣게 멀어져 가고, 차창 밖으로 새로운 풍경이 휙휙 날아들자…. (하근
           찬 '수난 이대'에서)

    (17) a. 아무리 소중한 물건도 잃어버린 지 2, 3년이 지나면 까맣게 잊어버리고 만다. (안병
           욱 '사색인의 향연'에서)

        b. 그는 서서히 시선을 옮겨 새까맣게 난민들을 올려 태운 무수한 화차들을 둘러보았
           다. (홍성원 '육이오'에서)

한편, (18)의 '검은 그늘'은 '슬픔'을, '입술이 까맣게 타다'는 '두려움'의 감정 표현이다.

    (18) a. 얼굴에 드리워진 검은 그늘

        b. 모두 낯빛이 새하얗게 질렸고 입술이 까맣게 탔다. 비로소, 죽으러 왔구나. (오영수
           '후일담'에서)

(19)는 '붉다'의 용법이다.

    (19) '붉다'
        빛깔이 신선한 피의 빛깔과 같다. "방바닥은 온통 피로 붉게 물들었다. <100%>

(19)는 '색이 신선한 피의 빛깔과 같다'라는 것으로 '붉다'의 원형의미이다. 이밖에 '붉다' 및 파생형 '벌겋다'에서 의미 확장이 일어난 경우를 보기로 한다.

(20)과 (21)은 '붉다'가 '마음·사상', '정치 세력'으로 확장되어 쓰인 것인데, 다음과 같이 의미의 차이가 존재한다. 즉 (20a)의 '붉은 마음'은 나라를 위한 충성심이며, (20b)의 '붉은 마음'은 사랑에 대한 뜨겁고 순수한 마음이다. 그 반면 (21)의 '붉다'는 '공산주의에 물들어 있다'라는 의미이며, '빨갱이'는 공산주의자를 가리킨다.[13]

---

13   교통 신호로 사용되는 '빨간불' 또는 '적신호(赤信號)'는 "이번 화재로 인해 수출 목표 달성에 **빨간
       불**이 켜질 수도 있다.", "고혈압은 건강의 **적신호**이다."와 같이 비유적으로 위험한 상태에 있음을

(20) a. 나를 죽이고 죽여 일백 번을 죽여 보시게. 백골이 다 썩어 나가고 몸뚱어리가 흙이
되어 먼지가 된다한들 이 몸 안에 있었던 한 조각 충을 향한 붉은 마음은, 일편단심
은 가지지 못할 것이네. (SBS 드라마 "육룡이 나르샤", 2016.2.3.)

b. 사랑이여 나에게도 붉은 마음 한 조각 있습니다. (안도현 '사내가 손톱에 봉숭아물
을 들이며'에서)

(21) a. 사상이 붉다.

b. 그럴 즈음 남면 하수내리에도 붉은 정치 세력은 깊숙이 뻗어 왔다. (이정환 '샛강'에서)

c. 빨갱이 소탕과 치안 유지가 시급한 마당에 이번이야말로 그 자리를 차고앉을 절호
의 기회일 수가 있었다. (조정래 '태백산맥'에서)

한편, (22)는 '붉다'가 '화', '미움', '사랑', '기쁨', '부끄러움', '긴장'의 감정 표현에 관용적
으로 사용된 것이다.

(22) a. 김범우는 정말 화가 나서 얼굴이 붉어지고 목소리가 커졌다. (조정래 '태백산맥'에서)

b. 기표에 대한 혐오감으로 해서 얼굴이 벌겋게 달아올랐다. (전상국 '우상의 눈물'에서)

c. 소화의 얼굴은 금방 발갛게 물들며 고개를 떨구었다. (조정래 '태백산맥'에서)

d. 수국이는 기쁨에 넘치고 있었다.… 수국이의 얼굴은 붉게 물들어 있었다. (조정래
'아리랑'에서)

e. 진영은 다음 순간 부끄럼 때문에 얼굴이 붉어졌다. (박경리 '불신시대'에서)

f. 그는 눈을 치뜨고 긴장이 되어 얼굴이 벌겋게 되었다.

또한, (23)의 '새빨간 거짓말'은 뻔히 드러날 만큼 터무니없는 거짓말이라는 의미로 '새하
얀 거짓말'과 대립된다.

(23) 그가 어제 일찍 들어왔다는 것은 새빨간 거짓말이다.

(24)는 '푸르다'의 용법이다.

(24) '푸르다'
맑은 하늘이나 풀의 싱싱한 빛깔과 같다. "하늘이 푸르고, 산도 푸르다." <100%>

알려 주는 각종 조짐을 뜻한다. 한편, '파란불' 또는 '청신호(靑信號)'는 "오늘의 승리로 결승 진출
에 **파란불**이 켜졌다.", "문제 해결의 **청신호**"와 같이 비유적으로 어떤 일이 앞으로 잘되어 나갈
것을 보여 주는 징조를 뜻한다.

(24)는 '색이 맑은 하늘이나 풀의 싱싱한 빛깔과 같다'라는 것으로 '푸르다'의 원형의미이다. 이에 기반을 둔 '푸르다' 및 파생형 '파랗다'에서 의미 확장이 일어난 경우를 보기로 한다.

(25)의 '푸른 {과일·보리}'에서 '푸르다'는 '곡식이나 열매 따위가 아직 덜 익은 상태에 있다'라는 의미이다.[14]

    (25) 푸른 {과일·보리}

(26)에서 '푸른 공기'의 '푸르다'는 '맑고 신선하다'라는 것이며, '세도가 푸르다'의 '푸르다'는 '당당하다'라는 뜻이며, '푸른 {시절·희망·꿈}'의 '푸르다'는 '싱싱하고 생기가 왕성하다'라는 의미인데, 이들은 모두 맑은 하늘이나 풀의 싱싱한 것에 동기화된 확장이다.

    (26) a. 푸른 공기
        b. 김씨들의 세도는 더욱더 빛나고 푸르렀다. (박종화 '전야'에서)
        c. 푸른 {시절·희망·꿈}

한편, (27)은 '파랗다/퍼렇다'가 '화', '두려움', '미움', '사랑', '부끄러움'의 감정 표현에 관용적으로 사용된 것이다.

    (27) a. 주인아주머니의 파랗게 성을 내고 있는 얼굴이 어슴푸레한 석유 등잔불에 비쳐 보였다. (한승원 '앞산도 첩첩하고'에서)
        b. 그것을 본 문서방 아내는 낯빛이 파랗게 질려서 부들부들 떨면서 이편만 본다. (최서해 '홍염'에서)
        c. 그것들을 바라보는 혜숙의 눈에는 시퍼런 증오의 불길이 일었다. (변희근 '빛나는 전망'에서)
        d. 눈꺼풀을 살짝 늘어뜨리고 나를 쳐다보는 그녀의 눈에는 파란 빛이 일고 있었다. (손영목 '숙희'에서)
        e. 그가 아직 돌아서기 전까지는 수치심에 얼굴이 파랗게 질린 채로 서 있다가 그가 돌아서자 그제서야 … (공지영 '고등어'에서)

(28)과 (29)는 '누르다'와 '누렇다'에 대해 『연세』의 용법을 제시한 것이다.

---

14 접두사 '풋'은 색채 감각어 '푸르다'에서 파생된 것으로, '풋고추·풋과실'의 경우 '처음 나온' 및 '덜 익은'을 뜻하며, '풋사랑·풋잠'의 경우 '미숙한' 및 '깊지 않은'을 뜻한다. 또한, '풋내기'의 경우 '경험이 없어서 일에 서투른 사람'을 뜻하는데, 영어에서도 'a greenhorn', 'a green hand', 'a green youth'라고 한다.

(28) '누르다'

　　칙칙하게 누렇다. "뿌리째 뽑혀 올라온 등골나물의 누른 잎을 따기 시작했다."

(29) '누렇다'

　　① (익은 벼나 마른 나뭇잎처럼 노랑에 검정과 빨강이 많이 섞인 빛으로) 매우 누르다.
　　"가을 하늘은 차갑도록 푸르고, 곡식은 누렇게 익어 가고 있다."
　　② (얼굴빛이) 핏기가 없다. "그녀는 창백하다기보다 누렇게 뜬 얼굴빛에 푸석하니
　　　부은 듯했다."

　(28)과 (29)에서 ①의 '색이 익은 벼나 마른 나뭇잎의 빛깔과 같다'는 '누르다/누렇다'의
원형의미이다. 이밖에 파생형 '누렇다/노랗다'에서 의미 확장이 일어난 경우를 보기로 한다.
　(30)에서 '얼굴이 노랗다'는 영양 부족이나 병으로 얼굴에 핏기가 없고 노르께한 것이며,
'하늘이 노랗다'는 지나친 과로나 상심으로 기력이 몹시 쇠약하다는 것이며, '하늘이 노래지
다'는 갑자기 기력이 다하거나 큰 충격을 받아 정신이 아찔하게 되다는 의미이다. 또한, '싹이
노랗다'는 잘될 가능성이나 희망이 애초부터 보이지 아니하다는 의미로 확장된 것인데, 이는
식물의 성장 과정에서 영양가가 없거나 시들면 푸른색에서 노란색으로 바뀌는 것과 사람이
병약하거나 충격을 받으면 얼굴에 핏기가 사라지고 노랗게 되는 경험에 동기화되어 있다.

(30) a. 가슴을 얻어맞은 꼬마는 숨을 못 쉬겠는지 얼굴이 노랗게 되면서 입만 헐떡거린다.
　　　(황석영 '어둠의 자식들'에서)
　　b. 합격자 명단에 내 이름이 없는 것을 확인한 순간 하늘이 노랗게 보였다.
　　c. 그는 부도 소식을 듣고 하늘이 노래졌다.
　　d. 벌써부터 어머니 지갑을 뒤지다니 그 아이도 싹이 노랗다.

　(31)의 '노랑이'는 '노랗다'의 파생어로서 속이 좁고 마음 씀씀이가 아주 인색한 사람을
낮잡아 이르는 말, 즉 '수전노(守錢奴)'를 가리킨다.

(31) 그는 설치비가 아까워 집에 전화조차 놓지 않은 지독한 노랑이었다.

한편, (32)의 '얼굴이 {노래지다·노랗게 되다}'는 '화', '두려움'의 관용적 감정 표현이다.

(32) a. 이기채는 분을 참지 못하여 얼굴빛이 노래지며 숨이 잦아든다. (최명희 '혼불'에서)
　　b. "나는 죽으면 죽었지 배는 안 째요."하고 얼굴이 노랗게 되는 데는 할 말이 없었다.
　　　(김유정 '땡볕'에서)

이상에서, 색채 형용사는 색채를 나타내는 원형의미에서 다양한 확장의미를 갖는데, 확장 의미의 주요 양상은 다음과 같다.

첫째, '희다'는 '세상·마음'에 쓰여 '밝고 깨끗하다'의 의미로 확장되며, '(새)하얀 거짓말' 은 긍정적 의미인 반면, '흰 눈' 및 '흰소리'에서는 부정적인 의미로 확장된 것이며, '하얗게 {질리다·밤을 새우다·깔리다}'에서는 관용 표현으로 '눈(眼)'의 모습 또는 눈으로 보는 광 경에 동기화된 것이라 하겠다.

둘째, '검다'는 '마음·손길·뱃속', '돈·거래' 등과 쓰여 '부정직하다', '(새)까만+N'은 '거리나 시간 따위가 (매우) 아득하게 멀다', '까맣게' 및 '새까맣게'는 '기억이 나지 않거나 헤아릴 수 없이 많다'의 의미로 확장된다. 그리고 '검은 그늘'은 슬픔, '입술이 까맣게 타다'는 두려움의 감정 표현으로 확장된다.

셋째, '붉다'의 '붉은 마음'은 '충성심', '열정', '공산주의에 물들다'로 확장되며, 다양한 감정의 관용 표현으로 사용된다. 그리고 '새빨간 거짓말'에서 전형적인 거짓말의 의미로 확장 된다.

넷째, '푸르다'는 '과일'에 쓰여 '덜 익다', '공기'와 쓰여 '신선하다', '세도'와 쓰여 '당당하 다', '시절·희망·꿈'과 쓰여 '싱싱하고 생기가 왕성하다'의 의미로 확장되며, '파랗다/퍼렇 다'는 다양한 감정의 관용 표현에 사용된다.

다섯째, '누르다'는 '얼굴'과 쓰여 '영양이 부족하다', '하늘'과 쓰여 '정신이 아찔하다', '싹 이 노랗다'의 '사람이나 사태가 초기부터 문제가 심각해 희망이 보이지 않다'의 의미로 확장 되며, '화'와 '두려움'의 관용 표현에 사용된다.

3.2. 청각 형용사

청각 형용사는 '조용하다', '고요하다', 그리고 '시끄럽다', '떠들썩하다' 등이 있다. 이들 가운데 '조용하다'와 '시끄럽다'의 용법을 살펴보기로 한다.

먼저, (33)은 '조용하다'의 빈도 비율에 따른 다의적 용법 5가지를 차례로 제시한 것이다.

(33) '조용하다'
  ① (장면이나 환경이) 혼란하거나 시끄럽지 않다. "의사는 조용한 데로 보내서 요양 을 하게 하라고 말했다." <42.25%>
  ② 아무런 소리도 들리지 않고 잠잠하다. "면장실도 조용한 것으로 보아 텅 비어 있음 에 틀림없었다." <29.58%>
  ③ 흥분하거나 긴장하지 않아 말소리가 크지 않고 조리가 있다. "그 학생은 흥분하지

않고 조용한 음성으로 말했다." <12.68%>
④ 말이 적고 행동이 차분하다. "조용하던 사람들이 일시에 술렁거렸다." <11.27%>
⑤ 말썽이나 문제가 없다. "남 경사의 주의를 끌지 못했던 것은 폭력범치고는 너무도 조용하게 끌려 들어온 까닭이었으리라." <2.82%>

(33)에서 ②의 '아무런 소리도 들리지 않고 잠잠하고 고요하다' 및 ①의 '장면이나 환경이 혼란하거나 시끄럽지 않다'는 '조용하다'의 원형의미인데, 이것의 대상은 어떤 장소나 환경이다. 이를 바탕으로 ③의 '음성', ④의 '사람(의 성격)'으로 확장된 것이며, ⑤의 부사형 '조용하게'도 원형의미와 직접적으로 관련된다.

이밖에 '조용하다'는 (34)의 a에서 '평온하다', b에서 '한가하다', c에서 '말썽 없이' 또는 '은밀하게'의 의미로 사용된다.

(34) a. 흥분이 가라앉은 조용한 마음
b. 조용한 틈을 타서 책을 읽었다.
c. 그들은 조용하게 섬을 떠났다.

다음으로, (35)는 '시끄럽다'에 대해 『연세』의 다의적 용법을 제시한 것이다.

(35) '시끄럽다'
① 듣기 싫을 정도로 소리가 크고 떠들썩하다. "사무실이 떠나갈 듯 시끄러웠다."
② 정돈이 안 되고 성가시도록 말썽이나 탈이 많다. "한동안 공직자 뇌물 사건으로 세상이 시끄러웠다."
③ 귀찮고 성가시다. "어쨌든 진료비 문제도 있고 일은 두고두고 시끄럽게 생겼다."

(35)에서 ①의 '듣기 싫을 정도로 떠들썩하다'는 '시끄럽다'의 원형의미이다. 이에 바탕을 둔 ②는 '일'이나 '세상'에 쓰여 '말썽이 나서 어지러운 상태에 있다'로, ③은 어떤 사태와 쓰여 '귀찮고 성가시다'의 의미로 확장된다.

이상에서, '조용하다'는 '어떤 장소나 환경이 고요하다'라는 원형의미에서 사람이나 마음 또는 성격 등에 쓰여 차분하다의 뜻으로, '틈'이나 '시간'에 쓰여 한가하다는 뜻으로, '조용하게'의 부사형으로 쓰여 '말썽 없이'나 '은밀하게'의 의미로 확장된다. 한편, '시끄럽다'는 원형의미에서 '조용하다'와 대립적인 것으로, '일·세상'에 쓰여 '말썽이 나서 어지러운 상태에 있다', 그리고 '사태'에 쓰여 '귀찮고 성가시다'의 의미로 확장된다.

3.3. 촉각 형용사

촉각 형용사는 피부 감촉에 관한 '부드럽다'와 '거칠다', 피부의 물리적 온도에 관한 '덥다', '따뜻하다', '서늘하다', '시원하다', '차갑다'로 대별되는데, 이들을 중심으로 그 원형의미와 확장의미를 보기로 한다.

3.3.1. 피부 감촉

피부 감촉에 관한 '부드럽다'와 '거칠다'를 보기로 한다. (36)은 '부드럽다'에 대해 『표준』과 『연세』를 중심으로 다의적 용법 6가지를 제시한 것이다.

> (36) '부드럽다'
> ① (살갗에 닿는 느낌이) 거칠거나 딱딱하지 않고 푹신푹신하거나 무르고 매끈하다. "부드러운 살결"
> ② 가루 따위가 매우 잘고 곱다. "콩가루가 아주 부드럽게 갈아졌다."
> ③ 일의 형편이나 동작이 뻑뻑하지 아니하다. "일이 부드럽게 풀려 간다.", "자동차의 시동이 부드럽게 걸린다."
> ④ 술이 독하지 아니하여서 목으로 넘기기 좋다. "소주보다는 맥주가 마시기에 부드럽다."
> ⑤ (색깔 등이) 은은하다. "색깔이 부드럽다."
> ⑥ 목소리나 말투가 곱고 온화하다. "그는 부드러운 목소리로 인사말을 건넨다."
> ⑦ (성질이나 마음씨가) 곱고 순하다. "그는 부드러운 성격의 소유자다."

(36)에서 ①의 '살갗에 닿는 느낌이 푹신하고 무르고 매끈하다' 및 ②의 '가루'의 잘고 고운 상태는 '부드럽다'의 원형의미이다. 이에 바탕을 둔 ③-⑥은 확장의미로서, 일의 형편이나 동작, 술, 색깔, 목소리나 말투, 성격이나 마음씨 등에 사용된다.

(37)은 '거칠다'에 대해 『표준』과 『연세』를 중심으로 다의적 용법 6가지를 제시한 것이다.

> (37) '거칠다'
> ① (살갗이나 물체의 표현이) 매끄럽지 않고 껄껄하다. "손이 거칠다."
> ② 사물의 상태가 고르지 않고 사납다. "거칠게 짠 옷감", "거친 땅을 일구어 옥토로 만들었다.", "거친 파도", "거친 음식"
> ③ 음식이 맛과 영양이 적고 부드럽지 아니하여 험하다. "우리는 거친 음식으로 간신히 끼니를 이어 갔다."

④ 일을 하는 태도나 솜씨가 찬찬하거나 야무지지 못하다. "솜씨가 거칠다.", "거친 문체"

⑤ 인정이 메마르고 살기에 험악하다. "바쁜 건 댁의 사정이고, 요즘은 세상이 하도 거칠어 사람을 함부로 집 안에 들여놓을 수가 없다고 하잖았소?" (이병주 '지리산'에서)

⑥ 말투, 행동, 성격이 세련되지 못하고 사납다. "그는 성격이 거칠어 걸핏하면 싸움하기가 일쑤였다."

(37)에서 ①의 '살갗이나 물체의 표면이 매끄럽지 않고 껄껄하다' 및 ②의 '사물의 상태가 고르지 않고 사납다'는 '거칠다'의 원형의미이다. 이에 바탕을 둔 ③-⑥은 확장의미로서, 음식, 솜씨나 문체, 인정, 말투나 성격 등에 사용된다.

이상에서, '부드럽다'와 '거칠다'는 피부 표면의 매끄러움에 대한 대립적인 의미를 바탕으로, '부드럽다'는 일의 형편이나 동작, 술, 색깔, 목소리나 말투, 성격이나 마음씨 등으로 확장되며, '거칠다'는 음식, 솜씨나 문체, 인정, 말투나 성격 등으로 확장된다.

3.3.2. 피부 온도

피부의 물리적 온도에 관한 '뜨겁다', '따뜻하다', '미지근하다', '서늘하다', '차갑다'를 보기로 한다.

(38)은 '뜨겁다'에 대해 『표준』과 『연세』를 중심으로 다의적 용법 6가지를 제시한 것이다.

(38) '뜨겁다'
① 살을 대거나 가까이 할 수 없을 만큼 열이 몹시 높다. "함상의 철제 시설물들은 복사열 때문에 뜨거워 손을 댈 수 없을 정도였다." (이원규 '훈장과 굴레'에서)
② 무안하거나 부끄러워 얼굴이 몹시 화끈하다. "그 광경을 보고 얼굴이 뜨거워 고개를 들 수 없었다."
③ 감정이나 열정 따위가 격렬하다. "그들의 신앙은 너무나 뜨거웠고 간절했고 순결했다." (한무숙 '만남'에서)

(38)의 ①은 물리적 온도가 고온 상태로서 '뜨겁다'의 원형의미이며, ②-③은 확장의미로서 감정이나 심리 상태에 사용된 것이다. 또한 '뜨거운 맛을 보다'는 '호된 고통이나 어려움을 겪다'라는 관용 표현인데, 글자 그대로의 '뜨거운 맛'에서 '세상사'의 경험으로 은유적 확장이 일어난 것이다.

(39)는 '따뜻하다'의 빈도 비율에 따른 다의적 용법 2가지를 차례대로 제시한 것이다.

  (39) '따뜻하다'
    ① 날씨가 기분 좋을 만큼 조금 덥다. "아침저녁으로 따뜻한 아랫목이 그리워질 때이다." <57.95%>
    ② (마음이) 다정하거나 온화하다. "따뜻한 가슴을 가지고 있는 인간들의 만남은 따뜻한 정이 통한다." <42.05%>

(39)의 ①은 온도어로서 '따뜻하다'의 원형의미이며, 이에 바탕을 둔 ②는 확장의미로서 감정, 태도, 분위기 등이 온화하고 정답다는 뜻이다.

(40)은 '미지근하다'에 대해『표준』과『연세』를 중심으로 다의적 용법 2가지를 제시한 것이다.

  (40) '미지근하다'
    ① 차지도 뜨겁지도 않다. "방바닥이 미지근하다."
    ② (행동, 태도, 성격 등이) 결단성이 없고 흐리멍덩하다. "준호는 아버지의 그런 미지근한 논리가 싫었다." (최일남 '거룩한 응답'에서)

(40)의 ①은 온도어로서 '미지근하다'의 원형의미이며, 이에 바탕을 둔 ②는 확장의미로서 행동·태도·성격, 그리고 논리 등이 분명하거나 철저하지 못한 것을 뜻한다.

(41)은 '서늘하다'에 대해『표준』과『연세』를 중심으로 다의적 용법 2가지를 제시한 것이다

  (41) '서늘하다'
    ① 조금 차거나 추운 기운이 있다. "잠은 서늘한 방에서 자는 것이 좋다."
    ② 으스스하거나 섬뜩하다. "시꺼먼 산줄기를 타고 울려오는 밤 포성은 사람들의 간덩이를 서늘하게 흔들었다." (하근찬의 '야호'에서)

(41)의 ①은 온도어로서 '서늘하다'의 원형의미이며, 이에 바탕을 둔 ②의 '{간덩이·간담}이 서늘하다'는 확장의미로서 두려움의 감정을 표현한다. 한편, 사람의 성격이나 태도가 냉랭한 경우에는 (42)와 같이 '서늘하다'의 센말인 '싸늘하다'가 사용된다.

  (42) a. 그러자 애써 미소를 잃지 않던 그녀의 표정이 돌연 싸늘하게 굳어졌다. (이문열 '영웅시대'에서)
    b. 손 중위가 곧 싸늘한 눈길로 여인을 향해 냉랭하게 입을 열었다. (홍성원 '육이오'에서)

(43)은 '차갑다'에 대해『표준』을 중심으로 다의적 용법 2가지를 차례대로 제시한 것이다.[15]

(43) a. 촉감이 서늘하고 썩 찬 느낌이 있다. "눈송이들이 얼굴에 차갑게 달라붙었다."
    b. 인정이 없이 매정하거나 쌀쌀하다. "그 여자는 성격이 차갑고 콧대가 세다."

(43)의 ①은 온도어로서 '차갑다'의 원형의미이며, 이에 바탕을 둔 ②는 확장의미로서 '성격이 쌀쌀맞다'라는 뜻이다. (44)는 피부 온도에 관한 어휘들이 사람 및 관계에 사용되어 사람의 성격과 관계의 활성화 정도를 비유적으로 보여 준다. (44a)에서는 '따뜻하다(溫)/차갑다(冷)', '뜨겁다/미지근하다', '뜨겁다/싸늘하다'가 대립을 이루고 있다.

(44) a. 그는 {뜨거운, 따뜻한, 미지근한, 차가운} 사람이다.
    b. 그들의 관계가 {뜨거워졌다, 미지근해졌다, 싸늘해졌다}.

이상에서, 피부의 온도에 관한 '덥다', '따뜻하다', '미지근하다', '서늘하다', '시원하다', '차갑다'는 물리적 온도의 원형의미에서 사람의 감정이나 성격 등으로 의미가 확장된다. 구체적으로, '뜨겁다'는 감정 및 심리 상태, 그리고 관용 표현으로 사용되며, '따뜻하다'는 감정, 태도, 분위기에, '미지근하다'는 행동·태도·성격, 그리고 논리에, '서늘하다' 및 '차갑다'는 성격에 사용된다.

3.4. 미각 형용사

미각 형용사에는 '달다, 쓰다, 짜다, 시다, 떫다' 등이 있는데, 그 원형의미와 확장의미를 보기로 한다.

(45)는 '달다'의 빈도 비율에 따른 다의적 용법 3가지를 차례대로 제시한 것이다.

(45) '달다'
    ① (음식 맛이) 꿀이나 설탕의 맛과 같이 입맛이 당기게 좋다. "다소 가물었던 날씨로 과일들이 무척 달다." <86.67%>
    ② 기분이 좋을 정도로 마음에 흡족하다. "어른이 음식을 달게 잡수시니 대접하는 우리로선 참 좋습니다." <6.67%>
    ③ 당연한 것으로 받아들이는 마음이 있다. "어떠한 처벌도 달게 받겠습니다." <6.67%>

---

15 『연세』에서는 '차갑다'가 표제어로 제시되지 않았으며, '차다' 항을 참조할 수 있다.

(45)에서 ①의 '꿀이나 설탕의 맛과 같다'는 '달다'의 원형의미이다. 이에 바탕을 둔 확장의 미로 '달게' 형을 보면, ②의 '음식을 달게 먹다'에서는 '맛있게'의 의미로, '낮잠을 달게 자다'에서는 '기분 좋게 푹'의 의미로 쓰이며,[16] ③의 '처벌·충고를 달게 받다'는 '기꺼이'의 의미로 쓰인다. 한편, '달다'의 파생형인 '달콤하다'에 나타나는 '달콤한 {연애·사랑·신혼}'은 '달게 자다'와 같이 미각어 '달다'의 원형의미를 중심으로 은유적 기제에 의해 의미 확장이 일어난 것이다.

(46)은 '쓰다'의 빈도 비율에 따른 다의적 용법 3가지를 차례대로 제시한 것이다.

(46) '쓰다'
① 맛이 씀개, 소태, 익모초 따위의 맛과 같다. "입에서 쓴 약이 몸에는 좋다는 말도 있다." <90.48%>
② 마음이 개운하지 않고 찜찜하다. "상대가 이렇게 치사하게 나오자 곽상훈은 입맛이 썼다." <4.76%>
③ (주로 '쓴, 쓰게'의 꼴로 쓰이어) 마음이 언짢은, 언짢게. "쓴 웃음을 지으며 점퍼를 입은 사내가 일행들에게 눈짓을 했다." <4.76%>

(46)에서 ①의 '씀개, 소태, 익모초 맛과 같다'는 '쓰다'의 원형의미이다. 이에 바탕을 둔 확장의미 ②의 '입맛이 쓰다'는 어떤 사태에 대한 불쾌한 심사를 뜻한다. ③의 '쓴 웃음'은 '언짢은 웃음'이며, '쓴소리'는 듣기에 거슬리지만 도움이 되는 말이라는 뜻이다.[17]

(47)은 '짜다'의 빈도 비율에 따른 다의적 용법 2가지를 차례대로 제시한 것이다.

(47) '짜다'
① (무엇의 맛이) 소금 맛과 같다. "국물은 짜기만 했다." <94.12%>
② (돈 씀씀이에 있어) 매우 인색하다. "씀씀이가 짜면 밑에 사람이 안 모이는 법이다." <5.88%>

(47)에서 ①의 '소금 맛과 같다'는 '짜다'의 원형의미이다. 이에 바탕을 둔 확장의미 ②의 '씀씀이가 짜다'는 '인색하다'라는 의미이다. 이것은 소금 결정체가 바닷물이 증발되면서 응

---

16 이와 관련하여 '단잠'은 기분 좋은 상태로 깊이 든 잠이며, '선잠'은 그 대립어이다.
17 '쓴소리(苦言)'는 속담 "입에 **쓴 약**이 몸에는 좋다."와 관련된다. '쓴소리'는 입에 쓴 약과 같이 듣기에는 거슬리지만, 듣는 사람에게 도움이 되는 말이라는 뜻이기 때문이다. 한편, '쓰다'의 관련어 가운데 '씁쓸하다'는 '조금 쓴 맛이 나다'라는 뜻인데, "씁쓸하게(히) 웃다.", "요란하게 진행되는 청문회를 바라보면서 **내 기분은 씁쓸하기** 짝이 없었다."(이문열의 '시대와의 불화'에서)와 같이 '달 갑지 아니하여 싫거나 언짢은 기분이 조금 나다.'라는 의미이다.

축되는 과정에서 부피가 현저히 감소되는 것과, 사람이 반찬이 짜면 음식을 적게 먹게 되는 경험을 하는데, 이러한 경험이 사람이 짜면 그 씀씀이가 적다는 의미에 동기화된 것이라 하겠다(이경수 2012: 130 참조). '인색하다'에 해당되는 확장에는 '사람'이나 그 '씀씀이'가 있으며, '봉급・학점・시간' 등에 쓰일 때는 후(厚)하지 않고 박(薄)하다는 의미이다. 이와 관련하여 구두쇠처럼 매우 인색한 남자와 여자를 '짠돌이', '짠순이'라고 한다.[18]

한편, '짜다'의 파생어 가운데 '짭짤하다'는 '(감칠맛이 있게) 조금 짜다'라는 뜻인데, (48)과 같이 '실속 있고 알차다'라는 의미로 확장된다. 의미 확장에서 '짜다'는 부정적인 반면, '짭짤하다'는 긍정적인 점에서 대립된다.

> (48) a. 며느리의 살림 솜씨가 여간 짭짤하지 않다.
> b. 지난여름에 수박장사를 해서 수익이 짭짤했다.
> c. 신랑 집에서 보낸 봉채도 짭짤했지만 신부 집에서도 예단을 실팍하게 했다고 하데.[19] (박경리 '토지'에서)

(49)는 '시다'에 대해 『표준』과 『연세』를 중심으로 다의적 용법 3가지를 제시한 것이다.[20]

> (49) '시다'
> ① 맛이 식초나 설익은 살구와 같다. "포도가 시다."
> ② 관절 따위가 삐었을 때처럼 거북하게 저리다. "발목이 시다."
> ③ 강한 빛을 받아 눈이 부시어 슴벅슴벅 찔리는 듯하다. "태양 빛이 강하여 눈이 시다."

(49)에서 ①의 '식초나 설익은 살구 맛과 같다'는 '시다'의 원형의미이다. 이에 바탕을 둔 확장의미 ②는 '이빨・관절・근육'의 저림, 그리고 ③은 '눈'의 부심과 시큰거림이다. ③과 관련하여 (50)의 '눈꼴 시다'는 '아니꼽다'를 의미하는데, 이것은 신 것을 먹을 때, 빛이 눈부실 때, 그리고 다른 사람의 행위가 꼴사나울 때 눈을 질끈 감아버리는 경험과 동기화되어 있다.

---

18 '자린고비'라는 단어에서도 '짜다'라는 의미가 연상된다.
19 '봉채(封采)'는 혼인 전에 신랑 집에서 신부 집으로 푸른색과 붉은색의 비단인 채단(采緞)과 혼서(婚書)인 예장(禮狀)을 보내는 일이나 그 채단과 예장을 뜻한다.
20 『표준』에서는 '시다'를 (49)와 같이 다의적 의미로 기술한 반면, 『연세』에서는 (49)의 ①을 '시다¹', ②, ③을 '시다²'로 표제어를 달리하여 동형어로 처리하고 있다.

(50) 나는 서울 생활 반 년 만에 벌써 내가 시골아이들과는 격이 다른 것처럼 느꼈고, 의식 적으로 그렇게 행동하려 했으니 그 애들 보기에 얼마나 눈꼴이 시었을까. (박완서 '그 많던 싱아는 누가 다 먹었을까'에서)

(51)은 '떫다'에 대해 『표준』과 『연세』를 중심으로 다의적 용법 2가지를 제시한 것이다

(51) '떫다'
① 설익은 감의 맛처럼 거세고 텁텁하다. "감이 덜 익어 떫다."
② 하는 짓이나 말이 덜되고 못마땅하다. "이 집안사람들은 어찌 모두 시큰둥하고 떫은 얼굴들이야." (최일남 '거룩한 응달'에서)

(51)에서 ①의 '설익은 감 맛과 같다'는 '떫다'의 원형의미이다. 이에 바탕을 둔 확장의미 ②의 '떫은 얼굴'은 '못마땅하다'나 '언짢다'의 의미로 사용되는데, 이러한 확장에는 '얼굴 ·표정·눈빛·인상'뿐만 아니라 (52)에서 보듯이 '말투·목소리·기분' 등이 있다. 이것은 은유적 기제에 의해 '떫은 맛'의 불쾌한 경험과 유사한 상황에서 '표정·말투·기분' 등으로 확장된 것이다.

(52) a. 어색하리만치 떫은 말투에 류태현은 번뜩 정신을 차렸다.
b. "그게… 아무것도 아닙니다." 떫은 목소리를 하고선 정구는 고갤 저었다.
c. 그렇게 향도 제대로 나지 않고 맛도 망가져버린 상태의 차를 반 정도만 마시고는 떫은 기분으로 자리를 떴습니다.

이상에서, 미각 형용사는 맛을 나타내는 원형의미에서 다양한 확장의미를 갖는데, 확장의 미의 주요 양상은 다음과 같다. 첫째, '달다'는 '음식'의 경우 '맛있게', '낮잠'의 경우 '기분 좋게 푹', '처벌·충고'의 경우 '기꺼이'의 의미로 쓰인다. 둘째, '쓰다'는 '불쾌하다', '언짢 다', '듣기에 거슬리다'의 의미로 쓰인다. 셋째, '짜다'는 '인색하다', '박(薄)하다'는 의미로 쓰인다. 넷째, '시다'는 신체 부위의 '저리다', '눈부시거나 시큰거리다', '아니꼽다'의 의미로 쓰인다. 다섯째, '떫다'는 '못마땅하다'나 '언짢다'의 의미로 쓰인다.

3.5. 후각 형용사

후각 형용사는 긍정적인 의미를 갖는 '상큼하다'와 '구수하다', 부정적인 의미를 갖는 '구리 다'와 '비리다' 등이 있는데, 이들을 중심으로 그 원형의미와 확장의미를 보기로 한다.

먼저, 긍정적인 후각 형용사 '상큼하다'와 '구수하다'이다. 이들은 후각과 함께 미각을 나타 낸다는 점에서 특징적이다. (53)은 '상큼하다'에 대해 『표준』과 『연세』를 중심으로 다의적 용법 2가지를 제시한 것이다.

(53) '상큼하다'
① 냄새나 맛 따위가 향기롭고 시원하다. "다시 고향에 돌아와서 맡아 보는 흙냄새가 그렇게 상큼하고 달짝지근할 수가 없었다." (문순태 '타오르는 강'에서)
② 보기에 시원스럽고 좋다. "단발머리 밑으로 드러난 목은 상큼하고 등은 부드럽고 어깨는 흐르는 듯 나긋했다." (박완서 '미망'에서)

(53)에서 ①의 '향기롭고 시원하다'는 '상큼하다'의 원형의미이며, 이에 바탕을 둔 ②는 확장의미로서 '신체 부위나 인상이 시원스럽고 깨끗하다'라는 뜻이다.

(54)는 '구수하다'에 대해 『표준』과 『연세』를 중심으로 다의적 용법 3가지를 제시한 것 이다.

(54) '구수하다'
① 보리차, 숭늉, 된장국 따위에서 나는 맛이나 냄새와 같다. "두부를 넣고 끓인 된장 감잣국 냄새가 구수하다." (최명희 '혼불'에서)
② 말이나 이야기 따위가 마음을 잡아끄는 은근한 맛이 있다. "구수한 옛날이야기"
③ 마음씨나 인심 따위가 넉넉하고 푸근하다. "마을 사람의 인심이 구수하다."

(54)에서 ①의 '숭늉이나 된장국 냄새와 같다'는 '구수하다'의 원형의미이며, 이에 바탕을 둔 ②와 ③은 확장의미로서 '말·이야기', '마음씨·인심' 등에 쓰여 '마음을 잡아끌다'나 '넉넉하고 푸근하다'를 뜻한다.

다음으로, 부정적인 의미를 갖는 후각 형용사 '구리다'와 '비리다'이다. (55)는 '구리다'에 대해 『표준』과 『연세』를 중심으로 다의적 용법 3가지를 제시한 것이다.

(55) '구리다'
① 똥이나 방귀 냄새와 같다. "또 입구에서 구린 냄새가 났다."
② 하는 짓이 더럽고 지저분하다. "구리게 놀다."
③ 행동이 떳떳하지 못하고 의심스럽다. "그 사람이 하는 짓이 뭔가 구리다."

(55)에서 ①의 '똥이나 방귀 냄새와 같다'는 '구리다'의 원형의미이며, 이에 바탕을 둔 ②와 ③은 확장의미로서 하는 짓, 즉 행동이 '지저분하다'거나 '떳떳하지 않다'를 뜻한다.

(56)은 '비리다'에 대해 『표준』과 『연세』를 중심으로 다의적 용법 2가지를 제시한 것이다.

(56) '비리다'
　　① 날콩이나 물고기, 동물의 피 따위에서 나는 맛이나 냄새가 있다. "어시장에서 생선의 비린 냄새가 물씬물씬 풍겨 왔다."
　　② 하는 짓이 좀스럽고 구차스러워서 더럽고 아니꼽다. "그는 비리게 굴어서 모두 싫어한다."

(56)에서 ①의 '날콩이나 생선 등의 냄새와 같다'는 '비리다'의 원형의미이며, 이에 바탕을 둔 ②는 확장의미로서 하는 짓, 즉 행동이 더럽고 아니꼽다는 뜻이다.

이상에서, '상큼하다'와 '구수하다'는 후각 및 미각을 동시에 나타나는 긍정적 감각어로서 '상큼하다'는 신체 부위나 인상에, '구수하다'는 '말·이야기' 및 '마음씨·인심'에 확장되어 쓰인다. 또한, '구리다'와 '비리다'는 부정적인 후각을 나타내는데, 하는 짓 또는 행동에 확장되어 쓰인다.

4. 마무리

이제까지 신체화에 기반을 둔 감각어의 의미 확장 양상과 특성에 대해서 살펴보았다. 이상의 내용을 간추려 이 장을 마무리하기로 한다.

첫째, 감각어는 사람의 기본적인 인지 통로로서 시각·청각·촉각·미각·후각의 오감에 걸쳐 있으며, 감각기관의 신체 부위 명사인 '눈·귀·살갗·혀·코'에서 지각되는 감각 동사와 감각 형용사로 이루어진다.

둘째, 감각어의 기본의미, 즉 원형의미는 물리적 신체 감각을 인지하는 동사나 형용사로서 일차적으로 오감에 관한 표현으로 사용되며, 이에 바탕을 둔 확장의미는 감정, 마음, 사고 및 판단의 세계에 관한 주관적, 비유적, 심리적, 추상적인 대상으로 확장된다. 이 경우 의미 확장은 신체화에 기반을 두고 있으며, 그 주요 기제는 개념적 은유이다.

셋째, 감각어의 확장의미 가운데 감각 동사와 감각 형용사의 활성화 정도는 '시각>청각>촉각>미각>후각' 순이다. 이것은 감각기관의 중요성, 민감성과 동기화되어 있다. 특히 시각동사 '보다'는 감각동사 가운데 빈도수가 가장 높고 의미 확장의 가짓수가 가장 많다는 점에서 그 우월성을 지닌다.

넷째, 감각어의 다의적 용법에서 기본의미 또는 원형의미의 빈도수가 가장 높은 경우는

'보다', '맑다', '밝다', '희다', '검다', '붉다', '푸르다', '시끄럽다', '따뜻하다', '달다', '쓰다', '짜다' 등이며, 확장의미의 빈도수가 높은 경우는 '듣다', '느끼다' 등인데, 이것은 원형의미의 빈도수가 확장의미의 빈도수보다 반드시 더 높은 것은 아님을 보여 준다.

제6장
신체어의 의미 확장[*]

1. 들머리

이 장은 신체어의 의미 확장 양상과 특성을 밝히는 데 목적이 있다. 신체어는 우리 몸의 부위들을 가리키는 말인데, '머리, 낯, 눈, 코, 귀, 입, … 다리, 발'에서 보듯이 '머리에서 발끝까지' 짧은 음절의 토박이말로 된 기초어휘가 대부분이다. 신체어는 다른 어떠한 어휘장보다도 그 실체가 단단하여 외래어의 침투에 내구성이 매우 강한데, 이것은 신체어가 그만큼 우리의 일상적 삶과 의식 속에서 기본적이고 중요하다는 것을 의미한다. 이와 관련하여 Kövecses(2002: 16-25)에서는 "인간의 신체는 가장 중요한 근원영역이다. 왜냐하면 우리에게 인간의 신체는 명확히 윤곽이 지어져 있으며, 우리가 우리의 신체에 대해서 잘 알고 있다고 믿기 때문이다."라고 하였다.

신체어는 기본적으로 우리 몸의 외적, 내적인 신체 부위를 지칭한다. 뿐만 아니라, 의미 확장을 통해 신체 부위의 다양한 지칭의 필요성에 부응하며, 신체 밖으로 그 지평을 넓혀 매우 활성적인 다의적 망과 다양한 관용 표현의 형성, 그리고 문법화의 진원지 기능을 수행한다.[1] 그렇지만, 신체어의 의미 확장 과정에서 그 고리가 잊히거나 끊긴 사례도 적지 않다. 실제로, '눈', '코', '귀', '목', '고개', '손', '다리' 등의 사전적 기술을 보면 대부분 별개의 표제어로서 신체어와 비신체어를 동음이의어로 처리하였거나, 신체어라 하더라도 다의어의

---

[*] 이 장은 임지룡(2016b). "신체어의 의미 확장 양상과 해석"(『배달말』 59: 1-42. 배달말학회.)의 내용을 깁고 고친 것임.

[1] 이러한 현상은 범언어적으로 보편성이라고 할 만큼 여러 언어에서 확인되고 있다. 몇 가지 대표적인 사례로, MacLaury(1989: 119-154)에서는 멕시코의 자포텍어(Zapotec)에서 인간의 신체 부위를 가리키는 용어들이 신체 영역 이외의 다양한 의미적, 문법적 적용을 위해 확장된다는 것을 밝혔으며, Hollenbach(1995: 168-190)에서는 멕시코어의 '얼굴'과 '발'에 대한 의미론 및 통사론적 확장을 논의하였다. 또한, Matsumoto(1999: 15-28)에서는 세계 여러 언어에서 '신체 부위 명사'가 '사물 부위 명사'와 '공간 부치사(adposition)'로 확장됨을 밝힌 바 있다.

처리 양상이 동일한 사전 안에서뿐만 아니라 사전들 간에 일관성을 찾아보기 어려운 실정이다.

예를 들어, '고개', '목', '턱'에 대해 『표준국어대사전(두산동아)』, 『우리말 큰 사전(어문각)』, 『고려대 한국어대사전(고려대민족문화연구원)』에서는 (1)-(3) a의 '신체 부위'와 b의 '공간 지칭'에 대해 '고개'와 '턱'은 별개의 단어인 동음이의어로, '목'은 신체어로서 하나의 단어인 다의어로 기술하고 있다. 그 반면, 『국어대사전(민중서림)』의 경우 '턱'은 동음이의어로, '고개'와 '목'은 다의어로 기술하고 있다(임지룡 2015e: 81 참조).

(1) '고개'
   a. 목의 뒷등이 되는 부분 ("**고개**가 아프다.")
   b. 산과 언덕을 넘어 다니게 된 비탈진 곳 ("**고개**를 넘다.")

(2) '목'
   a. 척추동물의 머리와 몸통을 잇는 잘록한 부분 ("**목**이 긴 여자")
   b. 통로 가운데 다른 곳으로 빠져 나갈 수 없는 중요하고 좁은 곳 ("**목**에서 숨어서 적을 기다리다.")

(3) '턱'
   a. 사람의 입 아래에 있는 뾰족하게 나온 부분 ("**턱**에 수염이 나다.")
   b. 평평한 곳의 어느 한 부분이 조금 높이 된 자리 ("**턱**이 지다.")

(1)-(3)의 '고개', '목', '턱'의 '신체 부위'와 '공간 지칭'에 대해 같은 사전 간의 일관성 결여와 동음이의어에 치우친 기술 방식은 기존 사전뿐만 아니라 객관주의 언어관의 의미 기술이 지닌 한계가 아닐 수 없다. 이에 이 장에서는 인지언어학적 관점에서 신체어의 의미 확장 기제인 개념적 환유와 은유, 범주적 은유, 그리고 문법화에 대해 살펴보고, 주요 신체어를 대상으로 의미 확장의 양상과 특성을 논의하기로 한다.[2] 이 과정에서 신체어의 의미 확장 과정에서 잊히거나 끊긴 고리를 복원할 수 있을 것이며, 음성적·문자적으로 같은 형태를 지닌 신체 부위의 단어를 의미 확장의 큰 틀 속에서 다의어로 처리하는 방식의 개연성과 합리성이 드러나게 될 것이다.

---

[2] 국어의 신체어에 대한 주요 논의로는 홍사만(1985, 1987, 1991), 김진식(1994, 1995), 우형식(1988), 배도용(2002), 임지룡(2007), 이영식(2009)이 있다.

2. 신체어 의미 확장의 기제

신체어가 비신체적 영역으로 확장되는 주요 기제 또는 원리는 크게 개념적 환유와 은유, 범주적 은유, 그리고 문법화 등을 들 수 있다. 여기서는 이들의 기본 개념에 대해 기술하기로 한다.

2.1. 개념적 환유와 은유

'개념적 환유(conceptual metonymy)'와 '개념적 은유(conceptual metaphor)'는 신체어의 의미 확장의 중요 기제이다. '개념적 환유'는 '인접성' 관계에 있는 한 개념 영역에서 '부분⇄전체', '원인⇄결과' 등의 관계를 지칭하는 것이다. 예를 들어, (4)에서 a의 '손'은 '일손' 즉 '일꾼'을 가리키며, b의 '손'은 '때'나 '시기'를 가리킨다. 이 경우 a의 확장은 '손'과 '일꾼' 간의, 그리고 b의 확장은 '손'과 '손을 쓰는 시점' 간의 인접성에 의한 환유이다.

   (4) a. **손**이 모자라다.
       b. **손**을 놓치다.

또한, '개념적 은유'는 '유사성' 관계에 있는 두 영역 가운데, 구체적인 영역인 '근원영역(source domain)'의 경험을 바탕으로 추상적인 영역인 '목표영역(target domain)'을 구조화하는 것을 말한다. 예를 들어, (5)에서 a의 '머리'는 '단체의 책임자'이며, b의 '머리(기사)'는 '신문이나 잡지에서 맨 앞과 위에 싣는 주요 기사'이다. 이것은 '머리' 즉 신체 부위의 '맨 윗부분'과 단체의 서열상 '맨 윗부분에 해당하는 사람', 그리고 신문이나 잡지의 기사에서 '맨 앞과 위에 싣는 기사' 간의 닮음에 의한 은유이다. 신체어의 경우 의미 확장은 주로 '위치', '형태', '기능'에 대한 한 가지 이상의 유사성에 의해서 이루어진다.

   (5) a. 그는 우리 모임의 **머리** 노릇을 하고 있다.
       b. 일 면 **머리기사**의 큰 활자가 송충이처럼 눈앞을 스쳐간다. (박경리 '토지'에서)

의미 확장의 주요 기제인 개념적 환유와 은유는 우리가 이 세상의 다양한 상황에 적응해 나가기 위해서 새로운 언어적 범주를 만드는 대신에, 기존의 범주를 이용해서 그 의미를 확장하는 인지 전략이라 하겠다. 이 과정을 (6)의 신체어 '두뇌'에 관한 의미 확장을 통해서 살펴보기로 한다(임지룡 2006b: 270-271, 2007a: 5-6, Radden & Dirven 2007: 12-13 참조).

(6) a. 최근 들어 해외로 고급 **두뇌** 유출이 심각하다.
     b. 마이크로프로세서는 컴퓨터의 **두뇌**이다.

(6)에서 '두뇌'는 글자 그대로의 의미가 아니라 (6a)의 경우에는 '인재', (6b)의 경우에는 '마이크로프로세서'를 가리킨다. 이러한 개념적 전이 또는 의미의 확장이 일어나는 과정을 도식화하면 <그림 1>과 같다.

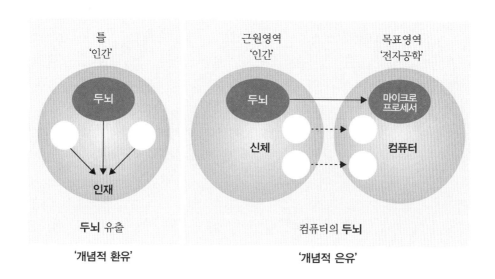

그림 1 '두뇌'의 개념적 환유와 은유

<그림 1>에서 보듯이 (6a)의 '두뇌'는 '인간'이라는 '틀(frame)' 속에 놓여 있는데, '인간'과 인접한 '두뇌'라는 부분에 의미적 현저성을 부여하여 '두뇌'를 '매체(vehicle)'로 하여 '목표(target)'를 '고급 인력(인재)'으로 해석하게 된다. 한편, (6b)의 '두뇌'는 '인간'이라는 '근원영역(source domain)'과 '전자공학'이라는 '목표영역(target domain)'의 두 가지 개념 영역 간의 유사성을 통해 컴퓨터에서 마이크로프로세서가 기능하는 방식을 인간의 두뇌가 기능하는 방식으로 해석한 것이다. 요컨대, (6a)의 개념적 환유는 단일 영역 안에서, (6b)의 개념적 은유는 두 가지 영역 간에 관련된 항목의 '사상(mapping)'을 통해 의미 확장이 일어난다.

2.2. 범주적 은유

범언어적으로 사람의 신체 부위를 가리키는 어휘는 여러 다른 영역의 비신체적 대상을 가리키는 데 사용된다. 이와 관련하여 Heine *et al.*(1991: 48)에서는 '범주적 은유(categorial metaphor)'의 관점에서 개념 또는 범주 영역에 대한 확장 방향의 순서를 (7)과 같이 제안하고, 근원영역의 위계를 <그림 2>와 같이 제시하였다.

(7) PERSON(사람)>OBJECT(사물)>ACTIVITY(행위)>SPACE(공간)>TIME(시간)>
QUALITY(질)

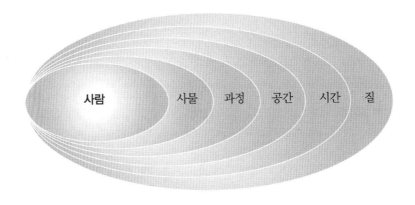

그림 2 **근원영역의 위계**(Heine *et al*. 1991: 55)[3]

(7) 및 <그림 2>의 범주적 은유에서는 의미 확장이 '사람에서 사물', '사물에서 행위/과정', '공간에서 시간' 등으로 진행되는 것을 가리킨다. 아울러 범주적 은유는 다음 두 가지 사항을 시사한다. 첫째, 범주의 계층구조는 '사람'을 중심으로 '자아 중심적 거리(egocentric distance)'를 형성한다는 점이다(Yamanashi 1996: 2-3, Evans & Green 2006: 714-715 참조). 둘째, 범주의 계층구조는 '사람'을 기준으로 한 보다 더 구체적인 왼쪽에서 보다 더 추상적인 오른쪽으로 진행되는 '단일 방향성(unidirectionality)'을 지향한다는 점이다.

2.3. 문법화

사람의 신체어는 (7)에서 보았듯이 구체적인 것에서 추상적인 것으로 의미 확장이 진행된다. 이 과정을 '문법화(grammaticalization)'라 하는데(Rubba 1994: 86-98, Matsumoto 1999: 21-26 참조), 이는 어휘적 또는 내용적 단어가 문법적 기능을 획득하거나 기존의 문법적 단위

---

3   Heine *et al.*(1991)에서는 (7)의 'ACTIVITY(행위)'를 <그림 2>에서 'PROCESS(과정)'로 기술하였다.

가 한층 더 문법적인 기능을 획득하는 과정을 말한다(Evans & Green 2006: 708 참조).

Rubba(1994: 86)에서는 신체어의 의미 확장 과정을 (8)과 같이 제시하였는데, 이는 '부치사'[4]의 발달이 (8)의 변화를 거친다는 것이다. 실제로 세계의 많은 언어에서 부치사가 '신체 부위어'에 기반을 둔 것으로 알려져 있다.[5]

    (8) body part term(신체 부위어)>object part term(사물 부위어)>locative noun(위치 명사)>
        preposition(전치사)

그러면, (8)의 전이 과정에 대한 실례로서 신체 부위어인 명사 'side(옆구리)'가 부치사 'beside(…의 옆에)'로 확장되는 과정을 <그림 3>과 함께 살펴보기로 한다(Rubba 1994: 86-94, Heine 1997: 35-65, Matsumoto 1999: 21-22, Langacker 2004: 240-249 참조).

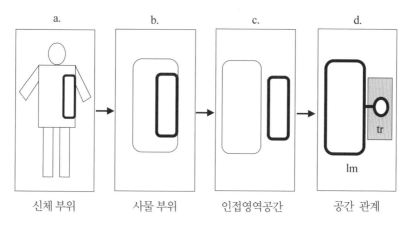

그림 3 'side'의 문법화 과정(Matsumoto 1999: 22 참조)

<그림 3>에서 제1단계(a)는 신체 부위 명사가 바탕이 되는 신체 부위 '옆구리'를 윤곽화한다. 제2단계(b)는 신체 부위 명사가 사물 부위의 '측면'을 윤곽화하며, 제3단계(c)는 바탕의 사물 부위 명사가 인접한 공간 '곁'을 윤곽화하며, 제4단계(d)는 위치 명사인 지표(lm)와 부치사 사인 탄도체(tr)를 윤곽화하는데, 이 경우 부치사 'beside(곁에)(be+side)'는 형태 변화, 즉 융합의 과정을 겪는다.

---

4 '부치사(adposition)'란 '전치사'와 '후치사'를 통틀어서 가리키는 용어이다(이성하 1998: 85 참조)
5 Heine(1989: 90)에서는 125개의 아프리카 언어에서 '주요 부치사 범주'가 어떤 신체 부위에서 기원을 둔 것인지에 대해 규명하였는데, 'on'은 '머리', 'under'는 '궁둥이/항문', 'in'은 '배/위', 'front'는 '얼굴, 눈', 'back'은 '등, 궁둥이/항문'이라고 한다. 이 경우, 신체 부위와 부치사 범주 간에 위치 및 형상의 유사성이 존재한다.

<그림 3>에서 보듯이, '신체 부위>사물 부위'의 확장은 은유의 기제가 작용하며, '사물 부위>인접영역 공간'의 확장은 환유의 기제가 작용하고 있다. 요컨대, (8) 및 <그림 3>에서 a>b>c의 의미 확장은 명사 범주 안의 어휘-의미론적 확장인 반면, c>d의 의미 확장은 부치사로의 범주 전환을 포함한 문법화 과정이다(Matsumoto 1999: 15 참조).

3. 신체어 의미 확장의 양상

지금까지 살펴본 신체어 의미 확장 기제를 바탕으로 하여, 여기에서는 사람의 주요 신체어로서 신체 윗부분에 해당하는 '머리, 얼굴, 눈, 코, 귀, 입, 턱, 목, 고개'를 대상으로 의미 확장 양상을 살펴보기로 한다.

3.1. '머리'의 의미 확장

'머리'는 사람의 목 윗부분으로서 눈, 코, 입 등이 있는 얼굴과 머리털이 있는 부분을 이르는데, 신체를 상체·몸통·하체로 나누면 상체인 맨 위와 앞에 위치하고, 둥근 형태를 하며, 생각하고 판단하는 기능을 수행한다. (9)의 '머리를 끄덕이다'에서 '머리'는 그 원형의미이다.

> (9) 진식이의 얼굴이 굳어지면서 **머리**를 끄덕이더니 쓴웃음을 입가에 띠고 말했다. (안수길의 '북간도'에서)

먼저, (9)를 바탕으로 인접성에 의한 환유적 확장을 보면 (10)과 같다. (10)의 '머리' a는 공간적 인접에 의한 '머리털'이며, b는 '부분'과 '전체'의 인접에 의한 '사람(의 수)'이며, c는 주체인 '머리'와 그 기능인 '지적 능력' 간의 인접성에 의한 환유적 확장이다.

> (10) a. **머리**를 {빗다/깎다/감다/손질하다}.
>   b. **머리**를 {헤아리다/맞추다/채우다}.
>   c. **머리**가 {좋다/명석하다/나쁘다/우둔하다}.

다음으로, (9)를 바탕으로 범주적 은유에 따른 '머리'의 의미 확장은 (11)의 '동물', '식물', '사물', '공간', '시간', '분류사' 영역에서 확인된다.[6]

---

6 예외적으로, 'palm'은 고대영어에서 '야자나무, 종려잎'의 의미로 사용되다가 1300년 경에 '손바닥'의 의미로 사용되었는데, 의미 확장에서 퍽 드문 예이다(野村益寬 2014: 69 참조).

(11) a. 소의 **머리**를 닮은 가우도에는 14가구 31명이 살고 있다. (동아일보, 2016.5.12.)

　　 b. 뒤뜰 장독 뒤로 백도라지꽃이 **머리**를 다소곳하였다. (강경애, 『인간문제』, 2006: 69, 문학과 지성사.)

　　 c. 병풍 **머리**에 세운 가야금이, 천장 밑에 선반을 매고 모셔 놓은 손각시 들어있는 챙지에까지 올라 대이었다. (김남천, 『대하』, 1995: 188, 동아출판사.)

　　 d. 거뭇한 먼 산 **머리**에 비가 몰아 들온다. (유홍준, 『나의 문화유산답사기』 3, 1997: 210, 창작과 비평사.)

　　 e. 남은 길을 재촉하여 컴컴할 **머리**에 겨우 증심사에 당도하였다. (최남선, 『심춘순례』, 1926: 67, 백운사.)

　　 f. 한 **머리** 태풍이 지나고 햇빛이 비쳤다. (『표준』)

　　 g. 기부금 가운데 가장 큰 **머리**는 김 사장의 것이었다. (『표준』)

'사람의 머리'를 기준으로 (11)의 '머리'에 나타난 의미 확장의 특성을 보면 다음과 같다. 첫째, 동물 영역 a의 '소의 머리'는 기본의미, 즉 원형의미에 가장 가깝다. 식물 영역 b의 '도라지꽃의 머리'는 위치와 형태의 유사성, 사물 영역 c의 '병풍 머리'는 위치의 유사성, 공간 영역 d의 '산 머리'는 위치와 형태의 유사성에 의한 은유적 확장이다. 둘째, 시간 영역 e의 '컴컴할 머리'는 '머리'의 위치상 '앞'과 시간상 시작 무렵 간의 유사성에 의한 은유적 확장이다. 셋째, 분류사 영역 f의 '한 머리의 태풍'에서 '머리'는 '차례'나 '판'의 횟수를 지칭한 것이며, g의 '기부금의 큰 머리'에서 '머리'는 덩어리를 이룬 물체의 단위이다.[7] 이것은 '머리'가 "머리수를 세다."에서 보듯이 하나의 단위로 문법화된 것이라 하겠다.[8]

한편, '머리'가 합성어를 이루어 그 의미 확장이 한층 더 어휘화 및 고착화되는 경우를 보면 (12)-(14)와 같다.[9] (12)는 '사물'에 쓰인 '머리'의 합성어인데, '위→앞→옆→끝·아래'의 연쇄적 의미 확장이 일어난다. '(밥)상(床)머리'는 '앞'과 '옆'이 불명확하며 '사물'과 '공간'이 불명확한데, 이것은 연쇄적 확장의 과정을 보여 주는 사례라 하겠다.

7　『표준국어대사전』에는 (11f)의 '머리'는 신체어의 다의어로 기술한 반면, (11g)의 '머리'는 동음이의어로 처리하고 있다.

8　동물을 세는 한국어 분류사 '마리'와 중국어 분류사 '頭'는 공통적으로 '머리(頭, 首)'를 의미했던 것에서 문법화된 것이다. 이와 관련하여 '首'는 '머리/마리'를 가리키는데, '首長' 즉 '우두머리', '시(詩) 열 수(首)/마리' 등에서 보는 바와 같다. 또한 영어에서도 'count(=figure) heads'에서 보듯이 인원을 계산할 때 'head(머리)'를 단위로 삼는다.

9　'머리'에 해당하는 한자어 '두(頭)'가 공간에 사용된 것은 '선두(先頭), 가두(街頭), 노두(露頭), 부두(埠頭)', 시간에 사용된 것은 '연두(年頭), 박두(迫頭), 당두(當頭)', 사물에 사용된 것은 '권두(卷頭), 탄두(彈頭)' 등이 있다.

(12) '사물'

    a. 위: 길마**머리**, 대통**머리**, 문**머리**, 음표**머리**, 장도리**머리**

    b. 앞: **머릿돌**, **머리**기사, 글**머리**, 뱃**머리**, 말**머리**, 차**머리**

    c. 옆: 책상**머리**, 상(床)**머리**, 난간**머리**

    d. 끝: 고물**머리**, 끄트**머리**, 눈**머리**, 섶**머리**,[10] 아랫**머리**, 찌**머리**

    e. 아래: 개**머리**(판)

(13)은 '공간'에 쓰인 '머리'의 합성어인데, '위→앞·입구→언저리→끝·가장자리·뒤'의 연쇄적 의미 확장이 일어난다. 이 경우 '앞'은 '입구'를 가리키기도 한다.

(13) '공간'

    a. 위: 산**머리**, 구름**머리**

    b. 앞·입구: 갯**머리**, 길**머리**, 들**머리**, 봇(洑)**머리**, 여울**머리**, 장(場)**머리**

    c. 언저리: 밥상**머리**, 서산**머리**, 선창**머리**

    d. 끝·가장자리: 밭**머리**, 텃밭**머리**, 논**머리**, 논밭**머리**

    e. 뒤: **머릿방**[11]

(14)는 '시간'에 쓰인 '머리'의 합성어인데, '앞→언저리→끝'의 연쇄적 의미 확장이 일어난다. a의 '앞'은 시간상의 시작 단계이며, b의 '앞 언저리'는 시간상으로 시작에서부터 어느 정도의 폭을 가진 경우로서, '앞'과 '언저리'의 경계는 불명확하다. 한편, d의 '대머리(판)'는 일의 가장 중요한 고비로서[12] (45e)의 '대목'과 함께 시간 영역의 의미 확장이다.

(14) '시간'[13]

    a. 앞: 겨울들**머리**, 단풍**머리**, 해토**머리**

    b. 앞 언저리: 낙종(落種)**머리**, 생량(生涼)**머리**, 신곡(新穀)**머리**, 환절**머리**

    c. 끝: 후**머리**, (겨울의) 끄트**머리**

    d. 고비: 대**머리**, 대**머리**판

---

10 '섶머리': 두루마기나 저고리 따위에서 옷섶 아래의 끝부분.

11 '머릿방(房)': 안방 뒤에 딸린 작은 방.

12 '대(大)머리'에 대해 『표준국어대사전』에서는 일의 가장 중요한 부분으로 풀이하고 있으며, 『조선말대사전』에서는 **"대머리**에 들어서다."의 '대머리'를 '일의 가장 중요한 고비'로 시간과 관련해서 풀이하고 있다.

13 낙종머리: 논밭에 곡식의 씨앗을 떨어뜨려 심기 시작할 무렵. 생량머리: 초가을로 접어들어 서늘해질 무렵. 신곡머리: 햇곡식이 날 무렵. 환절머리: 철이 바뀔 무렵. 해토머리: 얼었던 땅이 녹아서 풀리기 시작할 때. 후머리: 순서대로 하는 일의 맨 끝, 줄지어 가는 행렬 따위의 뒷부분.

이상의 (12)-(14)에서 '사물', '공간', '시간'의 합성어 '머리'는 사람의 신체어가 갖는 '위치' 및 '형태'의 속성에 따라 '위→앞·입구(→고비)→옆·언저리→끝·가장자리·뒤·아래'의 연쇄적 의미 확장을 보여 준다.

3.2. '얼굴'의 의미 확장

'얼굴'은 사람의 눈, 코, 입이 있는 머리의 앞면을 이르는데, 둥근 형태를 하며, 사람의 모습을 특징짓고 대표하는 기능을 수행한다. (15)의 '얼굴이 환해지다'에서 '얼굴'은 그 원형의미이다.

> (15) 이모의 **얼굴**이 한순간 환해졌다. (은희경, 『새의 선물』, 1995: 368, 문학동네.)

먼저, (15)를 바탕으로 인접성에 의한 환유적 확장을 보면 (16)과 같다. (16)의 '머리' a는 공간적 인접성에 의한 '얼굴색'이며, b는 '부분'과 '전체'의 인접성에 의한 '사람'이며, c는 주체인 '얼굴'과 그 기능인 '정체성' 간의 인접성에 의한 환유적 확장이다.

> (16) a. **얼굴**이 {밝다·어둡다}.
> b. 영화계에 새 **얼굴**이 등장하였다.
> c. **얼굴**을 {드러내다·숨기다}.

(15)를 바탕으로 범주적 은유에 따른 '얼굴'의 의미 확장은 (17)의 '동물', '식물', '사물', '공간', '시간', '추상' 영역에서 확인된다.

> (17) a. 소머리 자세는 동작을 할 때 소의 **얼굴**을 닮은 자세를 취한다는 데에서 붙여진 이름의 동작이다. (민중의 소리 2016.5.20.)
> b. 해바라기 **얼굴**에는 수천 개의 눈동자가 박혀 있다. (문태준, 「빈 의자」, 2006: 85, 『가재미』, 문학과 지성사.)
> c. 시계 줄을 바꿨다면 시계의 **얼굴**도 바꿔주는 센스. 루나 워치는 20여 종이 넘는 다양한 바탕화면 스크린을 제공한다. (IT조선 2016.3.27.)
> d. 그 바다의 **얼굴**은 오히려 검고 어두운 우리의 역사이다. (곽재구, 『곽재구의 포구 기행』, 2003: 295, 열림원.)
> e. 한 나라의 **얼굴**인 대중음악이 군사정권의 폭력에 짓밟혔던 때를 생각하면 지금도 가슴이 찢어진다. (한겨레 2006.11.17.)

(15)의 '사람의 얼굴'을 기준으로 (17)의 '얼굴'에 나타난 의미 확장의 특성을 보면 다음과 같다. 첫째, 동물 영역 a의 '소의 얼굴'은 원형의미에 가장 가깝다. 식물 영역 b의 '해바라기 얼굴', 사물 영역 c의 '시계의 얼굴'은 위치 및 형태의 닮음에 의한 은유적 확장이다. 둘째, 공간 영역 d의 '바다의 얼굴'은 '해면(海面)', 즉 '해수면(海水面)'이다. 셋째, 추상 영역 e의 '나라의 얼굴'에서 '얼굴'은 '상징'이나 '표상'이다. 한편, '얼굴'의 합성어인 (18)의 '문얼굴'은 '문틀'을 이르며, '물얼굴'은 '물낯', 즉 '수면(水面)'을 뜻하는 북한어이다.[14]

(18) a. 사물: 문(門)**얼굴**
     b. 공간: 물**얼굴**

'얼굴'에 대한 합성어는 비생산적인 반면, 이에 대응되는 한자어 '면(面)'은 (19)에서 보듯이 생산적이다.[15]

(19) a. 사물: 도면(圖面), 비면(碑面), 지면(紙面), 화면(畫面)
     b. 공간: 노면(路面), 벽면(壁面), 물면, 수면(水面), 육지면(陸地面), 지표면(地表面), 해수면(海水面)

3.3. '눈'의 의미 확장

'눈'은 빛의 자극을 받아 물체를 볼 수 있는 사람의 감각 기관으로, 얼굴에서 이마와 코 사이에 위치하며, 둥근 구멍의 형태를 취하고, 사물을 식별하는 기능을 수행한다. (20)의 '이글거리는 눈'에서 '눈'은 원형의미로 사용된 예이다.

(20) 상수의 이글거리는 **눈**이, 물옷만 입은 해순이에게는 온몸에 부시다. (오영수, 「갯마을」, 『한국현대대표소설선』 7, 1996: 154, 창작과 비평사.)

먼저, (20)을 바탕으로 인접성에 의한 환유적 확장을 보면 (21)과 같다. (21)의 '눈' a는 기능상의 인접에 의한 '시선' 및 '관심'이며, b는 '부분'과 '전체'의 인접에 의한 '사람'이며, c 및 d는 주체인 '눈'과 그 기능인 '시력', '판단력' 간의 인접성에 의한 환유적 확장이다.

---

14 '얼굴'의 유의어 '낯'에 의한 북한어 '달낯'은 '달 표면(表面)'이다.
15 '머리'에 대한 '頭', '입'에 대한 '口'와 달리, '얼굴·낯'에 대한 '面'은 '신문 한 **면**', '긍정적인 **면**과 부정적인 **면**', '**면**이 {서다/깎이다}.'에서 보듯이 자립성을 갖는다.

(21) a. "요양·한방 실버산업에 **눈** 돌려야." (매일신문 2006.11.15.)

　　 b. 그들을 보는 **눈**이 많았다.

　　 c. **눈**이 {좋다·나쁘다}.

　　 d. 내 **눈**이 어두워서 한 짓을 뉘보고 원망할꼬마는 시상에 도꾸뿌리 맞아 죽을 인사
　　　　 같으니라고. (박경리,『김약국의 딸들』, 1993: 90, 나남.)

　　다음으로, (20)을 바탕으로 범주적 은유에 따른 '눈'의 의미 확장은 (22)의 '동물', '식물', '사물', '공간' 영역에서 확인된다.

(22) a. 카메라는 늘 '새의 **눈**'을 탐냈다. (조선일보 2016.1.14.)

　　 b. 집을 멀찌감치 둘러친 해묵은 나무들도 연당가의 살구나무 배나무들도 곧 잎 틀
　　　　 듯 불그레 살진 **눈**을 부풀렸다. (오정희,「옛 우물」, 2003: 39, 이남호 엮음『옛
　　　　 우물에서의 은어낚시』, 작가정신.)

　　 c. 최근 내린 눈이 흘러내리면서 카메라의 **눈**을 가리고 있다. (강원도민일보 2016.
　　　　 3.2.)

　　 d. 아리랑 2호 '한반도의 **눈**' 되다. (조선일보 2006.7.29.)

　　'사람의 눈'을 기준으로 (22)의 '눈'에 나타난 의미 확장의 특성을 보기로 한다. 첫째, 동물 영역 a의 '새의 눈'은 원형의미에 가장 가깝다. 식물 영역 b의 '배나무의 눈'에서 '눈'은 새로 막 터져 돋아나려는 초목의 싹으로서 위치 및 형태의 닮음에, 사물 영역 c의 '카메라의 눈'은 형태 및 기능의 닮음에 의한 은유적 확장이다. 둘째, 공간 영역 d의 '한반도의 눈'은 '아리랑2호'를 가리키는데, 이는 한반도를 정밀 관측하기 위해 고해상 카메라를 탑재한 인공위성이다. 이 경우 '아리랑 2호'와 '고해상 카메라'는 환유 관계에 있으며, '한반도의 눈'에서 '눈'은 사람의 '눈'과 기능의 유사성에 기반을 둔 은유적 확장이다.[16]

　　한편, '눈'의 합성어는 (23)과 같다. 일반적으로 사전에서는 사람 및 동물의 '눈'과 '식물의 눈', '사물의 눈'을 별개의 표제어로 보고, 이들을 동음이의어로 규정하고 있는데, 큰 그림에서 볼 때 이들은 모두 '사람의 눈'에서 의미가 확장된 것이라 하겠다.

(23) a. 동물: 쇠**눈**

　　 b. 식물: 꽃**눈**, 나무**눈**, 싹**눈**, 잎**눈**, 가지괭이**눈**, 강냉이**눈**(북)

　　 c. 사물: 저울**눈**, 칼**눈**, 그물**눈**, 모**눈**, 바둑판**눈**

16　공간 영역의 '태풍의 **눈**'은 태풍 중심부의 반경 10km 이내의 지역을 가리킨다. '사람의 눈'은 둥근
　　 형태에 중요한 시각 기능을 갖는데, '태풍의 눈'도 중심부로서 영향력이 크므로 그 닮음에 기초하여
　　 '눈'의 명칭을 획득하게 된 것이다.

3.4. '코'의 의미 확장

'코'는 얼굴의 한가운데 위치하며, 돌출부의 끝에 두 개의 구멍이 뚫린 형태를 취하며, 호흡을 하고 냄새를 맡으며 발성을 돕는 기능을 수행한다. (24)의 '코를 훙훙거리다'에서 '코'는 그 원형의미이다.

(24) 칠보는 입맛을 다시며 계면쩍은 듯이 **코**를 훙훙거렸다. (한수산 '유민'에서)

먼저, (24)를 바탕으로 인접성에 의한 환유적 확장을 보면 (25)와 같다. (25)의 '코' a는 공간상의 인접에 의한 '콧물'이며, b는 부분과 전체의 인접에 의한 '사람'이며, c는 주체인 '코'와 그 기능인 '자존심' 간의 인접성에 의한 환유적 확장이다.

(25) a. 누런 **코**를 흘리고 있었고, 손등은 몹시 터 있었다. (박완서 '미망'에서)
　　 b. 더구나 정작 석고대죄해야 할 당사자들은 **코**빼기도 비치지 않았다. (헤럴드경제 2016.4.8.)
　　 c. **코**가 높다.

다음으로, (24)를 바탕으로 범주적 은유에 따른 '코'의 의미 확장은 (26)의 '동물', '식물', '사물', '공간' 영역에서 확인된다.

(26) a. 그 예쁜 꽃을 바로 밑에서 올려다보면 마치 돼지 **코**처럼 생겼거든요. 이 꽃이 바로 '매발톱'입니다. (데이터뉴스 2016.5.31.)
　　 b. 식물의 몸에는 쪼그마한 '**코**'들이 곳곳에 퍼져 있어요. 몸의 수십억 세포 대부분에 일종의 수용체가 있거든요. 이 수용체가 분자를 포획해서 후각정보를 전달하지요. (네이버 블로그 '식물도 코가 있다'에서)
　　 c. **코**가 오똑한 버선이 눈이 시리도록 희었다. (박경리 '토지'에서)
　　 d. 그래서 우리나라 기차, 지하철 역사의 계단은 모두가 **코**가 없는 일체 통계단으로 시공을 한 것이다. (네이버 블로그 '왜 계단의 코가 없어야 좋은가?'에서)[17]

'사람의 코'를 기준으로 (26)의 '코'에 나타난 의미 확장의 특성을 보면, 동물 영역 a의 '돼지 코'는 원형의미에 가장 가깝다. 식물 영역 b의 '코'는 후각 정보를 전달하는 수용체로서 기능의 닮음에, 사물 영역 c의 '버선의 코' 및 공간 영역 d의 계단에서 튀어나와 있는 부분인

17　'계단의 코'는 "**계단코**는 미끄럽지 않은 재질로 마감하되, 색을 달리해 학생들이 쉽게 인식할 수 있도록 해야 한다."(머니투데이, 2016.5.26.)에서처럼 합성어로 나타나기도 한다.

'계단의 코'는 형태의 닮음에 의한 은유적 확장이다.

한편, '코'의 합성어는 (27)과 같이 사람(의 별명), 동물, 사물, 공간 영역에 걸쳐 있다. 사물 및 공간의 '코'는 대부분 돌출된 형태에 기인하지만, '선반을 받치기 위해 나무에 뚫은 구멍'을 뜻하는 북한어 '쇠코'는 구멍이 뚫린 형태에 기인한다.

> (27) a. 사람: 개**코**, 말**코**, 매**코**, 사자**코**, 칼치**코**
> b. 동물: 쇠**코**
> c. 사물[18]: 갈퀴**코**, 검(劍)**코**, 구두**코**, 그물**코**, 당**코**, 버선**코**, 쇠**코**, 신**코**, 섶**코**
> d. 공간: 계단**코**

3.5. '귀'의 의미 확장

'귀'는 사람의 머리 양 옆에 있는 청각기관으로, 소라껍질 형태를 하며, 듣는 기능을 수행한다. (28)의 '귀가 화끈 단다'에서 '귀'는 그 원형의미이다.

> (28) 오면 좋으련만… 이번에는 꼭 말을 해야지, 무어라구? 그 다음 말은 생각나지 않고 두 **귀**가 화끈 단다. (강경애, 「소금」, 『한국현대대표소설선』 4, 1996: 144, 창작과 비평사.)

먼저, (28)을 바탕으로 인접성에 의한 환유적 확장을 보면 (29)와 같다. (29)의 '귀' a는 기능적 인접에 의한 '청력'이며, b는 '전체와 부분'의 인접에 의한 '귀지'이며, c는 '부분'과 '전체'의 인접에 의한 '사람' 즉 '염탐꾼'이며, d는 '귀'의 기능적 인접에 의한 '청력→판단력→주관'으로의 환유적 확장이다.

> (29) a. **귀**가 {밝다 · 어둡다}.
> b. 물놀이나 샤워를 끝낸 후에 **귀**를 후비거나 파내다가 병을 얻게 되는 경우가 매우 흔하다. (부산일보 2012.8.20.)
> c. 오너의 눈과 **귀**가 생각보다 많다는 점이다. (매일경제 2016.6.9.)
> d. **귀**가 얇다.

---

18 갈퀴코: 갈퀴 자루의 앞 끝을 원몸에 잡아맨 부분. 검(劍)코: 검(劍)의 자루와 날 사이에 볼록 내민 부분. 계단코: 층층대에서 챌면보다 조금 더 튀어나온 디딤판의 끝부분. 당코: 여자 저고리 깃의 뾰족하게 내민 끝. 섶코: 두루마기나 저고리 따위의 옷섶 끝에 뾰족하게 내민 부분. 쇠코: ①보습 뒷면의 네모진 구멍 위에 가로로 건너지른 부분. ②(북한어)선반을 받치는 나무에 뚫린 구멍.

(28)을 바탕으로 범주적 은유에 따른 '귀'의 의미 확장은 (30)의 '동물', '사물', '공간' 영역에서 확인된다.

> (30) a. '문화란 무엇인가? 소 **귀**에 달린 워낭이다.' (강원일보 2016.1.20.)
> b. 범의**귀**는 풀잎에 난 털이 호랑이 귀 털 같고 꽃모습이 호랑이 귀를 닮았다고 해서 '범의 귀'라는 이름이 붙은 식물이다. (장관진 · 성환길, 『이럴 땐 이런 약초』. 2008: 89, 푸른행복.)
> c. 말로는 한실댁이 한다지만 벌써 눈이 어두워 바늘 **귀**를 못 꿰는 형편이다. (박경리, 『김약국의 딸들』, 1993: 233, 나남.)
> d. 바위 옆, 이미 단풍이 들었으나 우거진 수풀 앞에 제물을 내려놓고 무당은 촛불을 켜서 바위 네 **귀**에다 올려놓았다. (박경리, 『김약국의 딸들』, 1993: 280, 나남)

'사람의 귀'를 기준점으로 (30)의 '귀'에 나타난 의미 확장의 특성을 보면 다음과 같다. 첫째, 동물 영역 a의 '소의 귀'는 원형의미에 가장 가깝다. 식물 영역 b의 '범의귀'라는 풀의 꽃모습이 형태상 호랑이의 귀와 유사한 데 기반한 은유적 확장이며, 사물 영역 c의 '바늘 귀'는 실을 꿰기 위하여 바늘의 위쪽에 뚫은 구멍인데, 사람의 귀와 위치 및 형태의 닮음에 의한 은유적 확장이다. 둘째, 공간 영역 (30d)의 '바위 귀'는 넓적한 바닥의 모서리인데, 위치 및 형태의 유사성에 의한 은유적 확장이다.[19]

한편, '귀'의 합성어는 (31)에서 보듯이 식물, 사물, 공간 영역에서 생산적이다.[20]

> (31) a. 식물: 담뱃**귀**, 범의**귀** , 뿌장**귀**
> b. 사물: 그물**귀**, 미역**귀**, 바늘**귀**, 불**귀**, 섶**귀**, 소맷**귀**, 솥**귀**, 이불**귀**, 치맛**귀**
> c. 공간: 밭**귀**, 논**귀**, 마당**귀**

3.6. '입'의 의미 확장

'입'은 사람의 입술에서 후두까지의 부분으로, 코 밑에 위치하며 타원형의 형태로, 음식 섭취와 발성 기능을 수행한다. (32)의 '입을 벌리다'에서 '입'은 그 원형의미이다.

---

19 『표준』에서는 사물 영역 "{거울 · 장롱}의 한 **귀**가 깨지다.", "주머니의 **귀**가 닳다.", "바느질을 하려고 **귀**에 실을 꿰었다.", "항아리의 **귀**가 깨졌다."와 공간 영역 "바둑판의 네 귀퉁이를 '**귀**'라고 한다."의 '귀'를 사람 '귀'의 다의어로 기술하고 있다.

20 담뱃귀: 담뱃잎을 마지막으로 딸 때, 잎자루에 붙여서 함께 떼어 내는 줄기의 부분. 뿌장귀: 나뭇가지에 뿔처럼 길쭉하게 내민 가장귀. 불귀: 화승총(火繩銃)의 총열에 불을 대는 구멍. 섶귀: 두루마기나 저고리 따위의 옷섶의 끝.

(32) 나와 눈이 마주치는 순간 아내는 헉, 소리와 함께 눈과 **입**을 크게 벌리고 그 자리에
얼어붙었다. (구효서, 『카프카를 읽는 밤』, 1994, 영림카디널.)

먼저, (32)를 바탕으로 인접성에 의한 환유적 확장을 보면 (33)과 같은데, a는 공간적 인접
에 의한 '입→입술', b는 부분이 전체를 지칭하는 '입→식구', c는 기능의 인접성에 의한 '입→
말'이다.

(33) a. **입**이 부르트다.
b. **입**이 하나 줄다.
c. 그 사람은 **입**이 거칠다.

다음으로, (32)를 바탕으로 범주적 은유 및 문법화에 의한 '입'의 의미 확장은 (34)의 '동물',
'식물', '사물', '공간', '분류사' 영역에서 확인된다.

(34) a. … 우사(牛舍)에서 직접 젖소를 만지고 새끼 젖소의 **입**에 손가락을 넣고는 즐거워
하셨죠. (헤럴드경제 2014.3.24.)
b. 작은 흰 쥐가 식충식물 위를 지나가다가 식물의 **입** 속으로 떨어졌다. (한국경제TV
2016.1.31.)
c. 두 개의 맥주 캔과 김치 통, **입**을 쩍 벌리고 있는 1.5리터짜리 우유팩과 한 줄의
계란…. (박민규, 『카스테라』, 2006: 23, 문학동네.)
d. 페어웨이를 따라서 왼쪽에 커다란 호수가 있고 그린 근처에 가면 양옆으로 커다란
벙커들이 **입**을 벌리고 있습니다. (동아스포츠 2006.11.17.)
e. 한 **입**만 먹어 보자.

'사람의 입'을 기준점으로 (34)의 '입'에 나타난 의미 확장의 특성을 보기로 한다. 첫째,
동물 영역 a의 '새끼 젖소의 입'은 원형의미에 가장 가깝다. 식물 영역 b의 '식물의 입', 사물
영역 c의 '우유팩의 입', 공간 영역 d의 '벙커의 입'은 형태 및 기능의 닮음에 의한 은유적
확장이다. 둘째, 분류사 영역 e의 '한 입'에서 '입'은 한 번에 먹을 만한 음식물의 분량으로,
'그릇→내용물'의 환유적 확장이다(리우팡 2015b: 157 참조). '한 입'은 (35)와 같이 분류사
'한 입', 명사 '한입', 부사어 '한입에' 및 '한입같이' 형태의 융합을 통해 문법화가 진행된다.

(35) a. 한 **입**만 먹어 보자.
b. 입에 밥이 **한입**이다.
c. 환약 스무 알을 **한입에** 털어 넣었다.
d. 구경꾼들 입에서는 **한입같이** 탄성이 터져 나왔다. (김주영 '객주'에서)

한편, '입'에 대한 합성어는 입이 큰 사람을 놀림조로 이르는 '대구(大口)입'과 '메기입', 그리고 객식구를 뜻하는 '군입'이 눈에 띌 뿐 비생산적인 반면, 이에 대응되는 한자어 '구(口)'는 (36)에서 보듯이 생산적이다.

(36) 입구(入口), 출구(出口), 배수구(排水口), 배출구(排出口), 동구(洞口), 하구(河口), 분화구(噴火口), 포구(浦口), 항구(港口)

3.7. '턱'의 의미 확장

'턱'은 사람의 입 아래 뾰족하게 튀어나온 부분으로 입과 이를 포함해 얼굴을 지탱하는 기능을 수행한다. (37)의 '턱이 덜덜 떨리다'에서 '턱'은 그 원형의미이다.

(37) 갑자기 아까보다 더 견딜 수 없는 분노와 처참한 배신감에 휩싸인 그의 **턱**이 덜덜 떨린다. (최명희,『혼불』6, 1996: 326, 한길사.)

먼저, (37)을 바탕으로 인접성에 의한 환유적 확장을 보면 (38)과 같이 공간적 인접에 의해 a는 '턱→치아', b는 '턱→(턱)뼈'를 지칭한다.

(38) a. **턱**을 악물다.
     b. **턱**이 빠지다.

(37)을 바탕으로 범주적 은유 및 문법화에 의한 '턱'의 의미 확장은 (39)의 '동물', '식물', '사물', '공간', '시간', '추상' 영역에서 확인된다.

(39) a. 자세히 보니 사자의 얼굴 왼쪽 부분이 심하게 찢어져 있고 **턱**도 빠진 듯 입을 다물지 못한다. (한국경제TV 2016.3.1.)
     b. 배꽃은 … 열매는 꽃자루 맨 끝의 불룩한 부분인 꽃**턱**이 발달해서 생기고 종자는 검다. (강원일보 2016.5.19.)
     c. 물끊기판을 창문 위아래에 대거나 창문 위아래에 물 흘림 **턱**(sill)을 만들기도 한다. (이웅희·홍순천 외,『세상에서 가장 따뜻한 집 스트로베일하우스』, 2007: 245, 시골생활.)
     d. 이렇게 옮겨진 꽃들의 긍정적인 효과 중 하나가 일명 '개구리 주차'라고 해 화단이나 **턱**을 넘어 주차하는 차량들을 막아 단지 내 도로환경을 쾌적하게 한다는 점이다. (평택시사신문 2015.11.4.)

e. 가을의 문턱에서 늦더위가 심술을 부리고 있습니다. (YTN 2015.8.31.)

f. "뭐 별로 달라진 것이 없이 늘 그 턱이지요." (시민의 소리신문 2014.4.6.)

'사람의 턱'을 기준으로 (39)의 '턱'에 나타난 의미 확장의 특성을 보기로 한다. 첫째, 동물 영역 a의 '사자의 턱'은 원형의미에 가장 가깝다. 식물 영역 b의 '꽃턱',21 사물 영역 c의 '물 흘림 턱', 공간 영역22 d의 '아파트 단지의 턱'은 위치와 형태의 유사성에 의한 은유적 확장이다. 둘째, 시간 영역 e의 '가을의 문턱'에서 '문턱'은 글자 그대로 문짝의 밑이 닿는 문지방의 윗부분으로 사물 영역에 해당하는데, 시간 영역에서 어떤 일이 시작되거나 이루어지려는 무렵으로 의미가 확장된다. 이것은 공간에서 시간으로의 은유적 확장이다. 셋째, 추상 영역인 의존 명사 f의 정도나 처지를 뜻하는 '그 턱이다'와 (40) a의 까닭이나 이치를 뜻하는 '될 턱이 없다', 그리고 b의 형용사 '턱없다'나 c의 부사 '턱없이'는 신체어 '턱'에서 문법화에 의한 의미 확장이다.

(40) a. 감시가 잘 될 **턱이 없습니다**. (한국경제TV 2016.5.11.)

b. 상대방에게 **턱없는** 요구를 해서는 안 됩니다.

c. 안전요원이 **턱없이** 모자란 게 걱정입니다. (JTBC 2016.6.1.)

한편, '턱'이 합성어를 이루는 어례는 (41)과 같다.

(41) a. 사람(의 별명): 제비**턱**, 조개**턱**, 주걱**턱**

b. 식물: 꽃**턱**

c. 사물: 걸침**턱**, 다리**턱**, 문**턱**, 대문**턱**, 방문**턱**, 선반**턱**, 이음**턱**, 지지**턱**, 창**턱**, 창문**턱**, 마루**턱**

d. 공간: 고개**턱**, 과속방지**턱**, 벙커**턱**, 나루**턱**, 산마루**턱**, 산**턱**, 여울**턱**, 중**턱**

3.8. '목'의 의미 확장

'목'은 사람의 머리와 가슴을 잇는 잘록한 부위로서, 신체의 주요한 기관들이 밀집되어 있으며 머리를 지탱하고 머리와 몸통을 이어 주는 기능을 수행한다. (42)의 '목에 핏대를 올리다'에서 '목'은 그 원형의미이다.

---

21 꽃턱: 속씨식물 꽃의 모든 기관이 달리는 꽃자루 맨 끝의 불룩한 부분.

22 "근정전 **턱** 밑에 들어선 조선총독부 건물, 1906년 일본놈들은 대한민국을 말아먹기 위한 전초기지로 남산 아래 통감부를 설치한다." (월간중앙, 2004.12. '슬픈 우리 자화상'에서)의 '근정전 턱'에서 '턱'도 아주 가까운 곳이라는 공간의 의미를 갖는다.

(42) "… 콩밭에서 웬 금이 나온다고 이 지랄들이야, 그래." 하고 **목**에 핏대를 올린다.
(김유정, 「금따는 콩밭」, 『우리시대의 한국문학』 25, 1996: 37, 계몽사.)

먼저, (42)를 바탕으로 인접성에 의한 환유적 확장을 보면 (43)과 같은데, a의 '목'은 공간적 인접에 의한 '목구멍', b의 '목'은 기능의 인접성에 의한 '목소리'를 가리킨다.

(43) a. **목**이 아프다.
b. **목**이 쉬었다.

다음으로, (42)를 바탕으로 범주적 은유에 의한 '목'의 의미 확장은 (44)의 '동물', '식물', '사물', '공간', '시간' 영역에서 확인된다.

(44) a. 차에 개 **목**을 밧줄로 묶고 달리는 트럭이 포착돼 시민들의 분노를 샀다. (세계일보 2016.4.8.)
b. 갈쭉한 **목**을 늘어뜨리고 해바라기가 서 있는 아침이었다. (문태준, 「빈 의자」, 2006: 61, 『가재미』, 문학과 지성사.)
c. 밭일의 특성상 신발은 장화가 좋다. **목**이 긴 장화보다는 발목 위를 덮는 길이가 적당하다. (조선일보 2016.5.11.)
d. 어쨌든 **목** 좋았던 점포를 두고 아득바득 이곳으로 옮겨야 했던 까닭이 뭐야? (김주영 '달맞이꽃'에서)
e. 여기저기 도망칠 만한 데를 골라 저녁 내내 **목**을 지켰으나 허사였다. (송기숙 '자릿골의 비가'에서)
f. '공연히 공부할 시간만 허비했지! 이 바쁜 **목**에….' 문득 이런 생각이 났다. (한설야, 『황혼』, 2006: 13, 신원문화사.)

'사람의 목'을 기준점으로 (44)의 '목'에 나타난 의미 확장의 특성을 보기로 한다. 첫째, 동물 영역 a의 '개의 목'은 원형의미에 가장 가깝다. 식물 영역 b의 '해바라기의 목' 및 사물 영역 c의 '장화의 목'은 위치와 형태의 유사성에 의한 은유적 확장이다. 둘째, 공간 영역 d의 자리가 좋아 장사가 잘되는 곳이나 길로서 '목'과 e의 통로 가운데 다른 곳으로는 빠져나갈 수 없는 중요하고 좁은 곳으로서 '목'은 위치 및 형태뿐만 아니라 '중요한 부위' 즉 '요충지'라는 기능의 유사성에 의한 은유적 확장이다. 셋째, 시간 영역 f의 일 진행 과정에서 가장 요긴한 대목으로서 '바쁜 목'은 공간상의 요충지와 시간상의 요긴한 시점 간의 유사성에 의한 은유적 확장이다.

한편, '목'의 합성어는 (45)와 같이 신체, 식물, 사물, 공간, 시간 영역에서 그 분포가 넓다.[23]

  (45) a. 신체: 발**목**, 손**목**, 팔**목**

    b. 식물: 볏**목**, 이삭**목**, 수수**목**

    c. 사물: 기둥**목**, 버선**목**, 병**목**, 술**목**,

    d. 공간: **목**진지, 갈림**목**, 건널**목**, 길**목**, 골**목**, 나들**목**, 다릿**목**, 바람**목**, 여울**목**,

     회돌이**목**

    e. 시간: 대**목**

 (45a-c)의 '목'은 '사람의 목'과 위치 및 형태의 유사성에 따른 은유적 확장이다. 그 반면 (45d)는 (44d, e)와 같이 공간상의 요충지이며, (45e)의 '대목'은 (44f)와 같이 시간 영역의 요긴한 시점이다.[24] 이 경우, (44)의 d-e, f 및 (45)의 d 및 e는 원형적 '목'을 기점으로 한 일련의 연쇄적 의미 확장에서 끄트머리에 놓여 있다고 하겠다.

3.9. '고개'의 의미 확장

 '고개'는 사람 목의 뒷등 또는 목을 포함한 머리 부분으로, 앞뒤로 젖히면 '∩'나 '∧'의 형태가 이루어지며 목을 지탱해 주는 기능을 수행한다. (46)의 '고개를 숙이다'에서 '고개'는 그 원형의미이다.

  (46) 수국이는 그 눈빛과 웃음이 무서워 **고개**를 숙였다. (조정래,『아리랑』3, 1996: 288, 해냄출판.)

 먼저, (46)을 바탕으로 인접성에 의한 환유적 확장을 보면 (47)과 같은데, 공간적 인접에 의한 a의 '고개'는 '(고개) 근육', b의 '고개'는 '(고개) 뼈'를 가리킨다.

  (47) a. **고개**가 뻣뻣하다.

    b. **고개**가 부러졌다.

 (46)을 바탕으로 범주적 은유에 의한 '고개'의 의미 확장은 (48)의 '동물', '식물', '사물',

---

23 볏목: 이삭이 이어진 벼의 위 줄기. 술목: 숟가락 자루와 뜨는 부분이 이어진 부분.

24 '대목'은 '대(大)+머리(판)'의 구성과 같이, '대(大)'에 시간(시기/때)의 의미를 갖는 '목'이 결합한 형태라 하겠다. '대목'에 대한 주요 사전에서의 의미 기술을 살펴보면,『표준』은 '설이나 추석 따위의 명절을 앞두고 경기(景氣)가 가장 활발한 시기'로,『고려대 한국어대사전』은 '다른 시기에 비해 경기가 특별히 좋은 시기'로,『우리말 큰사전』은 '가장 요긴한 고비나 때'로 풀이하고 있다.

'공간', '수량', '추상' 영역에서 확인된다.

> (48) a. 특히 사슴이 **고개**를 갸웃거리며 카메라를 바라보고 있어 웃음을 자아냈다. (TV리
> 포트 2014.12.27.)
>
> b. 밤새 숙이고 있던 **고개**를 쳐들면서 풀잎은 작고 귀여운 기지개를 켰다. (양귀자,
> 『원미동 사람들』, 2005: 130, 살림출판사.)
>
> c. 부석사 '무량수전'은 아름답게 **고개**를 들고 있는 추녀 곡선, 유려한 흐림선의 기둥
> 으로 유명하다. (동아일보 2006.11.25.)
>
> d. 구름을 뚫고 삐죽 **고개**를 내민 알프스의 연봉을 보며 아쉬움을 달랜다. (프라이데
> 이, 2006.7.22., 「스위스, 여행자의 이데아 1」에서)
>
> e. 젊은 시절 느껴보지 못했던 감정들이 쉰 **고개** 넘을 무렵부터 불쑥불쑥 드러나는
> 건 왜일까. (경남매일신문 2015.9.14.)
>
> f. '부익부 빈익빈' 현상의 가속화 아래 사치풍조가 **고개**를 들어 비싼 브랜드가 날개
> 돋친 듯 팔린다. (강원일보 2006.6.26.)

'사람의 고개'를 기준으로 (48)의 '고개'에 나타난 의미 확장의 특성을 보기로 한다. 첫째, 동물 영역 a의 '사슴의 고개'는 원형의미에 가장 가깝다. 식물 영역 b의 '풀잎의 고개', 사물 영역 c의 '무량수전의 고개', 공간 영역 d의 '알프스 연봉의 고개'는 위치와 형태의 유사성에 의한 은유적 확장이다. 둘째, 수량 영역 e의 '쉰 고개'에서 '고개'는 중년 이후 열 단위만큼의 나이를 가리키는데, 이것은 산이나 언덕을 넘어 다니도록 길이 나 있는 비탈진 곳으로서 '고개를 넘다' 또는 d의 '알프스 연봉의 고개'의 '고개'이다. 그런데 이 '고개'는 '사람의 고개'와 위치, 형태, 기능상으로 유사하며, 이로부터 출발된 것이라 하겠다. 셋째, 추상 영역 f의 '사치 풍조가 고개를 들다'의 '고개'는 눌렸던 형세·풍조·감정 등이 사람이 숙인 고개를 드는 것과 같은 은유적 확장이다.

한편, '고개'가 합성어를 이루는 어례는 (49)와 같다.[25]

> (49) a. 신체: 목**고개**
> b. 식물: 이삭**고개**
> c. 공간: 지름**고개**
> d. 시간: 보릿**고개**, 감잣**고개**, 피**고개**
> e. 수량: 스무**고개**

---

25 지름고개: 지름길이 되는 고개. 감잣고개: 묵은 곡식이 다 떨어지고 햇감자가 아직 여물지 아니하여 식량이 가장 모자라는 때. 피고개: 추수하기 전, 피도 아직 패지 아니할 무렵에 농가의 식량 사정이 어려운 고비.

4. 신체어 의미 확장의 해석

앞에서 기술한 신체어의 의미 확장을 중심으로 동음이의어와 다의어에 대한 사전 기술상의 문제, 의미 확장의 특성에 대해 살펴보기로 한다.

4.1. 신체 관련어 사전 기술의 문제점

위에서 기술한 신체어를 국어사전에서 검토해 보면 '머리, 눈, 코, 목, 고개'에 대해 대부분 별개의 표제어인 동음이의어로 규정하거나, 신체어에 대한 다의어의 기술에 일관성이 확보되지 않고 있다.[26] 그러면 이들 어휘의 사전적 기술 방식의 문제점을 들면 다음과 같다.

먼저, '머리, 눈, 코, 턱, 고개'에 대한 사전상의 전형적인 기술 방식을 간략히 보기로 한다. '머리'에 대해 『표준』에서는 (50)과 같이 기술하고 있다.

(50) 머리[1] ①사람이나 동물의 목 위의 부분. ②생각하고 판단하는 능력. ③머리털. ④한 자에서 글자의 윗부분에 있는 부수. ⑤단체의 우두머리. ⑥사물의 앞이나 위를 비유적으로 이르는 말. ⑦일의 시작이나 처음을 비유적으로 이르는 말. ⑧어떤 때가 시작될 무렵을 비유적으로 이르는 말. ⑨한쪽 옆이나 가장자리. ⑩일의 한 차례나 한 판을 비유적으로 이르는 말. ⑪음표 머리.
  머리[2] ①덩어리를 이룬 수량의 정도를 나타내는 말. ②돈머리.

'눈'에 대해 『표준』에서는 (51), 『국어새사전(동아출판사)』에서는 (52)와 같이 기술하고 있다.

(51) 눈[1] ①빛의 자극을 받아 물체를 볼 수 있는 감각 기관. ②시력. ③사물을 보고 판단하는 힘. ④무엇을 보는 표정이나 태도 ⑤사람들의 눈길. ⑥태풍에서, 중심을 이루는 부분.
  눈[2] ①눈금.
  눈[3] ①그물 따위에서 코와 코를 이룬 구멍. ②당혜(唐鞋), 운혜(雲鞋) 따위에서 코와

---

26 여기서 검토한 사전은 다음 9종이다. 고려대학교 민족문화연구원 편(2009). 『고려대 한국어대사전』, 고려대학교 민족문화연구원. 국립국어연구원 엮음(1999). 『표준국어대사전』, 두산동아. 국어국문학회 편(1958). 『국어새사전』, 동아출판사. 김민수 외 편(1993). 『국어대사전』, 금성출판사. 사회과학원 언어학연구소 편(2006). 『조선말대사전(증보판)』, 사회과학출판사. 신기철·신용철 편저(1975). 『새우리말큰사전』, 삼성출판사. 연세대학교 언어정보개발원 편(1998). 『연세 한국어사전』, 두산동아. 이희승 편저(1999). 『국어대사전』, 민중서림. 한글학회 지음(1991). 『우리말 큰사전』, 어문각.

뒤울의 꾸밈새. ③바둑판에서 가로줄과 세로줄이 만나는 점. ④『북』나무를 가로

베었을 때 나뭇결들의 사이.

눈⁴ ①새로 막 터져 돋아나려는 초목의 싹.

(52) 눈¹ ①사람이나 짐승의 머리 앞에 있어서 밖에 있는 모든 것을 볼 수 있는 감각 기관

(**눈**보다 동자가 크다).

눈² ①자, 저울 따위에 수나 양을 헤아리게 새긴 금. ②나무에 새로 돋아나려는 싹.

③그물 따위의 매듭과 코

'코'에 대해『표준』에서는 (53),『금성판 국어대사전』에서는 (54)와 같이 기술하고 있다.

(53) 코¹ ①포유류의 얼굴 중앙에 튀어나온 부분. ②콧물. ③버선이나 신 따위의 앞 끝이

오뚝하게 내민 부분.

코² ①그물이나 뜨개질한 물건의 눈마다의 매듭. ②뜨개질할 때 눈마다 생겨나는 매

듭을 세는 단위.

(54) 코¹ ①포유류의 얼굴 중앙에 튀어나온 부분. ②콧구멍에서 나오는 진득진득한 액체.

코² ①(버선·신 등의) 앞 끝이 오뚝하게 내민 부분. ②그물이나 뜨개질한 물건의

눈마다의 매듭.

'턱'에 대해『표준』에서는 (55)와 같이 기술하고 있다.

(55) 턱¹ ①사람의 입 아래에 있는 뾰족하게 나온 부분. ②입의 위와 아래에 있는, 발음하

거나 씹는 일을 하는 기관(**턱**이 빠지다).

턱² ①평평한 곳의 어느 한 부분이 갑자기 조금 높이 된 자리.

턱³ ①좋은 일이 있을 때에 남에게 베푸는 음식 대접.

턱⁴ ①주로 어미 '-을' 뒤에서 '없다'와 함께 쓰이거나, '있다'와 함께 반어형으로 쓰

여) 마땅히 그리하여야 할 까닭이나 이치. ②그만한 정도나 처지.

'고개'에 대해『표준』에서는 (56),『국어대사전(민중서림)』에서는 (57)과 같이 기술하고

있다.

(56) 고개¹ ①목의 뒷등이 되는 부분. ②머리.

고개² ①산이나 언덕을 넘어 다니도록 길이 나 있는 비탈진 곳. ②일의 중요한 고비

나 절정을 비유적으로 이르는 말. ③중년 이후 열 단위만큼의 나이를 비유적으

로 이르는 말. ④『북』기준, 목표, 한도 따위를 비유적으로 이르는 말.

(57) 고개 ①목의 뒷등. ②머리. ③산이나 언덕을 넘어 다니게 된 비탈진 곳.

(50)-(57)의 '머리, 눈, 코, 턱, 고개'에 대한 사전의 표제어 기술 방식에 나타난 특성은 다음과 같다. 첫째, 『표준』을 비롯하여 대부분의 사전에서 신체어와 비신체어를 동음이의어로 처리하였다. 둘째, '고개'에 대하여 『국어대사전(민중서림)』에서만 신체어 관련 다의어로 처리하였다. 셋째, '눈'에 대하여 『표준』에서는 (51)에서 보듯이 '눈$^{1 \cdot 2 \cdot 3 \cdot 4}$'의 4개의 단어로 기술한 반면, 『국어새사전(동아출판사)』에서는 (52)에서 보듯이 '눈^1'과 '눈^2'의 2개 단어로 나누고 비신체어 '눈^2'는 3가지 다의어로 기술하였다. 넷째, '코'에 대하여 『표준』에서는 (53)에서 보듯이 신체어 '코^1'과 '버선코'를 다의어로 기술한 반면, 『금성판 국어대사전』에서는 (54)에서 보듯이 '코^1'은 신체어로 기술하고 이와는 별개로 '코^2'의 '버선코', '그물코'를 다의어로 기술하였다.

다음으로, '얼굴, 귀, 입, 목'의 경우 사전에서는 모두 다의어로 기술하고 있다. 『표준』에서 '목'에 대한 기술을 보면 (58)과 같이, 신체어로서 '목①'과 비신체어 '목⑤-⑦'을 다의어로 기술하고 있는데, 이것은 (55)의 '턱' 및 (56)의 '고개'에 대한 기술과 비교해 볼 때 일정한 기준이 없음을 드러낸 것이다. 즉 『표준』에서 '신체 영역'과 '공간 영역'을 대비해 보면, '턱'과 '고개'에서는 별개의 단어로 처리한 반면, '목'은 하나의 단어인 다의어로 처리하였다.

(58) 목 ①척추동물의 머리와 몸통을 잇는 잘록한 부분. ②목구멍. ③목을 통해 나오는 소리. ④어떤 물건에서 동물의 목과 비슷한 부분. ⑤통로 가운데 다른 곳으로는 빠져 나갈 수 없는 중요하고 좁은 곳. ⑥곡식의 이삭이 달린 부분. ⑦일의 진행 과정에서 가장 요긴한 대목.

요컨대, '머리, 얼굴, 눈, 코, 귀, 입, 턱, 목, 고개'에 대한 사전상의 기술을 보면, 대부분의 사전이 동음이의어 쪽으로 치우쳐 있으며, 신체어에 속한 다의어 규정이 사전마다 다르거나 동일한 사전에서도 동음이의어와 다의어 처리에 관한 일관성을 찾기 어렵다.

4.2. 신체 관련어의 다의적 개연성

'머리, 얼굴, 눈, 코, 귀, 입, 턱, 목, 고개'를 비롯하여 '손, 다리, 발' 등 신체 관련 어휘들은 별개의 단어인 동음이의어라기보다 신체어에서 의미가 확장된 다의어, 즉 하나의 단어일 개연성이 높다. 그 세 가지 근거를 들면 다음과 같다.

첫째, 동음이의어의 제약성이다. 이것은 한 언어공동체가 새로운 단어를 만들게 될 경우,

이미 있는 단어와 동일한 어종, 동일한 문법 범주이면서 음성적·시각적으로 완전히 같은 형태의 단어를 만드는 일은 거의 없다. 그 까닭은 기억 부담 양뿐만 아니라 언어 사용에서 혼란을 초래하기 때문이다. 실제로, 서로 다른 방언권에서 사용되던 별개의 단어가 동음이의어로 한 언어공동체 속에서 만나게 될 경우 동음이의어의 충돌이 일어나고 그 결과 어느 한 쪽이 형태를 변화시키거나 소멸되기 마련이다. 이 장에서 다룬 신체어 '머리, …, 고개'의 경우는 토박이말 명사로서 음성적으로나 시각적으로 완전히 같은 형태의 단어일 뿐 아니라 의미적 관련성을 지니고 있다는 점에서 동음이의어로 처리하는 것은 이치에 맞지 않다.

둘째, 다의어의 인지적 경향성이다. 이것은 새로운 대상, 현상, 개념을 위해 인간은 새로운 단어를 만들어 기억 부담을 증가시키기보다 이미 있는 단어를 사용하여 기억의 부담을 경감시킨다. 이 경우 새로운 개념과 기존의 개념 간에 유사성이 부여되며, 그 결과 의미 확장에 의해 한 단어에 관련된 여러 의미가 모여 다의어를 이루게 되는 것이다.[27] 한 마디로 다의어는 인간 인지의 유연성과 효율성, 즉 경제성의 인지적 범주 전략의 자연스러운 발로이다. 실제로 언어 현상에서 의미적 관련성의 유무에 따른 다의어와 동음이의어의 경계가 불명확한 경우가 흔하다. 인지언어학에서는 의미적 관련성이 어느 정도 인정되면 다의어로 처리하는 관점을 취하는데, 그것은 인간의 인지란 본질적으로 지각한 내용에 유기적인 해석을 부여하는 것이므로 다의적 처리 방식이 형태와 의미 간의 동기화 및 기억 부담 양을 줄일 수 있기 때문이다. 따라서 신체어와 관련하여 '머리, 눈, 코, 목, 고개' 등은 사람의 신체어에서 그 의미가 확장된 것으로 보아 다의어로 처리하는 것이 인지적 전략의 관점에서 타당성을 지닌다고 하겠다.

셋째, 범주적 은유의 보편성이다. 이것은 범언어적으로 신체어에서 비신체어 및 부치사로 의미 확장이 일어난다는 점이다. Heine et al.(1991: 65-69)에서는 그 전형적인 사례로 Ewe어의 'megbé'를 (59)와 같이 제시한 바 있다.[28]

(59) a. épé   megbé   fá.
       3SG. POSS   back   be.cold
       His back is cold(그의 **등**은 차갑다).

    b. é-le   xɔ   á   megbé.
       3SG-be   house   DEF   behind

---

27 새로운 개념을 기존의 단어에 포함시켜 다의적 확장을 하는 방식은 언어공동체마다 다르다. 예를 들어, '해, 달, 다리'에 대해 한국어-중국어-영어를 보면 '해-太陽/年-sun/year', '달-月/月亮-moon/month', '다리-腿/橋-leg/bridge'와 같은데, 한국어에서는 이들을 동일한 범주인 다의어로 인식하고 있음을 뜻한다.

28 'Ewe어'는 아프리카 서부의 가나와 토고 남부의 에웨 족이 쓰는 언어로, 수단기니어군에 속하며 예전에는 오늘날의 '하우사어(Hausa)'를 대신하는 공통어였다.

He is behind the house(그는 집 **뒤에** 있다).

  c. é-nɔ   megbé.

     3SG-stay   behind

     He stays back(그는 **뒤에** 있다).

  d. é-kú   le   é-megbé.

     3SG-die   be   3SG-POSS-behind

     He died after him(그는 그 사람 **뒤에** 죽었다).

  e. é-tsí   megbé.

     3SG-remain   behind

     He is backward/dull(그는 **뒤처진다**/우둔하다).[29]

(59)에서 a의 'megbé'는 신체 부위 명사 '등'이며, b와 c는 '뒤에'를 뜻하는 공간의 위치 관계로서 b는 부사이고 c는 후치사이며, d는 시간의 '뒤에'를 뜻하는 후치사이며, e는 지적 영역의 '뒤처지다(backward)/우둔하다(dull)'를 뜻하는 서술어의 범주이다. 이를 통해 Heine *et al.*(1991: 65-66)에서는 'megbé'가 은유적 전의에 따른 '대상>공간>시간>질'의 연속선상에서 의미가 확장된 다의어로 설명하였다.

4.3. 의미 확장의 특성

신체어의 의미 확장에 나타난 주요 특성 세 가지에 대해서 살펴보기로 한다.

첫째, '개념적 환유'의 기제에 의한 확장이다. 이것은 앞선 <그림 1>에서 보듯이 하나의 의미 범주 틀 안에서 인접성에 의한 확장이다. 신체어의 경우 그 의미 확장은 신체어의 영역 안에서 이루어지며, 인접성은 (16a) '얼굴→얼굴색'에서 보듯이 공간적 인접성, (16b) '얼굴→배우'의 '부분→전체', (10b) '머리→두뇌의 지적 능력'의 '전체→부분' 및 '주체→기능'의 인접성에 의한 의미 확장이 일어난다. 또한 (60)과 같이 '신체어+서술어' 구조의 많은 관용 표현이 개념적 환유에 의한 의미 확장이라는 점이 주목된다.

(60) a. **머리**를 맞대다. (→ 어떤 일을 의논하거나 결정하기 위하여 서로 마주 대하다.)

   b. **얼굴**이 두껍다. (→ 부끄러움을 모르고 염치가 없다.)

   c. **눈**이 뒤집히다. (→ 화가 나서 이성을 잃다.)

   d. **코**를 싸쥐다. (→ 부끄러움으로 얼굴을 들 수 없다.)

   e. **귀**가 따갑다. (→ 너무 여러 번 들어서 듣기가 싫다.)

---

29 영어에서 'a backward child'는 '지진아'이다.

f. **입**이 귀밑까지 찢어지다. (→ 기쁘거나 즐거워 입이 크게 벌어지다.)

g. **턱** 떨어지는 줄 모른다. (→ 어떤 일에 몹시 열중하여 정신이 없음을 비유적으로 이르는 말.)

h. **목**에 힘이 들어가다. (→ 자신의 권위나 능력 따위를 뽐내다.)

i. **고개**가 수그러지다. (→ 존경하는 마음이 일어나다.)

(60)은 개념적 환유에 의한 관용 표현이다. a의 '머리를 맞대다'는 일련의 사건 틀 가운데 현저한 한 장면을 통해 그 사건 전체를 대표하는 환유이다.[30] b의 '얼굴이 두껍다'는 얼굴이 두꺼우면 부끄러운 반응이 잘 나타나지 않으며, e의 '귀가 따갑다'는 같은 말을 여러 번 들으면 귀가 따가울 정도가 되어 듣기 싫어지는 것이며, g의 '턱 떨어지는 줄 모른다'는 어떤 일에 열중한 결과의 인과관계에 의한 환유이다. c의 '눈이 뒤집히다'는 '화', d의 '코를 싸쥐다'는 '부끄러움', f의 '입이 귀밑까지 찢어지다'는 '기쁨'의 각각 한 가지 신체적 증상으로 그 감정 전체를 대표하는 환유이다. h의 '목에 힘이 들어가다'나 i의 '고개가 수그러지다'도 현저한 신체적 증상으로써 자만심이나 존경심의 상태를 대표하는 환유이다. 이처럼 신체어의 관용 표현은 한 가지 현저한 신체적 반응을 통해 그 사태나 상황을 대표하는 개념적 환유에 기반을 둔 것이다.

둘째, '개념적 은유'의 기제에 의한 확장이다. 이것은 <그림 1>에서 보듯이 두 가지 의미 범주 간의 유사성에 의한 확장이다. 신체어의 경우 그 의미 확장은 위치, 형태, 기능의 유사성에 의해 비신체적 영역으로 뻗어 나간다. 예를 들어, '산'의 부분에 대한 명칭인 '산머리, 산이마, 산턱, 산주름, 산등(성이), 산허리, 산발'[31]은 사람의 신체어와 위치, 형태의 유사성에 의한 은유적 의미 확장으로, 이 관계를 도식화하면 <그림 4>와 같다.

---

30 예를 들어, "북부지방산림청이 강원 인제군 인제읍 원대리 소재 '자작나무 숲' 명품화를 위해 전문가들과 **머리를 맞댔다**."(아시아투데이 2016.5.19.)에서 '머리를 맞대다'는 해결책을 찾기 위해 상의하는 것을 뜻한다. '자작나무 숲 명품화'라는 과업을 위해 북부산림청 관계자들과 전문가들이 만나서 머리를 맞대는 단계는 그 해결책 모색의 출발 단계이자 가장 현저한 단계로서 과업 실행의 전체 과정을 대표한다.

31 영어에서는 '발(foot)'을 'the **foot** of a mountain(산의 발)', 'the **foot** of a mast(돛대의 밑뿌리)'와 같이 사용한다.

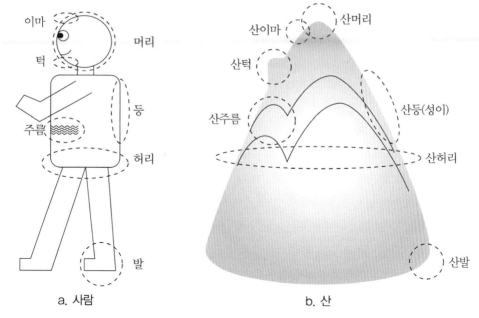

a. 사람   b. 산

그림 4 '사람'의 신체어와 '산' 명칭의 상관성

은유에 의한 의미 확장에서 (61)과 같이 글자 그대로의 표현과 비유적 표현 간의 중의성이 주목된다. a의 '눈이 {밝다/어둡다}.'는 '시력이 {좋다/나쁘다}.'와 '어떤 분야에 {정통하다/무지하다}.', b의 '귀가 {밝다/어둡다}.'는 '청력이 {좋다/나쁘다}.'와 '세상 정보 등에 {정통하다/무지하다}.', c의 '턱이 {높다/낮다}.'는 글자 그대로 '문턱·걸림 방지턱이 {높다/낮다}.'와 '규제의 수위가 {높다/낮다}.'라는 두 가지 의미를 지니고 있다.[32] 이러한 중의성에는 비유적 표현인 목표영역을 글자 그대로의 표현인 근원영역을 통해 개념화하는 개념적 은유의 원리가 작용하고 있다.

> (61) a. **눈**이 {밝다/어둡다}.
>   b. **귀**가 {밝다/어둡다}.
>   c. **턱**이 {높다/낮다}.

셋째, '범주적 은유' 및 '문법화'의 기제에 의한 확장이다. 이것은 의미 확장이 (7)과 <그림 2>의 '사람>활동/사물>행위>공간>시간>질' 또는 (8)과 <그림 3>의 '신체 부위>사물 부위>

---

[32] "문턱 낮아야 할 광주고용센터 '**턱**' **높다**. 장애인·임산부 수시방문 불구 중앙문 폐쇄 불편"(광주매일신문, 2015.12.9.), "현장에서 상공인들을 만나보면 '길이 좁고 **턱이 높다**'는 얘기를 많이 한다."(아주경제, 2016.2.2.)에서 전자는 글자 그대로의 '턱'이며, 후자는 비유적 의미로의 '규제의 턱'을 뜻한다.

위치 명사>부치사'에서 보듯이 한 범주 영역에서 다른 범주 영역을 향해 연속적으로 이루어지는 것을 뜻한다.

　그런데 임지룡(2007: 25)에서 지적했듯이 신체어의 의미 확장에서 연속적인 위계를 확인하기는 쉽지 않다. 다만, 사람의 '신체어'를 중심으로 '동물', '식물', '사물', '공간', '시간', '추상'의 영역이 직접적인 연관성 속에서 의미가 확장된다는 점은 분명하다. 이것은 범주 영역 간의 순차적인 이행성 정도를 실증할 수 있는 체계적인 증거를 확보하기도 어렵거니와 우리의 언어 직관도 '신체어>동물', '신체어>식물', '신체어>사물', '신체어>공간', '신체어>시간', '신체어>추상'의 확장에 맞닿아 있기 때문이다. 또한 위에서 기술한 9개의 신체 관련어의 의미 확장에서 범주적 은유의 '슬롯(slot)'에서 빈자리가 나타나거나 은유적 고착성에 차이가 나타나는 점, 그리고 내용어에서 기능어로의 문법화 정도에 차이가 큰 것도 범주의 순차적 이행성을 설명하기 어려운 부분이다.

　그렇지만 신체어의 의미 확장에서 범주적 은유와 문법화가 갖는 의의는 의미 확장이 가장 구체적이며 사람 중심의 '신체어'를 기준점으로 비신체적인 영역으로 전개된다는 점과 사전 편찬과 언어 교육과 같은 응용언어학적 관점에서 의미 확장의 과정을 기술하고 설명하는 데 효율성을 갖는다는 점이다. 이것은 무엇보다도 신체 관련 어휘가 하나의 단어로서 의미 확장에 따른 다의어를 형성하는 것이지 별개의 동음이의어가 아니라는 데 근본적인 의의를 갖는다고 하겠다. 이에 따라 의미 확장의 모형은 <그림 5>와 같이 도식화할 수 있는데, 실선 화살표는 의미 확장의 직접성을, 점선 화살표는 의미 확장의 경향성을 가리킨다.

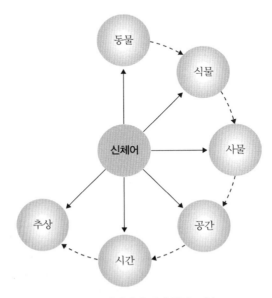

그림 5 신체어의 의미 확장 모형

5. 마무리

이제까지 인지언어학의 신체화의 바탕에서 신체 관련어의 의미 확장 양상과 그 해석에 대해서 논의하였다. 이상의 내용을 간추리고 그 의의를 기술하면서 이 장을 마무리하기로 한다.

첫째, 신체 관련 어휘에 대해 대부분의 국어사전은 동음이의어에 치우친 기술을 하며, 신체어에 속한 다의어의 규정이 사전마다 다르거나 동일한 사전에서도 기술의 일관성이 없다.

둘째, 신체어는 의미 확장의 진원지로 알려져 왔는데, 그 주요 기제로는 개념적 환유와 은유, 범주적 은유, 문법화가 있다.

셋째, 신체의 윗부분에 해당하는 '머리, 얼굴, 눈, 코, 귀, 입, 턱, 목, 고개'의 의미 확장 양상은 환유에 의한 신체 내부 영역의 확장, 범주적 은유와 문법화에 의한 비신체적 영역의 확장이 일어나며, 신체어에 의한 합성어를 통해 의미 확장이 한층 더 고착화된다.

넷째, 신체 관련 어휘의 다의적 확장은 동음이의어의 제약성, 다의어의 인지적 경향성, 범주적 은유 및 문법화의 보편성에 의해 뒷받침된다.

다섯째, 신체어의 의미 확장에 나타난 특성으로는 개념적 환유에 의해 신체어 영역 안에서 의미 확장이 이루어지고 '신체어+서술어' 구조의 많은 관용 표현이 생성되며, 개념적 은유에 의해 합성어 및 '눈이 밝다'와 같은 중의성 가운데 비유적 표현이 이루어진다. 또한 미시적으로 볼 때 신체를 기준으로 '동물, 식물, 사물, 공간, 시간, 추상'에 대해 의미 확장의 직접적인 관련성이 확인되며, 거시적으로 볼 때 신체어를 중심으로 구체적인 데서 비신체적인 추상적인 영역으로 확장된다고 하겠다.

끝으로, 이 장에서 논의한 신체어의 의미 확장은 신체어 전반에 걸친 광범위한 검토의 출발점이 될 것이며, 동음이의어 편향의 사전적 기술과 객관주의 언어관의 한계에 대한 대안이 될 것이다.

제7장
감정의 그릇 영상 도식*

1. 들머리

이 장은 '소설 텍스트의 감정 말뭉치(NECK)'[1]를 대상으로 국어의 기본 감정인 '화, 두려움, 미움, 사랑, 슬픔, 기쁨, 부끄러움, 긴장'이 '그릇 속의 액체'나 '그릇'으로 표현된 용법을 통하여 감정의 그릇 영상 도식적 작용 양상을 탐색하고, 그 의미 특성을 밝히는 데 목적이 있다.

인간을 일컬어 감정의 동물이라고 할 만큼 감정은 인간의 생존에 있어서 필수적이며 인간의 경험에서 가장 중요한 요소 가운데 하나이다. 따라서 인간 감정에 대한 이해는 인간의 본성을 이해하는 지름길이 될 수 있다. 그런 점에서 감정의 문제는 일찍부터 철학, 심리학, 생리학 및 의학의 중요한 관심사였다. 그 반면 언어 연구에서 감정에 대한 본격적인 탐색은 20세기 후반기의 인지언어학에서 비롯되었다. 인지언어학에서는 언어 표현을 중심으로 감정 분석의 여러 가지 기제를 고안하고 감정의 개념화 원리에 대하여 유의미한 성과를 도출함으로써[2] 언어가 감정 탐색의 중추적인 대상이 되도록 하는 데 크게 기여하였다.[3]

---

* 이 장은 임지룡(2010a). "감정의 그릇 영상 도식적 양상과 의미 특성"(『국어학』 50: 31-73. 국어학회.)의 내용을 깁고 고친 것임.
1 NECK(Novel Emotional Corpus in Korean)는 『한국현대대표소설선(1-9권)』(1996, 창작과 비평사)의 단편소설 165편 및 『한국 대표단편 57인 선집』(1999, 프레스21)의 단편소설 57편 외, 『토지』 및 『아리랑』의 장편소설 100여 편 등 1,000여 편으로 구축된 '소설 감정 말뭉치'를 가리킨다. 이와 관련하여 『표준국어대사전』(국립국어원, 1999) 및 『연세 한국어사전』(연세대학교 언어정보개발연구원편, 1999) 등에서는 표제어의 용법으로서 소설의 자료를 활용하고 있는데, 이 경우 소설의 자료는 일상 언어의 쓰임새와 다를 바 없다.
2 이와 관련하여 Ungerer(1995: 186)에서는 "감정 용어의 추상적 개념은 주로 은유와 환유에 의해서 구조화된다는 점에서, 감정은 인지언어학의 기본 원리를 적용하기 위한 하나의 이상적 터전을 제공한다."라고 한 바 있다.
3 인지언어학적 기제에 의한 감정 연구의 주요 성과는 Niemeier & Dirven(eds.)(1997), Athanasiadou & Tabakowska(eds.)(1998), Kövecses(2000a, 2005), Sharifian et al.(eds.)(2008), Yu(2009), Potegal et al(eds.)(2010), Meiselman(ed.)(2016) 등이 있으며, 한국어의 경우 임지룡(1999, 2006e), Su-jung & Jeong-hwa(2002), Buseon(2003), Sung-Hee(2006), Mitchell(2009), Türker(2013) 등이 있다.

그러면 우리 자신은 실제로 추상적인 감정을 어떻게 표현하고 이해하는가? 이와 관련하여 '감정'을 '그릇 속의 액체'나 '그릇'이 작용하는 방식으로 표현한 다음 사례에 주목해 보기로 한다.

(1) a. 이야기하는 동안 가슴에서 **끓어오르는 감정**은 분명 분노였다. (김형경, 『사랑을 선택하는 특별한 기준』 2, 2003: 58, 푸른숲.)

b. 홧김에 술을 너무 많이 마신데다 경찰을 생각할수록 **화가 끓어올라** 술병이 더욱 도지고 있다. (조정래, 『아리랑』 8, 1995: 44, 해냄.)

(2) a. 이렇게 오랜만에 누나를 만났는데 서로 **감정을 상하여** 상처만 입을 수는 없다. (양귀자, 『희망』(하), 1990: 396, 살림출판사.)

b. 자기의 서리같은 칼날에 첫날밤의 **기쁨**과 **행복**이 **부서진** 피해자! (현진건, 「해 뜨는 지평선」, 『범우비평판 한국문학』 13, 2004: 245, 범우.)

(1)에서 '끓어오르는 감정', '화가 끓어올라' 등은 '감정'의 작용 양상을 '그릇 속의 액체'에, (2)에서 '감정을 상하여', '기쁨과 행복이 부서진' 등은 '감정'의 작용 양상을 '그릇'에 빗대어 표현한 것이다. 이처럼 추상적인 감정을 구체적인 그릇 속의 액체나 그릇으로 파악하는 것을 '그릇 은유'라 하며, '그릇 은유'를 뒷받침하는 '그릇 속의 액체'나 '그릇' 그 자체에 대한 정신적 그림을 '그릇 영상 도식'이라고 한다. 그릇 은유 및 그릇 영상 도식은 감정을 개념화하는 주요 인지 기제 가운데 하나로 알려져 있으나,[4] 국어 감정 표현을 분석하는 데 본격적으로 활용된 사례는 드물다(임지룡 2006b 참조).

이 장에서는 감정 분석의 인지언어학적 기제로서 체험주의와 민간 모형, 생리적 환유와 개념적 은유, 영상 도식의 기본 개념 및 그릇 영상 도식과 그릇 은유를 바탕으로, '화, 두려움, 미움, 사랑, 슬픔, 기쁨, 부끄러움, 긴장'에 대한 감정의 그릇 영상 도식적 양상 및 의미 특성을 논의하기로 한다. 이 과정에서 그릇 영상 도식적 기제에 의한 국어 기본 감정의 양상과 특성이 규명될 것이며, 이 기제에 의해 추상적 대상의 개념화 원리에 대한 지평을 넓힐 수 있게 될 것이다.

---

4   Johnson(1987: 23)에서는 '그릇 영상 도식'이 영상 도식 가운데 가장 중심적인 '인지적 형판 (cognitive template)'을 구성한다고 하였으며, Peña(2003: 81)에서는 '그릇 은유'가 감정을 개념화하는 데 창문 역할을 하며, 원형적인 감정은 그릇 영상 도식의 내적 논리를 따르는 감정이라고 한 바 있다.

2. 감정 분석의 인지언어학적 기제

감정 분석의 기제에는 전문 모형과 민간 모형이 있다. 그중 전자는 철학, 심리학, 생리학 등의 분야에서 논증, 실험 및 사례 분석을 통하여 검증된 객관적이고 엄격한 모형을 가리키는 반면, 후자는 언어 공동체의 삶에 바탕을 둔 상식적인 모형을 뜻한다. 이 가운데서 인지언어학은 민간 모형을 지지하고 개발해 왔다. 아래에서는 체험주의 및 민간 모형을 중심으로 인지언어학의 감정 분석 기제를 기술하기로 한다.

2.1. 체험주의와 민간 모형

인지언어학의 공헌 가운데 하나는 감정 연구의 효율적인 방법론을 구축한 데 있다고 하겠다. 곧 언어를 사용 주체자인 인간의 몸과 마음, 그리고 문화적 배경과 관련지어 유기적으로 파악하려고 하는 인지언어학에서는 감정을 인간의 가장 중요한 경험 요소의 하나로 간주할 뿐 아니라, 언어와 감정 상호 간의 신비를 밝혀 줄 유망한 이론적 틀을 확보하게 되었다. 이러한 틀에는 다음 두 가지가 있다.

첫째, 인지언어학은 '체험주의(experientialism)'를 지향하는데,[5] 이는 우리의 추상적인 사고 및 의미가 근본적으로 일상의 신체화된 경험에서 유래한다는 것이다(Lakoff 1987, Johnson 1987, Lakoff & Johnson 1999, Ungerer & Schmid 1996/2006 참조). 곧 감정은 체험주의가 적용되는 전형적인 주제로서, 추상적인 감정의 개념화는 우리 자신의 신체 생리적 반응과 일상적 경험에 기반을 둔 것이다.

둘째, 인지언어학은 '민간 모형(folk model)'을 옹호하는데, 이는 어떤 문화권에서 언중들의 일상생활 속 경험과 직관을 통해 형성해 온 상식적인 세계관으로서 그 속에는 언중들의 경향성, 지혜, 예측력이 집약되어 있다(Ungerer & Schmid 1996/2006: 55-58 참조). 이러한 세계관은 주로 언어 속에 투영되어 있는데, Kövecses(2000a: 114)는 '민간 모형'이란 대부분 일상 언어의 기초 위에서 밝힐 수 있는 공유되고 구조화된 지식이라고 하였다.

감정에 대한 체험주의와 민간 모형의 전형적인 작용 양상은 아래에서 보는 바와 같이 생리적 환유와 개념적 은유로 실현된다.

---

5   감정을 포함한 의미 분석에서 인간의 경험을 배제하는지 포함하는지에 따라 서양 철학의 객관주의와 체험주의는 뚜렷한 대립을 이루어 왔다. 곧 '객관주의(objectivism)'에서는 의미가 인간의 본질이나 경험과는 무관한 것으로 정의하는 반면, '체험주의(experientialism)'에서는 의미를 신체화에 의해서 특징짓는데, 이 경우 '신체화'란 환경 속에서 기능하는 존재로서 우리의 여러 가지 생물학적 능력, 신체 및 사회적 경험을 뜻한다(Lakoff 1987: 266-267 참조).

2.2. 생리적 환유와 개념적 은유

추상적인 감정은 다음과 같이 우리의 신체 및 일상적 경험에 기반을 둔 생리적 환유와 개념적 은유에 의해서 표현되고 이해된다.

첫째, 감정 상태에서 우리의 신체는 생리적 반응을 일으키며, 이 반응은 언어로 포착된다. 감정과 관련된 신체 생리적 반응의 언어 표현은 오랜 세월 동안 우리 문화권 속에서 관용 표현으로 굳어진 사례가 많다. 예를 들어, 화가 나면 '얼굴이 붉으락푸르락하다' 및 '부아가 치밀다', 두려우면 '등골이 오싹하다' 및 '간이 콩알만 해지다'와 같은 신체 외부와 내부의 관용 표현에서 보는 바와 같다. 이 경우 특정한 감정과 그 신체 생리적 반응 간에는 원인과 결과의 인과관계가 성립된다. 이것은 곧 "특정한 감정의 신체 생리적 반응은 특정한 감정을 대표한다."는 것을 뜻하는데, 이 관계를 감정의 '생리적 환유(physiological metonymy)'라고 한다(Ungerer & Schmid 2006: 133-137 참조).

둘째, 추상적인 감정은 구체적인 경험에 기초하여 개념화된다. 예를 들어, '슬픔에 잠기다'나 '기쁨이 넘치다'에서 슬픔과 기쁨은 그릇 속의 액체가 작용하는 방식을 활용한 것이며, '슬픔을 삼키다'나 '기쁨을 맛보다'에서 슬픔과 기쁨은 음식물에 대한 경험을 활용한 것이다. 이처럼 우리에게 익숙하고 구체적인 '근원영역(source domain)'의 경험을 바탕으로 낯설고 추상적인 '목표영역(target domain)'을 개념화하는 것을 '개념적 은유(conceptual metaphor)'라고 한다. 이 경우 근원영역과 목표영역은 <그림 1>에서 보듯이 공유된 특성에 바탕을 둔 대응, 곧 '사상(mapping)' 관계를 형성하게 된다(Evans & Green 2006: 294-295 참조).

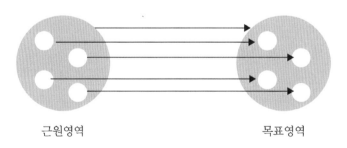

근원영역   목표영역

그림 1   개념 영역 간의 사상

셋째, 감정의 생리적 환유는 개념적 은유의 기반이 된다. 이 점을 (3)의 '눈에서 불이 나다'라는 '화'의 생리적 환유를 통해서 보기로 한다. '눈에서 불이 나다'는 '화'의 신체 생리적 증상인데, 이 생리적 환유는 "화는 불이다."라는 개념적 은유의 '근원영역'이 되며, 근원영역과 목표영역의 대응요소, 즉 '불이 만들어 내는 빨강·빛남·열'과 '화의 증상으로서 땀·혈액 순환 등이 만들어 내는 빨강·빛남·열' 간에 체계적인 사상 관계가 형성된다. 생리적 환유로서 근원영역 '불'과 목표영역 '화'의 사상 관계에 의한 개념적 은유는 <그림 2>와 같이 도식화된다.

(3) 다만 내 땅을 부쳐 먹고 사는 놈이 이 도당에 참예를 하여 내 집을 털러 들어오다니 **눈에서 불이 나고** 가슴이 터질 듯 분한 노릇이었습니다. (채만식,「태평천하」,『한국소설문학대계』15, 1995: 42, 동아출판사.)

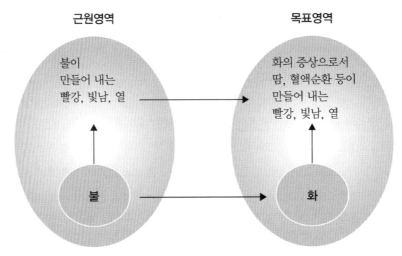

그림 2 '눈에서 불이 나다'에 대한 목표영역 속의 생리적 환유

2.3. 그릇 영상 도식과 그릇 은유

개념적 은유의 또 다른 기반으로 '영상 도식'이 존재한다.[6] '영상 도식(image schema)'은 우리가 세계와 일상적으로 상호작용함으로써 파생되는 간단하고 기본적인 인지구조로서 신체나 반복되는 신체적 경험에 바탕을 둔 '영상'이라는 추상적 도식이다(임지룡 2008a: 79-80 참조). 그중 '그릇 영상 도식(container image schema)'은 '그릇'의 영상에 대한 정신적 그림을 가리킨다. 이 경우 '그릇'은 이른바 '용기(容器, container)'를 뜻하는 것으로 그 크기나 유형

---

6   이와 관련하여 Lakoff & Johnson(1980), Johnson(1987), Kövecses(2000), Peña(2003), Ungerer & Schmid(2006), Oakley(2007) 등은 인간의 신체적 경험을 추상적 층위에서 구조화한 영상 도식이 은유적 개념 구조의 기반이 된다고 하였다.

은 융통성 있게 해석되어야 한다. '그릇'의 전형적인 보기는 식기류, 솥, 물통과 같은 '물리적 그릇'인데, 이는 <그림 3>에서 보듯이 '내부, 경계, 외부'의 구조를 가진 물체이다.

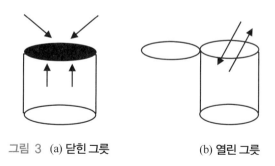

그림 3 (a) 닫힌 그릇   (b) 열린 그릇

이와 관련하여 우리는 세계 속에서 다양한 유형의 그릇을 경험한다. 곧 그릇에 대한 일차적 경험은 '신체'인데, 우리는 '신체'를 하나의 그릇이나 그릇 속에 들어 있는 사물로서 경험한다.[7] 신체에서 형성된 원초적 경험과 함께 '물리적 그릇'을 기준점으로 하여, 이 도식은 가정·학교·지역사회·직장·나라 등과 같은 '사회적 그릇'뿐만 아니라, 감정·정신·이론·이야기 주머니 등과 같은 '추상적 그릇'으로 확장된다. 이 과정에서 우리는 다음과 같은 그릇 영상 도식을 자연스럽게 체득한다.

곧 그릇 영상 도식은 <그림 4>의 (a)로 나타낼 수 있는데, 원으로 표시되는 '지표(LM)'는 경계 내의 지역인 '내부'와 '경계'라는 두 개의 구조적 요소로 이루어져 있으며, 외부는 '지표 외의 지역'으로서 네모 안에 들어 있다. <그림 4>의 (a)가 찻잔이나 사발과 같은 특정한 그릇과 닮지 않은 것은 도식적 의미에 초점을 두었기 때문이다. 곧 <그림 4>의 (a)는 개념적 범주 '그릇'의 모든 실례가 공유하는 특성만을 나타낸 것이다. 한편, <그림 4>의 (b)는 '지표(LM)'로 표상되는 그릇 속에 내용물, 곧 '탄도체(TR)'가 담긴 것을 도식적으로 나타낸 것이다(Peña 2003: 57-122 참조).

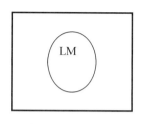

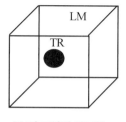

그림 4 (a) 그릇 영상 도식   (b) 지표 안의 탄도체

---

7   그릇 영상 도식의 '원초적·선개념적 경험(pre-conceptual experience)'은 태아에 의해 산모의 자궁 속에서 이루어지는데, 이 자궁은 우리 자신이 위치했던 최초의 그릇이다(임지룡 1997b: 201 참조).

'감정'과 관련하여 우리는 '신체'를 '감정을 담는 그릇'으로, '신체 속의 감정'을 '그릇 속의 액체'로 생각하는데, 이러한 두 영역 간에 상관성을 부여하는 것이 곧 '그릇 영상 도식'이라 할 수 있다. 이와 관련하여, '그릇 은유(container metaphor)'는 추상적인 목표영역을 구체적인 '그릇 속의 액체'나 '그릇' 그 자체로 파악하는 것을 가리키며, '그릇 은유'가 적용되는 전형적인 목표영역 가운데 하나가 '감정'이다. 이와 관련하여 다음의 두 표현을 보기로 한다.

(4) a. 아마도 그들이 **사랑에 빠진** 지 얼마 되지 않았던 여름날이었다. (공지영, 『고등어』, 1999: 45, 푸른숲.)

   b. 학생 때는 시험이 두렵고, 누군가 사랑할 땐 그 **사랑이 깨질까** 봐 두렵다. (여훈, 『최고의 선물』, 2005: 84, 스마트비지니스.)

(4a)의 '사랑에 빠지다'나 (4b)의 '사랑이 깨지다'는 글자 그대로의 측면에서 보면 이치에 맞지 않을 뿐 아니라 있을 수 없는 일이다.[8] 곧 (5)에서 보듯이 '빠지다'와 '깨지다'의 고유한 의미와 공통적인 용법은 물리적인 '그릇 (속의 액체)'을 전제하기 때문이다. 그러나 이들 표현을 어색하다거나 이상하게 생각하는 사람은 없다. 그 까닭은 영상 도식의 기반 위에서 '사랑'과 같은 감정을 '그릇 속의 액체'나 '그릇' 자체로 간주하기 때문이다.

(5) a. '빠지다': 물이나 구덩이 따위 속으로 떨어져 잠기거나 잠겨 들어가다. "웅덩이에 빠지다."

   b. '깨지다': 단단한 물건이 여러 조각이 나다. "그릇이 깨지다."

곧 (5)에서 '빠지다'나 '깨지다'와 같은 서술어는 1차적으로 '(액체가 담긴) 그릇'에 사용된다. 우리는 사랑을 비롯한 감정의 개념화를 위해 이 구체적인 경험을 확장해서 사용하는데, 이것이 곧 '그릇 은유'이다. (4a)의 그릇 은유 '사랑에 빠지다'를 도식화하면 <그림 5>와 같다. 이 경우 그릇 은유를 가능하게 하는 것이 추상적인 감정과 구체적인 (액체가 담긴) 그릇을 이어 주는 '그릇 영상 도식'이라 하겠다.

---

8 변형생성문법에서 적형의 문장은 의미 자질로 구성된 단어들 간에 문법적으로 정확하고 의미적으로 수용 가능한 논리적 규칙, 즉 '선택 제약(selectional restriction)'의 규제를 받는다. 따라서 '사랑에 빠지다'나 '사랑이 넘치다'라는 표현은 '빠지다' 및 '넘치다'의 주체가 [+ 액체]가 되어야 하지만 '사랑'은 [− 액체]이므로 선택 제약에 어긋난 부적형의 문장, 즉 '일탈된(deviant)' 표현으로 간주된다.

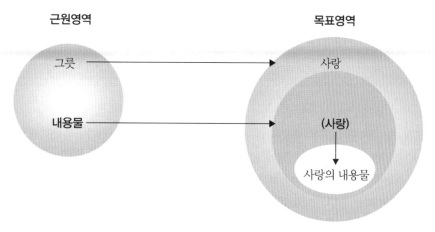

그림 5　그릇 은유 '사랑에 빠지다'의 해석

　요컨대, '감정'과 관련하여 우리는 '신체'를 '감정을 담는 그릇'으로, '신체 속의 감정'을 '그릇 속의 액체'로 생각하는데, 이러한 그릇 은유의 근원영역과 목표영역 간에 상관성을 부여하는 것이 '그릇 영상 도식'이다. 이처럼, 인지언어학에서 개발된 '영상 도식'은 개념적 은유의 기반이 됨으로써 추상적인 감정의 작용 양상을 밝히는 매우 효율적인 인지 기제라 할 수 있다. 더욱이 영상 도식의 대표적 유형인 '그릇 영상 도식'은 국어 기본 감정의 작용 양상과 의미 특성을 체계적으로 기술하고 유의미하게 설명하는 데 효율적인 기제가 될 수 있다.

3. 감정의 그릇 영상 도식적 양상

　국어의 기본 감정 '화, 두려움, 미움, 사랑, 슬픔, 기쁨, 부끄러움, 긴장'에 대하여 그릇 영상 도식, 즉 '그릇 속의 액체' 및 '그릇'이 작용하는 방식을 서술어에 초점을 맞추어 살펴보기로 한다.

3.1. 화

　'화'는 '그릇 속의 액체'와 '그릇'이 작용하는 방식을 통해 개념화된다.[9] 곧 (6)에서 보듯이 '화'는 '그릇 속의 액체'처럼 '고이다, 차다, 차오르다, 가열되다, 부글거리다, 괴어오르다, 치

9　'화'는 '그릇 속의 액체'를 비롯하여 '적, 물건, 식물, 음식물, 강물·바닷물, 폭풍우, 불, 무기·흉기, 끈, 실'의 11가지 근원영역을 통해 개념화된다(임지룡 2006d: 70-80 참조).

밀다, 치밀어-오르다, 끓다, 끓어오르다, 솟다, 솟아나다, 치솟다, 치솟아-오르다, 솟구치다, 끼얹다, 쏟다, 내뿜다, 터지다, 터뜨리다, 폭발하다, 식다, 가라앉다'와 같은 서술어를 통해 구현된다. 또한 (7)에서 보듯이 '화'는 '그릇'처럼 '(뚜껑이) 열리다'라는 서술어를 통해 구현된다.

(6) a. 옷깃을 당기는 바람에 뱃속에 **고인 화**를 뱉어내지는 않았다. (좌백,『혈기린외전』 4, 2003: 268, 시공사.)

b. 그녀의 목소리는 **화에 차** 있었지만 거침없이 당당했다. (정미경,「타인의 삶」,『2008 올해의 좋은 소설』, 2008: 217, 현대문학.)

c. 구정물처럼 절망적인 **화가** 목구멍까지 **차올라** 그의 마지막 결벽증 위로 곧 범람할 것 같은 위기의식을 느꼈다. (박완서,『오만과 몽상』, 2002: 97, 세계사.)

d. 깨달음과 동시에 그의 머릿속은 혼란과 충격으로 뒤범벅이 되어 **화는 한층 가열된** 것이다. (박경리,『토지』 11, 1989: 65, 지식산업사.)

e. 아버지가 이런 꼴을 보면 뭐라고 할까 싶은 자격지심까지 겹쳐져 백남일은 더 **화가 부글거리고** 있었다. (조정래,『아리랑』 7, 1995: 32, 해냄.)

f. 기대가 무너져 **화가 괴어오르던** 판에 화풀이할 건덕지를 잡은 것이었다. (조정래, 『아리랑』 1, 1995: 100, 해냄.)

g. **화가** 머리끝까지 **치밀었습니다.** (공지영,『우리들의 행복한 시간』, 2005: 19, 푸른 숲.)

h. 갑자기 **화가 치밀어 올랐던** 것이었다. (공지영,『고등어』, 1999: 138, 푸른숲.)

i. 잠시 홍얼거리던 상구가 다시 **화가 끓는지** 형구를 노려보았다. (이영치,『흐린 날 황야에서』, 1993: 124, 시대문학사.)

j. 어머니가 자꾸 아버지 심중을 건드리시니깐 **화를 끓이셔서** 쓰러지신 거예요. (신경숙,「감자 먹는 사람들」,『감자 먹는 사람들』, 2005: 13, 창작과 비평사.)

k. 그를 보는 순간 나의 속 밑바닥에서부터 부글부글 **화가 끓어올랐다.** (조세희,『난장이가 쏘아 올린 작은 공』, 1992: 219, 문학과 지성사.)

l. 다리를 주무름에 따라 서서히 기분을 내리려고 했던 것이 깨져버리자 그는 **화가** 머리 꼭지까지 **솟았던** 것이다. (조정래,『아리랑』 1, 1995: 75, 해냄.)

m. 내가 보았을 때는 정말이지 고집을 위한 고집, 돈을 받아 낸 다음에 돌아가겠다는 그 주장에 나는 미칠 듯이 **화가 솟아났다.** (양귀자,『희망』(상), 1990: 278, 살림출판사.)

n. 그 생각을 하면 속에서 뜨거운 **화가 치솟았다.** (한승원,『흑산도 하늘 길』, 2005: 45, 문이당.)

o. 또다시 **화가** 머리끝까지 **치솟아오른다.** (공선옥,『내 생의 알리바이』, 1998: 81,

창작과 비평사.)

p. 그걸 보고 있자니 원치 않는 손가락을 끌어당겨, 감당할 수 없는 무언가를 약속하라고 강요하는 것처럼 **화가 솟구쳤다.** (정미경, 「들소」, 『2008 올해의 문제소설』, 2008: 331, 푸른사상사.)

q. 병식은 핀잔하듯 계숙에까지 **화를 끼얹는다.** (심훈, 『영혼의 미소』, 1997: 67, 대산출판사.)

r. 와락 한마디 **화를 쏟으면** 좀 속이 풀릴까 했더니 어머니의 속은 가라앉지 않고 오히려 하고 싶은 말이 더 목구멍을 치받쳤다. (김남천, 「남매」, 『중학생이 알아야 할 소설』 2, 1995: 246, 신원문화사.)

s. 쓰지무라는 더 **화를 내뿜으며** 또 술상을 내리쳤다. (조정래, 『아리랑』 4, 1995: 31, 해냄.)

t. 백종두는 마침내 **화가 터지고** 말았다. (조정래, 『아리랑』 4, 1995: 173, 해냄.)

u. 퇴원할 때까지 인혜는 내게 **화를 터뜨리지** 않았다. (김형경, 『사랑을 선택하는 특별한 기준』 2, 2003: 173, 푸른숲.)

v. **화가** 머리꼭지까지 치받쳐 오르다 못해 완전히 **폭발해** 버릴 때까지 밀어붙여야 된다고 작정했다. (조정래, 『아리랑』 5, 1995: 31, 해냄.)

w. 주인 마누라가 그제야 **화가 식었는지** 안방으로 휘젓고 들어가는 치마꼬리가 보였다. (김유정, 「따라지」, 『한국소설문학대계』 18, 1995: 398, 동아출판사.)

x. **화가** 좀 **가라앉을** 때까지 기다리자 싶어 그도 전화를 하지 않았던 거였다. (공지영, 『고등어』, 1999: 164, 푸른숲.)

(7) 그때는 무슨 일로 그렇게 불을 지를 만큼 **뚜껑이 열렸는지** 물으니까 파랑새는 웃음으로 대답을 대신했다. (구병도, 『위저드 베이커리』, 2009: 124, 창작과 비평사.)

3.2. 두려움

'두려움'은 '그릇 속의 액체'가 작용하는 방식을 통해 개념화된다.[10] 곧 (8)에서 보듯이 '두려움'은 '그릇 속의 액체'처럼 '어리다, 서리다, 배다, 젖다, 차다, 가득하다, 잠기다, 빠지다, 솟다, 솟아나다, 솟아오르다, 솟구쳐-오르다, 폭발하다, 가라앉다'와 같은 서술어를 통해 구현된다.

---

10 '두려움'은 '그릇 속의 액체'를 비롯하여 '적, 물건, 식물, 음식물·술, 강물·바닷물, 폭풍우, 무기·흉기, 실, 추위, 질병, 신, 우는 아기'의 13가지 근원영역을 통해 개념화된다(임지룡 2006d: 120-131 참조).

(8) a. 엄마의 목소리는 가벼웠으나 눈에는 **두려움이 어려** 있는 것 같았다. (강신재, 「젊은 느티나무」, 『오늘의 작가 총서』 2, 1997: 16, 민음사.)

b. 한가로운 우스개들이 오고가고 있었지만 늪을 쳐다보는 사람들의 눈에는 왠지 피하기 어려운 **두려움이** 뿌옇게 **서려** 있었다. (김소진, 『늪이 있는 마을』, 2006: 9, 문학동네.)

c. 어리둥절한 그의 얼굴에도 **두려움이 배어** 있었다. (조정래, 『아리랑』 7, 1995: 264, 해냄.)

d. …… **두려움에 젖어** 있는 원장을 이 오마 고지 둔덕 위로 찾아올라와 그 나름의 고마운 격려와 용기를 주고 갔을 때처럼, …… (이청준, 「당신들의 천국」, 『이청준 문학전집 장편소설』 4, 2007: 336, 열림원.)

e. 그의 모습에는 **두려움이** 가득 **차 있었다.** (박경리, 『김약국의 딸들』, 1993: 208, 나남.)

f. 하지만 그들의 눈에는 **두려움이 가득했다.** (손홍규, 『청년의사 장기려』, 2008: 360, 다산책방.)

g. 그러면서 슬픔과 **두려움에 잠긴 채** 지켜보았다. (강신재, 「임진강의 민들레」, 『오늘의 작가 총서』 2, 1997: 216, 민음사.)

h. 마치 어미를 잃은 아이처럼, 그녀는 절망과 **두려움에 빠져 버렸다.** (이경자, 『꼽추네 사랑』, 2007: 220, 문이당.)

i. 바람의 종적을 느끼면 문득 **두려움이 솟아요.** (민경현, 『청동거울을 보여주마』, 1999: 297, 창작과 비평사.)

j. 그리고 마음속 깊은 곳에서 **두려움 같은 감정이** 시리게 **솟아나고** 있는 것이 느껴졌다. (공지영, 『즐거운 나의 집』, 2007: 244, 푸른숲.)

k. 제물에 은근히 눈치를 살피게 되고, 알 수 없는 **두려움이 솟아오를** 때도 있었다. (이청준, 「살아있는 늪」, 『이청준 문학상 수상집』 1, 2003: 326, 청어.)

l. 나는 가끔씩 아빠가 너무나 보고 싶었고 내가 아빠를 떠난 것이었지만 거꾸로 아빠에게서 버림을 받은 건 아닐까, 하는 **두려움이** 저 깊은 곳에서 **솟구쳐 올라와** 당황스럽기도 했다. (공지영, 『즐거운 나의 집』, 2007: 54, 푸른숲.)

m. 아이가 팔을 뻗으며 '엄마'하고 입을 뗄 때까지의 몇 초의 순간 동안, 그녀는 **두려움이 폭발할** 듯 커져가며 북을 울리고 있는 것 같았다. (서지원, 『사이버사랑』, 2002: 23, 로월.)

n. 그 상태에서 **두려움이** 조금씩 **가라앉았다.** (최성현, 『산에서 살다』, 2007: 232, 조화로운 삶.)

3.3. 미움

'미움'은 '그릇 속의 액체'가 작용하는 방식을 통해 개념화된다.[11] 곧 (9)에서 보듯이 '미움'은 '그릇 속의 액체'처럼 '우러나다, 고여-오르다, 차다, 가득하다, 젖다, 뜨거워지다, 괴어오르다, 치밀다, 들끓다, 끓어오르다, 솟아-나오다, 치솟다, 솟구치다, 용솟음치다, 끓어-넘치다, 폭발하다, 가라앉다'와 같은 서술어를 통해 구현된다.

(9) a. 하지만 그렇게 대답하고 나니까 문득 야속함이, **미움이** 가슴 밑바닥에서 **우러나고 고여 오르는** 것을 느꼈다. (유재용,「어제 울린 총소리」,『동인 문학상 수상작품집』, 1987: 28, 조선일보사.)

b. 그의 마음은 누이에 대한 그리움과 부실한 남자에 대한 **미움**으로 가득 **찼다.** (최인훈,『회색인』, 1996: 108, 문학과 지성사.)

c. 욕실을 향한 지원의 눈빛에는 증오와 **미움만이 가득했다.** (김정현,『아버지』, 1996: 108, 문이당.)

d. 너무도 우리는 **미움** 속에 **젖어서** 살고 있다. (CETConc.[12])

e. 그 피할 수도 있었던 죽음이 잊혀지지 않을수록 이광민의 가슴속에서는 왜놈들에 대한 **미움이** 더욱 **뜨거워지고** 더욱 커지고 있었다. (조정래,『아리랑』 7, 1995: 334, 해냄.)

f. 옹구네 **얄미운 마음이** 속에서 부글부글 **괴어오르는데다** 춘복이한테조차 무슨 말을 어찌 해 볼 수도 없어, ……. (CETConc.)

g. 종부네는 왈칵 반가움과 **미움이** 동시에 **치밀었다.** (정형남,『남도』(하), 2006: 26, 비전코리아.)

h. "근거 없는 **미움이 들끓고** 있는 때이겠지." (선우휘,「불꽃」,『한국소설문학대계』 34, 1995: 57, 동아출판사.)

i. 그러나 다음 순간 희련에 대한 **미움이** 지글지글 **끓어올랐다.** (박경리,『나비와 엉겅퀴』 2, 2004: 163, 이룸.)

j. 남작에 대한 **미움이** 마음속에 **솟아 나왔다.** (김동인,「약한 자의 슬픔」,『한국문학전집, 김동인 단편선』, 2004: 63, 문학과 지성사.)

k. 옷가게를 나섰을 때 두 사람에 대한 **미움이 치솟는** 것을 느끼며 민수는 퉁명한 소리로 말했다. (공지영,『더 이상 아름다운 방황은 없다』, 1996: 220, 풀빛.)

l. 종부네는 순간 불끈 **미움이 솟구쳤다.** (정형남,『남도』(하), 2002: 250, 비전코리아.)

---

11 '미움'은 '그릇 속의 액체'를 비롯하여 '적, 물건, 식물, 음식물, 강물, 폭풍우, 불, 흉기, 풍선'의 10가지 근원영역을 통해 개념화된다(임지룡 2006d: 158-165 참조).
12 'CETConc'는 고려대 민족문화연구원 전자텍스트연구소의 용례추출기이다.

m. 왜적이니 강도 일본이니 하는 말로는 형용하지 못할, 더 한결 절실한 **미움이 용솟음친** 것을 고백합니다. (CETConc.)

n. **미움이** 부글부글 **끓어 넘쳤다.** (이미애,『그냥 갈까 아니아니 손잡고 가자』, 2000: 93, 푸른책들.)

o. 그렇게 쌓여있던 엄마에 대한 **미움이** 어느 날 **폭발을 했습니다.** (김양재,『날마다 살아나는 큐티』, 2005: 165, 두란노.)

p. 굵은, 밑에 지겨움과 **미움이 가라앉은** 듯한 목청이었다. (강신재,「임진강의 민들레」,『젊은 느티나무』, 2005: 247, 민음사.)

3.4. 사랑

'사랑'은 '그릇 속의 액체' 및 '그릇'이 작용하는 방식을 통해 개념화된다.[13] 곧 (10)에서 보듯이 '사랑'은 '그릇 속의 액체'처럼 '고이다, 스며들다, 차다, 차오르다, 빠지다, 뜨겁다, 끓어오르다, 솟다, 샘솟다, 퍼-올리다, 쏟다, 쏟아붓다, 넘치다, 넘쳐흐르다, 식다, 식히다'와 같은 서술어를 통해 구현된다. 또한 '사랑'은 (11)에서 보듯이 '그릇'처럼 '깨지다, (산산조각)나다'와 같은 서술어를 통해 구현된다.

(10) a. **사랑도 고여** 있으면 언젠가는 부패하고 만다. (최시언,『올 댓 러브』, 2007: 127, 예담.)

b. 난 기다릴 거야. 나의 **사랑이** 오빠의 가슴속으로 **스며들어** 보석이 될 때까지. (김하인,『국화꽃향기』 1, 2000: 76, 생각의나무.)

c. 그는 아내를 보는 순간, 마음에 가득 **차는 사랑을** 깨달으면서, ……. (김동인,「배따라기」,『한국현대대표소설선』 1, 1996: 189, 창작과 비평사.)

d. 끈끈한 **사랑도 차오른다.** (정부영,『영상속으로』, 1997: 87, 문이당.)

e. 은실네는 지금 **사랑에** 푹 **빠져 있다.**[14] (박영한,『우묵배미의 사랑』, 1989: 239, 민음사.)

f. 거지 적선해주시는 셈치고 여러분의 뜨거운 한 표를 아니 **뜨거운 사랑을** 부탁합니다. (최인호,『머저리 클럽』, 2008: 154, 랜덤하우스코리아.)

g. 누이는, 전에 없이 별나게 자기를 자세히 들여다보는 동복 남동생에게 마치 어머니다운 **사랑이 끓어오르기나** 한 듯이 미소를 지어 보였을 때. (황순원,「별」,『전

---

13 '사랑'은 '그릇 속의 액체'를 비롯하여 '적, 물건, 식물, 음식물·술, 바닷물, 불, 끈, 풍선, 건물'의 10가지 근원영역을 통해 개념화된다(임지룡 2006d: 189-196 참조).

14 이와 관련하여 "그날 이후, 정수는 줄곧 그 사랑의 늪보다 더 깊은 혼란의 늪을 헤매고 있었다. (김정현,『아버지』, 1996: 140, 문이당.)"에서는 "사랑은 늪이다."로 표현된다.

통한국단편 99선』 3, 2002: 343, 타임기획.)

h. 길상의 가슴에도 용이에 대한 **사랑이 솟는다**. (박경리,『토지』2, 1989: 307, 지식산업사.)

i. 손 끝에 닿는 움직임에 아직 보지도 못한 아이들에 대한 **사랑이 샘솟았다**.[15] (김산희,『행복하고 싶어』, 2007: 390, 로크미디어.)

j. 어쩌면 아픈 어머니의 **사랑을** 그렇게 **퍼 올렸는지도** 모른다. (이정하,『눈썹새미』, 2000: 10, 민음사.)

k. 그이는 딸아이에 **사랑을 쏟을** 때마다, 자신이 친부모로부터 버림받았다는 사실을 새삼 더 깊이 아프게 인식하는 듯했어요. (손석춘,『마흔 아홉 통의 편지』, 2005: 51, 들녘.)

l. 미래의 장인 장모에 대한 헌신적인 배려, 성실한 생활, 무궁하게 **쏟아 붓는 사랑**, 이 모든 것이 그녀를 울렸다. (양귀자,『희망』(상), 1990: 250, 살림출판사.)

m. 누가 보면 아이 아빠라고 착각할 정도로 그가 수연을 보는 눈에는 **사랑이 넘쳤다**. (이정숙,『그대, 아픔만 주는 사람』, 2005: 376, 파피루스.)

n. 그 눈길은 어느 시어머니도 감히 흉내낼 수 없을 만큼 자상함으로 가득 찼고 며느리에 대한 **사랑이 넘쳐흘렀다**. (이철호,「가슴 없는 환자들」,『너에게 하지 못한 이야기』, 2003: 303, 정은문화사.)

o. '**사랑이 식었다고** 생각했었지.' (은희경,「세 번째 남자」,『제22회 이상문학상 수상작품집』, 1998: 123, 문학사상사.)

p. **뜨거운 사랑은 식혀야지**. (조정래,『아리랑』8, 1995: 17, 해냄.)

(11) a. 학생 때는 시험이 두렵고, 누군가 사랑할 땐 그 **사랑이 깨질까봐** 두렵다. (여훈,『최고의 선물』, 2005: 84, 스마트비지니스.)

b. 철없던 우리의 **사랑**은 그가 군대에 가면서 **산산조각이 났습니다**. (최숙희,『사랑이 사랑에게』, 2006: 216, 예담.)

3.5. 슬픔

'슬픔'은 '그릇 속의 액체'가 작용하는 방식을 통해 개념화된다.[16] 곧 (12)에서 보듯이 '슬픔'은 '그릇 속의 액체'처럼 '고이다, 배다, 어리다, 서리다, 차다, 차오르다, 젖다, 적시다, 잠기다, 빠지다, 빠져들다, 치밀다, 치밀어-오르다, 끓어오르다, 솟아-나오다, 샘솟다, 솟구치

---

15 이와 관련하여 "저 눈에 물기가 마르면 그놈의 징글징글한 사랑샘도 마르려나. (이현수,『신기생뎐』, 2006: 37, 문학동네.)"에서는 "사랑은 샘이다."로 표현된다.

16 '슬픔'은 '그릇 속의 액체'를 비롯하여 '적, 물건, 식물, 음식물, 강물·바닷물, 폭풍우, 실, 천, 질병, 우는 아기'의 11가지 근원영역을 통해 개념화된다(임지룡 2006d: 220-230 참조).

다, 솟구쳐-오르다, 붓다, 쏟아붓다, 터져-나오다, 가라앉다, 여과되다'와 같은 서술어를 통해 구현된다.

(12) a. 구덩이에 물이 고이듯 가슴에 **슬픔이 고였다**. (백기문, 『행복한 소금쟁이』, 2003: 36, 밝은세상.)

　　 b. 한 젊은이의 쓸쓸함과 **슬픔이** 화면 가득히 **배어** 있었다. (김영현, 「그리고 아무 말도 하지 않았다」, 『이상문학상수상작품집』, 1994: 227, 문학사상사.)

　　 c. 그러나 식사를 하는 둥 마는 둥 하는 아버지의 얼굴에는 민수를 바라볼 때마다 커다란 **슬픔이 어리고** 있었다. (공지영, 『더 이상 아름다운 방황은 없다』, 1996: 17, 풀빛.)

　　 d. 소녀는 흰 옷을 입었었고, 옷빛보다 더 새하얀 그녀의 얼굴엔 깊이 모를 **슬픔이 서리어** 있었다. (김동리, 「무녀도」, 『한국현대대표소설설』 5, 1996: 113, 창작과 비평사.)

　　 e. 완기의 가슴이 **슬픔으로** 가득 **찼다**. (김인숙, 『그래서 너를 안는다』, 2006: 245, 청년사.)

　　 f. 거의 비애라고 말해야 할 **슬픔이** 가슴 밑바닥에서부터 조용히 **차올랐다**. (오정희, 『바람의 넋』, 1986, 문학과 지성사.)

　　 g. 또 그 생명이 **슬픔에 젖었으면서도** 사지의 끝에까지 용솟음치며 흐르고 있음을 깨달아 힘껏 뛰며 그것을 발산시키고 싶은 충동을 느꼈다. (강신재, 「임진강의 민들레」, 『젊은 느티나무』, 2005: 207, 민음사.)

　　 h. …… **슬픔이** 내 전신을 **적셔** 올라옴을 느끼었다. (허준, 「잔등」, 『한국현대대표소설선』 6, 1996: 329, 창작과 비평사.)

　　 i. 너는 **슬픔에 잠겨** 네 맘대로 했고 나는 시름에 겨워 내 마음대로 했다. (성석제, 「첫사랑」, 『새가 되었네』, 1996: 91, 강.)

　　 j. 내가 그의 전화를 기다릴 때 남편을 잃고 **슬픔에 빠진**[17] 낯선 여자가 내게 전화를 걸어온 것처럼. (신경숙, 『기차는 7시에 떠나네』, 1999: 29, 문학과 지성사.)

　　 k. 오마담이 이따위 실없는 장난에 열을 올리고 있을 때 채련은 그 대사가 뜻하는 것, 즉 **슬픔에** 깊이 **빠져들었던** 것이다. (이현수, 『신기생뎐』, 2006: 206, 문학동네.)

　　 l. 갑자기 심장 저 밑바닥에서 뜨거운 것이 소용돌이치고 견딜 수 없는 **슬픔이 치민다**. (박경리, 『토지』 7권, 1994: 393, 솔.)

　　 m. 기도를 하려고 하니 **슬픔이 치밀어 오릅**니다. (백기문, 『행복한 소금쟁이』, 2003: 14, 밝은세상.)

17　이와 관련하여 "이 회한과 슬픔의 구덩이에서 빨리 빠져나오고 싶다는 수작이지요. (김연혜, 「효도 연습」 2, 『마리아』, 2003: 123, 도서출판띠앗.)"에서는 "슬픔은 구덩이이다."로 표현된다.

n. **끓어오르는 슬픔**보다도 더 견디기 힘들게, 그 의문은 호동의 마음을 갉아 대고 있었다. (강숙인, 『아 호동왕자』, 2000: 148, 푸른책들.)

o. 기려도 가슴 깊은 곳에 뭉쳐 있던 **슬픔이** 목구멍을 통해 **솟아나오려 했다.** (손홍규, 『청년의사 장기려』, 2008: 261, 다산책방.)

p. 영감은 자기 신세를 돌아보아, 가슴 한구석에 **슬픔이 샘솟듯** 하였다. (박태원, 「골목 안」, 『한국문학전집』, 2005: 354, 문학과 지성사.)

q. 와아, **슬픔이 솟구치더니**, 그 솟구침이 가라앉는 데 한참이 걸리더니, … (신경숙, 「배드민턴 치는 여자」, 『20세기 한국소설 48』, 2006: 22, 창작과 비평사.)

r. 그리고, 그 한마디로 지난날의 **슬픔**과 아픔이 한꺼번에 **솟구쳐 올랐다.** (조정래, 『한강』 1, 2001: 127, 해냄.)

s. 불쑥불쑥 **슬픔을 부어놓은** 것같이 가슴이 저려올 때는 아무 데나 그 가슴을 기대고 그 치받침이 가라앉을 때까지 기다려야 했다. (신경숙, 「직녀들」, 『풍금이 있던 자리』, 1993: 60, 문학과 지성사.)

t. 가지지 못하는 아린 **슬픔을** 또 한바탕 **쏟아 붓고** 가는 애석한 밤이었다. (김경민, 『왕의언약』, 2008: 220, 눈과마음.)

u. 가슴 속에 고여 있던 **슬픔이 터져 나왔다.** (하림, 『사이공의 슬픈 노래』, 2003: 26, 황금가지.)

v. 이렇게 스스로 다짐하자 봉길은 **슬픔이 가라앉았다.** (방영웅, 『불꽃이 된 청년 윤봉길』, 2006: 79, 창작과 비평사.)

w. 그녀의 **슬픔**과 온갖 고통들은 수시로 **여과되어** 나타났다. (CETConc.)

3.6. 기쁨

'기쁨'은 '그릇 속의 액체' 및 '그릇'이 작용하는 방식을 통해 개념화된다.[18] 곧 (13)에서 보듯이 '기쁨'은 '그릇 속의 액체'처럼 '고이다, 우러나다, 어리다, 차다, 차오르다, 가득하다, 충만하다, 젖다, 잠기다, 빠지다, 빠져들다, 돌다, 치밀어-오르다, 끓어오르다, 솟아나다, 솟아오르다, 샘솟다, 드솟다, 솟구치다, 솟구쳐-오르다, 용솟음치다, 넘치다, 넘쳐-오르다, 넘쳐흐르다, 터지다, 가라앉다'와 같은 서술어를 통해 구현된다. 또한 '기쁨'은 (14)에서 보듯이 '그릇'처럼 '깨뜨리다, 부서지다'와 같은 서술어를 통해 구현된다.

---

18 '기쁨'은 '그릇 속의 액체'를 비롯하여 '적, 물건, 식물, 음식물·술, 강물·바닷물, 폭풍우, 불, 실, 풍선'의 10가지 근원영역을 통해 개념화된다(임지룡 2006d: 255-264 참조).

(13) a. 색시의 맘속에는 **기쁨이 고여** 그 기쁨이 저렇게 얼굴에 내 피는 모양이라고, ……. (손소희, 「전말」, 『한국현대대표소설선』 7, 1996: 312 창작과 비평사.)

　b. 그러나 마음으로부터 **기쁨이 우러나서** 은근히 미소를 교환했다. (박완서, 『그대 아직도 꿈꾸고 있는가』, 1995: 86, 삼진기획.)

　c. 나를 바라보는 엄마의 눈물 고인 눈에 형언할 수 없는 **기쁨** 같은 것이 **어렸다.** (공지영, 『즐거운 나의 집』, 2007: 91, 푸른숲.)

　d. 그러고 새로운 **기쁨이** 가슴에 **차고** 김장로의 단정해 보이는 얼굴이 새로 정답게 되는 듯하였다. (이광수, 『무정』, 1992: 241, 문학사상사.)

　e. 피로하긴 했지만, 즐겁고도 상쾌한 **기쁨이** 가슴 밑바닥에서부터 **차오르고** 있었다. (최인호, 『머저리클럽』, 2008: 195, 랜덤하우스.)

　f. 내가 들어섰을 때 그들은 내게 공손했고, 얼굴에는 **기쁨이 가득해** 보였다. (공지영, 「조용한 나날」, 『존재는 눈물을 흘린다』, 1999: 195, 창작과 비평사.)

　g. 그녀의 눈이 **기쁨으로 충만해** 아름답게 빛나고 환성인지 한숨인지를 휘몰아 쉬느라 숨 가빠 하고 있었다. (박완서, 『나목』, 1987: 56, 작가정신.)

　h. "정말이에요?" 장 여사는 **기쁨에 젖어** 상기된 표정으로 물었다. (KCP.)

　i. 이때까지 비록 장리쌀이나마 가져가게 된다는 **기쁨에 잠겼던** 그들은 어디 가서 호소할 곳 없는 그런 애석하고도 억울함이 그들의 머리를 찡하니 울려주었다. (강경애, 『인간문제』, 2005: 67, 신원문화사.)

　j. 마술사의 손에 홀리듯 나는 최교수의 그 **기쁨에 빠져** 있었던 것이다. (한수산, 「타인의 얼굴」, 『91현대문학상 수상 소설집』, 1991: 31, 현대문학.)

　k. 황선생과 이야기하는 사이에 여태껏 어느 누구한테서도 느끼지 못한 깊은 **기쁨** 속으로 그는 **빠져들어**갔다. (최인훈, 「회색인」, 『학원한국문학전집』 25, 1994: 174, 학원출판공사.)

　l. 눈을 가늘게 뜬 수하인은 **기쁨이 만면에 돌았다.** (정한숙, 「전황당인보기」, 『한국대표소설』 7, 1996: 269, 창작과 비평사.)

　m. 나는 **치밀어 오르는 기쁨을** 억제할 길 없이, "흐, 흐, 흐……" 하고, 웃었다. (박태원, 「수염」, 『한국문학전집』, 2005: 18, 문학과 지성사.)

　n. 조한세 씨는 **끓어오르는 기쁨을** 감추지 못하며 물었다. (유재용, 「어제 울린 총소리」, 『동인문학상 수상작품집』, 1987: 19, 조선일보사.)

　o. 그를 보자 **솟아난 기쁨을** 명준은 풀이할 수 없었다. (최인훈, 『광장/구운몽』, 2008: 120, 문학과 지성사.)

　p. 나는 고등학교 마지막 겨울에 오히려 **기쁨이 솟아오르는 것을** 느꼈다. (최인호, 『머저리클럽』, 2008: 401, 랜덤하우스.)

　q. 그런 **기쁨이 샘솟는** 것은 오로지 경희와 기준이 남매가 준 선물이었다. (조정래,

『인간연습』, 2006: 65, 실천문학사.)

r. 매일같이 만날 때는 어느 틈에라도 웃어 보이었고, 말을 한마디만 해도 **기쁜 생각이 드솟았건만** 며칠 떠났다가 만났음인지 공연히 가슴만 떨리었다. (박영준, 「모범경작생」, 『한국편대대표소설선』 4, 1996: 45, 창작과 비평사.)

s. 지나간 괴로웠던 날을 생각하면 울컥 **기쁨이 솟구치곤** 한다. (강신재, 『강물이 있는 풍경』, 1996: 355 민음사.)

t. 노인은 이 순간에 **솟구쳐오르는 기쁨**을 감출 수가 없었다. (KCP.)[19]

u. 베푼다고 생각하니 형언할 수 없는 **기쁨이 용솟음쳤다.** (KCP.)

v. 방싯 웃는 아사녀의 얼굴에는 **기쁨이 넘치리라.** (현진건, 「무영탑」, 『한국소설문학대계』 7, 1995: 50, 동아출판사.)

w. 나는 온몸에 **넘쳐 오르는** 듯한 **기쁨**을 맛보았다. (김사량, 「빛 속에서」, 『한국현대대표소설선』 6, 1996: 186, 창작과 비평사.)

x. 빙글빙글 웃는 차부의 얼굴에는 숨길 수 없는 **기쁨이 넘쳐흘렀다.** (현진건, 「운수 좋은 날」, 『한국현대대표소설선』 1, 1996: 344, 창작과 비평사.)

y. "나야 **기쁨이** 안에서 수소 폭탄처럼 **터졌으니까** 어쩔 수 없어서 그랬던 거지." (김하인, 『국화꽃향기』 1, 2000: 133, 생각의나무.)

z. 해방의 **기쁨이** 차츰 **가라앉으면서** 거리는 새 국가 건설을 앞두고 술렁거리고 있었다. (KCP.)

(14) a. 구보는 그 애달픈 **기쁨을** 그렇게도 가혹하게 **깨뜨려** 버리려 하지 않았다. (박태원, 「소설가 구보씨의 일일」, 『한국소설문학대계』 19, 1995: 200, 동아출판사.)

b. 자기의 서릿같은 칼날에 첫날밤의 **기쁨**과 행복이 **부서진** 피해자! (현진건, 「해 뜨는 지평선」, 『범우비평판 한국문학』 13, 2004: 245, 범우.)

3.7. 부끄러움

'부끄러움'은 '그릇 속의 액체'가 작용하는 방식을 통해 개념화된다.[20] 곧 (15)에서 보듯이 '부끄러움'은 '그릇 속의 액체'처럼 '어리다, 서리다, 차다, 차오르다, 젖다, 잠기다, 빠지다, 끓어오르다'와 같은 서술어를 통해 구현된다.

---

19 KCP는 KAIST의 용례추출 프로그램이다.
20 '부끄러움'은 '그릇 속의 액체'를 비롯하여 '적, 물건, 식물, 음식물ㆍ술, 강물ㆍ바닷물, 천'의 7가지 근원영역을 통해 개념화된다(임지룡 2006d: 290-295 참조).

(15) a. 어른들에게서는 흔히 볼 수 없는 **부끄러움** 같은 것이 **어려** 있었기 때문이었다. (공지영,『즐거운 나의 집』, 2007: 153, 푸른숲.)

    b. 드디어 고기를 손에 넣었다는 자랑스러움에 가득하던 눈동자로는 순식간에 **부끄러움이 서렸다.** (김연수,「그 상처가 칼날의 생김새를 닮듯」,『주머니 속의 송곳』, 2001: 109, 이룸.)

    c. 순간 하구 씨의 얼굴 근육이 실룩거리면서 수치심과 **부끄러움으로** 가득 **찼다.** (최성배,『물살』, 2000: 129, 새미.)

    d. 반가움과 **부끄러움이** 귓불까지 **차올라** 저고리 고름을 잘근 깨물었다. (정형남,『남도』(상), 2002: 229, 비전코리아.)

    e. 그러나 **부끄러움에 젖어** 언제까지고 잘못을 질책하고 있을 수만은 없었다. (이원섭,『제이슨 리』 2, 2005: 186, 랜덤하우스중앙.)

    f. 정환이 **부끄러움의** 여진(餘震)에 **잠겨 있을** 때 그가 '밀항'에 대해 설명하기 시작했다. (이경자,『천 개의 아침』, 2007: 271, 이룸.)

    g. 그리고 놀람과 **부끄러움에 빠지게** 했던 그날, 그 손길……. (유광수,『진시황 프로젝트』, 2008: 229, 김영사.)

    h. 무슨 파렴치한 행위를 저지른 것처럼 역겨운 **부끄러움(자괴감)이 끓어올라** 도무지 마음을 안정할 수가 없었다. (이동하,『도시의 늪』, 1979: 71, 평민사.)

3.8. 긴장

'긴장'은 '그릇 속의 액체'와 '그릇'이 작용하는 방식을 통해 개념화된다.[21] 곧 (16)에서 보듯이 '긴장'은 '그릇 속의 액체'처럼 '서리다, 배다, 차다, 차오르다, 젖다, 빠져들다, 돌다, 감돌다, 솟아오르다, 넘치다, 터지다, 가라앉다'와 같은 서술어를 통해 구현된다. 또한 '긴장'은 (17)에서 보듯이 '그릇'처럼 '깨지다, 깨뜨리다'와 같은 서술어를 통해 구현된다.

(16) a. 홍범표 사장의 커다란 체구에 팽팽한 **긴장이 서린다.** (공지영,「잃어버린 보석」,『인간에 대한 예의』, 1994: 217, 창작과 비평사.)

    b. 하지만 꿈에 의해 꿈이 고사당하고, 꿈에 의해 꿈이 궁지로 몰리는 세계에 안녕을 고하기 직전의 정적 속에는 깊은 **긴장감이 배어** 있는 것 같았다. (박상우,「말무리 반도」,『제22회 이상문학상 수상작품집』, 1998: 261, 문학사상사.)

    c. 수술대에 누운 스텐코프의 침착하면서도 **긴장에 찼던 얼굴,** 그것은 전신마취가 끝난 후 삼분이 못 갔다. (전광용,「꺼삐딴 리」,『한국현대대표소설선』 9, 1996:

---

21 '긴장'은 '그릇 속의 액체'를 비롯하여 '적, 물건, 식물, 음식물, 불, 강물, 흉기, 끈, 추위, 천'의 11가지 근원영역을 통해 개념화된다(임지룡 2006d: 326-333 참조).

366, 창작과 비평사.)

  d. 이기채와 춘복이 사이에 **긴장이 차오르며** 숨을 막는다. (최명희,『혼불』7, 1997: 96, 한길사.)

  e. 개학이 되었고, 한여름을 보낸 얼굴들은 **긴장감에 젖어** 있었다. (채지민,『내 안의 자유』, 1999: 147, 사계절출판사.)

  f. 숙종은 머리끝이 곤두서는 **긴장감에 빠져들었다**. (김진명,『일본여도』1, 1998: 54, 중앙 M&B.)

  g. 노인의 얼굴에 **긴장이 돌았다**. (이병주,『지리산』6, 1985: 192, 기린원.)

  h. 섬 전체에 갑자기 이상한 **긴장이 감돌기** 시작했다. (이청준,『당신들의 천국』, 2005: 43, 문학과 지성사.)

  i. 이 일단의 안심과 함께 화공의 마음에는 또 다른 **긴장**과 정열이 **솟아올랐다**. (김동인,「광화사」,『한국소설문학대계』, 1995: 186, 동아출판사.)

  j. 별감의 품에 안긴 여인의 남편이나 정인이라야 더욱 **긴장감이 넘치고** 인물들의 격정이 보는 사람에게 더 잘 전해질 테니까 말일세. (이정명,『바람의 화원』(2), 2007: 179, 밀리언하우스.)

  k. 아까 간장 냄새가 날 때부터 조마조마하게 눌러 왔던 **긴장감이 툭 터져 버린** 것이다. (권지예,『꽃게무덤』, 2005: 13, 문학동네.)

  l. 팽팽하게 감돌던 **긴장이 가라앉고** 나자, 이번에는 견딜 수 없는 잠이 밀려들기 시작했다. (김유정,『영혼의 물고기』3, 2001: 146, 황금가지.)

(17) a. 그 소리에 두 사람 사이의 **긴장이 깨졌다**. (유호연,『파리의 연인』1, 2006: 260, 황금가지.)

  b. 양조사는 **긴장**과 침묵을 **깨뜨리려는** 듯이 입을 열었다. (김동리,「무녀도」,『한국현대대표소설선』5, 1996: 132, 문학과 지성사.)

4. 감정의 그릇 영상 도식적 의미 특성

앞에서 그릇 영상 도식에 의해 감정이 '그릇 속 액체'나 '그릇' 그 자체와 같이 작용하는 용법을 살펴보았다. 아래에서는 이들 용법의 서술어와 그 단계별 작용 양상을 중심으로 8가지 기본 감정의 의미 특성을 규명하기로 한다.

4.1. 그릇 영상 도식적 근원영역의 서술어

그릇 영상 도식에 따른 감정의 근원영역은 '그릇 속의 액체' 및 '그릇'의 두 유형이 나타난다. 이 가운데서 감정을 개념화하는 데는 '그릇 속의 액체'가 주된 근원영역으로 작용한다. 그릇 속 액체의 상태 변화 양상은 개략적으로 그릇 속에서 액체가 담기는 과정, 가열되는 과정, 솟아 넘치는 과정, 폭발되는 과정, 평정되는 과정의 5가지 단계로 나눌 수 있다. 또한 그릇의 상태 변화 양상은 개폐와 파손의 2단계가 있다. 서술어를 중심으로 (6)-(17)에서 본 그릇 속의 액체나 그릇의 작용 양상을 한 자리에 모으면 <표 1> 및 <표 2>와 같다.

표 1 감정 유형별 '그릇 속 액체'의 작용 양상 및 서술어

감정의 작용 양상 및 서술어		감정 유형	화	두려움	미움	사랑	슬픔	기쁨	부끄러움	긴장	계
그릇 속 액체의 상태 변화	담김	고이다	○		○	○	○	○			5
		고여-오르다			○						1
		스며들다				○					1
		우러나다			○			○			2
		배다			○		○			○	3
		어리다		○			○	○	○		4
		서리다		○			○		○	○	4
		차다	○	○	○	○	○	○	○	○	8
		차오르다	○			○	○	○	○	○	6
		가득하다		○				○	○		3
		충만하다						○			1
		젖다		○	○		○	○	○		6
		적시다					○				1
		잠기다		○			○	○	○		4
		빠지다		○		○	○	○	○		5
		빠져들다					○	○		○	3
	가열	가열되다	○								1
		뜨거워지다			○	○					2
		돌다						○		○	2
		감돌다								○	1
		부글거리다	○								1
		괴어오르다	○		○						2
		치밀다	○		○		○				3

										계
	치밀어-오르다	○					○	○			3
	끓다	○									1
	끓이다	○									1
	들끓다			○							1
	끓어오르다	○			○	○	○	○	○		6
솟아 넘침	솟다	○	○		○						3
	솟아나다	○	○					○			3
	솟아-나오다			○		○					2
	솟아오르다		○					○		○	3
	샘솟다					○	○	○			3
	드솟다							○			1
	치솟다	○		○							2
	치솟아-오르다	○									2
	솟구치다	○		○			○	○			4
	솟구쳐-오르다		○				○	○			3
	용솟음치다			○				○			2
	퍼-올리다					○					1
	끼얹다	○									1
	쏟다	○				○					2
	붓다						○				1
	쏟아붓다					○	○				2
	뿜다	○									1
	넘치다					○		○		○	3
	넘쳐-오르다							○			1
	넘쳐흐르다					○		○			2
	끓어-넘치다			○							1
폭발	터지다	○						○		○	3
	터져-나오다						○				1
	터뜨리다	○									1
	폭발하다	○	○	○							3
평정	식다	○				○					2
	식히다					○					1
	가라앉다	○	○	○			○	○		○	6
	여과되다						○				1
계		56	24	13	19	16	23	26	8	12	141

표 2 감정 유형별 '그릇 상태'의 작용 양상 및 서술어

감정의 작용 양상 및 서술어		감정 유형	화	두려움	미움	사랑	슬픔	기쁨	부끄러움	긴장	계
그릇의 상태 변화	개폐	(뚜껑) 열리다	○								1
	파손	깨지다				○				○	2
		깨뜨리다						○		○	2
		부서지다						○			1
		조각나다				○					1
계			5	1		2		2		2	7

먼저, <표 1>을 중심으로 서술어에 관한 감정 유형별 '그릇 속의 액체'의 작용 양상을 정리하면 다음과 같다.

첫째, '그릇 속 액체'에 기초한 감정 표현에는 56개의 서술어가 사용되었으며, 감정 유형별 서술어의 가짓수는 '기쁨(26), 화(24), 슬픔(23), 미움(19), 사랑(16), 두려움(13), 긴장(12), 부끄러움(8)' 순이다. 또한 이들 서술어가 8가지 감정에서 사용된 것은 총 141회이다.

둘째, 그릇 속 액체의 상태 변화 양상에 대한 단계별 서술어의 가짓수는 '솟아 넘치는 과정(22), 담기는 과정(16), 가열 과정(12), 폭발 과정(4) · 평정 과정(4)' 순이다.

셋째, 각 단계에서 감정별로 서술어의 가짓수는 '담김'의 경우 슬픔(11) · 기쁨(11), 두려움(7) · 미움(7) · 부끄러움(7), 긴장(6), 사랑(5), 화(3) 순이다. '가열'은 화(8), 미움(5), 슬픔(3) · 기쁨(3), 사랑(2) · 긴장(2), 부끄러움(1), 두려움(0) 순이다. '솟아 넘침'은 기쁨(10), 화(8), 사랑(7), 슬픔(6), 미움(5), 두려움(4), 긴장(2), 부끄러움(0) 순이다. '폭발'은 화(3), 두려움(1) · 미움(1) · 슬픔(1) · 긴장(1), 사랑(0) · 부끄러움(0) 순이다. '평정'은 화(2) · 사랑(2) · 슬픔(2) · 두려움(1) · 미움(1) · 기쁨(1) · 긴장(1) · 부끄러움(0) 순이다.

넷째, 감정 유형별 사용 분포가 넓은 서술어를 보면 '차다(8유형), 차오르다(6유형), 젖다(6유형), 끓어오르다(6유형), 가라앉다(6유형), 빠지다(5유형)'와 같다.

한편, <표 2>를 중심으로 서술어에 관한 감정 유형별 '그릇'의 작용 양상은 매우 단순하다. 곧 '그릇'과 관련된 서술어는 화(1) · 사랑(2) · 기쁨(2) · 긴장(2)의 7개이며, 그릇의 상태 변화는 개폐와 파손의 두 가지 단계가 나타난다. 따라서 감정에 대한 그릇 영상 도식의 초점은 '그릇 속의 액체'라 하겠다.

4.2. 감정 유형별 그릇 영상 도식의 단계별 작용 양상

감정이 발생하여 고조되고 평정되는 일련의 과정은 그릇 속의 액체가 작용하는 방식과 동일한 영상 도식을 갖는다. 구체적으로, <표 1>에 나타난 서술어의 용법에 따르면, '그릇 속의 액체'처럼 감정의 상태 변화 양상은 '제1단계: 그릇 속에 감정이 담기는 과정', '제2단계: 그릇 속의 감정이 가열되는 과정', '제3단계: 그릇 속의 감정이 솟아 넘치는 과정', '제4단계: 그릇 속의 감정이 폭발하는 과정', '제5단계: 그릇 속의 감정이 평정되는 과정'의 5단계로 전개된다. 이 원형적 감정 시나리오는 <그림 6>과 같이 포물선으로 도식화할 수 있다.

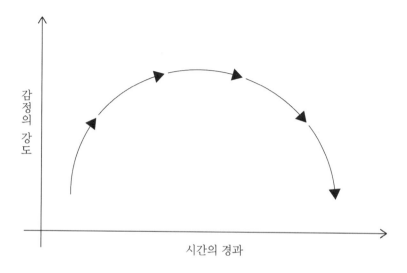

그림 6 그릇 속 액체로서 원형적 감정 시나리오

그러면, 이러한 감정의 시나리오 체계가 8가지 감정에서 어떻게 활성화되는지를 살펴보기로 한다.

첫째, '화'의 작용 방식에 대한 (6)의 용법 가운데 각 단계의 전형적인 사례를 모아 보면 (6)'와 같다. (6)'에서 '화'는 서술어 '차오르다→끓어오르다→치솟아오르다→폭발하다→가라앉다'와 같이 연쇄적인 사건 도식을 이룬다. 곧 '화'는 '그릇 속의 액체'와 같이 몸속에 차고, 열을 받아 끓고, 솟아오르고, 그 압력이 증가하여 폭발하고, 마침내 식고 가라앉는 상태로 전개됨으로써 <그림 6>의 원형적 감정 시나리오를 실행하고 있지만, 제3단계에서 '넘침'은 나타나지 않는다. 또한, (6) 및 (6)'에서 보듯이 우리 문화권에서 '그릇 속의 액체'에 해당하는 '신체 속의 화'는 '(뱃)속 밑바닥→가슴·부아→목구멍→머리꼭지'로 상승하여 그 뚜껑이 열리고 폭발하는 인지 모형을 형성하고 있다.[22]

(6)' a. …… **화가 목구멍까지 차올라** 그의 마지막 결벽증 위로 곧 범람할 것 같은 위기의식
을 느꼈다. (박완서,『오만과 몽상』, 2002: 97, 세계사.)

b. 그를 보는 순간 나의 **속 밑바닥에서부터 부글부글 화가 끓어올랐다.** (조세희,『난장
이가 쏘아 올린 작은 공』, 1992: 219, 문학과 지성사.)

c. 또다시 **화가 머리끝까지 치솟아오른다.** (공선옥,『내 생의 알리바이』, 1998: 81, 창
작과 비평사.)

d. '저, 저런 죽일 놈이 있나!' 쓰지무라는 더 **화를 내뿜으며** 또 술상을 내리쳤다. 그러
나 하시모토는 아직 부족하다고 생각했다. **화가 머리꼭지까지 치받쳐 오르다 못해
완전히 폭발해 버릴 때까지** 밀어붙여야 된다고 작정했다. **화가 완전히 폭발해서** 백
종두의 목을 단칼에 치도록 만들어야 하는 것이었다. (조정래,『아리랑』 5, 1995:
31, 해냄.)

e. **화가 좀 가라앉을 때까지** 기다리자 싶어 그도 전화를 하지 않았던 거였다. (공지영,
『고등어』, 1999: 164, 푸른숲.)

둘째, '두려움'의 작용 방식에 대한 (8)의 용법 가운데 각 단계의 전형적인 사례를 모아
보면 (8)'와 같다. (8)'에서 '두려움'은 서술어 '차다→솟아나다→폭발하다→가라앉다'의 연쇄
적인 사건 도식을 이루는데, <그림 6>의 원형적 감정 시나리오에 비추어 보면 제2단계의 가열
과정이 나타나지 않으며, 제3단계에서 '넘침'이 나타나지 않는다.

(8)' a. 그의 모습에는 **두려움이 가득 차 있었다.** (박경리,『김약국의 딸들』, 1993: 208, 나남.)

b. 그리고 마음속 깊은 곳에서 **두려움 같은 감정이** 시리게 **솟아나고** 있는 것이 느껴졌
다. (공지영,『즐거운 나의 집』, 2007: 244, 푸른숲.)

c. 아이가 팔을 뻗으며 '엄마'하고 입을 뗄 때까지의 몇 초의 순간동안, 그녀는 **두려움
이 폭발할** 듯 커져가며 북을 울리고 있는 것 같았다. (서지원,『사이버사랑』, 2002:
23, 로월.)

d. 그 상태에서 **두려움이** 조금씩 **가라앉았다.** (최성현,『산에서 살다』, 2007: 232, 조화
로운 삶.)

셋째, '미움'의 작용 방식에 대한 (9)의 용법 가운데 각 단계의 전형적인 사례를 모아 보면
(9)'와 같다. (9)'에서 '미움'은 서술어 '차다→끓어오르다→끓어 넘치다→폭발하다→가라앉
다'와 같이 연쇄적인 사건 도식을 이루어, <그림 6>의 원형적 감정 시나리오를 실행하고 있다.

---

22 이와 관련하여 Matsuki(1995: 145)에서는 일본어의 경우 '화'의 시나리오는 'hara(배)→mune(가슴)
→atama(머리)'로 진행되는데, '화'가 'hara'와 'mune'에 있을 때는 억제가 가능하지만 'atama'에
이르면 억제가 불가능하다고 한다.

(9)' a. 그의 마음은 누이에 대한 그리움과 부실한 남자에 대한 **미움**으로 가득 **찼다.** (최인
　　　훈, 『회색인』, 1996: 108, 문학과 지성사.)

　　b. 그러나 다음 순간 희련에 대한 **미움**이 지글지글 **끓어올랐다.** (박경리, 『나비와 엉경
　　　퀴』 2, 2004: 163, 이룸.)

　　c. **미움**이 부글부글 **끓어 넘쳤다.** (이미애, 『그냥 갈까 아니아니 손잡고 가자』, 2000:
　　　93, 푸른책들.)

　　d. 그렇게 쌓여있던 엄마에 대한 **미움**이 어느 날 **폭발을 했습니다.** (김양재, 『날마다
　　　살아나는 큐티』, 2005: 165, 두란노.)

　　e. 굵은, 밑에 지겨움과 **미움이 가라앉은** 듯한 목청이었다. (강신재, 「임진강의 민들레」,
　　　『젊은 느티나무』, 2005: 247, 민음사.)

　　넷째, '사랑'의 작용 방식에 대한 (10)의 용법 가운데 각 단계의 전형적인 사례를 모아 보면
(10)'와 같다. (10)'에서 '사랑'은 서술어 '차다→끓어오르다→넘쳐흐르다→식다'와 같이 연쇄
적인 사건 도식을 이루는데, <그림 6>의 원형적 감정 시나리오에 비추어 보면 제4단계의 폭발
과정이 나타나지 않는다.

(10)' a. 그는 아내를 보는 순간, 마음에 가득 **차는 사랑**을 깨달으면서, ……. (김동인, 「배
　　　따라기」, 『한국현대대표소설선』 1, 1996: 189, 창작과 비평사.)

　　b. 누이는, 전에 없이 별나게 자기를 자세히 들여다보는 동복 남동생에게 마치 어머니
　　　다운 **사랑이 끓어오르기나** 한 듯이 미소를 지어 보였을 때. (황순원, 「별」, 『전통한
　　　국단편 99선』 3, 2002: 343, 타임기획.)

　　c. 그 눈길은 어느 시어머니도 감히 흉내낼 수 없을 만큼 자상함으로 가득 찼고 며느
　　　리에 대한 **사랑이 넘쳐흘렀다.** (이철호, 「가슴 없는 환자들」, 『너에게 하지 못한
　　　이야기』, 2003: 303, 정은문화사.)

　　d. '**사랑이 식었다**고 생각했었지.' (은희경, 「세 번째 남자」, 『제22회 이상문학상 수
　　　상작품집』, 1998: 123, 문학사상사.)

　　다섯째, '슬픔'의 작용 방식에 대한 (12)의 용법 가운데 각 단계의 전형적인 사례를 모아 보
면 (12)'와 같다. (12)'에서 '슬픔'은 서술어 '차다→끓어오르다→솟구쳐 오르다[23]→터져 나
오다→가라앉다'와 같이 연쇄적인 사건 도식을 이루어, <그림 6>의 원형적 감정 시나리오를
실행하고 있다.

---

23 '슬픔'의 작용 방식에서 '넘침'은 대중가요의 다음 표현에서 확인된다. "외로움에 젖고 젖어 쓰라린
　　가슴에/슬픔이 넘쳐 넘쳐 내 야윈 가슴에 넘쳐흐른다." (황우루 작사 '눈물을 감추고'에서.)

(12)' a. 완기의 가슴이 **슬픔으로** 가득 **찼다**. (김인숙, 『그래서 너를 안는다』, 2006: 245, 청년사.)

   b. **끓어오르는 슬픔**보다도 더 견디기 힘들게, 그 의문은 호동의 마음을 갉아 대고 있었다. (강숙인, 『아 호동왕자』, 2000: 148, 푸른책들.)

   c. 그리고, 그 한마디로 지난날의 **슬픔**과 아픔이 한꺼번에 **솟구쳐 올랐다**. (조정래, 『한강』 1, 2001: 127, 해냄.)

   d. 가슴 속에 고여 있던 **슬픔이 터져 나왔다**. (하림, 『사이공의 슬픈 노래』, 2003: 26, 황금가지.)

   e. 이렇게 스스로 다짐하자 봉길은 **슬픔이 가라앉았다**. (방영웅, 『불꽃이 된 청년 윤봉길』, 2006: 79, 창작과 비평사.)

여섯째, '기쁨'의 작용 방식에 대한 (13)의 용법 가운데 각 단계의 전형적인 사례를 모아 보면 (13)'와 같다. (13)'에서 '기쁨'은 서술어 '차오르다→끓어오르다→넘쳐흐르다→터지다→가라앉다'와 같이 연쇄적인 사건 도식을 이루어, <그림 6>의 원형적 감정 시나리오를 실행하고 있다.

(13)' a. 피로하긴 했지만, 즐겁고도 상쾌한 **기쁨이** 가슴 밑바닥에서부터 **차오르고** 있었다. (최인호, 『머저리클럽』, 2008: 195, 랜덤하우스.)

   b. 조한세 씨는 **끓어오르는 기쁨을** 감추지 못하며 물었다. (유재용, 「어제 울린 총소리」, 『동인문학상 수상작품집』, 1987: 19, 조선일보사.)

   c. 빙글빙글 웃는 차부의 얼굴에는 숨길 수 없는 **기쁨이 넘쳐흘렀다**. (현진건, 「운수 좋은 날」, 『한국현대대표소설선』 1, 1996: 344, 창작과 비평사.)

   d. "나야 **기쁨이** 안에서 수소 폭탄처럼 **터졌으니까** 어쩔 수 없어서 그랬던 거지." (김하인, 『국화꽃향기』 1, 2000: 133, 생각의나무.)

   e. 해방의 **기쁨이** 차츰 **가라앉으면서** 거리는 새 국가 건설을 앞두고 술렁거리고 있었다. (KCP.)

일곱째, '부끄러움'의 작용 방식에 대한 (15)의 용법 가운데 각 단계의 전형적인 사례를 모아 보면 (15)'와 같다. (15)'에서 '부끄러움'은 서술어 '차다→끓어오르다'의 1, 2단계만 나타남으로써 <그림 6>의 원형적 감정 시나리오 전체를 실행하지 않는다.

(15)' a. 순간 하구 씨의 얼굴 근육이 실룩거리면서 수치심과 **부끄러움으로** 가득 **찼다**. (최성배, 『물살』, 2000: 129, 새미.)

   b. 무슨 파렴치한 행위를 저지른 것처럼 역겨운 **부끄러움이 끓어올라** 마음을 안정할 수가 없었다. (이동하, 『도시의 늪』, 1979, 평민사.)

여덟째, '긴장'의 작용 방식에 대한 (16)의 용법 가운데 각 단계의 전형적인 사례를 모아 보면 (16)'와 같다. (16)'에서 '긴장'은 서술어 '차다→넘치다→터지다→가라앉다'와 같이 연쇄적인 사건 도식을 이루는데, <그림 6>의 원형적 감정 시나리오에 비추어 보면 제2단계의 가열과정이 나타나지 않는다.

(16)' a. 수술대에 누운 스텐코프의 침착하면서도 **긴장에 찼던 얼굴**, 그것은 전신마취가 끝난 후 삼분이 못 갔다. (전광용, 「꺼삐딴 리」, 『한국현대대표소설선』 9, 1996: 366, 창작과 비평사.)

 b. 별감의 품에 안긴 여인의 남편이나 정인이라야 더욱 **긴장감이 넘치고** 인물들의 격정이 보는 사람에게 더 잘 전해질 테니까 말일세. (이정명, 『바람의 화원』 (2), 2007: 179, 밀리언하우스.)

 c. 아까 간장 냄새가 날 때부터 조마조마하게 눌러 왔던 **긴장감이 툭 터져 버린** 것이다. (권지예, 『꽃게무덤』, 2005: 13, 문학동네.)

 d. 팽팽하게 감돌던 **긴장이 가라앉고** 나자, 이번에는 견딜 수 없는 잠이 밀려들기 시작했다. (김유정, 『영혼의 물고기』 3, 2001: 146, 황금가지.)

이상에서 검토한 감정 시나리오, 즉 '담김→가열→솟아 넘침→폭발→평정'의 감정 유형별 활성화 정도는 다음 세 가지로 대별된다. 첫째, '화, 미움, 슬픔, 기쁨'은 이 시나리오를 실행한다. 다만, '화'는 제3단계의 '넘침'이 나타나지 않는다는 점에서 '미움, 슬픔, 기쁨'이 감정 시나리오의 원형적 사례라 하겠다. 둘째, '두려움'과 '긴장'은 '가열', '사랑'은 '폭발'의 과정이 결여되어 있으며, '두려움'의 경우 제3단계에서 '넘침'도 나타나지 않는다. 셋째, '부끄러움'은 '솟아 넘침·폭발·평정'의 과정이 결여되어 있다. 이 내용을 정리하면 <표 3>과 같다.

표 3 감정 시나리오의 활성화 양상

감정 시나리오 \ 감정 유형		화	두려움	미움	사랑	슬픔	기쁨	부끄러움	긴장
그릇 속 액체의 상태 변화	평정 ↑	○	○	○	○	○	○	×	○
	폭발 ↑	○	○	○	×	○	○	×	○
	솟아 넘침 ↑	△	△	○	○	○	○	×	○
	가열 ↑	○	×	○	○	○	○	○	×
	담김	○	○	○	○	○	○	○	○

4.3. 감정 유형별 작용 양상의 해석

그릇 은유에 의한 감정의 그릇 영상 도식적 작용 양상은 <표 1>과 <표 3>을 통해서 기술되었다. 이 표에서 나타난 감정의 작용 양상은 자의적인 것이 아니라 동기화되어 있다. 이 점을 세 가지 측면에서 살펴보기로 한다.

첫째, <표 1>에서 감정 유형별 서술어의 가짓수는 '기쁨(26), 화(24), 슬픔(23), 미움(19), 사랑(16), 두려움(13), 긴장(12), 부끄러움(8)' 순인데, 서술어의 활성화 정도는 <표 3>의 연쇄적 사건 도식에서 감정 시나리오의 실행 정도와 상관성을 지닌다. 곧 서술어의 가짓수가 많은 '기쁨, 화, 슬픔, 미움'은 '담김→가열→솟아 넘침→폭발→평정'의 5단계를 실행하는 원형적 감정 시나리오가 적용되는 반면, 그 다음인 '사랑, 두려움, 긴장'은 각각 한 가지 단계가 결여되며, 서술어의 가짓수가 가장 적은 '부끄러움'은 세 가지 단계가 결여되어 감정 시나리오가 적용되지 않는다.

둘째, <표 1> 및 <표 3>과 관련하여 감정과 그릇 속의 액체 간에 존재론적 및 인식론적 대응관계가 형성되는데, '화'의 경우를 보기로 한다. 일차적으로 <표 4>와 같이 근원영역의 실체들이 목표영역의 실체들에 사상되는 존재론적 대응관계가 이루어지며, 이차적으로 <표 5>와 같이 근원영역의 지식이 목표영역의 지식에 추론을 형성하는 인식론적 대응관계가 이루어진다(임지룡 2008a: 176-177 참조).[24] 이러한 대응관계는 '폭발과정'을 거치는 '화, 두려움, 미움, 슬픔, 기쁨, 긴장'에 공유된다.

표 4 '화'의 존재론적 대응관계

근원영역: 그릇 속 액체	목표영역: 화
그릇	신체
열 척도	화 척도
그릇 속의 압력	신체 속의 내적 압력
액체와 그릇의 소동	신체적 소동
그릇의 저항에 대한 한계	화 척도의 한계
폭발	통제의 소실
폭발의 위험	통제 소실의 위험

---

24 이와 관련하여 Yu(1998: 16)에서는 근원영역과 목표영역 간에 '존재론적 대응관계(ontological correspondence)'가 활성화되면, '사상(mapping)'은 목표영역의 추론 위에 근원영역의 추론 양식을 투사하게 되어 '인식론적 대응관계(epistemic correspondence)'를 가져온다고 하였다.

표 5 '화'의 인식론적 대응관계

근원영역: 그릇 속 액체	목표영역: 화
그릇 속의 액체가 특정한 한계를 넘어서 가열될 때, 압력은 그릇이 폭발하는 지점까지 증가한다.	화가 특정한 한계를 넘어서 증가할 때, 압력은 사람이 통제를 상실하는 지점까지 증가한다.
폭발은 그릇을 손상시키며 주변 사람들에게 위험하다.	화에 대한 통제의 소실은 사람에게 피해를 주며 다른 사람에게 위험하다.
폭발은 충분한 힘과 대응압력을 가함으로써 막을 수 있다.	화는 의지력에 의해서 억제될 수 있다.
압력의 통제된 발산을 통하여 폭발의 위험을 줄일 수 있다.	화는 통제된 방식으로 발산되거나 해로움 없이 발산되어 위험을 줄일 수 있다.

셋째, <표 3>에서 감정 시나리오의 실현과 관련하여 '두려움, 긴장'은 가열과정이 결여되고, '사랑'은 폭발과정이 결여되어 있다. 이러한 현상은 자의적이 아니라, 이들 감정의 신체 생리적 증상과 상관성을 지닌다. '두려움'의 경우, <표 1>에서 보면 가열과정에 관한 서술어가 전혀 나타나지 않는다. 이것은 '두려움'의 생리적 환유인 (18)의 '등이 서늘하다'나 '가슴이 얼어붙다'와 '두려움'의 또 다른 개념적 은유 '추위', 곧 '두려움에 떨다'나 '두려움이 마음을 식히다'에 의해서 뒷받침된다. 즉 두려움의 상태에서 우리 몸의 생리적 증상과 일상적 경험은 체온이 하강된다.

(18) a. 자기 딴에는 따로이 속내평이 있어서 하는 소리겠지만, 이건 느닷없이 송장 일곱 매 묶는 이야기가 불쑥 나오는 데는, **등이 서늘하고** 그다지 긴치 않기도 했을 것입니다. (채만식, 『태평천하』, 2005: 112, 문학과 지성사.)

b. "박태영이 너를 보고 독립운동을 하라고 한 일은 없었나?", "없었습니다.", "거짓말 마라!" 하며 형사는 책상을 쾅 쳤다. 규의 **가슴은 얼어붙는** 듯했다. 말이 떨렸다. (이병주, 『지리산』 1, 1985: 57, 기린원.)

(19) a. 여자들과 아이들은 **두려움에 떨고** 있었다. (조정래, 『아리랑』 8, 1995: 292, 해냄.)

b. 그러나 지금은 천문학적인 물가 앙등에 대한 공포와 **두려움이 사람들의 마음을 싸늘하게 식혀 놓고** 있다. (CETConc.)

'긴장'의 경우, <표 1>에서 보면 가열과정에 관한 서술어로 '돌다, 감돌다'가 있지만, 이는 가열에 대한 주변적인 보기에 지나지 않는다. 이것은 '긴장'의 생리적 환유인 (20)의 '얼굴이 얼다'나 '혀가 얼어붙다'와 '긴장'의 또 다른 개념적 은유 '추위', 곧 '차가운 긴장'이나 '긴장이 몸을 얼어붙게 만들다'에 의해서 뒷받침된다. 즉 긴장의 상태에서 우리 몸의 생리적 증상과 일상적 경험은 체온이 하강된다.

(20) a. 소희를 만날 생각에 긴장한데다 전날 밤 제대로 자지 못해 내 **얼굴은 바짝 얼어 있었지만** 그것을 창백하고 수척한 지성의 모습으로 본다면 못 볼 것도 없었다. (은 희경, 『마이너리그』, 2001: 28, 창작과 비평사.)

b. 사람 앞에서는 **혀가 얼어붙어** 한마디도 할 수 없어. (KCP.)

(21) a. 하대치는 한 줄기 **차가운 긴장**이 찌르르 심장을 찔러오는 것을 느꼈다. (조정래, 『태백산맥』 1, 1986: 42, 한길사.)

b. …… **긴장이 내 몸을 얼어붙게** 만들었기 때문이다. (성석제, 「아빠 아빠 오, 불쌍한 우리 아빠」, 『제49회 현대문학상 수상소설집』, 2003: 46, 현대문학.)

한편, '사랑'의 경우를 보기로 한다. <표 1>에서 '사랑'은 폭발과정에 관한 서술어가 나타나지 않는다. 이것은 우리 문화권에서 "사랑이 {터졌다/폭발했다}."와 같은 은유를 수용하지 않음을 뜻한다. 곧 '사랑'의 시나리오는 (10)'에서 보듯이 폭발과정 없이 '담김→가열(끓어오르다)→솟아 넘침(넘쳐흐르다)→평정(식다)'으로 실현된다.

5. 마무리

이상에서 인지언어학의 관점에서 그릇 영상 도식에 바탕을 둔 감정 표현의 작용 양상과 의미 특성에 대해 논의하였다. 이제까지 논의한 바를 간추려 이 장을 마무리하기로 한다.

첫째, 감정은 본질적으로 추상적이고 복잡한 양상을 띠고 있다. 그러나 현실적으로 우리들은 감정을 매우 구체적이며 단순하게 표현하고 이해하면서 살아간다. 인지언어학은 인간이 감정을 개념화하는 이 자연스럽고 합리적인 과정을 체험주의와 민간 모형을 통하여 이론화한 데 그 의의가 있다.

둘째, 감정의 '개념적 은유'는 감정이라는 추상적인 대상, 곧 목표영역을 그릇(또는 그 속의 액체)이라는 구체적인 대상으로 인식하는데, 이 경우 그릇 영상 도식에 의해 그릇 은유의 목표영역과 근원영역 간에 상관성이 부여되며, 감정의 생리적 환유는 개념적 은유의 근원영역이 된다. 이렇게 볼 때, 근원영역과 목표영역 간의 은유적 사상은 자의적인 현상이 아니라, 우리의 신체적 경험과, 그에 기초한 영상 도식에 기반을 둔 것이라 하겠다.

셋째, 소설 텍스트의 감정 말뭉치(NECK)를 대상으로 국어의 기본 감정 '화, 두려움, 미움, 사랑, 슬픔, 기쁨, 부끄러움, 긴장'에 대하여 그릇 영상 도식에서 '그릇 속의 액체'의 작용 양상을 서술어를 중심으로 살펴보았다. 그중 '그릇 속 액체'에 기초한 감정 표현에는 56개의 서술어가 사용되었으며, 감정 유형별 서술어의 가짓수는 '기쁨(26), 화(24), 슬픔(23), 미움(19), 사랑(16), 두려움(13), 긴장(12), 부끄러움(8)' 순이며, 이들 서술어가 8가지 감정에서 사용된 것은 총 141회이다. 한편 감정 유형별 '그릇'의 작용 양상은 매우 단순하게 나타났다. 따라서 감정에 대한 그릇 영상 도식의 초점은 '그릇 속의 액체'이다.

넷째, 감정은 그릇 속 액체의 작용 방식과 동일한 영상 도식을 갖는데, '담김→가열→솟아 넘침→폭발→평정'의 5단계의 시나리오로 전개된다. 그중 '미움, 슬픔, 기쁨'이 감정 시나리오의 가장 원형적 사례이며, '화'는 '넘침'의 과정, '두려움, 긴장'은 '가열'의 과정, '사랑'은 '폭발'의 과정, '부끄러움'은 '솟아 넘침·폭발·평정'의 과정이 각각 결여되어 있다.

다섯째, 감정 유형별 감정 시나리오의 실행 정도는 자의적 현상이 아니라 동기화되어 있다. 즉 감정 유형별 서술어의 활성화 정도는 연쇄적 사건 도식에서 감정 시나리오의 실행 정도와 상관성을 지니며, 감정과 그릇 속의 액체 간에는 존재론적·인식론적 대응관계가 형성된다. 감정 시나리오의 실현과 관련하여 결여되는 단계는 이들 감정의 신체 생리적 증상 및 일상적 경험과 상관성을 지닌다는 점에서 그러하다.

이상에서 살펴본 감정의 그릇 영상 도식적 양상과 의미 특성은 구어를 포함한 더 폭넓은 자료를 통해 보완될 수 있는 개연성이 열려 있으며, 이 과정의 방법론과 원리는 감정의 근원영역으로서 '적, 식물, 음식물·술, 폭풍우, 불, 건물'과 같이 감정이 발생하여 성숙하고 소멸되는 경우에 적용될 수 있다.

제3부

마음과 의미

제8장

마음의 인지언어학적 탐구

1. 들머리

이 장은 '일상 언어는 인간 마음의 산물'이라는 바탕 위에서 마음의 성격을 밝히고 인지언어학적 관점에서 탐구의 방향을 제시하는 데 목적이 있다. '마음'은 '몸'과 더불어 사람을 구성하는 두 축이다. '몸'은 구체적인 반면 '마음'은 추상적이므로, '마음'의 실체를 가늠하기란 쉽지 않다. 20세기에 접어들어 언어의 과학적 연구를 추구하기 시작한 구조언어학이나 기술언어학에서는 언어의 형태나 구조에 관심이 집중되었을 뿐 '마음'이 고려될 여지는 없었다.

언어 연구에서 '마음'이 본격적으로 논의의 대상이 된 것은 생성언어학에 의해서이다. Chomsky(1957, 1965)는 "자연 언어는 한정된 단위로 이루어지는 무한수의 문장 집합"이라고 정의하고, "문법은 무한수의 문장을 명세화하고 생성할 수 있는 유한한 규칙의 체계"라고 주장하였다. 따라서 언어의 연구는 '언어능력(linguistic competence)', 즉 언어의 창의성과 사람의 머릿속에 있는 '정신' 또는 '마음'의 연구라고 하였다. 그런데 생성언어학에서는 언어의 보편성, 천부적인 능력으로서 언어습득 등과 관련하여 언어를 그 자체의 규칙에 의해 지배를 받는 독립된 마음의 모듈 중 하나로 간주함으로써 '마음'과 '언어'의 통합적이고 유연한 작용 및 기능을 위축시키고 말았다.

마음과 몸은 이원적일 뿐 아니라 마음이 몸을 초월한다는 '언어-마음'에 관한 자율적 모듈의 가정에 대해, 인지언어학은 다음과 같은 세 가지의 전혀 다른 관점을 제시하였다. 첫째, 마음은 신체화되어 있다(Johnson 1987 참조). 이것은 추상적인 마음이 신체적 경험에 기초를 두고 있다는 것을 뜻하는데, '마음' 그 자체에 대해서 "마음이 {아프다, 따갑다, 쓰리다, 멍들다, 지치다, 흔들리다}."라는 표현에서 보듯이 마음을 몸으로 이해한다. 둘째, 언어적 지식은 인간의 일반적 인지의 일환이다.[1] 이것은 언어의 다양한 현상이 인지의 다양한 양상과 복합적

---

[1] 생성주의에서는 언어능력과 (지각력, 주의력, 기억력, 추리력 등) 다른 정신능력의 차이를 '질(kind)'의 문제라고 한 반면, 인지언어학에서는 그 차이를 '정도(degree)'의 문제라고 본다.

으로 연계되어 있으며 언어적 인지가 일반적인 인지와 별도로 특수하고 분리된 것이 아님을 뜻한다.[2] 셋째, 언어는 마음을 반영하고 마음의 작용 방식을 밝혀 주는 창구이다. 이것은 언어와 마음의 상호 관련성을 뜻하는데, 개념적 체계의 작용 방식을 이해하기 위해서는 언어에 의존하며, 언어의 작용 방식을 이해하기 위해서는 개념적 지식에 의존하는 것을 뜻한다(Evans 2009: 50 참조).

이처럼 인지언어학은 언어, 몸과 마음, 그리고 사회 문화적 맥락의 상관성 속에서 언어와 마음의 본질을 탐구해 오고 있는데, '마음'의 신비를 밝히는 일은 그 출발선상에 있는 형편이다. 이와 관련하여 이 장에서는 객관주의와 체험주의의 성격을 기술하고 '마음'에 대한 관점의 차이점을 밝히고, 마음의 탐구 과학으로서 인지과학·인지심리학·인지언어학의 성격을 기술한 뒤 마음의 전형적인 탐구 영역에 대해서 살펴보기로 한다.

2. 마음에 대한 두 가지 견해

마음·정신·사고는 철학, 심리학을 비롯하여 언어학의 지속적인 탐구 과제의 하나이다. 여기서는 이성, 범주화, 의미의 문제를 통해 객관주의와 체험주의의 성격을 기술하고, '마음'에 대한 객관주의와 체험주의의 견해를 살펴보기로 한다.

2.1. 객관주의와 체험주의

언어 및 인지와 관련하여 객관주의와 체험주의는 매우 다른 관점을 보여 준다. Lakoff (1987: 10)에서는 인지과학의 중심 목표를 이성과 범주화의 본질을 밝히는 것으로서, 그 전통적인 견해를 '객관주의(objectivism)'라고 하며 이에 대응되는 새로운 견해를 '체험주의 (experientialism)'라고 하였다. 이성과 범주화, 그리고 의미를 보는 시각의 차이를 통해 객관주의와 체험주의의 성격을 기술하기로 한다(Lakoff 1987: xi-xvii, Hamawand 2016: 73, 125-135 참조).

먼저, '이성(reason)'에 대한 관점의 차이는 다음과 같다. 첫째, 객관주의에서는 이성이란 추상적이며 신체로부터 분리된 것이라고 하는 반면, 체험주의에서는 이성이란 신체적인 근거를 갖는다고 본다. 둘째, 객관주의에서는 이성을 글자 그대로의 것, 즉 객관적으로 참이거나

---

2   이와 관련하여 Janda(2010: 6)에서는 심리학자들과 신경과학자들에 의해 관찰된 인지의 유형이 언어에도 반영되어 있을 것으로 보았다.

거짓일 수 있는 명제에 관한 것으로 보는 반면, 체험주의에서는 이성의 상상적인 측면, 곧 은유·환유·심상 등을 글자 그대로의 주변적이거나 중요하지 않은 것이라기보다 이성의 중심적인 것으로 본다.

다음으로, '범주화(categorization)'에 대한 관점의 차이는 다음과 같다. 객관주의는 고전 이론에 바탕을 둔 것으로 범주는 원소들이 공유하고 있는 특성에 의해서 특징지어지는데, 이 경우 범주화의 주체인 사람의 신체적 본질과는 무관하며, 은유·환유·심상 등 상상의 작용기제는 범주의 본성에 관련되지 않는다고 본다. 그 반면, 체험주의는 원형이론에 바탕을 둔 것으로 신체적 경험과 상상의 작용 기제를 사용하는 방식이 경험의 범주화에 중심이 된다고 본다.

한편, 언어의 '의미(meaning)'에 대한 이들의 대립적 관점을 보기로 한다. 객관주의에 따르면 언어의 역할은 이 세계의 사태를 기술하는 것이며, 언어 표현의 의미는 신체와 분리되어 있으며 외부 세계의 객관적인 반영으로 간주한다. 그 결과 언어의 의미를 형성하는 데 화자가 관여할 여지는 없게 된다. 그 반면 체험주의 또는 '주관주의(subjectivism)'에서는 언어는 객관적 실재를 지시하는 것이 아니라 화자의 마음속 개념을 지시하는 것이며, 언어 표현의 의미는 신체적 경험으로부터 도출된 개념의 반영으로 간주된다. 그 결과 언어의 의미 형성에서 화자의 역할이 큰 비중을 차지하는 것으로 본다.

2.2. '마음'에 관한 객관주의와 체험주의

'마음의 이론(theory of mind)'에 대한 객관주의와 체험주의 관점을 살펴보기로 한다 (Johnson 1987, Lakoff 1987, Lakoff & Johnson 1999, Kövecses 2006: 4-12 참조). 먼저, '마음'에 관한 구체적인 논쟁점 8가지는 다음과 같다.

(1) a. 마음의 다양한 양상들이 동일한 과정의 지배를 받는가, 아니면 서로 다른 과정의 지배를 받는가?
b. '실재(reality)'의 본질은 무엇인가?
c. 마음과 외부 실재는 어떤 관계인가?
d. 마음과 몸은 어떤 관계인가?
e. 언어란 무엇인가?
f. 의미란 무엇인가?
g. 진리란 무엇인가?
h. 언어와 인지는 어떤 관계인가?

먼저, (1)에 대한 '객관주의' 견해는 다음과 같다.

첫째, 마음은 여러 가지 구분되는 '모듈(module)'로 이루어지며 각 모듈은 서로 다른 인지 과정의 지배를 받는다.

둘째, 실재는 명확한 범주, 즉 '나무, 고양이, 달리기'와 같은 세계의 범주를 비롯해 다양한 사물 및 사건의 범주들로 이루어진다. 각 범주는 공통된 본질적 특성으로 정의된다.

셋째, 마음은 외부 실재의 거울이다. 사고는 객관적 실재를 반영하며 본질상 '문자적 (literal)'이다. 또한 마음의 범주인 개념적 범주는 세계의 범주에 대응한다.

넷째, 마음은 몸과 독립적이다. 마음은 몸을 넘어선다는 점에서 초월적이며, 사고는 추상적 상징의 조작으로 구성된다. 컴퓨터의 유추에서 마음은 추상적 상징을 조작하는 추상적 기계와 같은데, 마음은 소프트웨어이고 몸, 즉 두뇌는 하드웨어이다.

다섯째, 언어는 그 자체의 규칙에 의해 지배를 받는 독립된 마음의 모듈 중 하나이다. 언어는 선천적이며, 인간은 추상적이고 보편적인 규칙으로 특징지어지는 언어능력을 갖고 태어난다. 언어와 사고의 논의에서 형태가 의미보다 더 중요하다.

여섯째, 의미는 상징과 세계 속의 사물/사건 간 대응이다. 의미는 필요충분조건에 의해 정의되며, 일반적인 형태와 기호는 사물과 사건으로 이루어진 세계의 양상과 관습적으로 관련되기 때문에 의미를 갖게 된다.

일곱째, 진리와 의미는 밀접한 관련이 있다. 의미는 진리에 기초를 두며, 문장이 참이 되는 조건으로 간주된다.

여덟째, 언어와 인지 또는 마음의 관계를 보면, 세계는 미리 구조화되어 있으며, 개념적 체계는 세계의 구조를 반영한다. 언어는 그 범주와 함께 개념적 체계를 단순히 표현하거나 반영할 뿐이다.

한편, (1)에 대한 '체험주의' 견해는 다음과 같다.

첫째, 마음은 '전체적(holistic)'이다. 마음의 과정들은 마음의 다양한 양상 및 능력과 대체로 동일한 것으로 간주된다.

둘째, 실재는 미리 구조화되어 있지 않으며, 세계의 잘 한정된 범주를 가지지도 않는다. 세계의 범주는 지각, 상호작용 등을 통한 인간의 특이한 경험의 결과로 간주되며, 세계는 인간이 '상상으로' 창조하는 '투사된' 실재이다.

셋째, 마음의 범주는 세계의 범주, 즉 객관적 실재의 범주와 일치하지 않고, 우리가 경험하고 지각하는 그대로의 세계를 반영한다. 세계는 원형에 기초한 범주화, 틀에 의한 지식 조직, 은유를 통한 경험의 이해 등 상상적 방식으로 마음에 의해 창조되거나 구성된다. 따라서 동일한 실재가 여러 가지 방식으로 구성될 수 있다.

넷째, 몸은 우리의 마음을 형성하는 데 결정적인 역할을 한다. 마음은 몸에 기초를 두는데, 이것은 인간의 몸이 인간의 마음에 크나큰 영향을 미친다는 것을 뜻한다. 따라서 사고는 신체화되어 있다.

다섯째, 언어는 독립된 마음의 모듈이 아니라, 마음의 다양한 인지능력의 용법과 동일한 원리에 기초해서 작용한다. 예를 들어, 범주화, 틀부여 지식, 전경-배경 조직 등의 인지 과정은 마음의 여러 양상뿐만 아니라 언어에서도 중요하다. 언어와 사고에 대한 논의에서 의미는 형태보다 더 중요하며, 문법은 개념화로 간주된다.

여섯째, 의미는 신체화로부터 도출되며, 사고와 의미는 신체화되어 있다. 의미는 개념적 내용뿐만 아니라, 개념적 내용을 해석하는 방식의 문제이다.

일곱째, 진리는 문장과 상황 사이의 직접적인 대응이 아니라, 상황의 특별한 이해를 통해 상대적으로만 평가될 수 있다.

여덟째, 세계는 구조화되어 있지 않고, 세계를 구조화하는 것은 사람이다. 이러한 구조화의 많은 부분은 언어 체계와 관련되는데, 언어는 우리의 사고방식을 형성한다.

이상에서 살펴본 바와 같이, 마음에 관한 (1)의 질문에 대하여 객관주의와 체험주의는 서로 다른 입장에 서 있다.

3. 마음의 탐구 과학

아래에서는 '마음'을 탐구하는 세 가지 주요 분야인 인지과학, 인지심리학, 인지언어학의 성격에 대해서 살펴보기로 한다.

3.1. 인지과학

여기서는 '인지과학'의 기본 개념을 기술하고, 인지심리학과 인지언어학 간의 한결 더 긴밀한 관련성을 검토해 보기로 한다.

'인지과학(Cognitive Science)'은 1970년대 중·후반기에 고전적 인지과학의 원리들을 의문시하는 경험적 연구에서 비롯되었는데,[3] 그 특징은 다음과 같다. 첫째, 개념 및 이성의 몸에

---

3 이른바 제1세대 인지과학이라고 하는 '고전적 인지과학(Classical Cognitive Science)'은 1950년대와 1960년대에 발전한 것으로, 그 특징은 다음과 같다(Lakoff & Johnson 1999: 126-130, Sinha 2007: 1266-1267 참조). 첫째, 상징적 계산에 관한 아이디어들에 집중했다. 둘째, 형식논리나 기호 체계의 조작에서처럼 이성은 탈신체적이고 문자적이라는 견해를 따랐다. 셋째, 마음이 몸과 무관하

대한 강한 의존이다. 둘째, 개념화와 이성에 있어서 상상적 과정들의 중심성이다. 셋째, 신체화된 마음의 인지과학이다. '고전적 인지과학'은 탈신체화된 인지과학인 반면, (제2세대) '인지과학'은 신체화된 마음의 인지과학으로 일컫는데, Lakoff & Johnson(1999: 3)에서는 인지과학의 세 가지 주요 발견 사항으로 "마음은 본유적으로 신체화되어 있다.", "사고는 대부분 무의식적이다.", "추상적 개념들은 대체로 은유적이다."를 들고 있다.

'인지과학'은 '마음'과 '마음의 작용'[4]을 탐구하기 위한 학제적 연구로서 인간의 행동 및 그 산물 자체는 마음의 산물이라는 관점을 취하고 있다(Taylor 2002: 4, 임지룡 2008a: 5 참조). 이 경우 인지과학을 구성하는 주요 학문분야는 <그림 1>에서 보듯이 심리학, 철학, 언어학, 인류학, 신경과학, 컴퓨터과학 또는 '인공지능(artificial intelligence)' 등이다.

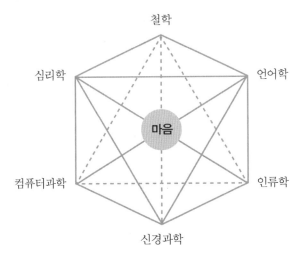

그림 1 **인지과학의 영역**(von Eckardt 1996: 2 **참조**)

<그림 1>에서 인지과학을 구성하는 6가지 학문 영역 가운데 인지언어학과 인지심리학은 한층 더 긴밀한 관계를 맺고 있는데, 이에 주목한 학자들의 주요 논의 4가지를 들면 다음과 같다.

첫째, Lakoff & Johnson(1980/2003: 270)에서는 "인지언어학은 두뇌와 마음의 일반적 연구에서 개념 체계와 언어에 대해 설명적 기초를 제공하려고 시도한다. 그 자체로서 인지언어학은 통사론에서 의미론, 담화에 이르기까지 가능한 언어의 많은 국면을 설명할 수 있는 통합적 구도를 형성하기 위해 인지심리학과 인지신경과학, 발달심리학의 최근 연구에 의존하며,

---

게 그 형식적 기능에 의해 특징지어진다는 이원론을 가정했다.

4   Taylor(2002: 4)에서는 '마음의 작용'은 기억, 학습, 지각, 주의, 의식, 추론, 그리고 더 타당한 단어가 없기 때문에 이른바 '사고'와 같은 것이라고 하였다.

그 연구를 통합하려고 시도한다."라고 하였다.

둘째, Croft & Cruse(2004: 328-329)에서는 "언어에 대한 인지언어학적 접근법의 세 가지 주요 가설인 "언어는 자율적 인지능력이 아니다.", "문법은 개념화이다.", "언어 지식은 언어 사용으로부터 나온다."는 인지언어학과 인지심리학 간의 밀접한 관계를 암시한다. 특히 언어가 자율적 인지능력이 아니라는 가설은 언어의 개념적 구조 및 과정이 비언어적 인간 인지에서 발견되는 개념적 구조 및 과정과 본질적으로 동일하다는 것을 암시한다. 이것은 처음에 인지언어학자가 인지언어학적 분석을 전개할 때 인지심리학의 결과를 이용했음을 뜻하며, 이후에는 인지언어학자들이 인지언어학의 개념적 분석을 다른 인지 영역에 적용했다."[5]라고 하였다.

셋째, Geeraerts & Cuyckens(2007: 15)에서는 "인지언어학은 '인지적' 본질 때문에 심리학적 관점에서 언어를 검토하는 경향이 있다. 즉 언어는 개인의 마음속에 있는 지식 조직(의 부분)이다."라고 하였다.

넷째, Sinha(2007: 1268-1269)에서는 "인지심리학이야말로 인지언어학이 이용한 많은 이론적 개념들의 출처가 되어 왔다. 그러한 계승은 심리학이 생물과학·사회과학·언어과학 간의 교량 역할을 할 뿐 아니라 인지언어학이 기억·추론·언어와 같은 '고등정신과정'[6]에 부여하는 새로운 통찰력을 부각시키며, 언어심리학은 고등정신과정으로서 심리학의 모범으로 간주된다."라고 하였다.

3.2. 인지심리학

인지과학의 한 축으로서 '인지심리학'의 개념을 명시하고, 주요 연구 영역 및 방법론을 기술하기로 한다.

첫째, 인지심리학의 정의를 보면 (2)와 같은데, 인간 마음의 작용 방식을 연구하는 심리학의 한 분야라 하겠다.

(2) a. 인간이 정보에 대해 어떻게 지각하고, 학습하고, 기억하고, 생각하는지를 연구하는
  학문 (Sternberg 2003/김민식 외 옮김 2005: 2)

---

5 이런 사례로는 '은유'에 대한 인지언어학적 모형이 문학 분석, 철학, 윤리학, 정치학, 수학에 적용되었으며, '혼성이론'이 마음, 인간 문화, 인류 진화의 일반 이론에 적용되었다(Croft & Cruse 2004: 328 참조).
6 '고등정신과정(higher mental process)'은 심리학의 인지적 하위분야의 초점이며, 심리학·신경과학·언어학·철학·기호학·사회과학 간의 학제적 만남의 장소이다(Sinha 2007: 1258 참조).

b. '넓은 의미'로 인간의 마음이 어떻게 작용하는가를 연구하는 학문이며, '좁은 의미'로 인간의 마음이 어떻게 환경과 자신에 대한 앎을, 지식을 갖게 되는가, 그리고 그러한 지식을 어떻게 활용하여 생활 장면에서 마주치는 각종의 과제들을 수행해 내는가 하는 문제를 다루는 심리학의 한 분야 (이정모 외 2009: 25-26)

c. 사람들이 생각하고, 인식하고, 기억하고 학습하는 방식을 포함한 모든 '인지 과정 (cognitive process)' 및 '정신 과정(mental process)'을 연구하는 것으로서, '우리 인간의 마음이 어떻게 작용하는지를 연구하는 심리학의 한 분야' (한수미 2011: 3)

둘째, 인지심리학의 연구 영역을 제시한 주요 논의를 들면 (3)과 같다.[7]

(3) a. 인지 신경과학, 주의와 의식, 지각, 기억, 지식 표상, 언어의 특성과 습득, 맥락에서의 언어, 문제 해결과 창의성, 의사 결정과 추론 (Sternberg 2003/김민식 외 옮김 2005: 21-25)

b. 신경인지, 지각, 주의, 형태재인, 학습, 기억, 언어의 이해 및 산출, 문제 해결, 개념적 사고, 추리, 판단과 결정, 지능과 창의성, 정서와 인지, 사회적 인지, 인지발달, 의식, 인지공학과 응용인지심리 (이정모 외 2009: 40-49)

c. 인지심리학은 인간을 고차의 정보처리 체계로 파악함으로써 행동주의 심리학이 다루지 못한 의식, 감정, 의지, 추론, 문제 해결, 언어, 기억, 학습 등 마음의 보이지 않는 부분에 관한 여러 정신적 기제나 과정을 연구 대상으로 한다. (Tsuji 2002/임지룡 외 옮김 2004: 177)

셋째, 인지심리학자들은 마음의 작용 방식, 즉 사고방식을 연구하기 위해 (실험실에서의) 통제된 실험, 심리생물학적 연구, (구두 프로토콜, 자기 평정, 일기와 같은) 자기 보고, 사례 연구, 자연(적) 관찰, 컴퓨터 시뮬레이션 및 인공지능(AI) 등과 같은 방법을 사용한다 (Sternberg 2003/김민식 외 옮김 2005: 14-20 참조).

3.3. 인지언어학

인지언어학은 여러 가지 특징적인 연구 방법론에 의해서 언어의 본질 탐색에 새로운 시각을 제시해 오고 있다. 단어와 문장을 생산하고 이해할 때 화자의 마음속에 일어나고 있는 작용 방식을 중심으로 경험적 견해, 현저성 견해, 주의적 견해를 기술하면 다음과 같다

---

7   Sobel & Li(2013: 281-315)에서는 '인지과학에서 언어학의 역할'의 장에서 그 주제로 '언어 습득', '언어 박탈', '언어 상실', '전산언어학의 역할', '언어와 사고'를 제시하고 있다.

(Ungerer & Schmid 1996/2006: 1-4 참조).

첫째, '경험적 견해(experiential view)'이다. 이는 이른바 자율언어학에서 언어에 대한 이론적 연구와 조사를 바탕으로 논리적 규칙과 객관적 정의를 가정하는 것과 달리, 더 실용적이고 경험적인 방식을 추구하려는 시도이다. 경험에는 개인적·주관적 경험뿐만 아니라, 집단적·공통적 경험이 있는데, 세계에 대한 우리의 공유된 경험이 일상 언어에도 저장되어 있으며, 따라서 그것이 우리의 생각을 표현하는 방식에서 드러나게 된다. 예를 들어, '자동차'라는 단어의 의미를 단순히 [비유생적][구체적][기동성][자체추진력] 등의 의미 자질로 구성되어 있다고 보면 "자동차가 퍼졌다."라는 표현은 '퍼지다'의 주체가 [유생적]이므로 선택 제약에 어긋난 부적형의 문장으로 간주될 수밖에 없다. 그러나 '자동차'에 대하여 실제로 우리는 '첫사랑', '부상' 등과 같은 매우 개인적이고 주관적인 경험뿐만 아니라 '안락함', '속도', '기동력', '독립성'과 같은 공통적인 경험을 가지고 있으며, '자동차'의 고장을 '말'이 퍼지는 경험에 기초하여 "자동차가 퍼졌다."라는 표현을 생산하고 이해할 수 있게 된다. 이러한 '경험적 관점'에 따른 연구 분야는 '범주화', '은유', '감정' 등을 들 수 있다.

둘째, '현저성 견해(prominence view)'이다. 이는 표현된 정보의 선택과 배열에 관한 것이다. 만물의 영장인 인간은 삼라만상에서 가장 현저한 지위를 가지며, 도구를 사용하고, 환경을 조정하며, 의지적 행동을 수행할 수 있다. 이때 인간은 주변의 사물을 보면서, 지각적으로 현저한 부분인 '전경(figure)'과 전경을 뒷받침해 주는 바탕, 즉 '배경(ground)'을 구별해서 파악하게 된다. 이러한 '전경-배경'의 대조는 청각 및 시각에서뿐만 아니라, 언어의 구조에서도 폭넓게 반영되어 있다. 예를 들어, "자전거가 성당 옆에 있다."와 "?성당이 자전거 옆에 있다."에서 전자는 정상적인 '전경-배경'의 배열을 이루고 있는 반면, '전경-배경'이 역전된 후자의 경우는 큰 건물에 대한 지시점 역할을 하는 작은 자전거라는 비정상적인 해석을 낳게 된다. '현저성 관점'에 따른 연구 분야는 '능동문과 피동문의 동의성', '객관적 이동과 주관적 이동' 등을 들 수 있다.

셋째, '주의적 견해(attentional view)'이다. 이는 언어적 표현이란 사건의 어떤 부분에 우리의 주의가 끌렸는지에 대한 반영이라 할 수 있다. 예를 들어, "자동차가 가로수를 들이박았다."라는 표현은 일련의 사건 가운데 마음속에서 우리의 주의력이 모인 부분과 일치한다. 곧 자동차가 도로를 벗어나서 가로수를 들이박기까지에는 많은 과정이 연속되지만, 그것이 죄다 언급되지는 않는다. 왜냐하면, 개념화자는 자동차의 운행이 끝나는 중요한 지점에 주의의 초점을 부여하기 때문이다. 이와 관련하여, 우리가 주의를 어디에 돌리느냐에 따라 '틀'의 각기 다른 면을 선택하고 두드러지게 해서, 각기 다른 언어 표현에 도달할 수 있다. '주의력 관점'에 따른 연구 분야는 '환유'와 '사건틀' 등을 들 수 있다.

4. 마음의 탐구 과제

아래에서는 마음의 탐구 과제로서 인지언어학과 인지심리학의 전형적인 접점 6가지에 대해서 논의하기로 한다.[8]

4.1. 범주화

'범주화(categorization)'는 분류의 정신적 과정이며, 범주화 행위는 인간의 가장 기본적인 인지 활동 가운데 하나이다. 이러한 범주화의 산물을 '인지적 범주(cognitive category)' 또는 '개념적 범주(conceptual category)'라고 한다. 본질적으로 '범주화'나 '범주'는 정신적, 심리적인 성격을 띠므로 인지심리학의 주요 관심사이며, 그 방법론과 결과는 인지언어학, 특히 의미 연구의 새 지평을 열었다.[9] 여기서는 범주화와 관련하여 두 영역의 전형적 접점인 '원형이론'과 '기본층위'에 대해서 살펴보기로 한다.

먼저, 인지심리학자 Rosch와 그녀의 동료들에 의해 개발된 '원형이론(prototype theory)'은 자연 범주가 원형적인 구성원을 중심으로 '방사상 범주(radial category)'를 형성한다고 봄으로써 사물을 범주화할 때 '원형'을 인지 과정의 '참조점(reference point)'으로 삼는다는 관점이다(임지룡 1997a: 62-65 참조). 자연 범주에 대한 원형이론은 Lakoff(1987)에 의해 단어의 의미를 중심으로 언어적 범주에 적용됨으로써 범주화의 문제를 의미 연구의 중심축으로 자리 매김하였다. 이 경우 '원형(prototype)'이란 해당 범주를 대표할 만한 가장 '전형적, 적절한, 중심적, 이상적, 좋은' 보기를 말한다.[10] 예를 들어, (4)에서 '새'라고 하면 '닭, 타조, 펭귄' 등이 아니라, '참새, 비둘기, 까치' 등을 떠올리게 되는데, 이처럼 원형적 구성원은 중립적인 문맥에서 '기본치 추론(default reasoning)'이 가능하다.[11]

---

8 이 부분은 임지룡(2014a). "한국어의미론과 인지심리학의 접점 및 전망"(『어문연구』 79. 어문연구학회.) 중 89-107쪽의 내용을 깁고 고친 것임.

9 이와 관련하여 Ungerer & Schmid(1996/2006: 343)에서는 Rosch와 동료 학자들의 인지심리학적 실험 연구에서 비롯된 (기본층위를 포함해) 원형이론에는 항상 심리적 기초가 있었음을 지적하고 있다.

10 이 용어는 Berlin & Kay(1969)의 색채 범주에서 가장 중심 부위의 '초점(focus)'을 Rosch(1975: 198)가 형태, 유기체, 사물, 언어 등에까지 포괄할 수 있는 '원형(prototype)'으로 대치한 것이다.

11 임지룡(1993a)에서는 자연범주에 대한 한국인의 원형 탐색 실험을 수행한 바 있다. 첫째, 10개 범주의 원형은 '과일-새, 꽃-장미, 나무-소나무, 새-참새, 옷-바지, 운동-야구, 음식-밥, 장난감-인형, 채소-배추, 탈것-승용차'로 나타났다. 둘째, '새'의 정도성 탐색 실험의 결과 '참새, 제비, 까치, 비둘기'는 새의 가장 좋은 보기이며, '도요새, 방울새, 황새, 접동새'는 보통이며, '타조, 박쥐, 펭귄'은 새의 좋지 않은 보기로 나타났다.

(4) 정원에 **새**가 있다.

　범주의 구성원들 사이에는 '원형 효과(prototype effect)'가 나타난다. 원형 효과란 범주 구성원들 사이의 비대칭성으로서, 원형적인 보기가 비원형적인 보기에 대하여 특권적, 우월적 효과를 나타내는 것을 뜻하는데, 다음 다섯 가지 측면에서 확인된다(Rosch 1978: 38-39 참조). 첫째, 원형적인 보기는 비원형적인 보기에 비해 그 범주에 속하느냐 그렇지 않느냐를 판단하는 데 시간이 덜 걸린다. 둘째, 어떤 범주 명칭의 '점화 효과(priming effect)'는 그 하위 범주가 원형일 때 최대화된다. 셋째, 판단이나 추론의 기준이 되는 것은 원형적 보기이다. 넷째, 어린이들은 범주의 원형적인 보기를 먼저 습득한다. 다섯째, 언어 장애, 곧 실어증 환자는 범주의 원형적인 보기보다 주변적인 보기를 발화하는 데 더 많은 오류를 범한다. 요컨대, 원형 효과와 관련하여 원형이론가들은 범주의 원형적 원소에 나타나는 이러한 특성의 인상적인 집중을 볼 때, 한 범주의 원형은 그 범주의 '마음의 표상(mental representation)'에 크게 관련되어 있다는 증거로 삼는다(Cruse 1990: 384 참조).

　다음으로, 하나의 범주가 계층을 이루게 될 때 인지적으로 더 현저한 범주의 층위, 곧 사람들이 보편적으로 사물을 지각하고 개념화하는 층위를 '기본층위(basic level)'라고 한다. 기본층위가 상위층위나 하위층위에 비하여 인지적, 기능적, 언어적으로 우월한 것을 '기본층위 효과(basic level effect)'라고 하는데,[12] 다음 세 가지 측면에서 확인된다. 첫째, 인지적 우월성으로서, 기본층위에 해당하는 범주는 한 항목에 대하여 가장 많은 양의 정보가 가장 적은 인지적 노력으로 획득될 수 있다. 따라서 이를 '인지적 경제성'이라고 부른다. 둘째, 기능적 우월성으로서, 기본층위에 해당하는 범주는 근육운동 활동을 공유하는 가장 포괄적인 층위이다. 셋째, 언어적 우월성으로서, 기본층위에 해당하는 범주는 형태적으로 단순하며, 토박이어가 주류를 이루며, 발생 빈도가 높으며, 중립적인 문맥에서 사용되며, 어린이가 가장 먼저 습득하는 단어이다. 요컨대, 기본층위 범주는 우리의 사고와 밀접한 관계가 있다는 점에서 중요성을 지닌다.[13]

12　기본층위는 우리의 머릿속에서 그 영상을 명확히 떠올릴 수 있으므로 인지의 기준점이 된다. 경험적으로 볼 때 우리의 머릿속에서 '개'의 영상은 쉽사리 포착되는 데 비해 '가족의 닮음'처럼 '동물'의 영상을 하나의 통일체로 포착하기는 어렵다. 이와 관련하여 상위층위의 '동물'이나 하위층위의 '진돗개'를 그림으로 그리기는 어려우며, 실제로 기본층위의 '개'를 그리게 되듯이, '미국의 수어(American Sign Language)'에서는 상위층위가 기본층위 신호의 합성으로 이루어진다(Newport & Bellugi 1979: 230-233, G. L. Murphy 2002: 214 참조). 예를 들어, '교통수단(vehicle)'에 대한 수어는 '자동차(car) ^ 비행기(airplane) ^ 기차(train) 등'의 기본층위 신호의 연속체에 의해 표현된다.

13　임지룡(2011a)에서는 한국어 어휘범주의 기본층위 탐색을 위해 자연물 및 인공물 범주 16개를 대상으로 어형구조, 빈도, 피험자의 반응 양상을 검증하여 '나비, 개, 새, 물고기, 사과, 무, 꽃, 의자, 톱, 북, 바지, 밥, 총, 버스, 씨름'의 기본층위를 추출한 바 있다.

4.2. 비유

'비유(figure of speech)' 또는 '비유 언어(figurative language)'는 1980년대를 기점으로 인지과학의 핵심 과제로 부각되었다.[14] 전통적으로 비유를 언어의 수사적 장치로 간주하거나 생성문법의 언어적 일탈이라는 종래의 관점은 이 시점에서 파기되고 비유 이해의 새로운 장이 열리게 되었다. 곧 비유는 개념적 현상으로 우리의 일상 경험에서 널리 퍼져 있으며, 경험과 사고를 확충하는 데 기본적이고 필수적인 인지 기제임이 밝혀졌다. 이것은 언어학, 철학, 심리학, 신경과학 간 학제적 연구의 전형적인 결실이라 하겠다. 그중 의미 연구와 관련된 개념적 비유의 철학적 협업 못지않게 인지심리학의 기여도 크게 주목할 만하다.[15] 먼저, 비유의 성격을 보면 다음과 같다. 비유적 표현 (5a)는 글자 그대로 보면 있을 수 없지만, 언중들은 (5b) 못지않게 자연스럽게 사용할 뿐 아니라 더 선호한다.

> (5) a. 온 **동네가 슬픔에 빠졌다.**
>   b. 온 **동네 사람이 슬퍼했다.**

(5)에서 '슬픔에 빠지다'는 추상적인 '슬픔'을 '그릇 속의 액체에 빠지다'는 구체적 경험을 확장한 '개념적 은유(conceptual metaphor)'이다. 이처럼 '개념적 은유'는 인지적으로 유사성 관계에 있는 두 영역 간의 의미 확장으로서, 추상적인 '목표영역(target domain)'을 개념화하기 위해 구체적인 '근원영역(source domain)'의 경험을 활용하는 것이다. 또한 '동네'는 '동네 사람'을 가리키는 것으로, 인접한 개념 간의 전이에 의한 '개념적 환유(conceptual metonymy)'이다. 이처럼 '개념적 환유'는 동일한 영역 안에서 한 실체인 '매체(vehicle)'가 또 하나의 실체인 '목표(target)'에 정신적 접근을 환기하는 인지 과정이다.

다음으로, 은유와 환유의 작용 원리를 보면 다음과 같다. 첫째, 개념적 은유의 작용은 근원영역과 목표영역 간에 체계적인 대응관계의 형성과 두 영역의 구성 요소 간에 '사상(mapping)'이 맺어지기 때문이다. 이 경우 근원영역과 목표영역 간에 본질적이거나 필연적인 유사성이

---

14   이것은 언어학자와 철학자 간의 학제적 연구인 Lakoff & Johnson(1980)에서 비롯되었으며, 그 연장 선상에서 신체화된 인지과학의 마음과 언어의 본성을 집대성한 것이 Lakoff & Johnson(1999)이다.
15   이와 관련하여 Lakoff & Johnson(1980/2003: 269)은 "은유 분석은 인지심리학과 임상심리학 모두에 중요한 것으로 입증되었다. 인지심리학은 모든 개념이 문자적이며 탈신체적이라는 낡은 사고의 지배를 받는다. 은유 이론에 관한 연구는 그 견해가 잘못임을 보여 주는 결정적인 증거를 제공하며, 이미 어느 정도 진전된, 훨씬 더 흥미로운 인지심리학의 가능성을 열어 놓고 있다(Gibbs 1994). 예를 들어, 자아의 은유적 개념화(Lakoff & Johnson 1999, 13장), 마음과 기억, 주의의 개념화(Fernandez-Duque & Johnson 1999), 감정의 은유적 개념화(Lakoff 1987 사례연구 1, Kövecses 1990)에 대해 상당한 연구가 수행되었다."라고 논평한 바 있다. 특히 Gibbs(1994)는 인지심리학적 관점에서 사고가 본질적으로 비유적이라는 가설을 심리학적 실험을 통해 입증한 단행본이다.

존재한다기보다 두 영역 간에 유사성을 부여할 수 있는 창조적 인지능력이 사람에게 있다고 하겠다. 실제로 개념적 은유의 작용에는 '심리적 실재성(psychological reality)'이 존재한다. 예를 들어, (6)의 수직 은유에서 "좋음은 위, 나쁨은 아래이다."의 경우를 우리는 일상생활에서 신체 생리적으로 경험할 수 있다. (7)의 감정 은유에서 "화는 그릇 속의 뜨거운 액체이다." 및 "두려움은 추위이다."의 경우를 이런 감정 상태에서 신체 생리적으로 경험할 수 있다. 이처럼 근원영역과 목표영역 간의 은유적 사상은 자의적이 아니라 우리의 일상적 경험과 동기화되어 있다.

(6) a. 사기가 {**올라가다/내려가다**}.
    b. 숙희는 부풀어 **오르는** 기쁨을 감추지 못했다.
    c. 유족 모두가 슬픔에 **잠겨** 있었다.

(7) a. 명수를 보자 화가 **끓어올랐다**.
    b. 그는 두려움에 **떨며** 숨죽이고 있었다.

둘째, 개념적 환유의 작용은 동일한 영역에서 인접성 관계에 있는 '매체'를 통해 '목표'를 표현하는 것이다. 예를 들어, '태극마크'가 '태극마크를 단 사람', 즉 '국가대표 선수'를 지칭하는 확대지칭은 목표의 한 부분인 매체가 이해·기억·인식에 현저한 참조점이 되기 때문이며, "도시락을 먹었다."의 '도시락'이 '도시락의 내용물'을 지칭하는 축소지칭은 전체인 매체가 그 부위의 목표에 대해 현저한 '참조점' 역할을 하기 때문이다. 이 경우 '참조점'은 매체를 목표에 정신적으로 접근시켜 주는 사상 과정이다.

끝으로, 은유와 환유의 기능 또는 효과를 보면 다음과 같다. 첫째, 개념적 은유는 글자 그대로의 용법으로 표현하기 불가능한 대상을 표현하며, 표현의 생생함을 제공하며, 복잡한 개념에 대해서 간결성을 제공해 준다. 개념적 은유의 기제가 아니라면 '시간, 이론, 마음, 사랑'과 같이 추상적이며 복잡한 개념을 표현하기가 어려울 뿐 아니라 '감정'과 같이 복합적이고 강렬한 개념을 온전히 포착해 낼 수 없게 된다. 뿐만 아니라 개념적 은유는 추론 및 의미 확장의 도구가 된다는 점도 주목되는 기능이다. 둘째, 개념적 환유는 글자 그대로의 표현에 비해 다양한 기능 또는 효과를 발휘한다. 예를 들어, (8)의 대화에서 '비행기를 타다'는 탑승만으로 일련의 과정을 망라하는 경제성, (9)는 유연성, (10)은 참신성, (11)은 완곡 효과를 드러낸다.

(8) A: 학회까지 어떻게 왔습니까?
    B: 비행기를 **탔습니다**.

(9) **대한민국**이 웃는 그날까지

(10) **등산화**에 밟힌 백두대간 길 80%가 '신음'

(11) **가슴**에 암세포가 넓게 퍼져 있었다.

4.3. 머릿속 사전

'머릿속 사전(mental lexicon)'은 사람의 두뇌 속에 들어있는 '단어 창고(word-store)'이다. 이 사전은 왼쪽 대뇌에 위치하는 것으로 알려져 있다. 신경학자나 심리학자의 뇌 손상 환자에 대한 연구 보고에 따르면, 왼쪽 대뇌의 장애는 '실어증(aphasia)'으로 단어를 기억하지 못하거나 여러 가지 오류 현상을 드러낸다. Aitchison(1987/2003)은 우리의 머릿속에 약 15만 개의 단어가 저장되어 있으며 그 검색이 순식간에 이루어지는 것을 볼 때, 매우 체계적이고도 유기적으로 구성되어 있을 것으로 가정하였다. 최근 들어 '머릿속 사전'은 인지과학에서 사람의 두뇌에 대한 신비를 밝히려는 일환으로 인지심리학과 의미 연구의 블루오션이 되고 있다.[16] 이와 관련하여 머릿속 사전의 특징, 작용 방식, 실체, 그리고 단어의 이해에 관해서 살펴보기로 한다.

먼저, 머릿속 사전은 '종이사전(book dictionary)'에 비해 조직과 내용에서 구별된다(임지룡 1997a: 303-305 참조). 조직상에서 종이사전은 가나다(알파벳) 순으로 되어 있는 반면, 머릿속 사전은 의미론적, 형태·통사론적, 또는 음운론적 유사성에 기초하여 저장되어 있다. 머릿속 사전의 조직은 순서가 으뜸 요건인 종이사전보다 훨씬 복잡하고 입체적이라 하겠다. 내용상에서 종이사전은 첫째, 고정된 수의 단어가 실리며 폐쇄적이고 구식인 반면, 머릿속 사전은 단어의 발음과 의미가 바뀌기도 하며 끊임없이 새로운 단어가 첨가된다. 둘째, 정보에 있어서 종이사전은 정보량이 제한되며 고립적이고 융통성이 없는 반면, 머릿속 사전은 정보량이 풍부하며 용법의 자연스러움을 판정하고, 다른 단어와 연관성을 가지며, 유연하고 입체적이다. 셋째, 통사정보에 있어서 종이사전은 폐쇄적인 반면, 머릿속 사전은 개방적이어서 정보량이 많다. 넷째, 음에 대하여 종이사전은 한 가지 발음만 명시하지만, 머릿속 사전은 시간과 공간의 축에 따른 발음의 차이나 상황의 격식과 말하는 속도에 따라 둘 이상의 발음에 대처할 수 있다.

---

16 이와 관련하여 Miller(1991: 122)에서는 단어의 반사적 인식은 '머릿속 사전'을 연구하는 과학자들에게 매우 중요한 주제라고 하였다. 한편, Aitchison(1987/2003: 16-28)에서는 '머릿속 사전'의 모형을 만들기 위한 방법론으로 '①단어 찾기 ②정상적인 화자의 발화 실수 ③실어증 환자의 단어 찾기 ④심리언어학적 실험: 단어 연상 실험, 혀끝에 뱅뱅 도는 현상, 어휘결정 과제 ⑤이론 언어학의 발견사실들'의 5가지를 들고 있다.

한마디로, 종이사전과 대조적으로 머릿속 사전은 역동적이며 매우 유연하다고 하겠다.

또한, 머릿속 사전의 작용 방식에 대한 하나의 가설로서 의미망과 관련하여 단어 연상 실험의 발견 사실을 보면 다음과 같다(임지룡 1997b: 24-25 참조). 첫째, 자극어에 대한 반응어는 동일한 의미장에서 선택되는 경향이 있는데, 이것으로 보아 동일한 의미 부류의 단어는 머릿속 사전에 함께 저장될 것이다. 둘째, 자극어가 '남편'과 '아내', '크다'와 '작다'에서처럼 대립어를 가질 때 그 반응어로 대립어 짝을 선택하는 경향을 나타낸다. 셋째, 어른의 경우 자극어가 명사일 때는 반응어를 명사로, 형용사에는 형용사로 반응하는 계열관계 반응이 우세하다. 단어 연상 실험에서 의미망의 연결강도는 '등위관계>연어관계>상하관계>동의관계'의 순서를 이루는데, 이 경우 '등위관계'와 '연어관계'에서는 연상 강도가 높으며, '상하관계'와 '동의관계'에서는 낮은 것으로 나타났다(Aitchison 1987/2003: 86-87 참조). 등위관계의 긴밀성은 다음 3가지 사항에서 뒷받침된다. 첫째, 일상 언어 생활에서 '왼쪽'과 '오른쪽' 같은 등위어의 혼동이 심하여 '말실수(slips of the tongue)'로 나타난다. 둘째, 의미의 '혼성(blending)'에서 등위어가 많이 나타나는데, '포카락'은 '포크'와 '숟가락', '하빠'는 '할아버지'와 '아빠'의 등위적 혼성어이다.[17] 셋째, 실어증 환자의 경우 '레몬'에 대하여 '오렌지', '의자'에 대하여 '테이블'로 발화하는 경향이 현저하다.

머릿속 사전의 실체는 단어의 저장과 검색에 있어서 매우 체계적이고도 유기적으로 구성되어 있다. Aitchison(1987/2003: 220)에 따르면 머릿속의 단어는 추상적인 '의미와 단어부류(lemma)' 및 '음 또는 형태(word form)'의 두 부분으로 이루어져 있다고 한다. 이 경우 음과 의미 사이에는 고유한 연관관계가 없으며 분리가 가능하다. 그 까닭은 의미와 단어부류를 다루는 부분은 발화를 위하여 효율적으로 배열되어 있는 반면, 음은 일차적으로 빠른 인지를 위하여 조직화될 필요성 때문이라 하겠다. 곧 단어의 '의미부'와 '음운부'는 각각 발화의 생산과 이해의 필요성이나 효율성에 초점을 두고 조직된 것으로, 머릿속 사전은 발화와 이해의 측면이 고려된 절충 체계라 할 수 있다.

이와 관련하여 단어의 이해 과정을 살펴보기로 한다(Aitchison 1994: 83-95 참조). 이 인지 과정은 발화된 단어에 대해 청자의 '인지하기(recognizing)'와 그 의미 '파악하기(grasping)' 단계로 구분되는 능동적이고 매우 복잡한 문제이다. 첫째, 단어의 인지하기 과정은 다양한 단서로부터 가능한 단어의 후보자들을 설정하며, 이 활성화된 후보자들은 가장 그럴듯한 하나의 단어로 범위를 좁혀 나간다. 둘째, 단어의 의미 파악하기 과정은 원형을 중심으로 관련된

---

17 '하빠'는 "바쁜 엄마·아빠가 주지 못하는 사랑까지 가득 채워 손주를 사랑하려 한다."라며 입을 모았다.…손녀들은 '하빠'와 있을 때 가장 크게 웃는다.(조선일보 2013.10.19.)에서 '하빠'는 '할아버지'의 유아어로서 '할아버지×아빠'의 혼성어이다.

항목을 등급화해 나간다. 이 경우 청자가 해당 단어의 의미를 완전히 이해하기 위해서는 원형 효과, 즉 토박이 화자의 문화적 기초 위에 형성된 '마음의 모형(mental models)'를 이해해야 한다.

4.4. 주관적 이동

'이동(motion)'은 언어 사용을 통하여 우리의 지각적 조직과 현실의 개념화에서 중요한 역할을 하며(Radden 1996: 423 참조), 그 다양한 속성으로 말미암아 오랫동안 물리학, 심리학, 언어학 분야의 학제적 관심사가 되어 왔다. 이동은 본유적으로 시각에 의해 지각되는 객관적 현상이지만, 주관적 인지가 활성화되는 영역이기도 하다. 따라서 이동 현상은 인지심리학과 의미 연구의 교차점이 된다. 여기서는 객관적·물리적 이동에 대립되는 주관적 이동에 대해서 논의하기로 한다.

이동은 일반적으로 이동체가 이동 동사를 통해 실현되지만, 비이동체가 이동 동사와 함께 쓰이기도 한다. 예를 들어, 이동 동사 '지나가다'의 이동체를 보면 (12a)는 '사람·자동차'인 반면, (12b)는 '풍경'이며, (12c)는 '고속도로'이다. (12a)와 같이 이동체에 이동 동사가 쓰인 경우를 '객관적 이동(objective motion)'이라 하고, (12b, c)와 같이 비이동체에 이동 동사가 쓰인 경우를 '주관적 이동(subjective motion)'[18]이라고 한다. 주관적 이동 가운데, (12b)는 개념화자가 기차를 타고 여행하면서 고정된 대상을 이동체로 지각한 '상대적 이동'이며, (12c)는 개념화자가 정지된 상태에서 고정된 대상을 이동체로 지각한 '심리적 이동[19]'이다.

> (12) a. {사람·자동차}가 들판을 지나가고 있다.
>   b. 창밖에는 옥수수 밭이 지나가고 있었다.
>   c. 고속도로가 들판을 지나가고 있다.

첫째, '상대적 이동(relative motion)'은 객관적, 물리적 이동과 대립되는데, <그림 3>에서 보듯이 이동 지각이 현실적 장면과 지각적 장면에서 역전된 것이라 하겠다.

---

18 '주관적 이동'에 대해서는 임지룡(1998b), 임태성(2016) 참조.
19 '심리적 이동'은 '추상적 이동(abstract motion)' 또는 '가상적·허구적 이동(fictive motion)'이라고 도 한다.

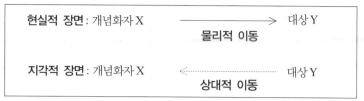

그림 3 '상대적 이동'의 기본 도식

즉 (12b)의 경우, 현실적 장면에서는 기차로 이동하는 개념화자 X가 고정된 대상인 Y쪽으로 이동하는 것이지만, 지각적 장면에서는 고정된 대상인 Y가 개념화자 X쪽으로 이동하는 것으로 표현된다. 상대적 이동 현상은 '게슈탈트 심리학'의 '전경(figure)'과 '배경(ground)'으로 설명될 수 있다.[20] 이른바 루빈(Rubin)의 '꽃병'과 '마주 보는 얼굴'의 착시 현상처럼 전경과 배경이 역전된 것이다. 자동차·배·비행기 여행에서뿐만 아니라, 만취상태나 현기증이 일어날 때 고정된 대상이 움직이는 것으로 경험하게 된다.

둘째, '심리적 이동(mental motion)'은 주관적 이동의 전형적인 경우이다. 예를 들어, (13)에서 고정된 대상인 '산협 소로, 집, 성벽'이 각각 이동 동사 '넘어가다', '올라가다', '뻗어나가다'와 사용됨으로써 이동이 실현되었다.[21]

(13) a. 이 사이를 좁다란 **산협 소로**가 꼬불꼬불 깔그막져서 높다랗게 고개를 **넘어갔다**. (채만식 1987:295, 『채만식 전집』 7: '쑥국새', 창작과 비평사.)

b. 이 항구에서는 사람들이 사는 **집**은 될 수 있는 대로 산으로 **올라갔고**, 그 산 꼭대기에는 도야지 울들이 삐뚤어져 붙어 있다. (김기림 1992: 221, 『주을온천행』, 깊은샘.)

c. **성벽**은 어둠 속으로 **뻗어나갔고**, 성벽을 따라 이어지는 소나무 숲에 빗소리가 자욱했다. (김훈 2007:57, 『남한산성』, 학고재.)

(13)의 심리적 이동 현상은 개념화자가 정적인 대상을 시선이나 머릿속으로 탐사해 나가는

---

20 '게슈탈트 심리학(gestalt psychology)'에서 비롯된 게슈탈트 지각과 전경/배경 분포는 인지언어학에서 주요 기제가 되고 있다. 이른바 '게슈탈트 원리(gestalt principle)' 가운데 가장 중요한 것은 다음 4가지이다. ①'근접성의 원리(principle of proximity)': 서로 거리가 짧은 개별 요소들은 서로 관련된 것으로 지각된다. ②'유사성의 원리(principle of similarity)': 유사한 개별 요소들은 하나의 공통부분으로 지각되는 경향이 있다. ③'폐쇄성의 원리principle of closure)': 지각적 조직은 폐쇄된 그림에서 결정되는 경향이 있다. ④'연속성의 원리(principle of continuation)': 만일 요소들이 거의 중단되지 않는다면, 그것들은 전체로 지각된다(Ungerer & Schmid 1996/2006: 36 참조).

21 심리적 이동에서 주목되는 현상은 이동 동사가 '넘어가다', '올라가다', '뻗어나가다'처럼 합성동사로서, 선행요소는 이동의 '경로(path)'나 '방식(manner)'을 나타낸다. 심리적 이동의 언어적 제약에 대해서는 임지룡(1998b: 189-191) 참조.

과정에서 연속적이며 동적으로 파악한 것이다. 이러한 인지 과정은 그림이나 문서를 기록하는 스캐너의 원리, 즉 '주사'[22]의 기제와 동일하다. 예를 들어, '산협 소로, 집, 성벽'을 묘사할 때 한 장의 사진으로 찍는 '요약 주사(summary scanning)'가 아니라, 그림으로 그려 나가거나 동영상으로 찍어 내는 '순차적 주사(sequential scanning)'의 전략을 사용한 것이라 하겠다. 고정된 사물이라 할지라도 연속적 과정을 거쳐 상태로 완성되는 것이기 때문에, 개념주체가 고정된 위치에서 비이동체를 관찰하거나 묘사할 경우 자연스럽게 그 형성 과정에 대한 심리적 복원이 가능하게 된다. 이 경우 심리적 이동은 비이동체가 객관적 축에서 주관적 축으로 '사상(mapping)'되는 과정에서 이동의 영상이 최종 단계에 부각된 것을 뜻한다.

4.5. 해석

'해석(construal)'은 대안적 방식으로 장면을 개념화해서 표현하는 개념화자(즉 화자와 청자)의 선택을 가리키며, 이것은 의사소통의 효율성을 위한 개념화자의 적극적, 능동적, 주체적 인지능력의 발현이다(임지룡 2004c: 49 참조). 본질적으로 사고 과정의 대안적 방식을 선택하는 해석의 기제는 게슈탈트 심리학, 현상학, 인지심리학 등에서 제안된 주요한 심리적 과정으로(Croft & Wood 2000: 51-52 참조),[23] 최근 들어 언어의 의미 연구에 수용되기에 이르렀다. 여기서는 해석과 관련하여 두 영역의 전형적 접점인 '범위', '시점', '전경과 배경'에 대해서 살펴보기로 한다.

첫째, '범위(scope)'는 개념화자가 지각하거나 인식하는 장면 또는 장면의 부분을 가리키는 것으로서, 개념화자가 자신의 시계(視界)나 정신계(精神界)에서 전체 장면의 '범위' 가운데 얼마만큼의 국면을 선택하여 해석하느냐의 문제이다(임지룡 2004c: 54 참조). '범위'는 관찰자의 '시각틀(viewing frame)'로서, 전체 장면이 하나의 틀 안에 들어 있는 '최대 범위'와 전체 장면의 부분인 '제한 범위'로 나뉜다. 예를 들어, 배를 타고 항구를 벗어나면서 갑판 위에서 바라보는 시각틀은 최대 범위의 해석이며, 선실의 창문으로 바라보는 시각틀은 제한된 범위가 된다.[24]

---

22 '주사(走査, scanning)'에 대해서는 Ungerer & Schmid(1996/2006: 196-198) 참조.

23 이와 관련하여 Croft & Wood(2000: 51-55)에서는 '해석 작용(construal operation)'은 언어 사용자의 마음속에 기술된 상황의 개념화에 대한 참조를 포함하며, 단어와 통사구조의 선택은 개념화, 즉 화자에 의해 전달되는 경험의 해석을 반영하므로, 해석 작용의 대부분은 실제로 심리학과 현상학에서 기술된 일반적 인지 과정의 특별한 경우라고 하였다.

24 Radden & Dirven(2007: 22)에서는 "This train {goes/is going} from Norwich to Peterborough."에서 비진행상 용법은 영국의 철도망에서 그 기차의 일정표와 전체 진행 노선을 마음속으로 그려볼 수 있는 최대 시각틀인 반면, 진행상 용법은 그 장면의 일부만 보게 되는 제한된 시각틀이라고 하였다.

둘째, '시점(perspective)'은 개념화자가 장면을 해석할 때 취하는 관점을 가리킨다. '관찰점 (vantage point)'은 시점의 중요한 변수가 된다. (14)는 중국에 있는 통신원과 방송국 진행자 간의 대화인데, (14a)의 '가고 싶어하는'은 통신원의 관찰점이 중국에 있는 반면, (14b)의 '오 고 싶어하는'은 진행자의 관찰점이 한국에 있음을 보여 준다.

(14) a. 중국 사람이 가장 **가고 싶어하는** 나라가 한국입니다.
　　 b. 한국이 가장 **오고 싶어하는** 나라라니 반가운 일입니다.

또한 '객관성/주관성'은 시점의 주요 기제이다. '객관성(objectivity)'은 개념화자가 분리된 장면의 해석이며, '주관성(subjectivity)'은 개념화자가 포함된 장면의 해석이다. 이 기제를 Langacker(1995: 157-163)에서는 <그림 4>의 '무대 모형(stage model)'으로 설명하는데, 관찰 자가 (a)의 '최적 관점 배열'에서는 무대 밖에 있으므로 객관적 해석이 이루어지며, (b)의 '자 아중심 관점 배열'에서는 무대 안에 있으므로 주관적 해석이 이루어진다.

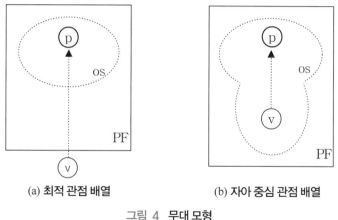

(a) **최적 관점 배열**　　　　　　(b) **자아 중심 관점 배열**

그림 4　**무대 모형**

예를 들어, 학생을 나무라는 교사의 언어 표현 (15)에서 '선생님'과 '나'는 동일 인물이다. (15a)의 개념화자는 묘사하려는 장면에서 자신을 분리시킨 '선생님'을 선택하여 객관적 해석 을 취하는 반면, (15b)에서는 개념화자가 묘사하는 장면에 자신을 포함시킨 '나'를 선택하여 주관적 해석을 취하고 있다.

(15) a. "너는 **선생님**이 우습게 보이니?"
　　 b. "너는 **내**가 우습게 보이니?"

셋째, '전경-배경(figure-ground)'의 개념은 게슈탈트 심리학에서 유래된 지각의 조직 원리로서, 사물을 파악할 때 바탕이 되는 '배경(ground)'에서 두드러지고 지각적으로 현저한 '전경(figure)'을 선택하는 것을 가리킨다.[25]

<그림 3>의 '책'과 '탁자'가 있는 장면에서 '책'은 전경으로, '탁자'는 '배경'으로 배열된다. 따라서 (16)에서 a는 자연스러운 배열이 되지만, b는 어색하다.

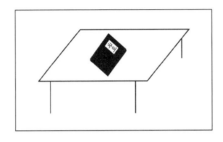

그림 5 **전경과 배경**

 (16) a. 책이 탁자 위에 있다.
   b. ?탁자가 책 아래에 있다.

이처럼 '전경'과 '배경'은 지각의 장에서 비대칭적, 즉 '전경'이 '배경'에 비해 현저하다. (17)의 경우, 개념화자의 초점이 통사적으로 전경에 나타나는데 (17a)에서는 '사냥꾼'에게, (17b)에서는 '사슴'에게 전경을 부여한 해석이라 하겠다.

 (17) a. 사냥꾼이 사슴을 쫓는다.
   b. 사슴이 사냥꾼에게 쫓긴다.

4.6. 언어·사고·심상

언어와 사고, 그리고 심상은 상호 긴밀한 관련성을 맺고 있다. 이 경우 '언어(language)'는 말과 글을 사용하는 신호 체계이며, '사고(thought)'는 마음의 작용 방식 또는 정신적 행위이며, '심상(imagery)'은 실제 자극이 존재하지 않은 상황에서 마음에 형성된 이미지이다(이정모 외 2009: 283 참조).[26] 언어·사고·심상은 서로서로 간에 상보적 기능을 수행하며, 사고

---

25 '전경'은 '배경'보다 더 현저한 것으로 지각되며, 심리학적 연구에서 전경은 배경보다 더 잘 식별되고 더 잘 기억되며, 의미·감정·미적 가치와 연상된다(Ungerer & Schmid 1996/2006: 164 참조).

의 연구는 심상의 연구에 다름 아니다.[27] 이 셋은 함께 마음의 신비를 밝히는 데 필수 불가결한 요소이므로, 오늘날 의미 연구와 인지심리학의 공통 관심사로서 주목 받고 있다.[28] 여기서는 언어와 사고의 영향 관계, 그리고 심상이 언어와 사고에 작용하는 바를 논의하기로 한다.

먼저, 언어가 사고 및 심상에 관여하는 양상 두 가지를 들면 다음과 같다. 첫째, 언어는 추론 과정에 중요한 변수로 작용한다. Gentner & Gentner(1983: 110-120)는 10대 후반 학생들이 잘 알고 있는 두 가지 유추 모형을 통해 '전기(電氣)'라는 새로운 개념을 이해시키는 실험을 수행하였다. 곧 전기의 특성을 한 집단에게는 흐르는 물의 '유압 체계 모형(hydraulic system model)'으로, 또 다른 집단에게는 '이동하는 군중 모형(moving crowd model)'으로 가르쳤다. 이 두 가지 유추 모형과 전기회로를 대비하면 다음 <표 1> 및 <표 2>와 같다(Evans & Green 2006: 98-99 참조).

표 1 유압 체계 모형	
유압 체계	전기회로
관	전선
펌프	전지
좁은 관	저항기
수압	전압
관의 굵기	저항
물의 유량	전류

표 2 이동하는 군중 모형	
이동 군중	전기회로
진로/통로	전선
군중	전지
사람들	저항기
사람들의 밀기	전압
입구	저항
통과하는 사람 수	전류

이들 유추 모형은 각각 서로 다른 측면에서 전기회로의 특성을 정확히 예측했는데,[29] 그 결과 유압 체계로 교육을 받은 피험자들은 직렬 전지 대 병렬 전지가 전류에 미치는 효과를 더 정확하

---

26 Sternberg(2003)/김민식 외 옮김(2005: 406)에서는 '심상(imagery)'이란 감각 수용기를 통해 직접 지각되지 않은 대상, 사건, 상황 등에 대한 심적 표상이라고 하였다.

27 이와 관련하여 현대 심리학의 창시자인 빌헬름 분트는 감각 및 감정과 아울러 심상이 의식을 구성하는 기본 요소이며, 사고에는 심상이 수반되기 때문에 사고를 연구하는 한 가지 방법은 바로 심상을 연구하는 것이라고 주장하였다(이정모 외 2009: 284 참조).

28 Sinha(2007: 1272)에서는 사고, 추론, 문제해결에서 '심상'의 역할은 인지심리학에서 항상 중요한 주제였으며(Johnson-Laird 1983, Johnson-Steiner 1987), 인지언어학과 명백히 관련된 주제였음을 밝히고 있다.

29 예를 들어, 전지의 직렬 회로는 병렬 회로보다 더 많은 전류를 생산할 것이다. 이것은 '유압 체계 모형'으로 예측되는데, 유압 체계에서 직렬 펌프는 번갈아서 더 큰 물의 유량을 생산해 내기 때문이다. 전지가 단순히 군중과 대응하는 '이동하는 군중 모형'에서는 직렬연결과 병렬연결 간의 의미심장한 대조를 생각하기는 어렵다. 또한 전기회로의 직렬 저항기는 전류를 줄이는 반면, 병렬 저항기는 전류를 증가시킨다. 이것은 이동하는 군중 모형에 의해서 더 잘 예측되는데, 저항은 직렬 입구보다 병렬 입구에서 더 많은 사람들이 통과하기 때문이다.

게 예측하는 반면, 이동하는 군중 모형에 의한 피험자들은 직렬 저항기 대 병렬 저항기가 전류에 미치는 효과를 더 잘 예측했다. 이것은 곧 언어가 사고 모형에 깊이 관여함을 뜻한다.

둘째, 언어는 기억을 재생하는 데 중요한 변수로 작용한다. 이제는 고전이 된 '시각적 지각 형태의 재생에 관한 언어 효과의 한 실험'에서 Carmichael, Hogan, & Walter(1932)는 선으로 그려진 12개의 그림을 두 집단의 피험자들에게 서로 다른 명칭을 제시한 뒤 그림을 회상시킨 실험을 수행하였다. Glucksberg(1988: 220)는 이 실험을 단순화해서 '재생 기억에 미치는 명칭 효과'로 설명하고 있다. 즉, <그림 6>의 원래 형태 자극 그림인 'A, B, C'와 함께 '물병, 초승달, 안경'의 명칭이 제시된 집단에서는 'a1, b1, c1'의 그림을 재생하였으며, '등자, 글자C, 아령'의 명칭이 제시된 집단에서는 'a2, b2, c2'의 그림을 재생하였다. 이 실험에서 재생된 그림의 형태는 언어적 명칭에 영향을 받은 것을 알 수 있다. 이 실험의 결과, 피험자들이 지각된 정보와 함께 명칭을 기억하고 명칭을 통하여 형태를 재구성하는 경향을 보여 줌으로써 언어가 사고에 영향을 미치는 것이 드러났다.

재생 형태	단어 목록	원래 형태	단어 목록	재생 형태
a1 	물병	A 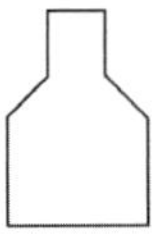	등자(鐙子)	a2 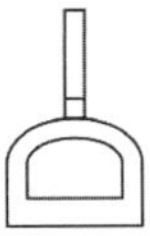
b1 	초승달	B 	글자C	b2 
c1 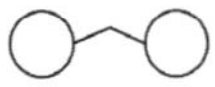	안경	C 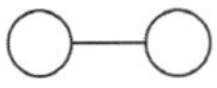	아령	c2 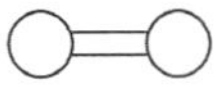

그림 6 **재생 기억에 미치는 명칭 효과 실험**(Glucksberg 1988: 223)

다음으로, 사고가 언어에 관여하는 양상 네 가지를 들면 다음과 같다. 첫째, '나 먼저 원리 (me first principle)'[30] 또는 '자아 중심 원리(ego-centric principle)'로서, 우리의 사고방식이

---

30 Cooper & Ross(1975: 65-7, 93)에서는 '나(Me)'를 발화시 공간과 시간에 놓여 있는 '사람', '어른', '남성'으로 규정하여 '나 먼저 원리'에 적용받는 20개의 유형을 제시한 바 있다.

사물이나 현상에 대해 '나'에게 가까운 요소를 중심으로 지각하고 인지하는 경향을 가리킨다 (Cooper & Ross 1975: 65-67, Heine et al. 1991: 48-49, Yamanashi 1996 참조). 병렬 관계를 이루는 합성어의 어순은 이 원리에 따른다. 예를 들어, '이곳저곳, 국내외'의 공간적 병렬, '엊그제, 오늘내일하다'의 시간적 병렬, '남북관계/북남관계, 연고전/고연전'과 같은 사회적 병렬의 어순은 자아를 중심으로 형성되어 있다.

둘째, '근접성의 원리(proximity principle)'로서, 정신적으로 함께 속하는 것이 언어적으로도 가까이 위치하는 경향을 가리킨다(Radden 1992: 514-518 참조). 예를 들어, '소문나고 맛있는 울릉도 호박엿'에서 그 어순은 '엿'에 대한 개념적 근접성에 따라 배열된다. 또한 범언어적으로 목적어와 동사는 개념적으로 근접해 있으므로 통사적으로도 인접해 있다.

셋째, '복잡성의 원리(complexity principle)'로서, 사고의 복잡성이 언어 구조의 복잡성으로 나타나는 경향을 가리킨다(Clark & Clark 1977: 523 참조). 곧 사고 또는 개념의 양이 언어적 형태 또는 구조의 양을 결정하는 것이다. 예를 들어, '단수/복수, 기본층위/하위층위, 상태/상태변화, 긍정/부정, 현재/과거' 등에서 후자는 전자보다 복잡한 사고이며, 언어 구조상으로도 '아이/아이들, 개/진돗개, 붉다/붉어지다, 규칙/불규칙, 높다/높았다'에서처럼 후자가 전자보다 복잡하다.

넷째, '현저성의 원리(salience principle)'로서, 우리의 사고방식이 현저한 요소에 일차적인 주의를 환기하는 경향을 가리킨다(Ungerer & Schmid 1996/2006: 24-25 참조). 이러한 경향성은 '장단, 여야, 경향, 부모' 등과 같은 합성어뿐만 아니라, 전경-배경의 배열에 따른 문장 층위에서도 광범위하게 나타난다. 곧 "집배원이 우체국 앞에 있다."라는 문장은 뒷면에 있고 정지된 대상인 '우체국'이 더 현저하고 이동하는 대상인 '집배원'의 참조점 역할을 함으로써 '전경-배경'의 자연스러운 배열을 이루는 반면, 그 배열이 뒤바뀐 "?우체국이 집배원 뒤에 있다."는 어색한 표현이 된다.

끝으로, 심상이 언어와 사고에 관여하는 양상을 보기로 한다. 이와 관련하여 Bransford & Johnson(1973: 392-394)은 언어의 이해와 인지에서 심상의 역할에 대한 실험으로서 (18)의 텍스트를 피험자들에게 읽히고 이해 정도를 평정하고 회상시켰다. (18)의 텍스트에 대해 피험자들은 거의 이해하지 못했으며, 회상은 전체 내용의 26%만 기억할 정도로 저조하였다. 이러한 결과는 이 텍스트가 어떤 상황을 말하고 있는지 머릿속에 그릴 수 없었기 때문이다. 실제로 이 텍스트는 한 남자가 한 여자에게 사랑의 세레나데를 부르는 장면을 기술한 것이다. <그림 7>에 이 상황이 구체적으로 그려져 있다.

(18) 만약 풍선들이 갑자기 튀어 올라가면 소리를 전달할 수 없을 것인데, 모든 것이 목표 층에서 멀리 떨어질 것이기 때문이다. 닫힌 창문도 소리가 전달되는 것을 막을 것인데, 대부분의 건물들은 방음이 잘 되어 있기 때문이다. 전체적인 작동이 전류의 안정적인 흐름에 의존하는 것이기에 선의 중간이 끊어지는 것도 문제를 일으킬 수 있다. 물론 그 사람이 소리를 지를 수도 있지만, 사람의 목소리는 그렇게 멀리 갈 수 있을 만큼 크지 않다. 끈이 그 도구를 부술 수 있는 부가적인 문제도 있다. 그러면 메시지에 반주가 없게 된다. 거리가 더 가까운 게 최상의 상황이라는 것은 확실하다. 그러면 잠재적인 문제가 훨씬 더 적어질 것이다. 직접 대면하면 잘못될 것들이 최소가 될 것이다.

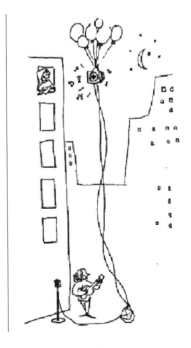

그림 7 텍스트와 시각적 심상(Bransford & Johnson 1973: 396)

　(18)의 텍스트가 <그림 7>과 함께 제시된 경우에 회상의 정도가 한층 더 높았다. 이와 관련하여 언어와 '제스처(gesture)' 간의 관계를 연구한 McNeil(2000: 57)은 "언어는 심상과 분리될 수 없다."라는 결론에 이르렀다.

5. 마무리

　이제까지 마음의 인지언어학적 탐색에 대하여 살펴보았다. 이상에서 논의한 바를 간추리고 마음의 탐색에 대한 전망과 함께 이 장을 마무리하기로 한다.

　첫째, '마음'과 '언어'는 상호 밀접한 관련을 맺고 있는데, 인지언어학에서는 '언어'는 마음의 산물이며, 마음의 작용 방식을 밝혀 주는 창구로 간주한다.

　둘째, 마음에 대한 객관주의와 체험주의는 현저한 시각의 차이를 드러내는데, 인지언어학은 체험주의를 채택함으로써 마음은 신체화되어 있으며 언어적 인지는 일반적 인지의 일환으로 간주된다.

　셋째, 인지과학은 마음의 학제적 연구 분야이며, 그 가운데 인지심리학과 인지언어학은 공유의 폭이 넓고 협업을 통해 상승효과를 크게 높일 수 있는 분야이다. 그 전형적인 분야로 범주화, 비유, 머릿속 사전, 주관적 이동, 해석, 언어와 사고 등이 있으며, 그 밖에도 '감정', '인지적 경향성과 전략',[31] '도상성', '의미습득', '실어증', '개념적 혼성',[32] '뇌 과학' 등이 있다.

한편, 언어의 구조와 그 사용은 마음의 작용 방식에 영향을 끼친다. 우리의 언어 행위는 우리가 이 세상을 경험하고 지각하는 방식에 의해, 그리고 우리가 이 경험과 지각을 우리 마음속에서 개념화하고 해석하는 방식에 의해 제약되지 않을 수 없다. 이와 관련하여 Handl & Schmid(2011: 1-8)에서는 마음을 드러내는 창문으로서 '은유, 환유, 개념적 혼성'을 들고 있다. 그 가운데서 한 개인의 마음 속 은유 체계를 형성하는 요인에 대해 <그림 8>과 같은 '언어적 구조와 사용', '신체화된 경험', '사회-문화적 모형과 가치', '개인적 경험과 의견' 등을 들고 있다. 이 모형은 우리 마음이 언어적, 비언어적 요인들 상호간에 끊임없이 영향을 주고받는 온라인 상태를 보여 준다는 점에서 흥미롭다.

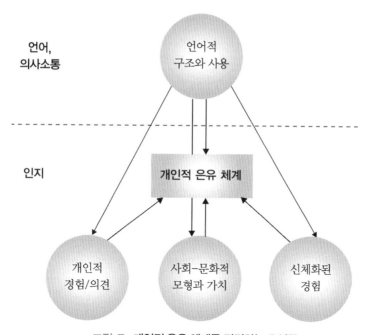

그림 7 개인적 은유 체계를 결정하는 요인들

---

31 임지룡(2008b: 211-222)에서는 '인지적 경향성'과 관련하여 '기본층위, 어순, 주관적 시점'을, '인지적 전략'으로 '개념적 은유와 환유, 정신공간과 혼성, 해석'을 제시한 바 있다.

32 '개념적 혼성(conceptual blends)'은 신경 이론에서 '결속(binding)'의 개념과 밀접한 상관성이 있다. 이 개념은 가장 세속적인 지각적 일에도 필요한 기본적 신경 과정을 가리킨다. 예를 들어, 선, 모퉁이, 색채, 광도의 명암이나 직물을 지각하는 데 수반되는 수용기와 뇌 부위의 각기 다른 유형과 집단이 있지만, 결속의 과정에서 이런 다양한 입력들이 통합되어, 이를테면 야구모자에 대한 전체론적인 지각적 경험을 형성한다(Ungerer & Schmid 1996/2006: 345-346 참조).

요컨대, 인지과학은 '마음'을 밝히려는 통섭 학문으로서 마음을 독자적으로 연구해 온 여러 분야의 연구 결과를 수렴하고 융합하는 광장이다. Aitchison(1987/2003: 256)은 "우리 조상들이 혈액순환의 신비를 해결한 것처럼, 아마도 예측 가능한 가까운 미래에 우리는 인간의 머릿속 사전에 대한 비밀을 해결할 수 있을 것이다."라고 한 바 있다. '마음'의 일환인 '머릿속 사전'의 신비가 밝혀지는 날 '마음'의 지형도도 그 신비를 벗게 될 것이다.

제9장

기본층위[*]

1. 들머리

이 장은 국어 어휘범주의 '기본층위(basic level)'를 탐색하고 그 의미 특성을 규명하는 데 목적이 있다. '기본층위'란 범주의 '계층적 분류관계(hierarchical taxonomy)'에서 사람들이 보편적으로 사물을 지각하고 개념화하는 층위를 가리키며, 기본층위 범주의 어휘적 실현을 '기본층위 용어(basic-level term)'라고 한다(Radden & Dirven 2007: 8-9 참조). 예를 들어, '개'의 '분류관계'[1]인 <그림 1>을 통해서 기본층위와 관련된 두 가지 대립적인 관점을 바탕으로 논의의 실마리를 풀기로 한다.

<그림 1>과 관련하여, 이른바 '객관주의 의미관'이나 '과학적 분류'에서는 범주의 위계, 즉 '상위층위', '중간층위', '하위층위'의 가치는 논리상으로 등가적이거나 대칭적이며, 언어 습득의 경우 의미 성분이 상대적으로 적은 상위층위가 더 일찍 습득될 것으로 보았다. 그런데 우리의 눈앞에 있는 한 피조물을 두고 "저것이 무엇인가?"라는 질문을 할 경우 '생물-동물-개-삽살개-청삽사리' 가운데 어느 것으로도 대답할 수 있겠지만, 사람들은 상위층위인 '생물·동물'이나 하위층위인 '삽살개·청삽사리'가 아니라 일반적으로 중간층위의 '개'를 선택한다. 또한 이 질문을 우리 주변의 어린이에게 하게 될 때 '개'라고 답하는 것을 통해 '개'가 가장 일찍 습득됨을 확인할 수 있다.[2] 이처럼 분류관계에서 상위층위나 하위층위에 비해 중간

---

[*] 이 장은 임지룡(2011a). "국어 어휘범주의 기본층위 탐색 및 의미특성 연구"(『담화와 인지』 18-1: 153-182. 담화·인지언어학회.)의 내용을 깁고 고친 것임.

[1] '분류관계(taxonomy)'는 범주의 구조에서 '생물-동물-개-삽살개-청삽사리'와 같이 '상하위어(上下 位語)'로 구성되는 '수직적 의미 관계'와 '소-개-고양이'와 같이 '동위어(同位語)'로 구성되는 '수 평적 의미 관계'를 뜻한다.

[2] Rosch *et al.*(1976: 414-415)에 따르면 영어권의 유아는 2.5세 정도부터 기본층위의 '개'에 대한 개념화를 시작하여 3세까지 습득이 완성되는 반면, 상위층위 '동물'은 4.5세부터 개념화되며, 하위 층위의 개념화는 5-6세경부터 시작된다고 한다. 이 가설은 E. V. Clark(1993: 50-54)를 비롯하여

층위의 친숙함과 기본적인 특성을 고려하여, 이를 '기본층위'라고 부른다.

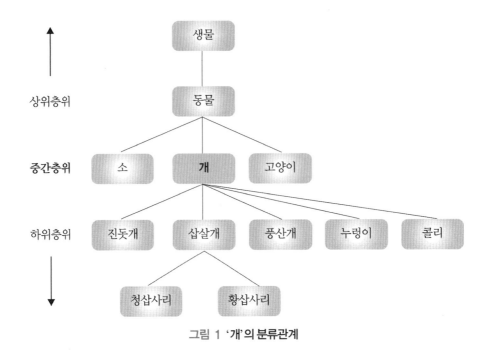

그림 1 '개'의 분류관계

　　동일한 맥락에서 언중의 경험을 바탕으로 기본층위가 개념적, 기능적, 언어적으로 현저한 기능을 담당한다는 주장이 1950년대 말부터 서구의 심리학・인류학・언어학・철학계의 주요 관심사가 되어 왔다. 즉 기본층위에 대한 주목은 원형이론과 함께 인지언어학을 탄생시킨 계기가 되었으며, 오늘날에는 기본층위 효과에 대한 뇌 부위의 탐색이 진행되고 있다. 그러나 이제까지 우리의 국어학계나 언어학계에서는 이에 대한 본격적이며 체계적인 논의가 이루어진 바 없으며,[3] 기본층위나 기본층위 용어에 대하여 표준화된 규정과 용례가 확보되어 있지 않은 실정이다.

　　이에 이 장에서는 인지언어학의 '체험주의' 및 '민간 모형'의 관점에서 '기본층위 가설'을 바탕으로 국어 어휘범주의 기본층위를 탐색하고 그 의미 특성을 규명하기로 한다. 본질상으로 범주의 계층적 분류관계는 이 세상에 그런 위계적 순서가 실재하지 않기 때문에 순전히 개념적이다. 따라서 기본층위의 탐색과 의미 특성의 이해는 범주화와 관련된 인간의 주요 인지

언어 발달과 관련된 대부분의 실험에서 확인되었다.
3　기본층위에 대해 국어학계의 경우 임지룡(1993a: 119-122, 143-147)에서 의미범주에 관한 원형탐색의 일환으로, 우형식(2001: 88-90)에서 분류사와 관련하여 언급된 바 있으며, 심리학계의 경우 신현정(1978, 2000: 115-140) 및 이루리(2004)의 논의가 있다.

활동에 관한 논의로서, 어휘범주의 본질을 해명해 줄 뿐 아니라, 언어교육 및 사전편찬에 실용적으로 활용되며, 나아가 우리 겨레의 사고방식과 문화 양상의 특성을 규명하는 데 기여할 수 있을 것이다.

2. 기본층위의 기본 개념

기본층위의 기본 개념을 파악하기 위해 앞선 연구, Rosch를 중심으로 한 기본층위 가설, 그리고 인지언어학계에서 공유하고 있는 기본층위의 성격과 용어를 기술하기로 한다.

2.1. 앞선 연구

기본층위에 대한 심리학, 인류학, 언어학, 그리고 철학 분야를 중심으로 주요 앞선 연구를 살펴보면 다음과 같다.

첫째, 기본층위에 대한 최초의 관심은 심리학자 R. Brown(1958)의 "사물이 어떻게 지칭되는가?"라는 논문에서 비롯되었다. 즉 그는 사물이 'furniture(가구)-table(탁자)-dining table(식탁)'처럼 다양한 층위에서 여러 가지 명칭을 갖지만, 'table(탁자)'과 같이 화자가 가장 유용하다고 생각하는 '선호 층위'가 있음에 주목하였다. 또한 인류학자 Berlin et al.(1973) 및 Berlin et al.(1974)은 멕시코 남부 첼탈인들의 식물 분류 연구에서 그들의 '민간 분류(folk taxonomy)'를 분석하고 500여 개의 범주가 '유일시발자(1개), 생명형태(4개), 속(471개), 종(273개), 변종(8개)'의 5가지로 분류되며, 그중 '속층위(generic level)'가 수적으로 매우 우세할 뿐 아니라 형태가 단순하며 문화적으로 비중이 가장 크다는 사실을 확인하였다.

둘째, 기본층위에 관한 본격적인 논의는 심리학자 Rosch et al.(1976) 및 Rosch(1978)에서 이루어졌는데, 그들은 R. Brown(1958)의 '선호 층위' 및 Berlin et al.(1974)의 '속층위'를 상위층위 및 하위층위에 대응되는 '기본층위(basic level)'로 명명하고, '악기·과일·의복·가구·교통수단·나무·물고기·새'의 9개 범주를 중심으로 지각적, 기능적, 언어 및 의사소통적, 지식 구조적 측면에서 기본층위의 우월성을 실험적으로 입증하였다. 이후 심리학계에서는 Murphy & Smith(1982), Tanaka & Taylor(1991), Murphy & Lassaline(1997), Murphy(2002: 199-242) 등에서 기본층위의 특성을 밝히려는 논의가 지속되어 왔다.

셋째, 기본층위에 관한 인지언어학적 관심은 1980년대 후반부터 오늘날까지 '고전 범주화'의 대안으로 등장한 '원형 범주화'와 관련하여 핵심적인 주제 가운데 하나가 되었다. 이에 대한 주요 논의는 기본층위의 연구사와 언어적 특징을 밝힌 Lakoff(1987: 46-54) 및 Taylor (1989/2003: 48-53, 2002: 131-136)가 있다. 또한 기본층위의 특성과 상·하위층위의 상관성을 밝힌 주요 논의로는 Ungerer & Schmid(1996/2006: 64-113), Dirven & Verspoor(eds.) (1998/2004: 36-43), Cruse(2000b: 136-137, 181-182), Löbner(2002: 183-186), Croft & Cruse(2004: 82-87), Evans & Green(2006: 256-263), Radden & Dirven(2007: 8-9) 등이 있다. 한편, Kövecses(2006: 39-48)는 기본층위와 관련하여 범주 위계의 인지과정 형성에 대한 문화적 요인의 역할을 논의하였다.[4]

넷째, 기본층위에 관한 철학적 논의로는 Lakoff & Johnson(1999: 26-30)이 있는데, 이는 신체화에 근거한 기본층위의 특성과 그 철학적 중요성을 언급한 것이다.

요컨대, 범주화의 기본층위에 대한 이와 같은 인식은 '고전 범주화'나 '전문 분류'를 옹호해 온 '객관주의 관점(objectivist view)'의 한계와 오류를 수정하는 계기가 되었다.

2.2. 기본층위 가설

사람들은 통상 계층적 분류관계를 상위층위·중간층위·하위층위로 나누며, 그 가운데서 중간층위인 기본층위를 개념적으로 한층 더 현저하고 우월하며 친근하게 인식한다. 이와 관련하여 범주화의 수직 차원에서 기본층위의 우월성에 대한 가설은 Rosch et al.(1976) 및 Rosch(1978)에서 본격적으로 제기되었는데, 그 주요 내용을 크게 네 가지 측면에서 살펴보면 다음과 같다.

첫째, Rosch와 동료들은 '최적의 인지적 경제성(optimal cognitive economy)'을 제공한다는 점에서 인간에게 최적의 포괄성 층위가 있다는 것에 주목했다. 이런 포괄성 층위는 가장 높은 포괄성의 층위와 가장 낮은 포괄성의 층위 사이, 즉 상세성의 중간층위에 있는 것으로 밝혀졌는데, 이 층위를 기본층위라 하였다. 이것은 <표 1>에서 '가구'에 대한 '의자·탁자·램프'로 예증된다.

표 1 Rosch(1978: 32)에서 사용된 기본층위 범주 탐색의 분류관계

상위층위	기본층위	하위층위
가구	의자	부엌의자, 응접실의자
	탁자	부엌탁자, 응접실탁자
	램프	마루용램프, 책상용램프

---

4 이밖에도 E. V. Clark(1993: 50-65)는 기본층위의 습득 양상을 논의하였으며, Ungerer(2001)는 외국어 학습에서 기본층위의 효과에 대해, C. H. Brown(2002)은 하의관계를 중심으로 기본층위의 민간 분류에 대해, Peña(2003: 44-56)는 기본층위 범주로서의 영상도식에 대해, Schmid(2007: 122-125)는 기본층위의 현저성과 고착화에 대해 논의하였다.

둘째, Rosch *et al.*(1976: 388) 및 Rosch(1978: 32-34)에서는 <표 2>의 9가지 분류관계를 중심으로 '속성', '근육운동', '형태의 유사성' 및 '평균 형태에 기초한 식별' 등에서 기본층위의 우월성을 검증하였는데, 그 내용은 다음과 같다.

표 2 Rosch *et al.*(1976: 388)에서 자극어로 사용한 9개의 분류관계

층위 유형	상위층위	기본층위	하위층위
비생물학적 분류관계	악기	기타 피아노 드럼	포크기타, 클래식기타 그랜드피아노, 직립형피아노 케틀드럼, 베이스드럼
	과일	사과 복숭아 포도	딜리셔스애플, 매킨토시애플 프리스톤피치, 클링피치 콩코드포도, 씨 없는 청포도
	공구	망치 톱 드라이버	볼핀해머, 장도리 쇠톱, 횡단톱 필립스드라이버, 레귤러드라이버
	의복	바지 양말 셔츠	리바이스, 이중편물바지 무릎양말, 발목양말 예복용와이셔츠, 뜬셔츠
	가구	탁자 램프 의자	부엌탁자, 응접실탁자 마루용램프, 책상용램프 부엌의자, 응접실의자
	교통수단	자동차 버스 트럭	스포츠카, 4도어세단 시내버스, 대륙횡단버스 픽업트럭, 견인트레일러
생물학적 분류관계	나무	단풍나무 자작나무 참나무	은백색단풍나무, 슈거단풍나무 강(江)자작나무, 붉은자작나무 갈참나무, 흰자작나무
	물고기	농어 송어 연어	바다농어, 줄무늬농어 무지개송어, 강철머리송어 푸른등연어, 치누크새먼
	새	홍관조 독수리 참새	부활절홍관조, 회색꼬리홍관조 흰머리독수리, 검독수리 노래참새, 들참새

(가) 기본층위는 사람들이 범주에 대한 일군의 '공통 속성(common attribute)'을 가장 잘 기재할 수 있는 층위이다. 이것은 피험자들에게 90초 안에 <표 2>의 각 개별 항목에 대하여

생각할 수 있는 모든 속성을 기재하도록 한 실험에 따른 것이다. 예를 들어, '가구'에는 속성에 대해 응답이 없었으며, '의자'에는 '다리, 좌석, 등받이, 팔걸이, 편안한, 목재, 사람을 받치거나 사람이 앉다', '부엌의자'에는 속성을 추가하지 않았으며, '응접실의자'에는 '큰, 부드러운, 쿠션'이라고 답했다. 여기에서 보는 바와 같이 상위층위나 하위층위에 비해 기본층위가 속성의 측면에서 우월하다.

(나) 기본층위는 범주 구성원이 '근육운동(motor movement)'을 공유하는 가장 포괄적인 층위이다. 이것은 피험자들에게 <표 2>의 항목들에 대해 신체적 상호작용의 경험을 기재하도록 한 실험에 따른 것이다. 예를 들어, '가구'에 대해서는 '눈: 쳐다보다', '의자'에 대해서는 '머리: 돌리다, 몸: 돌리다·등 위치로 움직이다, 무릎: 구부리다, 팔: 뻗다·닿다, 허리: 구부리다, 몸·다리: 무게를 경감하다, 등·몸통: 펴다·기대다'가 추가되며, '응접실의자'에 대해서는 '몸: 주저앉다'가 추가되었다. 이처럼, 상위층위 범주의 구성원에는 공통된 근육운동이 거의 없는 반면, 기본층위와 하위층위는 다수의 공통된 근육운동을 사용할 뿐 아니라 본질적으로 동일한 근육운동을 사용한다는 점에서 기본층위가 공통된 상호작용적 경험에 관해 가장 포괄적인 층위라 할 수 있다.

(다) 기본층위는 사물에 대해 '형태 유사성(similarity in shape)'의 가장 포괄적인 층위이다. 이것은 <표 2>의 각 층위에 대한 사물의 영상을 모아 대비한 결과이다. 즉 상위층위의 사물은 범주 '가구'의 실례인 '탁자, 램프, 의자'처럼 형태가 그다지 유사하지 않은 반면, 하위층위 사물은 매우 유사한데, 기본층위는 '탁자', '램프', '의자' 각각에서 보듯이 사물의 형태가 유사한 가장 포괄적인 층위로서, 상위층위보다 형태의 유사성에 기초해서 식별할 수 있는 층위이다.

(라) 기본층위는 '평균 형태에 기초한 식별(identification based on averaged shape)'이 가능한 층위이다. 이것은 <표 2>의 각 범주에 속하는 실체의 윤곽을 통해 사물의 평균 형태를 도출한 결과이다. 그런데 평균적인 형태와 상위층위의 형태가 일치하는 경우는 우연적이었으나, 평균 형태와 기본층위 간의 형태 일치는 매우 개연적이었다.

셋째, Rosch(1978: 34-35)에서는 기본층위에 대하여 '영상', '지각', '언어 발달', '언어 진화'의 측면에서 심리학적 검증을 수행하였는데, 그 중요한 함의는 다음과 같다. (가) 기본층위는 '정신적 영상(mental image)'을 형성하는 것이 가능한 가장 포괄적인 층위로서, '의자'나 '탁자'와 같은 기본층위 사물을 상상하지 않고서는 범주 '가구'의 영상을 형성할 수 없다. (나) 단어와 사물에 대한 그림의 일치 실험에서, 사물의 '지각'이 상위층위나 하위층위에 비해 기본층위 범주의 구성원이 더 빠르다. (다) 기본층위는 '언어 발달'에 있어서 어린이들이 습득하는 최초의 명칭이다. (라) 기본층위는 '언어 진화'에서 상위층위나 하위층위 용어 이전에 발생했을 가능성이 높다.

넷째, 기본층위 범주의 보편성에 관해, Rosch *et al.*(1976: 430)에서는 "개인, 하위 문화 또는 문화에 대한 '기본 사물'은 세계가 제공하는 잠재적 구조와 범주화하는 사람들의 특정한 강조와 지식 상태 간의 상호작용으로부터 발생한다. 그러나 환경은 범주화에 제약을 가한다." 라고 하였다. 이 가설에 따르면 개념적 범주를 기본층위, 상위층위, 하위층위로 조직하는 것이 보편적일 수 있지만, 특정한 범주가 발생하는 층위는 보편적이지 않을 수 있다는 것을 함의한다. 예를 들어, '비행기'는 대부분의 북아메리카 피험자들에게 기본층위로 나타난 반면, 피험자들 가운데 전직 항공기 기술자였던 한 명은 '비행기'를 상위층위로, 특정한 항공기를 기본층위로 응답하였다(Rosch *et al.* 1976: 430 참조). 이것은 특정 분야의 전문 지식이 개인의 범주화 체계에 영향을 미칠 수 있음을 보여 주는 사례라 하겠다. 또한, '나무', '물고기', '새'는 <표 2>에서 상위층위로 나타났지만, 문화권에 따라 기본층위로 인식될 수 있다(Rosch *et al.* 1976: 434 참조).

요컨대, 범주의 계층적 분류관계에서 우리에게 더 친근하고 우월한 기본층위는 최소의 인지적 노력으로 최대의 정보를 제공하는 '인지적 경제성의 원리(principle of cognitive economy)'에 기초하고 있다. Rosch와 동료들에 의해 제시된 기본층위 가설은 어휘범주의 특성 이해에 중대한 인식의 변화를 가져오게 되었다.

2.3. 기본층위 개념의 정교화와 용어의 실제

Rosch의 기본층위 가설과 용어가 제시된 이후, 인지언어학계에서는 기본층위에 대한 논의가 활성화되었는데, 그 주요 성과를 살펴보면 다음과 같다.

첫째, Ungerer & Schmid(1996/2006: 70-76)에서는 실험적 증거에 의한 기본층위의 심리학적 요인으로 다음 3가지를 들고 있다. (가) 기본층위는 유기체들과 사물들 간의 가장 명백한 차이를 지각하는 곳에 있다. (나) 공통된 전체 모양으로서, 전체적으로 지각되며 게슈탈트 지각의 중요한 지시물로 간주된다. (다) 사물이나 유기체와 상호작용할 때 다양한 근육운동을 사용한다. 이러한 기준에 부합하는 기본층위 용어는 (1)의 두 번째 층위에 해당한다.

(1) a. 동물 - **개** - 알세이션 · 콜리 · 그레이하운드
    b. 가구 - **의자** · **탁자** - 거실의자 · 부엌의자 · 응접실의자 · 정원의자
    c. 과일 - **사과** · **복숭아** · **포도** - 딜리셔스애플 · 메킨토시애플
    d. 교통수단 - **자동차** · **버스** · **트럭** · **오토바이** - 지프 · 세단 · 왜건
    e. 의복 - **바지** - 청바지

둘째, Dirven & Verspoor(1998/2004: 37-39)에서는 기본층위 용어의 특징으로 다음 세 가지를 들고 있다. (가) 먼저 습득하는 경향을 지닌다. (나) 짧고 형태적으로 간단하다. (다) 현저성 효과가 가장 분명한 층위이다. 이러한 기준에 부합하는 기본층위 용어는 <표 3>과 같다.

표 3 **기본층위 용어**(Dirven & Verspoor 1998/2004: 38)

층위	개념적 영역				
일반층위	식물	동물	의류	수송수단	과일
기본층위	**나무**	**개**	**바지**	**자동차**	**사과**
특정층위	참나무	리트리버	청바지	스포츠카	그래니스미스

셋째, Cruse(2000: 136-137)에서는 기본층위 용어의 특성으로 다음 5가지를 들고 있다. (가) 행동적 상호작용의 특징적 유형이 존재하는 가장 포괄적인 층위, 곧 최상위 층위이다. (나) 명확한 시각적 영상이 형성될 수 있는 최상위 층위이다. (다) 중립적이며 일상적인 지시를 위해 사용되는 층위이다. (라) 가장 좋은 범주, 즉 인접 범주와의 구별성, 내적인 동질성, 차별적 정보 제공성의 특징들을 최대화하는 범주 층위이다. (마) 형태적으로 단순하며, 기원적인 명칭이다. 그 보기는 (2)의 두 번째 층위이다(Cruse 2000: 53 참조).

(2) a. 과일 - **사과** - 러싯(적갈색 사과의 일종)
    b. 꽃 - **장미** - 하이브리드 티
    c. 동물 - **소** - 저지젖소
    d. 교통수단 - **자동차** - 해치백
    e. 곤충 - **나비** - 호랑나비

넷째, Löbner(2002: 184-186)에서는 심리적 양상과 관련한 기본층위 범주의 특징으로 다음 5가지를 제시하고 있다. (가) 범주화에 대한 반응 시간이 가장 짧다. (나) 우리들의 일반적 지식이 조직되는 층위이다. (다) 범주 구성원들이 유사한 전체 모양을 가지는 최상위 층위이다. (라) 기본층위 용어들은 그 자체의 '부분관계(meronymy)'를 가진다. (마) 부분적으로 우리가 그 구성원들과 상호작용하는 방식에 의해 정의된다. 또한, 언어적 양상과 관련한 기본층위 용어의 특징으로 다음 4가지를 들고 있다. (가) 단순하고, 짧고, 토박이말이고,[5] 오래되었다.

---

5 기본층위 용어는 "bra<brassiere, bus<omnibus, piano<pianoforte, bike<bicycle"에서 보듯이 복잡하고 길거나 외국어에서 기원한 것이면 단축되거나 동화된다. 대조적으로, 하위층위 범주 용어는 "wonder-bra, jazz trumpet, racing bike, olive green"에서 보듯이 합성어이거나 다른 언어에서 차용되기도 한다(Löbner 2002: 186 참조).

(나) 가장 먼저 학습된다. (다) 가장 빈번하게 사용된다. (라) 기본층위 용어의 용법은 요구되는 만큼 정보를 제공해야 하며, 필요한 것 이상의 정보는 제공하지 않아야 한다는 의사소통의 기본 규칙을 따른다. 이러한 기준에 부합하는 기본층위 용어는 <표 4>와 같다.

표 4 기본층위의 보기(Löbner 2002: 184)

층위	범주				
상위 층위	악기	의복	교통수단	동물	색채
기본 층위	트럼펫, 색소폰, 피아노, …	바지, 치마, 셔츠, 드레스, 브래지어, 재킷, …	자전거, 자동차, 버스, 트럭, 오토바이, …	개, 고양이, 말, 곰, 돼지, 토끼, 호랑이, 사자, …	백색, 흑색, 적색, 황색, 녹색, 청색, 갈색, …
하위 층위	재즈 트럼펫, …	청바지, …	경주용 자전거, …	콜리, …	황록색, …

다섯째, Croft & Cruse(2004: 82-84)는 기본층위 항목의 주요한 구별 특성으로 다음 5가지를 제시하고 있다. (가) 행동적 상호작용의 특징적 유형이 존재하는 최상위 층위이다. (나) 명확한 시각적 영상이 형성될 수 있는 최상위 층위이다. (다) 부분-전체 정보가 표상되는 최상위 층위이다. (라) 일상의 중립적인 지시를 위해 사용되는 층위이다. (마) 개별 항목이 더 빨리 범주화되는 층위이다. 이러한 기준에 부합하는 기본층위 용어는 (3)의 진한 글자체이다.

(3) a. 교통수단 - **자동차** - 해치백
   b. 과일 - **사과** - 그래니스미스
   c. 생명체 - 피조물 - 동물 - **개** - 스패니얼
   d. 물건 - 도구 - 칼붙이 - **칼** - 빵칼
   e. 물건 - 가구 - **탁자** - 카드용탁자

여섯째, Kövecses(2006: 41-43)에서는 기본층위 범주의 특징을 다음 5가지로 들고 있다. (가) 사람들이 가장 빨리 범주 구성원을 식별하는 층위이다. (나) 범주 구성원들이 비슷한 전체 모양을 가진 최상위 층위이다. (다) 동일한 근육운동을 사용해서 범주 구성원들과 상호작용하는 최상위 층위이다. (라) 다양한 방식에서 의사소통적으로 가장 중요한 층위이다.[6] (마) 범주에 많은 속성이 주어지는 최상위 층위이다. 다시 말해, 기본층위는 다음과 같은 네 가지

---

6 이것은 범주 구성원에 대해 가장 일반적으로 사용되는 명칭을 가진 층위이며, 어린이가 사용하는 첫 번째 층위이며, 역사적으로 볼 때 언어로 나타나는 첫 번째 층위이며, 중립적인 문맥에서 사용되는 층위이다(Kövecses 2006: 42 참조).

중요한 경험의 차원에 관해서 기본적이다. (가) 지각에 있어서 전체 모양이 비슷하다. (나) 행동에 있어서 유사한 근육운동을 수행한다. (다) 의사소통에 있어서 단어가 가장 짧고 제일 먼저 학습되며 제일 먼저 어휘부에 들어가고 중립적인 문맥에서 사용된다. (라) 지식에 있어서 많은 속성을 알고 있다. 이러한 기준에 부합하는 기본층위 용어는 (4)의 진한 글자체이다.

> (4) a. 가구 - **의자** - 부엌의자 · 응접실의자, 가구 - **탁자** - 부엌탁자 · 응접실탁자, 가구 - **램프** - 마루램프 · 책상램프
>
> b. 교통수단 - **자동차** - 세단 · 리무진, 교통수단 - **트럭** - 덤프트럭 · 쓰레기트럭, 교통수단 - **기차** - 여객열차 · 화물열차
>
> c. 감정 - **화** - 격노 · 노여움, 감정 - **두려움** - 공포 · 경악, 감정 - **행복** - 기쁨 · 도취

일곱째, Radden & Dirven(2007: 8-9)은 기본층위 용어의 특징으로 다음과 같은 4가지를 들고 있다. (가) 형태가 단순하다. (나) 빈번하게 사용된다. (다) 어린이가 일찍 습득한다. (라) 풍부한 영상을 불러일으킨다. 이러한 기준에 부합하는 기본층위 용어는 (5)의 진한 글자체이다.

> (5) 교통수단 - **기차** - 통근기차 · 화물기차, 교통수단 - **자동차** - 스포츠카 · 세단 · 지프, 교통수단 - **비행기** - 정기여객기 · 스포츠용비행기 · 군용기

요컨대, 인지언어학계에서는 최근 십여 년 간 기본층위의 특성을 한층 더 정교화하고 그 전형적인 용어를 명시하였다. 그런데 다음 두 가지 점에서 더 논의되고 보완될 여지가 있다고 하겠다. 첫째, 기본층위 용어들 간의 층위 설정에 드러나는 차이점을 해명해야 한다. 예를 들어, <표 2>에서는 '나무(tree)'가 상위층위이며, '단풍나무(maple) · 자작나무(birch) · 참나무(oak)'가 기본층위인 반면, <표 3>에서는 '나무'가 기본층위이며 '참나무'가 하위층위로 되어 있다. 둘째, 기본층위 용어에 대한 목록이 더 충분히 제시되고, 이를 바탕으로 언어 및 문화권에 따른 기본층위의 대조가 이루어질 필요가 있다.

3. 국어 어휘범주의 기본층위 탐구

국어 어휘범주에 대한 기본층위를 탐구하기 위해 분류관계를 이루는 어휘범주를 선정하고, 탐구의 기준을 설정하며, 대상 용어를 검증하여 기본층위를 규정하기로 한다.

3.1. 기본층위 탐구의 대상

기본층위 탐구의 대상으로 국어 어휘범주에서 계층적 분류관계를 이루면서 적어도 한 구성원이 기초어휘[7]에 속하는 (6)의 자연물 범주 8개와 인공물 범주 8개를 선정하기로 한다.

> (6) a. 자연물 범주: ①곤충-나비-호랑나비 ②동물/짐승-개-진돗개 ③조류/새-까치-검은부리까치 ④어류/물고기-붕어-황금붕어 ⑤과일-사과-홍옥 ⑥채소-무-총각무 ⑦식물-꽃-장미-백장미 ⑧식물-나무-소나무-금강송
> b. 인공물 범주: ①가구-의자-흔들의자 ②공구-톱-쇠톱 ③악기-북-큰북 ④의복/옷-바지-청바지 ⑤음식-밥-쌀밥 ⑥무기-총-카빈총 ⑦차-버스-고속버스 ⑧운동경기-씨름-왼씨름

(6)은 범주 명칭별로 3-4개의 용어가 하나의 분류관계를 이루며, 하의관계의 용어들은 '기본 값(default value)'에 해당한다. 예를 들어, '붕어'의 하위어로서 '황금붕어'는 '금붕어'에 비해, '총'의 하위어로서 '카빈총'은 '권총'에 비해, '소나무'의 하위어로서 '금강송'은 '리기다소나무'에 비해 기본 값의 자격을 갖는다. 또한 자연물 범주의 '꽃'과 '나무'는 상위층위 '식물'을 포함해 4개의 층위로 이루어져 있는데, 이는 '꽃-장미', '나무-소나무' 중에서 어느 쪽이 기본층위 어휘인지 검증하기 위해서이다.

3.2. 기본층위 탐구의 기준

(6)의 대상 어휘에 대한 기본층위 탐구의 기준은 다음 세 가지이다.

첫째, 분류관계에서 층위별 용어의 어형 구조를 분석한다. 즉 분류관계의 용어에 대하여 어종(고유어, 한자어, 서구외래어)의 양상, 형태론적 복잡성(단일어, 복합어)의 양상, 어형성에서 핵어[8]의 양상을 검증한다.

둘째, 분류관계에서 층위별 용어들의 빈도 양상을 검증한다. 빈도수 검증을 위해 1,531,966 어절을 대상으로 한 조남호(2002)의 『현대 국어 사용 빈도 조사』를 활용한다.

셋째, 기본층위 탐구 실험을 수행하여 다음 사항을 검증한다. (가) 사물에 대한 명칭의 반응 양상을 실험한다. (나) 분류관계의 용어에 대한 시각적 영상 형성 양상을 실험한다.

---

7 국어 어휘범주의 '기초어휘(basic vocabulary)'에 대해서는 임지룡(1991a) 참조.
8 예를 들어, '참나무', '가문비나무'는 '부가어+핵어'로 구성되어 있는데, 이 경우 '나무'는 식물명의 '핵어(head)'이며, '참' 및 '가문비'는 '부가어(attribute)'이다(노재민 1999: 9-10 참조).

3.3. 대상 어휘의 검증

3.3.1. 어형 구조 양상

(6)의 용례를 대상으로 범주 명칭별 용어의 어형 구조에 대한 양상을 살펴보면 다음과 같다.

첫째, 범주 명칭별 어종은 전체 16개의 범주에서 최상위층위의 경우 고유어 4개, 한자어 16개이며, 중간층위의 경우 고유어 10-11개, 한자어 4-5개, 서구외래어 1개이며, 최하위층위의 경우 고유어 7개, 한자어 4개, '한자어+고유어' 3개, '서구외래어+한자어' 1개이다. 그중 고유어는 중간층위에 가장 많다.

둘째, 범주 명칭별 단일어 및 복합어 양상은 전체 16개의 범주에서 최상위층위 및 중간층위는 모두 단일어인 반면, 최하위층위는 단일어 1개, 합성어 15개이다. 즉 단일어는 최상위층위와 중간층위에 가장 많다.

셋째, 범주 명칭별 어형성에서 '부가어+핵어' 구성의 '핵어'에 해당하는 것은 '나비, 개, 새/까치, 물고기/붕어, 사과, 무, 꽃/장미, 나무, 의자, 톱, 악기/북, 옷/바지, 밥, 총, 차/버스, 씨름'인데, 이들은 주로 중간층위에 나타난다.

3.3.2. 빈도 양상

(6)의 용례를 대상으로 범주 명칭별 빈도 양상, 즉 '빈도차례/빈도수'를 조사하여 고빈도 차례로 배열하면 (7)과 같다.

(7) ①나비(5874/30)>곤충(9453/16)>호랑나비(-) ②동물(1294/179)·짐승(2481/87)>개(1569/145)>진돗개(19490/6) ③새(1089/209)·조류(11392/13)>까치(5872/30)>검은 부리까치(-) ④물고기(3579/56)·어류(6839/25)>붕어(9599/16)>황금붕어(-) ⑤과일(1491/153)>사과(3237/63)>홍옥(-) ⑥채소(3053/68)>무(3687/54)>총각무(-) ⑦꽃(470/436)>식물(1444/158)>장미(12818/11)>백장미(-) ⑧나무(540/395)>식물(1444/158)>소나무(2083/105)>금강송(-) ⑨의자(2292/94)>가구(7434/22)>흔들의자(30122/3) ⑩공구(8000/20)>톱(10304/15)>양날톱(21229/5) ⑪악기(3122/66)>북(11171/13)>큰북(-) ⑫옷(530/400)·의복(1980/111)>바지(2627/81)>청바지(10274/15) ⑬밥(353/550)>음식(395/498)>쌀밥(11933/12) ⑭무기(2113/103)>총(5294/35)>카빈총(25056/4) ⑮차(417/481)>버스(719/300)>고속버스(11580/12) ⑯운동(123/1317)·경기(739/293)>씨름(5374/34)>왼씨름(-)

(7)에서 각 항목별 빈도 1순위에 해당하는 것 가운데 최상위층위에 해당하는 것은 '동물, 새, 물고기, 과일, 채소, 공구, 악기, 옷, 무기, 차, 운동경기'이며, 중간층위에 해당하는 것은 '나비, 꽃, 나무, 밥'이다.

3.3.3. 실험의 내용과 피험자의 반응 양상

범주 명칭별 피험자의 반응 양상을 측정하기 위한 기본층위 탐구 실험의 내용은 다음과 같다.

첫째, '피험자(subject)'는 광역시 소재 도시의 초·중·고등학생 331명 및 대학생 80명, 군 단위 농촌의 초·중·고등학생 103명, 총 514명이다.[9]

☞ <과제 1> 다음 그림을 무엇이라고 부릅니까?

① (　　　)　② (　　　)　③ (　　　)　④ (　　　)

⑤ (　　　)　⑥ (　　　)　⑦ (　　　)　⑧ (　　　)

---

9 이 조사에 참여한 피험자는 다음과 같다. 대구광역시 소재 경북대학교 사범대학 부설초등학교 4학년 121(남 60, 여 61)명, 부설중학교 2학년 105(남 61, 여 44)명, 부설고등학교 105(남 55, 여 50)명, 경북대학교 국어교육과 80(남 32, 여 48)명이며, 경상북도 봉화군 소재 소천 초등학교 4학년 25(남 14, 여 11)명, 중학교 2학년 37(남 17, 여 20)명, 고등학교 2학년 41(남 24, 여 17)명, 총 514명이다.

⑨ (　　)	⑩ (　　)	⑪ (　　)	⑫ (　　)
⑬ (　　)	⑭ (　　)	⑮ (　　)	⑯ (　　)

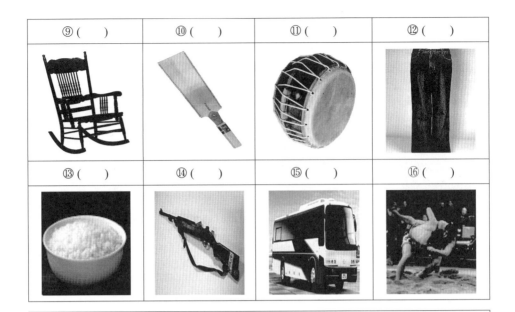

☞ <과제 2> 다음 각 항목에서 머릿속에 그 모습을 명확히 떠올릴 수 있으며, 그림으로 그릴 수 있다고 생각되는 것에 밑줄을 그으세요. (※ 하나 이상도 가능함)

① 곤충… 나비… 호랑나비

② 동물/짐승… 개… 진돗개

③ 조류/새… 까치… 검은부리까치

④ 어류/물고기… 붕어… 금붕어

⑤ 과일… 사과… 홍옥

⑥ 채소… 무… 총각무

⑦ 식물… 꽃… 장미… 백장미

⑧ 식물… 나무… 소나무… 금강송

⑨ 가구… 의자… 흔들의자

⑩ 공구… 톱… 양날톱

⑪ 악기… 북… 큰북

⑫ 의복/옷… 바지… 청바지

⑬ 음식… 밥… 쌀밥

⑭ 무기… 총… 카빈총

⑮ 차… 버스… 고속버스

⑯ 운동경기… 씨름… 왼씨름

셋째, '절차(procedure)'는 다음과 같다. 실험은 2010년 12월 13일부터 12월 17일에 걸쳐 수행하였으며, 과제 간의 간섭효과를 최소화하기 위하여 "다음 그림을 무엇이라고 부릅니까?"의 <과제 1>을 수업 전반부에 실험한 뒤 회수하고, "다음 각 항목에서 머릿속에 그 모습을 명확히 떠올릴 수 있으며, 그림으로 그릴 수 있다고 생각되는 것에 밑줄을 그으세요(하나 이상도 가능함)."의 <과제 2>를 수업 후반부에 실험하였다. 이 때 조사자는 피험자에게 각 과제의 지시문을 새겨 읽고 자연스럽게 반응하도록 유도하였으며, 전후반 모두 20여 분의 시간 안에 실험이 이루어졌다.

먼저, <과제 1>에 대한 실험의 결과는 <표 5>와 같은데, <표 5>에서 문항별 피험자의 반응 수치가 높은 차례로 배열하면 (8)과 같다.

표 5 <과제 1>에 대한 피험자의 반응 내역

문항	반응어	초등생(146명)			중학생(142명)			고교생(146명)			대학생(80명)	총계(514명)
		도시	농촌	계	도시	농촌	계	도시	농촌	계		
①	나비	90	24	114	56	31	87	78	33	111	65	377
	호랑나비	30	1	31	11	5	16	22	5	27	15	89
	곤충				36		36	3	3	6		42
	기타	1		1	2	1	3	2		2		6
②	개	60	17	77	52	29	81	61	25	86	34	278
	진돗개	53	7	60	48	8	56	37	12	49	45	210
	기타	8	1	9	5		5	7	4	11	1	26
③	까치	59	13	72	54	13	67	47	21	68	49	256
	새	42	9	51	37	18	55	41	18	59	30	195
	제비	19	2	21	13	4	17	17	1	18	1	57
	기타	1	1	2	1	2	3		1	1		6
④	물고기	92	15	107	50	17	67	47	21	68	26	268
	붕어	14	7	21	27	11	38	41	12	53	37	149
	황금붕어	12	2	14	14	6	20	8		8	12	54
	기타	3	1	4	14	3	17	9	8	17	5	43
⑤	사과	120		120	101	1	102	100	40	140	79	441
	홍옥	1	25	26	24	34	36				1	63
	과일								3	3		3
	기타				2	2	4	2	1	3		7
⑥	무	111	25	136	90	35	125	97	32	129	66	456
	총각무	10		10	6	1	7	5	8	13	13	43
	채소				1		1	3		3	1	5
	기타				8	1	9		1	1		10

⑦											
장미	56	10	66	20	11	31	15	10	25	31	153
꽃	36	10	46	12	14	26	47	15	62	14	148
백장미	19	4	23	49	8	57	28	11	39	34	153
기타	10	1	11	24	4	28	15	5	20	1	60
⑧ 나무	76	13	89	54	20	74	60	21	81	32	276
소나무	41	12	53	47	15	62	43	20	63	46	224
기타	4		4	4	2	6	2		2	2	14
⑨ 의자	62	20	82	45	22	67	42	20	62	51	262
흔들의자	58	5	63	56	14	70	47	19	66	26	225
기타	1		1	4	1	5	16	2	18	3	27
⑩ 톱	110	23	133	93	34	127	87	37	124	62	446
양날톱	2		2	6	1	7	15	2	17	12	38
기타	9	2	11	6	2	8	3	2	5	6	30
⑪ 북	121	25	146	100	35	135	92	39	131	77	489
악기							2		2		2
큰북							1		1	1	2
기타				5	2	7	10	2	12	2	21
⑫ 청바지	88	15	103	86	18	104	85	32	117	72	396
바지	33	10	43	16	17	33	19	8	27	7	110
기타				3	2	5	1	1	2	1	8
⑬ 밥	93	22	115	78	33	111	72	32	104	43	373
쌀밥	28	3	31	25	4	29	28	8	36	35	131
기타				2		2	5	1	6	2	10
⑭ 총	111	24	135	78	33	111	87	35	122	68	436
소총	3		3	7	3	10	8	4	12	2	27
카빈총	2		2	7		7	3		3	1	13
기타	5	1	6	13	1	14	7	2	9	9	38
⑮ 버스	100	24	124	72	30	102	74	33	107	52	385
고속버스	20		20	31	6	37	26	5	31	28	116
차		1	1	1	1	2	4	1	5		8
기타	1		1	1		1	1	2	3		5
⑯ 씨름	121	24	145	98	36	134	105	37	140	80	499
운동		1	1				2		2		3
기타				7	1	8		4	4		12

(8) ①나비>호랑나비>곤충 ②개>진돗개 ③까치>새>제비 ④물고기>붕어>황금붕어 ⑤사과>홍옥>과일 ⑥무>총각무>채소 ⑦장미>꽃>백장미 ⑧나무>소나무 ⑨의자>흔들의자 ⑩톱>양날톱 ⑪북>악기>큰북 ⑫청바지>바지 ⑬밥>쌀밥 ⑭총>소총>카빈총 ⑮버스>고속버스>차 ⑯씨름>운동

(8)에서 나타난 주요 양상은 다음과 같다. 첫째, 그림 자료에 대해 가장 높은 반응을 나타내는 용어가 최상위층위에 해당하는 것은 '④물고기' 1가지이며, 중간층위에 해당하는 것은 '①나비 ②개 ③까치 ⑤사과 ⑥무 ⑦장미 ⑧나무 ⑨의자 ⑩톱 ⑪북 ⑬밥 ⑭총 ⑮버스 ⑯씨름'의 14가지이며, 최하위층위에 해당하는 것은 '⑫청바지' 1가지이다. 둘째, 피험자의 반응에서 최상위층위가 나타나지 않은 것은 '②동물 ⑦식물 ⑧식물 ⑨가구 ⑩공구 ⑫의복/옷 ⑬음식 ⑭무기'의 8가지이다. 셋째, 피험자의 반응에서 최하위층위가 나타나지 않은 것은 '⑧금강송 ⑯왼씨름'의 2가지이다.

<과제 2>에 대한 실험의 결과는 <표 6>과 같은데, <표 6>에서 문항별 피험자의 반응 수치가 높은 차례로 배열하면 (9)와 같다.

(9) ①나비>곤충>호랑나비 ②개>동물/짐승>진돗개 ③까치>조류/새>검은부리까치 ④어류/물고기>붕어>황금붕어 ⑤사과>과일>홍옥 ⑥무>채소>총각무 ⑦꽃>식물>장미>백장미 ⑧나무>식물>소나무>금강송 ⑨의자>가구>흔들의자 ⑩톱>공구>양날톱 ⑪북>악기>큰북 ⑫의복/옷>바지>청바지 ⑬밥>음식>쌀밥 ⑭총>무기>카빈총 ⑮버스>차>고속버스 ⑯씨름>운동경기>왼씨름

표 6 <과제 2>에 대한 피험자의 반응 내역

문항	반응 낱말	초등생(143명)			중학생(142명)			고교생(147명)			대학생 (80명)	총계 (512명)
		도시	농촌	계	도시	농촌	계	도시	농촌	계		
①	나비	69	17	86	56	21	77	64	20	84	57	304
	곤충	28	7	35	38	13	51	36	17	53	18	157
	호랑나비	21	1	22	12	2	14	6	4	10	5	51
②	개	57	13	70	41	18	59	61	18	79	52	260
	동물/짐승	34	7	41	49	16	65	38	19	57	19	182
	진돗개	27	5	32	16	2	18	7	4	11	9	70
③	까치	65	15	80	44	10	54	53	20	73	44	251
	조류/새	52	9	61	58	25	83	50	18	68	35	247
	검은부리까치	1	1	2	4	1	5	3	3	6	1	14
④	어류/물고기	75	14	89	70	27	97	80	25	105	39	330
	붕어	41	9	50	29	7	36	24	12	36	31	153
	황금붕어	2	2	4	7	2	9	2	4	6	10	29
⑤	사과	72	16	88	42	16	58	56	17	73	49	268
	과일	45	9	54	62	19	81	50	21	71	28	234
	홍옥	1		1	2	1	3		3	3	3	10

⑥	무	75	14	89	51	18	69	61	18	79	54	291
	채소	34	9	43	51	17	68	44	18	62	23	196
	총각무	9	2	11	4	1	5	1	5	6	3	25
⑦	꽃	37	10	47	56	18	74	43	16	59	45	225
	식물	32	5	37	21	13	34	40	12	52	20	143
	장미	36	5	41	15	3	18	19	8	27	9	95
	백장미	13	5	18	14	2	16	4	5	9	6	49
⑧	나무	60	9	69	27	15	42	49	12	61	45	217
	식물	33	8	41	55	14	59	42	17	59	18	177
	소나무	25	6	31	23	5	28	15	10	25	17	101
	금강송		2	2	1	2	3		2	2		7
⑨	의자	55	9	64	36	19	55	45	14	59	50	228
	가구	37	13	50	50	15	65	48	19	67	22	204
	흔들의자	26	3	29	20	2	22	13	8	21	8	80
⑩	톱	92	12	104	51	20	71	51	19	70	58	303
	공구	22	9	31	41	13	54	41	16	57	18	160
	양날톱	4	4	8	14	3	17	14	6	20	4	49
⑪	북	68	13	81	48	16	64	51	18	69	58	272
	악기	45	11	56	51	19	70	49	16	65	21	212
	큰북	5	1	6	7	1	8	6	7	13	1	28
⑫	의복/옷	52	6	58	57	18	75	48	20	68	26	227
	바지	34	12	46	27	14	41	44	10	54	41	182
	청바지	32	7	39	22	4	26	14	11	25	13	103
⑬	밥	57	11	68	38	11	49	46	12	58	53	228
	음식	39	11	50	56	22	78	44	17	61	16	205
	쌀밥	22	3	25	12	3	15	16	12	28	11	79
⑭	총	82	11	93	50	16	66	53	18	71	58	288
	무기	33	11	44	49	19	68	51	18	69	21	202
	카빈총	3	3	6	7	1	8	2	5	7	1	22
⑮	버스	69	12	81	42	15	57	44	13	57	54	249
	차	40	11	51	54	18	72	54	19	73	22	218
	고속버스	9	2	11	10	3	13	8	9	17	4	45
⑯	씨름	72	10	82	54	16	70	58	16	74	73	299
	운동경기	45	14	59	52	19	71	48	22	70	7	207
	왼씨름	1	1	2		1	1		3	3		6

<표 6>에서는 실험 자료의 각 항목에 대해 하나 이상으로 반응한 경우가 적지 않았는데, 이 경우에 상위층위의 항목만을 반응 단어로 간주하였다. 피험자의 시각적 영상 형성 실험의

결과 (9)에 나타난 주요 양상은 다음과 같다. 첫째, 가장 높은 반응을 나타내는 용어가 최상위 층위에 해당하는 것은 '어류/물고기, 의복/옷'의 2가지이며, 중간층위에 해당하는 것은 '나비, 개, 까치, 사과, 무, 꽃, 나무, 의자, 톱, 북, 밥, 총, 버스, 씨름'의 14가지이다. 둘째, 피험자의 반응은 ④와 ⑫를 제외하면 '중간층위>최상위층위>최하위층위'의 일관적 양상을 나타낸 경우가 14가지로 나타났다.

3.3.4. 국어의 기본층위 용어

이상에서 살펴본 어형 구조 양상, 빈도 양상, 피험자의 반응 양상을 고려하여 기본층위 용어를 <표 7>과 같이 선정하기로 한다.[10]

표 7 **국어의 기본층위 용어**

층위	용어														
상위 층위	곤충	동물	동물	동물	과일	채소	식물	식물	가구	공구	악기	옷	음식	무기	차	운동 경기
기본 층위	**나비**	**개**	**새**	**물고기**	**사과**	**무**	**꽃**	**나무**	**의자**	**톱**	**북**	**바지**	**밥**	**총**	**버스**	**씨름**
하위 층위	호랑 나비	진돗개	까치	붕어	홍옥	총각무	장미	소나무	흔들 의자	양날톱	큰북	청바지	쌀밥	카빈총	고속 버스	왼씨름

<표 7>의 기본층위 용어 가운데 '새', '물고기', '꽃', '나무', '버스'는 상하위층위 용어와 탐색 기준 간에 갈등이 일어난 경우이다. 첫째, '버스-차'에서 상위층위인 '차'는 어형 구조상으로 '승용차, 기차' 등에서 보듯이 핵어가 되므로 기본층위가 될 수 있는 필요조건을 갖추고 있지만, '버스' 역시 '고속버스, 관광버스' 등에서처럼 핵어가 될 뿐 아니라 피험자의 반응이 높은 점이 고려되었다. 둘째, '새-까치', '물고기-붕어, 꽃-장미, 나무-소나무'에서 '새, 물고기, 꽃, 나무'는 상위층위, 그리고 '까치, 붕어, 장미, 소나무'는 기본층위가 될 수 있는 요건을 갖추고 있지만, 탐색 기준 가운데 핵어 및 피험자의 반응을 고려하여 전자를 기본층위, 후자를 하위층위로 규정하였다.

---

10 국어를 대상으로 기본층위 용어를 제시한 사례로는 다음이 주목된다. 신현정(1978: 126)은 공통속성시험에서 기본범주를 "쌀, 배추, 참새, 사과, 잠자리, 개, 망치, 피아노, 금강석, 총, 콜라", 임지룡(1993a: 33)은 기본층위 탐색실험을 통해 "사과, 장미, 소나무, 까치, 바지, 야구, 밥, 인형, 배추, 승용차", 우형식(2001: 89)은 분류사와 관련하여 "풀, 나무, 새", 이루리(2004: 23)는 개념 속성들 평균 상관관계 실험에서 "개, 뱀, 사과, 쌀"을 들고 있다.

4. 기본층위의 의미 특성

국어의 어휘범주에 대한 기본층위의 의미 특성을 파악하기 위해 기본층위 용어의 특성, 기본층위의 의의, 기본층위의 인지언어학적 함의를 기술하기로 한다.

4.1. 기본층위 용어의 특성

<표 7>에서 선정된 국어의 기본층위 용어를 탐구 기준과 관련된 세 가지 특성을 살펴보면 다음과 같다.

첫째, 어형 구조의 측면에서 기본층위 용어는 네 가지 유형으로 나뉜다. 곧 '고유어·단일어·핵어'는 "나비, 개, 새, 무, 꽃, 나무, 톱, 북, 바지, 밥, 씨름"의 11가지이며, '한자어·단일어·핵어'는 "사과, 의자, 총"의 3가지이며, '서구외래어·단일어·핵어'는 "버스" 1가지이며, '고유어·합성어'는 "물고기"이다. 이를 통해서 볼 때 어형 구조상에서 '단일어·핵어'가 기본층위 변별의 주요 기준으로 작용한다.

둘째, 빈도의 측면에서 <표 7>의 기본층위 용어를 (7)의 빈도 양상에 비추어 보면, 기본층위 용어가 각 항목의 빈도 1순위에 해당하는 것은 "나비, 새, 물고기, 꽃, 나무, 의자, 밥"의 7가지이며 '나비, 꽃, 나무, 의자, 밥'의 2순위는 상위층위이며 '새, 물고기'의 2순위는 하위층위로 나타났다. 또한, 기본층위 용어가 각 항목의 빈도 2순위에 해당하는 것은 "개, 사과, 무, 톱, 북, 바지, 총, 버스, 씨름"의 9가지인데 이 경우의 1순위는 모두 최상위층위이다. 이러한 빈도수가 뜻하는 바는 다음 두 가지로 해석된다. (가) 한 범주 명칭 아래에서 기본층위 용어는 하위층위 용어에 비해 빈도가 높지만, 상위층위에 비해 빈도수가 높은 것은 아니다. (나) 상위층위 아래의 해당 기본층위 용어와 동위어의 빈도 총합은 상위층위에 비해 빈도수가 높다.[11]

셋째, 피험자의 반응과 관련하여 기본층위 용어에 대한 특성을 보기로 한다. 먼저, <과제 1>에 대한 <표 5>에서 피험자 반응의 특징적 양상은 다음 다섯 가지이다. (가) 그림 자료에 대한 피험자의 제1 순위 반응 항목은 (6)에서 중간층위가 14가지이며, 최상위층위 및 최하위 층위가 각각 1가지이며, 피험자의 제2 순위 반응은 하위층위로 나타났는데, 이것은 언어 사용자가 기본층위를 기준점으로 삼고 하위층위로 구체화해 가는 성향을 드러낸 것이다. (나) 인

---

11 이와 관련하여, 조남호(2002)의 1,531,966어절을 대상으로 한 빈도 조사에서 '생물'은 68회(빈도차례 3,042), '동물'은 179회(빈도차례 1,294), '개'는 145회(빈도차례 1,569), 진돗개는 6회(빈도차례 19,490)로 나타났다. 이 경우 기본층위 '개'는 상위층위 '동물'보다 빈도가 낮지만, '개'의 동위어인 '소(89회), 고양이(10회), 말(81회)…' 등의 빈도수를 합하면 기본층위의 발생빈도가 상위층위나 하위층위에 비해 현저히 높음을 알 수 있다.

공물 범주보다 자연물 범주에서 피험자의 고순위 반응이 불분명하였는데, 자연물의 경우는 '개, 진돗개', '장미, 꽃, 백장미', '나무, 소나무' 간에, 인공물의 경우는 '의자, 흔들의자'에서 그러하다. (다) 도시-농촌의 경우를 보면, 기본층위와 하위층위 변별이 도시 피험자의 경우 '무기, 차, 옷'의 인공물 범주에서, 농촌 피험자의 경우 '곤충, 동물, 식물'의 자연물 범주에서 더 잘 이루어졌으며, '새' 범주에 대해 '제비'라고 잘못 반응한 경우가 농촌보다 도시에서 더 많았다. (라) 성별의 경우, 여학생은 남학생에 비해 '꽃, 악기, 옷, 총, 공구, 차, 운동' 등에 반응 항목의 폭이 좁았는데, '꽃, 악기, 옷'은 여학생들에게 더 친숙하기 때문에 반응이 기본층위와 하위층위로 한정되며, '총, 공구, 차, 운동'은 여학생들과 친숙한 대상이 아니므로 그 반응이 기본층위에 국한된 것으로 보인다. (마) 학년별로 보면, 반응의 항목이나 오류가 저학년일수록 넓고 높은 반면 고학년일수록 좁고 낮게 나타났다. 다음으로, <과제 2>에 대한 <표 6>에서 피험자 반응의 특징적 양상은 '물고기, 옷' 항목 이외의 14항목에서 '기본층위>상위층위>하위층위' 순서로 반응이 높았다. 이것은 단어 자료에 대한 피험자의 반응이 기본층위를 기준점으로 삼고 상위층위로 일반화해 가는 성향을 드러낸 것이다.[12]

요컨대, 국어 어휘범주의 기본층위 용어는 어형 구조상에서 '단일어·핵어'가 많고, 빈도수가 높은 특성을 지닌다. 또한 피험자의 사물에 대한 명칭 실험 및 명칭에 대한 시각적 영상 형성 실험에서 가장 주목되는 현상은 인공물 범주에 비해 자연물 범주의 반응이 갈등을 일으켰으며, 사물에서 명칭 실험은 기본층위에서 하위층위로, 명칭에서 영상 실험은 기본층위에서 상위층위로 이행되는 경향을 보였다.

4.2. 기본층위의 의의

<표 7>을 중심으로 기본층위가 갖는 의의를 네 가지 측면에서 살펴보면 다음과 같다.

첫째, 기본층위는 국어 공동체의 일환인 우리 자신이 사물을 어느 층위에서 지칭하는가의 '해석(construal)'을 의미한다. <과제 1>에서 보았듯이 "이것(🐕)을 무엇이라고 합니까?"라는 질문에 대해 국어 공동체는 여러 가지 가능성 가운데 '개'로 반응한다는 점이다. 이른바 Cruse(1977: 153-164)가 언급한 '중립적인 문맥'에서 '개'는 다른 명칭보다 더 친숙하고 경제

---

12 <표 7>의 기본층위 용어는 다음과 같은 측면에서도 상관성을 갖는다. (가) 기본층위에서 원형적 범주의 구조가 가장 잘 발달되어 있다(Ungerer & Schmid 1998/2006: 75-76, Löbner 2002: 186 참조)는 점이 확인된다. (나) 분류사가 명사와 관련하여 기본층위에서 선택된다(우형식 2001: 89 참조)는 점이 확인된다. 예를 들어, '마리'가 호응하는 최상위층위는 '나비, 개, 새, 물고기', '포기'는 '무', '자루'는 '톱, 총', '그릇'은 '밥', '판'은 '씨름', '개'는 '사과, 의자', '대'는 '버스'이다. 다만, '바지'는 '저고리'와 함께 짝을 이루어 옷 한 '벌'이 된다.

적이고 효율적이다. 예를 들어, 두 사람이 방에서 바깥에 나는 소리를 듣고 그중 한 사람의 질문에 대해 다른 사람이 창밖을 내다보는 (10)의 상황에서, 가장 자연스러운 대답은 '개'이다. 곧 기본층위가 가장 일상적이고 흔한 방식으로 상황을 기술하는 데 사용되는 반면, 상위층위를 통해 화자는 상황을 더 일반적으로 해석하며, 하위층위를 통해 상황을 더 특정한 방식으로 해석한다.[13]

> (10) 갑 : "밖에 무슨 소리가 들리잖니?"
>   을 : a. "?동물이야."
>   b. "개야."
>   c. "?진돗개야."

둘째, 기본층위는 상위층위나 하위층위에 비해서 '기본성'을 갖는다.[14] 이러한 기본성은 어형 구조상으로 단일어 및 핵어이며, 언어습득에서 1차적이며, (11)에서 보듯이 사물의 기본 정보에 대한 기준점이 된다.

> (11) a. 들에 이름 모를 {?식물, 꽃, ?마타리꽃}이 피어 있다.
>   b. 산에 이름 모를 {?동물, 새, ?까치, ?검은부리까치}가 울고 있다.
>   c. 처음 본 {물고기, ?붕어, ?황금붕어}이다.

기본층위는 우리의 머릿속에서 그 영상을 명확히 떠올릴 수 있으므로 인지의 기준점이 된다. 경험적으로 볼 때 우리의 머릿속에서 '개'의 영상은 쉽사리 포착되는 데 비해 '가족의 닮음'처럼 '동물'의 영상을 하나의 통일체로 포착하기는 어렵다. 이와 관련하여 상위층위의 '동물'이나 하위층위의 '진돗개'를 그림으로 그리기는 어려우며, 실제로 기본층위의 '개'를 그리게 된다. 또한, '미국의 수어(American Sign Language)'에서는 상위층위가 기본층위 신호의 합성으로 이루어진다(Newport & Bellugi 1979: 230-233, Murphy 2002: 214 참조). 즉 <그림 2>에서 '교통수단(vehicle)'에 대한 수어는 '자동차(car)⌒비행기(airplane)⌒기차(train) 등' 기본층위 신호의 연속체에 의해 표현된다.

---

13 기본층위에 비해 상위층위는 '수집 기능(collecting function)'을 수행하는 반면, 하위층위는 '부각하기 기능(highlighting function)'을 수행한다(Ungerer & Schmid 1996/2006: 64-84 참조).

14 기본층위의 '기본성(basicness)'은 '선(先)개념적 경험(preconceptual experience)'이며(Lakoff 1987: 267 참조), '무표적 선택(unmarked choice)'을 뜻한다(Schmid 2007: 124 참조).

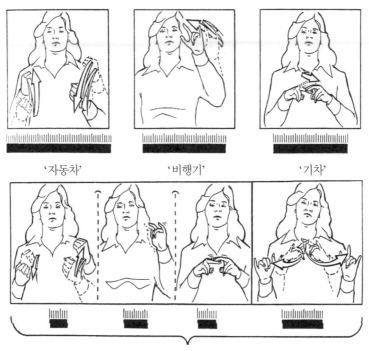

'자동차'   '비행기'   '기차'

'자동차 ⌒ 비행기 ⌒ 기차' 등을 의미하는 '교통수단'

그림 2 **기본층위를 활용한 상위층위 수어**(Newport & Bellugi 1979: 232)

셋째, 기본층위는 한 항목에 대하여 최소의 인지적 노력으로 최대의 정보를 획득할 수 있다는 점에서 '인지적 경제성의 원리'가 작용한다.[15] 실제로 기본층위는 공통된 속성을 가장 많이 갖는데, '과일-사과-홍옥'에서 공통 속성의 수가 '과일'은 3개, '사과' 18개, '홍옥'은 '사과'의 속성에 3개의 추가적 속성을 갖는다(Ungerer & Schmid 1996/2006: 72-73 참조). 또한 '장미'와 '모란'은 기본층위 '꽃'의 '줄기·꽃·잎·향기가 있다'와 같은 많은 속성을 공유하며, '가시의 유무'와 같은 소수의 특정한 속성을 갖는다.

넷째, 기본층위는 우리의 신체적 경험에서 가장 친숙하다. 유기체와 사물은 기본층위에서 실질적인 신체적 접근이 가능한데, '개'는 어루만질 수 있으며, '꽃'은 그 향기를 맡을 수 있는 반면, 각기 다른 종류의 개가 각기 다른 방식으로 어루만져지거나, 모든 동물들이 개와 같이

---

15 이와 관련하여, Zubin & Köpcke(1986: 146-148)는 독일어에서 기본층위인 'Apfel(사과)'은 남성, 'Pflaume(자두)'는 여성인 반면, 'Obst(과일)'처럼 상위층위 단어는 중성인 경우가 많은데, 이는 정보량이 적기 때문이라고 하였다. 한편, Croft & Cruse(2004: 85)는 영어에서 'cutlery-spoons/forks', 'furniture-tables/chairs'에서 보듯이 상위층위 용어는 질량명사인 반면, 기본층위 용어는 가산명사인 현상을 정보량과 관련된 것으로 보았다.

어루만져진다고 생각하기는 어렵다. 또한 '가구-의자-흔들의자'와 '옷-바지-청바지'에 대한 우리의 근육운동을 보면 기본층위인 '의자'와 '바지'에서 가장 다양하다(Rosch *et al.* 1976: 436-437 참조).

요컨대, 국어 어휘범주에서 기본층위는 사물을 중립적인 문맥에서 보편적으로 해석하는 층위이며, 상하위층위에 비해 인지의 측면에서 기본적·경제적이며, 경험적으로 더 친숙하다.

4.3. 기본층위의 인지언어학적 함의

분류관계에서 기본층위가 시사해 주는 바는 결코 가볍지 않다. 이와 관련하여 기본층위의 인지언어학적 함의를 두 가지 측면에서 살펴보기로 한다.

첫째, 인지언어학은 언어학 가운데 최초로 인간의 경험과 경향성에 기초하여 기본층위의 우월성을 인정하였다. 이와 관련하여 분류관계에 대한 두 가지 대조적인 관점을 보기로 한다. 먼저, 린네의 동식물 분류로 잘 알려져 있는 '과학적 분류(scientific taxonomy)' 또는 '전문 분류(expert taxonomy)'이다. 이 분류체계의 특징은 객관주의를 지향하는 논리적 분류로서 분류의 층위가 매우 많고 복잡하며, 층위들 간의 비중은 등가적으로 간주되었다. 복잡성과 엄격성을 특징으로 삼는 과학적 분류는 객관성을 확보하기 위해 인간의 주관성을 철저히 배제하려 하였다. 그런데 이러한 관점은 언어공동체의 일상적 삶에 뿌리를 두지 않음으로써 분류관계의 본질을 해명하는 데 많은 한계를 안고 있었다.

한편, 인지언어학에서는 '민간 분류(folk taxonomy)', 또는 '소박한 모형(naive model)'을 중시하는데, 이 관점은 한 문화권의 언중들 간에 형성되어 있는 상식적인 세계관으로서 언어 속에는 언중들의 경향성, 지혜, 예측력이 집약되어 있다고 본다. 곧 분류관계를 파악하는 데 인간의 경험과 인지에 바탕을 둔 주관적 경향과 전략이 투사됨으로써 계층들 간의 비중은 비대칭적이며 선호하는 층위가 있게 마련이다. '과학적 분류'나 '전문 분류'에서는 속성이나 정보의 측면에서 상위층위가 가장 적고 단순하며, 하위층위가 가장 많고 풍부하다고 보았으며, 언어습득에서도 상위층위가 가장 먼저 발달할 것으로 보았다. 그러나 '민간 분류'에서는 기본층위가 정보 및 지식이 가장 풍부한 층위임을 실증하게 되었다. 이 관계를 도식화하면 <그림 3>과 같은데(大堀壽夫 2002: 56 참조), 팽창된 부분은 개념과 정보의 풍부함을 나타낸다.

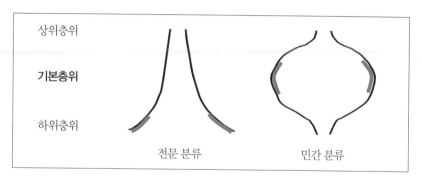

그림 3 **전문 분류와 민간 분류**

둘째, 인지언어학에서는 기본층위의 문화 의존적인 특성을 인정하고 있다. 이것은 분류관계에서 기본층위가 고정된 것이 아니라 개인이나 언어권에 따라 다른 경우를 설명해 준다. 예를 들어, <표 7>에서 '새-까치', '물고기-붕어', '꽃-장미', '나무-소나무', '차-버스' 등은 국어 공동체 간에 기본층위로 인식하는 데 차이가 나타났다. 또한 앞의 2.2 및 2.3에서 제시된 서구 문화권의 기본층위 용어를 보면 '나무'에 대해 차이가 나타날 뿐 아니라, 서구문화권의 <표 2>에서는 '나무, 물고기, 새'가 상위층위인 반면 국어의 <표 7>에서는 기본층위로 규정되었다. 이러한 사례들은 기본층위가 보편적이 아니라 문화 의존적인 속성을 띠고 있음을 뜻한다. 기본층위의 문화의존성은 지리적 특성과 전문적 특성으로 대별된다.

먼저, 기본층위는 지리적으로 다르게 설정될 수 있다. '나무, 물고기, 새' 등에 대해 도시 문화권에서는 기본층위로 파악하는 반면, 농촌 문화권에서는 이보다 더 하위층위인 '소나무, 붕어, 까치'를 기본층위로 인식할 개연성이 높다. 또한 국어의 경우 '나무, 새, 꽃'은 핵어로서 '참나무, 참새, 장미꽃'과 같은 파생적 하위어와 어형 구조상으로 '동기화되어(motivated)' 있지만, 영어의 경우 'tree, bird, flower'와 'pine, sparrow, rose' 간에는 그러한 동기화가 나타나지 않는 점도 기본층위의 인식에 대한 차이점으로 작용할 수 있다.

다음으로, 기본층위는 전문성의 정도에 따라 다르게 설정될 수 있다. 예를 들어, '나무, 새, 물고기'뿐만 아니라 '말(馬)' 등에 대해 농촌 사람 또는 말 사육자는 도시 사람에 비해, 그리고 '자동차, 항공기' 분야의 전문가는 비전문가에 비해 이들을 상위층위로 인식하고 그 하위층위를 기본층위로 인식한다는 점이다(Kövecses 2006: 46-47 참조).[16] 또한 '바이올린'과 '비올

---

[16] Tanaka & Taylor(1991: 457-482)에서는 '새'와 '개' 전문가를 대상으로 전문성이 기본층위에 미치는 영향을 실험하여 다음 사항을 발견하였다. 첫째, 기본층위 '개'에 대해서는 양쪽 다 많은 속성을 기술했지만, 하위층위 '콜리'에 대해서는 개 전문가가 새 전문가보다 훨씬 많은 속성을 기술했다. 둘째, 그림을 명명하는 과제에서 비전문 영역의 경우에는 대부분 기본층위로 명명하지만, 전문 영역의 경우에는 하위층위로 명명하는 경향이 증가했다. 셋째, 개념의 이름을 준 뒤 그림을 제시하여

라', '오보에'와 '클라리넷'을 구분하지 못하는 사람에 비해 '바이올린' 연주자는 '악기'에 대해 그 하위층위를 기본층위로 인식할 수 있다. 곧 한 언어공동체 내에서 공유된 기본층위에 대해 문외한은 일부 인지능력을 과소 활용하여 기본층위를 상위층위로, 전문가는 그 능력을 과대 활용하여 하위층위를 기본층위로 파악한다고 하겠다.

요컨대, 동식물의 분류에서 적용해 온 과학적 분류 또는 전문 분류의 복잡성과 엄격성이 어휘범주에 적용됨으로써 많은 한계를 드러냈는데, 인지언어학은 삶에 바탕을 둔 민간 분류를 통해 기본층위의 우월성과 문화의존성을 인정해 온 열린 시각의 언어관으로서 의의를 갖는다.

5. 마무리

이상에서 인지언어학의 체험주의와 민간 모형의 관점에서 국어 어휘범주의 기본층위를 탐색하고 그 의미 특성을 논의하였다. 이제까지 살펴본 바를 간추려 이 장을 마무리하기로 한다.

첫째, '기본층위'란 범주의 계층적 분류관계에서 보편적으로 사물을 지각하고 개념화하는 층위이며, 그 어휘적 실현을 '기본층위 용어'라고 한다. 기본층위는 최소의 인지적 노력으로 최대의 정보를 제공하는 인지적 경제성의 원리에 바탕을 두고 있으며, 지각·행동·의사소통·지식의 측면에서 상하위층위에 비해 우월성을 갖는 점에서 원형효과를 드러낸다.

둘째, 국어 어휘범주의 기본층위 탐구를 위해 자연물 범주 및 인공물 범주 16개를 대상으로 어형 구조 양상, 빈도 양상, 피험자의 반응 양상을 검증하여 '나비, 개, 새, 물고기, 사과, 무, 꽃, 의자, 톱, 북, 바지, 밥, 총, 버스, 씨름'의 기본층위 용어를 추출하였다.

셋째, 국어 어휘범주에서 기본층위의 의미 특성은 다음과 같다. (가) 국어 어휘범주의 기본층위 용어는 어형 구조상에서 '단일어·핵어'가 많고, 빈도수가 높은 특성을 지니며, 피험자의 사물 명칭 실험 및 명칭의 시각적 영상 실험에서 인공물 범주에 비해 자연물 범주의 반응이 갈등을 일으켰으며, 전자에서는 기본층위에서 하위층위로, 후자에서는 기본층위에서 상위층위로 이행되는 경향을 보였다. (나) 국어 어휘범주에서 기본층위는 사물을 중립적인 문맥에서 보편적으로 해석하는 층위이며, 상하위층위에 비해 인지의 측면에서 기본적·경제적이며, 경험적으로 더 친숙하다. (다) 인지언어학은 기본층위의 우월성과 문화의존성을 인정해 온 열린 시각의 언어관으로서 의의를 갖는다.

넷째, 기본층위의 인식은 순전히 개념적이므로, 기본층위 용어의 선정에는 개인, 문화권,

일치하는지 여부에 대한 실험에서 비전문 영역의 경우에는 기본층위가 가장 빠르고 하위층위가 가장 느렸으며, 전문 영역의 경우에는 기본층위와 하위층위가 모두 빨랐지만 상위층위가 가장 느렸다.

언어권에 따라 보편적인 측면과 문화 의존적인 측면을 동시에 갖는다. 따라서 기본층위 용어의 표준화를 위해서는 이 장에서 수행한 탐구 실험의 자료를 더 보완하고 피험자군을 도시-농촌-어촌, 유아-청소년-장년-노인, 전문가-일반인 등으로 확대하여 한층 더 정밀화하고, 타 문화권과 대조하여 기본층위의 보편성과 특수성을 가늠하는 과제가 남아 있다.

제10장

비유[*]

1. 들머리

이 장은 인지언어학적 관점에서 '환유'와 '은유'를 중심으로 비유의 의미 특성을 밝히는데 목적이 있다. 비유는 고금동서에 걸쳐 인간의 삶과 불가분의 관계를 맺으면서 다양한 관점에서 활용되고 이해되어 왔다. 그런데 1980년 Lakoff & Johnson에 의한 『삶으로서의 은유』가 출간됨으로써 비유에 대한 인식의 중대한 전환이 이루어졌다.[1] 비유 인식의 혁명으로 간주되는 이 책을 기점으로 그 이전을 '종래의 관점'이라 하고, 그 이후를 '인지언어학적 관점'이라 할 수 있다.

비유에 대한 '종래의 관점'은 전통적으로 비유를 문학적 문체에서 사용되는 수사적 장치로 간주해 온 것이다. 이 연장선상에서 비유는 주로 '단어'의 선택 및 대치를 통해 '시적', '미적' 또는 '문체적' 효과를 가져 오는 화장술과 같이 여겨졌다. '수사법'으로서 '비유'는 '시'를 비롯한 '문학', '수사학', '문체론'의 전유물로 자리매김해 왔다. 이러한 분위기 속에서 비유의 문제가 언어학과 본격적으로 맞닥뜨리게 된 것은 '생성문법'인데,[2] 일상 언어에 널리 퍼져 있는 비유를 생성문법의 주요 기제인 선택 제약의 잣대로 마름질할 경우 대부분 그 제약을 어긴 비문법적 문장으로 처리될 수밖에 없었다.[3] 그 결과 생성문법에서는 일상 언어에 널리

---

* 이 장은 임지룡(2014c). "비유의 성격과 기능"(『한글』 306: 75-100. 한글학회.)의 내용을 깁고 고친 것임.

1 Lakoff & Johnson(1980)은 pp. xiii+242의 분량인데, '후기' 34쪽을 덧붙여 2003년에 수정판이 출간되었다. 또한 이 책의 자매편인 Lakoff & Johnson(1999)은 신체화된 인지과학의 마음과 언어의 본성을 집대성한 것이다.

2 언어학적 관점에서 비유에 대한 초기의 논의는 Ullmann(1957), Leech(1969)가 있다.

3 선택 제약의 기준에서 "지하철이 파업했다."라는 표현은 '파업하다'의 주체가 [+유생적]이어야 하는데, [-유생적]인 '지하철'이므로 그 제약에 어긋난 부적형의 문장으로 처리된다(임지룡 2008a: 191 참조).

퍼져 있는 비유를 생성론자들 스스로가 잡동사니의 집합소로 본 '화용론'의 몫으로 돌린 채 우아하고 단순하고 적형인 통사규칙의 이론적 순결성을 추구하는 데 몰두하였다.

한편, 비유의 문제는 인지언어학을 통해서 본격적으로 언어학의 주요 과제가 되었으며, 비유의 본질 해명을 통해서 인지언어학 스스로 그 위상을 굳건히 정립하는 계기를 마련하였다. '인지언어학적 관점'에서는 비유를 언어 이전의 개념적 현상으로 보고, 우리의 경험과 사고를 확충하고 추론하는 데 기본적이며 필수적인 인지 기제로 간주한다.[4] 따라서 비유 없이 경험과 사고를 제대로 처리하고 확충할 수 없으며, 일상 언어에 널리 퍼져 있는 비유는 일탈된 표현이 아니라 매우 자연스러운 개념화 과정의 일환이다. 한마디로, 비유에 대한 우리의 자연스럽고 풍부한 경험의 경향성을 제대로 파악하고 유의미하게 규명해 낸 기제가 바로 인지언어학적 관점의 개념적 환유와 은유라 하겠다.

이제까지 우리 학계에서 환유와 은유에 대해 많은 논의가 이루어졌지만, 그 성격에 대한 이해뿐만 아니라, 특히 기능에 대한 논의는 충분하지 않다.[5] 이에 이 장에서는 인지언어학의 개념론적 관점에서 비유의 전형인 개념적 환유와 은유의 성격 및 유형을 기술하고 이들의 기능을 밝히기로 한다.[6] 이 과정에서 비유에 대한 인식의 새로운 지평이 열리게 될 것이다.

2. 비유의 본질

'비유란 무엇인가?', '비유'의 정의와 특성을 통해 이 물음에 답해 보기로 한다. 먼저, 비유의 정의에 대해서 살펴보기로 한다. 언어 표현은 '글자 그대로의 의미(literal meaning)'와 '비유적 의미(figurative meaning)'로 대별된다. 이 경우 '비유적 의미'는 '비유적 언어(figurative language)'의 속살이며, '비유적 언어'는 '비유'의 전형적인 표상으로서 일반적으로 '비유'라고 한다. 다음 세 가지 표현을 보기로 한다.

(1) a. 세월호 참사로 **온 국민이** 모두 **슬퍼했다.** (동아일보 2014.6.18.)
　　 b. <여객선침몰> **온 국민이 슬픔에 빠졌다.** (연합뉴스 2014.4.17.)
　　 c. "어떻게 이런 일이" **온 나라가 슬픔에 빠졌다.** (무등일보 2014.4.18.)[7]

4　비유의 전통적 특징을 드러내는 표현을 'figure of speech(언어의 비유)'라면 인지언어학적 특징을 드러내는 표현은 'figure of thought(사고의 비유)'라 하겠다(Radden 2008: 13 참조).

5　우리 학계에서 환유와 은유에 대한 주요 논의로는 임지룡(1995a, 1995b, 2006a, 2006b), 박영순(2000), 이수련(2001), 이종열(2003), 임혜원(2004), 정희자(2004), 김종도(2005) 등을 들 수 있다.

6　Gibbs(1994: 85-109)에서는 '비유적 언어'로 '간접 화행', '관용어', '속어', '속담', '환유', '은유'를 들고 있다.

이른바 '4.16 세월호 침몰사고'에 대한 (1a)의 "온 국민이 슬퍼했다."는 '글자 그대로의 의미'이며, (1c)의 "온 나라가 슬픔에 빠졌다."는 '비유적 의미'이며, (1b)의 "온 국민이 슬픔에 빠졌다."는 '글자 그대로의 의미'와 '비유적 의미'가 혼재되어 있다. 실제로 "온 나라가 슬픔에 빠졌다."는 것은 있을 수 없는 일이며, 선택 제약의 관점에서는 비문법적 문장으로 처리된다. 그러나 우리는 별 어려움 없이 '온 나라'를 '온 (나라의) 국민'으로 이해하는데, 이는 인접성에 의한 '환유'의 인지적 기제가 작용한 것이다. 또한 '슬픔에 빠지다'를 '슬퍼하다'로 이해하는데, 이는 '바다', 즉 '물에 빠지다'의 구체적인 경험을 확장한 것으로 유사성에 의한 '은유'의 인지적 기제가 작용한 것이다. 따라서 우리는 이들 표현의 자연스러움에 의문을 제기하지 않는다.[8]

다음으로, '비유'의 특성에 대해 살펴보기로 한다. '비유'는 본질적으로 개념 또는 정신적 영상 차원의 문제로서 영화·무용·미술·음악·문학 및 일상 언어의 비유는 모두 동일한 경험에 기초를 둔 것으로 상통된다(임지룡 1997a: 168-170 참조). 예를 들어, 영화 "귀여운 여인(pretty woman)"의 한 장면과 작품 "무기여 잘 있거라"를 보기로 한다.

(2) 톰슨: (에드워드에게 콜걸 비비안이 착용했던 '보석'을 보이면서) "(이 **보석**을) 돌려 드리기엔 너무 아깝네요."

(3) '**무기**여 잘 있거라'
   a. 헤밍웨이(1929)의 장편소설 'A Farewell to Arms'
   b. 위 소설을 프랭크 보제이가 감독하고, 게리 쿠퍼와 헬렌 헤이즈가 주연한 영화 (1932)
   c. 이승호 작사, 유해준 작곡, 박상민 노래(1997). "한 여자가 다섯 번째 이별을 하고/산 속으로 머리 깎고 완전하게 떠나버렸대/…그녀 내게 이 한마디 남겨 놓고서/아주 멀리 떠나갔어/**무기들**아 잘 있으라고"

(2)는 호텔 지배인 '톰슨'의 발화로서 '보석'은 '보석을 착용한 사람'을 가리키는 '환유'이

---

7 다음 표현도 (1c)와 대비해 볼 만하다.
   a. 지난달 16일 전남 진도에서 발생한 세월호 참사에 **대한민국이 슬픔에 빠졌다.** (이뉴스투데이 2014.4.17.)
   b. **대한민국이 슬픔의 바다에 빠졌다.** (네이버 카페 '백성의 아픔을 내 아픔 같이' (260) 2014. 4.21.)
8 '종래의 관점'에서는 '비유적 의미'가 '글자 그대로의 의미'보다 표현하거나 이해하는 데 더 어렵고 시간이 많이 걸릴 것으로 보았지만, (1)의 세 표현에 대한 우리의 반응 시간에는 큰 차이가 없으며, Gibbs(1994: 80-119)의 심리언어학적 연구에서도 '글자 그대로의 의미'와 '비유적 의미' 간에 별다른 차이점을 발견하지 못한 것으로 나타났다.

며, 또한 '보석'은 '보석과 같은 사람, 즉 여자 주인공인 비비안'을 가리키는 '은유'이다. 또한 (3)은 소설·영화·노래의 제목이다. 그중 (3a, b)의 '무기'는 '전쟁'을 가리키는데, 이는 인접성 관계에 있고 부분이 전체를 가리키는 '환유'이며,[9] (3c)의 '무기들아 잘 있으라고'의 '무기'는 '남근'을 뜻하며 '남근'은 '남성'을 가리키는데, '무기'와 '남근'은 유사성 관계에 있는 '은유'이며 '남근'과 '남성'은 인접성 및 부분-전체 관계에 따른 '환유'이다.

그러면 '환유'와 '은유'에 대해 다음 두 가지 사항을 되짚어 보기로 한다. 첫째, '글자 그대로의 의미' 대신에 '비유적 의미'를 사용하는 동기나 이유이다. 인지언어학에서는 우리의 개념 체계가 본질적으로 비유적이라고 하는데, 이에 비추어 볼 때 외부 세계를 인지하거나 내면 세계를 표출할 때 '글자 그대로의 의미'만으로 감당해 내지 못한다는 점이다. 또한 비유적 언어는 기존의 단어, 구, 문장의 용법과 의미를 활용하고 확장하게 되는데, 새로운 의미에 부응하는 언어 형식을 늘 새롭게 만들어 낸다면 우리의 기억 부담량이 엄청나게 늘어날 것이며 따라서 언어 집단에서 수용되지 못하게 된다.

둘째, 비유로서 환유와 은유의 공통성과 차이점이다. 양자 간의 공통점을 들면, 본질상으로 개념적이며, 관습적이며, 언어 자원을 확장시키는 수단이며, '사상 과정(mapping process)'으로 설명될 수 있다.[10] 또한 양자 간의 차이점을 들면, 환유는 하나의 동일한 영역 또는 틀 안의 사상 관계인 반면 은유는 다른 영역 간의 사상 관계이며, 환유는 동일한 개념 영역 안에서 근원과 목표 간의 '인접성'에 의해 활성화되는 반면 은유는 서로 다른 개념 영역에서 근원 영역과 목표영역 간의 '유사성'에 의해 활성화된다. 특히 환유는 한 실체를 사용하여 다른 실체를 대신하므로 지시의 기능을 갖는 반면, 은유는 한 실체를 다른 실체의 관점에서 생각하므로 이해의 기능을 갖는다(Ungerer & Schmid 1996: 128-130 참조).

3. 개념적 환유의 특성

여기서는 환유의 성격, 유형, 기능을 통해서 그 의미 특성을 기술하기로 한다.

---

9   다음 시도 부분-전체에 의한 환유로 이루어져 있다. "마당을 쓸었습니다/지구 한 모퉁이가 깨끗해졌습니다//꽃 한송이 피었습니다/지구 한 모퉁이가 아름다워졌습니다//마음속에 시 하나 싹텄습니다/지구 한 모퉁이가 밝아졌습니다//나는 지금 그대를 사랑합니다/지구 한 모퉁이가 더욱 깨끗해지고/아름다워졌습니다" (나태주 '시')

10 Radden & Dirven(2007: 12)에서는 '사상(mapping)'은 개념적 실체들의 한 집합을 개념적 실체들의 또 다른 집합으로 투사하는 것으로서, 비유와 관련하여 글자 그대로의 의미를 확장된 의미와 관련시키는 인지 과정이라고 하였다.

3.1. 환유의 성격

'환유란 무엇인가?' 인지언어학의 '개념적 환유(conceptual metonymy)'의 특성과 작용 원리를 통해 이 물음에 답해 보기로 한다.

먼저, 전통적 관점은 '환유'가 언어의 문제이며, 한 실체를 다른 실체로 대치하는 것이며, 그 실체를 현실 세계에 있는 인접성 관계로 파악하였다. 이에 비해, 인지언어학적 관점은 '환유'가 개념적 현상이며, 인지적 과정이며, 이상적 인지 모형 안에서 작용한다는 것이다(Radden & Kövecses 1999: 17-21 참조). 같은 맥락에서, 환유는 동일한 영역 또는 틀, 즉 이상적 인지 모형 안에서 '매체(vehicle)', 또는 '근원(source)'이라는 한 개념적 실체가 '목표(target)'라는 다른 개념적 실체에 정신적 접근을 제공하는 인지 과정으로 정의된다(Kövecses & Radden 1998: 39 참조). 종래 환유는 은유에 비해 상대적으로 관심이 적었지만, 최근 들어 그 의의가 새롭게 부각되고 있는 점에서 주목된다.[11]

다음으로, 개념적 환유의 작용 원리를 살펴보기로 한다. 개념적 환유의 요체는 근원과 목표 간에 어떻게 정신적 접근, 즉 '사상(mapping)'이 이루어지는가 하는 문제이다. Langacker (1993: 5-6)의 '참조점 능력'으로 이 현상을 설명할 수 있다. '매체' 또는 '근원'인 '참조점 (reference point)'은 지각상 덜 현저한 실체에 정신적인 접근을 제공하는 현저한 개념적 실체를 가리키는데, 참조점을 활성화하는 환유적 능력에 의해 근원과 목표 간에 정신적, 심리적 접근이 이루어진다. <그림 1>의 '참조점 모형'을 보기로 한다.

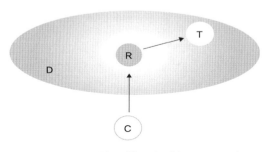

그림 1 **참조점 모형**

---

11 은유에 비해 환유에 주목한 인지언어학적 관심사는 다음과 같다. 첫째, 환유는 은유보다 더 기본적인 것임이 입증될 수 있을 것이다(Taylor 1995: 124). 둘째, 환유는 개념의 조직화에서 은유보다 더 근본적이며, 은유 그 자체는 환유적 기초를 갖는다(Evans & Green 2006: 311 참조). 셋째, 환유는 은유보다 인지적으로 더 기본적인데, 부분-전체 또는 전체-부분의 틀에 의한 환유는 여러 생명체의 종이 참여하지만 은유적 개념화는 인간만이 참여한다(Dancygier & Sweetser 2014: 123-124 참조).

<그림 1>에서 '참조점'이 활성화되는 과정을 보면 '개념화자(conceptualizer, C)'가 '지배영역(domain, D)' 안에서 점선으로 된 '심리적 경로(mental path)'를 따라 현저한 개념적 실체인 '참조점(reference point, R)'[12]을 기준으로 덜 현저한 실체인 '목표(target, T)'에 접근하는 것이다. 이 과정은 '찌'를 활용해 물고기를 잡는 낚시의 원리와 같다. 즉 '낚시꾼(C)'이 '찌(R)'를 참조점으로 삼아 물속에 있는 '물고기(T)'가 미끼를 물었는지 여부를 가늠하는 것이다. 이 경우 '매체' 즉 환유적 '근원'은 고도로 현저한 것으로서 두드러지는데,[13] 따라서 환유적 매체, 즉 근원은 환유적 목표가 정신적 접근을 제공하는 참조점으로서 기술된다.

환유의 '근원-목표' 사상 과정에서 '근원'은 이해, 기억, 인식의 상황에서 특정한 목표에 이르는 길을 제공하고 점화하는 지시점이라는 점에서 특별한 의의를 갖는다. 그러면 '근원'의 어떤 특성이 특정한 '목표'에 정신적 접촉을 제공하게 되는 것인가? 곧 지시점으로서 근원은 의사소통적 요구에 의해 동기화되어 있다.[14] 이른바, 환유적 근원의 선택에 있어서 선호되는 상대적 현저성의 원리는 다양한 환유 표현에 하나 또는 둘 이상이 작용하기도 하며, 복합적 또는 경쟁적으로 작용한다는 점에서 상대적이며 상황 의존적 성격을 띤다고 하겠다(임지룡 2008a: 208 참조).

그러면, 참조점을 통한 근원과 목표의 정신적 접근에 대해 다음 보기를 들기로 한다.

(4) a. 이현일의 12년 **태극마크**는 '해피엔딩' (경향신문 2014.9.25.)
    b. '가슴에 **태극마크를 달고**' 24일 대만과 아시안게임 A조 2차전에서 1회 3점 홈런을 날린 뒤 그라운드를 돌며 더그아웃의 동료들에게 세리머니를 펼치고 있는 강정호. (노컷뉴스 2014.9.25.)

---

[12] <그림 1>에서 'R'이 진한 원으로 강조된 것은 참조점이 고유하거나 문맥적으로 결정되든 간에 어떤 '인지적 현저성(cognitive salience)'을 갖는 것을 가리킨다(Langacker 1993: 6 참조).

[13] 우리의 일상 경험에서 '연기'를 통해서 '불'의 존재를, '제비'가 날아오는 것을 보고 '봄'이 왔음을, '나뭇잎'이 흔들거리는 것을 보고 '바람'이 부는 것을, '떡잎'을 통해 '될 성 부른 나무'의 됨됨이를, '아버지'를 보고 '아들'을, 그리고 '하나'를 보고 '열'을 아는 것은 우리의 지각, 의식, 개념에서 현저한 '근원'인 '참조점'을 통해 '목표'를 인지하는 개념적 환유의 원리에 의해서이다.

[14] 이것을 Radden & Kövecses(1999: 44-52)에서는 환유적 근원의 선택을 지배하는 '상대적 현저성의 원리(principles of relative salience)'라 하고 다음 두 가지 하위 원리를 제시하였다.
    (가) '인지적 원리(cognitive principle)'… ①인간 경험: 인간>비인간, 주관적>객관적, 구체적>추상적, 상호작용적>비상호작용적, 기능적>비기능적 ②지각적 선택: 즉각적>비즉각적, 발생적>비발생적, 더 많은>더 적은, 지배적>덜 지배적, 좋은 게슈탈트>나쁜 게슈탈트, 경계 지어진>경계 지어지지 않은, 특정적>총칭적 ③문화적 선호: 판에 박힌>판에 박히지 않은, 이상적>비이상적, 전형적>비전형적, 중심적>주변적, 처음·마지막>중간, 기본적>비기본적, 중요한>덜 중요한, 흔한>덜 흔한, 드문>덜 드문
    (나) '의사소통적 원리(communicative principle)'… ①명료성의 원리: 명확한>모호한 ②적절성 원리: 적절한>부적절한 ③경쟁적 동기: 수사적 효과, 사회·의사소통적 효과

(5) "**대한민국** 첫 골에 환호~" '2014 인천아시아경기대회' 남자 축구 16강전 대한민국과 홍콩의 경기가 25일 오후 경기도 고양시 고양종합경기장에서 열렸다. **대한민국 9번 이용재**가 골을 성공하자 선수들이 기뻐하고 있다. (한국경제 2014.9.25.)

(4)는 부분이 전체를 지칭하는 환유인데, '근원'인 '태극마크(를 달다)'는 '국가 대표 선수 (가 되다)'를 상징하는 가장 현저한 참조점으로서, '목표'인 '국가 대표 선수(가 되다)'를 환기한다. (5)는 전체가 부분을 지칭하는 환유인데, '근원'인 '대한민국'은 영토·국민·주권의 다면적 측면을 가지며, 개념적으로 현저한 참조점이다. 따라서 근원으로서 '대한민국'은 아시안 게임과 같은 상황에서 '목표'인 '선수'를 활성화하게 된다.

3.2. 환유의 유형

3.2.1. 확대지칭 양상

환유의 확대지칭 양상은 인접한 두 요소 가운데 부분이 근원이 되어 보다 더 큰 목표를 지칭하는 것을 말한다.[15] 이 경우 부분은 특징적이고 현저함으로써 전체에 대하여 정신적 접근을 수행하게 된다. 그 대표적인 사례를 보면 다음과 같다(임지룡 2006c: 272-276 참조).

첫째, '신체의 한 부분'이 '사람'을 지칭한다. (6)에서 '두뇌'는 '인재', '얼굴'은 '배우', '눈'은 '사람', '입'은 '대변인', '어깨'는 '불량배', '큰손'은 '거대 고객', '주먹'은 '권투선수', '건각'은 '마라톤 선수', '피'는 '선수'를 가리킨다.

(6) a. 세계를 놀라게 한 한국 젊은 **두뇌**들. (조선일보 2005.3.15.)

   b. 삼성 구자욱은 2015시즌 리그에서 가장 주목받는 새 **얼굴**이다. (스포츠경향 2015. 7.6.)

   c. 모든 범죄는 지켜보는 **눈**이 많을수록 감소한다. (광주일보 2015.1.16.)

   d. 朴대통령의 **입** 9년. (중앙일보 2005.3.14.)

   e. 돈이 필요한 수철은 행자의 단란주점으로 찾아갔다가 **어깨**들과 시비가 붙어 두들겨 맞는다. (국민일보 2000.11.10.)

   f. 미술계 **큰손** 연일 북적, 화랑마다 즐거운 비명. (중앙일보 2005.5.24.)

   g. 남북 여성 **주먹** 평양서 첫 격돌. (동아일보 2005.5.21.)

   h. 차세대 **건각** 허장규 떴다. (중앙일보 2005.5.23.)

   i. 젊은 **피**가 오늘밤 터키 울린다. (문화일보 2004.6.5.)

---

15 전통적 수사학자들은 '부분'이 '전체'를 지칭하는 것을 '제유(synecdoche)'라고 하였는데, Lakoff & Johnson(1980: 36)에서는 '제유'를 개념적 환유의 일환으로 다루었다.

둘째, '사물의 한 부분'이 '사물 전체'를 지칭한다. (7)에서 '쌀'은 '양식', '대금'은 '국악', '피아노'는 '양악', '칼'은 '무력', '황금'은 '재물'을 가리킨다.

    (7) a. 군인·평양시민도 "**쌀**이 없다." (조선일보 2005.5.23.)

       b. **대금**과 **피아노**의 만남. (매일신문 2005.5.28.)

       c. 아아, 온갖 윤리, 도덕, 법률은 **칼**과 **황금**을 제사 지내는 연기인 줄을 알았습니다.
          (한용운, 「당신을 보았습니다」, 『님의 침묵』, 1934: 66, 한성도서.)

셋째, '소유물'이 '소유자'를 지칭한다. (8)의 '선글라스'는 '선글라스를 낀 사람', '머리띠'는 '머리띠를 두른 사람, 즉 투사', '넥타이'는 '넥타이를 맨 사람, 즉 직장인', '노란 조끼'는 '노란 조끼를 입은 사람', '흰 운동화'는 '흰 운동화를 신은 사람'을 가리킨다. 또한, (9)의 '별'은 '군 장성', '금배지'는 '국회의원', '철가방'은 '중국음식 배달원'을 가리킨다.

    (8) a. **선글라스**는 신이 났다. (중앙일보 2004.4.16.)

       b. 투쟁의 **머리띠**는 삶의 **넥타이**로. (중앙일보 2005.5.23.)

       c. 진수는 **노란 조끼**와 **흰 운동화**가 땀을 흘리며 장롱을 들어내는 동안 쪼그리고 앉아 굴러다니는 백 원짜리 동전을 챙겼다. (김영하, 「이사」, 『오빠가 돌아왔다』, 2004: 147, 창작과 비평사.)

    (9) a. **별들**은 말이 없지만⋯ 전군 주요지휘관 회의 盧대통령 발언에 침묵. (동아일보 2004.12.16.)

       b. 평준화 세대 **금배지** 진출. (매일신문 2004.4.17.)

       c. "**철가방**이 총출동 한번 하는구나." (안도현, 『짜장면』, 2003: 67, 열림원.)

넷째, '시간의 한 부분'이 '시간 전체'를 지칭한다. (10)에서 '어제, 오늘, 내일'은 각각 '과거, 현재, 미래'의 더 큰 시간을 가리킨다.

    (10) 이 책은 인류 문화의 **어제**와 **오늘**을 이해하고 **내일**을 내다볼 수 있는 길잡이의 몫을 한다. (『표준국어대사전』에서)

다섯째, '사건의 한 부분'이 '사건 전체'를 지칭한다. (11)의 '머리띠 묶다'는 '데모하다', '교편을 잡다'는 '교직 생활을 하다', '면사포 쓰다'는 '결혼식을 올리다', '막이 오르다'는 '공연이 시작되다', '첫 삽을 뜨다'는 '시작되다'를 가리키며, (12)의 '밥숟가락을 놓다'는 '식사를 끝내다', '글러브를 벗다'는 '야구선수 생활을 끝내다'를 가리킨다.

(11) a. 과천청사 미화원 **머리띠 묶다**. (조선일보 2005.4.27.)

　　　b. 졸업 후 76년부터 모교에서 **교편을 잡았다**. (매일경제 2006.2.21.)

　　　c. **면사포 쓰다**. (매일신문 2005.5.20.)

　　　d. 대형 뮤지컬들의 **막이 오른다**. (리더스 다이제스트 2005년 6월호: 24)

　　　e. 판교와 파주·아산 3개 신도시 조성사업이 다음 달 일제히 **첫 삽을 뜬다**. (경향신문 2005.5.29.)

(12) a. 아침 **밥 숟가락을 놓으면** 김화동은 놀거리를 찾아 서울 거리를 헤매고 다녔다. (신동아 2007.1.1.)

　　　b. 지난 80년 그는 과감히 **글러브를 벗었다**. (스포츠투데이 2004.5.19.)

　여섯째, '신체 부위의 한 반응'이 '그 반응에 관한 감정 전체'를 지칭한다. (13)에서 '얼굴이 달아오르다'는 '화', '얼굴이 노랗게 되다'는 '두려움', '치를 떨다'는 '미움', '코허리가 찡하다'는 '슬픔', '얼굴이 발개지다'는 '부끄러움', '눈이 이글이글 빛나다'는 '기쁨', '귀가 바짝 곤두서다'는 '긴장', '몸에 찌르르 전기가 통하다'는 '사랑'을 가리킨다.

(13) a. 이현상의 그 근엄한 **얼굴이 벌겋게 달아올랐다**. (이병주, 『지리산』 3, 1985: 75, 기린원.)

　　　b. "나는 죽으면 죽었지 배는 안 째요." 하고 **얼굴이 노랗게 되는 데**는 더 할 말이 없었다. (김유정, 「땡볕」, 『원본김유정전집』, 1987: 308, 한림대학출판부.)

　　　c. 나는 그녀에 대한 미움으로 **치를 떨었다**. (박완서, 『나목』, 1987: 54, 작가정신.)

　　　d. 만도는 **코허리가 찡했다**. (하근찬, 「수난이대」, 『한국현대대표소설선』 9, 1996: 255-256, 창작과 비평사.)

　　　e. "성례시켜 달라지 뭘 어떻게…" 하고 되알지게 쏘아붙이고 **얼굴이 발개져서** 산으로 그저 도망질을 친다. (김유정, 「봄·봄」, 『한국현대대표소설선』 3, 1996: 382, 창작과 비평사.)

　　　f. 순이의 **눈은 기쁨에 이글이글 빛났다**. (정비석, 「성황당」, 『한국현대대표소설선』 5, 1996: 343, 창작과 비평사.)

　　　g. 이건 또 무슨 엉뚱한 서론일까, 영은의 **귀가 바짝 곤두섰다**. (김수현, 『겨울새』, 1997: 191, 애플미디어.)

　　　h. 옥비는 송가원의 옆에 살포시 자리잡고 앉았다. 송가원은 옥비 쪽의 **몸에 찌르르 전기가 통하는** 것을 느꼈다. (조정래, 『아리랑』 9, 1995: 212, 해냄.)

3.2.2. 축소지칭 양상

환유의 축소지칭 양상은 인접한 두 요소 가운데 전체가 현저한 매체가 되어 부분인 목표를 지칭하는 것을 말한다. 전체는 부분의 여러 요소를 포섭하고 있는데, 우리는 상황이나 맥락에 따라 전체에 인접한 목표를 환기하는 정신적 접근을 수행하게 된다. 그 대표적인 사례를 보면 다음과 같다(임지룡 2006c: 276-281 참조).

첫째, '사물이나 신체의 전체'가 '사물이나 신체의 한 부분'을 지칭한다. (14)에서 '연필'은 '연필심', '시계'는 '시계 바늘'을 가리키며, (15)에서 '팔'은 '팔의 뼈', '가슴'은 '젖가슴'을 가리킨다.

> (14) a. **연필**에 침을 묻혀가며 편지를 쓰고 있었다. (공지영, 『봉순이 언니』, 2002: 99, 푸른숲.)
>
> b. 그러다가 **시계**가 자정을 가리킬 무렵에야 마침내 한 점의 그림을 완성할 수 있었다. (안도현, 『짜장면』, 2003: 598, 열림원.)

> (15) a. 눈두덩이 뭉그러지고, **팔**이 부러질 때까지 두들겨 맞고 와서도 겨우 한숨이나 내쉬는 너 같은 년은 그러니까 맞아도 싸다고 (이명랑, 『삼오식당』, 2002: 26, 시공사.)
>
> b. 깃이 밭은 원피스는 단정해 보였지만 **가슴**을 지나치게 강조하고 있었다. (박완서, 『오만과 몽상』, 1993: 125, 고려원.)

둘째, '그릇'이 '내용물'을 지칭한다. (16)에서 '주전자'는 '주전자의 물', '술병'은 '술병 속의 술', '한 숟갈'은 '한 숟갈의 밥'을 가리킨다.

> (16) a. 복도의 풍로 위에서 커다란 **주전자**가 끓고 있었다. (이범선, 「오발탄」, 『한국현대대표소설선』 9, 1996: 66, 창작과 비평사.)
>
> b. 진영은 벌떡 자리에서 일어나 **술병**을 들이켰다. (박경리, 「불신시대」, 『한국현대대표소설선』 8, 1996: 167, 창작과 비평사.)
>
> c. "**한 숟갈**만 더 먹어, 응?" (이명랑, 『삼오식당』, 2002: 61, 시공사.)

셋째, '국명/지명' 또는 '건물'이 '소장품, 사람, 대표자/정부'를 지칭한다. (17)의 '고구려'는 '고구려 유물', '발칸'은 '구 유고연방 국가들의 현대미술품', (18)의 '대한민국'은 '대한민국 국민', '서울'은 '서울 시민', '소록도'는 '소록도 주민', '수원 영통구'는 '수원 영통구 주민', (19)의 '북한'은 '김정은 북한 노동당 위원장', '남·북'은 '남측 대표·북측 대표'를 가리킨다. 또한, (20)의 '대영 박물관'은 '대영 박물관 소장품', (21)의 '집'은 '가족', '교회'는 '교인',

'청와대'는 '청와대의 대통령'을 가리킨다.

(17) a. **고구려**가 서울 왔다. (동아일보 2005.4.2.)

    b. **발칸**이 몰려온다. (문화일보 2005.1.3.)

(18) a. **대한민국**이 웃는 그날까지. (SBS, 「웃찾사」에서)

    b. **서울**이 놀란 그림보다 비싼 사진. (동아일보 2005.2.1.)

    c. 그날, **소록도**가 웃었다. (한겨레21 2005.5. 제561호: 74.)

    d. **수원 영통구**가 전국서 제일 젊다. (조선일보 2004.9.26.)

(19) a. '2017년 **북한** 신년사 분석과 정세전망' (통일뉴스 2016.12.26.)

    b. **남·북**, 북핵 놓고 '밤샘 줄다리기.' (중앙일보 2005.5.18.)

(20) **대영 박물관**을 서울서 보다니… 한국 전시회 어제 예술의 전당서 개막. (조선일보 2005.4.13.)

(21) a. "제가 **집**에 연락해 드리겠습니다." (정호승,『너를 위해 나는 무엇이 될까』, 2004: 184, 해냄.)

    b. 한국 **교회** 통곡 기도회. (조선일보 2004.10.30.)

    c. "왕영용씨 작년에 유전사업 **청와대**에 보고" (동아닷컴 2005.5.9.)

넷째, '기관이나 단체'가 '기관이나 단체의 사람'을 지칭한다. (22)의 '국회'는 '국회의원', '국민은행'은 '국민은행 선수들', (23)의 '구미형일초교'는 '구미형일 초등학교 관악부원', '음대'는 '음대생', (24)의 '개신교'는 '개신교 신자', '한나라'는 '한나라당 의원들'을 가리킨다.

(22) a. 30·40대 43% … 젊어진 **국회**. (중앙일보 2004.4.17.)

    b. **국민은행** 먼저 웃었다. (동아일보 2005.3.5.)

(23) a. **구미형일초교** 관악경연대회 금상. (매일신문 2004.9.13.)

    b. 서울대 **음대** 카네기 홀서 연주. (한겨레 2005.3.15.)

(24) a. 예루살렘 행진 참석차 **개신교** 백 명 출국강행. (조선일보 2004.7.27.)

    b. **한나라** 개혁성향 더 필요. (매일신문 2004.9.30.)

다섯째, '생산회사/생산지/생산자'가 '생산품'을 지칭한다. (25)의 '현대'는 '현대산 자동차', '보르네오'는 '보르네오 회사의 가구', (26)의 '순창'은 '순창산 고추장', '성주'는 '성주 참외'를 가리키며, (27)의 '이중섭'은 '이중섭의 그림', '톨스토이'는 '톨스토이의 육필원고'를 가리킨다.

(25) a. 그는 **현대**를 몰고 있다.

    b. "**보루네오**가 비싼지 알기는 아네. 왜? 얼만지 털어놓으면 뒤로 자빠질라구?" (이명랑, 『삼오식당』, 2002: 10, 시공사.)

(26) a. **순창** 하나 주세요.

    b. **성주**가 뜬다. (서울경제 2005.5.26.)

(27) a. 광복동, 남포동, 문현동 … 곳곳마다 흔적 묻은 부산으로 **이중섭**이 돌아왔다. (조선일보 2016.12.26.)

    b. 서울에 온 **톨스토이**. (동아일보 2004.12.13.)

여섯째, '차량'이 '운전자'를 지칭한다. (28)에서 '지하철'은 '지하철 노조원', '버스'는 '버스 기사', '인력거'는 '인력거꾼'을 가리킨다.

(28) a. 4大도시 **지하철** "오늘 파업." (조선일보 2004.7.21.)

    b. **버스** 파업은 市 책임. (조선일보 2005.5.29.)

    c. 뒤에서 "**인력거!**" 하고 부르는 소리가 났다. 자기를 불러 멈춘 사람이 그 학교 학생인 줄 김첨지는 한번 보고 짐작할 수 있었다. (현진건, 「운수 좋은 날」, 『한국현대대표소설선』 1, 1996: 342, 창작과 비평사.)

일곱째, '계절'이 계절에 관련된 '산물' 등을 지칭한다. (29)에서 '봄'은 '봄나물', '가을'은 '가을의 밤(栗)', '겨울'은 '겨울 곶감'을 가리키며, (30)의 '겨울'은 '온천'을 가리킨다.

(29) a. **봄**을 씹어요. (동아일보 2004.3.22.)

    b. 정성껏 만나는 그 간절한 사랑을/눈물겨워 하며 밤 한 톨을 깎아/**가을**을 먹습니다. (이해인, 「가을에 밤(栗)을 받고」, 『작은 위로』, 2002: 151, 열림원.)

    c. 상주의 **겨울**은 달디 달다. (조선일보 2006.1.1.)

(30) 편안한 여유를 **겨울** 속에서 즐기자. (한국일보 2004.12.2.)

여덟째, '시점, 명절'이 '시점의 식사, 명절 제상(祭床)'을 지칭한다. (31)에서 '저녁'은 '저녁 식사', (32)에서 '추석'은 '추석상'을 가리킨다.

(31) 봉순이 언니가 **저녁**을 먹으라고 나를 부르러 갔다. (공지영,『봉순이 언니』, 2002:
    53, 푸른숲.)

(32) 대추 밤을 돈사야 **추석**을 차렸다. (노천명,「장날」,『노천명전집1(시)-사슴』, 1997:
    51, 솔.)

3.3. 환유의 기능

'우리는 왜 환유를 사용하는가?' 환유의 역할 또는 기능을 통해서 이 물음에 답해 보기로
한다.

첫째, 환유는 '인지적 도구' 역할을 한다. 환유와 은유는 인지적 도구인데(Ungerer &
Schmid 1996/2006: 127-130 참조), 은유와 달리 환유는 어떤 영역의 현저한 국면을 사용하여
그 영역 전체를 지시하거나, 어떤 영역 전체를 언급하여 하위 부분의 현저한 국면을 지시하는
인지적 장치이다. 예를 들어, 앞의 (4)에서는 부분 국면의 현저한 '태극마크'를 지시점으로,
(5)에서는 전체 국면의 현저한 '대한민국'을 지시점으로 '국가 대표선수'를 환기하듯이, 환유
는 '전체→부분', '부분→전체'의 틀로서 '근원'과 '목표' 간에 정신적 접근을 확립해 주는
인지적 장치이다.

둘째, 환유는 '추론' 기능을 한다. 이른바 '원형 효과'의 한 근원이 환유인데(Lakoff 1987:
77-90, Gibbs 1994: 326-327 참조), 우리는 범주의 전형적·비전형적 구성원에 대해 환유
모형을 사용하여 추론한다. 예를 들어, '전형적인 어머니'는 직장을 가진 어머니보다 주부인
어머니라 할 수 있다. 전자의 어머니에 비해 직장 생활을 하지 않는 어머니는 아이를 충실히
돌볼 수 있기 때문에 어머니다운 어머니의 지위를 부여 받는다. 전업 주부가 전형적인 어머니
로서 어머니의 범주 전체를 아우르는 것이나, '생모·대리모·유모·계모·양모', 그리고
'백모·숙모·고모·이모'의 비전형적인 사례에도 '어머니(母)'의 의미를 부여하는 것은 전
형적인 어머니를 기반으로 환유적 추론에 의한 것이다. 또한 Rips(1975: 665-670)의 실험에
따르면 작은 섬에 사는 어떤 새가 전염병에 걸린 경우, 전형적 새인 '울새'가 전염병에 걸리면
비전형적 새인 '거위'나 '오리'에 전염될 것이라고 추론한 반면, 그 반대로는 추론하지 않았다.
곧 실험대상자들은 일관되게 중심적인 범주 구성원에서부터 주변적인 범주 구성원을 추론하
였다.

다음과 같은 일상 대화의 성공적 소통에도 환유적 추론이 개재되어 있다(임지룡 2008a:
210 참조). 즉 (33)에서 갑의 물음에 대한 (33a) 을의 대답을 성공적으로 해석하기 위해서는
(33b)와 같이 추론 과정을 거쳐야 한다.[16]

(33) 갑: 학회까지 어떻게 왔습니까?

    a. 을: **고속철(KTX)을 탔습니다.**

    b. 을: 집을 나서서 도로로 걸어갔습니다. 택시를 타고 기차역에 도착했습니다. 서울행 기차표를 샀습니다. **고속철(KTX)을 탔습니다.** 기차역에서 택시 승강장까지 걸었습니다. 택시에 내려 학회장까지 걸어왔습니다.

셋째, 환유는 '경제성' 및 '유연성'의 기능을 한다. 이러한 기능은 환유의 틀을 이루는 '부분→전체', '전체→부분'의 지칭에 따른 것이다. 경제성의 기능은 두 틀 모두에서, 유연성의 기능은 '전체→부분' 지칭에서 실현된다. 예를 들어,

(34) a. 물방울 화가 김창열 제주미술관 **첫 삽 떴다.** (제주의 소리 2014.4.20.)

    b. 제주자치도는 19일 오후 제주시 한경면 저지문화예술인마을 내 '김창열 제주도립미술관' 건립부지에서 **기공식을 개최했다.** (제주의 소리 2014.4.20.)

(35) a. 대추 밤을 돈 사야 **추석을 차렸다.** (노천명 '장날'에서)

    b. 이번에는 평화봉사단 측이 송편과 떡을 마련하고 **추석상을 차렸다.** (연합뉴스 2014.9.9.)

(34a)의 '첫 삽을 뜨다'는 (34b)의 '기공식을 개최하다'의 많은 양상 가운데 하나로서, 그 한 부분이 '기공식' 전체를 지칭하므로 경제적이다.[17] 또한 (35a)의 '추석'은 전체로서 그 한 부분인 (35b)의 '추석상'을 지칭하는데, 경제적인 동시에 유연성의 효과를 갖는다.

넷째, 환유는 '사실성' 및 '완곡 효과'의 기능을 한다. 이 기능 역시 '부분→전체', '전체→부분'의 환유적 틀과 관련된다. 즉 부분으로서 전체를 지칭하는 경우에는 '사실성 효과'가 나타나며, 전체로서 부분을 지칭하는 경우에는 '완곡 효과'가 나타난다. 예를 들어,

(36) a. 감자 캘 **일손**을 구합니다. (강원일보 2009.7.17.)

    b. 인제군 남면 남전2리 주민들이 감자를 수확할 수 있는 **자원봉사자**를 찾고 있다. (강원일보 2009.7.17.)

(37) a. 독도를 지킬 **젊은 피**를 찾습니다. (대학생독도사랑운동본부)

    b. 독도를 지킬 **자원봉사자**를 찾습니다.

---

16 이런 유형의 추론을 Grice(1975: 50)는 '대화상의 함축(conversational implicature)'이라고 하였다.

17 '백기를 들다→항복하다', '꽃가마 타다→(씨름 경기에서) 우승하다', '면사포 쓰다→결혼하다', '얼굴을 내밀다→참석하다', '얼굴을 붉히다→화를 내다' 등 수많은 관용 표현은 부분이 전체를 지칭하는 환유로서 경제성 효과를 발휘한다.

(38) a. 민간 연구기관과 대학도 고급 **두뇌**를 유치하려면 연구 환경의 선진화를 도모해야
한다. (문화일보 2014.4.10.)

   b. 고급 **인재**를 유치하기 위해서는 정부 예산만으로는 충분치 않다. (문화일보 2014.
4.10.)

(36)-(38)은 부분이 전체를 지칭하는 환유로서 '일손', '젊은 피', '두뇌'는 '사람' 즉 농촌이
나 독도 방위 현장의 '자원봉사자', 그리고 연구소의 '인재'보다 해당 분야의 특성을 더 잘
드러내는 사실성의 효과를 갖는다.[18] 또한,

(39) ··· **육체(肉體)**를 거세(去勢) 당하고/**인생(人生)**을 거세(去勢) 당하고[19]··· (박경리
'사마천(司馬遷)'에서)

(40) a. 과연 '여당과 **청와대**를 조사하면 안 되는가?' 세월호 참사에 대한 '성역 없는 진상
규명'은 결코 흔들릴 수 없는 당위적 명제다. (중앙일보 2014.8.30.)

   b. 사실 세월호 특별법을 둘러싼 이 혼돈 상황에 마침표를 찍는 방법은 매우 간단하
다. **박근혜 대통령**이 나서서 '나를 포함해 정부에 몸담고 있는 사건 관계자 모두가
지위 고하를 막론하고 조사를 받겠다'고 선언하면 쉽게 끝날 일이다. (한겨레
2014.9.3.)

(41) a. 시진핑 주석이 북한을 건너뛴 것 때문인지 **북한**의 심사가 단단히 틀어져 있습니다.
(KBS 뉴스 2014.7.3.)

   b. 드레스덴 제안을 받은 **김정은**의 속마음 (동아일보 2014.7.23.)

(39)-(41)은 전체가 부분을 지칭하는 환유로서 완곡 효과를 발휘한다. 즉 (39)의 '육체(肉
體)를 거세 당하고'의 '육체'는 '남근'을 지칭하며, (40a)의 '청와대'는 (40b)의 '박근혜 대통
령'을, (41a)의 '북한'은 (41b)의 '김정은'을 지칭함으로써 '성'이나 '대통령' 및 '북한 최고지
도자'에 대한 완곡 효과를 거두고 있다.

다섯째, 환유는 감정 표현을 위한 매체 기능을 한다. 감정 표현에서 신체 생리적 증상은
표현된 감정의 결과이다. 이런 유형의 환유는 원인-결과에 근거하고 있다. 즉, 감정의 생리적
효과 또는 결과는 감정을 대표하는데, 이를 '생리적 환유(physiological metonymy)'라고 한다.

---

18 **등산화**에 앞산이 무너진다."(매일신문 2005.5.24.)에서 '등산화'는 '등산객'보다 앞산을 망가뜨리
는 데 직접적인 책임이 있으며 사실적이다.

19 '인생(人生)을 거세(去勢) 당하고'는 은유 표현인데, 이는 '육체(肉體)를 거세(去勢) 당하고'라는
환유 표현에 바탕을 둔 것이다.

예를 들어,

(42) a. 김범우는 정말 **화가 나서 얼굴이 붉어지고** 목소리가 커졌다. (조정래,『태백산맥』
　　　7, 1988: 168, 한길사.)

　　b. 두려움으로 **몸이 떨리고** 가슴이 뛰기 시작했다. (김주영,『홍어』, 2001: 38, 문이당.)

　　c. 나는 그녀에 대한 **미움으로 치를 떨었다.** (박완서,『나목』, 1987: 54, 작가정신.)

　　d. 윤희를 생각하기만 하면 **전신이 불덩이처럼 달아오르고 숨이 가빠지기도 했다.** (이
　　　병주,『지리산』1, 1985: 101, 기린원.)

　　e. 그러나 나는 그 슬픔으로 갑작스럽게 **목울대가 뜨거워졌다.** (이병천,「고려장 소고」
　　　에서)

　　f. 모닥불처럼 피어오르는 벅찬 기쁨으로 말미암아 그니의 **온몸은 생기가 넘쳐흐르
　　　고** 있었다. (윤흥길,『완장』, 1983: 175, 현대문학.)

　　g. 한주가 내 자랑을 떠벌릴 때 나는 부끄러워 **얼굴이 빨개졌다.** (김원일,『마당 깊은
　　　집』, 1998: 82, 문학과 지성사.)

(42)는 특정한 감정 사태에서 특정한 신체 생리적 반응을 드러낸 것이다. 즉 a의 '화'는 원인이며, '얼굴이 붉어짐'은 결과이다. 동일하게, b의 '두려움→몸이 떨림, 가슴이 뜀', c의 '미움→치를 떪', d의 '사랑→전신이 달아오름, 숨이 가빠짐', e의 '슬픔→목울대가 뜨거워짐', f의 '기쁨→온몸에 생기가 넘쳐흐름', g의 '부끄러움→얼굴이 빨개짐'은 각각 감정의 원인과 결과를 나타낸다. 이와 같이 환유는 부분-전체, 또는 원인-결과에 의해 감정을 표현하는 주요 매체 기능을 수행한다.

4. 개념적 은유의 특성

여기서는 은유의 성격, 유형, 기능을 통해서 그 의미 특성을 기술하기로 한다.

4.1. 은유의 성격

'은유란 무엇인가?' 인지언어학의 '개념적 은유 이론'으로써 '개념적 은유(conceptual metaphor)'의 특성과 작용 원리를 통해 이 물음에 답해 보기로 한다.

먼저, 개념적 은유 이론에서는 '은유'를 본질적으로 언어의 문제가 아니라 개념 차원으로 간주한다. 이와 관련하여 Lakoff(1993: 203)에서는 은유의 중심은 결코 언어에 있는 것이 아

니라, 우리가 다른 정신 영역에 의해서 한 정신 영역을 개념화하는 방식에 있다고 하였다. 예를 들어, '논쟁'에 대해서 이야기할 경우 '공격하다', '방어하다', '이기다', '지다', '무승부' 등과 같은 '전쟁'의 어휘 항목을 활용하는데, 이것은 우리의 머릿속에 "논쟁은 전쟁이다."라는 틀이 존재함을 뜻한다. 이 틀은 본유적으로 형성된 것이 아니라, 우리의 신체를 포함한 일상 경험20을 통해 '논쟁'과 '전쟁'이라는 두 가지 개념적 영역을 '사상(mapping)'하는 과정에서 이루어진 것이라 하겠다. 요컨대, '개념적 은유(conceptual metaphor)'는 '근원영역(source domain)'이라고 부르는 한 구조화된 영역(예, '전쟁')에서 나온 개념적 요소를 '목표영역 (target domain)'이라고 부르는 또 다른 영역(예, '논쟁')으로 투사하는 '단일 방향적 사상'이다 (Dancygier & Sweetser 2014: 14 참조).21

위의 정의를 중심으로 다음 두 가지 사항을 고려해 보기로 한다. 첫째, '근원영역'과 '목표 영역'의 비대칭적 성격에 대해서이다. '근원영역'은 우리에게 익숙하고 구체적이어서 구조화 된 경험인 반면, '목표영역'은 우리에게 낯설고 추상적이어서 구조화되지 않은 경험이다. 둘 째, '개념적 은유'와 '은유적 (언어) 표현'의 구별이다. '개념적 은유'는 구체적인 근원영역에 서 추상적인 목표영역으로의 정신적 사상, 즉 사고하는 방식이며, '은유적 표현'은 이 사상을 예시하는 개별적 언어 표현, 즉 말하는 방식이다.

다음으로, 개념적 은유의 작용 원리를 살펴보기로 한다. 개념적 은유가 성립되는 것은 추상 적인 목표영역을 개념화하는 데 구조화된 근원영역의 개념적 요소들이 체계적인 대응관계를 맺어주기 때문이다. 이 대응관계를 앞에서 언급한 '사상(mapping)'이라고 하는데, <그림 2>에 서 보듯이 이는 근원영역에서 목표영역으로의 개념적 전이를 뜻한다(Ungerer & Schmid 2006: 119 참조).

---

20 이것을 '경험적 동기화(experiential motivation)'라고 하는데(Grady 2007: 192 참조), 일상적 경험을 통해 "{많음・좋음・지배자}는 위, {적음・나쁨・피지배자}는 아래이다.", "{앞・오른쪽}은 긍정 적, {뒤・왼쪽}은 부정적이다.", "가까움은 {닮음・친밀함・현재시점}, 멂은 {다름・소원함・미 래 시점}이다."와 같은 개념적 은유를 동기화하게 된다.
21 종래 문학의 은유 연구에서는 '근원영역'을 '보조관념(vehicle)'으로, '목표영역'을 '원관념(tenor)' 으로, '사상 작용'을 '그라운드(ground)'로 불러왔다.

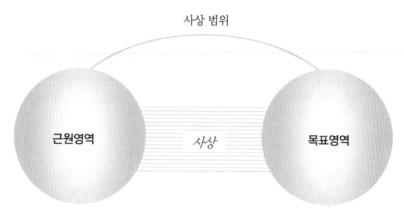

사상 범위

근원영역　　　사상　　　목표영역

그림 2 개념 영역 간의 사상

개념적 은유의 체계적 사상을 보여 주는 첫 연구는 Reddy(1979)의 '도관 은유(導管 隱喩, conduit metaphor)'인데, 이는 언어와 의사소통에 사용되는 관습적 표현을 분석한 것이다. 이에 따르면 우리는 '그릇 모형(container model)'에 의해 언어에서 형태와 의미 간의 관련성을 이해한다는 것이다. 즉 의미는 (43)에서 보듯이 단어, 문장, 시 등에서 '포함된(contained)' 사물로 개념화된다(Radden 2008: 16 참조).[22]

> (43) a. The meaning is right there *in* the word. (의미는 단어 **속** 바로 거기에 있다.)
> b. These sentences *carry* little meanings. (이 문장들은 의미를 거의 **나르지** 않는다.)
> c. The poem *is filled with* deep love. (그 시는 깊은 사랑으로 **가득 차 있다.**)

영어에서 의사소통에 관한 일상적 표현은 다음과 같이 '도관' 속에서 물리적 행동을 글자 그대로 드러낸다.

> (44) a. I can't put my idea *into* words. (나는 내 생각을 단어 **속에 넣을**(→말로 표현할) 수 없다.)
> b. Your talk *came across* beautifully. (너의 말은 아주 잘 전달(→이해)되었다.)
> c. I got many new ideas *out of* your paper. (나는 너의 논문**에서** 많은 새로운 생각을 얻었다.)

즉, 사물은 그릇 속에 넣어지고(44a), 다른 사람에게 보내지고(44b), 그릇에서 꺼내어진다

22　영어에서 '의미'에 대한 사물의 특성은 'grasp the meaning of something(어떤 것의 의미를 포착(捕 捉)하다)', 'hit upon an idea(아이디어가 떠오르다)'와 같은 표현에서 볼 수 있다.

(44c). 은유적으로, 화자는 '생각/사물'을 '단어/그릇'에 넣고, '단어/그릇'에 담긴 '생각/사물'을 청자에게 보내며, 청자는 '생각/사물'을 '단어/그릇'에서 꺼낸다. Reddy가 '도관 은유'라고 이름 부친 의사소통의 은유적 민간 모형은 <그림 3>과 같이 도식화된다(Radden 2008: 17 참조).

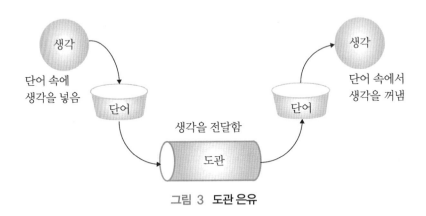

그림 3 도관 은유

<그림 3>의 '도관 은유'는 4가지 단계의 모형으로 이루어진다. 첫째, '의사소통'은 '도관'처럼 화자가 '생각(idea)'을 청자에게 보내는 것이다. 둘째, 화자는 '생각'을 '단어'라는 그릇에 담아 도관으로 보낸다. 셋째, 청자는 도관에서 '단어'라는 그릇에 담긴 '생각'을 꺼낸다. 넷째, '생각'은 '사물'이며, '단어/언어 표현'은 '그릇'이며, 그리고 사람의 '몸'과 '마음'도 '그릇'이다. Reddy는 의사소통 과정에 관한 100가지 이상의 사례를 통해 영어 표현의 70% 이상이 '도관'의 개념적 은유를 이용한다는 것인데, (45)와 같은 우리의 일상적 표현도 도관 은유에 따른 개념적 은유이다.

    (45) a. 이야기를 잘 포장하다.
        b. 쏟아진 말은 주워 담을 수 없다.
        c. 말을 꺼내다.
        d. 이야기를 {풀어내다·쏟아내다}.
        e. 말이 {가볍다·무겁다}.

요컨대, 도관 은유는 실제로 문장이나 발화의 의미가 단어의 합보다 훨씬 풍부하다는 점에서 한계를 지니고 있지만,[23] 의사소통에 관한 이 민간 모형은 우리의 기본적이고 친숙한 경험

---

23 인지의미론자들은 단어를 의미에 대한 '그릇'으로 간주하고, 언어를 미리 존재하고 있는 의미를

에 뿌리를 두고 있으며, 개념적 은유의 출발점이 되었다.

그러면 (46)의 '화'와 관련된 개념적 은유와 은유적 표현을 통해 '사상(mapping)'의 성격을 기술해 보기로 한다.

(46) "화는 그릇 속의 액체이다"

    a. 옷깃을 당기는 바람에 뱃속에 **고인 화**를 뱉어내지는 않았다. (좌백, 『혈기린외전』 4, 2003: 268, 시공사.)

    b. 깨달음과 동시 그의 머릿속은 혼란과 충격으로 뒤범벅이 되어 **화는 한층 가열된** 것이다. (박경리, 『토지』 11, 1989: 65, 지식산업사.)

    c. 잠시 홍얼거리던 상구가 다시 **화가 끓는지** 형구를 노려보았다. (이영치, 『흐린 날 황야에서』, 1993: 124, 시대문학사.)

    d. 또다시 **화가** 머리끝까지 **치솟아오른다**. (공선옥, 『내 생의 알리바이』, 1998: 81, 창작과 비평사.)

    e. **화가** 머리꼭지까지 치받쳐 오르다 못해 완전히 **폭발해** 버릴 때까지 밀어붙여야 된다고 작정했다. (조정래, 『아리랑』 5, 1995: 31, 해냄.)

    f. 주인 마누라가 그제야 **화가 식었는지** 안방으로 휘젓고 들어가는 치마꼬리가 보였다. (김유정, 「따라지」, 『한국소설문학대계』 18, 1995: 398, 동아출판사.)

    g. **화가** 좀 **가라앉을** 때까지 기다리자 싶어 그도 전화를 하지 않았던 거였다. (공지영, 『고등어』, 1999: 164, 푸른숲.)

(46)에서 "화는 그릇 속의 액체이다."는 개념적 은유이며, (46a-g)는 '화'의 은유적 표현인데, 이 경우 '화'는 서술어 '고이다, 가열되다, 끓다, 치솟아오르다, 폭발하다, 식다, 가라앉다'를 통해 '그릇 속의 액체'와 같이 몸속에 고이고, 열을 받아 끓고, 솟아오르고, 그 압력이 증가하여 폭발하고, 마침내 식고 가라앉는 상태로 전개된다(임지룡 2010a: 60 참조). 이러한 개념화의 촉매인 '사상'의 주요 내용은 다음과 같다. 첫째, 목표영역 '화'는 근원영역 '그릇 속 액체'의 '사상'에 의해서 개념화되며, 이 경우 '사상'은 '단일 방향적(unidirectional)'이다. 이것은 영역 간 해석의 비대칭성을 뜻하는 것으로, (46)을 보면 '화'를 '그릇 속 액체'로 해석하는 것이지, 그 역 방향은 성립되지 않는다.[24] 둘째, 근원영역에서 목표영역으로의 대응은

전달하고 그것에 형체를 부여하기 위한 도관으로 간주하는 견해는 잘못된 것이라고 주장한다. 그 대신에 의미구성은 개념적 층위에서 발생하는 복합적 과정으로 간주된다. 단어와 문법 구문은 단순히 부분적이고 빈약한 촉진제로서, 그것에 기초해서 상당히 복합적인 인지 과정이 작용해서 풍부하고 상세한 개념화를 발생시킨다고 본다(Evans & Green 2006: 368 참조).

24 양방향 은유의 사례는 다음과 같다(임지룡 2008a: 178-179, Dancygier & Sweetser 2014: 30-31 참조). (가) "사람은 기계이다.": '그는 한 치의 오차도 없다', '머리가 {잘 돌아간다·녹슬었다}', '머리 회전이 빠르다', '어깨가 고장 났다.', '간호사는 로봇이다. 정말 내 몸이 힘들어도 환자를

'부분적 사상(partial mapping)'을 이룬다. 즉 '화'를 개념화하는 데 필요 충분한 만큼 '그릇 속 액체'의 개념적 요소를 연결시키는데, 이를 '부각'과 '은폐', 또는 '원근법'이라고 한다. 셋째, 사상이 일어날 때 근원영역과 목표영역 간의 기본적인 골격은 유지되는데, 이를 '불변성 원리'라고 한다. 넷째, '화'의 경우 근원영역과 목표영역 간에 존재론적 대응에 기초한 체계적 인 사상이 형성되며, 근원영역의 지식이 목표영역의 지식에 사상되는 인식론적 대응이 이루어 진다.

요컨대, 이러한 대응관계의 사상은 두 영역 간의 유사성에 기반을 두고 있다. 그런데 '몸속 의 화'와 '그릇 속 액체' 간에 본질적이거나 필연적인 유사성이 존재한다기보다 신체적, 사회 물리적 경험을 통해서 양자 간의 유사성을 동기화할 수 있는 인지능력이 우리 자신에게 확보 되어 있기 때문이라 하겠다.

4.2. 은유의 유형

개념적 은유는 그 수행하는 인지적 기능에 따라 구조적·존재론적·방향적 은유의 세 가 지로 대별된다(Lakoff & Johnson 1980: 3-21, 임지룡 1997a: 177-188, Kövecses 2002: 32-36 참조). 이 경우 인지적 기능이란 목표영역에 대한 개념적 구조의 충실성 정도를 말하는 것으로 서, 이를 Kövecses(2002: 33-36)에서는 '구조적 은유>존재론적 은유>방향적 은유'의 차례 로 규정한 바 있다(임지룡 2006a: 35-40 참조).

4.2.1. 구조적 은유

'구조적 은유(structural metaphor)'는 근원영역이 목표영역에 대하여 상대적으로 풍부한 지 식 구조를 제공함으로써 추상적인 목표영역이 근원영역의 수준으로 구조화되는 것을 말한다. 구조적 은유의 실례를 '시간, 토론'을 통해서 살펴보기로 한다.

먼저, (47)-(49)의 관습적인 시간 표현은 "시간은 공간이다.", "시간은 이동이다.", "시간은 자원이다."라는 개념적 은유를 통해 구조화된다. 곧 추상적인 '시간'은 기본적으로 '공간, 이 동, 자원'에 사용되는 동사를 통해 그 개념이 명확하게 구조화됨을 알 수 있다. 실제로 '시간' 은 매우 추상적인 개념 영역이지만, 우리가 '시간'을 별 무리 없이 이해해서 살아가는 것은

위해 뛸 수밖에 없는 존재이다', '이대호 4안타, 슬슬 발동 걸렸구나', '한국 거포 시동 걸리다', '국가재정 고려하지 않는 복지 포퓰리즘, 이제 누가 제동을 거냐', '스스로에게 브레이크를 걸었다', '그는 (재)충전이 필요하다', '선수들의 나사가 풀렸다'
(나) "기계는 사람이다.": '컴퓨터가 말을 잘 듣지 않는다', '시계가 자는 바람에', '차가 퍼졌다', '시끄러운 알람시계가 나를 깨웠다'

개념적 은유의 작용에 의해서이다.

(47) a. 내일은 시간이 **빈다**.
　　 b. 대기 시간이 **길다**.
　　 c. 정오에 **가깝다**.

(48) a. 시간이 빠르게 **흘러간다**.
　　 b. 추석이 **다가온다**.
　　 c. 연말에 **가서** 봅시다.

(49) a. 시간을 **아껴서 써야겠다**.
　　 b. 시간이 많이 **남아 있다**.
　　 c. 시간이 **부족하다**.

다음으로, (50)의 관습적 표현은 "토론은 전쟁이다."라는 개념적 은유에 의해 구조화된다. 곧 (50)에서 추상적인 '토론'은 '공격하다, 방어하다, 완패하다'와 같은 구체적인 '전쟁' 용어를 통하여 개념화되고 있다. '전쟁'은 우리의 일상적인 경험에서 매우 익숙한 개념으로서 그 경험이 '토론'에 이용됨으로써 우리는 '토론'의 세계를 정밀하게 구조화하게 되는 것이다. 뿐만 아니라, '전쟁의 구조'는 '사랑, 선거, 사업, 입시, 운동경기'의 영역에도 사상되는데, 이 경우 이들 목표영역은 보다 더 생생하고 극적인 효과를 낳게 된다.

(50) a. 그들은 서로 상대편 주장의 허점을 공격했다.
　　 b. 그는 자신의 논지를 잘 방어했다.
　　 c. 이번 토론에서 그쪽이 완패했다.

4.2.2. 존재론적 은유

'존재론적 은유(ontological metaphor)'[25]는 추상적인 목표영역에 대하여 사물, 실체, 그릇과 같은 존재론적 지위를 부여하는 것을 말한다. 존재론적 은유의 실례를 '사랑, 마음'을 통해서 살펴보기로 한다.

먼저, (51)의 은유적 표현은 "사랑은 액체가 담긴 그릇", (52)의 관습적 은유는 "마음은 액체가 담긴 그릇"임을 알 수 있다. (51), (52)에서 사용된 동사는 일차적으로 '그릇'이나 '그

---

[25] 'ontology(존재론)'는 '존재하는 것들'을 뜻하는 그리스어 어근 'onta'와 '~의 과학'을 뜻하는 접미사 'logy'에서 파생된 것이다(Hamawand 2016: 88-89 참조).

릇 속 액체'에 사용되는 것인데, 추상적인 '사랑'이나 '마음'은 그릇이나 그릇 속에 담긴 액체로 이해된다.

> (51) a. 아마도 그들이 **사랑에 빠진** 지 얼마 되지 않았던 여름날이었다. (공지영, 『고등어』, 1999: 45, 푸른숲.)
>
> b. 학생 때는 시험이 두렵고, 누군가 사랑할 땐 그 **사랑이 깨질까** 봐 두렵다. (여훈, 『최고의 선물』, 2005: 84, 스마트비지니스.)

> (52) a. 마음이 {솟구치다/가라앉다/잠잠해지다}.
>
> b. 마음을 {가라앉히다/담다/비우다}.
>
> c. 마음이 {무겁다/가볍다/상하다/식다/허전하다}.
>
> d. 마음을 {열다/닫다/닦다/놓다}.
>
> e. 마음에 들다.

한편, '의인화(personification)'도 존재론적 은유의 일종이다. 곧 (53)의 관습적 표현은 '사랑, 삶, 시간'과 같은 추상적인 대상물을 '사람'으로 인식하고 있다.

> (53) a. 사랑에 **속고** 돈에 운다.
>
> b. 삶이 나를 **속였다.**
>
> c. 시간이 **해결해** 줄 것이다.

4.2.3. 방향적 은유

'방향적 은유(orientational metaphor)'는 공간적 방향과 관련하여 하나의 전체적 개념 구조를 이루는 것을 말한다. 방향적 은유는 수직 방향과 수평 방향에서 잘 드러난다.

먼저, 수직 방향의 은유를 보면 다음과 같다. (54)의 은유적 표현을 통해서 볼 때 '위(上)'는 '많음, 지배, 활성, 좋음, 고온, 건강, 기쁨'을 지향하는 반면, '아래(下)'는 '적음, 피지배, 침체, 나쁨, 저온, 질병, 슬픔'을 지향하고 있다.

> (54) a. 봉급이 {올라가다/내려가다}.
>
> b. 신분이 {높다/낮다}.
>
> c. 사기가 {올라가다/내려가다}.
>
> d. 수준이 {높다/낮다}.
>
> e. 열이 {오르다/내리다}.

f. 그는 몸이 날아갈 듯이 **가벼웠다**./그는 과로로 **쓰러졌다**.

g. **부풀어오르는 기쁨으로** 내 가슴은 금방 터질 것 같았다. (강신재 1996: 394, 「젊은 느티나무」, 『한국현대대표소설선』 7, 창작과 비평사.)

h. 그래서 나의 괴롬과 **슬픔은** 좀 더 무거운 것으로 변하면서 가슴속으로 **가라앉아** 버리는 것이다. (강신재 1996: 377, 「젊은 느티나무」, 『한국현대대표소설선』 7, 창작과 비평사.)

다음으로, 수평 방향의 '앞/뒤, 오른쪽/왼쪽, 가까움/멂'을 통해 은유적 양상을 보기로 한다. (55)-(57)의 관습적 표현에서, (55)의 '앞(前)'은 '긍정적', '뒤(後)'는 '부정적' 성향을 지향하며, (56)의 '오른쪽(右)'은 '긍정적, 보수적', '왼쪽(左)'은 '부정적, 진보적' 성향을 지향하며, (57)의 '가까움(近)'은 '닮음, 친밀함, 현재 시점'을 지향하는 반면, '멂(遠)'은 '다름, 소원함, 미래 시점'을 지향하고 있다.

(55) a. 의식수준이 십 년 {앞섰다/뒤처졌다}.

　　 b. 전진하다/후퇴하다.

(56) a. 그는 내 **오른팔**이다./**왼새끼** 꼬다.

　　 b. **우파** 인사/**좌파** 인사.

(57) a. 이 그림은 거의 사실에 **가까운** 세밀한 묘사가 돋보인다./너의 그림 솜씨는 화가가 되기엔 아직도 **멀었다**.

　　 b. 우리는 서로 흉허물 없이 **가깝게** 지내는 사이다./그가 **멀게** 느껴진다.

　　 c. 시험이 **가까워서인지** 도서관에 자리가 꽉 찼다./동이 트려면 아직도 **멀었다**.

4.3. 은유의 기능

'우리는 왜 은유를 사용하는가?' 은유의 중요성 및 기능을 통해서 이 물음에 답해 보기로 한다.

먼저, 은유의 중요성을 보여 주는 두 가지 사례를 들면 다음과 같다.

(58) 오이디프스가 티베에 도착했을 때, 괴물 스핑크스가 "아침에는 네 발, 한낮에는 두 발, 저녁에는 세 발을 가지고 있는 동물은 무엇인가?"라는 수수께끼를 내면서 그것을 풀지 못하면 잡아먹는다고 하였다. '인간'이라고 대답했는데, 아기 때는 손발로 기어 다니고 성숙해서는 두 발로 걸어다니고, 늙어서는 지팡이를 짚고 다니기 때문이다.

패배한 스핑크스는 자살하고 그가 티베의 왕이 되었다. 그가 그 수수께끼를 푸는 데는 2개의 **개념적 은유의 지식**이 작용하였다. 첫째, **"인간의 일생은 낮"**에서 '아침-유아기', '한낮-성인기', '저녁-노년기'의 사상이다. 둘째, **"인간의 일생은 여행"**에서 '발'의 중요성이 '여행'을 환기하며, '여행'을 통해 '인생'을 이야기하고 있다. (Kövecses 2010: 11 참조.)

(59) "투신자살 막는 **'은유의 힘'**: 서울 마포대교 '한 번만 더' 동상" (조선일보/유석재 기자 2013.6.3.). 양복을 입은 두 남자가 다리 난간 앞 벤치에 앉아 있다. 오른쪽 남자의 어깨는 축 처져 있고, 왼쪽 남자는 그에게 몸을 돌리고 뭔가를 열심히 설득하는 듯하다.···이 동상은 투신하려는 사람과 그것을 막으려는 사람의 모습을 표현하려던 당초 계획보다는 훨씬 은유적인 모습으로 만들어졌다.···지난해 9월 서울시가 만든 이 동상은 마포대교 중간 상류 측 전망대 구간에 있다. 모진 마음을 먹고 다리를 찾은 사람들에게 어떻게든 삶의 희망을 주겠다는 것이다. 황동 재질로 만든 이 동상의 이름은 **'한 번만 더 동상'**. 왼쪽 남자의 등에는 **'여보게 친구야, 한 번만 더 생각해 보게나'** 란 문구가 새겨져 있다.

(58)은 '오이디푸스 신화'의 한 부분으로, 오이디푸스의 목숨이 그의 은유적 지식에 의해 구출되었음을 보여 준다. 또한 (59)는 '한 번만 더 동상'이 투신자살을 막는 데 대한 '은유의 힘'을 기사화한 것이다. 이 두 가지 사례는 은유의 중요성과 기능을 단적으로 보여 준다.

그러면, 은유의 역할 또는 기능에 대해서 세 가지 측면에서 살펴보기로 한다.

첫째, 은유는 '인지적 도구(cognitive instrument)'의 역할을 한다(Ungerer & Schmid 2006/2010: 117-121 참조). 이것은 은유가 우리의 '생각'을 언어로 표현해 주는 방식일 뿐 아니라, 사물에 대해 사고하는 방식임을 뜻한다. 예를 들어, "시간을 {아껴 쓰다·낭비하다}.", "시간이 {아깝다·소중하다}."와 같은 일상 표현에서 "시간은 자원이다."라는 개념적 은유를 추출할 수 있는데, 이 장치를 통해 우리의 '생각', 또는 '개념'을 '자원'으로 표현하는 동시에 '자원'의 관점에서 '시간'을 사고하고 개념화하게 된다.

둘째, 은유는 '추론' 기능을 한다. 은유의 핵심은 '추론(inference)'이며, 우리는 은유를 사용해서 추론하기 때문에 우리가 사용하는 은유는 우리가 살아가는 방식에 대해 많은 것을 결정해 준다(Lakoff & Johnson 1980/2003: 244 참조). 은유적 추론에 의한 다음 표현을 보기로 한다.

(60) "시테 섬이 파리의 심장이라면, 센 강은 그 대동맥이다." (Sweetser 1996: 221.)[26]

26　원문은 다음과 같다. If the Île de la Cité is the heart of Paris, the Seine is the aorta.

(61) a. "야구가 소설이라면 축구는 시다."[27]

b. 김요일 시인에게 축구는 그 자체가 하나의 시다. **"야구가 소설이라면 축구는 시예요**. 야구는 언제 끝날지 알 수 없죠. 소설이 그렇듯 유장하고 풀어진 느낌이 강합니다. 축구는 정해진 시간 안에 골이라는 정점을 추구한다는 점에서 사물의 고갱이를 응축적인 언어로 포착하는 시와 흡사합니다." (주간경향 884호 2010.7.20.)

c. 김요일 시인은 **"야구가 소설이라면 축구는 시"**라고 한다. 장편 소설에 매수 제한이 없듯이 야구는 시간제한이 없다. 소설은 이야기가 긴박하게 흐르다가도 숨을 고르는 대목이 있다. 야구도 경기가 자주 끊어진다. 그러나 축구는 제한된 시간 안에 숨 가쁘게 진행된다. 축구 선수는 순발력을 이용해 치고 나가고 강렬한 슈팅으로 마무리한다. 시인은 짧은 순간에 떠오른 영감을 거머쥐곤 단숨에 한 행이라도 써야 한다. 퇴고를 하더라도 결구(結句)에선 독자의 영혼을 벼락처럼 와락 때리는, 간결하고 명료한 이미지와 노래가 튀어나와야 한다. 축구와 시는 모두 형식이 단순하다. 그러나 아무나 골을 넣지 못하듯이, 누구나 시인이 되는 건 아니다. (박해현, '지구촌 詩를 읽듯이 월드컵 축구를 음미하는 시간', 조선일보 2014.6.24.)

(60), (61a)는 '추론 구조(reasoning structure)'의 주요 특성을 공유한 은유적 진술이다. 먼저, (60)은 "파리는 사람의 몸이다."라는 개념적 은유이다. 'A이면 B이다'의 조건구문에서 A, B 각각이 은유로 짜여 있으며, 또한 A, B는 추론 구조에 의해 대응된다. 구체적으로 근원영역 '신체'에는 주요 부위인 '심장'과 '대동맥'이 인접해 있고, 목표영역 '파리'에는 중심부에 '시테 섬'이 있고 '센 강'이 섬을 둘러싸고 흐른다. 따라서 우리는 (60)에서 A에 대해 '파리 : 신체', '시테 섬 : 파리의 심장'을 추론하고, 이를 바탕으로 B에 대해 '센 강 : 파리의 대동맥'을 추론하게 된다.

같은 맥락에서, (61a)는 "스포츠는 문학이다."라는 개념적 은유이다. (60)과 동일한 구조를 가진 (61a)에서 '야구는 소설이다', '축구는 시이다'라는 은유를 이해하는 과정은 (61b, c)에서 기술된 근원영역과 목표영역의 사상 구조를 추론해야 한다. 즉 '소설'과 '야구'는 제한이 없으며, 숨 고르는 대목이 있다는 점에서 유사성이 확보된다. 한편, '축구'와 '시'는 시간의 제약을 받으며, 형식이 단순하며, 누구나 골을 넣을 수 없듯이 누구나 시를 쓸 수는 없다는 점에서 유사성이 확보된다.

셋째, 은유는 '의사소통적 기능(communicative function)'을 하는데, 여기에는 다음 세 가지 기능이 있다(Gibbs 1994: 124-134 참조).[28] '표현 불가능 가설(inexpressibility hypothesis)'로

---

[27] "동해의 일출이 한 편의 시라면 서해의 일몰은 한 편의 산문이다." (조용헌(2010: 233), 『조용헌의 동양학 강의』, '네 종류의 산책 길', 랜덤 하우스)도 많은 추론이 요구되는 은유 표현이다.

서, 이는 은유가 글자 그대로의 표현으로는 전달하기 어려운 개념을 표현해 주는 기능이다. 예를 들어, '마음', '인생', '감정', '이론'과 같이 추상적이고 심리적인 개념을 은유가 아니면 쉽고 분명히 표현해 낼 수 없다. 우리는 추상적인 '사랑'을 "사랑에 빠졌다.", "사랑이 {뜨겁다·넘치다·깨지다·식다}."와 같은 은유적 표현을 통해 "사랑은 액체가 담긴 그릇이다."로 개념화하게 된다. '압축성 가설(compactness hypothesis)'로서, 이는 은유가 글자 그대로의 표현으로는 복잡하고 장황해지는 설명을 간결하고 명료하게 표현해 주는 기능이다. 예를 들어, 눈에 보이지 않는 전기의 작용 방식을 "전기는 (유압장치를 통해) 흐르는 물이다." 및 "전기는 (경기장을 빠져나와) 이동하는 군중이다."와 같은 은유로 표현할 때의 간명함이다. 또한 '컴퓨터'를 '사람'("메모리가 부족하다", "말을 안 듣다", "다운되다", "바이러스에 감염되다", "치료하다"), '사무실'("윈도우", "스크린", "마우스", "쓰레기통") 은유를 통해 압축적으로 기술하게 된다. 또한 '선명성 가설(vividness hypothesis)'로서, 이는 은유가 우리의 주관적 경험을 글자 그대로의 표현보다 더 풍부하고, 상세하고, 생생한 영상을 전달할 수 있다는 것이다. 예를 들어, 다음은 '동사'와 '형용사'를 은유로 형상화한 것인데(문무학(2009).『품사 다시 읽기』, 동학사.), 객관성·체계성·엄밀성으로 상징되는 품사에 대해 (62)는 '동사'를 '힘'으로, (63)은 '형용사'를 '홍등가의 불빛'의 영상으로 그 성격의 일단을 선명히 형상화하고 있다.[29]

(62) **'동사' 너는 힘이다** 견줄 데 없는 힘이다 너 없이 그 어디에 닿/을 수 있으랴 널 만난 문장 끝에선 새 한 마리 비상한다.//네가 계절이라면 언 땅의 봄이겠다. 잠들었던 모든 것/깨어나 솟구치는//봄이다,//꿈틀거리는 동작들이 참 많은

(63) **'형용사' 너는 허풍쟁이** 번들번들 가납사니/씌어진 모든 것들 꽃빛으로 포장해서/온 사람 눈을 호리는 못 말릴 너는 정말./그 잘난 미사여구도 너로 하여 태어나고/허한 것들 숨겨놓고 화려한 무늬만 놓아/속내를 비추지 않는 홍등가의 불빛이다.

---

28 Ortony(1980: 77-78)에서는 은유가 다음 세 가지 기능 즉, '표현할 수 없는 것을 표현하기', '복잡한 생각을 간결한 형태로 표현하기', '표현의 생생함을 제공하기'를 특별히 잘 수행한다고 하면서, 어떤 개념은 글자 그대로 표현하기 어려우며, 따라서 은유는 글자 그대로 표현하지 못하는 것을 표현하는 수단이라고 하였다.

29 이와 관련하여 Aitchison(1987/2003: 110-121)에서는 '동사'를 '전능한(all-powerful)', '매우 강력한(super-powerful)' 것으로, 그리고 '힘이 있으며, 문장의 펌프'로서 언어의 어휘범주, 즉 품사 가운데 가장 중요하다고 하였다. 또한 Lewis Carroll은 *Through the Looking-Glass*(1872)에서 Humpty Dumpty가 Alice에게 단어에 대해 강의하면서 '동사'를 성깔이 있고 교만하여 마음대로 할 수 없는 반면, '형용사'를 갖고는 어떤 것이라도 할 수 있는 것으로 묘사하고 있다.

5. 마무리

이상에서 비유의 전형적인 보기인 환유와 은유를 중심으로 인지언어학의 개념론적 관점에서 그 성격, 유형, 기능에 대해서 논의하였다. 이제까지 살펴본 바를 간추려 이 장을 마무리하기로 한다.

첫째, 비유는 개념 또는 영상 차원의 문제로서 다양한 양상의 비유는 동일한 경험에 기초를 둔 것으로 상통된다.

둘째, 개념적 환유는 동일한 영역에서 근원이 목표에 정신적인 접근을 제공하는 인지 과정이다. 이 경우 사상은 경험적으로 인접해 있는 근원과 목표 간에 참조점을 활성화하는 인지능력에 의해서이다. 환유의 유형은 '부분→전체'의 확대지칭 양상과 '전체→부분'의 축소지칭 양상으로 대별된다. 환유의 기능은 인지적 도구, 추론의 도구, 경제성 및 유연성 기능, 사실성 및 완곡 효과의 기능을 갖는다.

셋째, 개념적 은유는 근원영역의 개념적 요소를 목표영역으로 투사하는 단일 방향적 사상이다. 이 경우 사상은 유사성에 기반을 둔 것이며, 이 유사성의 인지능력은 신체적, 사회 물리적 경험을 통해 동기화된다. 은유의 유형은 구조적, 존재론적, 방향적 은유로 대별된다. 은유의 기능은 인지적 도구, 추론의 도구, 의사소통적 기능을 갖는다.

요컨대, 비유에 대한 우리의 자연스럽고 풍부한 경험의 경향성을 유의미하게 규명해 낸 것이 인지언어학적 관점의 개념적 환유와 은유라 하겠다.

1. 들머리

이 장은 대립어를 통해 머릿속 작용 양상의 한 실마리를 찾는 데 목적이 있다. 인지언어학에서는 대립어를 어휘 관계라기보다 개념 또는 해석의 문제로 보는데(Panther & Thornburg 2012: 186 참조), 이것은 대립어가 우리의 '머릿속 사전(mental lexicon)'에서 긴밀하게 작용하고 있음을 시사한다. 대립어의 머릿속 작용 양상은 심리언어학에서 단어의 자유 연상 실험을 통해 일찍부터 관심을 가져 왔는데, 단어 연상 실험에서 대립어 쌍의 반응이 빈번한 것으로 드러났다. 그러나 이러한 실험은 언어의 과학적 연구에서 제대로 평가받지 못한 채 그 전통의 맥이 오늘날까지 유지되지 못한 실정이다.

언어의 저장이나 검색을 비롯한 인지 작용의 중추기관이 우리의 두뇌라는 데 이견의 여지가 없지만, 언어와 관련된 두뇌의 신비는 여전히 미지의 세계로 남아 있다. 최근 들어 '머릿속 사전'은 인지과학에서 사람의 두뇌에 대한 신비를 밝히려는 일환으로 크게 주목하고 있으며, 인지언어학에서 의미 연구의 블루오션이 되고 있다(임지룡 2014a: 92-94 참조). 머릿속 사전의 모형을 만들기 위해 인지언어학과 인지심리학에서는 '단어 찾기' 및 '말실수', '언어학' 및 '언어적 말뭉치', '언어 장애' 및 '두뇌 스캔', '심리언어학적 실험' 등의 방법론을 활용하고 있다(Aitchison 1987/2003: 16-28 참조).

머릿속 사전은 종이사전과 달리 구성과 내용에 있어서 한층 더 복합적이고 유연할 것으로 예상된다(Aitchison 1987/2003 : 10-15, 임지룡 1997a: 303-305 참조).[1] 이 연장선상에서 이

---

* 이 장은 임지룡(2015c). "대립어의 머릿속 작용 양상"(『한글』 307: 171-207. 한글학회.)의 내용을 깁고 고친 것임.

1 구성 방식에 있어서 종이사전은 가나다순으로 된 반면, 머릿속 사전은 의미론적, 형태·통사론적, 또는 음운론적 유사성에 기초하여 저장되어 있을 것으로 보인다. 내용에 있어서 종이사전은 정보량이 고정되고 폐쇄적인 반면, 머릿속 사전은 온라인 상태에서 정보의 양과 질이 끊임없이 업데이트되

장에서는 이제까지 시도된 바 없는 대립어의 머릿속 작용 양상을 탐색함으로써 대립어 탐구는 물론이거니와 두뇌의 신비를 밝히는 데 기여함을 목적으로 한다. 이를 위해 '단어 연상', '혼성', '말실수'를 중심으로 대립어의 머릿속 작용 양상을 논의하기로 한다. 이들을 기준점으로 해서 장차 그 범주를 넓힐 수 있을 것이다.

2. 단어 연상

여기서는 단어 연상을 중심으로 대립어의 머릿속 작용 양상을 살펴보기로 한다.

2.1. 단어 연상의 성격

심리언어학자들은 일찍부터 개념이 머릿속에서 어떻게 작용하는가를 살펴보기 위해 '단어 연상 실험(word association experiment)'을 수행해 왔다(Clark & Clark 1977: 482 참조). 이 실험의 전형적 모형은 '자유 연상(free association)'인데, 이는 자극어가 제시될 때 가장 먼저 머릿속에 떠오르는 반응어를 찾아내는 것이다. 이 경우 자극어에 대한 반응어는 무작위로 나타나는 것이 아니라, 계열적·결합적 망을 형성하는 경향이 현저하다. '계열적 반응'은 '나무'에 대해 '꽃'을 반응하는 것과 같이 자극어와 동일한 의미 범주로 반응하는 것이며, '결합적 반응'은 '나무'에 대해 '푸르다'를 반응하는 것과 같이 다른 통사 범주로 반응하는 것이다.

이 가운데 '대립어'와 관련된 '계열적 반응'의 특성을 보기로 한다. 먼저, 계열적 반응에 관한 세 가지 규칙은 다음과 같다(Clark 1970: 271-286, 임지룡 1992: 246-252 참조).

첫째, '최소대조 규칙(minimal-contrast rule)'이다. 이것은 자극어가 대립어를 가진 경우 그 반응어가 대립어로 나타나기 쉬운 경향성을 뜻한다. 대립어 쌍은 상호 공통적인 의미 성분을 공유하면서 하나의 의미 성분에서 변별되므로, 계열적 반응은 자극어와 최소대조를 형성한다. 예를 들어, 형용사 '길다/짧다', '높다/낮다', '깊다/얕다'는 [±극성], 명사 '남자/여자', '아버지/어머니', '아저씨/아주머니', '소년/소녀'는 [±남성],[2] 그리고 동사 '가다/오다', '주다/받

며 의미, 형태·통사, 음운상으로 관련된 항목 간에 고도로 입체적이며 유기적인 작용을 수행할 것으로 보인다.

[2] 최소대조 규칙은 계층적 규칙이다. 예를 들어, '남자'에 대한 주반응어는 '소년'이 아니라 '여자'인데, 이것은 '남자'의 의미 성분인 [+인간] [+성인] [+남성] 가운데 교체되는 성분이 [+성인]이 아니라 [+남성]이기 때문이다. 이 경우 [+남성]은 주대조 성분이 되며, [+성인]은 부대조 성분이 된다. 이 규칙에 따르면 '남자'에 대한 반응어의 연상 거리는 주대조의 '여자', 부대조의 '소년', 이중대조의 '소녀' 순이다(임지룡 1992: 247-249 참조).

다', '팔다/사다'는 [±방향성]의 의미 성분으로 최소대조 관계를 형성하면서 긴밀히 연상된다.

최소대조 규칙은 단어 연상에서 가장 흔한 반응으로 설명된다. 이와 관련하여 H. H. Clark(1970: 277)에서는 [±아이, ±여성]의 의미 성분과 관련된 자극어의 반응 양상을 <표 1>과 같이 제시한 바 있다.

표 1 [±아이, ±여성]과 관련된 자극어의 반응어(H. H. Clark 1970: 277)

자극어 [±아이, ±여성]	반응어(%)		
	주대조	부대조	이중대조
남자	여자 62	소년 8	소녀 3
여자	남자 53	소년 9	소년 1
소년	소녀 70	남자 5	여자 0
소녀	소년 60	여자 5	남자 1
아버지	어머니 65	아들 15	딸 2
어머니	아버지 67	딸 5	아들 0
아들	딸 42	아버지 28	어머니 3
딸	아들 40	어머니 10	아버지 7

둘째, '유표 규칙(marking rule)'이다. 이것은 단어 연상에서 '유표항(자극어)→무표항(반응어)'의 연상 강도가 '무표항(자극어)→유표항(반응어)'의 연상 강도보다 더 높은 것을 가리킨다. 예를 들어, '깊다/얕다'의 대립에서 '깊다'는 무표항이며, '얕다'는 유표항인데, 자극어 '얕다'에 대한 반응어 '깊다'의 연상 강도가 그 역인 자극어 '깊다'에 대한 반응어 '얕다'의 연상 강도보다 더 높다. 그 까닭은 무표항 '깊다'에는 "강이 얼마나 깊습니까?"의 중립적인 '깊다'뿐만 아니라 [+극성]의 의미를 지닌 '깊다'가 있는데, 이처럼 중의성 또는 다의성을 지닌 '깊다'가 자극어로 될 때는 피시험자의 망설임이 동반되는 데 비해, [-극성]의 의미만을 지닌 '얕다'가 자극어로 될 경우 망설임 없이 '깊다'를 연상하기가 한결 수월하기 때문이라 하겠다.

셋째, '성분 삭제 및 성분 첨가 규칙(feature deletion and feature addition rule)'이다. 이것은 성분 목록의 맨 마지막 성분을 삭제하거나 첨가하는 규칙의 경우, 의미 연상에서 '성분 삭제 규칙'이 '성분 첨가 규칙'보다 더 우세함을 뜻한다. 그 까닭은 첨가할 수 있는 성분에 비해 삭제할 수 있는 성분이 한층 더 제약을 받기 때문이다. 예를 들어, 상하위어에서 성분의 삭제는 '사과'에서 '과일'의 상위어를, 성분의 첨가는 '과일'에서 '사과'의 하위어를 생산한다. 성분 삭제 및 첨가 규칙에 따르면 단어 연상에서 상·하위어가 관련된 경우 하위어에서 상위어의 연상이 상위어에서 하위어의 연상보다 그 속도가 더 빠르다. 즉 '사과'에서 '과일'을 연상하는 것이 '과일'에서 '사과'를 연상하는 속도보다 더 빠른 경향이 있다.[3]

다음으로, 단어 연상에 관한 의미망의 연관관계를 보기로 한다. Aitchison(1989/2003: 86-87)은 Jenkins(1970)의 단어 연상 규준에서 '나비', '배고프다', '붉다', '소금'에 대해 빈도 수 10위까지의 반응어를 통해 가장 중요한 4가지 연관관계를 (1)과 같이 제시하였다. 또한 (1)에서 의미망의 연결 강도는 '등위관계>연어관계>하의관계>동의관계' 순이며, '등위관계' 와 '연어관계'는 연상 강도가 높은 반면, '하의관계'와 '동의관계'는 낮다고 하였다.

(1) a. 등위관계:
ⓐ 대조어: 소금-후추, 나비-나방, 붉다-희다, 푸르다-검다
ⓑ 대립어: 왼쪽-오른쪽, 덥다-춥다, 따뜻하다-서늘하다
b. 연어관계: 소금-물, 나비-망, 선-홍색
c. 하의관계: 나비-곤충, 붉다-색
d. 동의관계: 아름답다-예쁘다, 춥다-차다

Jenkins(1970: 9-38)의 '단어 연상 규준'은 100개의 자극어를 미네소타 대학생 1,000명에게 실험한 것으로, 자극어에 대해 제1반응어가 대립어인 36쌍을 연상 강도가 높은 순으로 배열하면 (2)와 같다.[4]

(2) 테이블-의자(840), 어둡다-밝다(829), 소년-소녀(768), 남자-여자(767), 길다-짧다(758), 느리다-빠르다(752), 왕-왕비(751), 소녀-소년(704), 높다-낮다(675), 단단하다-연하다(674), 밝다-어둡다(647), 여자-남자(646), 버터-빵(637), 희다-검다(617), 빵-버터(610), 무겁다-가볍다(583), 시다-달다(568), 시끄럽다-은은하다(541), 망치-못(537), 의자-테이블(491), 바늘-실(464), 연하다-단단하다(445), 거칠다-부드럽다(439), 달다-시다(434), (키가)작다-(키가)크다(397), 정사각형의-둥근(372), 춥다-덥다(348), 조용하다-시끄럽다(348), 부드럽다-거칠다(328), 깊다-얕다(318), 산-계곡(266), 사자-호랑이(261), 손-발(255), 건강-질병(250), 붉다-희다(221), 노랗다-파랗다(156)

(1), (2)를 종합해 보면 미네소타 대학생의 단어 연상 실험 결과 대립어의 연상 강도가 다양한 의미망 가운데 가장 높은 것으로 드러났다. 이것은 대립어가 머릿속 사전에서 매우 긴밀한 관계로 작용함을 시사한다.

---

3 이것은 상하위어의 '점화(priming)'에서 '하위어→상위어'가 '상위어→하위어'보다 점화 속도가 더 빠른 것과 동일하게 설명될 수 있다.
4 이 목록에서 대조어의 경우는 '소금-후추(430), 줄기-꽃(402), 달-별(205), 나비-나방(144)'과 같다.

2.2. 대립어의 연상 및 정도성

아래에서는 단어 연상 실험과 대립어의 정도성 실험을 통해 대립어의 작용 양상을 살펴보기로 한다.

2.2.1. 대립어의 연상 실험

단어 연상 실험을 통한 대립어의 반응 양상을 살펴보기 위해, (3)의 20개 단어에 대해 대학생 30명에게 자유 연상 실험을 수행하였다. (3)에서 진한 글자체인 10개는 '규범적 대립어'가 예상되는 단어이다.

> (3) **가다**, 가을, 나무, **남자**, 둥글다, 먹다, 무섭다, 붉다, **사랑하다**, 새, **슬프다**, 심다, **아름답다**, **어머니**, **위**(上), 읽다, **좋다**, **주다**, 집, **크다**, 흐르다.

(3)의 실험 결과 반응어가 대립어인 경우의 양상은 (4)와 같다.

> (4) 남자-여자(86.67%), 크다-작다(80%), 가다-오다(73.33%), 위-아래(73.33%), 좋다-싫다·나쁘다(73.33%), 주다-받다(73.33%), 가을-봄(33.33%), 어머니-아버지(33.33%), 아름답다-추하다·못생기다(26.67%), 읽다-쓰다(26.67%), 사랑하다-미워하다(20%), 붉다-푸르다(13.33%), 슬프다-기쁘다(13.33%), 심다-뽑다·캐다(13.33%), 둥글다-모나다(6.67%), 흐르다-멈추다(6.67%)

(3)의 자극어에 대한 (4)의 반응어를 통해서 볼 때 피험자들은 자극어가 대립어 쌍을 가진 경우, 우선적으로 대립어로 반응하는 경향성을 드러냈다. (3)의 자극어에서 규범적 대립어로 예상한, 진한 글자체 단어 10개 외에 '가을-봄', '붉다-푸르다', '흐르다-멈추다'도 대립어로의 반응이 포착되었다.

2.2.2. 대립어의 정도성 실험

대립어 가운데 더 좋은 대립어와 그렇지 않은 대립어가 있는지를 살펴보기 위해 빈도수가 높은 110개의 대립어 쌍에 대해 대학생 30명에게 대립어의 좋은 정도를 5단계(5: 아주 뚜렷함, 4: 뚜렷함, 3: 보통, 2: 약함, 1: 아주 약함)로 평가하는 실험을 수행하였다. <표 2>는 피험자 반응의 평균값을 대립어의 좋은 정도에 따라 최대치를 1, 최소치를 0으로 환산한 값을 차례대로 배열한 것이다(임지룡 2015a: 74-75 참조).

표 2 대립어의 정도성 실험 환산값

대립어	값	대립어	값	대립어	값
기혼/미혼	1.00	좋다/나쁘다	0.83	읽기/쓰기	0.68
남자/여자	1.00	깨끗하다/더럽다	0.82	현재/미래	0.68
살다/죽다	1.00	마르다/젖다	0.82	액체/고체	0.65
시작/끝	0.98	많다/적다	0.82	말하기/듣기	0.63
참/거짓	0.98	신다/벗다	0.82	사랑하다/미워하다	0.62
맞다/틀리다	0.97	어렵다/쉽다	0.82	앉다/눕다	0.62
사다/팔다	0.97	이기다/지다	0.82	과거/현재	0.60
상/벌	0.97	산/바다	0.82	듣기/쓰기	0.57
신랑/신부	0.95	강하다/약하다	0.80	처녀/아줌마	0.57
하늘/땅	0.95	검다/희다	0.80	굵다/잘다	0.55
가다/오다	0.93	능동적/수동적	0.80	아버지/아들	0.55
어머니/아버지	0.93	밝다/어둡다	0.80	어머니/아들	0.55
주다/받다	0.93	짜다/싱겁다	0.80	육군/해군	0.55
합법적/불법적	0.93	가깝다/멀다	0.80	읽기/말하기	0.55
동물/식물	0.92	굵다/가늘다	0.78	도시/어촌	0.53
옳다/그르다	0.92	기쁘다/슬프다	0.78	고체/기체	0.52
위/아래	0.92	넓다/좁다	0.78	아버지/딸	0.52
직접/간접	0.92	두껍다/얇다	0.78	어머니/딸	0.52
소년/소녀	0.90	무겁다/가볍다	0.78	육군/공군	0.52
처녀/총각	0.90	여름/겨울	0.78	말하기/쓰기	0.48
공격하다/방어하다	0.88	행복하다/불행하다	0.78	소설/시	0.47
아들/딸	0.88	호경기/불경기	0.78	액체/기체	0.47
증가하다/감소하다	0.88	깊다/얕다	0.78	자가용/버스	0.47
확장하다/축소하다	0.88	과거/미래	0.77	책상/걸상	0.47
뜨겁다/차갑다	0.87	높다/낮다	0.77	농촌/어촌	0.45
입다/벗다	0.87	맑다/흐리다	0.77	산/계곡	0.45
정직하다/부정직하다	0.87	쓰다/벗다	0.77	해군/공군	0.42
단수/복수	0.85	해/달	0.77	버스/기차	0.40
부유하다/가난하다	0.85	길다/짧다	0.75	봄/가을	0.40
성공하다/실패하다	0.85	도시/농촌	0.75	황금/돌	0.40
앉다/서다	0.85	붉다/푸르다	0.75	맵다/싱겁다	0.40
젊다/늙다	0.85	덥다/춥다	0.73	달/별	0.38
크다/작다	0.85	딱딱하다/부드럽다	0.73	맵다/달다	0.38
아줌마/아저씨	0.85	즐겁다/괴롭다	0.73	소설/잡지	0.32
빠르다/느리다	0.83	달다/쓰다	0.72	차/커피	0.28
육지/바다	0.83	따뜻하다/서늘하다	0.72	군인/경찰	0.18
전쟁/평화	0.83	서다/눕다	0.68		

<표 2>는 피험자의 의식 속에 대립어의 정도성이 반영되어 있는데, 그 구체적인 양상은 다음과 같다.

첫째, 대립어의 좋은 정도에 대한 환산값은 1.00이 3쌍, 0.90대 17쌍, 0.80대 31쌍, 0.70대 22쌍, 0.60대 8쌍, 0.50대 12쌍, 0.40대 12쌍, 0.30대 3쌍, 0.20대 1쌍, 0.10대 1쌍으로 대립어의 정도성이 드러났다.

둘째, '기혼/미혼', '남자/여자', '살다/죽다', '참/거짓'과 같은 상보어가 가장 좋은 대립어로 나타났으며, '사다/팔다', '가다/오다', '주다/받다'와 같은 동사형 방향 대립어가 '크다/작다', '굵다/가늘다', '넓다/좁다', '두껍다/얇다', '무겁다/가볍다', '깊다/얕다', '굵다/잘다'와 같은 형용사의 척도 대립어보다 더 좋은 대립어로 인식되었다. 또한 0.40 미만인 '달/별', '맵다/달다', '소설/잡지', '차/커피', '군인/경찰'은 대립성의 정도가 낮은 것으로 반응되었다.

셋째, 성별 대립의 경우 '남자/여자', '신랑/신부', '소년/소녀', '처녀/총각', '아들/딸', '아줌마/아저씨'와 같이 '동일세대'의 '성별' 대립이 그렇지 않은 경우보다 더 좋은 대립어로 드러났다.

넷째, 동일한 의미장에 속한 대립어 쌍에서 대립성 정도의 순서는 (5)와 같다. 곧 이들 대립어 쌍에서 '하늘/땅', '어머니/아버지', '뜨겁다/차갑다', '입다/벗다', '앉다/서다', '크다/작다', '검다/희다', '기쁘다/슬프다', '여름/겨울', '과거/미래', '해/달', '도시/농촌', '액체/고체', '읽기/쓰기', '육군/해군', '자가용/버스', '소설/시'가 상대적으로 더 좋은 대립어인 것으로 드러났다.

(5) a. 하늘/땅>육지/바다>산/바다

b. 어머니/아버지>아들/딸>아버지/아들·어머니/아들>아버지/딸·어머니/딸

c. 뜨겁다/차갑다>덥다/춥다>따뜻하다/서늘하다

d. 입다/벗다>신다/벗다>쓰다/벗다

e. 앉다/서다>서다/눕다>앉다/눕다

f. 크다/작다>많다/적다>굵다/가늘다>굵다/잘다

g. 검다/희다>붉다/푸르다

h. 기쁘다/슬프다>즐겁다/괴롭다

i. 여름/겨울>봄/가을

j. 과거/미래>현재/미래>과거/현재

k. 해/달>달/별

l. 도시/농촌>도시/어촌>농촌/어촌

m. 액체/고체>고체/기체>액체/기체

n. 읽기/쓰기>말하기/듣기>듣기/쓰기

o. 육군/해군>육군/공군>해군/공군

p. 자가용/버스>버스/기차

q. 소설/시>소설/잡지

2.2.3. 대립어의 연상 및 정도성의 의미 특성

위의 2.2.1 및 2.2.2를 통해서 볼 때, 단어 연상 실험과 대립어의 정도성 실험에서 다음 두 가지 특성이 주목된다.

첫째, 자극어가 대립어를 가진 경우 대립어로 반응하는 경향이 현저하다. 둘째, 대립어 가운데 좋은 대립어와 그렇지 않은 대립어 간, 그리고 동일한 의미장에 속한 대립어 간의 정도성이 드러났다.

요컨대, 이러한 결과는 우리 머릿속에 대립어가 매우 긴밀하게 저장되어 있으며, 대립어 간에도 자연범주의 '새'나 '꽃'과 같이 중심적인 대립어와 주변적인 대립어 간의 원형 효과가 확인되었다.

3. 혼성

여기서는 혼성을 중심으로 대립어의 머릿속 작용 양상을 살펴보기로 한다.

3.1. 혼성의 성격

국어에서 혼성어의 존재는 매우 오래 전으로 거슬러 올라가지만,[5] 최근 들어서 새말 형성과 관련하여 그 관심과 중요성이 새롭게 인식되기에 이르렀다(노명희 2010: 256 참조). '혼성'의 성격을 보기로 한다(임지룡 1996b 참조).

먼저, '혼성(blending)'은 두 단어의 일부가 합쳐져서 새말을 만드는 기제이며, 혼성으로 만들어진 새말을 '어휘적 혼성어(lexical blend)' 또는 '혼성어'라고 한다. 합성어는 '가을봄', '파고들다', '여기저기', '곤드레만드레'와 같이 두 단어가 온전히 결합하는 반면, '혼성어'는

---

5 중세후기 국어의 혼성어 예로 남풍현(1967: 383-393)에서는 '날혹즈늑ᄒ다(날호다×즈늑즈늑ᄒ다)', '괴외줌줌ᄒ다(괴외ᄒ다×줌줌ᄒ다)', '서늘ᄒ다(서늘ᄒ다×사늘ᄒ다)', '허혀다(허위다×혜혀다)', '빌믜ᄒ다(빌다×말믜ᄒ다)'를, 강길운(1993: 307)에서는 '야빈얇다(가빈얍다×얇다)', '어그럽다(어위다×너그럽다)'를 들고 있는데, 이들은 모두 동의어에 의한 혼성이다.

두 단어의 일부가 결합된다. 예를 들어, "중부와 호남 일부 지역에는 옅은 **연개**가 낀 곳이 있지만 차량 운행에 불편을 줄 정도는 아니다."(YTN 날씨 2014.11.20.)의 '연개'는 '연기'와 '안개'의 혼성이다. 또한 '구마고속도로'의 '구마'는 '대구'와 '마산'의 혼성이다. 따라서 혼성어는 형태가 축소된 합성이라 하겠다(Fromkin *et al.* 2007: 97-98 참조).[6]

다음으로, 혼성어의 구조를 보기로 한다. 단어 A(wx)와 B(yz)가 혼성될 경우 <그림 1>과 같이 α형(wz), β형(xy)과 같은 두 가지 유형의 혼성어가 생성된다. 곧 (6a)는 α형(wz)이며, (6b)는 β형(xy)이다.[7]

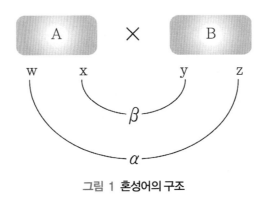

그림 1 혼성어의 구조

(6) a. 연개: **연기**×안**개**
   b. 구마(고속도로): 대**구**×**마**산

혼성어의 유형은 동의적 혼성어, 종속적 혼성어, 등위적 혼성어로 대별된다(임지룡 1996e: 194-207 참조). 첫째, '동의적 혼성어'는 동의관계에 있는 선후행 단어가 혼성된 것으로, (7a)의 '사플'은 영어 조기교육을 받은 3세 어린이의 혼성어이며(임지룡 2010c: 290 참조), (7b)의 '뜸닭'은 충북방언과 경북방언의 점이 지역에서 나타난 혼성어이다(이상규 1991: 620 참조).

(7) a. 사플: **사**과×애**플**
   b. 뜸닭: **뜸**북이×무**닭**

둘째, '종속적 혼성어'는 수식어와 중심어 구조의 선후행 단어가 혼성된 것으로, (8a)의 '컴맹'은 '컴퓨터 문맹자'이며, (8b)의 '텔레톤'은 텔레비전 생방송에서 선거나 재해모금 운동과

---

6 Lehrer(2010: 1)에서도 혼성어의 기초가 합성어임을 언급하고 있다.
7 혼성의 근간이 되는 A, B를 '근원어(source word)'라 하고, 혼성의 구성 요소를 '조각(splinter)' 또는 '조각어휘소(fracto-lexeme)'라고 한다(Lehrer 1996: 359, Renner *et al.* 2012: 2 참조).

같이 장시간 동안 하나의 주제로 방송되는 텔레비전 프로그램을 이른다.

(8) a. 컴맹: **컴**퓨터×문**맹**
   b. 텔레톤: **텔레**비전×마라**톤** ("유명 연예인들이 테러 희생자들을 위한 **텔레톤**에 나서기도 했다.", 국민일보 2002.9.4.)

셋째, '등위적 혼성어'는 등위관계에 있는 선후행 단어가 혼성된 것으로, (9a)의 '취집'은 취업 대신 시집가는 것을 뜻하며, (9b)의 '휴말'은 '휴일'과 '주말'의 혼성이다.

(9) a. 취집: **취**업×시**집** ("이재은 '**취집**하려 아나운서 됐단 편견, 너무 속상'", 뉴스엔미디어 2014.11.23.)
   b. 휴말: **휴**일×주**말** ("즐거운 **휴말**을 보내시기 바랍니다.", 이계진 2010: 23)

3.2. 대립어의 혼성

등위적 혼성어의 전형적 보기인 대립어의 혼성 양상과 그 의미 특성에 대해서 살펴보기로 한다.

3.2.1. 대립어의 혼성 양상

다음 (10)의 '웃프다', '프레너미', '프로추어'는 대립어 혼성에 의한 새말이다. (10a)의 '웃프다'는 '웃기다'와 '슬프다'가 혼성된 것으로 웃기면서도 슬프다는 뜻이며, '웃픈 이야기'처럼 관형형으로도 쓰인다. (10b)의 '프레너미'는 영어의 친구와 적의 혼성어로서 친구이면서 적이고 협력하면서 경쟁하는 관계를 이른다. 또한 (10c)의 '프로추어'는 프로페셔널과 아마추어의 혼성으로 전문가와 같은 식견과 실력을 갖춘 아마추어를 뜻한다.

(10) a. 웃프다: **웃**기다×슬**프다** ("웃기고 슬픈, 형제의 이야기는 말 그대로 **웃프다**.", 데일리안 2014.10.29.)
   b. 프레너미: **프렌**드×에**너미** ("김학민(2014). 『라이벌은 내 베스트 프랜드』. '**프레너미**(frenemy)'의 우정과 경쟁 이야기를 다루고 있습니다.", 네이버 책.)
   c. 프로추어: **프로**페셔널×아마**추어** ("네이버 웹소설, **프로추어** 작가 공간 새로 만들어", 조선 Biz 2014.4.15.)

그러면 대립어와 관련된 혼성의 8가지 유형에 대해서 기술하기로 한다.

첫째, 사람의 이름, 호칭, 직업명의 혼성이다. (11)의 '매니멀'은 맨(man)과 애니멀(animal)의 혼성으로 운동을 매우 잘 하는 선수를 이른다. 또한 '키덜트'는 어린이와 같은 감성과 취향을 지닌 어른을 지칭한다.

> (11) a. 매니멀(manimal): **맨**×애**니멀** ("그는 사람과 짐승의 의미가 합쳐진 '**매니멀**'로 불린다.", 네이버 스포츠 2014.9.4.)
>
> b. 키덜트(kidult): **키드**×어**덜트** ("연극, 출판, 만화계에 부는 **키덜트** 열풍을, 김범석 기자가 취재했습니다.", 채널A 2016.9.14.)

(12a)의 '할빠'는 '할아버지'와 '아빠', '할마'는 '할머니'와 '엄마'의 혼성으로 일하는 자식 부부 대신 손주를 기르는 할아버지, 할머니를 가리킨다. 또한, (12b)의 '엄빠'는 '엄마'와 '아빠'의 혼성이다.

> (12) a. 할빠: **할**아버지×아**빠**, 할마: **할**머니×엄**마** ("'**할빠, 할마**' 등 새로운 풍속도를 반영하는 신조어가 속속 등장하고 있습니다.", YTN 2014.10.02.)
>
> b. 엄빠: **엄**마×아**빠** ("홍은희 유준상 아들, **엄빠** 반반씩 닮았네", 스포츠동아 2014.11.18.)

(13)의 '로미엣'은 '로미오'와 '줄리엣', '줄리오'는 '줄리엣'과 '로미오'의 혼성이다.[8]

> (13) 로미엣=**로미**오×줄리**엣**, 줄리오=**줄리**엣×로미**오** ("'**로미엣**과 **줄리오**'라는 패러디 제목의 코미디 대본을 손에 쥔 극작가가 안절부절못하고 있다.", 부산일보 2014.10.8.)

(14)는 혼성을 통한 축구선수 '차두리'의 별명이다. 그중 (14a)에서 혼성의 또 다른 근원어인 '드라군'은 '용기병(龍騎兵, dragoon)'이며, '터미네이터'는 SF 영화 '터미네이터'에 나오는 기계 병기이다. 또한, '아바타'는 '나의 분신'이라고 불리는 사이버상의 캐릭터이며, '에반게리온'은 가공의 병기이며, '로보캅'은 로봇경찰이다. 한편, '초사이언'은 '드래곤볼'에 나오는 극한의 분노로 인해 외형이 변형되며 분노가 사그라들면 원상태로 복귀되는 주인공이며, '아이언맨'은 스탠리가 창조한 캐릭터로 미국 마블 코믹스에 등장하는 가상의 슈퍼히어로이며, '마징거'는 나가이고 원작의 일본 만화영화에 등장하는 로봇이다. 그중 (14b)의 '두리캅'은 '차두리'와 '경찰'을 뜻하는 '캅스'의 β형(xy) 혼성이다.

---

8   이와 관련하여, 뉴욕 타임스는 2005년 12월 25일 두 사람의 이름을 혼성한 '**스칼리토**'(안토닌 **스칼**리아(대법관)×새뮤얼 얼**리토**(대법관 지명자)), '**빌러리**'(**빌**×힐**러리** 클린턴), '**브랜젤리나**'(브래드 피트×안**젤리나** 졸리)와 같은 금년의 유행어를 발표했다(중앙일보 2005.12.28. 참조).

(14) a. 차권브이: **차**두리×태**권브이**, 차도저: **차**두리×불**도저**, 차라군: **차**두리×드**라군**, 차미
네이터: **차**두리×터**미네이터**, 차바타: **차**두리×아**바타**, 차반게리온: **차**두리×에**반게리
온**, 차보캅: **차**두리×로**보캅**, 차뿔소: **차**두리×코**뿔소**, 차사이언: **차**두리×초**사이언**, 차
이언맨: **차**두리×아**이언맨**, 차징거: **차**두리×마**징거**, 차퍼맨: **차**두리×수**퍼맨**
b. 두리캅: 차**두리**×**캅**스

둘째, 국명 및 지명의 혼성이다. (15)의 '친디아'는 최근 신흥시장과 강대국으로 떠오르고 있는 중국(China)과 인도(India)의 혼성이며, '홍가포르'는 홍콩과 싱가포르의 혼성이다. (16)의 '전상도'와 '경라도'는 가요 '화개장터'에서 영호남의 화합으로 '전라도'와 '경상도'를 혼성한 것이다. '동탄면'은 1914년 행정구역 개편 때 수원시의 '동북면'과 '어탄면'을 합친 것이며, '덕야리'는 전북 남원시의 '덕산리'와 '대야리'를 합친 지명이다. 한편 (17)은 β형(xy)의 혼성으로, '기호(지방)'는 '경기'와 '호서' 지방의 혼성이며, '만송(리)'은 경기도 양주군 주내면의 '회만리'와 '송장리'를 합친 지명이다. '구마(고속도로)'는 '대구'와 '마산'의 합성이며, '구안(국도)'은 '대구'와 '안동'의 혼성이다.

(15) a. 친디아: **차**이나×인**디아** ("**친디아** '초저가 공습'", 아시아경제 2014.9.23.)
b. 홍가포르: **홍**콩×싱**가포르** ("지식 기반 첨단기업도시인 '**홍가포르**'를 건설하겠다는 제주도의 미래 비전", 한국경제 2013.5.17.)

(16) a. 전상도: **전라**(도)×경**상**(도), 경라도: **경상**(도)×전**라**(도) ("고운정 미운정 주고 받는 **전상도 경라도**의 화개장터", '화개장터'에서)
b. 동탄면: **동북**(면)(東北(面))×어**탄**(면)(漁灘(面))
c. 덕야리: **덕산**(리)×대**야**(리)

(17) a. 기호(지방): 경**기**×**호**서
b. 만송(리): 회**만**(리)×**송**장(리)
c. 구마(고속도로): 대**구**×**마**산
d. 구안(국도): 대**구**×**안**동

셋째, 먹거리의 혼성이다. (18)은 최근 들어 유행되고 있는 혼성 요리로서, '된치찌개'는 된장찌개와 김치찌개의 혼성 음식이다. '짜파게티'는 짜장면과 스파게티, '짜파구리'는 짜파게티와 너구리, '칼제비'는 칼국수와 수제비, '라볶이'는 라면과 떡볶이의 혼성이다. (19)는 혼합주로서, '소텐'은 소주와 써니텐, '박탄주'는 소주와 양주의 폭탄주에 박카스를, '커핀'은 커피와 와인을 혼성한 것이다.

(18) a. 된치찌개: **된**장(찌개)×김**치(찌개)** ("반으로 나뉜 냄비에 된장찌개와 김치찌개를 담은 일명 '**된치찌개**'는 가정식 백반 식당에서 메뉴 선택을 쉽게 해줄 것으로 보인다.", 서울신문 2013.2.25.)

　b. 짜파게티: **짜**장면×스**파게티**

　c. 짜파구리: **짜파**게티×너**구리** ("**짜파구리**는 다름 아닌 짜파게티와 너구리를 합친 요리를 말한다.", 뉴스한국 2009.1.15.)

　d. 칼제비: **칼**국수×수**제비** ("칼국수뿐만 아닌 수제비도 팔았으며, 칼국수와 수제비를 넣은 **칼제비**도 제공됐다.", 티브이데일리 2015.5.11.)

　e. 라볶이: **라**면×떡**볶이**

(19) a. 소텐: **소**수×써니**텐** ("해태음료의 경우 탄산음료 '써니텐'과 소주를 섞은 **소텐**이 유명하다.", 아시아경제 2009.6.9.)

　b. 박탄주: **박**카스×폭**탄주** ("강신호 회장은 평소 본인이 경영하는 동아제약의 박카스와 소주 또는 양주를 섞은 일명 **박탄주**를 즐겨 마신다.", 머니투데이 2006.2.17.)

　c. 커핀(그루나루): 커**피(coffee)**×와**인(wine)**

　넷째, 제품명의 혼성이다. (20)의 '넥카프'는 넥타이와 스카프의 중간 형태로 남녀의 셔츠 속이나 위에 맬 수 있으며, '포카락'[9]은 한 쪽은 포크, 다른 쪽은 숟가락 모양의 포크 겸용 숟가락이다(<그림 2> 참조). '캠코더'는 (비디오)카메라와 (비디오테이프)리코더의 기능이 합성된 촬영기이다.

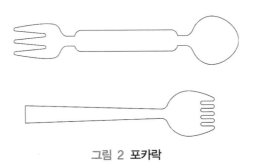

그림 2 **포카락**

(20) a. 넥카프: **넥**타이×스**카프** ("올 겨울 파티에선 '**넥카프**'로 뽐내볼까?", 스포츠조선 2010.11.21.)

　b. 포카락: **포**크×숟**가락** ("최종훈 단언컨대 패러디 '**포카락**은 가장 완벽한 물질입니다'", 스포츠조선 2013.8.13.)

9　'포카락'을 영어에서는 'spork(=*spoon*×*fork*)'라고 한다.

c. 캠코더: **카메라(camera)×리코더(recorder)** ("디지털 **캠코더**가 달린 헬멧(사진) 도입
을 검토 중이라고 밝혔다." 한겨레 2007.4.5.)

다섯째, 정보통신·방송·대중매체 관련 혼성이다. (21)의 '디지로그'는 디지털과 아날로
그의 혼성으로서 양자를 결합한 융합 기기가 개발되고 있으며, '아나털'은 아날로그와 디지털
의 혼성으로 아날로그 세대와 디지털 세대의 중간에 낀 40대를 일컫는 말이다. '다큐테인먼트'
는 다큐멘터리와 엔터테인먼트의 혼성으로 실제로 있었던 사건을 사실적으로 다루면서 오락
성도 갖춘 것이며, '팩션'은 역사적 '사실(fact)'과 '가공의 이야기(fiction)'를 더한 문화예술
장르이다. '드라툰'은 드라마와 카툰의 혼성으로 영상 만화로 만든 드라마이며, '라퓨터'는
라디오 방송과 컴퓨터의 혼성으로 청취자가 라디오를 들으면서 PC 통신이나 인터넷을 통해
자신의 생각을 올려 수시로 방송에 참여하는 쌍방향 방송을 일컫는다. '팝페라'는 팝과 오페
라의 혼성으로 성악가들이 팝송과 대중가요에 클래식도 곁들이는 대중공연을 혼성한 음악
장르이다. 한편, (22)의 '아나테이너'는 아나운서와 엔터테이너의 혼성이며, '개그운서'는 개
그맨과 아나운서의 혼성으로 유머와 재치가 뛰어난 아나운서를 일컫는다.

(21) a. 디지로그: **디지털×아날로그** ("융합의 시대 '**디지로그**' 마케팅 눈길", 매일경제
2014.10.31.)

b. 아나털: **아날로그×디지털** ("나 역시 온라인 세상을 끊임없이 곁 눈질하는 **아나털**
세대다", 국민일보 2009.5.12.)

c. 다큐테인먼트: **다큐**멘터리×엔터**테인먼트** ("'**다큐테인먼트**'가 뜬다", 스포츠경향
2013.2.14.)

d. 팩션: **팩트×픽션** ("'왕의 얼굴', 색다른 **팩션** 사극 탄생을 알리다", 일간스포츠
2014.11.20.)

e. 드라툰: **드라**마×**카툰** ("'다모 **드라툰**'을 19일부터 인터넷 홈페이지를 통해 서비스
한다.", 동아일보 2004.10.14.)

f. 라퓨터: **라디오×컴퓨터** ("밤12시 '**라퓨터**'로 모이세요", 경향신문 1997.7.14.)

g. 팝페라: **팝×오페라** ("같은 아리아를 불러도 **팝페라** 가수의 노래는 훨씬 가볍고 부
담 없이 들린다.", 한국일보 2001.2.27.)

h. 댄커스: **댄스×서커스** ("'**댄커스**'라는 신개념 공연이다", 매일경제 2002.10.28.)

(22) a. 아나테이너: **아나**운서×엔터**테이너** ("'**아나테이너**'들은 개성 넘치는 모습으로 방송
가를 장악하고 있다.", OBS TV 2014.11.6.)

b. 개그운서[10]: **개그**맨×**아나운서** ("이런 시절이 있었네. 이런 애가 **개나운서**가 됐으
니", 환경일보 2014.11.7.)

여섯째, 건물의 혼성이다. (23)의 '아파스텔'은 아파트와 오피스텔의 혼성이며, '콘도텔'은 콘도미니엄과 호텔의 혼성이다.

> (23) a. 아파스텔: **아파**트×오피**스텔** ("아파트와 오피스텔을 합친 '**아파스텔**'", 문화일보 2003.2.7.)
>
> b. 콘도텔(**콘도**미니엄×호**텔**) ("**콘도텔** 등의 공사는 마무리 단계다.", 중앙일보 2014.11.7.)

일곱째, 동물 및 식물의 혼성이다. (24)의 '라이거'는 수사자와 암호랑이의 혼종이며, '타이온'은 수호랑이와 암사자의 혼종이다. (25)는 세포 융합을 통한 혼성 식물로서 '토감'은 열매는 토마토이고 뿌리는 감자인데, 이를 '포마토'라고도 한다. '가자'는 줄기에는 가지가 열리고 뿌리는 감자이며, '무추'는 뿌리는 무이며 잎은 배추이다.

> (24) a. 라이거: **라이**온×**타이**거 ("사자 · 호랑이 눈 맞아 새끼 **라이거** 탄생", 경향신문 1997.7.16.)
>
> b. 타이온: **타이**거×라이**온** ("**타이온**의 육아일기", 한겨레 1997.10.30.)

> (25) a. 토감: 토마**토**×**감**자 ("'**토감**', '양무추'를 아시나요", 동아일보 2006.4.26.), 포마토: **포**테이토×토**마토**(네이버 지식iN 2014.3.6.)
>
> b. 가자: **가**지×감**자** (네이버 지식iN 2014.3.6.)
>
> c. 무추: **무**(우)×배**추** (네이버 지식iN 2014.3.6.)

여덟째, 스포츠 · 레저에 관련된 혼성이다. (26)의 '슬러브(slurve)'는 슬라이더(slider)와 커브(curve)의 혼성으로 슬라이더보다 낙차가 크고 커브보다 속도가 빠른 투구이며, '조킹(joking)'은 '조깅(jogging)'과 '워킹(walking)'을 혼성한 새말이다.

> (26) a. 슬러브: **슬라**이더(slider)×커**브**(curve) ("오승환의 신무기 **슬러브**", 스포츠조선 2014.3.22.)
>
> b. 조킹: **조**깅×워**킹** ("건강을 유지하고 싶다면 '**조킹**'을 해보라. … 말 그대로 걸어가듯 달리고, 달려가듯 걷는 것이다.", '이시형 CEO 건강법', 조선일보 Weekly BIZ 2014.11.15.)

---

10 "손헌수가 실시간 검색어 1위에 오르며 **개가수**로서의 저력을 과시했다."(스포츠월드 2016.8.14.)의 '개가수'는 노래 잘 하는 개그맨을 일컫는데, 이는 '**개**그맨×**가수**'에서 보듯이 비전형적 혼성이다.

3.2.2. 대립어 혼성의 의미 특성

위의 (10)-(26)에서 본 대립어의 혼성 양상을 중심으로 그 의미 특성을 네 가지 측면에서 살펴보기로 한다.

첫째, 대립어의 혼성은 대립적 어휘소를 결합하면서도 형태를 최소화함으로써 표현 효과가 매우 높은 새말이다. 대립어의 혼성에 따른 새말이 최근 들어 크게 증가하였으며, 영어에 의한 혼성어가 많이 사용되고 있는 추세이다.

둘째, 대립어 혼성은 <그림 1>과 관련하여 α형(wz)의 혼성어가 β형(xy)에 비해 압도적으로 많은데, β형(xy)은 (27)과 같이 한결 더 제한적이다. 이러한 경향성은 단어의 기억과 관련된 '욕조 효과(bathtub effect)'로 설명될 수 있다(Aitchison 1987/2003: 138, 임지룡 1996b: 211-212 참조). 즉 1인용 욕조 안에서 신체 부위 가운데 머리와 발이 노출되고, 특히 머리 부분이 두드러지게 드러나는 것처럼, 단어에서 머리 조각과 꼬리 조각이 중간보다 더 잘 기억되며, 또한 머리 조각이 꼬리 조각보다 더 잘 기억되는 원리이다. 따라서 <그림 1>에서 보듯이 대립어 A(wx)와 B(yz)가 혼성될 때 '욕조 효과'의 인지적 전략을 사용하여 가장자리형인 α형 (wz)이 β형(xy)보다 한층 더 생산적이고 활성화된 것이라 하겠다.

(27) 두리캅: 차**두리**×**캅**스, 기호(지방): 경**기**×**호**서, 만송(리): 회**만**(리)×**송**장(리), 구마(고속 도로)=대**구**×**마**산, 구안(국도)=대**구**×**안**동, 토감: 토마**土**×**감**자.

셋째, 대립어 혼성의 어순은 국어 공동체의 인지적 경향성과 전략에 따라 결정된다. 예를 들어, '쓰파라치(쓰레기×파파라치)'와 같은 '연어적 혼성'의 경우 어순의 초점은 후행 요소에 있지만, 대립어 혼성의 경우 어순의 초점은 머리 조각에 놓인다. (12b)의 '엄빠'는 '엄마'와 '아빠'의 혼성으로 '엄마'에 초점이 놓인 것으로, '아빠'가 선행한 '*아마(아빠×엄마)' 형은 선호되지 않는다. 이러한 어순의 민감성이 (16a)의 '전상도'와 '경라도'라는 두 유형의 공존에서 잘 드러난다.[11]

넷째, 대립어의 혼성은 의미상 물리적 혼성과 화학적 혼성으로 대별된다. 예를 들어, 물리적 혼성은 '엄빠(엄마와 아빠)', '기호(지방)'(경기와 호서) 등이며, '화학적 혼성'은 '넥카프(넥타이와 스카프의 중간형)', '아나털'(아날로그와 디지털 세대의 중간에 낀 40대) 등인데, 대립적

---

11 이와 관련하여, '옥스브리지(Oxford×Cambridge)'에 대해 케임브리지 대학 측에서는 '캠퍼드 (Cambridge×Oxford)'로 부르려고 애썼으며(Morris & Morris 1971: 435, Rees 2002: 190 참조), '친디아'에 대해 인도에서는 인도가 중국 뒤에 올 이유가 없다고 하면서 '인디나(**인디**아×차이**나**)'의 명칭을 희망한다. 또한 '광주'와 '대구'의 '팔팔올림픽고속도로(1981.9.30.)'는 지명의 선후에 대한 부담을 피하려는 대안이었는데, 2015년 12월 22일 '광주-대구간고속도로'로 변경되었다.

혼성이 이루어지면 의미 변화가 동반되어 화학적 혼성으로 이행되는 경향을 보인다.

요컨대, 대립어의 혼성을 통해서 볼 때 대립어는 우리 머릿속에서 매우 가까이 저장되어 있고 그 연결망이 매우 튼튼하고 유연한 것으로 추정된다.

4. 말실수

여기서는 말실수를 중심으로 대립어의 머릿속 작용 방식에 대해서 살펴보기로 한다.

4.1. 말실수의 성격

'말실수(speech error)'는 자발적인 발화에서 무의식적으로 나타나는 실수를 가리킨다 (Aitchison 1987/2003: 19 참조). 말실수는 교양 있는 정상인의 발화에서 흔히 발생하는 사례 이므로 머릿속 사전의 작용 방식을 보여 주는 귀중한 실마리가 된다. 또한 '말실수'는 임의적 이 아니라 규칙 지배적이며 유형화할 수 있다는 점에서 주목된다.

말실수의 유형을 다음 세 가지 측면에서 보기로 한다.[12] 먼저, 의사소통의 양식에 따른 것으로 '발화 실수'인 '혀의 미끄러짐(slips of the tongue)'과 '쓰기 실수(writing error)'인 '펜의 미끄러짐(slips of the pen)'[13] 등이 있다. 예를 들어, (28)은 혀의 미끄러짐 현상이며, (29)는 펜 또는 (컴퓨터)자판기의 미끄러짐 현상인데, 일반적으로 이들을 통틀어 말실수라고 한다.

> (28) 내가 언니보다 못한 게 뭐가 있어, 얼굴도 **좋고**(→이쁘고) 머리도 **이쁘고**(→좋고)…
> ('SBS LA 아리랑', 구현정 2002: 10)

> (29) 제 정신이 아니었는지 **힐러리 클린턴**을 검색어에 치는데 **클러리 힐린턴**…이라고 타
> 이핑하는 내 모습 발견. (blog.naver.com/sipi52/20103918158 '비상'을 꿈꾸다.)

다음으로, Carroll(1999: 193-194)에서는 말실수의 8가지 유형을 <표 3>과 같이 제시하였다. '이동(shift)'은 한 말소리 분절음이 적절한 위치를 벗어나 다른 곳에서 나타나는 것이며, '교환

---

12 말실수의 유형에 대해 구현정(2002: 5)에서는 '인지적 말실수'와 '화용적 말실수'로 대별하였는데, 전자는 화자가 의도한 말과 화자가 실제로 발화한 말이 다른 것이며, 후자는 화자가 의도한 말과 청자나 상황에 의해 선택된 말이 다른 것을 이른다.

13 이밖에도 '수화 실수(signing error)'인 '손의 미끄러짐(slips of the hand)', '듣기 실수(mishearing)' 인 '귀의 미끄러짐(slips of the ear)', '읽기 실수(reading error)'인 '눈의 미끄러짐(slips of the ear)' 현상이 있다(Aitchison 1992: 19-20, 80-82 참조).

(exchange)'은 두 개의 언어적 단위가 자리를 바꾸는 이중적 이동이다. '예상(anticipation)'은 뒤에 오는 분절음이 앞에 오는 분절음의 자리를 차지하는 것이며, '지속(perseveration)'은 이전의 분절음이 나중의 분절음을 대체하는 것이다. '추가(addition)'는 언어 재료를 덧붙이는 것이며, '삭제(deletion)'는 언어 재료를 없애는 것이며, '대치(substitution)'는 한 분절음이 문장 외적 요인에 의해 바뀌는 것이다. '혼성(blend)'은 하나 이상의 단어가 고려되다가 의도된 두 항목이 하나의 항목으로 융합되는 것이다.

표 3 말실수의 주요 유형(Carroll 1999: 194 참조)

유형	보기
이동	That's so she'll be ready in case she **decide to hits** (→decides to hit) it.
교환	Fancy getting your **model renosed** (→nose remodeled).
예상	**Bake my bike** (→take my bike).
지속	He pulled a **pantrum** (→tantrum).
추가	I don't explain this **clarefully** (→carefully) enough.
삭제	I'll just get up and mutter **intelligibly** (→unintelligibly).
대치	At low speeds it's too **light** (→heavy).
혼성	That child is looking to be **spaddled** (→spanked/paddled).

또한, 말실수의 내용적 유형은 선택 실수, 조립 실수, 점화 실수로 대별된다(임지룡 1996a: 61-76 참조). 말소리 산출은 1단계인 '표현할 생각의 개념화', 2단계인 '언어적 계획의 조직화', 3단계인 '계획의 조음화', 4단계인 '말소리의 감시화'의 네 단계로 이루어지는데(Carroll 1999: 192 참조), 이에 비추어 보면 '선택 실수'는 1 및 2단계에서, 조립 실수와 점화 실수는 3단계에서 일어난다고 하겠다. 아래에서 이들 세 유형의 성격을 간략히 살펴보기로 한다.

첫째, '선택 실수(selection error)'는 말을 할 때 우리의 머릿속 사전에서 단어를 잘못 선택한 데서 비롯된다. 책장에서 원하는 책을 빼냈다고 생각했는데 인접해 있는 다른 책을 빼내듯이 선택 실수에 의한 단어는 목표어와 밀접히 관련된 단어라 하겠다. 예를 들어, (30a)의 '왕'에 대한 '대통령'은 의미적 유사성에 의해, (30b)의 '생가'에 대한 '상가'는 음성적 유사성에 의한 선택 실수이다.

(30) a. 세종대왕은 우리나라의 가장 위대한 **대통령**(→왕)이었습니다. (이계진 2010: 341)
　　 b. 지금 박정희 대통령의 **상가**(→생가)에 다녀오는 길입니다. (이계진 2010: 315)

둘째, '조립 실수(assemblage error)'는 우리 머릿속 사전에서 목표어에 해당하는 항목들은 제대로 선정되었지만 말하는 과정에서 조립 순서에 실수가 일어난 경우이다. 예를 들어, (31a)

의 '에베레스트'에 대한 '에레베스트'는 단어 내부의 조립 순서에 따른 실수이며, (31b)의 '김만필'과 '서포만중'은 작가와 작품인 '김만중'과 '서포만필'의 조립 순서가 뒤바뀐 실수이며, (31c)의 '문'과 '바람', 그리고 '물'과 '목'은 문장 간에 조립 순서가 뒤바뀐 말실수이다.[14]

> (31) a. "日, 80세 산악인 세계 최고령 **에레베스트**(→에베레스트) 등정 성공" (경향신문 2013.5.23.)
>
> b. "이제 **김만필**(→김만중)의 '**서포만중**'(→서포만필)을 소개하겠습니다." (임지룡 1996a: 19)
>
> c. "어 추워라. **문** 들어온다, **바람** 닫아라. **물** 마르다, **목** 들여라." ('춘향전'에서)

셋째, '점화 실수(priming error)'는 말하는 상황이나 선행 발화에 점화되어 목표어와 다른 단어를 선택하는 것을 이른다. 예를 들어, (32a)의 '시'에 대한 '도'는 생방송 도중에 갑자기 추워진 날씨 상황에 점화된 실수이며, (32b)의 '치고'에 대한 '끼고'는 선행 요소의 '날씨는 흐리고'에 점화된 '구름이 끼다'에 이끌려 일어난 실수이다.

> (32) a. 지금 시각은 6**도**(→6시) 5분입니다. (이계진 1995: 68)
>
> b. 오늘 오후의 우리나라 날씨는 흐리고 천둥번개가 **끼고**(→치고) 비가 오겠습니다. (이계진 2010: 160)

4.2. 대립어의 말실수

대립어의 말실수 양상과 그 의미 특성에 대해서 살펴보기로 한다.

4.2.1. 대립어의 말실수 양상

'오른쪽'과 '왼쪽'은 대립어에 의한 말실수의 전형적인 보기이다. (33)은 세월호 사고 당시 조타수가 배의 방향을 결정하는 타에 대해 '우현(右舷)'과 '좌현(左舷)' 가운데 어디로 돌렸느냐의 시비인데, 말실수에 의한 착오인지 고의적인 변명인지가 첨예하게 쟁점화된 바 있다. 또한 (34)는 택시 승객의 '실제 발화(actual utterance)' '좌회전'에 대한 '목표 발화(target utterance)' '우회전'의 말실수 사례이다.

---

14 이와 관련하여, "**외잃고 소양간**(→소 잃고 외양간) 고친다, **번둥천개**(→천둥번개), **피즈치자**(→피자치즈), **닮은 살걀**(→삶은 달걀), **안성탕스 한박면**(→안성탕면 한 박스) …"(박경은, '교육의 변화, 이제 시작이다', 경향신문 2014.6.10.)은 조립 순서를 비튼 다소 작위적인 말실수의 사례이다.

(33) 세월호 조타수 조모씨(56)는 "사고 당시 **우현**이 아닌 **좌현**으로 변침을 했다"고 말했다. … 검찰이 "해경 조사에서는 **우현**으로 변침한 것이 맞다고 했는데 구속된 이후 **좌현**으로 돌렸다고 말을 바꿨다. 이유가 있느냐'고 묻자 조씨는 "해경이 유도신문을 해서 그렇게 진술했었는데 다시 생각해 보니 착오였다"고 말했다. ('우현이냐 좌현 변침이냐, 세월호 조타수 변침 방향 번복', 경향신문 2014.9.12.)

(34) "기사양반, **좌회전**(→우회전) 합시다." (임지룡 1996a: 61)

아래에서는 방송, 강의, 설교, 대화 등에서 포착된 대립어의 말실수를 세 가지 내용적 유형에 따라 기술하기로 한다.

첫째, 대립어의 선택실수를 보기로 한다. (35)-(40)은 명사의 사례로서, (35)의 '하객'은 '조객', '경의'는 '조의', 그리고 '조의금'은 '축의금'에 대한 대립어 간의 선택 실수이다. (36)은 '환송회'와 '환영회' 간의 선택 실수이며, (37)의 '마중'은 '배웅', 그리고 (38)의 '맹인'은 '청각장애인'에 대한 선택 실수이다. 한편, (39)와 (40)은 '쓰기 실수'를 바로잡은 것인데, (39)의 '야당'은 '여당', '아드님'은 '따님'에 대한 대립어의 말실수이다.

(35) a. "이곳에는 아침부터 **하객**(→조객)들이 줄을 지어 분향하며 가신님의 넋을 기리고 있습니다." (이계진 2010: 222)

   b. "네, 네, 안됐군요! 네, 사고를 당한 광부들에게 **경의**(→조의)를 표합니다." (이계진 2010: 26)

   c. "이번 행사에는 **조의금**(→축의금)을 받지 않기로 했습니다." (임지룡 1996a: 61)

(36) a. "오늘 신입생 **환송회**(→환영회)가 있으니 꼭 참석해 주십시오." (임지룡 1996: 62)
   b. "어제 졸업생 **환영회**(→환송회)에 갔었다." (임지룡 1996a: 62)

(37) "손님 **마중**(→배웅) 나가는 중이야." (임지룡 1996a: 62)

(38) "저희 방송에서는 개막식 중계를 하며 **맹인**(→청각장애인)들을 위해서 수화방송을 하기로 했습니다." (이계진 2010: 78)

(39) "『한겨레 21』 103호 4쪽 "**야당**들은 장씨 사건을 축소"는 "**여당**은 장씨…"로 바로잡습니다." (『한겨레 21』 104호: 109)

(40) "지난 2월 23일 000 고문님의 자제분 결혼 소식을 바로잡습니다. **아드님**이 아닌 예쁜 **따님** 결혼식이었습니다." (http://cafe.naver.com/emp1472/1305)

또한, (41)-(45)는 형용사의 사례이다. (41)의 '부족한'은 '풍부한', (42)의 '더운'은 '찬', '뜨거워'는 '차가워'의 실수이다. (43)의 '파랗지'는 '빨갛지', (44)의 '어렵지'는 '쉽지', (45)의 '수평적'은 '수직적'의 대립어 선택 실수이다.

(41) "경제난을 해결하는 데는 경제를 알고 경험이 **부족한**(→풍부한) 자신이 적임자라며 지지를 호소했습니다." (이계진 1995: 150)

(42) a. "여름에는 **더운**(→찬) 음식을 많이 드시니까 위가 찰 것 아닙니까?" (이계진 1995: 55).
 b. "앗 **뜨거워**(→차가워)." (고혜선 1993: 4)

(43) "단풍잎은 너무 **파랗지**(→빨갛지)?" (고혜선 1993: 4)

(44) "학생들한테 강의할 때 반응이 있어야 **어렵지**(→쉽지), 반응이 없으면 강의 안 합니다." (이창호 2004a: 258)

(45) "주로 하나님과 우리와의 그 **수평적**(→수직적)인 관계에서 우리의 신앙적인 초점을 강조해 왔는데…." (이창호 2004a: 259)

한편, (46)-(47)은 대립어 혼성의 말실수 사례이다. (46)의 '번둥'은 '번개×천둥', '천개'는 '천둥×번개'의 혼성이며, (47)의 '항행선'은 '하행선×상행선'의 혼성이다.

(46) a. "대전지방기상청에 따르면 20일 기압골의 영향으로 대체로 흐리고 오후 한때 비가 오고 돌풍과 함께 **번둥**(→번개), **천개**(→천둥)도 칠 것으로 전망된다." (대전 뉴시스 2011.5.20.)
 b. "네 시에 깨서 혼자 웅얼거리듯 내뱉은 말이 **천개 번둥**(→천둥 번개)…치네"였는데 몰랐습니다. 뒤집힌 줄…." (http://blog.naver.com/geoni2/120131220770)

(47) "**항행선**(→'하행선' 또는 '상행선'), 어떻게 생각하세요?" ('KBS 한가위 퀴즈쇼 고향 앞으로', 구현정 2002: 9)

둘째, 대립어의 조립 실수를 보기로 한다. (48)과 (49)는 속담인데 한 문장 안에서 '쥐'와 '새', '꼴뚜기'와 '망둥이'의 조립 순서가 뒤바뀐 것이며, (50)은 '양'과 '군'의 조립 순서가 뒤바뀌었으며, (51)은 '치약'과 '칫솔'의 조립 순서가 뒤바뀐 것이다. 한편, (52)는 청소년 축구팀의 4강 축하 퍼레이드 중계방송 상황인데, 복합문 속에서 '졌다고'와 '이겼다고'의 조립

순서에 실수가 일어난 것이다.[15]

(48) "낮말은 **쥐**(→새)가 듣고 밤말은 **새**(→쥐)가 듣는다."

(49) "**꼴뚜기**(→망둥이)가 뛰니까 **망둥이**(→꼴뚜기)도 뛴다."

(50) "그런데 이날 허억 시장이 신랑신부를 '박정희**양**(→군)과 육영수**군**(→양)'으로 잘못 소개해 좌중을 웃음바다로 만든다." (영남일보 2012.6.29.)

(51) "은이 변색되면 **치약**(→칫솔)에 **칫솔**(→치약) 묻혀서 닦아라." (김지은 1997: 187)

(52) "이제 우리는 **졌다고**(→이겼다고) 자만하지 말 것이며 **이겼다고**(→졌다고) 실망하지 말 것입니다." (이계진 2010: 64)

셋째, 대립어의 점화 실수를 보기로 한다. (53)의 '차서'는 '따뜻해서'의 말실수인데, 선행 요소 '날씨는 춥지만'에 점화된 것이다. 또한, (54)는 방송 원고에 바탕을 둔 발화로서 '저지할'은 '지지할'의 말실수인데, 선행 요소 '적극'의 '저'에 음성적으로 점화된 것이라 하겠다.

(53) "날씨는 춥지만 바람이 **차서**(→따뜻해서) 괜찮아." (고혜선 1993: 5)

(54) "미국은 전두환 장군을 적극 **저지할**(→지지할) 것이라고 했습니다." (이계진 2010: 13)

4.2.2. 대립어 말실수의 의미 특성

위의 대립어 혼성 양상을 중심으로 그 의미 특성을 세 가지 측면에서 살펴보기로 한다.

첫째, 대립어에 의한 말실수는 중요한 의미를 지닌다. 우선 말실수의 사례를 포착하기가 쉽지 않기 때문이며, 더욱이 대립어의 말실수에 대한 자료는 흔하지 않은데(이창호 2004b: 158-184 참조),[16] 위의 26개의 사례는 대립어에 의한 말실수를 비롯한 말실수의 일반적인 특성을 밝혀 주는 단서가 될 것이다.

둘째, 대립어를 비롯한 말실수는 체계적이며, 규칙 지배적이다(이정모 외 1999: 308, Carroll 1999: 195, Aitchison 1987/2003: 19 참조). 즉, 언중들은 유사한 실수를 되풀이하며,

---

15 전상범(1980: 16)에서 환치(換置)의 예로 든 '**강**(→산) 넘고 **산**(→강) 건너'도 대립어의 조립 실수라 하겠다.
16 이창호(2004b: 158-184)에서는 자신을 포함한 종래 연구에서 제시된 말실수 관련 자료 516개를 '부록'으로 제시하고 있다.

그 실수가 예측 가능하다.

이와 관련하여 (34)-(54)의 사례에 대해 목표 발화에 관한 실제 발화의 말실수 가능성 실험을 수행하였다.[17] 즉 26개의 대립어 말실수 쌍에 대해 의미론 전공자 21명에게 실수의 가능성 정도를 5단계(5: 매우 높음, 4: 높음, 3: 보통, 2: 낮음, 1: 매우 낮음)로 평가하였는데, <표 4>는 피험자 반응의 평균값을 차례대로 배열한 것이다.

표 4 **대립어 말실수의 정도성 실험**

대립어 말실수	값	대립어 말실수	값
좌회전(→우회전)	4.43	조의금(→축의금)	3.14
마중(→배웅)	4.43	천개 번둥 (→천둥 번개)	3.00
양(⇌군)	4.00	경의(→조의)	3.00
아드님(→따님)	4.00	하객(→조객)	3.00
쥐(⇌새)	3.86	항행선(→ '하행선' 또는 '상행선')	2.86
야당(→여당)	3.71	번둥(→번개), 천개(→천둥)	2.71
차서(→따뜻해서)	3.57	뜨거워(→차가워)	2.57
꼴뚜기(⇌망둥이)	3.43	저지할(→지지할)	2.43
수평적(→수직적)	3.43	더운(→찬)	2.43
맹인(→청각장애인)	3.29	이겼다고(⇌졌다고)	2.43
환영회(→환송회)	3.14	어렵지(→쉽지)	2.29
환송회(→환영회)	3.14	파랗지(→빨갛지)	2.00
치약(⇌칫솔)	3.14	부족한(→풍부한)	1.86

<표 4>는 두 가지 점에서 비대칭적인데, 선택 실수가 조립 실수 및 점화 실수에 비해 한층 더 흔한 사례로 포착되었으며, 피험자들이 말실수의 가능성 정도에 차이가 있음을 확인해 준다. 즉 '좌회전(→우회전)', '마중(→배웅)', '양(⇌군)', '아드님(→따님)'은 가능성이 상당히 높으며, '천개 번둥(→천둥 번개)', '경의(→조의)', '하객(→조객)'은 보통이며, '파랗지(→빨갛지)', '부족한(→풍부한)'은 가능성이 낮은 것으로 반응되었다.

셋째, 정상적인 화자와 실어증 환자 간 말실수의 관련성이다. Willners(2001: 60-61)는 실어증 환자에 의한 말실수 사례를 <표 5>와 같이 제시한 바 있다. 이 실수는 동일한 의미장 안에서 이루어졌으며, c-e의 목표 발화는 대립어로 대치되어 있다.

---

17 Aitchison(1987/2003: 87-88)에서는 의미적 측면의 말실수에서 가장 흔한 사례가 '왼쪽'과 '오른쪽'이며, 그 다음이 '어제·오늘·내일'이며, '수요일·화요일', '녹색·청색', '누나·형' 등이 흔한 사례라고 하였다.

표 5 실어증 환자의 말실수

실제 발화	목표 발화
a. 달(month)	반 시간(half an hour)
b. 전력망(electricity network)	스토브(stove)
c. 아내	남편
d. 나는 버스를 **몰고** 있었다.	나는 버스로 **가고** 있었다.
e. 내가 **읽고** 있을 때	내가 **쓰고** 있을 때

이와 관련하여 Carroll(1999: 193)은 "우리 모두가 때때로 유사한 실수를 하게 된다. 생방송 되는 텔레비전이나 라디오 쇼에 나온 출연자들처럼 긴장하거나 스트레스 상황에 놓여 있을 때 이러한 실수가 더 흔하다. 또한, 피곤하고, 불안하고, 취했을 때 실수가 더 잘 일어나는 것 같다."라고 하였다. 이에 비추어 보면 정상적인 화자와 실어증 환자의 말실수 간에 유사점이 인정된다.

요컨대, 대립어를 비롯한 말실수는 머릿속 사전의 작용 양상에 대한 실마리가 된다.[18] 즉 말실수에서 '실제 발화'는 종종 '목표 발화'와 밀접하게 관련된 단어로 대치되는데, 그 전형적인 관계가 동의어와 대립어라 하겠다. 이것은 말실수가 동일한 '의미장(semantic field)' 안에서 이루어짐을 뜻하며, 대립어가 머릿속 사전에서 매우 긴밀하게 저장되어 있음을 시사해 준다. 또한 '혼성'에 의한 말실수는 우리가 어떻게 발화를 준비하고 생산하는지에 관해 중요한 정보를 제공해 준다는 점에서 특별히 주목된다.

5. 마무리

이상에서 단어 연상, 혼성, 말실수를 중심으로 대립어의 머릿속 작용 양상을 탐구하였다. 이제까지 살펴본 바를 간추려 이 장을 마무리하기로 한다.

첫째, 단어 연상 실험에서 자극어가 대립쌍을 가진 경우 대립어로 반응하는 경향이 현저하다. 또한 대립어의 정도성 실험에서 대립어 간의 원형 효과가 확인된다.

둘째, 대립어의 혼성은 최근 들어 증가 추세에 놓여 있으며, 영어에 의한 혼성어가 많이 생성되고 있다. 대립어의 혼성은 머리 조각과 꼬리 조각의 가장자리형이 생산적이며, 어순에서 머리 조각에 초점이 놓이는데, 이 경우 국어 공동체의 인지적 경향성이 반영되어 있다.

---

18 이와 관련하여, Fromkin은 '말실수'를 '마음에 이르는 창문(Windows to the Mind)'이라고 하였다 (http://www.lsadc.org/web2/fldfr.htm 참조).

셋째, 대립어의 말실수는 규칙 지배적이다. 말실수의 사례는 선택 실수가 우세하며, 말실수 가능성에 대한 피험자의 반응에는 정도성의 차이가 확인된다.

이상의 세 가지 경우에서 대립어는 우리의 머릿속 사전에서 긴밀한 연관 관계를 맺고 있으며, 그 활성화의 강도가 매우 강하다는 것을 시사해 준다. 앞으로 이에 대한 후속 연구가 필요하다 하겠다.

제12장

해석 작용[*]

1. 들머리

이 장은 어휘 층위에서 해석 작용의 양상과 의미 특성을 밝히는 데 목적이 있다.[1] '해석 (construal)'은 언어의 의미를 규정하는 주요 기제이다. 이와 관련하여, 객관주의 언어관의 지시 이론과 인지언어학의 해석 이론은 의미에 대해 현저한 시각의 차이를 드러낸다.

먼저, 객관주의를 대표하는 '지시 이론(reference theory)'에 따르면 언어 표현의 의미는 '지시(reference)'와 등가적이다. 이 경우 언어는 '외부 세계'에 대응되며, 한 표현의 의미는 그 표현을 이 세계의 대상에 적합하게 적용하는 것을 포함한다.[2] 예를 들어, 의미를 언어가 지시하는 것으로 본다면 '오르막'과 '내리막'은 동일한 지시로서 동의어가 될 것이다. 동의어 간에는 문맥에서 치환이 전제되는데, (1a) 및 (1b)의 '오르막'과 '내리막' 간에는 치환이 불가능하므로 의미를 '지시'나 '지시물'과 같다고 하는 관점은 명백한 한계를 지닌다.

(1) a. {오르막 / ?내리막}을 올라갔다.
    b. {?오르막 / 내리막}을 내려갔다.

한편, 인지언어학을 대표하는 '해석 이론(construal theory)'에 따르면 한 표현의 의미는 '개념적 내용'과 '해석'의 함수관계에 있다. 이 경우 '개념적 내용'은 한 상황이나 실체에 내재된 특성이며,[3] '해석'은 의사소통적 필요성과 관련하여 개념적 내용이 파악되는 방식이다. '오르

---

[*] 이 장은 임지룡(2016). "해석 작용의 언어 층위별 의미 특성: 어휘 층위를 중심으로"(『언어학 연구』 40: 285-318. 한국중원언어학회.)의 내용을 깁고 고친 것임.

[1] 여기서 '어휘'는 사전적 지식뿐만 아니라 세계에 대한 지식을 포함한 백과사전적 지식의 단위이며, '어휘 층위'는 문맥 또는 상황에서 활성화될 잠재적 가능성을 지니고 있다.

[2] '지시 이론'은 한 표현의 의미를 '진리조건(truth condition)'으로 간주하는 '진리조건 이론 (truth-conditional theory)'으로 정교화되어, '생성언어학(Generative Linguistics)'에서 채택되었다.

막'과 '내리막'의 경우, '비탈진 곳'이라는 동일한 지형을 지시하지만, '오르막'은 '낮은 곳에서 높은 곳으로 이어지는 비탈진 곳'이며, '내리막'은 '높은 곳에서 낮은 곳으로 이어지는 비탈진 곳'으로 그 해석 방향이 다름으로써 의미가 다르다. 이를 통해서 볼 때 해석의 차이는 형식의 차이를 가져오며, 형식의 차이는 곧 의미의 차이를 가리킨다.

이처럼 의미는 외부 세계의 객관적인 반영이 아니라, 개념화자[4]가 상황이나 실체의 개념적 내용 및 이를 파악하는 방식에 따라 결정된다고 하겠다. 그런 만큼 해석 작용의 본질은 인지언어학적 의미론의 기본적인 측면 가운데 하나이며 의미에 대한 인지언어학적 접근의 중심은 개념화, 즉 해석 작용의 분석이다(Croft & Wood 2000: 51-52 참조). 이와 관련하여, 이 장에서는 인지언어학적 관점에서 해석 및 해석 작용에 대한 기본 개념의 바탕 위에 어휘 층위를 중심으로 해석 작용의 양상과 그 의미 특성을 밝히기로 한다. 이 과정에서 '해석 작용'이 갖는 성격과 기능, 의미의 백과사전적 속성, 의미를 부여하는 개념화자의 의미 구성 방식, 동의성의 본질 등이 유의미한 담론으로 부각될 것이다.

2. 해석과 해석 작용의 기본 개념

여기서는 '해석'에 대한 주요 정의를 살펴보고 '해석 작용'의 성격과 차원을 논의하기로 한다.

2.1. 해석의 정의

인지언어학 문헌에서 '해석(construal)'이라는 용어는 Langacker(1987: 128, 138-141)에서 '해석 관계(construal relationship)' 및 '대안적 해석(alternative construal)'으로 처음 등장하고 있다. 이 개념은 두 가지 제안에서 비롯되었는데, Talmy(1978, 1988a, 1988b)의 '영상 체계(imaging system)'와 Langacker(1987)의 '초점 조절(focal adjustment)' 또는 '영상(imagery)'이 그것이다.[5] 그러면 (2)에서 '해석(construal)'의 주요 정의를 보기로 한다.

---

3 '개념적 내용'을 Langacker(2015: 120)에서는 대략 '진리조건', '사태', '묘사되는 객관적 상황'과 비슷하다고 하였다.
4 '개념화자(conceptualizer)'는 개념화 과정에 참여하는 화자와 청자를 아울러 일컫는 말이다.
5 Langacker(1987)에서는 초기에는 '영상(imagery)'이라는 용어를 사용하였으나, 이 용어가 '영상' 고유의 적용에 혼란을 초래하게 되어 '해석(construal)'이라는 용어로 바꾸었다고 한다(Langacker 2008: 43 참조).

(2) a. '해석(construal)'이란 화자(또는 청자)와 그가 개념화하고 묘사하는 상황 간의 관계
　　를 가리킨다(Langacker 1987: 487-488).

　　b. '해석'이란 동일한 상황을 대안적인 방식으로 지각하고 묘사하는 인간의 다면적인
　　　능력이다(Langacker 1997: 250, 2015: 120).

　　c. '해석'은 사태를 대안적인 방식으로 파악해서 표현하는 개념화자의 선택을 가리킨
　　　다(Radden & Dirven 2007: 21-22).

　　d. '해석'은 하나의 상황을 대안적인 방식으로 생각하고 그 대안적인 방식을 나타내기
　　　위해 적절한 언어적 표현을 사용하는 인지능력을 가리킨다(Hamawand 2016: 168).

　　(2a-d)의 정의를 고려해 보면 '해석(construal)'은 하나의 대상이나 실체, 상황을 대안적인
방식으로 파악해서 표현하는 개념화자의 선택적 인지 전략을 가리키며,[6] 이러한 인지 과정을
'해석 작용(construal operation)'이라고 한다. 즉 해석은 일차적으로 정신적 과정이며, 이차적
으로 언어의 선택에 의해 명료화된다. 따라서 해석의 차이는 언어 형식에 반영되며, 역으로
언어 형식의 차이는 해석에 반영된다.

　　이와 관련하여 주목되는 몇 가지 사항을 기술하면 다음과 같다. 첫째, 해석은 인간의 인지
적 능력이다. 둘째, 의미는 개념적 내용을 바탕으로 한 해석의 결과이다. 셋째, 해석은 개념화
자별로 다를 수 있으며, 동일한 개념화자일지라도 상황에 따라 다른 해석을 할 수 있다. 또한
동일한 언어공동체 간에는 어느 정도 유사한 해석을 하는 경향성을 지닌다.

2.2. 해석 작용의 성격

　　해석 작용의 성격을 살펴보기로 한다. 먼저, 언어의 해석 작용은 일반적 인지 과정의 일환
이다. 이와 관련하여 Croft & Wood(2000: 51-52, 55)에서는 '해석 작용'의 대부분은 실제로
심리학 및 현상학에서 기술된 일반적 인지 과정의 특별한 경우라고 하였다. 이와 관련하여,
해석 작용은 (3)에서 보듯이 '지각', 그리고 (4)에서 보듯이 특히 '시각적 지각'의 원리와 유사
한 인지 작용이다.

　　(3) 지각된 상황의 '인지적 해석'에서 긴밀한 '개념적 사건(conceptual events)'의 문법적
　　　구조화는 긴밀한 '지각적 장면(perceptual scenes)'을 구조화하는 인지 과정과 유사하
　　　다(Radden 1997: 1183).

6　여기서 말하는 '해석(construal)'은 언어 표현에 대한 수동적이며 단순한 이해를 뜻하는 '해석
　(interpretation)'과 구별된다.

(4) a. 해석은 '시각적 지각(visual perception)'의 개념과 종종 현저하게 닮은 정신적 과정
　　　 이다. 따라서 우리는 종종 '지각(perception)'의 관점에서 해석을 기술하고 정의한다
　　　 (Radden & Dirven 2007: 44).
　　 b. 언어를 기술하기 위해 필요로 하는 해석의 양상은 '시각적 지각(visual perception)'
　　　 의 기본적 양상과 유사하다(Langacker 2015: 121).

예를 들어, <그림 1>의 (a)-(d)는 왼쪽의 '개념적 내용'에 대한 시각적 해석이며, 그 언어적
대응 표현이 (5a-d)이다. 그중 (5c)는 '그릇 속에 남아있는 물'의 상태를 기술한 것인 반면,
(5d)는 '그릇 속에 비어있는 물'의 상태를 기술한 것이다.

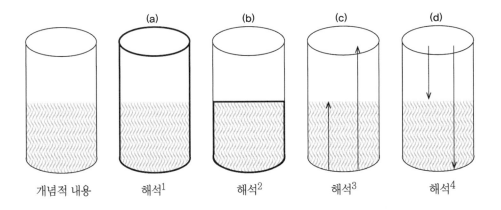

그림 1 '개념적 내용에 대한 시각적 해석

(5) a. 해석[1]: 그릇에 물이 담겨 있다.
　　 b. 해석[2]: 그릇 속에 물이 반 담겨 있다.
　　 c. 해석[3]: 그릇 속에 물이 반이나 담겨 있다.
　　 d. 해석[4]: 그릇 속에 물이 반이나 비어 있다.

요컨대, 해석 작용은 개념화 과정으로 사태나 상황을 '정신적 영상 또는 그림(mental image
or picture)'으로 파악하며, 그 결과에 따른 언어적 해석은 연극, 미술, 음악, 무용 등의 해석
과정과 유사하다. 이것은 마치 개념 층위의 H_2O가 물, 얼음, 수증기의 현상 층위로 구체화되
는 것에 비유할 수 있다. 그런 점에서 현상학이나 형태심리학 및 사회심리학에서 사용되는
'해석'도 언어학적 '해석'과 상통되는 측면을 지니고 있다.

2.3. 해석 작용의 차원

해석 작용의 차원, 즉 분류 체계에 대해서 살펴보기로 한다. 이에 대한 기존의 논의들을 살펴보면 서로 다른 체계가 제시되고 있는 점이 주목된다. (6)-(9)는 Langacker(1987, 1999, 2013, 2015)의 분류 체계이며, (10)은 Croft & Cruse(2004), (11)은 임지룡(2004a), (12)는 Radden & Dirven(2007), (13)은 Lemmens(2016), 그리고 (14)는 Hamawand(2016)의 분류 체계이다.

(6) Langacker(1987: 116-137)[7]··· ①선택(selection) ②원근법(perspective): ㉠전경/배경 (figure/ground) ㉡관점(viewpoint) ㉢직시소(deixis) ㉣주관성/객관성(subjectivity/ objectivity) ③추상화(abstraction): ㉠요약주사와 & 순차주사(summary & sequential scanning) ㉡실체/상호연결(entity/interconnection) ㉢윤곽화(profiling)

(7) Langacker(1999: 4-8) ··· ①특정성(specificity) ②범위(scope) ③배경(background): ㉠ 범주화(categorization) ㉡은유의 근원과 목표영역(metaphor's source & target domain) ④원근법(perspective): ㉠관찰지점(vantage point) ㉡정신적 주사(mental scanning) ㉢ 주관성/객관성(subjectivity/objectivity) ㉣방향(orientation) ⑤현저성(prominance): ㉠ 돌출성(salience) ㉡윤곽부여(profiling) ㉢전경-배경(figure-ground)

(8) Langacker(2013: 55-85) ··· ①특정성(specificity) ②초점화(focusing): ㉠전경/배경 (foregound)/background) ㉡합성(composition) ㉢범위(scope) ③현저성(prominence): ㉠윤곽부여(profiling) ㉡탄도체/지표 정렬(trajector/landmark alignment) ④원근법 (perspective): ㉠시각 배열(viewing arrangement) ㉡시간적 차원(temporal dimension)

(9) Langacker(2015: 121-138) ··· ①원근법(perspective) ②선택(selection) ③현저성 (prominence) ④역동성(dynamicity) ⑤상상력(imagination)

(10) Croft & Cruse(2004: 46-69) ··· ①주의/돌출성(attention/salience): ㉠선택(selection) ㉡주의의 범위(scope of attention) ㉢척도 조절(scalar adjustment) ㉣역동적 주의 (dynamic attention) ②판단/비교(judgement/comparison): ㉠범주화(categorization) ㉡은유(metaphor) ㉢전경-배경 정렬(figure-ground   alignment) ③원근법/위치성 (perspective/situatedness): ㉠관점(viewpoint) ㉡직시소(deixis) ㉢주관성(subjectivity) ④구성/게슈탈트(constitution/gestalt): ㉠구조적 도식화(structural schematization)

---

7   Langacker(1987)에서는 '초점 조정(forcal adjustment)'이라는 용어 아래 하위 분류되었다.

ⓛ힘역학(force dynamics) ⓒ관계성(relationality)

(11) 임지룡(2004a: 53-72) … ①특정성 ②범위 ③시점: ㉠관찰점 ⓛ객관성과 주관성 ④ 현저성: ㉠전경과 배경의 배열 ⓛ윤곽화 ⑤기대치 ⑥배경지식

(12) Radden & Dirven(2007: 21-30) … ①시각틀(viewing frame) ②일반성(generality)/특 정성(specificity: 입성(粒性, granularity)) ③관점(viewpoint) ④객관성(objectivity)/ 주관성(subjectivity) ⑤정신적 주사(mental scanning) ⑥가상이동(fictive motion) ⑦ 주의의 창문화(windowing of attention) ⑧전경(figure)/배경(ground)

(13) Lemmens(2016: 93-94) … ①관찰지점(vantage point) ②전경/배경(또는 윤곽/바 탕)(figure/ground(or profile/base)) ③특정성의 층위(level of specificity)

(14) Hamawand(2016: 169-185) … ①현저성(prominence): ㉠윤곽부여(profiling) ⓛ탄도 체/지표 정렬(trajector/landmark alignment) ⓒ돌출성(salience) ②원근법: ㉠주관성 (subjectivity) ⓛ객관성(objectivity) ⓒ역동성(dynamicity) ③초점화: ㉠전경 (foreground)/배경(background) ⓛ범위(scope)

이상의 (6)-(9), 그리고 (10)-(14)를 보면 학자별로 또는 동일한 학자라 하더라도 차원의 수직 또는 수평의 범위를 다르게 기술하고 있다. 이것은 해석 작용을 분류하여 체계화하기가 매우 어렵다는 것을 뜻하며, Langacker(2007: 452, 2015: 121)의 지적대로 해석 현상의 분류 는 대체로 설명적 편의를 위한 것이기 때문이다. 이뿐만 아니라, 그 차원은 어휘, 문장, 담화층 위에 따라 차별화될 것으로 보인다.

3. 어휘 층위 해석 작용의 양상

여기서는 어휘 층위를 중심으로 해석 작용의 양상을 특정성, 관찰지점, 관점, 초점, 틀의 다섯 가지 차원에 따라 살펴보기로 한다.

3.1. 특정성

'특정성(specificity)', 즉 '특정성의 층위(level of specificity)'는 개념화자가 하나의 대상을 어느 정도까지 상세하게 파악하는가의 문제이다.[8] 특정성은 분류위계의 상위층위, 중간층위,

하위층위로 대별된다. '상위층위'는 일반적이고 도식적인 반면, '하위층위'는 특정적이고 상세하다. 그 반면 중간층위인 '기본층위'는 사람들이 보편적으로 지각하고 표현하는 층위이다.[9] 특정성의 층위에 관해 해석의 주목되는 양상을 들면 다음과 같다.

첫째, 해석의 층위와 관련하여 (15)의 명사류와 동사류가 대표적이며, 사물의 명칭으로서 명사류는 계층적 분류관계의 수직적 층위 형성이 그 한 특징이다.

(15) a. 식물-나무-소나무-리기다소나무
b. 이동하다-가다-들어가다-뛰어들어가다

(15)의 네 가지 명칭은 각각 '리기다소나무'를 가리키는 데, 그리고 '뛰어들어가다'를 가리키는 데 모두 가능하다. 이와 관련된 다음 두 가지 실험을 보기로 한다(Cruse 1977: 153-164, 임지룡 2011a: 174 참조). <그림 2>의 대상을 두고 "이것은 무엇입니까?"라는 질문에 대해 국어 공동체는 '개'로 반응하는 경향이 높다.

그림 2 '이것은 무엇입니까?'[10]

또한, 방 안에 있는 두 사람이 바깥에서 나는 소리를 듣고 그중 한 사람이 "밖에 무슨 소리가 들리잖니?"라는 질문에 대해 창밖을 보면서 한 다른 사람의 대답으로 "개야."가 "?동물이야."나 "?진돗개야."보다 더 자연스러운 것으로 드러났다. 이 경우 '개'는 기본층위로서, 사물

---

8 '특정성(specificity)'은 Lemmens(2016)의 '특정성의 층위((level of specificity)'로서, Radden & Dirven(2007)의 '일반성(generality)' 대 '특정성(specificity)', Langacker(2015: 126)에서 '선택(selection)'의 하위 요인으로 든 '도식성(schematicity)' 대 '특정성(specificity)', 그리고 '해상도(解像度, resolution)', '입성(粒性, granularity)'에 해당한다.

9 '기본층위(basic-level)'란 범주의 '계층적 분류관계(hierarchical taxonomy)'에서 사람들이 보편적으로 사물을 지각하고 개념화하는 층위를 가리키며, 기본층위 범주의 어휘적 실현을 '기본층위 용어(basic-level term)'라고 한다(Radden & Dirven 2007: 8-9 참조).

10 이 그림은 장성호 화백이 그린 것임.

을 중립적인 문맥에서 보편적으로 해석하는 층위이며, 상위층위나 하위층위에 비해 인지의 측면에서 기본적·경제적이며, 경험적으로 더 친숙하다고 하겠다.[11]

둘째, 기본층위는 문화 의존적 특성을 지닌다. 먼저, '나무, 물고기, 새'를 도시 문화권에서는 기본층위로 인식하는 반면, 농촌문화권에서는 하위층위인 '소나무, 붕어, 까치'를 기본층위로 인식하는 경향을 보인다. 또한, '나무, 새, 물고기', 그리고 '말(馬)'에 대해 농촌 사람 또는 말 사육자는 도시 사람에 비해, 또한 '자동차, 항공기, 악기' 분야의 전문가는 일반인에 비해 기본층위를 다르게 인식할 수 있다. 즉, 한 언어 공동체라 하더라도 문외한은 해당 범주를 과소 인식하여 기본층위를 상위층위로, 전문가는 과대 인식하여 하위층위를 기본층위로 파악하는 경향을 드러낸다(Kövecses 2006: 46-47, 임지룡 2011a: 177-178 참조)

셋째, 해석 작용이 관여하는 계층적 분류관계의 층위별 기능에 대해서 살펴보기로 한다. 상위층위는 '도식성'을 지향하며, '수집 기능(collecting function)'을 통해 기존의 경험들에 공통성을 포착한다. 그 결과 같은 형상을 보여 주는 새로운 경험에 적용되어 범주화의 기능을 수행한다(Ungerer & Schmid 1996/2006: 84, Langacker 2013: 56 참조). 한편, 하위층위는 해당 범주의 특정한 속성을 강조하거나 '부각하기(highlighting)'의 기능을 갖는다. 예를 들어, "꽃이 피어 있다."라고 할 때 '줄기, 꽃 봉우리, 잎' 등의 공통적인 속성을 가진 식물에 대해 노란색이며 잎이 톱니 모양으로 된 꽃을 부각하기 위해 하위층위 '민들레'를 선택하며, 꽃의 특정한 모양이나 색깔을 부각하려는 전문가는 '털민들레'나 '흰털민들레'를 선택하게 된다.

3.2. 관찰지점

'관찰지점(vantage point)'은 글자 그대로 '장면이 보이는 위치(Langacker 1987: 123)', '관찰자가 장면을 보는 지점(Radden 2008: 23)', 또는 '화자와 청자의 실제 장소(Langacker 2013: 75)'이다. 개념화자가 대상이나 상황을 관찰하고 기술하는 관찰지점은 해석을 결정하는 주요 변수로 작용하는데, 전형적으로 공간적·시간적 관찰지점이 있다.

---

11 '자연물 범주'의 "곤충-**나비**-호랑나비, 동물-**개**-진돗개, 동물-**새**-까치-검은부리까치, 어류-**물고기**-붕어-황금붕어, 과일-**사과**-홍옥, 채소-**무**-총각무, 식물-**꽃**-장미-백장미, 식물-**나무**-소나무-금강송", 그리고 인공물 범주의 "가구-**의자**-흔들의자, 공구-**톱**-쇠톱, 악기-**북**-큰북, 옷-**바지**-청바지, 음식-**밥**-쌀밥, 무기-**총**-카빈총, 차-**버스**-고속버스, 운동경기-**씨름**-왼씨름" 가운데 진하게 표시한 '나비, 개, 새' 등이 기본층위인 것으로 입증된 바 있다(임지룡 2011a: 171-172 참조).

3.2.1. 공간적 관찰지점

어휘 층위에 관한 공간적 관찰지점의 몇 가지 보기를 들면 다음과 같다.[12] 먼저, (16)의 '오다'와 '가다'의 경우를 보기로 한다.

(16) a. 오다-가다
    b. 통신원: 중국 사람이 가장 **가고 싶어 하는** 나라가 한국입니다.
       진행자: 한국이 가장 **오고 싶어 하는** 나라라니 반가운 일입니다.
       (MBC 라디오방송 '세계는 지금', 1996.4.3.)

(16a)의 '오다', '가다'에서 '오다'는 이동체가 화자를 지향하며, '가다'는 이동체가 화자를 벗어난다. 실제 상황인 (16b)는 서울의 진행자가 북경의 통신원과의 대화 내용인데, '가고 싶어 하다'는 통신원의 관찰지점이 중국이며, '오고 싶어 하다'는 진행자의 관찰지점이 한국인 것을 가리키는 해석의 표지이다. '오다' 및 '가다'와 관련된 합성동사의 관찰지점을 대비해 보면 <표 1>과 같다.[13]

표 1 '오다', '가다' 관련 합성동사의 관찰지점

단어 \ 관찰지점	안	밖	위	아래
들어오다	√			
들어가다		√		
나오다		√		
나가다	√			
올라오다			√	
올라가다				√
내려오다				√
내려가다			√	

또한 (17)의 두 부류를 중심으로 관찰지점의 기능을 살펴보기로 한다.

---

12 "The children ran around the house."는 두 가지로 해석되는데, 'around'를 중심으로 어린이들의 이동이 외적 관찰지점을 취하면 집의 외부를 돌며, 내적 관찰지점을 취하면 집의 내부 공간에서 도는 것을 나타낸다(Saeed 1997/2016: 390-391 참조).

13 영어에서 "The man *came into* the bedroom."과 "The man *went into* the bedroom."에서 전자는 관찰자의 관찰지점이 침실에 있으며, 후자는 침실 밖에 있다(Radden 2008: 409 참조).

(17) a. 입구-출구

    b. 연안(沿岸, coast)-해안(海岸, shore)

(17a)의 동일한 장소를 두고 '입구'와 '출구'라는 표지가 붙은 경우, '입구'는 개념화자의 관찰지점이 밖에서 안으로 향하며, '출구'는 안에서 밖으로 향한다. 한편, (17b)의 '연안(coast)'과 '해안(shore)'은 바다와 육지의 경계선인데, 관찰지점에서 차별성을 갖는다. 즉, '연안(coast)'은 육지가 관찰지점인 반면, '해안(shore)'은 바다가 관찰지점이다.[14]

(18)의 바다, 섬, 산의 명칭에 대한 해석을 보기로 한다.

(18) a. 동해(東海)-일본해(日本海)

    b. 독도(獨島)-다케시마(竹島)

    c. 백두산(白頭山)-장백산(長白山)

(18)의 '동해'와 '독도'는 대한민국이 관찰지점인 반면, '일본해'와 '다케시마'는 관찰지점이 일본이다. 또한 '백두산'은 관찰지점이 대한민국인 반면, '장백산'은 중국이다.[15]

끝으로, 공간적 관찰지점이 두문자 합성이나 혼성에서 그 어순이 다른 (19)의 경우를 보기로 한다.

(19) a. 연고전/고연전

    b. 고운 정 미운 정 주고 받는 **전상도 경라도**의 화개장터 ('화개장터'에서)

    c. **부관**연락선(釜關連絡線)/**관부**연락선(關釜連絡船)

(19)의 '연고전'과 '고연전'은 '고려대학교-연세대학교 정기전'의 두문자 합성어이며,[16] '전상도(전라(도)×경상(도))'와 '경라도(경상(도)×전라(도))' 및 '부관(부산×하관)'과 '관부(하관×

---

14 네이버 영어사전에서는 'coast'와 'shore'에 대해 '해안'으로 번역되어 있다. 그 반면, 지구과학회 (2009)의 『지구과학사전』(북스힐)에서는 '연안(coast)'에 대해 "육지와 바다를 연결하고 있는 곳을 말한다. 바다와 육지의 경계부를 일반적으로 해안이라고 부르지만…"으로 기술하고 있으며, '표준국어대사전'에서는 '연안'을 '육지와 면한 바다'로, '해안'을 '바다와 육지가 맞닿은 부분'으로 풀이하고 있는데, 두 경우 모두 관찰지점에 대해 차별성을 갖는다. 또한, Fillmore(1982: 121)에서는 "We will soon reach the {coast/shore}."에서 'coast'는 '육로(land)' 여행을 나타내며, 'shore'는 '해로(sea)' 여행을 나타낸다고 하였다.

15 전지현과 김수현이 "장백산천연광천수(長白山天然鑛泉水)"의 생수 CF를 찍었다는 보도 (2015.6.25.)에 대해 네티즌들이 취수원의 명칭이 '백두산'이 아니라 '장백산'인 것을 문제 제기함으로써 두 배우의 광고 촬영이 취소되는 소동이 벌어지기도 했다.

16 이 정기전의 공식 명칭은 두 학교의 협의에 의해 연세대학교 주최 시 '고연전', 고려대학교 주최 시 '연고전'으로 정해졌다.

부산)'는 혼성어이다. 이 경우 공간적 또는 심리적 관찰지점의 초점은 '나 먼저 원리'에 따라 앞 쪽에 놓이게 된다.

3.2.2. 시간적 관찰지점

어휘 층위에 관한 시간적 관찰지점의 보기를 들면 (20)-(22)와 같다.

> (20) a. 금성-개밥바라기-샛별
>   b. 그가 손가락으로 저물어버린 서쪽 하늘을 가리켰다. 저기… 개밥바라기 보이지? 비어있는 서쪽 하늘에 지고 있는 초승달 옆에 밝은 별 하나가 떠 있었다. 그가 덧붙였다. 잘 나갈 때는 **샛별**, 저렇게 우리처럼 쏠리고 몰릴 때면 **개밥바라기**. 나는 어쩐지 쓸쓸하고 예쁜 이름이라고 생각했다. (황석영(2008: 270).『개밥바라기별』, 문학동네.)

(20a)의 '금성'은 태양에서 둘째로 가까운 행성을 가리킨다. 이 별을 관찰지점에 따라 '개밥바라기' 또는 '샛별'이라고 하는데, 전자는 저녁밥을 다 먹고 개가 밥 주기를 바랄 즈음 서쪽 하늘에 나타나며, 후자는 새벽녘 동쪽 하늘에 나타난다. 이에 대해 (20b)에서 화자는 '샛별'에는 긍정적인 평가를, '개밥바라기'에는 부정적인 평가를 하고 있다.

> (21) a. 금강산(봄)-봉래산(여름)-풍악산(가을)-개골산·설봉산(겨울)
>   b. 마이산(馬耳山): 돛대봉(봄), 용각봉(여름), 마이봉(가을), 문필봉(겨울)

(21)은 '금강산'과 전라북도 진안군의 '마이산'에 대한 별칭인데, 이는 봄·여름·가을·겨울의 관찰지점에 따른 것이다. 각각의 명칭은 계절의 변화에 따른 산 모양과 동기화되어 있다.

> (22) a. 명태-생태-동태-코다리-북어-황태
>   b. 명전차(明前茶)-우전차(雨前茶)-우후차(雨後茶)-세작(細雀)-중작(中雀)-대작(大雀)

(22a)는 '명태'의 건조 시점에 따른 별칭으로, 갓 잡은 것을 '생태', 냉동한 것을 '동태', 반 쯤 말린 것을 '코다리', 완전히 말린 것을 '북어', 눈과 바람을 맞으며 어녹기를 5개월 쯤 반복한 것을 '황태'라고 한다. (22b)는 '차'의 수확 시기에 따른 명칭으로, '명전차(明前茶)'는 청명(淸明) 전에, '우전차(雨前茶)'는 곡우(穀雨) 전에, '우후차(雨後茶)'는 곡우 뒤

에, '세작(細雀)'은 곡우에서 입하 사이, '중작(中雀)'은 입하 이후, '대작(大雀)'은 6월 하순 이후까지 딴 차를 이른다.

3.3. 관점

'관점(viewpoint)'은 대상이나 사태에 대한 개념화자의 입장이나 태도이다. 개념화자는 자신의 '관점'으로 대상이나 사태를 해석하는데, 아래에서는 언어 표현을 통하여 관점이 부여된 양상을 살펴보기로 한다.

3.3.1. 대립적 관점

'관점의 중요성'이라는 제목의 (23)을 보기로 한다(김수현 2015: 244-245 참조).

> (23) a. 주인공이 하면, **액션 히어로** / 주인공이 당하면, **사이코패스 살인마**
> b. 똑같은 장면도 / 바라보는 관점이 가해자 쪽에 있으면 **액션 영화**가 되고, / 피해자 쪽에 있으면 **스릴러**가 된다 // 카메라의 관점이 장르를 결정하고, / 사건을 정의하듯 // 당신의 관점이 행복을 결정하고, / 삶을 정의한다.

(23)은 '관점'과 관련하여 두 가지 주요한 사항을 시사해 준다. 곧 동일한 장면이 관점에 따라 '액션 히어로/액션 영화'가 되기도 하고, '사이코패스 살인마/스릴러'가 되기도 한다는 것이며, 그러한 관점은 '가해자' 쪽에 있느냐 '피해자' 쪽에 있느냐에 달려 있다는 것이다. 전자는 관점이 장면의 의미를 결정하는 주요 기능을 뜻하며, 후자는 관점이 3.2에서 기술한 '관찰지점'과 깊은 상관성을 지닌다는 점이다.[17] (24)의 '온라인 다운로드의 불법성'에 대한 설문조사의 경우도 '로맨스'와 '스캔들'의 이중적인 해석이다. (25)에서 동일한 사태에 대해 관점의 대립적인 해석을 보이고 있다.

> (24) 내가 하면 **로맨스**, 남이 하면 **스캔들**, 영화관객의 이중성, "온라인 다운로드의 불법성 설문조사" (조선일보 2007.8.24.)

(25)에서 동일한 사태에 대해 관점의 대립적인 해석을 보기로 한다.

> (25) a. 사건은 발생할 뿐 그것이 당신을 넘어뜨리는 **걸림돌**이 될지 사고를 방지하는 **과속**

---

17 실제로 Radden & Dirven(2007: 23-25)에서는 '관찰지점'을 '관점'의 하위 영역에 포함시킨 바 있다.

방지턱이 될지는 받아들이는 당신의 몫이다. 당신은 넘어질 것인가? 넘어설 것인가? (김수현(2015). 『180도』. 마음의숲.)

b. '불닭(불붙은 코스닥)' 앞 3대 난관… **위기**인가 **기회**인가 (조선일보 2015.11.16.)

(25a)는 발생하는 사건에 대해 '걸림돌(-)'과 '과속방지턱(+)'으로, 그리고 (25b)는 난관에 대해 '위기(-)'와 '기회(+)'로 부정적 관점과 긍정적 관점이 대립된다. (26)의 이른바 '위안부'를 포함한 5가지 명칭은 극과 극의 관점을 보여 준다.

(26) a. 정신대-종군위안부-위안부-위안부할머니-강제적 성노예

b. 군국주의 일본으로부터 인생을 송두리째 빼앗겼던 **위안부할머니**들은 지금도 힘겨운 여생을 이어가고 있습니다. (KBS 9시 뉴스 2015.2.20.)

(26)과 관련하여, 일제강점기에 12세에서 40세의 조선 여성이 강제 징집되었는데, 그 명칭으로 일본은 '어떤 목적을 위해 솔선해서 몸을 바치는 부대'라는 뜻의 '정신대(挺身隊)', 또는 '종군기자'처럼 자발적으로 군을 따라갔다는 뜻의 '종군위안부'라고 했다. 2012년에 일본의 겐바 고이치로 외상이 'comfort women(위안부)'라 한 데 대해, 미국의 힐러리 클린턴 국무부 장관이 'enforced sex slaves(강제적 성노예)'라고 반박한 바 있다(조선일보 2012.7.11. 참조). 그런데 우리나라에서는 오늘날 (26b)와 같이 '위안부할머니'로 부르고 있다. <그림 3>에서 보듯이 '위안부'와 '강제적 성노예'는 대립적 관점으로, 일본 측의 '위안부'는 사실을 은폐하기 위한 '완곡어법'인 반면, 미국 측의 '강제적 성노예'는 그 실상을 폭로하기 위한 '위악어법'이다.[18]

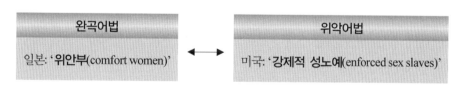

완곡어법		위악어법
일본: '**위안부**(comfort women)'	↔	미국: '**강제적 성노예**(enforced sex slaves)'

그림 3 '**위안부**'와 '**강제적 성노예**'

다음 (27)-(29)는 긍정적(+), 부정적(-), 중립적(0) 관점을 나타내는 용례들이다.

(27) a. 여태까지 **테러와의 전쟁**으로 내세운 것은 전략적 적으로서 이슬람에 물리적 공격

---

18 '완곡어법(euphemism)'은 긍정적이거나 덜 부정적인 단어를 부정적인 단어 대신에 사용하는 것이며, '위악어법(dysphemism)'은 의도적으로 부정적인 감정이 내포된 가혹하고, 불쾌한 단어의 사용을 가리킨다(Geeraerts 2010: 29 참조).

을 주로 하는 것이다. (중앙일보 2015.11.19.)

    b. IS 탄생의 배경은 2003년 미국의 **이라크 침공**으로 거슬러 올라간다. (중앙일보 2015.11.18.)

    c. 2003년 시작돼 2011년까지 이어진 미국의 **이라크 전쟁** 기간에도 이라크에는 끊임없이 무기가 공급됐다. (연합뉴스 2015.12.8.)

(28) **교육행정정보시스템**(NEIS)을 우리말로 읽는 방법도 이에 대한 입장만큼이나 판이하다. 교육부의 공식 명칭은 '**나이스**'다.… '나이스(nice)'하다는 의미도 가미됐다. 반면 전교조는… '**네이스**'로 부르고 있다.… 전교조 일각에서는 NEIS가 '에이즈보다 더 무서운 정보유출 바이러스'라며 '**네이즈**'라고 부르기도 한다.… KBS는 공식 명칭대로 '나이스'로 부르는 반면 MBC와 YTN 등에서는 아예 '**엔이아이에스**'로 읽고 있다. (한국일보 2003.5.29.)

(29) a. 세월호 유가족 방송 '416TV'를 진행하고 있는 단원고 **희생자** 문모 양의 아버지 문종필(53) 씨. (노컷뉴스 2014.10.16.)

    b. 최군은 "세월호 **피해자**들은 모두 우리의 친구이고, 동생이고, 형이자 누나다." (민중의 소리 2014.5.10.)

    c. "그러나 **피해자** 가족의 요청에 따라 사진을 공개한다며 단원고 2학년 8반 학생들이 생전 마지막 보낸 카카오톡 사진을 공개했습니다. 이어 그는, **아이들**은 9시 40분에 마지막 사진을 보냈습니다." (MBN 2014.4.29.)

    (27)의 '테러와의 전쟁'은 긍정적(+), 미국의 '이라크 침공'은 부정적(-),[19] '이라크 전쟁'은 중립적(0)으로 사용된 용어이다. (28)의 '교육정보시스템(National Education Information System)'에 대해 '나이스'는 찬성하는 쪽의 긍정적(+), '네이스/네이즈'는 반대하는 쪽의 부정적(-), '엔이아이에스(0)'는 시비에 휘말리고 싶지 않은 쪽의 중립적인 명칭이다. 또한 (29)는 '세월호 사태'(2014.4.16.)에서 '단원고 학생들'을 언론에서 '희생자', '피해자', 그리고 '아이들'로 보도한 것인데, '희생자'는 사고나 자연 재해 따위로 애석하게 목숨을 잃은 사람으로서 사태의 불가피성을 수용하는 반면, '피해자'는 사태의 원인제공 또는 책임이 있는 '가해자'를 추궁하는 의미가 깔려 있으며, '아이들'은 중립적인 해석이다.

---

19 이에 대한 긍정적, 부정적 해석은 다음 사항 참조. "대부분의 미국인들이나 이라크 침공에 찬성하는 사람은 미국의 이라크 공격을 '테러와의 전쟁'이라고 해석한다. 그러나 여기에 반대하는 사람들은 '미국의 이라크 침공'이라고 해석한다." ('리영희와의 대화', 「미디어오늘」, 2003.3.27.)

3.3.2. 관점의 전이

동일한 대상이나 사태에 대한 관점의 전이가 일어나는데, 명칭의 변화를 통해 그 양상을 살펴보기로 한다. 먼저, 부정적인 관점이 긍정적인 관점으로 전이된 (30)-(32)의 경우를 보기로 한다.

(30) a. 여순반란사건→여순사건
　　 b. 5・18 광주폭동→광주사태→5・18 민주화운동[20]

(31) a. 식모→가정부→파출부→가사도우미→가정관리사
　　 b. 청소부→환경미화원
　　 c. 관심병사→도움병사・배려병사 (일요신문 2015.2.16.)

(32) a. 정신분열증(精神分裂症狀)/정신분열병(精神分裂病)→조현병(調絃病)
　　 b. 문둥병→나병→한센병

(30)의 '여순사건', '5・18 민주화운동'은 이 사건에 대한 초창기의 부정적인 명칭에서 진실에 기반을 둔 명칭으로 전환된 것이다. 또한, (31)의 '가정관리사', '환경미화원'은 비하된 직업 명칭을 긍정적으로 전환한 것이다. 또, 군 복무에 어려움을 겪는 병사를 A, B, C로 분류하여 '관심병사'라 지칭하였는데, 이 용어가 인권을 침해할 수 있다는 논란으로 말미암아 '도움병사(적극적인 도움을 주면 복무적응이 가능한 병사)'와 '배려병사(세심한 배려로 복무적응이 가능한 병사)'로 수정되었다. 한편, (32)의 '조현병'은 '정신분열증', 그리고 '한센병'은 '문둥병' 또는 '나병(癩病)'이 갖는 부정적 뉘앙스를 피하기 위한 것이다.[21] 다음으로, 지나친 배려나 미화에 대한 부담감으로 명칭이 전환된 (33)-(34)의 경우를 보기로 한다.

(33) 탈북자→새터민→북한이탈주민

(34) a. (병신→)장애자→장애우→장애인[22]
　　 b. "바른 말 쓰기부터 함께해요. 하나. 장애우, 장애자는 **장애인**으로 둘. 일반인, 정상

20　이밖에 '광주항쟁', '광주학살', '광주민중봉기', '광주시민항쟁' 등으로 부르기도 했다.
21　'정신분열증'은 병명과 증상이 부합하지 않으며, 부정적인 의미가 강하다. 이에 2011년부터 해당 질병을 '조현병'으로 바꾸어 부르게 되었는데, '조현'은 '현악기의 줄을 고르다'라는 뜻이며, 환자의 상태가 조율되지 못한 악기의 상태와 유사하다는 데 따른 것이다. '한센병'은 나균을 발견한 의학자인 한센(Hansen)의 이름에서 따 온 것이다.
22　'장애인'의 세부 명칭 전환은 다음과 같다. '꼽추→척추 장애인', '절름발이・반신불수→지체 장애인', '앉은뱅이→하반신 장애인', '미치광이・정신병자→정신 장애인'

인은 **비장애인**으로" ('제35회 장애인의 날(2015.4.20.)' 기념식의 장애 인식 개선 캠페인 슬로건)

(33)의 '새터민'은 '탈북자'에 대한 부정적인 어감을 개선하기 위해 '새로운 터전에서 삶을 시작하는 사람'이라는 긍정적이고 미래지향적인 어감으로 한 동안 사용되었으나, 당사자들이 듣기 싫어하는 경향이 제기되어 '북한이탈주민'으로 대치되었다. 또한 (34a)의 '장애우(障碍友)'는 '자(놈 者)'의 '장애자(障碍者)'에 대한 비하의 어감에 대한 대안으로 동반자로서 '친구'라는 뜻을 담고 있었으나, 장애 단체가 비주체적인 용어라고 거부감을 제기하여 '장애인'으로 대체되었다. 이로써 (34b)에서 보듯이 '정상인-비정상인'에 대해 '장애인-비장애인'으로 '장애인'이 조어의 중심에 놓이게 되었다.

3.4. 초점

대상이나 사태는 여러 국면으로 이루어져 있다. 그 가운데 어떤 국면에 '초점(focus)' 또는 '현저성(prominence)'을 부여하느냐에 따라 해석이 달라진다. 곧 동일한 대상 또는 사태에 대한 별개의 명칭은 해석의 차이가 반영된 것이다.

먼저, (35)의 '막걸리' 및 (36)의 '당뇨병' 명칭에 나타난 초점화 양상을 보기로 한다.

(35) a. 막걸리: 찹쌀·멥쌀·보리·밀가루 등을 쪄서 누룩과 물을 섞어 발효시킨 한국 고유의 술로, 맑은술을 떠내지 아니하고 그대로 걸러 짜 빛깔이 흐리고 맛이 텁텁하다.
   b. 곡주, 백주, 탁주, 재주, 박주, 가주, 제주, 농주, 촌주, 향주, 국주, 회주

(35)의 '막걸리'는 전통 사회에서 특징적인 국면에 따라 여러 가지 명칭을 지녀왔다. 즉 '막걸리'는 막 걸러 짜는 방식에 초점을 둔 것이며, '곡주(穀酒)'는 원료인 곡식에, '백주(白酒)'와 '탁주(濁酒)'는 빛깔에, '재주(滓酒)'는 남는 찌꺼기에, '박주(薄酒)'는 도수의 낮음에, '회주(灰酒)'는 신맛을 중화시킨 것에, '가주(家酒)'는 술을 빚는 장소가 집이라는 것에, '제주(祭酒)'와 '농주(農酒)'는 술의 용도에, '촌주(村酒)'와 '향주(鄕酒)'는 술을 사용하는 곳에, '국주(國酒)'는 술의 품격에 초점을 맞춘 것이다.

(36) a. 조갈병(燥渴炳): 입술이나 입 안, 목 따위가 타는 듯이 몹시 마르는 병
   b. 소갈병(消渴病): 갈증으로 물을 많이 마시고 음식을 많이 먹으나 몸은 몹시 여위고 오줌의 양이 많아지는 병
   c. 당뇨병(糖尿病): 소변에 당분이 많이 섞여 나오는 병

(36)은 같은 질병에 대해 명칭을 달리한 것이다. 각각의 명칭에는 개념화자의 초점 또는 주의의 현저성에 의한 해석이 반영되어 있다. 즉 '조갈병'과 '소갈병'은 전통사회에서 쓰던 명칭으로 '입'을 중심으로 '갈증'에 초점을 두고 있는데, 그중 '조갈병'은 갈증이 나타나는 현상 자체에 초점을 두는 반면, '소갈병'은 갈증을 해소하는 데 초점을 두고 있다. 한편, '당뇨병'은 '소변'을 중심으로 '배설'에 초점을 두고 있다(정영복 2016: 57 참조).

다음으로, (37)의 '편자'와 (38)의 '휴대 전화기'의 언어 간 명칭에 대한 초점화 양상을 보기로 한다.

(37) a. 영어: horseshoe(말+신발)
　　　b. 프랑스어: fer à cheval(말+위한+쇠)
　　　c. 독일어: Hufeisen(발굽+쇠)
　　　d. 일본어: 馬蹄鐵(말+굽+쇠)
　　　e. 중국어: 蹄鐵(굽+쇠)

(37)은 '편자'에 대한 영어·프랑스어·독일어·일본어·중국어의 명칭이다. 복합어로 된 이들 명칭을 분해해 보면 영어의 'horse-shoe'는 '말+신발'이며, 프랑스어의 'fer à cheval'은 '말을 위한 쇠'이며, 독일어의 'Huf-eisen'는 '발굽+쇠'이다. 또한, 일본의 '馬-蹄-鐵'은 '말+굽+쇠'이며, 중국어의 '蹄-鐵'은 '굽+쇠'이다. 기능에 바탕을 둔 이들 명칭의 초점화 양상을 보면, 영어의 경우 'shoe'라고 하여 사람의 '신발'을 부각하는 반면, 프랑스어·독일어·일본어·중국어의 경우 보호장비의 착용 부위인 '굽'과 재료인 '쇠'를 부각하고 있다(Dirven & Verspoor 2004: 15-16, 임지룡 2004c, 75, 송현주 2015a: 53-54 참조). 초점화 부위를 중심으로 이들 명칭의 해석 양상은 <그림 4>와 같다.

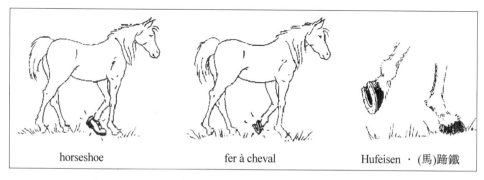

그림 4 '편자'의 언어별 해석 양상

(38) a. 한국어: 손전화기 · 휴대폰 · 핸드폰

    b. 미국영어: a cellular phone(세포+전화기) · a cellular(세포(+전화기))

    c. 영국영어: a mobile phone(이동하기 쉬운+전화기)

    d. 프랑스어: un portable(휴대하기 쉬운(+전화기))

    e. 독일어: ein Handy(유용한 · 편리한(+전화기))

    f. 네덜란드어: een gsm(하나의+이동통신체계) · Ehsmsdraagba-retelefoon(휴대용+전화기)

    g. 일본어: 手電話機(손+전화기)

    h. 중국어: 手机(손+기계)

(38)의 다양한 '휴대 전화기'의 명칭은 초점화를 통해 전화기의 현저한 국면을 부각시킨다. 미국영어에서는 내부의 세포적 구성방식에 초점을 두고 있는 반면, 영국영어 · 프랑스어 · 독일어 · 네덜란드어에서는 이동성에 초점을 맞춘 것이다. 한편, 한국어 · 일본어 · 중국어의 경우 전화기를 지니고 다니는 부위인 '손'에 초점을 맞추고 있다(Dirven & Verspoor 2004: 52-53, 임지룡 2004a: 75-76 참조).

3.5. 틀

한 단어의 적절한 이해는 그 단어를 둘러싸고 있는 체계 전체의 구조에 대한 이해를 필요로 한다. 이러한 개념 체계, 즉 배경 지식을 '틀(frame)'이라고 한다. '틀'은 특정한 장면과 관련된 어휘 항목을 연결시키는 지식 구조이며, 되풀이되는 인간 경험에 기초한다(Hamawand 2016: 146 참조).[23] 아래에서는 동일한 현상이 틀에 따라 서로 다른 명칭으로 해석되는 경우를 보기로 한다.[24]

(39)는 한자어와 토박이말, 그리고 표준어와 문화어 틀이다.

(39) a. 문법/말본, 사전/말모이, 음성학/소리갈, 명사/이름씨, 동사/움직씨, 의미/뜻맛, 단어/낱말, 문학/말꽃, 결론/마무리, 내용/속살, 구어/입말, 문어/글말

    b. 체중/몸무게, 계산/셈, 추수/가을걷이, 가발/덧머리, 식량/먹거리, 식단/차림표

---

23 Fillmore(1985: 223)에서는 '틀'을 지식의 특정한 통합적 '체제(framework)'나 경험의 일관성 있는 '도식화(schematization)'라 하였으며, Fillmore & Atkins(1992: 75)에서는 '틀'을 인지적 구조라고 보며, 단어로 부호화되는 개념이 이 구조에 대한 지식을 전제한다고 하였다.

24 이에 대한 영어의 경우를 들면 다음과 같다. 첫째, 'roe(魚卵)'와 'caviar(철갑상어 알젓)'는 동일한 실체를 지시하지만, 전자는 해부학적 틀에서 사용되고, 후자는 요리법의 틀에서 사용된다(Langacker 1987: 164-165 참조). 둘째, 'tool(도구)'에 해당되는 'instrument'는 의학이나 과학 분야에, 'implement'는 농업이나 건축업에, 'equipment'는 스포츠나 전기 분야에 쓰이는 도구를 가리킨다(Hamawand 2016: 143 참조).

c. 도시락/밥곽, 화장실/위생실, 반찬/건건이, 풋내기/생둥이, 구석구석/고삿고삿, 노려보다/지르보다, (살이)빠지다/까지다

(39a)는 국어국문학 용어 가운데 한자어와 토박이말의 용례이며, (39b)는 일상어 가운데 한자어와 토박이말의 용례들이다. 한편 (39c)는 표준어와 문화어의 용례들이다. 곧 (39)는 동일한 개념에 대해 틀이 다름으로써 용어가 다를 뿐 아니라, 그 뜻맛도 달라진다.

(40)은 레스토랑과 식당 틀이다.

(40) a. **레스토랑** '엘본 더 테이블'의 총괄 **셰프**를 맡고 있는 최현석은 '크레이지 셰프'란 별명과 함께 뛰어난 식재료 조합으로 유명하다. (ESSEN 2013.4.1.)
b. 송강**식당**은 정확하게 31년 동안 같은 자리를 지켰다. 1대 조구영(74) 사장에 이어 아들인 조재경(39)사장이 제2대 **주방장**을 맡고 있다. (경남일보 2015.6.7.)

(40)의 '레스토랑'-'식당'은 음식을 판매하는 장소, '셰프'-'주방장'은 그 음식점에서 요리하는 사람 중 우두머리를 가리킨다. 그 가운데, 양식 즉 서양식 요리로 가격이 높은 음식들을 파는 가게는 '레스토랑', '셰프'를 사용하는 반면, 한국 전통음식이나 상대적으로 가격이 낮은 음식들을 파는 가게는 '식당', '주방장'을 사용한다. 이것은 서로 다른 틀에서 말미암은 것이다.

(41) 및 <그림 5>는 온도어 틀이다.

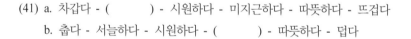

(41) a. 차갑다 - (   ) - 시원하다 - 미지근하다 - 따뜻하다 - 뜨겁다
b. 춥다 - 서늘하다 - 시원하다 - (   ) - 따뜻하다 - 덥다

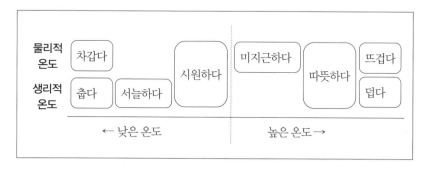

그림 5 **온도어 틀**

(41) 및 <그림 5>에서 보듯이, (41a)는 '물리적 온도', (41b)는 '생리적 온도'를 나타내는 어휘들이다. 여기서 '물리적 온도'란 물체의 한 부분에서 느끼는 온도 감각으로서 주로 고체

와 액체에 대한 온도 표현이며, '생리적 온도'란 몸 전체에서 느끼는 온도 감각으로서 주로 기후 온도이다(임지룡 1992: 116 참조). 영어의 온도어휘가 'cold-cool-(lukewarm)-warm-hot'에서 보듯이 하나의 틀인 반면, 국어의 온도어휘는 'cold: 춥다/차갑다', 'hot: 덥다/뜨겁다'에서 보듯이 생리적·물리적 온도의 두 개의 틀로 이루어져 있다.[25]

(42)는 '나'를 중심으로 '사촌'에 관한 친족어 틀이다.

> (42) a. 사촌: 아버지의 형제 자녀
> b. 고종사촌: 아버지의 누나 및 누이 자녀
> c. 외사촌: 어머니의 오빠 및 남동생 자녀
> d. 이종사촌: 어머니의 자매 자녀

(42) 및 <그림 6>은 '사촌'에 관한 친족어 틀인데, 영어에서 'cousin'으로 통칭되는 '사촌·고종사촌·외사촌·이종사촌'은 '나'를 중심으로 한 친족어 틀에서 제대로 된 의미값을 부여받는다. 곧 <그림 6>에서 보듯이 '사촌'과 '고종사촌'은 '아버지(父)'가 기준점이 되며, '외사촌'과 '이종사촌'은 '어머니(母)'가 기준점이 된다. 또한 '고종사촌'과 '외사촌'을 '내외종(內外從)'이라 하는데, 거울영상처럼 A의 고종사촌 B는 B의 외사촌 A가 된다.

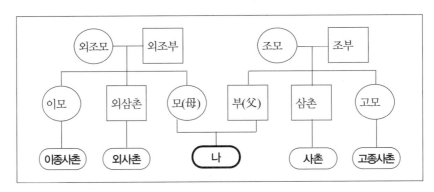

그림 6 친족어 틀

요컨대, 틀과 관련하여, 어휘적 선택은 상황을 기술하는 다른 방식을 제공할 뿐 아니라 다른 해석을 가져오며, 그 역도 마찬가지이다.

---

25 (41)의 ( )는 '어휘적 빈자리(lexical gap)'를 뜻하며, (41)과 <그림 5>에서 보듯이 온도어 틀의 양극에는 생리적·물리적 온도 대립은 선명하나 중간에는 대립이 다소 불명확하다.

4. 어휘 층위 해석 작용의 의미 특성

여기서는 동의성, 대립성, 인지적 경향성 및 전략을 중심으로 어휘 층위의 해석 작용에서 나타난 주요 의미 특성을 기술하기로 한다.

4.1. 동의성

객관주의의 '지시 이론'에서는 동일한 개념적 내용이나 진리조건을 공유한 경우 어휘 및 문장 차원에서 동의성을 폭넓게 인정하였다. 특히 변형생성문법에서는 동일한 심층구조에서 나온 표층구조의 표현들을 동의적인 것으로 간주하였다. 그 반면 인지언어학의 '해석 이론'에서는 개념적 내용이나 진리조건이 동일하더라도 서로 다른 표현들은 개념화자의 해석이 부여된 것으로서 의미 차이가 있다고 본다. 그 전형적인 사례를 살펴보면 다음과 같다.

첫째, '관찰지점'에 따른 (20)의 '금성-개밥바라기-샛별'에서 '개밥바라기'는 저녁, '샛별'은 새벽의 시점이 연계되어 있는 반면 '금성'은 관찰시점과 무관하다는 점에서 의미 차이가 드러난다.

둘째, '관점'에 따른 (26)의 '정신대-종군위안부-강제적 성노예', (28)의 '교육정보시스템'에 대한 '나이스-네이스-엔이아이에스', (29)의 '희생자-피해자', (32)의 '정신분열증-조현병' 등은 대상에 대한 개념화자의 긍정적 또는 부정적 평가 전략이 내재되어 있다.

셋째, '초점'에 따른 (36)의 '조갈병-소갈병-당뇨병'의 경우 '조갈병'과 '소갈병'은 갈증 자체 또는 그 해소, 그리고 '당뇨병'은 배설을 부각한 것이다.

넷째, '틀'에 따른 (41)의 '차갑다-춥다' 및 '뜨겁다-덥다' 등은 물리적 온도와 생리적 온도와 관련하여 의미 차이를 드러낸 것이라 하겠다.

요컨대, 동일한 상황이나 사태를 언어화할 경우 개념화자의 관찰지점, 관점, 초점화, 그리고 틀에 의해 그 상황이나 사태를 보는 방식인 해석에 따라 표현 형식이 선택되며,[26] 서로 다른 표현 형식은 의미 차이를 반영한다.[27] 이러한 해석 이론은 이른바 '의역(paraphrase)'뿐만 아니라 어휘 및 문장에 대한 '동의성(synonymity)'의 기존 인식에 큰 변화를 가져온 것이라 하겠다.

---

[26] 이와 관련하여 Casad(1995: 23-49)에서는 '한 가지 이상으로 보기(seeing it more than one way)'를 '해석(construal)'이라 하였으며, Paradis(2013: 694)에서는 '보는 방식(ways-of-seeing)'이 언어 사용과 의미를 만드는 데 결정적인 역할을 한다고 하였다.

[27] 이와 관련하여 Bolinger(1977: vi)에서는 "There is no difference in form without some difference in meaning."이라 하여 형태의 차이가 있으면 반드시 어느 정도의 의미 차이가 있다고 하였다.

4.2. 대립성

해석 작용에서 동일한 대상이나 상황을 두고 대립적인 해석이 발생하는 것은 퍽 흥미롭다. 그 전형적인 사례를 살펴보면 다음과 같다.

첫째, '관찰지점'에 따른 (16)의 '오다/가다', (17)의 '입구/출구', (19)의 '연고전/고연전', '관점'에 따른 (24)의 '로맨스/스캔들', (25)의 '과속방지턱/걸림돌' 및 '위기/기회', (28)의 '나이스/네이스' 등이 대립적 해석이다.

둘째, '관점'에 따른 (34)의 '장애인/비장애인'의 대립은 '정상인/비정상인'에 대한 '유표성'의 역전이 일어난 경우이다.[28] 즉 '정상인/비정상인'에서 '정상인'은 '무표항(unmarked term)'이고 '비정상인'은 '유표항(marked term)'인데, '장애인/비장애인'에서 '비정상인'인 '장애인'은 무표항이고 '정상인'인 '비장애인'은 유표항이 된 것이다.

셋째, 대립적 해석에 관한 (43)과 (44)의 경우를 보기로 한다.

(43) a. 앉은좁쌀풀-선좁쌀풀
b. 참죽나무-가죽나무

(44) 표준어의 '팔다(賣)'가 충북 말에서 '팔다(賣)'의 의미로도 쓰이고 '사다(買)'의 의미로도 쓰인다. 충북 북부 지역에서는 '쌀 팔루 간다'라고 하면 '쌀을 사러 간다(買)'는 뜻이 되고 나머지 지역에서는 '쌀을 팔러 간다(賣)'는 뜻이 된다. (박경래(2011), "내 고향은 충북이여유"에서)

(43a)의 '앉은좁쌀풀' 또는 '선좁쌀풀'은 우리나라 각처의 깊은 산에서 자라는 반기생 일년초로서, 동일한 식물에 대해 '앉다/서다' 대립의 관형형이 사용된 것이다. (43b)의 '참죽나무'를 '가(假)죽나무'라고도 하는데,[29] 이 경우에는 '참/가(假)'가 접두어로서 대립을 이룬 것이다. (44)의 "쌀 팔루 간다."의 '팔다'는 '사다'를 뜻하는데, 충북을 비롯하여 대구 방언 등에 현존하는 특이한 용법이다.[30] 이는 "뿔ㅍ라드리다(糴米)"<譯語, 하: 48>에서 "쌀 팔다"의

---

[28] '유표성(markedness)'은 대립의 두 극 사이에 '비대칭적(asymmetrical)'이며 '계층적(hierarchical)' 관계를 말한다. 그중 '형태적 유표성(formal marking)'은 형태적인 표지의 존재 유무에 의하여 특정 지어지는 유표성으로서, 대립쌍에서 표지가 있는 쪽은 유표항이며 표지가 없는 쪽은 무표항이 된다 (임지룡 1997: 399-400 참조).

[29] '가죽나무'에 대해 두산백과에서는 "가짜 죽나무를 뜻한다."라고 하였으며, 언중들은 '가짜 중나무(假僧木)'라고 하며 이에 대응하는 '진짜 중나무'를 '참중나무(眞僧木)'라고 부르기도 한다. 그런데 실제로 '가죽나무'는 통시적으로 '개듁나모>개쥭나무>개쥭나무>가죽나무'를 거쳐온 것으로, '개듁나모'의 '개-'는 '질이 떨어지는'이라는 의미의 접두사이다.

[30] 영어 단어 가운데 temper는 '단단하게 하다'와 '부드럽게 하다', cleave는 '굳게 결합하다'와 '분열시

'팔다'가 '사다'와 관련된 '흥정하다'의 뜻을 지닌 17세기 용법의 화석형이다(유창돈 1973: 214 참조).

4.3. 인지적 경향성

'인지적 경향성'이란 우리의 몸과 마음에 배어 있는 체험, 현저성, 주의력 등과 관련하여 자연스러운 인지능력을 말한다(임지룡 2007c: 195-196 참조). 이러한 인지적 경향성이 해석 작용에 반영된 전형적인 사례를 살펴보면 다음과 같다.

첫째, '특정성'에 따른 (15)의 '동물-개-진돗개'에서 중립적인 문맥에서 '개'를 선택하는 것은 언어 사용자의 인지적 경향성을 드러낸 것이다.

둘째, '관찰지점'에 따른 (16)의 '오다-가다'의 변환, (17)의 '연안-해안'의 선택, (19)의 '연고전-고연전', (20)의 '샛별-개밥바라기' 등은 인지적 경향성의 자연스러운 발로이다. 그 가운데서 '연고전-고연전'의 어순 선택은 Cooper & Ross(1975: 93)의 '나'에게 가까운 요소가 먼 요소보다 앞서는 경향이 있다는 '나 먼저 원리(Me First Principle)'에 따른 것이다.

셋째, '관점'에 따른 (24)의 '로맨스-스캔들'의 선택은 '자아 중심적 관점(egocentric viewing)'에 의한 인지적 경향성의 보기이다. 성경에서는 "남의 눈에 티끌은 잘 보여도 제 눈의 들보는 안 보인다."라고 하는데, 인간 심리에는 동일한 사태에 대해 자신에게는 너그럽게, 그리고 남에게는 엄격하게 바라보는 이중성이 존재한다.

4.4. 인지적 전략

'인지적 전략'이란 대상이나 사태를 자신의 의도나 의지에 맞추거나 자아 중심적으로 해석하려는 주관적 인지능력의 발현이다(임지룡 2007c: 196-197 참조). 이러한 인지적 전략이 해석 작용에 반영된 전형적인 사례를 살펴보면 다음과 같다.

첫째, '관찰지점'에 따른 (19)의 '전상도-경라도'의 경우 가요 '화개장터'에서 영호남의 화합으로 '전라도'와 '경상도'를 혼성한 것인데, '전상도(전라(도)×경상(도))'는 전라도를 앞세운 것이며, '경라도(경상(도)×전라(도))'는 '경상도'를 앞세운 상호배려의 인지적 전략에 의한 것이다. '관찰지점'과 관련하여 (45)를 보기로 한다.

키다', sanction은 '인가하다'와 '제재하다'를 뜻하는데, 이런 단어를 '자기반의관계(autoantonymy)'라고 한다. 또한 string의 경우 'to string a bean(콩의 덩굴손을 없애다)' 대 'to string a violin(바이올린의 현을 팽팽히 하다)', 그리고 temper의 경우 'temper your comments'는 논평을 부드럽게 하는 반면에, 'tempering metal'은 금속을 단단하게 할 때 사용한다(Reimer 2010: 139 참조).

(45) 선경: 안녕하세요? 맘보 아주머니. … 근데 여긴 웬일이세요?

　　　순덕: 이거 하나 주려고…어제 보니까 선경이 얼굴이 꺼칠해진 것 같아서…여자는
　　　　　　겨울에 피부 관리를 잘 해야 돼.

　　　미자: 거저 주시는 거예요? 나두요!

　　　순덕: 이거 얼마나 비싼 건데.

　　　선경: 아네요. 저 월급 타면 하나 **팔아 드릴게요**. 공짜는 싫어요.

　　　　　　(KBS 2TV 아침드라마 '고향역' 62회, 2005.11.8.)

　(45)의 '팔아 드리다'는 일반적으로 구매자의 관찰지점인 '사 드리다'라고 하는 것이 자연
스러운데, '팔아 드리다'라고 한 것은 구매자가 배려의 인지적 전략에 따라 판매자의 관찰지
점을 선택한 것이다.[31]

　둘째, '관점'에 따른 (26)의 '종군위안부-강제적 성노예'의 경우 '종군위안부'는 완곡어법으
로서 자국의 만행을 은폐하려는 것이며, '강제적 성노예'는 위악어법으로서 그 만행을 폭로하
기 위한 인지적 전략에 의한 것이다. 또한 (27)의 '테러와의 전쟁-이라크 침공-이라크 전쟁',
(28)의 '나이스-네이스-엔이아이에스', 그리고 (30)의 '5·18 민주화운동-5·18 광주폭동-광
주사태' 등은 개념화자의 '긍정적-부정적-중립적' 인지적 전략이 내재되어 있다.

5. 마무리

　이상에서 인지언어학적 관점에서 어휘 층위를 중심으로 해석 및 해석 작용의 기본 개념,
양상, 의미 특성을 논의하였다. 이제까지 살펴본 바를 간추려 이 장을 마무리하기로 한다.

　먼저, 의미는 대상 또는 상황을 객관적으로 반영하는 것이 아니라, 개념화자가 의미를 만들
어 내는 과정의 개념화이며 개념화자의 주관적인 해석이다. 의미의 본질에 대한 해석 이론은
기존의 객관주의 또는 지시 이론이 갖는 한계 및 오류에 대한 대안을 제시한 것으로 의의를
갖는다.

　다음으로, 해석은 동일한 상황을 대안적인 방식으로 생각하고 묘사하는 우리의 능력이며,
언어적 해석은 시각적 지각을 비롯하여 연극·미술·음악·무용 등의 다른 정신적 파악 원
리 및 과정과 유사하다. 해석 작용의 차원은 학자들마다 다양하며 그 분류 사이에 경계가

31　일본 최고로 알려진 '이세탄백화점'에서는 우리가 일반적으로 사용하는 '매장(賣場: 물건을 파는
　　곳)'을 '매장(買場: 손님이 물건을 사는 곳)'이라고 하는데, 이는 고객의 입장을 고려한 인지적 전략
　　에 따른 것이다.

겹치는 경우도 허다한데, 이것은 설명의 편의를 위한 것으로 이해된다. 그 가운데 어휘 층위에서는 '특정성', '관찰지점', '관점', '초점', '틀' 등이 중요한 기제로 작용하며, 그중 '관점'의 차원이 가장 활성화되어 있다.

또한, 어휘 층위를 중심으로 한 해석 작용의 의미 특성은 다음과 같다. 첫째, 해석 이론은 동일한 대상이나 상황에 대해 해석에 따라 표현 형식이 선택되며, 서로 다른 표현 형식은 의미 차이를 반영한다. 따라서 해석 이론은 동의성의 이해에 새로운 시각을 제공해 준다. 동의성에 관한 해석 작용은 관찰지점, 관점, 초점, 틀에서 확인된다. 둘째, 해석 작용에서 동일한 대상이나 상황을 두고 대립적인 양상이 발생하는 것은 주목되는 현상이다. 이러한 현상은 주로 관찰지점과 관점의 차원에서 확인된다. 셋째, 인지적 경향성은 우리의 몸과 마음에 배어 있는 자연스러운 인지능력이다. 해석 작용의 인지적 경향성은 특정성, 관찰지점, 관점의 차원에서 확인된다. 넷째, 인지적 전략은 대상이나 사태를 자신의 의도나 의지에 맞추거나 자아중심적으로 해석하려는 주관적 인지능력이다. 해석 작용의 인지적 전략은 관찰지점, 관점에서 확인된다.

끝으로, 어휘 층위의 해석 작용은 문장층위 및 담화층위를 통해 그 본질이 보다 더 명확히 드러나게 될 것이다. 또한 해석의 개별성 및 주관성을 바탕으로 국어 공동체에 대한 해석의 공유 범위와 언어 및 문화권 간 해석 작용의 공통성과 특이성을 규명하는 일이 남은 과제라 하겠다.

제4부

의미 관계와 의미

제13장

의미 관계의 인지언어학적 탐구

1. 들머리

이 장은 어휘의미론의 핵심 분야 가운데 하나인 의미 관계의 성격을 밝히고 그 인지언어학적 탐색의 방향을 제시하는 데 목적이 있다. 인간 사회와 마찬가지로 어휘도 관계의 복합적인 그물 속에 위치하는데, 이를 '어휘 관계(lexical relation)'라 하며, 의미의 측면에 초점을 맞추어 '의미 관계(meaning relation)' 또는 '의의 관계(sense relation)'라고 한다.

의미 관계에 대한 논의는 구조의미론 시기에 크게 활성화되었다. 이 경향을 '총체적 접근법(holistic approach)'이라고 하는데(Cruse 2000b: 96-102, 2001a: 242-244 참조), 이는 단어의 의미란 해당 언어의 모든 다른 단어들의 의미를 고려하지 않고서는 알 수 없다는 관점이다. 구조의미론에 따르면 '의의(sense)'란 독립적이 아니라 관계적이며, 동일한 체계 안에서 대조에 의해 구성된다고 본다. 이 경우 관계 및 체계는 계열적 관계와 결합적 관계를 가리킨다. 이 시기를 대표하는 업적으로는 Lyons(1968, 1977), Cruse(1986)를 들 수 있으며, 그 개관은 Cruse(2002a, 2002b), Lehrer(2002), Lyons(2002), 그리고 Storjohann(2016)에서 이루어진 바 있다.

인지적 접근을 통해 의미 관계에 새로운 빛을 비춘 시도는 Croft & Cruse(2004: 141)의 "의의 관계란 단어들 자체 간의 의미 관계가 아니라, 단어들의 특별한 문맥적 해석 간의 의미 관계로 간주된다."라는 언급에서 잘 드러난다. 이것은 의미 관계가 한층 더 유연하고 역동적인 관계임을 뜻한다. 이러한 의미 관계의 모형을 구체화하게 된 동인으로는 범주 구조의 개방성과 비대칭성에 대한 '원형 의미론', 단어 의미를 세상사와 연관한 '백과사전적 모형', 단어 및 언어 표현을 의미 구성의 과정으로 보는 '개념화', 그리고 의미 및 문법에 대한 '용법 기반 모형'을 들 수 있다. 구체적으로 이 새로운 모형에 대한 경험적 시도는 말뭉치에 바탕을 둔

'반의관계'와 '동의관계'에 대한 '공기 현상(co-occurrence)'의 탐구를 통해 이루어졌으며,[1] 또한 말뭉치에 기반을 둔 '의미 운율(semantic prosody)', 즉 한 특정한 의미 집합에 속하는 다른 단어들과 전형적으로 공기하는 단어에 따라 '연어'의 범위를 밝히는 일이었다(Sinclair 1991, Hoey 2005 참조).

의미 관계에 대한 구조의미론의 '언어 자체의 내적 의미 관계'에 대한 탐구에서 인지언어학의 '문맥과 상황에서 해석 간의 의미 관계'에 대한 탐구로의 전환은 전통적인 의미 관계의 본질을 새롭게 해명할 수 있다는 점에서 의의가 크다.[2] 이 장에서는 먼저 의미 관계와 의미 구조에 대한 구조주의와 인지주의의 관점을 대비하기로 한다. 또한, 인지주의 관점에 기초하여 의미의 복합관계인 다의관계 및 동음이의관계, 의미의 계열관계인 동의관계·대립관계·하의관계·부분관계, 그리고 의미의 결합관계인 변칙성·연어·관용 표현에 대해서 살펴보기로 한다.

2. 구조주의와 인지주의

여기서는 의미 관계, 의미 구조에 대한 구조주의와 인지주의의 관점 차이를 들고 이에 대한 인지언어학의 방향을 기술하기로 한다.

2.1. 의미 관계

의미 관계에 대한 '구조주의'와 '인지주의'는 대조적인 시각을 지니고 있다. 구조주의에서는 한 단어의 의미를 체계 내에서 다른 단어들과 맺는 관계들의 합으로 보았다. 따라서 의미를 '관계적 개념(relational concept)'으로 간주하고 의미 관계를 중시하였다. 이 관계는 언어 고유의 자율적 관계를 뜻하는데, 예를 들면 반의관계 및 동의관계와 같은 관계는 단순히 그들의 '의의'에 의해 어휘소 또는 어휘 단위 간에 유지되는 관계로 간주되었다(Storjohann 2016: 249 참조).

---

1 '말뭉치 접근법(corpus approach)'에 따른 영어 반의관계의 주요 논의는 Jones(2002), Murphy *et al.*(2009), Paradis *et al.*(2009), Davies(2012, 2013), Jones *et al.*(2012), Lobanova(2012) 등이 있다.
2 Storjohann(2016: 248-250)에서는 의의 관계에 대한 구조주의 및 후기 구조주의 접근법을 '전통적 접근법(traditional approach)'이라 하고, 이에 대응되는 '현대 접근법(current approach)'으로 '말뭉치 언어학적 설명(corpus-linguistic account)', '심리언어학적 방법(psycholinguistic method)', '구문적 설명(constructionist account)', '역동적 해석 설명(dynamic construal account)'을 들고 있다.

구조의미론자 가운데 Lyons(1977: 270-317)는 의미를 '계열적 접근법(paradigmatic approach)'의 계열체에서 상호 대치될 수 있는 어휘 항목으로 규정하였으며, Firth(1957) 및 Cruse(1986)는 의미를 '결합적 접근법(syntactic approach)' 또는 '문맥적·용법 접근법(contextual·usage approach)'의 관점에서 문법적 출현의 용법으로 정의하였다.[3] Lyons(1968, 1977)와 Cruse(1986)는 의미 관계에 대한 엄격하고 정밀한 기술을 개발하였는데, 그들에게 의의 관계는 의미 연구에서 가장 중심적인 주제였다(Storjohann 2010: 6 참조).

Cruse(1986: 16)에서는 결합적 관계를 다음과 같이 문장 속에서 단어들 간에 형성된 선형적 구조로 보았다. 즉 "우리는 한 단어의 의미를 그 언어에 속해 있는 다른 모든 단어들과의 '유사성(affinity)'과 '상이성(disaffinity)'의 한 유형으로 간주할 수 있는데, 이 때 다른 모든 단어들과 문법적 문맥 안에서 그 의미 관계를 대조할 수 있다. 유사성에는 결합적인 것과 계열적인 두 종류가 있다. 결합적 유사성은 어떤 발화에서 정상적인 조합 능력에 의해서 확립된다. 예를 들어, '개'와 '짖었다' 간에는 결합적 유사성이 존재하는데, 왜냐하면 "개가 짖었다."가 정상적이기 때문이다. 결합적 상이성은 "?사자가 지저귀고 있다."에서처럼 문법적 제약을 위반하지 않은 결합적 비정상성에 의해 나타난다."라는 것이다.

인지언어학이 출현하면서 인지적 경향이 어휘 연구에 커다란 영향을 미쳤지만, 의미 관계의 연구는 이 새로운 관점에서 중심적 부문이 되지 못하였다. 따라서 Croft & Cruse(2004: 141)의 언급처럼 인지언어학자들은 오랫동안 의미 관계에 대해 말할 것이 거의 없었다. 실제로, 인지언어학에서 의미 관계를 종합적이고 거시적인 시각에서 다룬 사례를 찾아보기 어려운데, 다음 세 가지 경우가 주목된다.

첫째, Cruse는 1990년대 이후로 인지언어학의 바탕 위에서 의미 관계를 새롭게 해석해 왔다.[4] 인지언어학 또는 인지의미론의 관점에 따른 논문으로는 '반의관계'에 관한 Cruse(1992)와 Cruse & Togia(1995), '다의관계'에 관한 Cruse(1995, 1996, 2000a), '하의관계'에 관한 Cruse(2002d), 그리고 '의의 관계'에 대한 Cruse(2002c)가 있으며, 이에 바탕을 둔 저서로 Cruse(2000) 및 Croft & Cruse(2004: 109-192)가 있다.[5] Cruse(2000b: xi)에서는 "의미 이론이 관여하는 한, 나는 특정한 문제를 진정으로 명백하게 해 주는 것처럼 보이는 접근법이라면 무엇이든지 채택하면서 주저함 없이 절충적 입장을 취해왔다. 만약 이론적인 성향이 있다면

---

3 Firth(1957: 11)는 Wittgenstein(1953/1958: 80)의 "단어의 의미는 그 용법 속에 있다."라는 용법설을 옹호하면서 "한 단어의 의미는 그 단어가 사귀는 친구에 의해 알게 된다!(You shall know the meaning of a word by the company it keeps!)"라고 하였는데, 이 경우 '연어'가 핵심 개념이 되었다.
4 일찍이 Cruse(1992: 182)는 자신을 구조의미론에서 인지언어학으로 '최근의 전향자(recent convert)'라고 밝힌 바 있다.
5 Croft & Cruse(2004: xv)에서 밝히고 있듯이 이 책의 의미 관계에 대한 부분은 Cruse가 쓴 것이다.

인지언어학적 접근법과 같이 의미의 연속성과 비한정성을 받아들이는 접근법을 선호한다."라고 하였다. 이 바탕 위에서 그는 다의관계를 중심으로 한 단어의 문맥적 변이성, 포함과 동일성 및 배제와 대립의 계열관계, 그리고 결합관계를 기술하였다. 한편, Croft & Cruse(2004)에서는 의미 관계에 대한 인지적 접근을 본격적으로 시도한 것인데, '다의관계', '하의관계'와 '부분관계', '반의관계' 및 '상보관계'를 인지언어학적 시각으로 다루고 있다. 그중 '다의관계'는 의의 경계의 해석을 연속선상의 열린 시각으로 기술한 것이다. '하의관계'와 '부분관계', '반의관계'와 '상보성'은 '역동적 해석 접근법(dynamic construal approach)'을 취하고 있는데, 이것은 앞에서도 밝힌 바 있듯이 의의 관계를 단어 자체 간의 의미 관계가 아니라 단어의 특별한 맥락상의 해석 관계로 간주하는 입장이다.

둘째, Dirven & Verspoor(eds.)(1998/2004: 25-48)에서는 단어의 형태와 의미 관계를 단어에서 의미로의 '어의론(semasiology)'과 개념 또는 의미에서 단어로의 '명칭론(onomasiology)'에 의해 분류하였다. 어의론의 경우 한 단어가 둘 이상의 관련된 의의를 갖는 '다의관계(polysemy)', 기원이 다른 두 개의 단어가 같은 형태를 갖는 '동음이의관계(homonymy)'로 나뉜다. 명칭론의 경우 두 개의 단어가 동일하거나 거의 동일한 의미를 갖는 '동의관계(synonymy)', 두 개의 단어가 정반대이거나 거의 정반대의 의미를 갖는 '반의관계(antonymy)'로 나뉜다. 또한, 상위층위·기본층위·하위층위의 '(위계적) 분류관계((hierarchical) taxonomy)'는 명칭론의 일환인 개념 영역 안의 연결관계로 다룬다. 이 관계를 간추리면 <표 1>과 같다.

표 1 단어의 형태와 의미/개념

어의론(semasiology): 단어→의미	명칭론(onomasiology): 개념→단어
다의관계 동음이의관계	동의관계 반의관계 (분류관계)

셋째, Hamawand(2016: 23-38)에서는 의미 관계를 수직적 축에 따른 '계열적 관계(paradigmatic relation)'와 수평적 축에 따른 '결합적 관계(syntagmatic relation)'에 의해 분류하였다. 계열적 관계는 한 단어가 다른 단어와 대립관계에 있는 '반의관계(antonymy)', 한 단어가 구별되지만 관련된 둘 이상의 의미를 지닌 '다의관계(polysemy)' 및 소리나 철자가 같지만 의미가 다른 두 가지 이상 단어 간의 '동음이의관계(homonymy)', 한 단어의 의미가 다른 단어의 의미와 유사하지만 동일하지는 않은 관계인 '동의관계(synonymy)', 그리고 단어를 범주 속에 배열함으로써 체계적인 방식으로 분류하는 '분류관계(taxonomy)' 또는 '어휘적 계층관계(lexical hierarchy)'로 나뉘었다. 분류관계의 두 가지 주요 유형에는 한 단어의 의미

가 다른 단어의 의미에 포함되는 '하의관계(hyponymy)'와 한 단어의 의미가 다른 단어 의미의 부분인 '부분관계(meronymy)'가 있다. 또한 결합적 관계는 그 단어가 사용되는 문맥에서 조화를 이루지 못하는 '변칙성(anomaly)', 한 단어와 함께 나타나는 어휘적 유형인 '연어(collocation)', 한 단어가 발견되는 문법적 유형화인 '결어(colligation)', 그 의미가 개별 단어들의 의미와 다르게 한 집단의 단어들을 다루는 '관용성(idiomaticity)'으로 나뉘었다. 이 관계를 간추리면 <표 2>와 같다.

표 2 **어휘의 계열적 · 결합적 관계**(Hamawand 2016: 38 **참조**)

	어휘 관계	정의	보기
계열적 관계	반의관계	의미의 대립성	덥다/춥다
	다의관계	의미의 다중성	발: 사람의 발/침대 · 산의 발
	동의관계	의미의 동일성	시작하다(begin/commence)
	분류관계	그룹들로 분류	도구>망치/톱/정
결합적 관계	변칙성	단어들의 이상한 사용	kick *with foot
	연어	단어들의 어휘적 공기	a hard/*strong frost
	결어	단어들의 문법적 패턴화	busy practising/ *to practise
	관용성	구의 특별한 의미	to take the bull by the horns = to take charge of a situation(난국에 맞서다)

그런데 <표 2>에서 '다의관계'를 계열적 관계로 분류한 것은 이례적이다.[6] 이와 관련하여, 임지룡(1992)에서는 의미 관계를 계열관계, 결합관계, 그리고 복합관계로 대별한 바 있다. 그중 계열관계는 어휘소가 종적으로 대치되는 관계로서 동의관계·상하관계·대립관계·부분관계로, 결합관계는 어휘소가 횡적으로 맺는 관계로서, 대등합성어·혼성어·관용어·연어로, 그리고 복합관계는 하나의 형태나 표현이 둘 이상의 의미를 지닌 것으로서 다의관계·동음이의관계로 대별하였다. 요컨대, 의미 관계는 <표 3>과 같이 체계화될 수 있겠다.

---

6   Murphy(2010: 81-132)에서는 단어와 의의 간의 관계를 '의미 변이'에 의한 다의관계·동음이의관계·모호성, '어휘·의미 관계'에 의한 동의관계·반의관계·하의관계로 대별하였다. 이 경우 '의미 변이(meaning variation)'는 하나의 단어 형태가 둘 이상의 해석을 가질 수 있는 현상으로 규정하였으며, '어휘·의미 관계'는 계열적 관계로 국한시켰다.

표 3 의미 관계

복합관계	계열관계	결합관계
다의관계 동음이의관계	동의관계 대립관계 하의관계 부분관계	변칙성 연어 관용 표현

2.2. 의미 구조

의미 구조에 대한 구조주의와 인지주의는 현저한 시각의 차이를 갖는다.

먼저, 구조주의에서는 의미 구조가 대칭적이라고 보았다. 객관주의 또는 자율언어학에서는 의미의 구조나 작용 방식을 대칭적, 평면적으로 파악하고 있다. 이것은 '언어 중심적 관점 (logocentric view)'으로 고전 범주화의 세계관에 뿌리를 둔 것인데, 범주는 필요 충분한 특정 자질로 구성되며, 그 구성원은 등가적이며, 범주의 경계는 명확하다고 본다. 또한 현대의 언어 과학에서는 자연과학적 객관성을 중시하고, 과학의 이름으로 언어의 의미 분석을 시도해 왔는데, 자연과학에서는 세상을 이루는 물질의 존재를 대칭적, 균질적으로 간주한다.

그 반면, 인지언어학은 '인간 중심적 관점(anthropocentric view)'으로 원형 범주화의 원리를 따르는데, 범주는 특정한 자질로 구성되는 것이 아니라 가족닮음의 구조를 이루며, 범주의 구성원은 등가적이 아니라 원형에서부터 주변에 이르기까지 등급적이며, 범주의 경계는 불명확하다고 본다. 원형 범주화에 기반을 둔 인지의미론에서는 범주 및 의미 구조가 언어 외적 요소인 인간의 인지적, 신체 경험적, 사회 문화적 맥락에 의해 동기화되어 있다고 봄으로써 의미 구조의 비대칭성 및 가치 우열에 주목한다.[7] 이 연장선상에서 임지룡(2006a: 893-913)에서는 다의관계, 분류관계, 반의관계, 동의관계에서 그 의미 구조의 비대칭성을 확인한 바 있다.

2.3. 인지언어학적 관점

의미 관계 및 의미 구조에 대한 인지언어학의 관점을 정리해 보면 다음과 같다.

첫째, 다의관계와 동음이의관계, 다의어와 단의관계는 그 경계가 불명확하며 연속변이선상에 있다. 이것은 범주의 경계가 불명확하다는 원형 범주화에 기반을 둔 것이며, 다의관계와

---

7 이와 관련하여 의미 구조의 부분과 전체에 대하여, 자율언어학에서는 전체가 부분의 총화라는 '합성성의 원리(principle of compositionality)'와 전체의 해체는 부분으로 환원된다는 '환원주의 (reductionism)'를 주장한다. 그 반면, 인지언어학에서는 전체가 부분의 총화 이상이라는 '게슈탈트 원리(principle of gestalt)'와 전체의 해체는 부분으로 환원되지 않는다는 '비환원주의'를 지지한다.

동음이의관계가 불명확한 경우는 다의관계의 개연성에 무게를 둔다.

둘째, 대립관계, 동의관계, 분류관계 등 의미의 계열관계는 단어가 특별한 맥락상에서 해석되는 관계라고 보는 역동적 해석 접근법(Croft & Cruse 2004 참조), 그리고 말뭉치를 통한 대립관계와 동의관계의 열린 시각, 대립관계의 심리언어학적 방법론을 실행한다.

셋째, 의미의 결합관계는 결합체 간의 변칙성, 연어, 관용 표현의 성격을 규명하는데, 연어는 말뭉치를 통한 의미 운율을 탐색하고, 관용 표현은 동기화 양상을 밝히려는 시도이다.

넷째, 의미 구조는 비대칭적이다. 이것은 원형에서부터 주변에 이르기까지 범주 구성원 자격이 비대칭적이라는 원형 범주화에 기반을 둔 것이다.

다섯째, 단어의 의미 분석에서 '어의론'과 '명칭론'의 접근 방식을 활용한다(Geetaerts 2015: 273-295 참조). '어의론'은 '단어→개념'의 방향을 통해, 단어 내적 의미 구조를 연구하는 것으로 다의관계·동음이의관계뿐만 아니라 원형 효과에 따른 의미적 현저성을 탐색한다. 또한 '명칭론'은 '개념→단어'의 방향을 통해, 어휘의 의미 구조 및 단어 간의 관계를 연구하는 것으로 동의관계·반의관계뿐만 아니라 기본층위 용어, 개념적 은유와 환유 등을 탐구한다.

3. 의미의 복합관계

의미의 복합관계는 하나의 단어가 둘 이상의 해석을 가질 수 있는 '의미 변이(meaning variation)' 현상을 가리킨다. 여기서는 의미의 다의관계와 동음이의관계를 중심으로 의미의 복합관계에 대해서 살펴보기로 한다.

3.1. 다의관계

'다의어(polysemous word)'는 하나의 단어가 두 가지 이상의 관련된 '의의(sense)'를 지닌 것으로서, 다의어를 이루는 '중심 의미(central sense)'와 '주변 의미(peripheral sense)' 간의 상호 의의 관계를 총칭적으로 '다의관계(polysemy)'라고 한다.

다의어의 의미 분석은 고전 범주화에 바탕을 둔 자율언어학과 원형 범주화에 의한 인지언어학의 관점이 뚜렷한 대조를 이루고 있다. 먼저, 다의어에 대한 자율언어학의 관점을 보면 <그림 1>에서 보듯이 중심의미와 주변의미 간에 '핵 의미(core meaning)'를 갖는다.

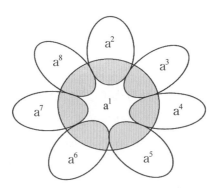

그림 1 다의어의 핵 의미 구조

또한, 동일한 형태를 띠면서 다의어와 동음이의어의 경계가 모호한 경우에는 동음이의어로 처리하며, 다의어의 중심의미와 주변의미의 관계는 평면적이며 대칭적이라고 본다. 다의어에 대한 이러한 관점은 기존의 사전편찬이나 언어 교육에서 수용되어 왔다.

그러나 이러한 관점에 따른 다의어의 의미 규정은 언중의 언어적 직관과 경험에 비추어 볼 때 많은 한계를 드러내게 되었다. 그 대안으로 인지언어학에서는 철학의 '가족 닮음 현상'과 심리학의 '원형 범주화'를 수용함으로써, 전통적으로 어휘의미론의 난제 중 하나였던 다의어 연구에 발상의 전환을 가져왔으며 인지언어학 연구에서 가장 핵심적인 분야가 되기에 이르렀다. 다의어에 대한 인지언어학적 관점을 세 가지 측면에서 살펴보기로 한다.

첫째, 한 단어가 관련된 여러 의의를 가지고 있으면서 공통된 핵 의미를 찾기 어려운 경우, 의미 연쇄를 통해 다의어로 판정하게 된다. 곧 <그림 2>와 같이 다의적 용법 간에는 해당 범주를 망라하는 핵 의미를 갖는 것이 아니라, AB, BC, CD 간에 인접한 용법끼리 의미를 공유하게 된다. 예를 들어, '고락'은 '낙지의 배→그 배 속의 검은 물→그 물이 담긴 주머니' (『표준국어대사전』)로 의미 연쇄가 일어나며, '벤치'는 '긴 의자'("공원 벤치에 앉았다.")→ '축구장의 긴 의자'("그는 후보 선수로서 벤치를 지키는 신세가 되었다.")→'감독'("선수들이 벤치의 지시를 어겼다.")으로 의미 연쇄가 일어난다.

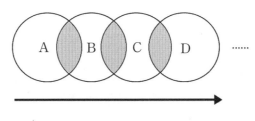

그림 2 다의어의 의미 연쇄 구조

둘째, 형태가 동일한 단어의 용법에서 의미적 관련성의 정도가 불명확한 경우 동음이의어가 아니라 다의어로 취급하게 된다.[8] 예를 들어, '먹다'의 경우 '밥을 먹다', '귀를 먹다' 등에 대하여『표준국어대사전』에서는 동음이의어로,『조선말대사전』(사회과학출판사)에서는 다의어로 기술하고 있다. 두 용법의 '먹다'를 동음이의어로 파악한 것은 '귀를 먹다'의 '먹다'가 '막다'에서 유래한 것으로 보기 때문인데, '막다'의 피동형 '막히다'와 달리 '귀를 먹다'에는 '먹히다'와 같은 피동형이 없을 뿐 아니라 "우리 할머니는 귀를 잡수셔서 말귀를 잘 알아듣지 못한다."라는 표현을 통해서 볼 때 이들이 다의어일 개연성이 높다고 하겠다. 이처럼 동일한 형태의 언어적 용법에 대해서 다의어와 동음이의어의 처리가 불투명한 경우에는 다의어로 처리하는 것이 효율적이다. 그 까닭은 의의의 다름에 따라 별개의 형태를 부여하게 되면 우리의 기억 능력이 이를 감당하기 어렵기 때문이다. 그런 점에서 다의어란 기존의 형태에 의미를 확장하여 하나의 명칭으로 범주화하려는 경제적 인지 전략이라 하겠다.

셋째, 다의어의 중심의미와 주변의미는 대칭적이지 않고, 중심의미가 주변의미에 비해 인지적·구조적·빈도적 측면에서 우월성을 띠고 있다. 예를 들어, '사다'의 경우 중심의미인 '과일을 사다'와 주변의미인 '공로를 높이 사다'를 보기로 한다. 전자는 구체적인 상거래에 사용되는 반면, 후자는 추상적인데, 인지적 측면에서 중심의미가 주변의미에 비해 언어 습득이나 학습의 시기가 빠르며, 우리 머릿속에 뚜렷이 각인됨으로써 일상 언어생활에서 더 쉽게 이해되고 연상된다. 구조적 측면에서 전자는 한 자리 서술어인 반면, 후자는 두 자리 서술어로서 '높이'라는 부사가 필요하다. 또한, 빈도의 측면에서 전자가 후자에 비해 빈도수가 현저히 높다.[9]

3.2. 동음이의관계

'동음이의어(homonymous word)'는 둘 이상의 서로 다른 의미를 지닌 단어가 하나의 같은

---

8   용언의 경우 의미적 연관성이 뚜렷하지만 동사와 형용사로 구분되는 '크다', '늦다', '밝다', '멀다' 등에 대하여『연세 한국어사전』에서는 모두 동음이의어로 처리하고 있으며,『조선말대사전』에서는 모두 다의어로 처리하고 있으며, '크다', '늦다', '밝다'를 다의어로 처리한 사전은『표준국어대사전』, 『우리말 큰사전』인데, 인지언어학적 관점에서는 이들 모두를 다의어로 처리하게 된다.

9   100만 어절을 대상으로 한『한국어 교육 기초 어휘 의미 빈도 사전의 개발』(2000, 문화관광부 한국어 세계화 추진 위원회)의 경우 '사다'는 872회로서, 그 용법에 따른 빈도수의 양상은 다음과 같다. ①돈을 주고 그 물건을 제 것으로 만들다.<823회: 94.38%> ②돈을 내고 먹을 것을 함께 먹거나 나누다.<31회: 3.56%> ③(다른 사람에게) 어떤 감정을 가지게 하다.<8회: 0.92%> ④돈을 주고 그 사람의 노동력을 얻다.<1회: 0.11%> ⑤(곡식 등을 팔아서) 돈을 장만하다.<1회: 0.11%> ⑥(하룻밤 자기 위해 여자를) 구하다. <1회: 0.11%> ⑦(주로 '사서'의 꼴로 쓰이어) 가만히 있으면 좋은 일을 일부러 적극적으로<1회: 0.11%> ⑧기타 <6회>

소리나 글자 형태를 공유한 것이며, 동음이의어를 총칭적으로 '동음이의관계(homonymy)'라고 한다. 여기서는 다의어와의 경계 문제, 동음이의어 간의 비대칭성에 대해서 살펴보기로 한다.

먼저, 동음이의어의 경계 문제이다. 종래 다의어와 동음이의어는 '핵 의미(core meaning)'의 유무에 따라 구별해 왔다(Taylor 1995/2003: 105 참조). 핵 의미를 가진 원형적 다의어와 핵 의미를 갖지 않은 원형적 동음이의어는 뚜렷이 구별되지만, 그 경계가 흐릿한 경우가 허다하다. 이와 관련하여 객관주의 언어관에서는 동음이의어를, 인지주의 언어관에서는 다의어를 최대화하는 입장을 취하고 있다. 예를 들어, (1a)의 '못¹'은 '목재 따위의 접합이나 고정에 쓰는 물건'이며 '못²'는 '연못'이며, (1b)의 '못³'은 '손바닥이나 발바닥에 생기는 단단하게 굳은살'이다.

(1) a. **못¹**이 **못²**에 빠졌다.
　　 b. 손에 **못³**이 박혔다.

사전에서는 이들 셋을 동음이의어로 간주하여 별개의 표제어를 부여하고 있지만, '못¹'과 '못³'은 의미적으로 연관되어 있다. 곧 '못¹'의 원형적 속성이 바탕이 되어 '못³'으로 확장된 것으로서, (2)와 같이 '못¹'은 하위 표제어로 된 다의어를 가지며, '못¹'과 '못²'는 동음이의어가 된다.

(2) 못¹: ①무엇에 박기 위하여 쇠로 된 가늘고 끝이 뾰족한 물체
　　　　②손바닥에 박힌 굳은살
　　못²: 연못

앞의 다의관계에서도 언급한 바 있듯이, 동음이의어와 다의어의 경계는 불명확한 경우가 적지 않다. 예를 들어, 『표준국어대사전』에서는 (3)에서 보듯이 '귀를 먹다'와 '밥을 먹다'의 '먹다'를 동음이의어로 기술하고 있다. 한편, 『국어대사전(민중서림)』 및 『조선말대사전』에서는 '귀 먹다'의 '먹다'를 '밥 먹다'의 '먹다'와 다의적 용법으로 처리하고 있다. 또한, '해(sun/year)'와 '달(moon/month)'에 대하여 『우리말 큰사전』에서는 동음이의어로, 『현대조선말사전』에서는 다의어로 처리하고 있다.

(3) 먹다¹ (동): 귀나 코가 막혀서 제 기능을 하지 못하게 된다. (코 **먹은** 소리를 내다./귀를
　　　　　 먹었는지 아무리 불러도 그냥 지나가더라.)
　　먹다² (동): ①음식 따위를 입을 통하여 배 속에 들여보내다. (밥을 **먹다**.) ②담배나
　　　　　 아편 따위를 피우다. (담배를 **먹다**.)

(3)의 '먹다'를 비롯하여 '해'와 '달'과 같이 초분절음소의 차원에서 완전히 음가가 같은 경우 기억 부담량을 고려할 때 동음이의어일 가능성은 매우 낮다. 이 점을 고려하여 인지언어학에서는 이들을 다의어로 해석한다.[10]

다음으로, 동음이의어 간의 비대칭성에 관해서이다. 예를 들어, (4)의 동음이의어 간에는 초분절음소의 실현 양상에 비대칭성이 드러난다. 경상도 방언의 성조 양상을 보면 '손(手), 배(腹), 발(足), 눈(眼)'과 같은 신체어나 '병(瓶)'과 같은 구체어는 평성, 즉 무표어인 원형으로 나타나는 반면, 이에 대립되는 비신체어인 '손(孫), 배(倍), 발(廉), 눈(雪), 병(病)'은 상성, '손(客), 배(梨)'는 거성, 즉 유표어인 비원형으로 나타난다. 이처럼 '손(手)'과 같은 신체어가 평성이며, '손(孫)'과 '손(客)'이 상성 및 거성인 것은 고유어인 신체어가 한자어보다 친숙하며 우선적이라는 점에서 동기화되어 있다.

> (4) a. 손(手) – 손(孫) – 손(客)
> b. 배(腹) – 배(倍) – 배(梨)
> c. 발(足) – 발(廉)
> d. 눈(眼) – 눈(雪)
> e. 병(瓶) – 병(病)

4. 의미의 계열관계

의미의 계열관계는 한 언어 구조에서 동일한 위치를 차지하고 있는 단어들 간의 관계인데, 특정한 문맥 속에서 단어들이 수직적으로 대신할 수 있는 '대치(substitution)'의 기준에 근거하고 있다. 여기에서는 동의관계, 대립관계, 하의관계, 부분관계를 중심으로 의미의 계열관계에 대해서 살펴보기로 한다.

4.1. 동의관계

'동의관계(synonymy)'는 형태가 다른 둘 이상의 단어가 동일한 의미를 지닌 것을 가리킨

---

10 『표준국어대사전』에서는 '다리¹(脚)'와 '다리²(橋)'가 동음이의어로 처리되어 있는데, '다리²(橋)'는 신체어 '다리¹(脚)'과 형태나 기능의 유사성을 지니므로 의미가 확장된 다의어일 개연성이 높다. 이와 관련하여, 일본어에서는 '다리¹'이 'ashi', '다리²'가 'hashi'이며, 영어에서는 '다리¹(脚)'이 'leg', '다리²'가 'bridge'로서 별개의 형태이다. 곧 '다리¹'과 '다리²'에 대해 한국어와 일본어에서는 동일 어원이 인정되며, 한자어와 영어에서는 별개의 단어에서 기원한 것이라 하겠다.

다.[11] 동의어의 정의, 비대칭성, 머릿속 작용 양상에 대해서 살펴보기로 한다.

첫째, 동의어의 정의에 대해서이다. 일반적으로 동의어 간에는 '의미의 동일성(sameness of meaning)'이 전제된다.[12] 이 경우 '의미의 동일성(sameness of meaning)'에 대해 엄격한 기준을 적용하느냐 또는 느슨한 기준을 적용하느냐에 따라 절대적 동의어와 상대적 동의어로 구분된다. '절대적 동의어(absolute synonym)'는 의미 차이 없이 모든 문맥에서 교체될 수 있는 것인데, 실제로 그러한 예는 매우 드물다.[13] 따라서 대부분의 동의어는 '비슷한말' 또는 '유의어'라고 하는 '상대적 동의어(relative synonym)'이다.

그러면 왜 절대적 동의어는 제한되어 있는 것인가? 동의어는 지역 및 사회 방언의 만남, 외래어의 유입, 새말을 통해서 형성된다. 이 경우 기준 시점의 한 단어와 동의어를 이룬 다른 단어가 절대적 동의어로 출발한다고 하더라도, 시간이 지남에 따라 사용빈도·내포와 외연·친숙성 등에서 차별성을 띠게 된다. 그 까닭은 절대적 동의어의 존재가 경제성을 지향하는 인지적 경향성에 어긋나기 때문이다. 즉 하나로 충분할 때 두 단어 형태를 학습하고 기억하는 것은 많은 노력이 들고 불필요하게 마련이다. 이와 관련하여 Bolinger(1977: 1)에서는 "만약 어떤 것을 말하는 두 가지 방식이 단어나 배열에 있어서 다르면, 그 방식들은 의미에 있어서도 다를 것이다."라고 하였다. 이 관점은 E. V. Clark(1993: 67-83)의 서로 다른 언어 형태들은 서로 다른 의미와 연상된다는 '대조의 원리(principle of contrast)'로 발전하게 된다. 그렇게 볼 때 언어에 존재하는 수많은 동의어는 상대적 동의어로서 동일한 단어의 반복에 따른 지루함을 덜고 변화와 생동감을 더하는 문채 효과의 기능을 갖는다.

둘째, 동의어 간에 나타나는 비대칭성을 확인해 보기로 한다(임지룡 2008a: 134-135 참조).

먼저, 동의어의 개념에 의한 비대칭성이다. 즉, 동일한 개념에 대한 형태가 다른 둘 이상의 단어와 유사한 개념에 대한 형태가 다른 둘 이상의 단어에서 전자는 원형적 동의어가 되며 후자는 비원형적 동의어가 된다. 예를 들어, '메아리-산울림'은 동일한 개념에 대한 동의관계이므로 원형적 동의어가 된다. 한편, '참다-견디다-버티다-배기다'는 유사한 개념에 대한 동의관계이므로 비원형적 동의어가 된다.

또한, 원형적 동의어의 경우에도 사용 빈도에 있어서 비대칭적이다. 이와 관련하여 복수

---

11 이와 관련하여 Quine(1961: 22)은 철학에서 '동의관계(synonymy)'를 '분석성(analyticity)'과 함께 의미 이론의 주된 과제라 하였으며, Miller & Fellbaum(1991: 202)은 WordNet 모형에서 '의미의 유사성(similarity of meaning)'을 가장 중요한 어휘관계라 하였다(Murphy 2003: 133 참조).

12 Storjohann(2010: 69-70)에서는 동의관계의 정의에서 '의미의 동일성'이 지나치게 강조됨으로써 의미 탐구의 흥미를 잃게 하는 요인으로 작용하였는데, 실제로 인지적, 심리언어학적, 말뭉치 접근에서 연구의 여지가 많다고 하였다.

13 이와 관련하여 Cruse(1986: 270)에서는 "자연이 진공상태를 싫어하듯이 자연언어도 절대적 동의어를 싫어한다."라고 하였다.

표준어의 사용 빈도를 보면 <표 4>와 같다.[14]

표 4 **복수 표준어의 사용 빈도**

복수 표준어	빈도 차례	빈도수
보조개/볼우물	10060/-	15/0
옥수수/강냉이	5527/22366	33/4
천둥/우레	12913/35206	11/2
여태/입때	4625/52135	41/1

인지적인 측면에서 동의관계를 형성하는 한 무리의 단어들 간에는 언어 습득 및 학습의 용이성, 기억 부담의 정도 등에서 인지적으로 차이를 드러낸다. 이와 관련하여 김광해(2003: 20)에서는 (5)에서 보듯이 동의관계를 중심으로 어휘의 등급을 평정한 바 있다.

(5)　***　　　　**　　　　　　*　　　　　　　0
　　　기쁨　　　환희(歡喜)　　　법열(法悅)　　　희락(喜樂)
　　　글　　　　문자(文字)　　　문적(文籍)　　　문부(文簿)
　　　기르다　　양육(養育)하다　보육(保育)하다　번육(蕃育)하다
　　　하늘　　　창공(蒼空)　　　궁창(穹蒼)　　　공명(空冥)

한편, 동의관계에 있는 한 무리의 단어에서 적용 분포의 비대칭성이다. 예를 들어, (6)의 '잡다-쥐다'에서 '공, 권력'의 경우는 동의관계가 형성되지만, '도둑, 자리, 날짜, 마음'의 경우에는 '잡다'만 가능하므로, '잡다'가 '쥐다'에 비해 적용 분포가 더 넓다.

(6) a. {공/권력/도둑/자리/날짜/마음}을 잡다.
　　b. {공/권력/*도둑/*자리/*날짜/*마음}을 쥐다.

요컨대, 동의관계를 형성하는 둘 이상의 단어는 의미적 가치가 동일한 것이 아니라, 개념적으로 원형적인 동의어와 비원형적인 동의어로 구별되며, 원형적인 동의어의 경우에도 사용 빈도에서 차이가 나며, 인지적으로 쉽고 뚜렷함에 있어 차이가 있으며, 적용의 분포가 넓고 좁음에 있어서도 비대칭성을 띤다.

셋째, 동의어의 머릿속 작용 양상을 살펴보기로 한다. 머릿속 사전에서는 동일한 의미 부류의 단어가 함께 저장될 가능성이 높다. 이것은 다음 두 가지 측면에서 뒷받침된다. 먼저, 단어

14　조남호(2002)의 1,531,966어절을 대상으로 한 『현대 국어 사용 빈도 조사』를 참고한 것이다.

연상에서 '아름답다⇄예쁘다', '기쁘다⇄즐겁다', '덥다⇄뜨겁다'와 같이 동의어에 의한 반응이 빈번하다. 다음으로, 혼성의 생성이다. 화자가 동의어인 목표어를 발화할 경우, 머릿속에는 하나의 개념에 대한 둘 이상의 형태가 활성화된다. 이 경우 상호 경쟁 관계에 있는 동의어 가운데 어느 것을 선택해야 할지에 대한 망설임이 동의적 혼성으로 나타나게 된다. 예를 들어, (7a)의 '탁걸리'는 동일한 의미를 지닌 '탁주'와 '막걸리' 가운데 어느 하나를 목표어로 선정하는 과정에서 두 형태가 경쟁과 상호 간섭의 결과로 생성된 혼성형이다.[15] (7b)의 '계랄'은 한자어 '계란(鷄卵)과 고유어 '달걀'을 함께 지니고 있는 화자가 양쪽을 무의식적으로 발화한 것이며, (7c)의 '사플'은 영어 조기교육을 받은 어린이의 발화로 '사과'와 '애플'의 혼성형이다.

> (7) a. 탁걸리 = 탁주×막걸리
> b. 계랄 = 계란(鷄卵)×달걀
> c. 사플 = 사과×애플

4.2. 대립관계

'대립관계(opposition)'는 의미적으로 공통점을 많이 가진 바탕 위에서 한 가지 현저한 속성의 차이점을 통해 대립을 이루는 단어의 쌍을 가리키며, 그 전형적인 경우가 이원대립이다. 아래에서는 대립관계의 유형을 기술하고 자율언어학과 인지언어학의 관점을 살펴보기로 한다.

먼저, 대립관계의 유형에는 다음 세 가지가 있다. 첫째, '반의어'는 정도나 등급에 있어서 대립을 이루는 것으로서, '길다/짧다, 쉽다/어렵다, 빠르다/느리다'와 같은 형용사인데, 양극 사이에 중간 지역을 갖는다. 둘째, '상보어'는 대립관계의 개념적 영역을 상호 배타적인 두 구역으로 양분하는 경우로서, '남성/여성, 참/거짓, 살다/죽다'가 그 보기인데, 대립의 양극 사이에 중간 지역이 존재하지 않는다. 셋째, '방향대립어'는 맞선 방향을 전제로 하여 위치·관계·이동 및 동작의 측면에서 대립을 이루는 경우로서, '위/아래, 앞/뒤, 오른쪽/왼쪽', 인간적 관계의 '부모/자식, 남편/아내, 스승/제자', 이동 및 동작의 '가다/오다, 사다/팔다, 입다/벗다'가 그 보기인데, 맞선 방향을 전제로 하여 공간 및 인간관계나 이동 방향에서 대립을 이룬다.

종래 구조의미론이나 형식의미론에서는 대립관계의 단어 쌍이 구조적으로나 의미적으로 고정적이고 등가적인 것으로 간주해 왔다. 그러나 인지언어학적 관점에서는 대립관계가 언어

---

15 이러한 혼성형은 다음과 같이 방언의 점이지대에서 흔히 포착된다. '뜸닭(충북과 경북의 접경지역 방언)'=품북이(충북방언)×무닭(경북방언), '연갈(전남 장흥방언)'=연기(표준말)×냉갈(전남방언), '부치럽다(제주방언)'=부끄럽다(표준말)×비치럽다(제주방언), '틀부다(전북 서북방언)'=틀리다(표준말)×달부다(전남방언)

적 맥락이나 언중의 의식 속에서 수시로 활성화되고 비대칭적인 것으로 파악된다. 대립관계의 비대칭성을 보면 다음과 같다.

첫째, 반의어 '길다/짧다, 높다/낮다, 깊다/얕다, 멀다/가깝다, 넓다/좁다, 굵다/가늘다, 두껍다/얇다, 크다/작다' 등에서 '길다'와 같은 (+)쪽이 '짧다'와 같은 (-)쪽에 비해 빈도수가 높고,[16] "연필이 어느 정도 깁니까?"와 같이 중립적인 의문문에서 사용되고, '길이/*짧이'와 같이 파생명사나 파생부사, 또는 '높다랗다/*낮다랗다'와 같이 파생형용사가 생산되며, '높낮이/*낮높이', "{길고 짧은/*짧고 긴} 것은 대 보아야 안다."와 같이 합성어나 구에서 앞자리에 놓인다는 점에서 적극적이다.[17]

둘째, 상보어의 '남성/여성'의 성별이 대립될 경우 남성이 여성에 비해 우월성을 띤다. 즉 '{청소년/*청소녀} 보호 선도의 달'에서 보듯이 '(청)소년'은 '(청)소년'과 '(청)소녀' 대립의 중화 환경에 쓰여 상위어가 된다. 합성어의 경우 '남녀/*여남, 부모/*모부, 소년소녀/*소녀소년'과 같이 일반적인 경우 '남성'이 앞자리에 놓이는 반면, '연놈/*놈년, 비복(婢僕)/*복비(僕婢), 암수(자웅(雌雄))/*수암(*웅자(雄雌))'와 같이 비속어, 비천한 신분, 동물의 경우 '여성'이 앞자리에 놓인다.

셋째, 방향대립어의 경우이다. 먼저, 공간적 위치 대립에서 '위/아래, 앞/뒤, 오른쪽/왼쪽'의 경우, "사기가 {올라가다/내려가다}.", "의식수준이 십년 {앞섰다/뒤처졌다}.", "그는 내 오른팔이다./왼새끼 꼬다."에서 볼 때 '위, 앞, 오른쪽'은 긍정적이며, '아래, 뒤, 왼쪽'은 부정적이다. 또한 '착탈(着脫)' 대립의 경우, '입다·쓰다·신다·두르다·끼다'에 대한 '벗다', '끼우다·꽂다'에 대한 '빼다', '매다·차다·드리다'에 대한 '풀다'에서 보듯이, '착(着)'에 관한 쪽은 다양하고 분화되어 있는 반면, '탈(脫)'에 관한 쪽은 제한되어 있다.

그러면 대립관계에서 왜 이러한 비대칭성이 작용하게 되는 것인가? 이것은 다음과 같은 인지적 원리나 경향성이 대립관계에 투영되어 있기 때문이다.

첫째, 반의어의 경우, 우리의 대상 지각은 현저성의 정도에 차이를 띠게 된다. 곧 현저한 대상은 덜 현저한 대상에 비해 잘 지각되며 비중이 높다. 예를 들어, '길다/짧다'에서 지각상

---

16 조남호(2002)의 1,531,966어절을 대상으로 한 『현대 국어 사용 빈도 조사』(국립국어원)에 따르면 다음과 같다.

반의어	빈도 차례	빈도수	반의어	빈도 차례	빈도수
길다/짧다	386/856	509/260	넓다/좁다	638/1754	342/128
높다/낮다	277/974	691/228	굵다/가늘다	1937/2757	113/76
깊다/얕다	461/9253	443/17	두껍다/얇다	2827/3421	74/59
멀다/가깝다	718/648	301/336	크다/작다	39/259	2835/738

17 '길다/짧다'에 나타나는 이러한 비대칭성을 '유표성(markedness)'이라고 하는데, '길다'와 같이 적극적인 쪽을 '무표어(unmarked term)'라고 하며, '짧다'와 같은 소극적인 쪽을 '유표어(marked termed)'라고 한다.

으로 '길다'는 '짧다'에 비해 더 현저하다. 그에 따라 범언어적으로 '길다'의 적극적인 쪽은 '짧다'의 소극적인 쪽과 달리 "연필이 얼마나 깁니까?"와 같이 중립적인 의문문이나 '길이'와 같은 명사화가 성립되며, 파생에 있어서 생산적이다. 같은 맥락에서 적극적인 쪽은 소극적인 쪽보다 언어 습득 시기가 빠르며, 사용 빈도가 높다.

둘째, 성별 상보어의 경우, 합성어의 어순에는 우리 사회의 전통적 사고방식인 남존여비 의식이 반영되어 있다. '남녀'에서 남성이 앞자리에 놓이는 것은 남성을 중시하는 사고방식이 반영된 것이며, '연놈', '비복', '암수'와 같이 비속어, 비천한 신분, 동물의 경우에 여성이 앞자리에 놓인 것은 전자와 구별하기 위한 인지전략이 내포되어 있다고 하겠다.

셋째, 방향대립어의 경우, '위, 앞, 오른쪽'이 긍정적이며, '아래, 뒤, 왼쪽'이 부정적인 것은 신체적 경험 및 사회 문화적 경험과 깊은 상관성을 지니고 있다. 또한 '착탈'에 대한 우리의 대상 인식은 에너지의 양과 상관성을 띤다. 즉 우리는 에너지의 양이 적게 필요한 대상에 비해 많이 필요한 대상에 더 많은 관심과 주의를 기울인다. 이러한 경향성은 '착탈' 어휘의 구조적 비대칭성에 반영되어 있는데, '착(着)'에 관한 동작을 발생시키는 데나 그 상태를 유지하는 데는 에너지의 양이 많이 요구되므로 더 활성적인 반면, '탈'에 관해서는 에너지의 양이 적게 요구되므로 덜 활성화된 것이라 하겠다.

4.3. 하의관계

'하의관계(hyponymy)'는 단어의 의미적 계층구조에서 한 쪽이 의미상 다른 쪽을 포함하거나 다른 쪽에 포함되는 관계로서,[18] 보다 더 일반적인 쪽을 '상위어'라고 하고, 특수한 쪽을 '하위어'라고 하며, 동위 관계에 있는 하위어의 무리를 '공(통)하위어'라고 한다. 여기서는 하의관계의 성격, 기본층위의 특성에 대해서 살펴보기로 한다.

먼저, 하의관계의 성격에 대해서이다. <그림 3>의 계층구조에서 '동물'은 '조류·포유류·어류'의 상위어이며, 역으로 '조류·포유류·어류'는 '동물'의 하의어이다. 이 관계는 상대적이므로, '포유류'는 '소·개·말'의 상위어이며 '개'는 '진돗개·삽사리·풍산개'의 상위어가 된다. 한편, '소·개·말'은 '포유류'의 공하위어' 또는 '동위어'가 된다.

하의관계의 논리적 특성을 외연적·내포적 관점에서 기술하면 다음과 같다. 외연적인 관점에서, '포유류'와 같은 상위어가 지시하는 부류는 '개'와 같은 하위어가 지시하는 부류를 포함하며, 내포적인 관점에서 '개'의 의미는 '포유류'의 의미보다 더 풍부하므로 '개'는 '포유류'의

---

18 Cruse(2004: 148)에서는 한 언어의 어휘에서 가장 중요한 구조화 관계 가운데 하나는 '하의관계'라고 한 바 있다.

의미를 포함한다. 따라서 '상위어'는 의미의 외연이 넓고 내포가 좁은 반면, '하위어'는 의미의 외연이 좁고 내포가 넓다.

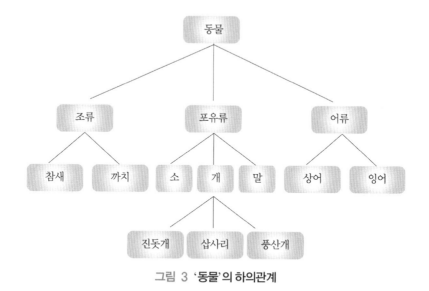

그림 3 '동물'의 하의관계

다음으로, 하의관계는 수직적으로 상위층위, 중간층위, 하위층위의 계층구조를 이루는데, 그중 중간층위, 즉 '기본층위(basic level)'는 다음과 같은 특징을 지닌다. 첫째, 인지적인 측면에서 기본층위는 사람들이 보편적으로 사물을 지각하고 개념화하는 층위이다. 예를 들어, 한 사물을 보고 "저것이 무엇이냐?"라는 질문에 대답할 때 '동물-개-삽살개-청삽사리' 가운데 일반적으로 '개'를 선택하게 되는데, 계층구조에서 이 층위가 곧 기본층위에 해당한다. 기본층위는 우리의 머릿속에서 그 영상을 명확히 떠올릴 수 있다는 점에서 인지의 기준점이 된다. 둘째, 기능적인 측면에서 기본층위는 발생 빈도가 높고 언어습득 단계에서 가장 이른 시기에 습득된다. 셋째, 언어적인 측면에서 기본층위는 형태가 짧고 고유어인 경우가 대부분이다. 대조적으로 하위층위는 합성어나 파생어가 많다는 점에서 형태가 길며, 상위층위나 하위층위는 다른 언어에서 차용되는 경우가 흔하다.

하의관계의 전형적인 유형을 '분류관계(taxonomy)'라고 하는데, 과학적 분류와 민간 분류가 대조를 이룬다. 먼저, 린네의 동식물 분류로 잘 알려져 있는 '과학적 분류(scientific taxonomy)' 또는 '전문 분류(expert taxonomy)'의 특징은 분류의 층위가 매우 많고 복잡하며, 층위들 간의 비중은 등가적으로 간주되었다. 복잡성과 엄격성을 특징으로 삼는 과학적 분류는 객관성을 확보하기 위해 인간의 주관성을 철저히 배제하려 하였다. 그런데 이러한 관점은 언어공동체의 일상적 삶에 뿌리를 두지 않음으로써 분류관계의 본질을 해명하는 데 많은 한계를 안고 있었다.

한편, 인지언어학에서는 '민간 분류(folk taxonomy)', 또는 '소박한 모형(naive model)'을 중시하는데, 이 관점은 한 문화권의 언중들 간에 형성되어 있는 상식적인 세계관으로서 언어 속에는 언중들의 경향성, 지혜, 예측력이 집약되어 있다고 본다. 곧 분류관계를 파악하는 데 인간의 경험과 인지에 바탕을 둔 주관적 경향과 전략이 투사됨으로써 계층들 간의 비중은 비대칭적이며 선호하는 층위가 있게 마련이다. '과학적 분류'나 '전문 분류'에서는 속성이나 정보의 측면에서 상위층위가 가장 적고 단순하며, 하위층위가 가장 많고 풍부하다고 보았으 며, 언어습득에서도 상위층위가 가장 먼저 발달할 것으로 보았다. 그러나 '민간 분류'에서는 기본층위가 정보 및 지식이 가장 풍부한 층위임을 실증하게 되었다.

4.4. 부분관계

'부분관계(meronymy)'는 전체에 대한 부분의 관계이다.[19] '코'는 '얼굴'의, '씨'는 '과일'의, '날'은 '칼'의 '부분어(meronym)'이며, 역으로 '얼굴'은 '코'의, '과일'은 '씨'의, '칼'은 '날'의 '전체어(holonym)'이다. 또한 '눈', '입', '코'는 '얼굴'의 '공-부분어(co-meronym)'이다.[20]

'부분관계'의 성격 및 특성을 살펴보면 다음과 같다.

첫째, 부분관계는 하의관계처럼 단어들의 어휘적 형태에 의존하는 것이 아니라 단어들의 의미에 대한 직접적인 반영이다(Murphy 2010: 122-123 참조).

둘째, 부분관계는 종종 다양한 다의관계 유형의 발단에 있다는 점에서 중요한 어휘 관계이 다. Brown & Witkowski(1983)와 Witkowski & Brown(1985)에 따르면 세계 언어에서 5개 중 하나가 '눈(부분어)'과 '얼굴(전체어)'의 관계를 지시하는 데 동일한 단어를 사용하며, 세계 언어의 절반보다 약간 적은 수의 언어가 '손(부분어)'과 '팔(전체어)'을 다의어로 관련시키고 39%가 '발(부분어)'과 '다리(전체어)'를 같은 단어의 다의어로 관련시킨다고 한다(Riemer 2010: 140 참조).

셋째, 부분관계의 비대칭성이다. '손가락⊂손'의 관계에서 보듯이 부분어는 전체어에 포함

---

19 'meronymy'의 유래와 환유와의 관계는 다음과 같다. 먼저, 이 용어는 '부분'을 뜻하는 그리스어 'meros'에서 유래한다(Riemer 2010: 140 참조). 다음으로, 'metonymy(환유)'와의 관련성인데, '제 복(부분)'이 '경찰(전체)'을 가리키는 '환유'와 '부분관계' 간에 다소의 유사성이 인정되지만, '환유' 는 지시 실행의 한 부분으로서 화자가 사용하는 과정인 반면 '부분관계'는 어휘 속에 명시된 분류 도식을 기술한다는 점에서 구별된다(Saeed 1997/2016: 80 참조).

20 Murphy(2010: 123)에서는 '부분관계'의 하위유형으로 다음 네 가지를 들고 있다. ①전체>단편: 달>날 ②전체>기능적 성분: 자동차>엔진 ③집합>구성원: 사자 떼>사자 ④전체>물질: 도관(pipe)> 구리(copper). 한편, 김령환(2016)에서는 부분관계의 하위유형별로 어휘 의미의 다의성을 논의한 바 있다.

된다.

넷째, '부분관계'에서 '이행성(transitivity)'의 특이성이다. 만약 A가 B의 부분어이고 B가 C의 부분어이면, A도 C의 부분어이다. 이것은 부분관계의 논리적 구조에서 기인하는데, (8) 에서 보는 바와 같다.

(8) a. 코는 얼굴의 일부분이다.
    b. 얼굴은 사람의 일부분이다.
    c. 코는 사람의 일부분이다.

'부분관계'의 이행성은 항상 준수되는 것이 아니라는 점이 하위어의 경우와 다르다. 즉 하의어의 경우 '청삽사리'가 '삽사리'의 하위어이고 '삽사리'가 '개'의 하위어이면 '청삽사리'는 '개'의 하위어라는 점에서 그 이행성이 항상 준수되는 반면, '부분관계'는 '손잡이'는 '문'의 일부분이고 '문'은 '집'의 일부분이지만 '손잡이'가 '집'의 일부분이라고 하는 것은 자연스럽지 않다는 점에서 그 이행성이 반드시 지켜지는 것은 아니다(Cruse 1977: 30 참조). 이와 관련하여 Winston *et al.*(1987: 431)에서는 '부분관계'의 유형 가운데 '성분(component)-물체(object)' 유형의 부분관계를 포함한 (9)에서처럼 동일한 유형의 부분관계가 그 연쇄의 모든 부분들에 관련되어 있을 때 이행적이라고 하였다.[21]

(9) a. Simpson's finger is part of Simpson's hand. (심슨의 손가락은 심슨 손의 일부분이다.)
    b. Simpson's hand is part of Simpson's body. (심슨의 손은 심슨 몸의 일부분이다.)
    c. Simpson's finger is part of Simpson's body. (심슨의 손가락은 심슨 몸의 일부분이다.)

대조적으로 (10a)는 '성분-물체' 부분관계를, 그리고 (10b)는 '구성 요소(member)-집합체(collection)' 부분관계를 포함하므로 이행성에 실패한다(Winston *et al.* 1987: 431 참조).

(10) a. Simpson's finger is part of Simpson. (심슨의 손가락은 심슨의 일부분이다.)
     b. Simpson is part of the Philosophy Department. (심슨은 철학과의 일부분이다.)
     c. *Simpson's finger is part of the Philosophy Department. (심슨의 손가락은 철학과의 일부분이다.)

---

21 Winston *et al.*(1987)은 부분관계의 여섯 가지 유형을 제안했다. ①'성분-전체 물체': pedal-bike ②'구성 요소-집합체': sheep-fleet ③'부분-덩어리': slice-pie ④'재료-물체': steel-car ⑤'자질-활동': paying-shopping ⑥'장소-지역': Everglades-Florida

5. 의미의 결합관계

의미의 결합관계는 한 언어 구조에서 선형 순서로 이루어진 단어들 간의 관계 유형인데, 단어들이 수평적으로 결합하는 '병치(jextaposition)'의 기준에 근거하고 있다. 여기서는 변칙성, 연어, 그리고 관용 표현을 중심으로 의미의 결합관계에 대해서 살펴보기로 한다.

5.1. 변칙성

'변칙성(anomaly)'은 한 단어가 그 단어가 사용된 문맥과 조화를 이루지 못하는 어휘 관계이다(Hamawand 2016: 32 참조). 단어는 주변의 단어와 조화를 이루어야 하는데, '?겁먹은 의자'는 '관형어+체언'의 문법적으로 용인될 수 있는 구조이지만, 사용 규칙에 어긋나기 때문에 의미적으로 변칙적이다.

변칙성은 '선택 제약(selection restriction)'을 위반한다. 선택 제약은 단어들의 '공기 현상(co-occurrence)'을 지배하는 통사-의미적 제약으로서, 일반적으로 한 단어는 공기할 수 있는 다른 단어를 선택하게 된다. 예를 들어, '겁먹은 소년'에서처럼 '겁먹다'의 주체를 사람으로 제약하여 사용하고 '?겁먹은 의자'에서처럼 사람이 아닌 대상과는 사용하지 않는 것이 선택 제약이다.

단어의 변칙성에는 다음 두 가지가 있다. 첫째, '용어법(冗語法, pleonasm)'이다. 이는 한 단어가 강조하기 위해 사용되는 잉여적 요소로서, 실제로는 그 단어가 없어도 문제 되지 않는다. (11)은 용어법에 의한 변칙성의 보기이다(임지룡 1992: 317 참조). 그중 (11a)는 고유어로 된 부사어 및 한자어로 된 중심어, (11b)는 감각기관과 감각동사, 장소 및 방향의 부사어와 중심어 간에 잉여성이 나타난다.

> (11) a. 달게 감수하다, 미리 예습하다, 둘로 양분하다, 다시 재론하다, 서로 상충하다
> b. 눈으로 보다, 코로 냄새 맡다, 혀로 맛보다, 손으로 만지다, 발로 차다
> c. 배에 승선하다, 바다에 해수욕가다, 앞으로 전진하다, 산으로 등산가다

둘째, '액어법(軛語法, zeugma)'이다. 이는 하나의 표현이 동시에 두 개의 의미적 수행을 함으로써 생기는 어색한 표현을 가리키는데, 그 의미를 알기 위해서는 단어의 용법이 두 가지 다른 방식으로 설명되어야 한다.[22] 예를 들어, (12)의 경우를 보기로 한다(임지룡 2008a: 211

---

22 예를 들어, "Arthur and his driving licence **expired** last Thursday."에서 'expire'는 '죽다'와 '만기되다'를 뜻하는 '액어법' 표현인데, "Arthur **expired** last Thursday; his driving licence **expired** that

참조).

(12) a. **학마을**은 한껏 즐겁고 풍성하였다. (이범선 1996: 19, 「학마을 사람들」, 『한국현대
　　　　　대표소설선』 9, 창작과 비평사.)
　　　b. **학마을 사람들**은 한껏 즐겁고 **학마을**은 한껏 풍성하였다.
　　　c. ?**학마을 사람들**은 한껏 즐겁고 풍성하였다.

　(12a)의 '학마을'은 환유 표현으로서 (12b)의 '학마을 사람들'과 '학마을'을 뜻하는데, (12c)
의 경우 '학마을 사람들'이 '즐겁다'와 '풍성하다'라는 서술어를 동시에 통제할 수 없으므로
액어법이 된다.

5.2. 연어

　'연어(collocation)'는 두 단어가 서로 옆에 존재하면서 결합하여 하나의 공통적 표현을 형
성하는 어휘 관계이다(Hamawand 2016: 33, 189 참조). 예를 들어, (13)에서 '두껍다'와 '두텁
다'의 용법을 보기로 한다.

　(13) a. {두꺼운/두터운} 옷
　　　b. {두꺼운/?두터운} 책
　　　c. {?두꺼운/두터운} 우정

　(13a)에서 '두껍다'와 '두텁다'는 동의적이다. (13b) 및 (13c)에서 '두껍다'와 '두텁다'는
'책'과 '우정'에 대해 연어의 형성과 제약이 상호 역전됨을 알 수 있다. 즉 '두껍다'가 물리적
두께에 사용되는 반면, '두텁다'는 주로 정신적 차원에 사용된다. 형용사 '짙다'는 그 대상이
'빛깔', '액체', '맛', '향기', '느낌' 등에 따라 섬세한 의미 차이를 갖는데, 이를 '연어적 의미'
라고 한다.
　연어 관계의 예측 가능성을 (14)의 예에서 보기로 한다.

　(14) 그 소녀는 예쁜 ____을/를 가졌다.

　(14)의 빈자리에 기대되는 명사는 '눈, 인형, 옷' 등이다. 곧 '예쁘다'와 연어 관계에 놓이는

---

day, too."라고 하여 'expire'를 분리함으로써 액어법의 이상함을 해소하게 된다(Cruse 1986: 21,
Cruse 2000b: 46 참조).

결합체는 '눈, 인형, 옷' 등으로 예측이 가능하지만, 역으로 '눈, 인형, 옷' 등에서 '예쁘다'를 기대하기는 어렵다. 이 경우 '예쁘다'를 선택자라 하고, '눈, 인형, 옷'을 피선택자라고 한다. 한편, '체언+용언' 형의 연어인 '코를 골다'와 '몸부림을 치다'는 선택자와 피선택자의 방향이 반대인데, 전자는 용언이 선택자인 반면, 후자는 체언이 선택자이다.

　최근 들어 '말뭉치(corpus)'를 활용하여 '연어 가능성(collocability)' 또는 '연어 범위 (collocational range)'에 대한 연구가 활성화되고 있어 주목된다.[23] 이와 관련하여 '의미 운율 (semantic prosody)'은 특정한 의미 집합에 속하는 다른 단어들과 전형적으로 공기하는 단어를 가리키는 것으로, 긍정 및 부정적 운율이 대립을 이룬다.[24] 예를 들어, '착하다'에 대한 (15)는 긍정적 운율의 연어이며, (16)은 부정적 운율의 연어이다.[25]

　　(15) a. 울산 밝게 만드는 지름길은 '**착한** 댓글' 달기 (경상일보 2013.2.15.)
　　　　 b. 나눔을 실천하는 **착한** 가게 (에이블뉴스 2014.3.5.)

　　(16) a. **착한** 국민 콤플렉스 (한국일보 2000.1.29.)
　　　　 b. 울림이 없는 '**착한** 영화' (경향신문 2004.2.5.)

5.3. 관용 표현

　'관용 표현(idiomatic expression)'은 둘 이상의 구성 요소가 결합하여 구성 요소의 합 이상의 의미를 갖는 고정된 형식의 표현이다. '국수를 먹다'라는 관용 표현은 '국수'와 '먹다'의 두 개의 구성 요소가 결합한 것으로, '결혼하다'라는 새로운 의미를 갖고 있으며, 형식적으로 비교적 고정되어 있다.

　먼저, 의미적인 측면에서 보면, '국수를 먹다'라는 관용 표현의 의미를 이해하기 위해서는 '국수'와 '먹다'라는 단어 각각의 의미를 아는 것만으로는 부족하다. 따라서 어린이나 외국인 학습자가 '국수를 먹다'라는 관용 표현이 '결혼하다'라는 의미를 갖는다는 점을 이해하기 위

23　Reimer(2010: 387)에서는 말뭉치는 예기치 않은 '연어', 즉 '규칙적인 단어의 결합' 패턴을 보여 주기 때문에 의미 분석에 유용하다고 하였다.

24　영어에서 'cause(유발하다)'는 'difficulty(곤란)', 'distress(비탄)', 'pain(고통)', 'trouble(불화)' 등과 같이 불쾌한 것을 나타내는 단어와 연어를 이루므로, '부정적인 운율(negative prosody)'을 갖는다. 그 반면, 'bring about(유발하다)'은 'cure(치료)', 'improvement(개선)', 'solution(해결책)', 'success (성공)' 등과 같은 즐거운 것들을 나타내는 단어와 연어를 이루므로, '긍정적 운율(positive prosody)'을 갖는다. 따라서 "a problem is caused(문제가 유발되었다)"로, 그리고 "a solution is brought about(해결책이 만들어졌다)"으로 말할 수 있다(Hamawand 2016: 34 참조).

25　국어의 의미 운율에 대한 논의는 강범모(2009, 2011), 남길임(2012, 2014)이 있으며, '착한+N'의 연어에 대한 논의는 김명광(2009), 김철규(2012), 임지룡(2014d)이 있다.

해서는 별도의 학습이 필요하다.

다음으로, 형식적인 측면에서 보면, 관용 표현은 결합 방식이 비교적 고정되어 있기 때문에 아래의 (17)에서처럼 '따뜻한, 식탁에서'와 같은 수식어를 통해 문장을 확장하거나, (18)에서처럼 '국수' 대신에 '비빔밥'을, '먹다' 대신에 '비비다'로 문장 성분을 교체하면 관용 표현으로서의 의미를 상실하게 된다.

(17) a. 엄마가 아이에게 국수를 먹게 했다.
　　 b. 엄마가 아이에게 따뜻한 국수를 먹게 했다.
　　 c. 엄마가 아이에게 식탁에서 국수를 먹게 했다.

(18) a. 언제 국수 먹게 해 줄래?
　　 b. 언제 비빔밥 먹게 해 줄래?
　　 c. 언제 국수 비벼 줄래?

(19)의 관용 표현 '시치미를 떼다', '산통을 깨다'는 각각 구체적인 상황에 쓰이던 표현이 유사한 일반적인 상황에 적용되면서 관용적 구조와 의미를 갖게 된 예이다.[26]

(19) a. 영수는 아무것도 모르겠다는 듯 시치미를 떼고 앉아 있었다.
　　 b. 영수는 산통 깨는 소리를 잘한다.

즉, '시치미 떼다'에서 '시치미'는 매의 주인이 자신의 주소를 적어 매의 깃털 속에다 매어 둔 네모난 뿔로서, 매의 시치미를 떼고 자신의 매인 것처럼 행동하는 일을 뜻한다. 또한, '산통'은 맹인이 점을 칠 때 쓰는 산가지를 넣은 통으로, 점을 칠 때 사용해야 하는 산통을 깨는 것은 잘되어 가던 일을 뒤틀어 버리는 행동이다. 이들 관용 표현은 시치미를 떼거나 산통을 깨는 상황을 뜻하다가, 이와 유사한 상황으로 확장되어 사용되면서 현재와 같은 의미를 갖는 관용 표현이 된 것이다.

최근 들어, 인지언어학에서는 관용 표현 탐구에 새로운 접근을 시도하고 있는데, 그 경향은 다음과 같다(송현주 2015b: 76-79 참조). 첫째, 관용 표현의 개념화와 동기화의 해명이다. 관용 표현을 '구성 요소가 한 표현의 의미를 구성하는 데 기여하는 표현'으로 규정하고, 관용 표현이 인간의 개념화 방식에 대해 무엇을 설명할 수 있는가에 초점을 둔다. 예를 들어, '가시

---

[26] 관용 표현은 의미의 투명성 정도에 따라 '오지랖이 넓다'와 같이 관용적 의미를 글자 그대로의 의미에서 유추하기 어려운 경우, '벽을 넘다'와 같이 관용적 의미를 어느 정도까지는 글자 그대로의 의미로 유추할 수 있는 경우, '무릎을 꿇다'와 같이 관용적 의미를 상당 부분 글자 그대로의 의미로 유추할 수 있는 경우로 유형화할 수 있다.

밭길을 가다'는 힘겹고 험한 삶을 살아간다는 의미를 갖는다. 우리는 가시덤불을 헤치면서 어떤 길을 이동하는 것이 상당히 힘들고 어렵다는 경험을 갖고 있다. 인간이 삶을 사는 것은 시간 축을 따라 이동하는 사건으로 개념화되며, 가시밭과 같은 장애물은 이동을 어렵게 만든다. 따라서 '가시밭길을 가다'는 이동 사건 은유에 의해 동기화된다. 또한, '결혼하다'라는 의미를 갖는 관용 표현에는 '국수를 먹다'를 비롯하여 '화촉을 밝히다', '마당을 빌리다', '머리를 올리다', '장가를 가다', '시집을 가다', '면사포를 쓰다' 등이 있다. 이들 표현은 결혼 과정에서 발생하는 다양한 사건 중 하나이다. 이들 관용 표현이 결혼이라는 의미를 갖게 되는 것은 사건의 가장 현저한 한 부분이 사건 전체를 지칭하는 축소지칭, 즉 환유에 의해 관용 표현의 의미가 동기화된 결과이다.

둘째, 관용 표현의 자료에 있어서 용법기반 모형과 말뭉치 언어학적 방법론의 접목이다. 즉, 말뭉치에서 추출한 다수의 용례를 분석하여 관용 표현 탐구에 대한 질적인 접근은 물론이고, 양적인 접근을 시도하는데, 이를 통해 관용 표현의 형식적 고정성 정도를 실증할 수 있다. 예를 들어, '김칫국'이 포함된 용례 200개를 분석한 결과, 관용적 의미로 사용된 경우가 총 156건이었는데 그중에서 '김칫국을 마시다'가 154건, '김칫국을 들이키다'가 2건으로 확인되었다. 반면, '탈'이 포함된 용례 200개를 분석한 결과, 관용적 의미로 사용된 경우는 총 95건이었으며, '탈을 쓰다'가 85건, '탈을 벗다'가 9건, '탈을 빌리다'가 1건으로 확인되었다. 이를 통해 '김칫국을 마시다'가 '탈을 쓰다/벗다'에 비해 상대적으로 글자 그대로의 의미보다는 관용적 의미로의 사용이 더 우세함을 확인할 수 있다.[27]

관용 표현은 적지 않은 경우에 분석이 가능할 뿐만 아니라 인간의 경험 및 사고방식과 상당히 밀접하게 연결되어 있다.[28] 따라서 해당 언어 사용자의 사회와 문화적 특성을 반영하게 된다. 예를 들어, '국수를 먹다'는 결혼식에서 국수를 대접해 온 한국어 사용자의 경험에 기초한 것이다. 중국어로는 '결혼하다'에 대해 '사탕을 먹다(吃喜糖)'라는 표현을 사용하는데 이는 약혼이나 결혼식에서 친구들에게 사탕을 선물하는 문화에서 유래한 것이다. 아는 사람이 많다는 의미로 한국어에서는 '발이 넓다'라고 표현하지만, 일본에서는 '얼굴이 넓다(顔が廣

27　Wulff(2008: 4-5)는 말뭉치 언어학적 방법론과 인지언어학과 구문문법의 관점에서 어휘에 대한 '관용성(idiomaticity)'의 정도를 통계적 기법을 활용하여 실증한 바 있다. Wulff(2008: 26-27)는 *Collins Cobuild Dictionary of Idiom*의 표제항에서 'V NP-구문'을 추출한 다음 *BNC(British National Corpus)*에서 이들 항목이 사용된 빈도를 통해 관용성의 정도에 대해 연구한 것이다.

28　관용 표현 가운데는 구성 요소를 통해 전체의 의미를 추론할 수 있는 것도 적지 않다. 김진해(2010: 36)는 '나사를 꽉 조이다, 시치미를 뚝 떼다, 단물을 쪽쪽 빨아먹다' 등을 예로 들어 상징부사에 의한 수식이 관용 표현 전체의 의미가 아니라, 글자 그대로의 의미를 대상으로 한다는 점에서 관용 표현의 구성 요소는 관용 표현의 의미와 무관하지 않으며, 그 쓰임에도 일정 부분 영향을 받는 관계임을 보인 바 있다.

い)'를 쓰고, 물에 흠뻑 젖은 모습에 대해 한국어에서는 '물에 빠진 생쥐'라고 하지만, 중국어로는 '국에 빠진 병아리(落湯鷄)'라고 한다. 매우 적은 것을 한국어에서는 '쥐꼬리만한 수입'과 같이 '쥐꼬리'로 비유하는 반면, 영국에서는 '새끼양의 꼬리(lamb's tail)'라고 한다. 이는 해당 언어 사용자의 문화적 경험과 사고방식의 차이 때문이다.

우리는 일상적으로 적지 않은 관용 표현을 사용하는데, 이는 사람들이 글자 그대로의 의미만으로 의사소통을 하는 것이 아니라, 관용 표현을 통해 사건을 개념화하고 추상적인 생각을 표현하기 때문이다.[29] 즉 Gibbs(2007: 721)에서 지적된 바와 같이 "인간이 관용 표현을 사용하는 것은 의사소통을 통한 개인의 물리적 · 사회적 생존을 보장하는 수단인 동시에, 언어 처리에 대한 부담을 피하기 위한 방법"이다. 따라서 관용 표현에 대한 탐구를 통해 언어 사용자의 사고하는 방식을 이해하는 데 기여할 수 있다.

6. 마무리

이제까지 인지언어학적 관점에서 의미 관계에 대해 살펴보았다. 이상에서 논의한 바를 간추리고 의미 관계 탐구의 의의와 전망을 통해 이 장을 마무리하기로 한다.

첫째, 구조주의에서는 언어의 의미 관계를 계열적 관계와 결합적 관계의 엄격한 구분 속에서 논리적으로 완벽하게 기술해 내는 듯하였다. 그러나 이는 의미를 언어 자체의 관계적 개념으로 파악한 것이며, 의미 구조는 언어 내적 관계들의 방대한 연산이 되는 것으로, 화자들이 이 세상을 개념화하는 방식과 무관하다는 점에서 한계를 지니게 된다.

둘째, 언어관의 변화에 따라 의미 관계의 기술과 해석도 크게 바뀌었다. 이와 관련하여, 의미 관계에 대해 가장 깊이 있는 연구를 수행해 온 Cruse는 1990년대를 기점으로 구조주의에서 인지주의로 연구 프레임을 전환했는데, Cruse(1986)가 구조의미론적 관점에서 이루어진 의미 관계의 결정판이라면, Cruse(2000) 및 Croft & Cruse(2004)는 인지의미론적 관점에서 의미 관계의 새로운 지평을 연 시도라 하겠다. 언어 고유의 자율적 체계에 바탕을 둔 전자가 논리적, 체계적, 대칭적인 시각이라면, 개념화의 차원에 바탕을 둔 후자는 역동적, 유연성, 비대칭적 시각이라 할 수 있다.

---

29 Gibbs(1994: 163-164)는 관용 표현에 대한 심적 영상을 설명하게 한 실험을 통해 관용 표현의 의미가 은유적으로 동기화되어 있음을 확인한 바 있다. 이 실험은 피험자들이 관용 표현을 해석할 때 일관된 심적 영상을 지닌다는 것이다. 예를 들어, blow your stack(너의 더미를 불어라→분통이 터지다)에 대해 피험자들은 공통적으로 '화'가 의도된 것이 아니라 갑작스럽고 폭력적인 방식으로 표출되는 모습으로 표현하였다.

셋째, 인지주의에서는 의미 구성을 개념화와 동일시하며, 의미 관계를 상황과 맥락에서 해석되는 역동적 방식에 초점을 둔 것으로, 전통적인 의미 관계 및 의미 구조를 재해석하게 되었다. 다의관계에 대한 연속 변이선상의 해석과 의미 구조의 비대칭성은 인지주의의 시각을 반영한 것이다.

넷째, 장차 의미 관계는 전산언어학의 발달에 힘입어 대규모의 말뭉치에서 확보된 대립관계와 동의관계, 그리고 의미 운율에 따른 연어, 관용 표현에 대한 새롭고 유의미한 성과가 기대된다.

제14장

다의어와 다면어[*]

1. 들머리

　이 장은 어휘 항목의 불연속성과 관련하여 다의어와 다면어를 변별하고 그 의미 특성을 밝히는 데 목적이 있다. '다의어(polysemous words)'는 어휘 및 의미 연구의 핵심적 주제 가운데 하나이다. 전통적으로 다의어는 사전편찬이나 언어교육에서 중요한 관심사였으며, 특히 20세기 후반에 등장한 인지언어학 또는 인지의미론은 다의어 연구의 새로운 관점을 제시함으로써 다의어의 성격, 범주, 기능, 의미 특성 등에 대하여 괄목할 만한 인식의 전환을 가져왔다.[1] 그러면서도 다의어 연구에서 놓치거나 해결하지 못한 과제 역시 적지 않은데, 그 가운데 하나가 '어휘 항목(lexical item)'의 불연속성과 관련된 단의어와 다의어의 경계에서 이른바 '다면어'의 존재와 처리 방식을 들 수 있다.

　국어학계에서 '다면어(multi-faceted words)'는 임지룡(1996c: 237-240, 2009a: 203-206)에서 설정된 바 있다. 그 주된 이유를 살펴보면, '책'의 경우 [형태]로서의 '책'과 [내용]으로서의 '책'은 본질적으로 의미 확장에 바탕을 둔 '다의어'와 변별적이라는 점이다. 이와 관련하여 이 장에서는 다의어 및 다면어와 관련된 국내외의 선행 연구를 살펴보고, 인지언어학의 원형적 다의관의 관점[2]에서 다의어와 구별되는 다면어의 변별 기준과 그 의미 특성을 밝히기로 한다. 여기에서 원형적 다의관이란 하나의 어휘 항목과 관련된 여러 의미들 간에는 원형적 의미를 중심으로 확장된 의미가 방사상 범주를 형성하고 있다는 견해이다.

---

[*]　이 장은 임지룡(2011b). "다의어와 다면어의 변별 기준과 의미 특성"(『언어과학연구』 58: 169-190. 언어과학회.)의 내용을 깁고 고친 것임.

[1]　Cuyckens & Zawada(2001: ix)에서는 다의관계가 인지언어학에서 확실히 핵심적인 분야가 되었다고 하였으며, Löbner(2002: 207)에서는 인지의미론의 현대 발달이 매우 성공적인 한 분야를 언급하면 다의관계 및 그것과 명확하게 관련된 의미 변화의 탐구라고 하였다.

[2]　다의관계에 대한 주요 접근법에는 고전적 접근법, 원형적 접근법, 관계적 접근법이 있다(Cuyckens & Zawada 2001: 6-21 참조).

최근 들어 규칙적 다의성이나 생성어휘부 관점에서 '다면어'를 다의어 속에 포함시키려는 시도가 이루어지고 있는데, 이 장의 논의 과정과 결과는 다음과 같은 의의를 갖는다. 첫째, '다의어'와 관련된 현행 연구 경향의 문제점을 명시하고 '다면어'의 독자성을 확보함으로써 다의어 연구의 새로운 전기를 마련하게 될 것이다. 둘째, 다의어 및 다면어와 관련하여 국어 공동체의 어휘 사용 및 인식에 대한 혼란을 줄이며, 언어교육, 특히 어휘교육 및 의미교육의 올바른 지침을 제시하고, 합리적인 사전편찬에 이바지할 수 있게 될 것이다.

2. 다의어와 다면어의 처리 유형

2.1. 어휘 항목의 불연속성

한 어휘 항목의 형태와 의미에 대한 불연속성은 전통적으로 '단의어', '다의어', '동음이의어'의 세 가지로 구분해 왔다. 예를 들어, (1a)의 '새'는 단의어, (1b)의 '은행'은 다의어, 그리고 (1c)의 '못'은 동음이의어의 전형적인 보기이다.

(1) a. 타조는 **새**이지만, **새**처럼 날 수 없다.
   b. **은행**에서 저축을 하고, 채혈을 해서 골수 **은행**에 등록했다.
   c. **못**이 **못**에 빠졌다.

그런데, 다음 (2)의 경우는 불연속성에 대한 전통적인 기준으로 처리하기 어려운 사례라 하겠다. 곧 (2a)의 '책'은 단의어와 다의어의 경계선상에 있는 보기이며, (2b)의 '자리'는 다의어와 동음이의어의 경계선상에 있는 보기이다. (2b)의 '자리', 즉 '앉거나 누울 수 있도록 바닥에 까는 물건'과 '사람이나 물체가 차지하고 있는 공간'에 대해서『표준국어대사전』은 다의어로, 『현대조선말사전』은 동음이의어로 기술하고 있다.

(2) a. 이 **책**은 두껍지만 지루하지 않다.
   b. 구경꾼이 너무 많아서, **자리**를 깔고 앉을 **자리**가 없었다.

(2)의 두 가지 사례를 통해 볼 때 기존의 불연속성에 대한 인식은 다음과 같은 경향을 드러 낸 것이라 하겠다. 즉 이것은 고전 범주화의 관점에 바탕을 둔 것으로, 불연속성의 경계를 지나치게 단순하고 소박하게 처리하였다.[3] 또한, 다의어에 대해서는 많은 논의가 이루어졌으

---

3 '고전 범주화'의 원리는 "범주는 구성원 모두가 공유하는 필요충분 속성으로 이루어지며, 그 경계는

나, 단의어에 대해서는 "한 어휘 항목이 한 가지 의미를 지닌다."라는 정의의 단순성에 이끌려 특별한 관심이나 논의가 이루어진 바 없다. 따라서 기존의 처리 방식은 '단의어-다의어-동음이의어'의 경계를 정의 수준에서 단순화함으로써 실제 언어 현상을 범주화하고 분석해서 활용할 경우에 효율성과 설명력을 확보하지 못하고 있다. 특히, (2a)의 '책'과 관련하여 이러한 의미 국면들이 단의어인지, 다의어인지, 제3의 부류로 범주화해야 하는지에 대한 해명이 이루어질 필요가 있다고 하겠다.

2.2. '책' 및 '은행'류의 처리 방식

(2a)의 '책'과 (3)의 '은행'은 동일한 부류에 해당한다. 곧 (3a)는 '건물', (3b)는 '기관', (3c)는 '직원'을 의미한다.

> (3) a. 이 **은행**은 담쟁이로 둘러싸여 있다.
>   b. 이 **은행**은 1930년대에 설립되었다.
>   c. 이 **은행**은 친절하다.

(2a)의 '책'과 (3)의 '은행'에 대한 앞선 연구를 살펴보기로 한다.

2.2.1. 단의어로 보는 관점

(2a)의 '책' 및 (3)의 '은행'과 같은 어휘 항목을 단의어로 보는 관점은 다음과 같다. 먼저, 사전의 경우 '책'과 '은행'에 대하여 (4) 및 (5)와 같이 기술하고 있다.

> (4) '책'
>   a. 『표준국어대사전』
>   ① 종이를 여러 장 묶어 맨 물건. ("백지로 책을 매었다.")
>   ② 일정한 목적, 내용, 체재에 맞추어 사상, 감정, 지식 따위를 글이나 그림으로 표현하여 적거나 인쇄하여 묶어 놓은 것. ("민속에 관한 책"/"책이 두툼하다."/"책이 재미있다.")
>   ③ (수량을 나타내는 말 뒤에 쓰여) 옛 서적이나 여러 장의 종이를 하나로 묶은 것을 세는 단위. ("목민심서는 48권 16책으로 되어 있다.")

명확하며, 그 구성원들은 동등한 자격을 갖는다."라는 관점이다. 한편, '원형 범주화'의 원리는 "범주는 원형적인 구성원을 중심으로 가족의 닮음처럼 연쇄적인 망으로 이루며, 그 경계는 불명확하며, 그 구성원들은 원형에서부터 주변에 이르기까지 비대칭적으로 구성되어 있다."라는 관점이다.

④ (일부 명사 뒤에 붙어)'서적'임을 나타내는 말. ("국어책")

b. 『우리말 큰사전』

① 어떤 사상·사항을 글이나 그림으로 나타낸 종이를 겹쳐서 꿰맨 물건. ("책 속에는 진리가 있다.")

② 종이를 여러 장 겹쳐서 엮은 것.

c. 『연세』

글, 그림 따위를 인쇄한 종이를 여러 장 겹쳐 묶은 것.

(5) '은행'

a. 『표준』

① 예금을 받아 그 돈을 자금으로 하여 대출, 어음 거래, 증권의 인수 따위를 업무로 하는 금융 기관. ("은행 창구", "은행에서 대출을 받다.")

② 어떤 때에 갑자기 필요하여지는 것이나 대체로 부족한 것 따위를 모아서 보관·등록하여 두었다가 필요한 사람의 이용 편의를 도모하는 조직. ("골수 은행", "문제 은행")

b. 『우리말』

예금을 맡아 그 돈을 자금으로 하여 대부, 어음 덜이, 증권의 인수 따위를 하는 금융 기관.

c. 『연세 한국어사전』

예금을 받고 다른 곳에 대부하며 유가 증권을 발행·관리하는 일을 하는 금융 기관. ("은행에서 돈을 저금하다.")

(4)의 '책'은 그 의의를 『표준국어대사전』은 4가지, 『우리말 큰사전』은 2가지, 『연세 한국어사전』은 1가지로 기술하고 있다. 그런데, (2a)의 의의는 (4)의 『표준』에서는 ②, 『우리말』에서는 ①에 해당하므로, 세 사전 모두 단의어로 처리하고 있다. 또한 (5)의 '은행'은 그 의의를 『표준』은 2가지, 『우리말』과 『연세』는 1가지로 기술하고 있다. 그런데 (3)의 의의는 (5)의 『표준』에서는 ①에 해당하므로, 세 사전 모두 단의어로 처리하고 있다.

다음으로, 홍재성(2001: 84)에서는 세종 체언 사전에서 '국면'의 경우에 대해 의미 사이에 규칙성이 발견되면 단의어로 처리한 반면, 그 관계가 불규칙한 경우에는 각각 다른 의미 부류를 부여함으로써 다의어로 처리하였다. 예를 들어, '책'의 경우는 추상적인 대상으로서의 <텍스트>와 <구체인공물> 사이에 규칙성이 발견되므로 다의어로 구분하지 않고 <텍스트>로만 처리한 반면, '사과'의 경우에는 '식품'의 하위 부류인 <과일>과 '식물의 부분'의 하위 부류인 <열매>로 구분하여 다의어로 처리한 바 있다.[4]

---

4 같은 맥락에서 홍재성(2001: 84)에서는 '장미'의 경우 '식물'의 하위 부류인 <나무>와 '식물의 부분'

2.2.2. 다의어로 보는 관점

(2a)의 '책' 및 (3)의 '은행'과 같은 어휘 항목을 다의어로 보는 관점은 다음과 같다.

먼저, 일반언어학계의 경우를 보기로 한다. 'book'에 대하여 Nunberg(1979: 148-151)에서는 (6)과 같이 'book copy(책의 형태)'와 'book content(책의 내용)'의 의미를 갖는데 전자와 후자의 관계를 의미 확장에 따른 것으로 보고 다의어라 하였다.

(6) a. The **book** weighted five pounds. (='book copy')
   b. The **book** has been refuted. (='book content')

Kempson(1980: 9-10)은 (7)과 같이 '책'이 지시하는 대상의 '물리적 속성'에 의해 그리고 그 대상의 '내용'에 의해 동시에 해석되는 경우를 다의어로 보았다.

(7) My **book** is three hundred pages long and is quite incomprehensible. (내 **책**은 3백 쪽 길이이며 아주 난해하다.)

'생성어휘부(Generative Lexicon)' 이론을 주창한 Pustejovsky(1995)는 'book'의 어휘의미 구조를 <그림 1>과 같이 논항구조와 특질구조의 관점에서 '다의어'로 규정하고 있다.

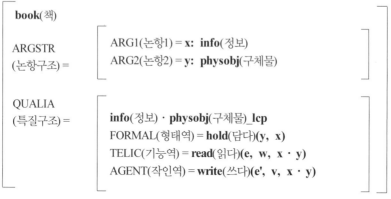

그림 1 'book'의 어휘의미 구조(Pustejovsky 1995: 116)

다음으로, 이운영(2004: 79-145)에서는 생성어휘부 이론에 바탕을 둔 것으로, 다의성 명사를 의미 유형에 따라 (8)과 같이 24가지 부류로 나눈 바 있다.

의 하위 부류인 <꽃>으로, '돼지'의 경우에도 '동물'의 하위 부류인 <짐승>과 '식품'의 하위 부류인 '육류'로 구분하여 다의어로 처리했다.

(8) ①인간_개체∘추상물(직업): 의사 ②인간_부분체·현상: 귀 ③(인간_부분체·현상)∘인간_개체: 얼굴 ④인간_집단·추상물(조직): 가정 ⑤인공물(용기)·구체물(내용): 그릇 ⑥인공물·현상(기능): 컴퓨터 ⑦인공물(형태)·추상물(내용): 드라마 ⑧인공물·공간: 지하 ⑨인공물(건물)·공간·추상물(조직)·인간_집단: 학교 ⑩동물_개체·재료: 개 ⑪식물_개체·식물_부분체: 마늘 ⑫인공물∘(식물_개체·식물_부분체): 담배 ⑬인공물∘과정: 장치 ⑭추상물(행위대상)·과정(행위과정): 노래 ⑮과정(행위과정)·추상물(행위내용): 계획 ⑯과정(행위과정)·상태(행위결과): 건설 ⑰상태(행위상태)∘실체(행위내용): 걱정 ⑱현상∘실체: 부정 ⑲공간_구체·공간_추상: 순서 ⑳공간_구체∘시간·공간_추상: 뒤 ㉑시간∘공간: 다음 ㉒공간·인간_집단: 마을 ㉓시간∘실체: 과거 ㉔시간∘인공물∘과정: 저녁[5]

한편, 차준경(2009)에서는 체계적 다의성의 현상 및 원리를 기술한 것으로, 실체 명사·사건 명사·상태 명사·추상 명사의 다의성을 기술하고 있다. 이운영(2004)과 차준경(2009)의 다의어는 환유적 전이에 기초한 것으로 여기서 다루는 다면어와도 상관성을 맺고 있다.

2.2.3. 다면어로 보는 관점

(2a)의 '책' 및 (3)의 '은행'과 같은 어휘 항목을 다면어로 보는 관점은 다음과 같다.

먼저, 일반언어학계의 경우로는 Cruse(1995: 44-45, 1996, 2000a, b, c: 39-50, 2001), Croft & Cruse(2004: 116-140), Kleiber(1997) 등에서 'facet(국면)'라는 새로운 개념을 통하여 '다의어'와 구별되는 발상의 전환을 시도하였다. 이러한 시도는 단의어와 다의어 사이에 '국면'이라는 부류를 설정한 것이다.

다음으로, 국내학계의 경우로는 임지룡(1996c: 238-240, 2009a: 203-206)이 있다. 즉 다의어와 다면어의 변별 기준으로 다의어는 중심의미에서 주변의미로의 의미 확장의 성격을 지닌 반면, 다면어는 국면들의 총화라는 점이다.

요컨대, 이제까지 국내외 학계에서는 명사 부류에 대한 '다면어'의 존재를 간과한 채 '단의어' 또는 '다의어'로 취급함으로써 양자의 차별성에 대한 언중의 직관과 경향성을 제대로 해명하거나 수용하지 못하였다. 그 결과 사전마다 관련 어휘 항목의 표제어 설정이 다르며 한 표제어 안의 의미 배열 방식에 일관된 기준을 갖지 못함으로써 언어 사용자뿐만 아니라 언어 교육에서 많은 혼란을 초래해 왔다.

---

5 '·'는 동시에 실현되거나 각기 실현될 수 있는 의미 유형들을 연결하며, '∘'는 동시에 실현될 수 없는 의미 유형들을 연결하는 것을 가리킨다.

3. 다의어와 다면어의 변별 기준

3.1. 다의어와 다면어의 정의

'다의어'와 '다면어'의 차이점을 밝히기 위하여 그 정의를 살펴보기로 한다. 먼저, '다의어'의 정의를 주요 문헌에서 보면 다음과 같다.

(9) a. 한 단어가 단일한 의미의 여러 가지 의의 즉 변이를 갖는 것.[6] (Jackson 1988: 5)
   b. 한 어휘소가 관련된 몇 가지 의미를 가지는 문제로서, 어휘적 의미에 대한 '사소한 변이'의 실례이다. (Löbner 2002: 43)
   c. 어떤 단어가 다른 사용 맥락에서 해석되는 변이. (Croft & Cruse 2004: 109)

(9)는 다의어의 일반적인 정의라 할 수 있는데, 그 가운데서 주목되는 부분은 '의미 변이(meaning variant)'이다. (9)의 정의와 관련하여 그 보기로서 Jackson(1988: 127)에서는 'foot'에 대하여 '사람의 발', '페이지의 하단부', '산기슭' 등을 들고 있으며, Löbner(2002: 44)에서는 'light'에 대하여 '광선', '색깔', '안색', '감정의 기복', '외관' 등의 의미 변이를 들고 있으며, Croft & Cruse(2004: 110)에서는 'bank'에 대하여 '세계 은행', '혈액 은행', '정자 은행', '자료 은행'[7]과 같이 돈이나 어떤 다른 상품의 수집 및 보관과 관련된 용법을 들고 있다.

이처럼 다의어는 기본의미 또는 중심의미에서 확장된 파생의미 또는 주변의미로 구성된다. 이것은 본질적으로 다의어가 언어를 부려 쓰는 인간의 인지적 전략인 경제성의 경향으로부터 발생한 것임을 뜻한다. 인간은 새로운 사물·활동·경험 등을 가리키기 위해 새로운 표현을 만드는 대신에 기존의 용어, 즉 지금까지 비슷하거나 관련된 사물에 사용했던 용어를 적용하는 전략을 쓰게 된다. 이 과정에서 한 어휘 항목이 가진 기본의미를 중심으로 다양한 의미 변이, 즉 변이의미가 다의어를 형성하게 된다. 그런 점에서 다의어는 본질적으로 개념적 현상이라 할 수 있다.

다음으로, '국면' 및 '다면어'의 정의를 보기로 한다.

(10) a. '국면(facet)'은 단일한 의의의 분리된 성분으로서, '책'은 [형태]와 [내용]의 국면으로 이루어진다(Cruse 1995: 44).

---

6 'polysemy(다의관계)'의 어원은 라틴어에서 'multiple meaning(다수의 의미)'이다(Jackson 1988: 5 참조).

7 이밖에도 '은행'의 다의적 확장은 '문제 은행', '골수 은행', '학점 은행', '종자 은행', '정보 은행', 그리고 '꽃가루 은행' 등이 있다.

b. '국면(facet)'은 '책'의 [형태] 및 [내용]과 같이 통합되어 하나의 전체적인 '통일체
　　　(gestalt)'를 형성할 수 있는 단위이다(Croft & Cruse 2004: 116).

　(11) '다면어(multi-faceted words)'는 그 의의가 둘에서 네 개 정도의 국면으로 구성되며,
　　　각각의 국면은 한 단어의 의미에 대하여 상호 보완적인 관계를 맺음으로써 지각상
　　　하나의 '통일체(gestalt)'를 형성하는 단위이다(임지룡 1996c: 238).

　임지룡(1996c)에서는 Cruse(1995)의 '국면(facet)'을 보다 더 적극적으로 수용하여 '다면어'
로 규정하였다. 요컨대, 다의어는 중심의미와 이를 바탕으로 한 변이의미의 결합체인 반면,
다면어는 여러 국면이 모여 하나의 통일체를 이룬 것이라는 점에서 상호 변별적이다.

3.2. 규칙적·논리적·체계적 다의관계

　이른바 다의어의 하위 부류로서 제시된 '규칙적·논리적·체계적 다의관계'에 대해서 살
펴보기로 한다.

　첫째, Apresjan(1974: 16)은 한 언어에서 ai와 aj의 의미를 가진 다의어 A가 있고, bi와 bj의
의미를 가진 다의어 B가 있을 경우, 의미적으로 ai와 aj의 관계가 ai와 bi 및 aj와 bj에 형성될
때, 이들을 '규칙적 다의관계(regular polysemy)'라고 하였으며, 이러한 규칙성은 환유에 의한
전이의 변별적 특징이라 하였다.[8]

　둘째, Pustejovsky(1995: 31-33)에서는 생성어휘부 이론에서 '문' 및 '창문'이 '틈'과 그 틈을
짜맞추기 위해 사용되는 '물리적 개체'의 의미를 갖는데, 이러한 '의미 변환(sense alternation)'
이 체계적으로 관련된 의미를 가질 경우를 '논리적 다의관계(logical polysemy)' 또는 '상보적
다의관계(complementary polysemy)'라 하였으며, 의미 변환의 예들을 (12)와 같이 들고 있다.

　(12) a. 가산/물질: 양/양고기
　　　b. 그릇/그릇 속 내용물: 병/병속 우유
　　　c. 모습/바탕: 창문/창문 틈
　　　d. 생산품/생산자: 신문/신문사
　　　e. 식물/식품: 무화과/무화과 열매
　　　f. 과정/결과: 합병/합병 회사
　　　g. 장소/사람: 뉴욕/뉴욕 시민

8　Apresjan(1974: 16)은 다의어 ai와 aj 간에 의미적 구별이 다른 단어로 나타나지 않을 경우를 '불규
　칙적 다의관계(irregular polysemy)'라 하였으며, 은유적 전이에서 더 전형적이라 하였다.

셋째, Cruse(2000b: 113-114)에서는 다의관계에서 해석들 간의 관계가 의미적 근거로부터 예측 가능한 어휘 항목에 걸쳐 되풀이되는 경우를 '체계적 다의관계(systematic polysemy)'라 하고, (13)과 같은 환유가 고도로 체계적일 수 있다고 하였다.

(13) a. 나무의 종/목재 유형: 너도밤나무, 떡갈나무
     b. 과일/나무의 종: 사과, 배
     c. 꽃/식물: 장미, 진달래
     d. 짐승/고기: 토끼, 닭
     e. 작곡가/작곡가의 음악: "**베토벤**은 청각장애인이었다."/"**베토벤**을 좋아합니까?"
     f. 음식/음식을 주문한 사람: "**오믈렛**을 너무 익혔다."/"**오믈렛**이 불평했다."

이상에서 본 '규칙적·논리적·체계적 다의관계'는 의미 확장의 한 기제인 '환유'에 다름 아니다.[9] 그런데, 환유를 다의어로 볼 것인가 그렇지 않은가에 대해서는 적지 않은 논란이 있게 마련이다. 이와 관련하여, Löbner(2002: 48-49)에서는 (14), (15)와 같은 환유적 전이를 다의관계가 아니라고 한 바 있다(Löbner 2002/임지룡·김동환 옮김 2010: 80-82 참조).

(14) **이상**(李箱)은 이해하기 어렵다.

(15) a. 그 **대학**은 도회지의 동부에 있다.
     b. 그 **대학**은 농구부를 폐쇄했다.
     c. 그 **대학**은 3월 2일에 개강한다.

즉 (14)에서 '이상(李箱)'은 '이상의 작품'과 '작가 자신(의 말하는 방식, 표현 방식, 행동 방식)'을 지칭하며, (15)에서 '대학'은 각각 '캠퍼스', '대학 본부', '교육과정'을 지칭한다.

3.3. 다의어와 다면어의 구별성

앞(2.2.)에서 보았듯이 '책' 및 '은행'과 같은 부류의 국면들을 종래의 사전에서는 단의어로 처리해 왔으며, 상당수의 국내외 연구자들은 다의어로 처리해 왔는데, 다면어로 분류하는 것이 타당하다. 그 까닭은 다의어와 다면어는 여러 가지 측면에서 변별적이기 때문이다.[10] 아래

---

9 '환유(metonymy)'는 동일한 틀, 영역, 이상적 인지모형 속의 한 개념적 요소나 실체(사물, 사건, 특성), 즉 매체가 다른 개념적 실체(사물, 사건, 특성), 즉 목표에 정신적 접근을 제공하는 인지 과정이다(Kövecses & Radden 1998: 39 참조).

10 Croft & Cruse(2004: 116)에서는 "'facets(국면들)'은 상당한 정도의 자립성을 보여 주지만, 전통적인 의미에서 다의관계를 나타내는 것으로 간주되지 않는다."라고 하였다.

에서는 네 가지 측면에서 양자의 차이점을 밝혀보기로 한다.

첫째, 정의의 측면에서 보았듯이, '다의어'는 기본의미 또는 중심의미를 바탕으로 의미가 확장 또는 파생되어 하나의 어휘 항목에 둘 이상의 관련된 의미가 형성된 것이다. 예를 들어, (16)의 '꽃'의 경우를 보기로 한다.

> (16) a. 식물의 가지나 줄기 끝에 아름다운 빛깔·모양·향기로 피어나는 부분. ("봄이
>   되니 꽃이 핀다.")
>   b. 아름다운 여성을 비유적으로 이르는 말. ("김영희 씨는 우리 회사의 꽃이다.")
>   c. 가장 아름답고 중요해서 관심이 집중되는 부분을 비유적으로 이르는 말. ("사회부
>   는 신문사의 꽃이다.")

위의 '꽃'에 대한 세 가지 용법 가운데 (16a)의 '식물의 꽃'은 기본의미이며, (16b)의 '아름다운 여성' 및 (16c)의 '아름답고 중요한 부분'으로서 '꽃'은 확장의미이다. 이 관계를 도식하면 <그림 2>와 같다.

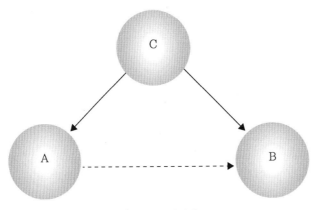

그림 2 '꽃'의 의미망 구조

즉 <그림 2>는 Langacker(1987: 369-386)의 의미망 구조로서 A(식물의 꽃)는 '원형', B(아름다운 여성, 아름답고 중요한 부분)는 '확장', C(아름다워 사람의 눈길을 끄는 것)는 '도식'인데, 이처럼 다의어는 원형과의 유사성을 통하여 수평적으로 확장관계를 형성하며, 원형과 확장의 공통성을 추상화하여 수직적으로 도식관계를 형성한다. 그 반면, '다면어'는 둘 이상의 국면이 모여 하나의 의미적 통합체를 형성한 것이다.

둘째, 다의어의 중심의미와 확장의미 간에는 구조적·빈도적·인지적으로 비대칭성을 갖

는데, 중심의미는 주변의미에 비해 구조적으로 무표적이며, 빈도가 높으며, 인지적으로 단순하고 기본적이다. 그 반면, 다면어의 국면들 간의 관계는 상호 대칭적이다.

셋째, 다의어의 경우 하나의 중심의미와 여러 가지 주변의미들을 하나의 영상으로 포착하기 어렵다. 일반적으로 다의어의 경우는 중심의미가 뚜렷하게 부각되고 주변의미는 중심의미에 근접한 차례로 몇 가지가 상기될 뿐 그 전모가 환기되지는 않는다. 그 반면, 다면어는 일정한 국면들이 지각적으로 하나의 통일체를 이룬다. 따라서 다면어는 이들 국면이 모여서 통합된 전체를 구성한다. 곧 다의어는 그 의의가 중심의미를 바탕으로 개방적이고 분산되어 있는 반면, 다면어는 그 의의들이 상호 보완적이다.

넷째, 다의어는 모든 어휘 부류에 나타나는 현상으로서, 내용어인 명사·동사·형용사·부사뿐만 아니라, 기능어인 조사 및 어미에도 중심의미 또는 기본의미를 바탕으로 다의적 확장이 자연스럽게 이루어진다.[11] 그 반면, 다면어는 명사에 국한되며, 그 작용 양상은 다의적 확장과 현저히 구별된다.

4. 다의어의 의미 확장 양상과 특성

다의어의 의미 확장은 언어적, 인지적, 경험적 근거에 따라 분류될 수 있다.[12] 이것은 다의어가 실제로 이루어지는 생성 과정과는 별개의 문제인데, 다의적 의미 확장이 일정한 기준에 따라 기계적으로 일어나는 것이 아니기 때문이다. 이 점을 전제로 하여 다음 네 가지 측면에서 다의적 의미 확장의 양상과 특성을 살펴보기로 한다.[13]

4.1. 경험의 확장 양상

다의적 의미 확장은 인간의 경험이 확장되는 경향성을 고려하여 분류할 수 있다. 이와 관련하여 Heine et al.(1991: 31)에서는 '문법화'의 측면에서 새로운 표현을 개발할 때 화자가 구체

---

11 이와 관련하여 인지언어학에서는 다의관계가 단어의 의미에만 국한되는 것이 아니라 인간 언어의 근본적인 자질이라고 주장하는데, 이 견해에 따르면 다의관계는 언어의 개별 분야인 어휘부·형태론·통사론 분야에 공통된 현상이라고 본다(Evans & Green 2006: 36-38 참조).

12 이와 관련하여 조춘옥(2005: 141-152)에서는 한 단어의 여러 뜻들이 파생되어 나가는 모양을 '해살구조(보기: 그물)', '사슬구조(보기: 고락)', '가지구조(보기: 눈)', '기둥구조(보기: 잡다)'로 나눌 수 있다고 하였다. 그중 '기둥구조'란 "한 단어의 여러 기둥뜻을 바탕으로 하여 다시 여러 개 뜻들을 파생시켜나가는 구조"를 뜻한다.

13 이 부분은 임지룡(2009a)의 "다의어의 판정과 의미 확장의 분류 기준"(『한국어 의미학』 33. 한국어 의미학회.) 중 209-222쪽의 내용을 깁고 고친 것임.

적인 영역에 의해 추상적인 영역을 개념화하는 경향성에 주목하여, 은유적 근원영역의 위계를 (17)과 같이 제안하였다.

  (17) 사람 > 사물 > 활동 > 공간 > 시간 > 질

  (17)에서 보듯이 문법화는 '사람에서 사물', '사물에서 활동 또는 과정', '공간에서 시간', '시간에서 질'의 방향으로 이행되는 '범주적 은유(categorial metaphors)'의 성격을 띠는데, Heine *et al.*(1991: 55)에서는 근원영역의 위계를 <그림 3>과 같이 도식화하였다.

그림 3 **근원영역의 위계** (Heine *et al.* 1991: 55)

  (17) 및 <그림 3>에서 함의하는 의미 확장, 즉 문법화의 특징은 다음 두 가지로 간추릴 수 있다. 첫째, 은유적 근원영역의 위계는 인간 경험에서 '사람'에게 가장 가까운 범주에서부터 가장 먼 범주인 '질'의 과정을 겪는다는 점에서 '신체화' 또는 '자아 중심적 거리(egocentric distance)'를 반영한다. 둘째, 그 위계는 더 구체적인 쪽에서 보다 더 추상적인 쪽으로 진행된다는 점에서 '단일 방향성(unidirectionality)'을 고수한다(Yamanashi 1996: 2-3, Evans & Green 2006: 714-715 참조).
  국어에서 범주적 은유를 비교적 충실히 보여 주는 사례로는 '턱'을 들 수 있다.[14] 곧 (18)의 '턱'은 '사람'의 '턱' a를 기준점으로 하여, 1차적으로 '사물'의 b와 '공간'의 c로 확장되며,

---

14 범주적 은유에 의한 의미 확장의 전형적인 사례는 아프리카 서부 Ghana 방언인 Ewe어의 'megbé (등)'로 알려져 있다(Heine *et al.* 1991: 65-66 참조). 곧 'megbé'의 원형의미는 신체어 '등'인데, 이를 기준점으로 하여 사물로서 '뒤', 방향으로서 '뒤', 시간으로서 '뒤'로 확장되며, 질 또는 추상적인 개념으로서 '뒤처지다/우둔하다'로 확장된다.

2차적으로 '몫'의 d와 '정도·형편'의 e로 추상화되며, 3차적으로 '까닭'의 f 및 g로 쓰일 때는 의존명사가 되며, 4차적으로 h 및 i에서는 '턱없다', '턱없이'와 같이 형용사나 부사로 고착화된다.

(18) a. 그는 **턱**이 잘 생겼다. (사람)
　　 b. 창문의 **턱**에 등을 기대고 앉았다. (사물)
　　 c. 아파트 입구에 **턱**이 있으니 주의하십시오. (공간)
　　 d. 그는 합격 **턱**으로 우리에게 술을 샀다. (몫)
　　 e. 만날 그 **턱**이고 뭐 나아지는 게 없어요. (정도·형편)
　　 f. 무슨 **턱**에 내 집에 와 성화요? (까닭, 의존명사)
　　 g. 그가 나를 속일 **턱**이 없다. (까닭, 의존명사)
　　 h. 그의 말은 너무 **턱없어** 아무도 믿지 않는다. (형용사)
　　 i. 돈이 **턱없이** 모자란다. (부사)

　요컨대, 범주적 은유는 인간의 경험이 확장되는 원리를 포착한 데서 그 의의를 부여할 수 있다. 그런데 국어의 다의적 확장은 본질적으로 이러한 위계 과정이 완벽하게 이행된다기보다 의미 확장의 한 경향성으로 해석되어야 할 것이다. 아래에서 타당한 확장 경로를 통해 이 경향성을 보다 더 구체화해 보기로 한다.

4.2. 타당한 확장 경로

　다의적 의미 확장은 인간 경험의 경향성과 상보적으로 타당한 확장 경로를 고려하여 분류할 수 있다. 예를 들어, '흘러가다'에 대한 (19)의 용법 가운데 '시냇물'에서 '세월'로 흘러가는 것을 도출하는 것은 쉽고 자연스럽지만, 그 역은 설명이 어렵고 부자연스럽다. 곧 '흘러가다'의 의미 확장에서 그 원형의미는 '액체'에 의한 a이며, 그 타당한 확장 경로는 '시냇물(액체)→자료→이야기→세월(시간)→마음'이라 하겠다.

(19) a. 시냇물이 **흘러간다**.
　　 b. 자료가 어떤 경로로 그에게 **흘러갔는지** 꼭 밝혀야 한다.
　　 c. 이야기가 엉뚱한 방향으로 **흘러갔다**.
　　 d. 세월이 **흘러갔다**.
　　 e. 마음이 **흘러가는** 곳.

　이와 관련하여, 땅·바다·하늘의 길을 내듯이 다의적 의미 확장의 타당한 경로를 가능한 한 많이 확보하여 이를 일반화하는 일이 필요하다고 하겠다. 그중 전형적인 확장 경로 다섯 가지를 제시하면 다음과 같다(임지룡 1996c: 250-251 참조).

첫째, '사람→동물→식물→무생물'의 확장 경로이다. 이 경로는 신체화에 따른 의미 확장으로서 그 보기는 (20)의 '눈' 및 (21)의 '먹다'에서 보는 바와 같다.

(20) 눈 ①사람의 눈. (그는 **눈**이 크다.)
　　　②동물의 눈. (**게 눈**.)
　　　③식물의 눈. (새싹의 **눈**.)
　　　④사물의 눈. (그물·저울·바둑판의 **눈**.)

(21) 먹다 ①사람의 먹는 행위. (아이가 밥을 **먹었다**.)
　　　②동물의 먹는 행위. (사과에 벌레가 많이 **먹었다**.)
　　　③식물의 먹는 행위. (물기를 **머금은** 풀잎.)
　　　④무생물의 먹는 행위. (기름·풀 **먹은** 종이.)

둘째, '공간→시간→추상'의 확장 경로이다. 이 경로는 의미 확장에서 가장 빈번하고 일반적인 사례라 하겠는데, 그 보기는 (22)의 '틈' 및 (23)의 '깊다'에서 보는 바와 같다.

(22) 틈 ①공간의 벌어짐. (창문 **틈**으로 바람이 들어온다.)
　　　②시간의 벌어짐. (쉴 **틈**이 없다.)
　　　③관계의 벌어짐. (우정에 **틈**이 생겼다.)

(23) 깊다 ①공간의 깊음. (계곡이 **깊다**.)
　　　②시간의 깊음. (밤이 **깊다**.)
　　　③관계의 깊음. (인연이 **깊다**.)

셋째, '물리적 위치→사회적 위치→심리적 위치'의 확장 경로이다. '위치'에 관한 확장 경로의 보기는 (24)와 같다.

(24) ~에 있다 ①물리적 위치. (그는 방**에 있다**.)
　　　②사회적 위치. (그는 회사**에 있다**.)
　　　③심리적 위치. (그 눈동자 입술은 내 가슴**에 있다**.)

넷째, '문자성→비유성→관용성'의 확장 경로이다. 이 경로는 문자성을 기점으로 하여 비유적 확장을 거쳐, 관용적으로 고착화되는데, 그 보기는 (25)의 '짧다'에서 보는 바와 같다.

(25) 짧다 ①문자적 짧음. (토끼는 앞발이 **짧다**.)
　　　②비유적 짧음. (그는 외국어 실력이 **짧다**.)
　　　③관용적 짧음. (우리 집 양반은 입이 **짧다**.)

다섯째, '내용어→기능어'의 확장 경로이다. 이 경로는 문법화의 과정으로서 내용어가 기능어로, 또는 기능어가 한층 더 기능어로 추상화되는데, 그 보기는 (26), (27)과 같다. 곧 (26)의 '주다'는 본동사인 내용어 a가 보조동사인 기능어 b로 확장되며, (27)의 '로'는 기능어로서 '도구'의 기능이 뚜렷한 a에서부터 점차 추상화되어 e에 이르면 '원인'의 기능으로 확장된다.

(26) 주다 a. 닭에게 모이를 **준다**. (동사)
　　　 b. 그의 등을 두들겨 **주었다**. (보조동사)

(27)　로 a. 호미**로** 김을 매다.
　　　 b. 손**으로** 풀을 뽑다.
　　　 c. 바람**으로** 땀을 식히다.
　　　 d. 분위기**로** 청중을 사로잡다.
　　　 e. 과로**로** 쓰러졌다.

요컨대, 이상의 다섯 가지 확장 경로는 원형의미를 기준점으로 경험이나 인지의 측면에서 볼 때 구체적인 데서 추상적으로 확장되는 특징을 갖는다.

4.3. 사용 빈도

다의적 의미 확장은 위의 두 기준과 더불어 그 용법의 사용 빈도를 고려하여 분류할 수 있다. 빈도는 다의적 용법의 활성화 정도를 드러내는 객관적인 기준이 될 수 있으므로 사전 편찬이나 말뭉치 구축에서 주요 관심사가 되어 왔다.[15]

그러면 다의적 의미 확장과 관련하여 텍스트에서 해당 어휘의 빈도수가 갖는 의의를 살펴보기로 한다. 먼저, 대립어 '앞'과 '뒤'의 빈도수를 서상규 외(2000)에서 보면 (28), (29)와

15　이에 기초한 사전을 보면, West(1953)가 편찬한 *A General Service List of English Words*(London: Longman)는 외국인 학습자용 영어 사전으로서, 기초어휘 2,000개의 '연어휘(running words)' 5백만 개에 대한 의미와 용법의 빈도수 별로 분류한 것이며, 연세대학교 언어정보개발연구원 편(1998)의 『연세 한국어사전』은 약 5만 개의 단어를 '연세 말뭉치'(약 4,300만 어절)의 빈도수에 따라 배열한 것이며, 서상규 외(2000)의 『한국어 교육 기초 어휘 의미 빈도 사전의 개발』은 100만 어절을 대상으로 1,087개의 기초 어휘에 빈도수를 제시한 것이다.

같다. (28)에서 '앞'의 경우 구체적인 '공간'의 의미는 ①-④를 합치면 818회이며, 추상적인 '시간'이나 '차례'의 의미는 83회로서 우리의 직관이나 경험과 일치하는 반면, (29)에서 '뒤'의 경우 '공간'의 의미는 ①-④를 합치면 282회지만, '시간'이나 '차례'의 의미는 ⑤⑥을 합치면 434회나 되어 우리의 직관이나 경험과 일치하지 않는다.[16]

(28) 앞 <1275회>

① 향하고 있는 쪽이나 곳. (눈발이 더욱 굵어져 **앞**이 잘 보이지 않는다. <475회: 37.25%>)

② 한 사물의 형체 중 먼저 있는 쪽. (그 물건은 **앞**이 뾰족하게 만들어졌다. <22회: 2.59%>)

③ (상대의) 맞은 편. (아무리 오라비 **앞**이라도 … 조심할 줄 알아야 한다. <185회: 14.51%>)

④ (어떤 사물 따위의) 맞은 편. (텔레비전 **앞**에서 떠날 줄을 몰랐다. <136회: 10.67%>)

⑤ 시간이나 차례의 먼저. (**앞**의 이야기에서 사람은 정직해야 한다는 교훈을 얻을 수 있다. <83회: 6.51%>)

(29) 뒤 <766회>

① 사물의 앞의 반대쪽 부분. (**뒤**에서부터 답안지를 걷어 오세요. <54회: 7.05%>)

② 무엇이 향하고 있는 방향과 반대되는 쪽. (재수 없으면 **뒤**로 자빠져도 코가 깨진다고 하는 속담이 있다. <142회: 18.54%>)

③ (무엇의) 뒤쪽 부분. (아이가 승용차 **뒤**에 올라탔다. <20회: 3.92%>)

④ (움직이는 것의) 자취. (그녀는 골짜기로 물을 길러가는 모양인데, 또 개가 **뒤**를 따랐다. <66회: 8.62%>)

⑤ (시간상으로) 다음이나 나중. (잠시 침묵이 흐른 **뒤**, 맨 위의 왕자가 입을 열었다. <375회: 48.96%>)

⑥ (차례나 순서에서) 다음이나 나중. (그는 박정숙의 **뒤**를 이을 훌륭한 선수다. <59회: 7.7%>)

다음으로, 21세기 세종계획의 형태분석 말뭉치에서 무작위로 선택한 문어 색인 말뭉치의 뉴스(NEWS) 8번 폴더에 담긴 '신문 기사'를 대상으로, 다의적 의미 확장에 관한 빈도수의

---

16 서상규 외(2000)에서 '보다'의 경우에도 본동사인 '(눈으로) 인식하거나 느끼다. (숙이는 나를 **보고**는 울먹이는 소리를 내었다. <2031회>)'에 비해 보조동사인 '어떠한 행위를 시도하거나 경험하다. (너도 마음에 드는 게 있으면 골라 **봐**. <6307회>)'의 빈도수가 더 높은 것으로 나타났다.

구체적인 양상을 검토해 보기로 한다.[17] 이 말뭉치의 어절 규모는 약 225,644이며, 텍스트의 목록은 <표 1>과 같다.

표 1 21세기 세종계획의 문어 색인 말뭉치: 뉴스 8번 폴더 신문 기사 목록

장르 기호	파일명	제 목	저자(참여자)	발행 연도	어절수 (225,644)
M1111	CA96F333	경향신문 96-01 종합	경향신문사 편집부	1996	51,429
M1112	CA96F334	경향신문 96-01 북한	경향신문사 편집부	1996	2,099
M1115	CA96F340	경향신문 96-01 과학	경향신문사 편집부	1996	31,445
M1115	CA96F341	경향신문 96-01 생활여성	경향신문사 편집부	1996	25,687
M1115	CA96F343	경향신문 96-04 생활여성	경향신문사 편집부	1996	16,582
M1115	CA96F344	경향신문 96-07 과학	경향신문사 편집부	1996	13,472
M1118	CA96F349	경향신문 96-01 사설	경향신문사 편집부	1996	15,365
M1118	CA96F350	경향신문 96-04 사설	경향신문사 편집부	1996	7,925
M1118	CA96F351	경향신문 96-07 사설	경향신문사 편집부	1996	15,330
M1118	CA96F352	경향신문 96-10 사설	경향신문사 편집부	1996	14,984
M1117	CA98L359	스포츠서울 98-10 야구	서울신문사	1998	24,145
M1117	CA98L360	스포츠서울 98-10 일반	서울신문사	1998	3,948
M1117	CA98L361	스포츠서울 98-10 축구	서울신문사	1998	3,233

<표 1>의 말뭉치에서 '길', '먹다', '잡다', '밝다'에 대한 빈도수를 『표준국어대사전』의 뜻풀이(의미번호)에 따라 기술하면 <표 2> – <표 5>와 같다. <표 2> – <표 5>에서 원형의미의 경우 '길(1-1)', '먹다(1-1)'는 원형의미의 빈도수가 가장 높게 나타났지만, '잡다' 및 '밝다'는 각각 원형의미(<표 4>의 1-1, <표 5>의 2-1)보다 확장의미(<표 4>의 1-2, <표 5>의 2-4)가 더 많이 나타났다. 또한 '길', '먹다', '잡다', '밝다'의 확장의미 간에도 사전의 다의어 뜻풀이 분류와 텍스트의 빈도 간에 유의미한 상관성을 찾아보기는 어렵다.

---

17 해당 말뭉치에서 뉴스(NEWS) 중 8번 폴더에 담긴 것을 선택하여 살펴보았다.

표 2 '길'의 빈도

의미번호	빈도(107회)	다의어 '길'의 뜻풀이
1-1	37	사람이나 동물 또는 자동차 따위가 지나갈 수 있게 땅 위에 낸 일정한 너비의 공간.
1-3	17	걷거나 탈것을 타고 어느 곳으로 가는 노정(路程).
1-4	11	시간의 흐름에 따라 개인의 삶이나 사회적 · 역사적 발전 따위가 전개되는 과정.
1-5	8	사람이 삶을 살아가거나 사회가 발전해 가는 데에 지향하는 방향, 지침, 목적이나 전문 분야.
1-6	1	어떤 자격이나 신분으로서 주어진 도리나 임무.
1-7	30	(주로 '-은/는/을 길' 구성으로 쓰여) 방법이나 수단.
1-10	3	'과정', '도중', '중간'의 뜻을 나타내는 말.

표 3 '먹다'의 빈도

의미번호	빈도(138회)	다의어 '먹다'의 뜻풀이
1-1	124	음식 따위를 입을 통하여 배 속에 들여보내다.
1-2	1	담배나 아편 따위를 피우다.
1-4	6	어떤 마음이나 감정을 품다.
1-6	1	겁, 충격 따위를 느끼게 되다.
1-7	2	욕, 핀잔 따위를 듣거나 당하다.
1-9	1	수익이나 이문을 차지하여 가지다.
1-11	3	어떤 등급을 차지하거나 점수를 따다.

표 4 '잡다'의 빈도

의미번호	빈도(104회)	다의어 '잡다'의 뜻풀이
1-1	5	손으로 움키고 놓지 않다.
1-2	44	붙들어 손에 넣다.
1-3	1	짐승을 죽이다.
1-4	2	권한 따위를 차지하다.
1-5	1	돈이나 재물을 얻어 가지다.
1-6	2	실마리, 요점, 단점 따위를 찾아내거나 알아내다.
1-9	4	일, 기회 따위를 얻다.
1-10	1	말 따위를 문제로 삼다.
1-13	3	어떤 상태를 유지하다.
1-15	2	계획, 의견 따위를 정하다.
1-18	4	기세를 누그러뜨리다.

1-20	**10**	어느 한쪽으로 기울거나 잘못된 것을 바르게 만들다.
2-2	**5**	어림하거나 짐작하여 헤아리다.
2-3	**18**	자리, 방향, 날짜 따위를 정하다.
3-1	**2**	주름 따위를 만들다.

표 5 '밝다'의 빈도

의미번호	빈도(24회)	다의어 '밝다'의 뜻풀이
1-1	**1**	밤이 지나고 환해지며 새날이 오다.
2-1	**3**	불빛 따위가 환하다.
2-2	**4**	빛깔의 느낌이 환하고 산뜻하다.
2-4	**15**	생각이나 태도가 분명하고 바르다.
2-5	**1**	위기, 표정 따위가 환하고 좋아 보이거나 그렇게 느껴지는 데가 있다.

요컨대, 위의 두 사례에서 보듯이 텍스트의 빈도수는 다의적 의미 확장에서 구체적인 사용 양상의 활성화 정도를 파악하는 데 유용한 잣대이지만, 빈도수가 경험의 확장 경향성과 타당한 확장 경로와 일치하지는 않는 것을 확인할 수 있다.

4.4. 문법 정보

다의적 의미 확장을 분류하는 데 문법 정보를 고려하는 것이 필요하다. 이에 대해서는 품사, 본용언과 보조용언, 격틀 등이 있다.

첫째, 용언의 경우 품사가 다르지만, 의미적 연관성이 뚜렷한 경우의 처리이다. 이 경우 기존의 사전에서는 동음이의어 또는 다의어로 처리되어 왔다. 예를 들어, (30)의 '크다'를 비롯하여, (31)의 '늦다', (32)의 '밝다', (33)의 '멀다'가 대표적인 사례이다.

(30) 『연세』
크다¹ (동) ①자라다, 커지다. (아들이 어서 **커** 철이 들기를 기다렸다.)
②발전하다, 성장하다. (한창 **커** 가고 있는 신생 회사.)
크다² (형) ①(사람이나 사물의 부피, 넓이, 길이, 높이, 둘레, 규모가) 보통의 정도를 지나다. (덩치가 **크지** 못하다.) (중간 뜻풀이 생략)
⑰대강, 대충. (전래 동화 교육의 방법은 **크게** 두 가지로 나뉜다.)
『표준』
크다 (형) Ⅰ ①사람이나 사물의 외형적 길이, 넓이, 높이 부피 따위가 보통 정도를 넘다. (키가 크다.) (중간 뜻풀이 생략)

⑭'뛰어나다', '훌륭하다'의 뜻을 나타내는 말. (**큰** 업적을 남기다.)

(동) Ⅲ ①동식물이 몸의 길이가 자라다. (키가 몰라보게 **컸구나.**) (중간 뜻풀이 생략)

⑦수준이나 지위 따위가 높은 상태가 되다. (한창 **크는** 분야라서 지원 자가 많다.)

(31) 『연세』

늦다¹ (동) 일정한 시간 안에 이르지 못하다. (약속 시간에 **늦었다.**)

늦다² (형) ①일정한 때에 뒤져 있다. (**늦은** 조반.)

②어떤 시간이나 기간의 마지막 무렵에 속해 있다. (**늦은** 밤.)

『표준』

늦다 (동) 정해진 때보다 지나다. (그는 약속 시간에 항상 **늦는다.**)

(형) ①기준이 되는 때보다 뒤져 있다. (시계가 오 분 **늦게** 간다.)

②시간이 알맞을 때를 지나 있다. (**늦은** 점심.)

③곡조, 동작 따위의 속도가 느리다. (박자가 **늦다.**)

(32) 『연세』

밝다¹ (동) ①어둠이 걷히고 환하게 되다. (어느덧 방 안이 **밝아** 있었다.)

②밤이 지나 가다. (아직 날이 **밝으려면** 멀었다.)

밝다² (형) Ⅰ ①환하다. (유리창엔 햇살이 **밝았다.**) (중간 뜻풀이 생략)

⑨바르고 깍듯하다. (인사성이 **밝다.**)

Ⅲ 어떤 부분에 막히는 데 없이 환히 잘 알아 능숙하다. (서울 물정과 지리에 **밝은** 그가 길 안내를 맡았다.)

『표준』

밝다 (동) Ⅰ 날이 새다. (벌써 새벽이 **밝아** 온다.)

(형) Ⅲ ①①불빛 따위가 환하다. (**밝은** 조명.) (중간 뜻풀이 생략)

⑦긍정적이고 좋은 상태에 있다. (전망이 **밝다.**)

②어떤 일에 대하여 막히는 데 없이 잘 알다. (한학에 **밝다.**)

(33) 『표준』

멀다¹ (동) ①시력이나 청력 따위를 잃다. (사고로 눈이 **멀다.**/귀가 **멀다.**)

②어떤 생각에 빠져 판단력을 잃다. (그들은 사랑에 눈이 **멀었다.**)

멀다² (형) ① 거리가 많이 떨어져 있다. (집에서 버스 정류장까지는 매우 **멀다.**)

② 어떤 기준점에 모자라다. (너의 그림 솜씨는 화가가 되기엔 아직 **멀었다.**)

③ ①서로의 사이가 다정하지 않고 서먹서먹하다. (그가 **멀게** 느껴진다.)
(중간 뜻풀이 생략)
④어떤 시간이나 거리가 채 되기도 전임을 비유적으로 이르는 말. (그는
사흘이 **멀게** 병원을 다닌다.)

『조선』
멀다 (형) ①어느 한곳에서 다른곳까지의 거리가 길다. (**먼** 하늘.) (중간 뜻풀이 생략)
⑧(동사로 쓰이여) 눈으로 보는 능력을 잃다. (눈이 **멀다**.)

위의 (30)-(33)에서 '크다', '늦다', '밝다'를 다의어로 처리한 사전은 『표준국어대사전』을
비롯하여 『우리말 큰사전』 및 『조선말대사전』이며, '멀다'를 다의어로 처리한 사전은 『조선
말대사전』이다. 이처럼 용언의 경우 동사와 형용사가 의미적 연관성을 지닌 경우는 의미 기능
의 연쇄에 의해 다의적 확장으로 처리하고, 원형의미의 비중에 따라 형용사, 동사 차례로 분류
하는 것이 우리의 직관이나 경험과 일치한다고 하겠다.

둘째, 동사와 보조용언의 처리이다. 이 경우에도 사전상의 기술은 상이한데, 예를 들어,
(34)의 '버리다'의 경우 『연세 한국어사전』에서는 동음이의어로 처리하고 있는 반면, 『표준국
어대사전』에서는 다의어로 처리하고 있다. '버리다'와 같이 동사와 보조동사의 경우는 다의어
로 규정하고 문법화의 원리에 따라 내용어에서 기능어 차례로 분류하는 것이 타당하다.

(34) 『연세』
버리다¹ (동) ①가지고 있던 것을 내던진다. (쓰레기를 **버리다**.) (중간 뜻풀이 생략)
⑥돌보거나 관여하지 않다. (자식을 **버려** 두고 집을 떠났다.)
버리다² (보조) (그 행동이) 완전히 따 끝나, 또는 끝냄을 나타냄. (직분을 잊어 **버리다**.)
『표준』:
버리다 (동) ① ① 가지거나 지니고 있을 필요가 없는 물건을 내던지거나 쏟거나
하다. (휴지를 휴지통에 **버리다**.)
② ①못된 성격이나 버릇 따위를 떼어 없애다. (낭비하는 습관을 **버리
다**.) (중간 뜻풀이 생략)
⑥본바탕을 상하거나 더럽혀서 쓰지 못하게 망치다. (흙탕물이 튀어 새
옷을 **버리고** 말았다.)
(보조) Ⅲ 앞말에 나타내는 행동이 이미 끝났음을 나타내거나, 그 행동이 이
루어진 결과 말하는 이가 아쉬운 감정을 갖게 되었거나 부담을 덜게
되었음을 나타냄. (동생이 과자를 다 먹어 **버렸다**.)

셋째, 다의적 의미 확장을 분류하는 기준으로 격틀을 활용할 수 있다.[18] 예를 들어, '밝다'의

격틀은 (35)와 같이 두 가지 논항구조로 분류된다. 곧 '구체적인 대상물이 환하다'의 원형의미
는 논항구조가 'NP이 밝다'인데 비해, '무엇에 정통하다'의 확장의미는 논항구조가 'NP1이
NP2에 밝다'가 된다(남기심 1995: 169-170 참조).

> (35) a. NP이 밝다: 태양이 **밝다**.
>
>   b. NP1이 NP2에 밝다: 그가 {지리 · 잇속 · 세상 물정 · 사리}에 **밝다**.

격틀의 기준에 따라 다의적 의미 확장을 기술한 대표적인 사례는 『연세 한국어사전』과
『세종전자사전』을 들 수 있다. 먼저, 『연세 한국어사전』에서 '가다'의 경우를 보면 (36)과
같이 4가지 격틀을 설정하고 각각의 격틀에 따라 확장의미를 배열하였다.[19]

> (36) a. NP이 NP에/로 가다: 오늘 나는 바닷가에 **갔었어요**.
>
>   b. NP이 NP를 가다: 나그네가 산길을 **가다가** 호랑이를 만났다.
>
>   c. NP이 가다: 하루가 **갔다**.
>
>   d. NP에 NP가 가다: 얼굴에 주름이 **갔다**.

또한, 『세종전자사전』에서 '먹다'를 보면 (37)과 같이 일반동사, 기능동사, 숙어동사, 보조
동사의 용법을 분리하여 동형어로 분류하였으며, 다시 일반동사를 (38)과 같이 5개의 격틀로
나누어 이들 각각을 동형어로 처리하고 있다(홍재성 2001: 155-164 참조).

> (37) a. 철수는 밥을 **먹었다**. (일반동사)
>
>   b. 철수는 3년 간 콩밥을 **먹었다**. (기능동사)
>
>   c. 철수는 선생님에게 욕을 **먹었다**. (숙어동사)
>
>   d. 철수는 책을 반납하는 것을 깜빡 잊어 **먹었다**. (보조동사)

> (38) a. N0-가 N1-을 V (N1=음식, 식사, 담배, 약) (철수는 밥을 **먹었다**.)
>
>   b. N0-가 N2-에게(서) N1-을 V (N1=뇌물, 돈) (그 국회의원은 업자에게서 돈을 **먹**
> **었다**.)
>
>   c. N0-가 N2-에게 N1-을 V (N1=골) (우리 팀은 이란에게 한 골 **먹었다**.)

---

18   '격틀'을 『연세 한국어사전』에서는 서술어의 종류에 따라 그 서술 용언에 이끌리어, 반드시 나타나
     야만 문장이 될 수 있는 최소한의 문장 성분으로 이루어진 구조라고 하였다.

19   정주리(2005: 283-292)에서는 '가다'에 대한 의미 틀과 구문을 다음 네 가지로 분석한 바 있다.
     ①<행위자><출발점> 의미 틀 'NP가 NP에서 -가다' 구문(아이들이 거기에서 다른 곳으로 갔다.)
     ②<행위자><목적을 나타내는 부사구> 의미 틀 'NP가 -VP러 -가다' 구문(애들이 모여 친구 집에
     놀러 갔다.) ③<행위자><지향점> 의미 틀 'NP가 NP로 -가다' 구문(철수가 거울 앞으로 갔다.) ④
     <행위자><도착점> 의미 틀 'NP가 NP에 -가다' 구문(영희가 집에 갔다.)

d. N2-에서 N0-가 N1-을 V (N1=1등, 우승) (이번 경기에서 우리 팀은 3등을 **먹었다**.)

e. N1-에 N0-가 V (N1=송판 N0=대패) (이 송판에는 대패가 잘 **먹지** 않는다.)

요컨대, 다의적 의미 확장을 격틀로 분류하고, 각각의 격틀에 따른 확장의미를 배열하면 다의적 용법과 의미 확장을 체계적으로 기술할 수 있는 이점을 갖는다. 그러나 격틀을 지나치게 고수하거나 격틀마다 그 독자성을 부여하여 동형어, 곧 동음이의어로 취급하게 되면 다의적 확장의 자연스러운 경로, 즉 경험이 확장되는 경향성이나 타당한 확장 경로의 포착에 어긋날 뿐 아니라, 다의어적 의미 확장이 갖는 본질을 놓치는 한계를 지니게 될 것으로 본다.

5. 다면어의 양상과 의미 특성

5.1. 다면어의 양상

하나의 어휘 항목이 둘 이상의 국면으로 이루어진 다면어의 양상을 의미 부류에 따라 살펴보기로 한다.

첫째, 두 가지 국면으로 된 다면어이다. (2a)의 '책'과 같이 [형태][내용]의 두 국면으로 이루어진 다면어의 보기는 (39)와 같다.

(39) a. 신문: 여덟 면짜리 신문, 보수적인 신문

b. 편지: 찢어진 편지, 위문편지

c. 연설: 시끄러운 연설, 고별 연설

d. 영화: 흑백 영화, 슬픈 영화

e. 음반: 엘피반, 가곡 음반

둘째, 세 가지 국면으로 된 다면어이다. (40)의 '병원'은 (3)의 '은행'과 같이 [건물][기관][직원]의 세 국면으로 이루어진 다면어이며, '회사, 교회' 등도 이 보기에 해당한다.

(40) a. **병원**이 호숫가에 서 있다.

b. **병원**이 수술을 거부했다.

c. 이 **병원**은 사무적이다.

(41)의 '식당'은 [건물][음식][직원]의 세 국면으로 이루어진 다면어이다.

(41) a. 이 **식당**은 3층으로 지어졌다.

b. 이 **식당**은 맛있다.

c. 이 **식당**은 친절하다.

'국가'는 (42)의 '대한민국'과 같이 [국민][영토][주권]의 세 국면으로 이루어진 다면어이다. (42)'의 '대한민국'은 '대한민국의 축구 선수'를 가리키는데, 이 경우는 [국민]에 해당한다.[20]

(42) a. 월드컵 16강으로 **대한민국**이 온통 하나가 됐다. [국민]

b. **대한민국**은 온통 눈으로 뒤덮여 있다. [영토/땅]

c. **대한민국**은 1948년 8월 15일에 수립되었다. [주권/정부]

(42)' 월드컵에서 **대한민국**이 거둔 성적에 세계가 놀랐다.

셋째, 네 가지 국면으로 된 다면어이다. (43)의 '학교'는 [건물][기관][직원][수업]의 네 국면으로 이루어지며, '대학'도 이 보기에 해당한다.

(43) a. 산 위에 **학교**가 서 있다. [건물]

b. 오산학교가 자격이 없는 **학교**니까 졸업을 하고도 진학시험을 칠 수 없었다. [기관]

c. 체벌에 대한 책임은 **학교**에 있다. [교장/교사]

d. **학교**를 일찍 마쳤다. [수업]

이처럼, 다면어는 둘에서 네 개 정도의 국면으로 이루어지는데, '책'의 [형태][내용], '병원'의 [건물][기관][직원], '학교'의 [건물][기관][직원][수업]이 다면어의 전형적인 양상이라 하겠다.

5.2. 다면어의 의미 특성

5.2.1. '책'의 자율성

앞에서 보았듯이 '책'은 [형태][내용]으로 이루어진 다면어의 전형적인 보기 가운데 하나이다. '책'의 두 국면은 고유한 구조 및 조직과 관련된 것으로서, 그 자율성을 네 가지 측면에서 살펴보기로 한다(Cruse 1995: 44-46, 임지룡 1996c: 239-240, Cruse 2000a: 26-35, Cruse

---

20 차준경(2003: 266)에서는 고유명사 '한국'을 '지리적 장소, 정부, 스포츠 팀, 국민'으로 해석하면서, 체계적인 환유의 양상으로 보고 있다.

2000b: 114-120, Cruse 2000c: 39-50, Croft & Cruse 2004: 116-126, 임지룡 2009a: 205 참조).

첫째, [형태]와 [내용]은 각각 그 자체의 원형을 갖는다. 곧 우리의 머릿속 사전에는 [형태]로서의 원형적인 '책'과 [내용]으로서 원형적인 '책'의 표상을 가지고 있는데, (44)에서 전자는 [형태], 그리고 후자는 [내용]을 표상한다. 또한, (45)와 같은 맥락에서 '책 그 자체'라는 표현은 (45a)의 경우 [형태], 그리고 (45b)의 경우 [내용]을 표상한다.

    (44) 이 **책**은 책장을 많이 차지하지만, (이 책은) 알맹이가 별로 없다.

    (45) a. 나는 새로 나온 **책 그 자체**에 관심이 있을 뿐, 내용에는 흥미가 없다. [형태]
         b. 나는 새로 나온 **책 그 자체**에 관심이 있을 뿐, 장정(裝幀)에는 흥미가 없다. [내용]

둘째, [형태]와 [내용]은 각각 그 자체의 의의 관계를 갖는다. '하의관계(hyponymy)'와 '부분관계(meronymy)'에 따른 의의 관계를 보면 (46) 및 (47)와 같다. 이 경우 [형태]의 하의어 및 부분어는 [내용]의 하의어 및 부분어와 논리적으로 독립적이며, 동일한 함축적 대조 집합에 속하지 않는다. 예를 들어, '경표지본'과 '시집'은 양립가능하며, '장'과 '쪽' 간에는 필연적인 일치나 분리가 존재하지 않는다.

    (46) 하의관계
        a. [형태]: 경표지본, 연표지본
        b. [내용]: 시집, 소설, 전기, 사전

    (47) 부분관계
        a. [형태]: 쪽, 표지, 책날개, 등판
        b. [내용]: 권, 편, 부, 장, 절, 문단, 문장, 색인

셋째, [형태]와 [내용]은 중의성을 일으키는 문맥에서 독자적으로 초점의 역할을 할 수 있다. (48)의 '책'은 두 국면의 '활성지역(active zone)'으로서 (48a)는 [형태]와 [내용] 각각 또는 전체를 가리킬 수 있다. 예를 들어, "그 책은 중고서점에서 샀으나 새 책과 같다."의 '책'은 [형태]를 가리키며, "새 책이 출간되었다."의 '책'은 [내용] 또는 [형태] 및 [내용]을 가리킬 수 있다. (48b)의 '책이 단순하다'는 [형태]가 복잡하지 않거나 [내용]이 쉬운 것을 가리킨다.

    (48) a. 새 **책**
        b. 그 **책**은 퍽 단순하다.

5.2.2. 원근법

다면어를 구성하는 국면들은 '원근법(perspective)'에 따라 초점으로 '부각화(highlighting)' 되기도 하며, 배경으로 '이면화(backgrounding)' 되기도 한다(Cruse 1986: 53 참조). 이와 관련하여 <그림 4>의 '칠판지우개'는 윗면·옆면·밑면의 여러 국면으로 이루어진 통일체로서 (임지룡 1996c: 238 참조), 한 국면이 부각화되면 다른 국면들은 배경의 이면화로 상호 보완적인 기능을 수행한다.[21]

위에서 봄   옆에서 봄   밑에서 봄

그림 4 '칠판지우개'의 다면성

다면어와 관련된 원근법의 국면은 Pustejovsky(1995)가 제시한 '특질 역할(qualia role)'과 Cruse의 '바라보기 방식(ways-of-seeing, WOS)'에 의해 보다 더 구체적으로 설명될 수 있다 (Cruse 2000b: 117-119, Cruse 2000c: 47-50, Croft & Cruse 2004: 137-138 참조).

첫째, '구성역(constitutive role)' 또는 '부분-전체 바라보기(part-whole WOS)'이다. '구성역'은 대상의 내적 구성을 기술하고, 재료·무게·부분·성분과 같은 문제를 지시하는데, 이는 실체를 부분으로 구성된 전체로 바라보는 관점이다. 예를 들어, 수의사가 '말'의 몸 및 그 부분의 적절한 기능에 관심을 기울이면서 '말'을 살펴보는 데 해당한다.

둘째, '형태역(formal role)' 또는 '종(種) 바라보기(kind WOS)'이다. '형태역'은 대상을 더 큰 영역 내의 다른 대상과 구별하고, 방위·크기·모양·색채·위치와 같은 문제를 지시하는데, 이는 실체를 다른 종과 대조하여 한 특정한 종으로 바라보는 관점이다. 예를 들어, 분류 관계 동물학자가 '말'을 '사슴, 얼룩말' 및 다른 종들과 대조하여 바라보거나, '말'의 다양한 하위 종 및 변이형들이 어떻게 서로 다른지를 대조적으로 살펴보는 데 해당한다.

---

21 사물을 전체로 지각하는 이른바 '전체적 지각(holistic perception)'은 '게슈탈트 심리학(Gestalt Psychology)'의 주요 관심사였으며, '게슈탈트 원리(gestalt principle)'를 낳게 되었다(Evans & Green 2006: 65-68, Ungerer & Schmid 2006: 34-40 참조).

셋째, '기능역(telic role)' 또는 '기능적 바라보기(functional WOS)'이다. '기능역'은 대상의 목적이나 기능을 기술하는데, 이는 어떤 실체를 그 기능에 의해서 바라보는 관점이다. 예를 들어, '최상의 상태에 있는 말'이라고 할 때 수의사는 건강 상태를, 경주마의 기수나 조련사는 경주의 최적 상태로 해석하는데, 이러한 원근법 또는 해석은 말을 기능의 관점에서 바라본 것이다.

넷째, '작인역(agentive role)' 또는 '생활사 바라보기(agentive WOS)'이다. '작인역'은 무언가를 그것이 존재하는 방식에 따라 생각하는 것을 뜻하는데, 이것은 어떤 실체를 그것의 생활사 특히 존재하게 된 역사의 측면에서 바라보는 관점이다. 예를 들어, '말'의 경우 그 생명 주기, 수태, 출산 등을 포함하는 것에 해당한다.

이러한 특질구조나 바라보기 방식에 따라 몇몇 다면어의 의미 특성을 분석해 보면 다음과 같다. '책'에 관하여 (49a)는 책의 목적이 읽기 위한 것이므로 기능적 원근법이며, (49b)는 생활사 원근법, 그리고 (49c)는 부분-전체 원근법으로 해석된다. 또한 '호텔'에 관하여, (50a)는 종 원근법이며, (50b)는 기능적 원근법, 그리고 (50c)는 생활사 원근법이다.[22]

(49) 그는 **책**을 시작했다.
    a. 그는 **책 읽기**를 시작했다.
    b. 그는 **책 쓰기**를 시작했다.
    c. 그는 **책 매기**를 시작했다.

(50) **비싼** 호텔
    a. **구매하는 데** 비싼 호텔
    b. **투숙하는 데** 비싼 호텔
    c. **건축하는 데** 비싼 호텔

요컨대, 다면어의 특징은 상호 구분되는 존재론적 유형에 속한다는 점이다. 이것은 원근법, 특질 역할, 바라보기 방식과 긴밀한 상관성을 맺는다고 하겠다.

---

22 이밖에도 '완전한 군인'은 부상당하거나 손상된 부위가 없는 경우는 '부분-전체' 원근법이며, 군인 정신이 투철한 경우는 '종' 원근법에 해당한다. 또한 '쾌적한 집'은 부분들이 조화롭게 분포되어 바라보기에 쾌적한 경우는 '부분-전체' 원근법이며, 살기에 쾌적한 경우는 '기능적' 원근법에 해당한다(Croft & Cruse 2004: 138 참조).

6. 마무리

이상에서 인지언어학의 관점에서 다의어와 다면어의 변별 기준 및 그 의미 특성을 논의하였다. 이제까지 살펴본 바를 간추려 이 장을 마무리하기로 한다.

첫째, 종래 한 어휘 항목의 형태와 의미의 불연속성을 단의어, 다의어, 동음이의어로 간주해 왔는데, 단의어와 다의어 간에 다면어를 설정할 필요가 있다.

둘째, 다의어는 한 어휘 항목이 기본의미를 중심으로 다양한 파생의미가 생성된 것이며, 다면어는 한 어휘 항목의 국면들이 상호 보완하면서 의미적 통일체를 형성한 것이다.

셋째, 다의어와 다면어는 의미 확장, 의미적 비대칭성, 개념의 통합성, 의미 부류의 측면에서 변별적이다.

넷째, 다의적 의미 확장의 양상과 특성은 인간의 경험이 확장되는 경향성, 전형적인 확장 경로, 사용 빈도, 문법 정보 및 격틀에 따른 의미 확장 등이 있다.

다섯째, 다면어는 자율성을 가지며, 원근법에 따라 다의어와 구별되는 의미 특성을 갖는다.

요컨대, 의미의 기술과 교육, 그리고 사전편찬에서 다면어를 설정하면 단의어와 다의어의 이분법에 따르는 것에 비해 유연하고 설명력을 갖는다는 점에서 그 의의가 크다고 하겠다.

제15장
동의어 '기쁘다'와 '즐겁다'의 의미 양상[*]

1. 들머리

이 장은 동의관계에 있는 '기쁘다'와 '즐겁다'의 의미 차이를 밝히는 데 목적이 있다. '기쁘다'와 '즐겁다'는 전형적인 동의어로서, 대부분의 사전 뜻풀이에서 상호 의존적으로 기술되어 있다.[1] 그런데 이 둘은 (1)에서 보듯이 미묘한 의미 차이를 지닌 채 독자성을 유지하고 있다.

(1) a. 이제부터는 슬프고 아픈 아리랑이 아니라 **기쁘고 즐거운** 아리랑을 부르고 싶다.
b. 딸을 낳게 되어 참 **기뻤다**.
c. 프랑스 유학 생활은 정말 **즐거웠다**.

이와 관련하여, 사전·교육·문화·의미론 분야 등에서 '기쁘다'와 '즐겁다'의 의미 차이를 밝히려는 노력이 지속되어 왔다. 김성화(2003)는 두 단어의 의미를 분석한 논문이며, 김종택(1970), 김은영(2004), 정회란(2006)은 몇 쌍의 동의어 가운데 두 단어의 의미 차이를 다룬 논문이며, 김준광(2003), 남영신(2005), 김수업(2006), 김창진(2006), 그리고 김경원·김철호

---

[*] 이 장은 임지룡(2015g). "'기쁘다'와 '즐겁다'의 의미 차이"(『어문학』 129: 23-49. 한국어문학회.)의 내용을 깁고 고친 것임.
[1] 사전에서 두 단어의 뜻풀이를 보면, '기쁘다'는 '즐겁다'를 '즐겁다'는 '기쁘다'를 사용하여 뜻풀이하고 있다.

	'기쁘다'	'즐겁다'
표준국어대사전	마음에 **즐거운** 느낌이 나다.	마음에 거슬림이 없이 흐뭇하고 **기쁘다**.
고려대 한국어대사전	마음에 **즐거운** 느낌이 있다.	마음에 들어 흐뭇하고 **기쁘다**.
우리말 큰사전	좋은 기색이 드러나도록 마음에 **즐거운** 느낌이 있다.	사뭇 **기쁘거나** 흐뭇하다.
연세 한국어사전	어떤 사실이나 일에 대해서 **즐겁고** 흡족하다.	마음에 들어 **기쁘다**.

(2006)는 두 단어의 의미 차이를 다룬 칼럼 형식의 글이다.[2] 이상의 9가지 견해는 두 단어의 의미 차이를 해명하기 위해 나름대로 개성적인 주장을 제시한 것으로 주목된다. 그런데 이 견해 가운데는 논증보다 주장의 성격이 강하며, 용례가 제한되어 있으며, 다른 견해에 대해 배타적인 관점에 서거나 그 주장이 상충되기도 한다. 따라서 여러 분야에서 주목의 대상이 되어 온 두 단어의 의미 기술은 여전히 미완의 상태로 남아 있는 실정이다.

이에 이 장에서는 다음과 같은 방법으로 '기쁘다'와 '즐겁다'의 의미 차이를 밝히기로 한다. 첫째, 위 9가지 견해의 주요 내용에 대해 국어 공동체의 인식을 조사해 보고 그 의의와 문제점을 추출하기로 한다. 둘째, 8가지 변인을 중심으로 말뭉치의 용법과 국어 공동체의 인식을 활용하여 두 단어의 의미 차이를 밝히기로 한다.

이러한 논의의 과정과 결과는 다음과 같은 효과를 예상할 수 있다. 첫째, 이제까지 미해결 상태로 남아 있는 '기쁘다'와 '즐겁다'의 의미 차이를 해명하게 된다. 둘째, 동의관계에 있는 어휘들의 의미를 효율적으로 기술하게 된다. 셋째, 사전의 기술과 어휘·의미·언어교육에 기여하게 된다. 넷째, 신체화와 관련된 감정 어휘의 특성 규명에 효율적으로 활용하게 된다.

2. '기쁘다'와 '즐겁다'의 주요 견해와 인식

여기서는 '기쁘다'와 '즐겁다'에 대한 9가지 주요 견해를 중심으로 국어 공동체의 수용 양상을 살펴보기로 한다.

2.1. '기쁘다'-'즐겁다'에 대한 견해

'기쁘다'와 '즐겁다'의 의미 차이에 대한 주요 논의 9가지와 이를 뒷받침하기 위해 제시된 도움 보기를 들면 (가)~(자)와 같다.

> (가) "'기쁘다'는 주체적인 반면 '즐겁다'는 객체적이며, '기쁘다'는 능동적인 반면 '즐겁
> 다'는 피동적이며, '기쁘다'는 외향적인 반면 '즐겁다'는 내향적이며, '기쁘다'는 내면
> 적인 감정인데 대하여 '즐겁다'는 외향적인 사실에 관여한다."

---

2 김준광. "우리말 바루기 155: '기쁘다'와 '즐겁다'". 중앙일보(2003.10.16.). 김수업. "말뜻말맛: '기쁘다'와 '즐겁다'". 한겨레신문(2006.5.30.). 김창진. "우리말 사랑 135: '기쁘다'와 '즐겁다'". 호남매일(2006.6.9.). 이밖에도 '기쁘다'와 '즐겁다'에 대해서 김정현(2007), 이정목(2008), 가메이 미도리(2015)에서도 부분적으로 논의된 바 있다.

(도움 보기)

①즐거운 추석이 되니 내 마음이 기쁘다.

②'즐겁다'는 즐거워지는 것이고 '기쁘다'는 기뻐하는 것이다.

③㉠{기쁨/*즐거움}을 감출 수 없다. ㉡{기쁨/*즐거움}에 넘쳐 어쩔 줄을 모른다.

④㉠기쁜 {얼굴, 모습} ㉡즐거운 {생활, 놀이, 노래}

(나) "'기쁘다'는 어떤 사실에 대해 심리적·정신적으로 느낌이 좋은 것을 뜻하는 말로, 바라던 일이 이루어졌을 때의 심정을 나타낸다. '즐겁다'는 어떤 활동과 관련해 감각적으로 느낌이 좋은 것을 뜻하는 말로, 판단보다는 경험의 측면이 강조된다."

(도움 보기)

①자식이 대학 입시에 합격했을 때, 이산가족이 수십 년 만에 만났을 때, 잃어버린 물건을 찾았을 때 느끼는 감정은 '기쁘다'가 어울린다.

②가을 운동회, 가을 소풍, 설렘이 가득한 주말여행, 맛있는 음식이 차려진 점심식사 등은 '즐겁다'가 어울린다.

(다) "'기쁘다'는 주체가 무언가를 받거나 얻음으로써 기분이 좋다는 것을 의미하며, '기쁘다'의 기본 의미는 '얻음으로 기분이 좋음'으로 규정된다. '즐겁다'는 주체가 무언가를 즐기거나 누림으로써 기분이 좋다는 것을 표현하며, '즐겁다'의 기본 의미는 '즐김으로 기분이 좋음'으로 규정된다."

(도움 보기)

①㉠처음으로 상을 받게 되니 너무 {기뻐서/*즐거워서} 밤잠을 이루지 못했다.

㉡아기가 태어나자 산모는 {기뻐서/*즐거워서} 눈물을 흘렸다.

②㉠{*기쁜/즐거운} 운동회가 열렸습니다.

㉡{*기쁜/즐거운} 소풍날입니다.

(라) "'즐겁다'는 대상에 대한 평가적 의미를 지니는데 '기쁘다'는 평가적 의미가 없으며, '즐겁다'는 동작성을 내포할 수 있지만 '기쁘다'는 동작성을 내포할 수 없으며, '즐겁다'는 아직 실현되지 않은 어떤 대상에 대하여 실현되기를 바라는 마음을 내포할 수 있지만 '기쁘다'는 그런 마음을 내포할 수 없다. 또한 '즐겁다'는 시각, 후각, 미각, 청각 등의 감각에 대해 직접적으로 반응할 수 있는 점이 '기쁘다'와 다르다."

(도움 보기)

①지수가 하는 이야기가 {*기쁘다/즐겁다}고 정평이 나 있다.

②㉠해변에서 아름다운 여인들을 보고 있으면 눈이 즐겁다.

㉡연일 진수성찬을 먹고 있는 나는 요즘 입이 즐겁다.

(마) "'기쁘다'는 어떤 일로 기분이 매우 좋은 상태임을 나타내며, 기쁨은 정신적인 만족 감을 주며, '기쁘다'는 '무엇이 기쁘다 혹은 무엇이 어떠해서 기쁘다'의 형태로 쓰인 다. '즐겁다'는 무슨 일을 하면서 느끼는 흐뭇한 감정을 가리키며, 즐기는 대상에서 즐거움을 느끼며, 즐거움은 육체적인 만족과 정신적인 만족이 동시에 이루어지는 현 상이다."

(도움 보기)

① ㉠네가 찾아 주니 기쁘기 짝이 없다. ㉡반가운 사람을 만나면 기쁘다.

② ㉠즐겁게 놀다 ㉡즐거운 영화 구경 ㉢즐거운 생활

(바) "좋다는 느낌의 뿌리가 마음 깊숙이 박혀서 몸으로 밀고 나오면 기쁜 것이며, 좋다는 느낌의 뿌리가 몸에 박혀서 마음으로 밀고 들어오면 즐거운 것이다. 쉽게 말하자면, '기쁘다'는 느낌은 마음에서 오고 '즐겁다'는 느낌은 몸에서 온다."

(도움 보기)

① ㉠전쟁에 나갔던 아들이 탈 없이 집으로 돌아오면 어버이는 기쁘다.

 ㉡몸져 누우셨던 어버이가 깨끗이 나아 일어나시면 아들딸은 기쁘다.

② ㉠달고 향긋한 참외를 맛나게 먹으면 즐겁다.

 ㉡눈으로 아름다운 가을 단풍을 보거나 좋은 영화를 보아도 즐겁다.

(사) '기쁘다'는 좋은 일이 눈앞에 생겨 느낌이 곧바로 오는 것이다. 반면에 '즐겁다'는 좋은 기분이 꾸준히 유지되는 것이다."

(도움 보기)

① ㉠먼 곳 갔던 가족이 탈 없이 집으로 돌아오거나 아팠던 가족이 병이 나으면 기쁘다.

 ㉡대학 합격이나 회사 취직 소식도 '기쁜 소식'이다.

② ㉠'인생을 즐기자.' ㉡'즐기며 살자.' ㉢'취미로 낚시를 즐긴다.'

③ 자식을 낳으면 '기쁘다', 그리고 자식이 자라는 모습을 지켜보면 '즐겁다'.

(아) "'기쁨'은 오래 가지 않는다. 기쁨의 생명이 짧은 것은 그 느낌이 격렬한 탓이다. 반면 에 '즐거움'은 생명이 길다. 생명력이 긴 만큼 감정의 농도는 옅다. '기쁨'은 바깥에서 온 자극에 반응해서 일어나는 감정인데 반해, '즐거움'은 내 안에서 스스로 일으킨 감정이다. '기쁨'은 수동적이고 '즐거움'은 능동적이다."

(도움 보기)

① 내가 선물을 건네자 어머니는 어린아이처럼 기뻐하셨다.

② 내 선물을 받고 어머니는 하루 종일 즐거워하셨다.

(자) "'기쁘다'는 비교적 짧은 시간에 외부에서 자극을 받아 급격히 일어나는 감정이며,

선행 사건에 경험주의 참여가 없어도 '기쁨'의 감정이 유발된다. '즐겁다'는 경험주가 참여한 활동에서 어느 정도 시간이 흐른 후, 직접 보고 듣고, 느낀 것에 대한 감정이다. 감정을 유발하는 사건에 [+시간], [+긍정]이라는 특징이 있다."

(도움 보기)

①㉠어머니는 아들의 귀환이 너무 {기쁜/*즐거운} 나머지 버선발로 뛰어나갔다.
　㉡며칠만 참으면 곧 기쁜 소식이 들리리라.

②네가 새 직장에 만족한다니 애비도 {기쁘기/*즐겁기} 한량없구나.

③'즐거운 여행', '즐거운 방학', '즐거운 시간'

2.2. '기쁘다'-'즐겁다'에 대한 인식

'기쁘다'와 '즐겁다'에 관한 위 (가)~(자)의 견해에 대해 대학(원)생들의 인식을 조사해 보기로 하였다. '설문 조사Ⅰ'의 내용은 <표 1>과 같다.

표 1 '기쁘다'와 '즐겁다'의 설문조사Ⅰ

<A> '기쁘다'와 '즐겁다'의 의미 차이에 대한 9가지 견해(<가>~<자>) 가운데 가장 타당하다고 생각하는 것을 선택하고, 그 까닭을 밝히시오.

<B> '기쁘다'와 '즐겁다'의 의미 차이에 대한 9가지 견해(<가>~<자>)의 타당성 정도를 순서대로 배열하시오.

<C> 자신이 생각하는 '기쁘다'와 '즐겁다'의 대표적인 용례를 3개씩 드시오.

<D> 자신이 생각하는 '기쁘다'와 '즐겁다'의 의미 차이를 밝히시오.

설문지Ⅰ의 <A> 및 <B>에 대한 응답을 보면 <표 2>와 같다.[3]

표 2 학부생(45명)/대학원생(11명)의 반응 순위

순위\항목	1순위	2순위	3순위	4순위	5순위	6순위	7순위	8순위	9순위
(가)	4/1=5	2/1=3	2/1=3	4/0=4	5/0=5	4/3=7	4/2=6	9/0=9	11/3=14
(나)	10/2=12	7/2=9	10/1=11	6/0=6	6/0=6	3/3=6	1/1=2	1/1=2	1/2=3
(다)	0/0=0	3/0=3	3/0=3	6/1=7	0/2=2	8/1=9	2/3=5	6/3=9	17/1=18
(라)	0/1=1	4/1=5	4/1=5	4/1=5	11/1=12	3/1=4	8/0=8	6/4=10	5/1=6

3　<표 2>에서 '(가)항목', '1순위'의 '4/1=5'는 '4명(학부생)/1명(대학원생)=5명(계)'를 뜻한다.

(마)	4/1=5	8/4=12	9/1=10	6/0=6	5/2=7	5/1=6	7/1=8	1/0=1	0/1=1
(바)	15/3=18	9/1=10	6/1=7	3/2=5	2/3=5	4/1=5	1/0=1	4/0=4	1/0=1
(사)	5/0=5	3/1=4	3/1=4	7/2=9	5/2=7	7/0=7	8/2=10	6/0=6	1/3=4
(아)	1/3=4	2/0=2	4/0=4	3/2=5	4/1=5	6/2=8	9/0=9	10/3=13	6/0=6
(자)	6/0=6	7/1=8	4/5=9	6/3=9	7/0=7	5/0=5	5/2=7	2/0=2	3/0=3

<표 2>에 대해 1순위에는 9, 2순위에는 8, ……, 8순위에는 2, 9순위에는 1을 곱하여 합한 값을 높은 순위대로 나타내면 <표 3>과 같다.

표 3 반응에 대한 환산 값 순위

순위 \ 계열	1순위	2순위	3순위	4순위	5순위	6순위	7순위	8순위	9순위
학부생 (45명)	(바) 305	(나) 300	(마) 267	(자) 251	(사) 222	(라) 192	(가) 172	(아) 168	(다) 148
대학원생 (11명)	(바) 73	(자) 67	(마) 66	(아) 58	(나) 56	(라) 48	(사) 46	(가) 45	(다) 36
전체 (56명)	(바) 378	(나) 356	(마) 333	(자) 318	(사) 268	(라) 240	(아) 226	(가) 217	(다) 184

'설문조사Ⅰ'의 <A> 및 <B>, 즉 '기쁘다'와 '즐겁다'의 의미 차이에 대한 (가)~(자)의 9가지 견해를 두고 대학(원)생들의 인식을 조사한 <표 2>~<표 3>의 주요 내용은 다음과 같다.

첫째, 가장 타당하다고 생각하는 견해에 대해 전체 56명의 응답을 보면 (바) 18명, (나) 12명, (자) 6명, (가)·(마)·(사) 5명, (아) 4명, (라) 1명, (다) 0명 순으로 나타났다. 이에 따라 (바), 즉 "'기쁘다'는 느낌은 마음에서 오고, '즐겁다'는 느낌은 몸에서 온다."라는 것이 1순위로 드러났다. 둘째, <표 3>에서 보듯이 합산 값이 큰 순위는 (바), (나), (마), (자), (사), (라), (아), (가), (다) 순이다.

위의 첫째, 둘째의 반응 결과에 대한 의의는 다음과 같다. 위 첫째의 경우 가장 타당하다고 생각하는 견해에 대해 대학(원)생들은 (다)를 제외한 8가지 견해에 1명 이상씩 타당성을 부여하였으며, 위 둘째의 경우 합산 값의 순위는 가장 타당한 견해의 순위와 상당 부분 일치하는 것으로 나타났다. 이와 함께 다음 사항도 주목된다. 첫째, 위 첫째에서 기술하였듯이 대학(원)생들은 가장 타당하다고 생각하는 견해에 대해 <다>를 제외한 8가지 견해 중 하나를 선택하였다는 점이다. 둘째, <표 3>에서 보듯이, 1순위에서 9순위까지 합산 값의 크기 차이가 점진적인 분포를 드러내고 있다는 점이다. 셋째, <표 1>의 설문지 <D>에 대하여 대학(원)생들은

9가지 견해 가운데 하나를 지지한 경우, 둘 이상을 지지한 경우, 그리고 위 견해를 변형하여 자신의 생각을 피력한 경우 등 다양한 반응을 보였다는 점이다.

요컨대, 이상에서 볼 때 '기쁘다'와 '즐겁다'의 의미 차이에 대해서 기존의 9가지 견해 가운데 특정한 한 가지 견해로 그 현상을 망라하기는 어렵다고 하겠다.

3. '기쁘다'와 '즐겁다'의 의미 변인

여기서는 '기쁘다'와 '즐겁다'의 의미 차이를 드러내는 변인 8가지를 중심으로 그 양상을 살펴보기로 한다. 이를 위해 '국립국어원'의 '현대문어 원시 말뭉치'에서 추출한 용례[4]와 대학(원)생들을 대상으로 한 '설문 조사 II'[5]의 결과를 활용하기로 한다.

3.1. 동기

'기쁘다'와 '즐겁다'의 동기는 무엇인가? 즉 언제 또는 어느 경우에 (가장) 기쁘고 즐거운가? 먼저, 말뭉치 자료에서 '기쁘다'의 동기에 관한 몇 가지 사례를 들면 (2), (3)과 같다.

    (2) a. "우리 손자가 드디어 골을 넣었다."라며 "너무 **기뻐서** 어쩔 줄 모르겠다."라고 소감을 밝혔다.
       b. 감독으로는 첫 우승이라 말할 수 없이 **기쁘다**.
       c. 이곳(돈화)을 필자는 첫 번째 답사 때에 가보지 못하여 내내 마음이 걸렸는데, 두 번째 답사에서 마침내 그 뜻을 이루게 되어 **기뻤다**.
       d. 네 개인전이 성공해서 **기쁘지**?

---

4 국립국어원의 언어정보나눔터(https://ithub.korean.go.kr)의 현대문어 원시 말뭉치를 활용하였으며, 말뭉치는 35,945,981어절 규모이다.

5 '설문 조사 II'에 참여한 학부생은 '국어학개론(2학년)' 수강자 45명이며, 대학원생은 '의미교육론(박사과정)' 수강자 11명으로 총 56명이다. 설문 조사는 2015년 5월 26일에서 29일까지 이루어졌으며, 설문내용은 다음과 같다.
    (가) 어느 경우/때에 (가장) 기뻤습니까?
    (나) 어느 경우/때에 (가장) 즐거웠습니까?
    (다) '기쁘고 즐거운' 경우/때가 동시에 있었다면 어느 경우였습니까?
    (라) 기쁠 때 나타나는 '신체적 증상/몸의 반응'을 기술해 주십시오.
    (마) 즐거울 때 나타나는 '신체적 증상/몸의 반응'을 기술해 주십시오.
    (바) '기쁠 때'와 '즐거울 때'의 '신체적 증상/몸의 반응'이 같은 경우가 있다면 기술해 주십시오.

(3) a. 득점왕, 플레이오프 MVP까지 거머쥔 송동환은 "기대하지 않았는데 큰 상을 받아 **기쁘다.**"라고 말했다.

    b. 쑥을 캐러 다니다가 더러 더덕이나 칡뿌리를 발견하면 횡재라도 한 듯 **기뻤다.**

    c. 기독교에 관심을 갖고 있었으므로, 뜻하지 않은 목사님의 방문은 **기뻤다.**

    d. 작은 잡풀들이 보조용 땔감으로 유용하게 쓰인다는 걸 발견한 나는 몹시 **기뻤다.**

또한, 말뭉치 자료에서 '즐겁다'의 동기에 관한 몇 가지 사례를 들면 (4)와 같다.

(4) a. 나의 제작과정에서 그리는 행위는 **즐겁다.**

    b. 고추잠자리의 몸뚱이에다가 실을 묶어서 가지고 노는 게 나는 참 **즐거웠다.**

    c. 축구는 보는 것만으로도 한없이 **즐거웠다.**

    d. 함께 섞여서 응원을 하니 **즐겁다.**

다음으로, 대학(원)생들의 "어느 경우/때에 (가장) 기뻤습니까?"에 대한 응답을 보면 (5)와 같다.

(5) a. 대학에 합격{했을·통지를 받았을} 때, 수강신청에 성공했을 때, 오래 준비해 온 시험에 만족한 점수를 받았을 때, 임용시험 발표에서 합격했을 때, 입대 후 훈련 수료식 날 면회 온 부모님을 만났을 때, 첫 휴가를 받아 위병소로 향할 때, 군에서 제대하던 날(부대 정문을 통과했을 때), 교통사고를 당한 아버지가 완쾌되어 퇴원하던 날, 중학교 운동회 달리기 계주에서 1등을 했을 때, 막내 동생이 태어났던 날, 아내의 임신 소식, 첫 아이의 출산 직후 등

    b. 뜻밖의 선물을 받았을 때, 기대하지 않았던 장학금을 받았을 때 등

또한, 대학(원)생들의 "어느 경우/때에 (가장) 즐거웠습니까?"에 대한 응답은 (6)과 같다.

(6) 친구 또는 가족과의 여행, 시험이 끝난 뒤의 여유로운 시간, 가족과의 저녁시간, 산책 시간, 축구 경기, 맛있는 것을 먹을 때, 용돈을 받아 쇼핑할 때, 여자 친구와 종일 데이트할 때, 시험 끝난 뒤 술자리, 스키장에 가서 스키 탈 때, 축제 참여, 군 입대 후 첫 휴가 기간, 영화 관람, 뮤지컬 관람, {모닝커피·리포트를 다 쓰고 카페에서 커피}를 마실 때, 아무 간섭 없는 혼자만의 시간, 자전거 타기, 시험을 끝내고 친구와 {쇼핑·영화관람·수다 떨기}, 캠핑 생활, 동기들과 MT 가서 밤새워 놀던 일, 좋아하는 책을 읽을 때, 자전거 하이킹, 임용시험 합격 후 초임지에서 보낸 3년 생활, 해외 봉사 활동, 퍼즐 게임 등

이상에서 '말뭉치' 검색 결과와 '설문 조사'의 응답을 보면 '기쁘다'와 '즐겁다'의 동기가 확연히 구별되는 것으로 나타났다.

먼저, '기쁘다'의 동기는 (2)의 경우 '손자의 골 넣기', '감독으로서 첫 우승', '돈화 방문의 뜻을 이룸', '개인전의 성공', 그리고 (5a)의 '(대학 및 임용시험) 합격 소식', '군에서 부모님의 면회 및 제대', '임신 및 출산' 등 '경험주(experiencer)'가 간절히 바라던 일이 이루어진 시점에서 '기쁜' 상태가 된다. 또한 (3)의 '기대하지 않은 큰 상 받음', '칡뿌리의 횡재', '뜻하지 않은 목사님 방문', '뜻하지 않은 발견', 그리고 (5b)에서 '뜻하지 않은 선물 받음' 및 '기대하지 않은 장학금 받음' 등 경험주에게 뜻밖에 좋은 일이 생긴 시점에서 '기쁜' 상태가 된다.[6]

다음으로, '즐겁다'의 동기는 (4)의 경우 '그리는 행위', '잠자리를 실에 묶어 노는 것', '축구 경기 관람', '함께 응원하는 것', 그리고 (6)의 경우 '지인과의 여행', '산책', '데이트', '캠핑', '하이킹', '초임지의 교단생활', '해외 봉사 활동' 등 경험주가 어떤 대상에 대해 재미있고 흥겨운 경험을 하는 과정에서 '즐거운' 상태가 된다.

3.2. 대상

'기쁘다'와 '즐겁다'의 대상은 무엇이며, 그 범위에 차이가 있는가? 이와 관련하여 '국립국어원'의 '현대문어 원시 말뭉치'에서 '기쁜＋N' 구성 588건과 '즐거운＋N' 구성 1,264건을 대비해 보면 다음과 같다.

첫째, 말뭉치에서 '기쁜＋N'의 구성에서 대상 N은 (7)과 같이 70개가 나타난다.

(7) 감정, 것, 경기, 고백, 고함, 구름, 기별, 기색, 나날, 날, 낯, 내색, 내용, 노래, 노릇, 눈물, 눈빛, 뉴스, 당선소감, 대답, 대화, 때, 뜻, 마음, 만남, 메시지, 메아리, 명절, 모습, 모양, 목소리, 물결, 미소, 반응, 비밀, 빛, 사람, 생활, 선물, 성조, 성탄, 소란, 소리, 소식, 순간, 술, 숨, 시간, 심정, 얼굴, (우리) 젊은날, 웃음, 율동, 음성, 이야기, 이유, 인연, 일, 자리, 적(의), 조건, 죽음, 줄(의), 척, 천지, 체, 충격, 탄생, 토요일, 표정

둘째, 말뭉치에서 '즐거운＋N'의 구성에서 대상 N은 (8)과 같이 337개가 나타난다.

(8) 가락, 가정, 가정생활, 감사, 감정, 감촉, 감탄, 걸음, 것, 게임, 게임나라, 결말, 결혼, 결혼식, 경쟁, 경험, 계획, 고민, 고생, 곤욕, 곳, 공간, 공부, 공부방법, 공부시간, 공상, 공연, 교실, 교육, 교육학, 구경, 국립공원 방문, 귀향길, 그녀, 그림, 글쓰기, 글씨, 기간,

---

6 '기쁘다'의 동기는 "아들이 내일 {돌아오게 되어서·돌아온다니} 기쁘다."와 같이 미래 상황에 대해서도 가능하다.

기분, 기쁨, 기술축구, 기억, 기예, 긴장, 길, 길 떠남, 까닭, 꼬라지, 꿈, 나날, 나들이, 나라, 나무, 낙, 낙원, 낚시, 날, 낯색, 내색, 노동, 노래, 노래방, 노랫가락, 노랫소리, 녹초 이야기, 놀라움, 놀이문화, 놀이방, 놀이터, 농부, 농악놀이, 눈요기, 눈치, 뉴스쇼, 느낌, 단옷날, 달, 담소, 대학생활, 대화, 팀, 데이트, 도로, 도취, 독서, 독서여행, 동포애, 땅, 땅위, 때, 레크리에이션, 로망, 리듬, 마력, 마음, 만남, 만찬회, 말동무, 맛, 망상, 매, 메이데이, 명절, 모습, 모양, 모임, 목소리, 목요일, 목욕, 몸기르기, 몸짓, 무대, 문장, 문집, 물놀이, 물맞이축제, 뮤지컬, 미디어활용교육, 미소, 민속음악, 반(우리 반), 밤, 밤샘광고업계, 밤시간, 방법, 방사(房事), 방식, 방학, 법, 변화, 봄놀이, 부르짖음, 부채, 소설, 분위기, 비명(悲鳴), 빅뉴스, 사람, 사랑쌓기, 사색, 사실, 사정, 사회생활, 산수시간, 산행, 산행길, 살인, 삶, 상상, 상상여행, 상자, 상태, 새해, 생일, 생일날, 생일파티, 생활, 서예작품, 설, 설날, 성생활, 성탄, 성탄절, 세상, 세포, 소리, 소비, 소식, 소풍, 소풍길, 쇼, 쇼윈도, 수상활동, 수업, 수업 만들기, 수요일, 수행, 순간, 술자리, 숨바꼭질, 숫자문명사전, 스포츠, 승낙, 시, 시 읽기, 시간, 시엠송, 시절, 식사, 식사시간, 식탁, 신년인사, 아기소풍, 아리랑, 아이, 아침, 아침자습, 안전, 액체, 야유회, 얘기, 어린시절, 얼굴, 얼굴빛, 여름, 여름공동체학습, 여름방학, 여름휴가, 여성주의 뮤지컬, 여유, 여행, 여흥, 연주, 영화, 영화감상, 영화제, 예감, 예술, 오월, 외출추억, 외침, 요리시간, 욕구, 우스개, 운동회, 웃음, 웃음소리, 유희, 율동, 음료소리, 음악, 음악교실, 음주, 의무, 이변, 이분법, 이야기, 이유, 인생, 인생담, 인터넷, 일(자기 몫의 일), 일거리, 일기, 일상, 일상생활, 일요일, 일욕심장이, 일탈, 입시전쟁, 자전거, 작가, 작별인사, 작업, 잔치, 잠자리, 잡음거리, 장난감, 장면, 장사, 장식, 재량시간, 저녁, 저녁드라이브, 저녁시간, 저장, 적(의), 전시, 점심, 점심시간, 정신, 주말, 주방, 주연, 줄(의), 중3시절, 중세체험, 지옥, 지혜, 직장, 집, 짝짓기놀이, 쪽, 착각, 착상, 참여, 추억, 추억거리, 축제, 친구, 캐럴송, 코미디, 콧소리, 크리스마스, 크리스마스이브, 통화, 편지, 평생, 표정, 표정짓기놀이, 풍경, 풍악, 피아니스트, 피크닉, 하늘나라, 하루, 학교, 학교 만들기, 학교생활, 학급, 학문, 학습, 한때, 한시, 한해, 함성, 해외여행, 해학, 행복, 행사, 행위, 행진곡, 향락문화, 향수(鄕愁), 혁명, 화음, 화제, 환경, 환성, 활력소, 회고, 휘파람, 휴가, 휴말(휴일과 주말), 휴식공간, 휴일, 희망

셋째, 말뭉치에서 '{기쁜·즐거운}＋N'의 구성에서 대상 N, 즉 '기쁜' 및 '즐거운'과 공통적 연어 관계에 있는 명사는 (9)와 같이 29개가 나타난다.

(9) 감정, 것, 나날, 날, 내색, 노래, 뉴스, 대화, 때, 마음, 만남, 명절, 모습, 모양, 목소리, 미소, 사람, 생활, 성탄, 소리, 소식, 순간, 시간, 얼굴, 웃음, 이야기, 이유, 일, 표정

이상의 말뭉치 자료에서 '기쁜' 및 '즐거운'과 연어 관계에 있는 명사, 즉 대상에 관한 주요 사항을 들면 다음과 같다. 첫째, '즐겁다'의 대상(337개)이 '기쁘다'의 대상(70개)에 비해 현저히 폭넓다. 이 경우 '기쁘다'와 '즐겁다'에 대한 대상의 신축성과 용인성에 논란의 여지가 다분히 있지만, 그 전형적인 용법은 (10)의 '기쁜 메아리', '즐거운 가락'과 같이 상호 배타적이다.

> (10) a. 아아 그런데 엄마와 숱한 그리운 사람들에게 **기쁜 메아리**가 울려 퍼졌습니다. 해방이 온 것입니다. (권정생(1988), '바닷가의 아이들'에서)
>   b. 이 곡의 앞부분과 뒷부분은 뻐꾸기 소리를 흉내 낸 가볍고 **즐거운 가락**입니다. ('즐거운 생활 2-1, 1955'에서)

둘째, '기쁘다'와 '즐겁다' 양쪽에 공기하는 대상 명사의 경우 의미적 뉘앙스에 차이가 존재하는 것으로 보인다. 예를 들어, (11)의 '기쁜 소식'과 '즐거운 소식'은 유쾌한 소식이라는 공통적인 측면 이외에, '기쁘다'와 '즐겁다'의 고유한 차이, 즉 '간절히 바라던 일이 이루어지는' 및 '뜻밖의 좋은', 그리고 '재미있고 즐길 수 있는'이 '소식'에 부가되어 있다.

> (11) a. 물만 먹어도 살찌는 사람에게 **기쁜 소식**이 있다. 가장 쉽게 할 수 있는 다이어트 방법이 생겼기 때문이다. ('레이디 경향'에서)
>   b. 내년에는 우리 관내 문화회관에서 음악회가 더 자주 열린다는 **즐거운 소식**이 들린다. (동아일보 2015.3.18.)

셋째, '기쁘다'와 '즐겁다'가 관형어로 쓰일 때는 서술어에서보다 그 제약이 뚜렷해 보이지 않는다. 예를 들어, (7)의 '기쁜+{노래, 대화, 명절, 성탄, 토요일, 우리 젊은 날7}' 등은 '즐거운'과 더 자연스러운 구성이며, (8)의 '즐거운+{맛, 문장, 자전거, 지옥}' 등은 글자 그대로의 구성이라기보다 은유적인 의미 확장이라 하겠다.

3.3. 신체적 반응

'기쁘다'와 '즐겁다'의 신체적 반응은 어떠한가?[8] 먼저, 말뭉치에서 '기쁘다'의 경우 신체적

---

7 소설 제목의 '기쁜 우리 젊은 날' 및 인사말의 '기쁜 혼인 잔치'는 '우리의 젊은 날을 생각하니 기쁘다' 및 '혼인 잔치 소식을 전하니 기쁘다'에 바탕을 둔 것이라 하겠다.

8 감정 상태에서 우리 몸은 신체적 반응을 일으키며, 특정한 감정의 신체적 반응은 특정한 감정을 대표하는데, 이 인과 관계를 감정의 '생리적 환유(physiological metonymy)'라고 한다(Ungerer & Schmid 1996/2006: 133-137 참조).

반응을 들면 (12)와 같으며, 기쁜 상태의 신체적 반응을 모으면 (13)과 같은데, (13a)는 신체 부위별 반응이며, (13b)는 행동 양상이다.

(12) a. 그는 **미칠 것 같이** 기뻤다. (오유권 '가난한 형제'에서)
  b. 부풀어 오르는 기쁨으로 내 **가슴은 금방 터질 것 같았다.** (강신재 '젊은 느티나무'에서)
  c. 형식은 꿈같이 기뻤다. 마치 **전신의 피가 모두 머리로 모여 오르는 듯하여 눈이 다 안 보이는 것 같았다.** (이광수 '무정'에서)

(13) a. 얼굴이 붉어지다, 눈이 이글이글 빛나다, 눈물이 흐르다, 전신의 피가 모두 머리로 모여 오르는 듯해 눈이 안 보이다, 눈시울이 뜨거워지다, 귀가 번쩍 뜨이다, 웃음이 나오다, 손이 달달 떨리다, 잔등에 오한을 느끼다, 온몸에 생기가 넘쳐흐르다, 가슴이 {설레다, 터질 것 같다, 두근거리다, 저려오다, 뛰다, 떨리다, 미어지다}, 정신이 없다, 잠이 오지 않는다, 하늘로 둥둥 떠가는 것 같다, 날아갈 듯하다 등
  b. 소리를 지르다, 야단법석을 떨다, 손뼉을 치다, 자리에서 벌떡 일어나다, {껑충껑충, 펄쩍펄쩍} 뛰다, 날뛰다, 엉엉 울다, 춤을 추다, 말을 제대로 못하다, 몸 둘 바를 모르다, 미칠 것 같다, 견딜 수 없다, 잠을 설치다, 뜬눈으로 밤을 지새우다 등

또한, 말뭉치에서 '즐겁다'의 경우 신체적 반응을 들면 (14)와 같으며, 즐거운 상태의 신체적 반응을 모으면 (15)와 같은데, (15a)는 신체 부위별 반응이며, (15b)는 행동 양상이다.

(14) a. 나는 무턱대고 즐거워서 **들뜬 목소리를 냈다.** (박완서(1993) '한 말씀만 하소서'에서)
  b. 즐거워서 혼자 **벙싯벙싯 웃기도 했다.**
  c. 사람들은 즐거움에 **가슴이 뿌듯해져갔다.**

(15) a. 이맛살이 펴지다, 목소리가 들뜨다, 온몸에 소름이 돋다, 마음이 기구에 실려 하늘로 둥둥 떠오르는 것처럼 가볍다, 가슴이 뿌듯하게 부풀어 오르다, 발걸음이 가볍다 등
  b. 콧노래를 부르다, 춤을 추다, 웃다, 손뼉을 치다 등

다음으로, 대학(원)생들의 "기쁠 때 나타나는 '신체적 증상(몸의 반응)'을 기술해 주십시오."에 대한 응답을 들면 (16)과 같다.

(16) a. 얼굴이 붉어지다, 눈이 커지다, 눈물이 나다, 목이 메여 말이 나오지 않다, 울음이 왈칵 솟구치다, 코끝이 찡하다, 얼굴이 {붉어지다, 뜨거워지다}, 손에 땀이 나다, 호흡이 가빠지다, 가슴이 {벅차다, 먹먹하다}, 심장이 {두근거리다, 빠르게 뛰다}, 손이 떨리다, 손발 끝이 짜릿하다, 열이 나다, 흥분되다, 흥이 솟구치다, 기분이 고조되다 등

b. 소리를 지르다, 손뼉을 치다, 벌떡 일어나 춤을 추다, 펄쩍펄쩍 뛰다 등

또한, 대학(원)생들의 "즐거울 때 나타나는 '신체적 증상(몸의 반응)을 기술해 주십시오."에 대한 응답을 들면 (17)과 같다.

(17) a. 얼굴이 붉어지다, 웃음이 나다, 어깨가 들썩거리다, 맥박이 빠르게 뛰다, 발걸음이 가벼워지다, 가슴이 두근거리다, 심장이 빠르게 뛰다, 몸이 {들썩거리다, 떨리다, 가볍다}, 몸에 {활력이 생기다, 기운과 활력이 넘치다}, 흥이 나다, 흥분되다, 말이 {많아지다, 빠르고 목소리가 커지다}, 만족스럽다, 기분 좋은 상태가 지속되다 등

b. 춤을 추다, 소리를 지르다, 콧노래를 흥얼거리다, 휘파람을 불다, 몸을 계속 움직이다 등

이상에서 '말뭉치'와 '설문 조사'의 응답을 보면 '기쁘다'와 '즐겁다'의 신체적 반응은 '얼굴이 붉어지다', '소리를 지르다', '춤을 추다' 등에서 공통된 경우가 적지 않다. 그러나 '기쁘다'에 대한 (12), (13)의 말뭉치 자료 및 (16)의 대학(원)생들의 응답과 '즐겁다'에 대한 (14), (15)의 말뭉치 자료 및 (17)의 대학(원)생들의 응답 간에는 다음과 같은 특징이 드러난다.

첫째, '기쁘다'가 '즐겁다'에 비해 '신체적 증상/몸의 반응'의 부위가 넓게 분포되어 있고, 신체적 증상이 한층 더 다양하다.

둘째, '기쁘다'가 '즐겁다'에 비해 신체적 증상이 한층 더 강렬하다. 예를 들어, (12)의 '미칠 것 같다', '가슴이 터질 것 같다', '전신의 피가 모두 머리로 모여 오르는 듯하다' 및 대학(원) 생들의 반응 가운데 "기쁨은 즐거움보다 한층 더 동적이다."나 "즐거운 표정은 감출 수 있으나 기쁜 표정은 감추기 어렵다."라는 것이 이를 뒷받침한다.

셋째, '기쁘다'가 '즐겁다'에 비해 신체적 증상이 한층 더 빠르게 나타나고 순간적인 반면, '기쁘다'에 비해 '즐겁다'의 신체적 증상이 더 더디며 한층 더 지속적이다. 예를 들어, 기쁜 감정의 상태인 '귀가 번쩍 뜨이다', '자리에서 벌떡 일어나다', '엉엉 울다' 등의 신체적 증상은 기쁜 감정의 빠르고 순간적인 성격을 드러낸다. 그 반면 즐거운 감정 상태인 '(하루 종일) 목소리가 들뜨다', '콧노래를 부르다', '벙싯벙싯 웃다' 등의 신체적 증상은 지속적이다.[9] 또

---

9 이와 관련하여 김경원·김철호(2006: 182)에서는 '기쁨'을 '양은냄비'에, '즐거움'을 '무쇠솥'에 비

한, (18)의 용법 및 대학(원)생들의 응답 가운데 "'기쁘다'에 비해 '즐겁다'의 경우 기분 좋은 상태가 더 오래 간다."뿐만 아니라, 이들 감정의 생성 동기에 관한 (5)와 (6)에서 점화 시간이 '기쁘다'는 순간적인 반면 '즐겁다'는 장기적인 것이 이를 뒷받침한다.

(18) 벅찬 기쁨은 가라앉고 조용한 즐거움이 가슴에 가득했습니다. ('고향을 지키는 아이들'에서)

이상의 '신체적 증상(몸의 반응)'에 따른 '기쁘다'와 '즐겁다'의 관계를 도식화하면 <그림 1>과 같다(김경원·김철호 2006: 180 참조).

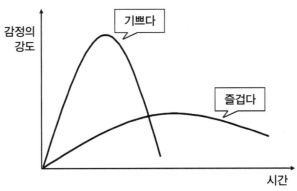

그림 1 '기쁘다'와 '즐겁다'의 강도와 시간

3.4. 감각기관

'기쁘다'와 '즐겁다'에 대한 감각기관의 원천은 어디인가? 구체적으로, '몸'과 '마음'의 방향이나 감각기관의 부위에 특징적인 측면이 있는지에 대해서 살펴보기로 한다.

먼저, '기쁘다'와 '즐겁다'의 방향에 대해서 보기로 한다. 이와 관련하여 천시권·김종택 (1971: 141-142)에서는 '기쁘다'는 사람의 내부에서 외부로 희열의 감정이 솟아 나오는 것을 느끼게 하는 반면, '즐겁다'는 외부의 요인이 마음에 만족을 줌으로써 희열이 가슴 속으로 젖어 들게 하는 것을 느끼게 한다고 보고, 이를 <그림 2>와 같이 도식화하였다.

유한 바 있다.

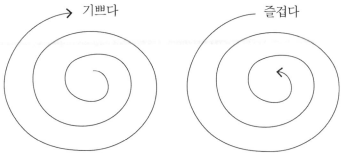

그림 2 '기쁘다'와 '즐겁다'의 방향

같은 맥락에서, 김수업(2009: 59)에서는 '기쁘다'와 '즐겁다'가 느낌이 빚어지는 뿌리에서 다르다고 보았다. 즉, 좋다는 느낌이 마음 깊은 데서 몸으로 밀고 나오면 기쁘고, 좋다는 느낌이 몸에서 마음으로 밀고 들어오면 즐거워진다는 것이다.[10]

이러한 방향성의 대립은 '기쁘다'와 '즐겁다'의 감정 유발 자극에서 확인할 수 있다. 예를 들어, (19), (20)을 보기로 한다.

(19) a. '진수가 돌아온다. 아무개는 죽었는지 살았는지 통 소식이 없는데, 우리 진수는 살아서 오늘 돌아오는 것이다.' 생각할수록 어깻바람이 날 일이다. (하근찬 '수난이대'에서)

b. 그런데 만세소리를 듣게 되자 가슴이 울렁거리고 뜨거워지면서 뛰쳐나가고 싶어졌다. (조정래 '아리랑'에서)

(20) a. 인관은 노래하는 것이 **즐거웠다.** 노래하고 있으면 심신을 옥죄고 있던 입자들이 산산이 흩어지는 것 같았다. ('모내기 블루스'에서)

b. 옛날부터 우리 조상들은 농악에 맞추어 신나게 춤을 추며 힘든 일도 **즐거운** 마음으로 하였습니다. ('초등학교 체육 3'에서)

(19)에서는 '아들이 전쟁에서 살아 돌아오다'나 '나라를 찾았다는 만세소리'와 같은 간절히 바라거나 뜻밖의 좋은 소식을 듣고 기쁜 감정이 유발되어 '어깨 바람', '가슴의 울렁거림과 뜨거워짐', '뛰쳐나가고 싶음'과 같은 신체적 증상이 나타난 것이다. 한편, (20)에서 보듯이 '즐겁다'는 '노래하다'나 '춤을 추다'와 같은 신체적 경험이 즐거운 감정을 유발하고 있다.

다음으로, '기쁘다'와 '즐겁다'의 '몸'과 '마음', 그리고 감각기관별 호응 관계를 보기로 한

---

10 이를 압축해서 김수업(2009: 59)에서는 "기쁘다는 느낌은 마음에서 오고 즐겁다는 느낌은 몸에서 온다.", "기쁨은 마음의 것이고 즐거움은 몸의 것이다."로 기술하였다.

다. (21)에서 보듯이, '기쁘다'는 '마음'과 호응되는 반면, '즐겁다'는 '마음' 및 '몸'과 호응된다.

> (21) a. 마음이 {기쁘다/즐겁다}.
>   b. 몸이 {*기쁘다/즐겁다}.
>   c. '목포 5味', 맘과 몸이 즐겁다. (경향신문 2010.7.26.)

또한, 오관의 호응 관계를 보면 (22)와 같다(김성화 2003: 23, 김은영 2004: 133 참조).

> (22) a. 해변에서 아름다운 풍경을 보고 있으면 눈이 {*기쁘다/즐겁다}.
>   b. 아름다운 노랫소리를 듣고 있으면 귀가 {*기쁘다/즐겁다}.
>   c. 보랏빛 라벤다 향에 코가 {*기쁘다/즐겁다}. (동아일보 2006.7.6.)
>   d. 고래 고기 12가지 맛 '혀가 {*기쁘다/즐겁다}.' (부산일보 2011.5.12.)
>   e. 온천의 계절 '피부가 {*기쁘다/즐겁다}'…관광공사 선정 '12월에 가볼만한 곳'
>   (국민일보 2012.11.28.)

(22)에서 보듯이, '눈·귀·코·혀·피부', 즉 오관의 구체적 감각 부위와의 호응은 '즐겁다'만이 가능하다.[11] 이것은 위에서 보았듯이, '즐겁다'는 오관과 같은 신체 부위, 즉 몸의 경험이 1차적임을 드러낸다.

3.5. 은유적 양상

'기쁘다'와 '즐겁다'의 은유적 양상은 어떠한가? 이와 관련하여 '국립국어원'의 '현대문어 원시 말뭉치'에서 '기쁨'(총 2,482건)과 '즐거움'(총 1,511건)의 용법에 나타난 '개념적 은유'의 양상을 대비해 보기로 한다. 이 경우 개념적 은유는 서술어의 의미 확장에 기반을 두고 있다.

먼저, 서술어와 관련하여 '기쁨'과 '즐거움'의 은유적 양상을 보기로 한다. 예를 들어, (23a)의 "메르스는 {즐거움·기쁨}을 빼앗아 갔다."에서 '빼앗아 가다'의 글자 그대로 의미는 (23b)의 용법과 같이 '남의 소중한 것을 억지로 탈취해 가다'이며, 그 주체는 '강도'이고, 대상은 '소중한 것(돈·보석 등)'이다. 따라서 서술어 '빼앗아 가다'의 의미 확장에 의해 "메르스

---

11   이 경우 '즐겁다'의 용법은 1차적으로 '눈'과 '귀'에서 사용되다가 은유적 기제에 의해 '코, 혀, 피부'로 의미가 확장된 것이라 하겠다. 오관에서 '즐겁다'의 의미 확장 과정은 '호강하다' 및 '호사(豪奢)하다'의 경우에도 동일하다.

는 강도이다." 및 "{즐거움·기쁨}은 소중한 것(돈·보석 등)이다."라는 개념적 은유가 성립된다. 이 경우 추상적인 대상의 '메르스'[12] 및 '즐거움·기쁨'은 목표영역이며, 구체적인 대상의 '강도' 및 '소중한 것(돈·보석 등)'은 근원영역이다.

(23) a. 메르스는 내게서 공연과 **즐거움**과 행복과 **기쁨**을 **빼앗아 갔다**. ('네이버 블로그'에서)

   b. 강도가 행인에게서 돈을 빼앗아 갔다.

그러면, 말뭉치에서 '기쁘다'의 개념적 은유를 보기로 한다. 위 (23)의 "기쁨은 소중한 것(돈·보석 등)이다."라는 개념적 은유에서 '소중한 것(돈·보석 등)'은 근원영역인데, 말뭉치에서 '기쁨'의 근원영역은 (24)와 같이 19가지이다.

(24) a. 목표영역: '기쁨'

   b. 근원영역: '그릇 속의 액체', '적', '물건(선물)', '음식물', '술', '식물(꽃·농작물)', '분수', '새', '천', '소중한 것(보물·돈 등)', '손님', '불', '아기', '풍선', '비', '안개', '바닷물', '실', '땀'

(24)의 '기쁨'에 대해 근원영역을 취하는 서술어를 보면 (25)와 같이 48개이다.

(25) a. 그릇 속의 액체: 차오르다, (가득) 차다, 가득하다, 잠기다, 빠지다, 빠져들다, 넘치다, 넘쳐흐르다, 가라앉다, 배어나오다

   b. 적: 이기다, 억누르다

   c. 물건·선물: 쏟아지다, 안다(안겨 주다), 담다, 감추다, 나누다, 선사하다

   d. 음식물: 맛보다, 머금다, 삭이다

   e. 술: 마시다, 취하다, 도취되다

   f. 식물(꽃·농작물): 심다, 피어나다, (열매를) 거두다, 영글다, 수확하다

   g. 분수: 솟아나다, 솟아오르다, 솟구치다, 용솟음치다

   h. 새: (둥지를 깨고) 나오다, 깃들다

   i. 천: 짜다, 접다

   j. 소중한 것(보물·돈 등): 지키다, 빼앗다

   k. 손님: 찾아오다, 맞이하다

   l. 불: 불타오르다, 사그라지다

---

12 '메르스'는 중동 지역을 중심으로 한 급성 호흡기 감염병으로, 2015년 5월부터 우리나라 전역에서 100명이 넘는 감염자가 발생한 바이러스 질환이다.

m. 아기: 낳다

n. 풍선: 터지다

o. 비: 젖다

p. 안개: 서리다("비엔나 숲은 온갖 신비와 기쁨이 서려 있을 것 같다.")

q. 바닷물: 출렁거리다, (기쁨의 물결이) 밀려오다

r. 실: 자아내다

s. 땀: 돋아나다("송골송골 이마에 맺힌 땀처럼 기쁨이 돋아났다.")

또한, 말뭉치에서 '즐겁다'의 개념적 은유를 보기로 한다. 위 (23)의 "즐거움은 소중한 것 (돈·보석 등)이다."라는 개념적 은유에서 '소중한 것(돈·보석 등)'은 근원영역인데, 말뭉치 에서 '즐거움'의 근원영역은 (26)과 같이 12가지이다.

(26) a. 목표영역: '즐거움'

　　 b. 근원영역: '그릇 속의 액체', '적', '물건(선물)', '음식물', '술', '식물(꽃·농작물)', '분수', '새', '천', '소중한 것(보물·돈 등)', '날씨', '흙더미'

(26)의 '즐거움'에 대해 근원영역을 취하는 서술어를 보면 (27)과 같이 27개이다.

(27) a. 그릇 속의 액체: 고이다, (가득) 차다, 가득하다, 잠기다, 넘치다, 빠지다

　　 b. 적: 이기다, 쫓다

　　 c. 물건(선물): 안다(안겨 주다), 나누다, 주다, 가득하다, 담다, 감추다, 선사하다

　　 d. 음식물: 맛보다

　　 e. 술: 취하다

　　 f. 식물(꽃·농작물): 피다, 피어나다, 꽃피다, 수확하다

　　 g. 분수: 솟다

　　 h. 새: 깃들다

　　 i. 천: 접다

　　 j. 소중한 것(보물·돈): 빼앗다

　　 k. 날씨: 흐려지다

　　 l. 흙더미: 매몰되다

이상에서 '말뭉치'를 대상으로 살펴본 '기쁨'과 '즐거움'의 은유적 양상의 특징은 다음과 같다.

첫째, (24)에서 보듯이 '기쁨'의 근원영역은 19가지이며, (26)에서 보듯이 '즐거움'의 근원

영역은 12가지로 나타났다. 그중 공통된 근원영역은 '그릇 속의 액체, 적, 물건(선물), 음식물, 술, 식물(꽃/농작물), 분수, 새, 천, 소중한 것(보물·돈 등)'의 10가지이다. 또한 '기쁨'에 대한 개별적인 근원영역은 '손님, 불, 아기, 풍선, 비, 안개, 바닷물, 실, 땀'의 9가지이며, '즐거움'에 대한 개별적인 근원영역은 '날씨, 흙더미'의 2가지이다.

둘째, (24)와 (26)에서 보듯이 '기쁨'의 근원영역(19가지)이 '즐거움'(12가지)보다 더 폭넓으며, (25)와 (27)에서 보듯이 '기쁨'에 대한 근원영역의 서술어(48개)가 '즐거움'(27개)보다 더 다양한 것으로 나타났다.[13]

요컨대, 말뭉치 자료를 통해서 볼 때, '기쁨'이 '즐거움'보다 근원영역의 범위 및 그 서술어의 폭에 있어서 은유적 양상이 한층 더 활발하다고 하겠다.

3.6. 경험주의 참여도

'기쁘다'와 '즐겁다'에서 '경험주'의 참여 여부는 어떠한가? 먼저, 경험주의 상관성 정도를 (28)의 예문을 통해 살펴보기로 한다.

> (28) a. 어머니께서 볼일 보러 다녀오시는 길에 2학년 3월분 동아 "이 달의 학습"이란 문제집을 사오셨다. 나는 무척 **기뻤다**. (권정생 '웃음이 터지는 교실'에서)
> b. 나는 어머니의 시장바구니를 들어다 드리고 나서, 나도 도와 드렸다는 기분으로 참 **즐거웠다**. (권정생 '웃음이 터지는 교실'에서)

(28)의 '기쁘다'와 '즐겁다'의 용법을 이정목(2008: 52)에서는 '경험주'와 '동작주(agent)'의 일치 여부로 파악하고 있는데, (28a)에서 '기쁘다'의 경험주는 '나'이며 사건의 동작주는 '어머니'인 반면, (28b)에서 '즐겁다'의 경험주와 사건의 동작주는 '나'로 일치한다. 즉, '기쁘다'와 달리 '즐겁다'는 경험주가 자신의 행위로 인해 기분 좋은 느낌을 체험하게 되는 것이다. 이 점을 정회란(2006: 127)에서는 선행 사건에 경험주의 참여가 없어도 '기쁘다'의 감정이 가능한 반면, '즐겁다'는 경험주가 직접 참여해서 느낀 감정이란 점에서 그 의미 특성에 차이가 나는 것으로 기술하였다.

요컨대, '기쁘다'는 (29a), (29b)에서처럼 경험주의 선행 사건 참여가 문제시되지 않으나, '즐겁다'는 (29c)에서처럼 경험주의 참여가 필수적이라 하겠다.[14]

---

13 '소설 말뭉치'를 대상으로 한 임지룡(2006d: 255-264, 396)에서 '기쁨'의 근원영역은 '그릇속의 액체, 적, 물건, 식물, 음식물·술, 강물·바닷물, 폭풍우, 불, 실, 풍선'의 10가지이며, 서술어는 78개로 집계된 바 있다.

14 이 경우 '즐거운 {상상·공상·망상}'에서 보듯이 가상적인 사건의 참여도 가능하다.

(29) a. 교수님께서 높은 점수를 주셨다. 그래서 나는 매우 {기뻤다/?즐거웠다}.

     b. 밤을 꼬박 새워서 리포트를 완성할 수 있었다. 그래서 나는 매우 {기뻤다/?즐거웠다}.

     c. 어머니의 설거지를 도와 드렸다. 그래서 나는 매우 {?기뻤다/즐거웠다}.

3.7. 병렬 어휘

'기쁘다'와 '즐겁다'에 관한 병렬 어휘의 특성은 어떠한가? 이와 관련하여, 말뭉치 자료에서 '기쁘다'와 '즐겁다'의 병렬 어휘를 살펴보기로 한다.[15]

먼저, '기쁘다'의 병렬 양상은 다음과 같다. 첫째, (30a)는 대립관계의 보기이며, (30b)는 그 보기들을 모은 것이다.

(30) a. 아이는 **기쁘고 슬픈** 마음이 반반인 채로 산문을 벗어났다.

     b. 기쁜 일과 슬픈 일/기쁘면 기쁜 대로 슬프면 슬픈 대로, 기쁠 때나 힘들 때나, 기쁘기도 했고 부끄럽기도 했다, 기쁘기도 하고 긴장되기도 했다, 기쁘기도 했으며 또한 당황하기도 했다, 고통 속에서 기뻤고 두려움 속에서 행복했다, 반은 기쁘게 반은 의심쩍은 마음으로, 서운했지만 한편으로 기뻤던 것도 사실이야, 기쁨과 {슬픔·고뇌·아픔·시름·걱정·고통·분노}

둘째, (31a)는 광의의 동의관계의 보기이며, (31b)는 그 보기들을 모은 것이다.

(31) a. **자랑스럽고 기쁘고 흥겨워야** 할 올림픽, 눈이 번쩍 뜨이는 **기쁨과 흐뭇함**을 안겨 주었다.

     b. 즐겁고 기쁘다, 기쁘고 반갑다, 신나고 기쁘다, 놀랍고 기쁘다, (마음이) 가볍고 기뻤다, 기쁘기도 하고 든든하기도 하다, 기쁘고 듬직하다, 통쾌하고도 기쁘다, 기쁘고 영광스럽다, 기쁘고 설레기만 했다, 기쁘고 거룩한 계절, 기쁘고 고마웠다, 놀랍고 기쁘다, 기쁨과 {희열·쾌감·감격·사랑·설렘·보람·환희·감격·충족감·행복감·자랑스러움·경이로움·만족·환호}

셋째, (32)는 풀이관계의 보기들이다.

---

15 이와 관련하여, Firth(1957: 11)는 "한 단어의 의미는 그 단어와 인접해 있는 단어에 의해서 알게 된다."라고 하였으며, Jones *et al.*(2012: 58)은 말뭉치에서 통사적 틀을 통해 대립어 쌍을 확보하였다.

(32) a. 모두가 분만의 **기쁨, 그 쾌감**을 맛보는 데 태만했기 때문이다.

　　 b. **기분 좋을 때(사랑, 기쁨, 만족, 감사)**는 엔돌핀의 영향으로 모유의 질이 좋아진다.

다음으로, '즐겁다'의 병렬 양상은 다음과 같다. 첫째, (33a)는 대립관계의 보기이며, (33b)는 그 보기들을 모은 것이다.

(33) a. **즐거운 마음**은 **괴로운 마음**속에 있다.

　　 b. 즐거운 순간은 짧게 느껴지고 고통스런 순간은 길게 느껴지는 것처럼, 즐거운 분위기와 무거운 분위기, 괴로운 곳에서 즐거운 마음을 얻어야만, 즐거운 일보다 서글픈 일이 많았던 까닭, 우리 식구에겐 즐거운 생활은 없고 모두 슬픔 속에 싸여, 즐거움 괴로움 다 겪고, 즐거움과 고통

둘째, (34a)는 광의의 동의관계의 보기이며, (34b)는 그 보기들을 모은 것이다.

(34) a. 고등학교 때부터 하고 싶어 했던 연기생활이라 하루하루가 **재미있고 즐겁다**고 했다.

　　 b. 재미있고 즐겁다, 즐겁고 흥겹다, 즐겁고 반갑다, 즐겁고 유쾌한 (분위기), 명랑하고 즐거운 (기분), 즐겁고 신나는 (계절), 즐겁고 평화로운 (때), 즐겁고 유익하다, 즐겁고 건강한 (연휴), 즐겁고 흐뭇하다, 즐겁고 아름다운 (추억), 즐겁고 행복한 (시간), 즐겁고 소중한 (시간), 화목하고 명랑하며 즐거운 (학급), 즐겁고 황홀하다, 즐겁고 평화로웠던 (시절), 즐겁고 거룩한 (사건), 즐겁고 그리운 (여고시절), 흐뭇하고 즐거워서, 좋아서 즐거워서

셋째, (35)는 풀이관계의 보기들이다.

(35) a. 문학이 필요한 것은 그것이 주는 **즐거움, 즉 쾌락** 때문이라는 생각을 살펴보도록 하자.

　　 b. 이같은 소박한 자연 속에서의 생의 **즐거움, 그 '흥겨움'**이 우리 토속 정서에 담겨 있다.

　　 c. 에너지가 멀리 방출되면 될수록 더 큰 해방감과 더 큰 **즐거움, 재미**를 느끼게 된다.

　　 d. 독자에게 주는 교훈 중에 하나는 **즐거움(재미, 쾌감, 만족감, 심미감)**이다.

이상에서 '말뭉치'에 나타난 '기쁘다'와 '즐겁다'의 병렬 어휘 특징 두 가지를 들면 다음과 같다.

첫째, '기쁘다'의 대립관계는 '슬프다'를 전형으로 해서 매우 다양하며,[16] 광의의 동의관계

는 '반갑다'를 전형으로 해서 매우 다양하다. 또한 '기쁘다'의 풀이관계는 '유쾌하다'로 나타난다.

둘째, '즐겁다'의 대립관계는 '괴롭다'를 전형으로 해서 매우 다양하며, 광의의 유의관계는 '재미있다' 및 '흥겹다'를 전형으로 해서 매우 다양하다. 또한 '즐겁다'의 풀이관계는 '유쾌하다', '재미있다' 등으로 나타나는데 '유쾌하다'는 '기쁘다'와 '즐겁다'에 공유된다.

요컨대, '기쁘다'와 '즐겁다'의 다양한 병렬 어휘는 사용 환경, 즉 맥락에 따라 유연하게 대립관계, 동의관계, 풀이관계를 형성하면서 '개념적 근접성(conceptual proximity)'을 통해 두 단어의 뜻풀이에 유의미한 정보를 제공해 준다고 하겠다.

3.8. 격틀

'기쁘다'와 '즐겁다'는 격틀 구조에서 어떤 특성을 드러내는가? '기쁘다'와 '즐겁다'의 성격을 격틀의 통사 구조적 측면에서 살펴보기로 한다.[17]

이와 관련하여 강현화(2005: 58)에서는 동의관계를 변별하는 데 관련 단어의 격틀 구조 차이를 활용할 수 있을 것으로 보았으며, 유현경(1998: 78-92)에서는 심리 형용사의 격틀을 (36)과 같이 규정하고,[18] 그 보기를 (37), (38)과 같이 제시하였다.

(36) a. 원인 심리형용사: $NP_1 - 가 (NP_2 - 가) Adj (NP1: 경험주, NP2: 대상)$
　　 b. 대상 심리형용사: $NP_1 - 가 NP_2 - 가 Adj$

(37) a. 나는 사람들이 형을 칭찬하는 말을 들을 때면 기쁘고 어깨가 으쓱거렸다.
　　 b. 나는 ∅ 기쁘고 어깨가 으쓱거렸다.

(38) a. 나는 수빈이가 측은했고 그래서 더욱 할머니에 대해 분개할 수밖에 없었다.
　　 b. *나는 ∅ 측은했고 그래서 더욱 할머니에 대해 분개할 수밖에 없었다.

16　임지룡(2001b) 및 임지룡(2008a: 233-275)에서는 은유 및 환유적 양상을 중심으로 '기쁨'과 '슬픔'의 대립 양상을 다룬 바 있다.

17　'기쁘다'에서 파생된 '기뻐하다'는 (가)에서 보듯이 명령형과 청유형이 가능하지만, '즐겁다'에서 파생된 '즐거워하다'는 (나)에서 보듯이 명령형과 청유형이 불가능한 것도 주목되는 사항이다.
　　(가) a. 너의 성공을 함께 기뻐하자.　　 b. 기뻐해라. 네가 합격했다.
　　(나) a. *우리 모두 방학을 즐거워하자.　　 b. *즐거워해라. 오늘부터 방학이다.

18　유현경(1998: 78)에서는 '심리형용사'를 대상에 대한 경험주의 판단을 서술하는 '대상 심리형용사'와 어떠한 사실이나 일의 원인이 되어 유발된 경험주의 심리 상태를 서술하는 '원인 심리형용사'로 분류하였다.

(36a)의 원인 심리형용사의 경우 NP₂는 (37)과 같이 수의적으로 경험주의 심리 상태를 유발시키는 데 직접적 원인이 되는 명사절 또는 명사구나 부사절이 온다. 그 반면, (36b)의 대상 심리형용사의 경우 NP₂는 (38b)와 같이 생략될 수 없는 명사절이나 일반명사가 온다(유현경 1998: 82-85 참조).

그러면, '기쁘다'와 '즐겁다'에 대해 격틀의 구조를 살펴보기로 한다.[19] 예를 들어, (39), (40)에서 '기쁘다'의 원인 및 '즐겁다'의 대상에 관한 명사절은 생략이 가능하지만, 이 경우 (39b)보다 (40b)가 다소 불완전한 느낌이 든다.[20]

　(39) a. 나는 나와 더불어 하루를 마감해 줄 대상이 생긴 것이 더할 나위 없이 기쁩니다.
　　　 b. 나는 더할 나위 없이 기쁩니다.

　(40) a. 나는 남편과 오랜만에 단둘이 떠나는 주말여행이 너무나 즐겁습니다.
　　　 b. 나는 너무나 즐겁습니다.

이처럼 '기쁘다'와 '즐겁다'는 격틀의 구조에서 미세한 차이를 보이는데, (41), (42)에서 보다 더 구체화해 보기로 한다.

　(41) a. 시골에 가게 되어서 나는 기뻤습니다.
　　　 b. ?/*시골에 가게 되어서 나는 즐거웠습니다.

　(42) a. *나는 시골 생활이 기뻤습니다.
　　　 b. 나는 시골 생활이 즐거웠습니다.

(41)에서 보듯이 '기쁘다'는 원인을 나타내는 부사절의 선행이 자연스럽지만, '즐겁다'는 어색해지거나 비문이 되어 버린다.[21] (42)에서는 '기쁘다'와 '즐겁다' 앞에 NP₂가 나타날 수 있는지 없는지에 따라 다른 양상을 보이는데, '즐겁다'의 경우에는 NP₂가 출현해도 자연스럽지만 '기쁘다'의 경우에는 비문이 되어 버린다.

요컨대, '기쁘다'와 '즐겁다'는 격틀의 구조에서 차이를 보인다고 하겠다.

19　유현경(1998: 79)에서는 '기쁘다'를 원인 심리형용사로 분류한 반면, '즐겁다'는 언급이 없으며, 강현화(2005: 58)에서는 '기쁘다'를 원인 심리형용사로, '즐겁다'를 대상 심리형용사로 구분하였다. 한편, 김은영(2004: 128)에서는 '기쁘다'와 '즐겁다'를 원인 중심 감정동사로 기술하였다.

20　이와 관련하여 김종택(1970: 107)에서는 "나는 즐겁다."를 상당히 무리한 표현이며, "나는 일하는 것이 즐겁다."와 같이 쓰는 것이 완전하다고 한 바 있다.

21　그런데 "나는 무척 기뻤습니다."와 "나는 무척 즐거웠습니다."를 보면, '즐겁다'가 쓰인 문장에서 NP₂가 생략될 경우 '기쁘다'가 쓰인 문장과 격틀이 동일한 것처럼 보인다.

4. 마무리

이상에서 유쾌한 감정 상태라는 공통 의미를 지닌 '기쁘다'와 '즐겁다'의 의미 차이를 중심으로 그 특성을 논의하였다. 이제까지 살펴본 바를 간추려 이 장을 마무리하기로 한다.

첫째, 동기의 측면에서 '기쁘다'는 경험주가 간절히 바라던 일이 이루어지거나 뜻밖의 좋은 일이 생긴 시점의 유쾌한 감정이며, '즐겁다'는 경험주가 어떤 대상에 대해 재미있고 흥겨운 체험을 하는 과정에서 생긴 유쾌한 감정이다.

둘째, 대상의 측면에서 '즐겁다'가 '기쁘다'에 비해 그 폭이 현저히 넓으며, 서술어에서보다 관형어의 용법에 제약이 중화되는 경향을 띤다.

셋째, 신체적 반응의 측면에서 '기쁘다'가 '즐겁다'에 비해 신체적 부위가 넓고 그 증상이 더 다양하고, 신체적 증상이 더 강렬하며, 빠르고 순간적이다.

넷째, 감각기관의 측면에서 '기쁘다'는 마음에서 몸으로의 외향적이며, '즐겁다'는 몸에서 마음으로의 내향적이다. 또한 감각기관별로 볼 때 '기쁘다'는 '마음'과 호응되는 반면, '즐겁다'는 '마음' 및 '몸'과 호응되며, 오관의 감각부위는 '즐겁다'만이 호응된다.

다섯째, 은유적 양상의 측면을 말뭉치 자료에서 볼 때 '기쁨'이 '즐거움'보다 근원영역과 서술어 가짓수가 많아 더 활성적인 것으로 나타난다.

여섯째, 경험주의 참여도 측면에서 '기쁘다'는 선행사건에 경험주의 참여가 문제시되지 않으나, '즐겁다'는 경험주의 참여가 필수적이다.

일곱째, 병렬 어휘의 측면에서 '기쁘다'는 '슬프다', '반갑다', '유쾌하다', 그리고 '즐겁다'는 '괴롭다', '재미있다' 및 '흥겹다', '유쾌하다'와 전형적인 대립관계, 광의의 동의관계, 풀이 관계를 형성한다.

여덟째, 격틀의 측면에서 '기쁘다'와 '즐겁다'는 논항의 생략 가능성에서 차이를 드러낸다.

제16장
대립어*

1. 들머리

이 장은 인지의미론적 관점에서 국어 대립어의 작용 양상에 대한 의미 특성을 밝히는 데 목적이 있다. 의미의 대립관계는 우리의 사고방식뿐만 아니라, 일상적인 삶과 담화에 넓게 퍼져 있고 깊게 스며들어 있다. 그 편재성과 비중에 걸맞게 오랜 시간에 걸쳐 대립어는 언어교육 현장, 사전편찬, 그리고 언어학, 특히 의미론 분야의 주요 관심사가 되어 왔다.

대립어의 성격에 대한 언어학자들의 주요 관심사를 살펴보면 다음과 같다. Cruse(1986: 197)에서는 대립어가 독특한 매력, 즉 근접성과 소원성을 동시에 지니고 있다고 하였다. 또한 Aitchison(1987/2003: 84-101)은 단어 연상 실험에서 대립어의 연상 강도가 여러 어휘 관계 가운데 가장 높다고 하였으며, Murphy(2003: 174-176)에서는 대립관계·하의관계·동의관계 등 계열관계 가운데 대립이 가장 원형적인 의미 관계라고 하였다.

의미의 대립관계를 형성하는 어휘, 즉 대립어는 언어 이론, 특히 의미 이론의 발전과 함께 그 해석에 큰 변화가 동반되었다. 구체적으로, 지난 반세기 동안 구조의미론, 말뭉치 언어학, 화용론, 그리고 인지의미론의 관점에 따라 대립어 연구의 지평이 크게 바뀌고 심화 확장되었다. 그중 인지의미론은 의미의 문제를 개념화 또는 해석의 관점에서 탐색하는 의미 이론으로, 구조의미론의 주요 성과를 발전적으로 수용한 사례가 적지 않다. 그런데 대립어와 관련해서는 일반 언어학계뿐만 아니라 국내학계에서 구조의미론의 성과가 인지의미론으로의 연계가 지극히 초보 단계에 머물러 있는 형편이다.

이에 이 장에서는 인지의미론적 관점에서 대립어의 의미 특성을 탐색함으로써 대립어의 본질 규명에 한 걸음 다가서고, 새로운 연구 방향을 제시함으로써 후속 연구의 길잡이 역할을

---

* 이 장은 임지룡(2015a). "대립어 작용 양상의 인지의미론적 특성"(『우리말연구』 40: 65-100. 우리말학회.)의 내용을 깁고 고친 것임.

하는 데 목적이 있다. 이를 위해, 현대 언어학에서 대립어 연구의 주요 흐름을 살펴보고, 인지의미론적 기제를 통해 국어 대립어의 의미 특성을 역동적으로 해석할 수 있는 방안을 모색해보기로 한다.

2. 대립어 연구의 주요 방법론

여기서는 대립어 연구의 주요 방법론인 '구조의미론적 접근법', '말뭉치 접근법', '화용적 접근법', '인지의미론적 접근법'에 대해서 살펴보기로 한다.

2.1. 구조의미론적 접근법

대립어에 대한 언어학적 관심과 주요 성과는 '구조의미론(structural semantics)'에서 한 획을 긋게 되었다.[1] 이것은 구조의미론의 원류인 구조주의가 대립의 기제에 기초하고 있음과 깊은 상관성을 맺는다. 구조주의에서 의미의 본질에 대한 기본 가정은 개별 언어를 고유의 관계적 체계로 보고, 이 체계에서 단어는 다른 단어들과의 관계로부터 그 의미를 부여받기 때문에, 의미는 실질적인 것이 아니라 관계적인 것으로 본다. 이 경우 체계나 관계는 언어내적 테두리 안에서 자율적이며, 자립적이다.

대립어 연구에 대한 구조의미론의 주요 성과는 Lyons(1968, 1977) 및 Cruse(1986)를 들 수 있다.[2] 이 경향의 핵심은 어휘사전에서 잘 확립된 대립어 쌍의 탈문맥적 보기에 초점을 맞추어 다양한 대립어들을 체계적으로 분류하는 것이었다. 체계성을 확보하기 위해 논리학의 '반대관계(contrary)'와 '모순관계(contradictory)'의 개념을 그 저변에 깔고 있는데, 이러한 모색의 결과 대립어의 유형을 (1)과 같이 범주화하였다.

(1) a. 이항대립(binary opposition)
ⓐ반의어(antonym): 덥다/춥다 ②상보어(complementary): 남자/여자 ③방향대립어(directional opposite) ㉠대척어(antipodal): 꼭대기/밑바닥 ㉡대응어(counterpart): 언덕/구렁 ㉢역동어(reversive): 올라가다/내려오다 ㉣역의어(converse): 스승/제자
b. 비이항대립(non-binary opposition)

---

1 Davies(2007: 72)에서는 대립어의 '구조의미론적 접근법'을 '어휘의미론적 접근법(lexical semantic approach)'이라고 하였다.
2 임지룡(1989)은 국어 대립어를 구조의미론과 인지언어학의 한 축이된 심리언어학적 관점에서 논의한 것이다.

①순환적 순서 집합(cyclically ordered set): 봄/여름/가을/겨울 ②연속적 순서 집합 (serially ordered set) ㉠척도(scale): 차다/서늘하다/미지근하다/따뜻하다/덥다 ㉡ 등급(rank): 나쁨/미흡/보통/양호/우수

대립어에 대한 구조의미론적 관점은 이항대립에 초점을 두고 중립지역의 유무에 따라 '반의어'와 '상보어'를 구분하였다. 그 가운데서도 '+/-' 값에 의해 대립되는 '상보어'가 묵시적으로 이 틀에 가장 잘 들어맞는 유형으로 간주되었다. 결과적으로 구조의미론에 의한 어휘의미론적 연구에서 의미의 대립관계는 동의관계, 하의관계, 부분관계보다 한층 더 체계적이고 구조적인 것으로 정평을 얻게 되었다.

그러나 구조의미론에서 대립어에 대한 논의는 다음과 같은 한계를 지니고 있다. 첫째, 대립어의 의미를 언어내적 관계의 망인 '정적 체계(static system)'로 파악함으로써 실제 언어 상황에서 대립어가 사용되는 어휘적 유연성을 설명해 내지 못하였다. 둘째, 대립어가 실제로 사용되는 경험적 자료의 결핍으로, 하나의 문장이나 문맥 속에서 공존하는 대립 쌍에 관심을 두지 못하였다. 셋째, 각 유형에 속한 대립어의 용례가 제한되므로, 소수의 관습적이고 규범적인 대립어가 해당 유형을 대표하게 되었으며, 불명확하거나 예외적인 사례는 무시되었다. 넷째, 대립어의 정도성에 대해 주목하지 않았다.

2.2. 말뭉치 접근법

'말뭉치 접근법(corpus approach)'은 말뭉치 자료를 통해 대립어 쌍을 확보하고 사용 양상을 살펴보는 관점이다. 영어의 경우 Justeson & Katz(1991), Mettinger(1994), Fellbaum(1995), Jones(2002), Murphy *et al*.(2009), Paradis *et al*.(2009), Davies(2012, 2013), Jones *et al*.(2012), Lobanova(2012) 등이 그 결과물이며, 국어의 경우 임채훈(2009), 홍윤기(2009), 이광호(2009a, 2009b, 2010), 김억조(2012), 이민우(2012a, b) 등이 있다.

이 접근법의 선구적 논의인 Mettinger(1994)는 1920년에서 1979년 사이에 출판된 범죄소설 20권을 대상으로 하여, 161개의 대립어 쌍이 동시에 출현하는 양상을 조사하였다. 또 Jones(2002)는 영국의 *Independent*(1988-1996)를 대상으로 2억 8천만 어절의 말뭉치에서 대립어 56쌍이 동시 출현하는 3천 개 문장을 조사하였다. 이들은 모두 하나의 문장에서 (2)와 같이 대립어 쌍이 함께 사용되는 가장 흔한 '통사적 틀(syntactic frame)'을 범주화한 것이다 (Jones *et al*. 2012: 58 참조).[3]

___

3   Jones(2002: 39)는 말뭉치 자료에서 동시 출현하는 대립어 분석을 통해 "보조적(ancillary), 등위적 (coordinated), 비교적(comparative), 구별적(distinguished), 전이적(transitional), 부정적(negated),

(2) a. X and Y alike: We were free to see *good and bad alike.*

b. both X and Y: The news was both *good and bad* for Chevy.

c. either X or Y: He tends to think things are *either good or bad.*

d. whether X or Y: Everyone ⋯ is entitled ⋯ news, *whether good or bad.*

e. from X to Y: to Paris, where Actress Lansing goes *from good to bad.*

f. between X and Y: the difference *between good and bad* jazz was worth.

g. X versus Y: Its pages fairly bulge with picture of *good versus bad taste.*

말뭉치 자료는 대립어에 대한 실제 언어 사용을 반영하므로 기술적 연구에 유용하며, 용례를 통해 사용 양상을 검증할 수 있다는 점에서 언어 연구의 과학적 접근법으로 간주된다(Willners & Paradis 2010: 18 참조). 그런데 이 접근법의 초기 버전에 나타난 한계는 준비된 관습적 ·규범적 대립어 쌍을 통사적 틀에서 확인하는 수준에 머물거나, 대립어 쌍이 나타나는 통사적 틀을 찾기에 초점이 놓였다는 점이다. 따라서 말뭉치 접근법은 문장 층위를 넘어서지 못하였을 뿐 아니라, 잠재적으로 특이하고 창조적인 대립어 쌍을 탐색하는 데 이르지 못하였다.

2.3. 화용적 접근법

대립어에 대한 '화용적 접근법(pragmatic approach)'은 Murphy(2003: 4-8)가 채택한 관점이다. 이것은 대립어를 공동체의 문화권을 중심으로 인간의 머릿속에서 그 사용 및 지위와 관련해서 고려하는 관점이다.[4] 화용적 접근법은 의미 관계에서 지나칠 정도로 형식적이거나 기술적인 설명과 대조된다.

이 연장선상에서 Murphy(2003: 203-205)는 대립어의 '담화 기능(discourse function)'을 피력하고 있다. 즉 위의 (2)와 같은 '통사적 틀'과 그 기능을 아는 것이 대립관계의 문맥 의존적 용법을 인지하는 수단을 제공한다고 하였다. 예를 들어, (3a)의 틀에 의해 (3b)의 'soup'와 'nuts'가 대립되며, (4a)의 틀에 의해 (4b)의 'public'과 'private'뿐만 아니라 'need'와 'greed'가 대립관계를 형성한다.

(3) a. *from* **X** *to* **Y**(**X**에서 **Y**까지)

b. *from* **soup** *to* **nuts**(**수프**에서 **견과**까지→**처음**부터 **끝**까지)

극단적(extreme), 관용적 반의관계(idiomatic antonymy)"와 같은 대립어의 8가지 유형을 제시했다.

4   Murphy의 화용적 접근법은 '대립관계'뿐만 아니라 '동의관계', '하의관계', '부분관계' 등의 의미적 ·어휘적 관계에 포괄적으로 채택된 관점이다.

(4) a. **X** *not* **Y**(X가 아니라, Y이다)

  b. It is meeting **public** *need*, not **private** *greed*.(그것은 **개인**의 *탐욕*이 아니라, **대중**의 *필요*를 충족시킨다.)

한편, Davies(2007, 2013)에서는 (5)를 실마리로 하여 영국 일간지에 나타난 'us/them'의 언어적 대립과 구성을 화용적으로 논의하였다.

(5) Every nation, in every region, now has a decision to make. *Either* you are with **us**, *or* you are with the **terrorists**. (모든 나라는 모든 지역에서 이제 결정해야 한다. 당신들은 **우리** 편인지, *그렇지 않으면* **테러리스트** 편인지를.)

(5)는 2011년 9월 21일 부시 대통령이 9.11 테러 이후 의회에서 행한 연설로, 'either X or Y' 틀을 사용하고 있다. 이는 Jones(2002)의 '등위적 반의관계'를 이루는 통사적 틀로서, (5)는 'us'와 'terrorists'가 비규범적인 대립관계를 형성하고 있다. 여기에서 'terrorists'는 'them'을 뜻하는데, 세상을 'us'와 'terrorists'의 두 편으로 나눔으로써 '회색의 그림자' 즉 '중립지역'을 용납하지 않는 '이항적 담화(binary discourse)'가 성립된 것이다(<그림 1> 참조).

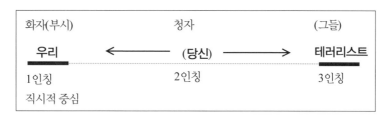

그림 1 '**우리/테러리스트**'의 도식(Davies 2013: 28 **변형함**)

2.4. 인지의미론적 접근법

'인지의미론(cognitive semantics)'은 언어 탐구의 관점 이동을 뜻한다. 즉, 언어 구조의 속성 기술에서 인간의 기본적 인지 도구로서 언어의 특성을 기술하는 것으로, 언어의 의미를 개념화의 문제로 파악하고 있다. 대립어에 관한 인지의미론적 논의는 블루오션으로 남아 있는데, 이제까지의 주요 관심사를 보기로 한다.

먼저, Cruse는 대립어에 대해 구조의미론에서 인지의미론으로 전환한 대표적인 학자로서 인지의미론적 체제에서 Cruse(1992), Cruse & Togia(1995), Croft & Cruse(2004) 등 인지의미론적 대립어 연구의 선구적인 업적을 남겼다. 그의 논의 가운데 주목되는 사항은 다음 두 가지이다. 첫째, 대립어의 주요 유형을 상보어, 반의어, 역동어로 나누고 그 관계가 어휘 항목 간의 관계가 아니라 '해석(construal)' 간의 관계라는 점을 강조하였다.[5] 둘째, 대립어의 좋은 보기에 대한 정도성인데, 그 결정 요인으로 '내재적 이원성', '대립의 순수성', '대칭성', '일치된 비명제적 특징'의 4가지를 제시하였다.

이밖에도 대립어를 인지의미론적 관점에서 논의한 사례는 다음과 같다. Mettinger(1999)는 형용사 대립어를 영상 도식으로 분석한 것이며, Gyõri & Hegedũs(1999)는 인도유럽어와 핀우그리어에서 'black'과 'white'의 개념이 어원적으로 'burn(불에 타다)'에서 확장된 것을 인지 과정으로 분류한 것이다. Vogel(2009)은 스웨덴어 'levande(살다)'와 'död(죽다)'에 대해 경험적 자료를 인지적으로 분석하여 분포와 작용 방식에서 비대칭성을 밝힌 것이다. Gharagozloo(2012)는 페르시아어에서 반의어의 의의 관계를 영상도식으로 분석한 것이다.

한편, 임지룡(1997b: 15-17, 2006a: 902-905, 2010b: 20-23)에서는 다음 두 가지 사항을 논의하였다. 첫째, 대립관계에 대한 시각으로서, 구조의미론에서는 대립어의 정적인 측면에 주목하며 그 의미를 대립어의 내적 맥락에서 고정된 대조로 취급한 반면, 인지의미론에서는 대립어의 동적 성질에 주목하며 그 의미를 언어외적 환경과 맥락에 기초를 둔 것으로 보았다. 둘째, 대립관계의 대칭성에 대한 시각으로서, 구조의미론에서는 대칭성을 포착하고 기술한 반면, 인지의미론에서는 외적 맥락뿐만 아니라 내적으로도 비대칭성을 이룬다고 보며 이를 인간의 인지적, 경험적 요인에 동기화된 것으로 보았다.

요컨대, 대립어에 관한 인지의미론적 접근법은 구조의미론의 체계성, 말뭉치 접근법의 용법 기반성, 화용적 접근법의 유연성을 포용해서 인지의미론 본유의 역동성을 아우르게 될 때 보다 더 강력한 기제를 형성할 수 있을 것이다.[6]

3. 대립어의 인지의미론적 의미 특성

여기서는 인지의미론적 관점에서 대립어의 '정도성', '경계', '비대칭성', '합·혼성의 어순', '문장 속의 공존 양상', '상황맥락 속의 작용 양상'을 논의하여 그 의미 특성을 밝히기로 한다.

---

5   Croft & Cruse(2004: 168-169)에서도 상보관계, 반의관계 등 대립관계는 어휘 항목 간의 관계가 아니라 해석 간의 관계라고 하였다.

6   인지언어학 또는 인지의미론은 본질적으로 학제적 연구의 열린 시각에서 출발하였다(임지룡 1997a: 24-25, 2008a: 4-10 참조).

3.1. 대립어의 정도성

대립어에 대한 종래의 관점 가운데 하나는 그 자격이 동등하다는 점이다. 이것은 고전 범주화에서 범주 구성원 자격이 등가적이라는 데 기반을 둔 것이다. 『표준국어대사전』에는 6,130개의 대립어가 있는데, 그 됨됨이나 비중에 대한 언급은 없다. 그러나 우리는 다양한 대립어 가운데 '더 좋은 보기', '보통의 보기', '더 나쁜 보기'가 있다고 생각한다. 즉 인지의미론에서는 대립어의 됨됨이에 정도성이 있을 것으로 가정한다.

이 점을 검증해 보기 위해 대립어를 논의한 여러 문헌에서 110개 쌍을 선정하여 대학생 피험자 30명에게 대립성(또는 반의성)의 정도를 5단계(5: 아주 뚜렷함, 4: 5~3의 중간, 3: 보통, 2: 3~1의 중간, 1: 아주 약함)로 평가하는 실험을 수행하였다. 피험자의 반응에서 대립어의 좋은 정도의 최대치를 1, 최소치를 0으로 환산한 평균치는 <표 1>과 같다.

표 1 대립어의 정도성 실험 환산값

대립어	환산값	대립어	환산값	대립어	환산값
기혼/미혼	1.00	좋다/나쁘다	0.83	읽기/쓰기	0.68
남자/여자	1.00	깨끗하다/더럽다	0.82	현재/미래	0.68
살다/죽다	1.00	마르다/젖다	0.82	액체/고체	0.65
시작/끝	0.98	많다/적다	0.82	말하기/듣기	0.63
참/거짓	0.98	신다/벗다	0.82	사랑하다/미워하다	0.62
맞다/틀리다	0.97	어렵다/쉽다	0.82	앉다/눕다	0.62
사다/팔다	0.97	이기다/지다	0.82	과거/현재	0.60
상/벌	0.97	산/바다	0.82	듣기/쓰기	0.57
신랑/신부	0.95	강하다/약하다	0.80	처녀/아줌마	0.57
하늘/땅	0.95	검다/희다	0.80	굵다/잘다	0.55
가다/오다	0.93	능동적/수동적	0.80	아버지/아들	0.55
어머니/아버지	0.93	밝다/어둡다	0.80	어머니/아들	0.55
주다/받다	0.93	짜다/싱겁다	0.80	육군/해군	0.55
합법적/불법적	0.93	가깝다/멀다	0.80	읽기/말하기	0.55
동물/식물	0.92	굵다/가늘다	0.78	도시/어촌	0.53
옳다/그르다	0.92	기쁘다/슬프다	0.78	고체/기체	0.52
위/아래	0.92	넓다/좁다	0.78	아버지/딸	0.52
직접/간접	0.92	두껍다/얇다	0.78	어머니/딸	0.52
소년/소녀	0.90	무겁다/가볍다	0.78	육군/공군	0.52
처녀/총각	0.90	여름/겨울	0.78	말하기/쓰기	0.48
공격하다/방어하다	0.88	행복하다/불행하다	0.78	소설/시	0.47

아들/딸	0.88	호경기/불경기	0.78	액체/기체	0.47
증가하다/감소하다	0.88	깊다/얕다	0.78	자가용/버스	0.47
확장하다/축소하다	0.88	과거/미래	0.77	책상/걸상	0.47
뜨겁다/차갑다	0.87	높다/낮다	0.77	농촌/어촌	0.45
입다/벗다	0.87	맑다/흐리다	0.77	산/계곡	0.45
정직하다/부정직하다	0.87	쓰다/벗다	0.77	해군/공군	0.42
단수/복수	0.85	해/달	0.77	버스/기차	0.40
부유하다/가난하다	0.85	길다/짧다	0.75	봄/가을	0.40
성공하다/실패하다	0.85	도시/농촌	0.75	황금/돌	0.40
앉다/서다	0.85	붉다/푸르다	0.75	맵다/싱겁다	0.40
젊다/늙다	0.85	덥다/춥다	0.73	달/별	0.38
크다/작다	0.85	딱딱하다/부드럽다	0.73	맵다/달다	0.38
아줌마/아저씨	0.85	즐겁다/괴롭다	0.73	소설/잡지	0.32
빠르다/느리다	0.83	달다/쓰다	0.72	차/커피	0.28
육지/바다	0.83	따뜻하다/서늘하다	0.72	군인/경찰	0.18
전쟁/평화	0.83	서다/눕다	0.68		

<표 1>의 주요 특징은 다음과 같다. 첫째, 대립어의 됨됨이에 정도성이 있음이 확인된다. 환산값을 수치대별로 보면 1.00이 3쌍, 0.90대 17쌍, 0.80대 31쌍, 0.70대 22쌍, 0.60대 8쌍, 0.50대 12쌍, 0.40대 12쌍, 0.30대 3쌍, 0.20대 1쌍, 0.10대 1쌍이다. 이것은 여러 다른 언어 범주에서 확인되었듯이(Taylor 1989/2003, Ungerer & Schmid 1998/2010 참조), 대립어에도 원형에서부터 주변에 이르기까지 정도성 또는 등급성이 존재함을 의미한다.

둘째, '기혼/미혼', '남자/여자', '살다/죽다'와 같은 상보어가 가장 좋은 대립어로 나타났으며, '사다/팔다', '가다/오다', '주다/받다'와 같은 동사형 방향대립어도 대립성이 높은 것으로 나타났다. 그 반면, '크다/작다', '굵다/가늘다', '넓다/좁다', '두껍다/얇다', '무겁다/가볍다', '깊다/얕다', '굵다/잘다'와 같은 형용사의 척도대립어는 보통으로 나타났는데, '사다/팔다', '가다/오다', '입다/벗다', '앉다/서다'와 같은 동사형 대립어보다 상대적으로 낮게 반응되었다. 또한 0.40 이하인 '버스/기차' … '군인/경찰'은 대립성이 낮은 것으로 나타났다.

셋째, '남자/여자', '신랑/신부', '소년/소녀', '처녀/총각', '아들/딸', '아줌마/아저씨'는 환산값이 0.85이상으로 높고, '아버지/아들' 및 '어머니/아들' 또는 '아버지/딸' 및 '어머니/딸'보다, 그리고 '처녀/아줌마'보다 대립성이 높은 것으로 나타났다. 이것은 '동일 세대'의 '성별' 대립이 그렇지 않은 경우보다 더 좋은 대립어의 기준임을 뜻한다.

넷째, 유의적 대립어 쌍에서 대립성 정도의 순서는 (6)과 같은데, 시사하는 바가 크다.

(6) 하늘/땅>육지/바다>산/바다, 어머니/아버지>아들/딸>아버지/아들 · 어머니/아들>아
버지/딸 · 어머니/딸, 뜨겁다/차갑다>덥다/춥다>따뜻하다/서늘하다, 입다/벗다>신다/
벗다>쓰다/벗다, 앉다/서다>서다/눕다>앉다/눕다, 크다/작다>많다/적다, 검다/희다>
붉다/푸르다, 굵다/가늘다>굵다/잘다, 기쁘다/슬프다>즐겁다/괴롭다, 여름/겨울>봄/
가을, 과거/미래>현재/미래>과거/현재, 해/달>달/별, 도시/농촌>도시/어촌>농촌/어
촌, 액체/고체>고체/기체>액체/기체, 읽기/쓰기>말하기/듣기>듣기/쓰기, 육군/해군>
육군/공군>해군/공군, 자가용/버스>버스/기차, 소설/시>소설/잡지

3.2. 대립어의 경계

대립어의 유형에 대한 종래의 관점은 고전 범주화의 연장선상에서 뚜렷한 경계가 전제되었
다. 그런데 인지의미론에서는 대립어 유형의 경계 간에 '불명확성(fuzziness)'이 존재하는 것
으로 본다. (1)의 이항대립어 가운데 '반의어'와 '상보어' 간에 이러한 보기들을 들면 (7)과
같다(임지룡 1989: 43 참조).

(7) a. 깨끗하다/더럽다, 옳다/그르다, 맞다/틀리다, 익다/설다, 곧다/굽다, 안전하다/위험
하다
    b. 편하다/편찮다, 성실하다/불성실하다, 순수하다/불순하다, 완전하다/불완전하다, 정
직하다/부정직하다, 공평하다/불공평하다

(7)의 용례는 임지룡(1989: 38)에서 '등급상보어'로 명명된 바 있다. 이 용어는 '(등급) 반의
어'와 '상보어'의 속성을 공유함으로써 '반의어'나 '상보어'의 어느 한 쪽으로 분류하기 곤란
하여 양자를 합성하게 된 것이다. 그러면 (7)은 (8a)의 '반의어'나 (8b)의 '상보어'와 어떻게
다른가?

(8) a. 길다/짧다, 쉽다/어렵다, 뜨겁다/차갑다
    b. 살다/죽다, 남자/여자, 참/거짓

(8)에서 '반의어'와 '상보어'를 구분하는 기준은 '중립지역(middle area)'의 유무인데,[7] <그
림 2>에서 보듯이 (8a)의 '길다/짧다'는 '길지도 짧지도 않은' 중립지역이 존재하는 반면, (8b)
의 '살다/죽다'는 중립지역이 존재하지 않는다. 또한 '반의어'와 달리 '상보어'는 수식을 받지

---

7   이와 관련하여 Handke(1995: 89-90)에서는 'antonymy(반의관계)'를 '살다/죽다'의 'binary
antonym(이원 반의어)', '넓다/좁다'의 'gradable antonym(등급 반의어)', '위/아래'의 'relational
antonym(관계 반의어)'로 분류하였는데, 이 경우 'binary antonym'은 '상보어'에 해당한다.

도 않고 정도의 차이를 나타내지도 않는다(Lyons 1968: 462 참조). 그런데 (7)의 '깨끗하다/더럽다' 무리는 (10c)와 같이 '매우', '조금' 등의 정도어로 수식이 가능하며 (11a)와 같이 비교 구문에서 쓰일 수 있다는 점에서 '반의어'의 성질을 공유하지만, <그림 2c> 및 (9c)에서 보듯이 중립지역이 없다는 점에서 '상보어'의 성질을 공유한다.

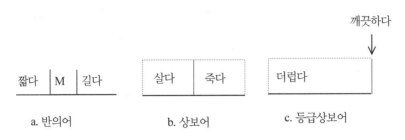

그림 2 **반의어, 상보어, 등급상보어의 도식**[8]

(9) a. 이 막대기는 길지도 짧지도 않다.
　　b. ?그는 살지도 죽지도 않았다.
　　c. ?이 옷은 깨끗하지도 더럽지도 않다.

(10) a. 이 막대기는 매우 {길다/짧다}.
　　 b. ?그는 매우 {살았다/죽었다}.
　　 c. 이 옷은 매우 {깨끗하다/더럽다}.

(11) a. 이 옷은 더럽지만, 저 옷보다 더 깨끗하다.
　　 b. ?이 옷은 깨끗하지만, 저 옷보다 더 더럽다.

　(9)-(11)에서 볼 때, 반의어와 상보어의 어느 유형에도 속할 수 없는 회색지대가 '등급상보어'이다. 한편, 상보어 '살다/죽다'의 경우 법의학적으로는 그 경계가 뚜렷하지만 (12)의 '반쯤 죽다', '죽지도 살지도 않은 상태', '살아도 산 게 아니고, 죽어도 죽은 게 아니다', '산송장'과 같은 표현에서 볼 때 상보어의 전형적 보기마저 상보성이 약화된다.

　(12) a. 사람이 엄청나게 많이 맞아서 **반쯤 죽었다** 일어났다 하더라도, …'병원 1'이라고
　　　　 체크가 돼요. (울산매일 2014.3.24.)

8　<그림 2>에서 '상보어'는 의미영역을 1:1로 양분하지만, 등급상보어 '깨끗하다/더럽다'에서 '더럽다'는 적극적인 양을 지니며, '깨끗하다'는 소극적인 양을 지닌다. 즉 어떤 것이 '깨끗하다'고 할 때 '더럽다'는 요소는 완전히 배제되지만, 그 역이 성립되지는 않는다.

b. 이대로 눈을 감고, **죽지도 살지도 않은 상태로** 시간을 견뎌낸다면, 과연 그 끝에 무엇이 있을까… (주원규 "불의 궁전"에서)

c. 티베트에서는 **살아도 산 게 아니고, 죽어도 죽은 게 아니다.** (손미선,『작은 박물관 101곳』, 2005: 19, 김영사.)

d. 올케까지도… **산송장** 상태에서 기지개를 켜고 일어나 … 생기를 보이기 시작했다. (박완서 "나에게 소설은 무엇인가"에서)

3.3. 대립어의 비대칭성

대립어 쌍에 대한 종래의 관점은 구조적·의미적 측면에서 대칭적으로 간주해 왔다. 그러나 인지의미론에서는 대립어 쌍의 작용 양상을 비대칭적일 것으로 본다. 임지룡(1997a: 407-412)을 참조하여 분포와 빈도의 측면에서 대립어의 비대칭적 양상을 살펴보기로 한다. 먼저, 분포의 비대칭성은 다음과 같다.

첫째, 반의어의 경우이다. (13a)는 명사형, (13b)는 부사형, (13c)는 형용사이다. '-이' 파생에 의한 (13a)의 명사형과 (13b)의 부사형에서 '가벼이' 외에는 '길다' 쪽에서, (13c)의 '-다랗-/-직하-'에 의한 파생형용사에서 '기다랗다/짤따랗다' 및 '얄찍하다' 외에는 '길다' 쪽의 파생형이 생산적, 즉 적극적이다. 또한 (14)에서 '길다' 쪽은 중립적인 물음으로 사용되지만, '짧다' 쪽은 '막대기가 짧다'는 것이 전제된 물음이다. 따라서 분포상으로 볼 때 '길다' 쪽이 '짧다' 쪽에 비해 적극적인데, 유표성의 관점에서 '길다' 쪽은 '무표항'이 되며 '짧다' 쪽은 유표항이 된다. 반의어의 이러한 비대칭성은 지각 대상의 현저성 정도에 기인한 것이라 하겠다.[9]

(13) a. 길이/*짧이, 높이/*낮이, 깊이/*얕이, 넓이/*좁이, 굵이/*가늘이, 두께/*얇이, 키/*작이, 무게/*가볍이

b. 길이/*짧이, 높이/*낮이, 깊이/*얕이, 널리/*좁이, *무거이/가벼이

c. 기다랗다/짤따랗다, 높다랗다/*낮다랗다, 깊다랗다/*얕다랗다, 커다랗다/*작다랗다, 널찍하다/*좁직하다, 굵직하다/*가늘직하다, 큼직하다/*작직하다, 묵직하다/*가볍직하다, *두껍직하다/얄찍하다

(14) a. 그 막대기가 어느 정도 깁니까?

b. 그 막대기가 어느 정도 짧습니까?

---

9 '길다/짧다'의 대립에서 일반적으로 '길다'가 적극적이지만, '스커트'의 경우 '짧은 스커트'가 '긴 스커트'보다 적극적이며, "짧고 굵게 살자."의 '짧다'도 적극적인 사생관이다.

둘째, 상보어의 경우이다. (15)-(16)의 성별 분포를 보면, '남성'이 '여성'에 비해 적극적이다. 곧 (15)에서 '소년'은 '소년'과 '소녀'를 아우르며, '청소년'은 양성을 아우르는데, 남성으로서 '청소년'에 대응되는 '청소녀'는 존재하지 않는다.[10] (16)에서 성별 대립의 경우 (16a)의 '기자/여+기자' 형이 (16b)의 '간호사/남+간호사' 형보다 한층 더 생산적이며, 양성을 아우르는 '기자' 형은 '남성' 중심의 종래에 선호된 직업 명칭이다. 따라서 분포상으로 볼 때 '남성'이 '여성'에 비해 적극적인데, 유표성의 관점에서 '남성'은 '무표항'이 되며 '여성'은 유표항이 된다. 상보어의 이러한 비대칭성은 우리 사회의 전통적 가치관인 남존여비 의식에 기인한 것이라 하겠다.

(15) a. 소년법/*소녀법, {소년부/*소녀부} 판사, 소년원/*소녀원
     b. {청소년/*청소녀} 자원봉사, {청소년/*청소녀} 감호소

(16) a. 기자/여기자, 시인/여류시인, 국회의원/여성국회의원, 운전수/여자운전수
     b. 간호사/남자간호사, 미용사/남자미용사, 요리사/남자요리사

셋째, 방향대립어[11]에서 '착탈(着脫)'의 경우이다. (17)에서 '착(着)'에 관한 어휘는 분화되고 생산적인 반면, '탈(脫)'에 관한 어휘는 제한적이며 비생산적인 데서 보듯이, '착탈(着脫)'의 방향대립어는 비대칭적이다. 이러한 비대칭성은 동작 발생에 소요되는 에너지양과 상관성을 갖는데, 에너지양이 많이 드는 '착(着)'이 적게 드는 '탈(脫)'에 비해 더 활성화된 것이다.

(17) 입다 · 쓰다 · 신다 · 두르다 · 끼다 ⇄ 벗다, 끼우다 · 꽂다 ⇄ 빼다, 매다 · 차다 · 드리다 ⇄ 풀다

다음으로, 빈도의 비대칭성을 보기로 한다. 이를 위해 조남호(2002)의 『현대 국어 사용 빈조 조사』(국립국어연구원)에서 <표 1>의 대립어에 대한 빈도수를 찾아 고빈도 순으로 배열한 것이 <표 2>이다.

---

10 이와 관련하여 네이버 검색창에는 "청소년은 있는데 왜 청소녀는 없죠?", "남고는 그냥 고등학교라고 하면서 여고는 꼭 여자 고등학교라고 하고…소년원은 있는데 소녀원은 왜 없어요? 불공평해요."라는 글이 게재되어 있다.
11 방향대립어의 '위/아래', '앞/뒤', '오른쪽/왼쪽'에서 선행요소는 긍정적, 후행요소는 부정적인 가치론적 비대칭성이 존재하는데, 이는 우리의 신체적 경험에 기반을 두고 있다(임지룡 1997a: 155-161, 임지룡 2008a: 173-174 참조).

표 2 대립어의 빈도수

대립어	빈도수	대립어	빈도수	대립어	빈도수
주다/받다	6,418/2,566	과거/미래	387/178	춥다/덥다	137/79
가다/오다	5,861/5,024	과거/현재	387/269	책상/걸상	137/6
크다/작다	2,835/738	강하다/약하다	369/119	가난하다/부유하다	131/14
많다/적다	2,697/360	소설/잡지	354/119	행복하다/불행하다	117/61
좋다/나쁘다	2,661/256	빠르다/느리다	351/51	굵다/가늘다	113/76
살다/죽다	2,297/843	아저씨/아줌마	351/89	굵다/잘다	113/66
여자/남자	1,645/1,160	경찰/군인	343/88	성공하다/실패하다	105/71
어머니/딸	1,436/345	넓다/좁다	342/128	신부/신랑	94/65
어머니/아들	1,436/640	가깝다/멀다	336/301	아줌마/처녀	89/84
어머니/아버지	1,436/1,165	버스/기차	300/71	처녀/총각	84/40
위/아래	1321/450	버스/자가용	300/35	두껍다/얇다	74/59
아버지/딸	1,165/345	해/달	287/205	벌/상	59/51
아버지/아들	1,165/640	사랑하다/미워하다	284/20	해군/육군	51/44
앉다/눕다	1,029/226	여름/겨울	283/244	해군/공군	51/48
앉다/서다	1,029/944	소녀/소년	233/210	공군/육군	48/44
사다/팔다	957/332	봄/가을	229/181	거짓/참	48/10
서다/눕다	944/226	즐겁다/괴롭다	222/57	공격하다/방어하다	46/12
어렵다/쉽다	866/790	부드럽다/딱딱하다	212/46	능동적/수동적	44/40
현재/미래	754/178	맑다/흐리다	210/31	달다/쓰다	38/14
높다/낮다	691/228	벗다/신다	207/78	달다/맵다	38/29
아들/딸	640/345	벗다/쓰다	207/124	확장하다/축소하다	38/19
땅/하늘	602/562	이기다/지다	206/64	미혼/기혼	37/11
끝/시작	582/157	달/별	205/171	정직하다/부정직하다	30/1
입다/벗다	550/207	옳다/그르다	196/35	맵다/싱겁다	29/18
맞다/틀리다	517/123	뜨겁다/차갑다	195/106	복수/단수	26/2
커피/차	511/68	가볍다/무겁다	193/136	불법적/합법적	21/18
길다/짧다	509/260	푸르다/붉다	188/113	싱겁다/짜다	18/17
도시/농촌	474/153	동물/식물	179/158	기체/고체	15/7
도시/어촌	474/6	따뜻하다/서늘하다	175/32	기체/액체	14/13
시/소설	457/354	밝다/어둡다	174/155	액체/고체	13/7
직접/간접	452/39	희다/검다	168/143	불경기/호경기	3/2
깊다/얕다	443/17	돌/황금	166/15	쓰기/듣기	2/1
산/계곡	440/84	증가하다/감소하다	159/42	쓰기/읽기	2/1
산/바다	440/424	젖다/마르다	156/137	쓰기/말하기	2/-
바다/육지	424/37	깨끗하다/더럽다	155/62	읽기/말하기	1/1
젊다/늙다	401/136	농촌/어촌	153/6	듣기/말하기	1/-
전쟁/평화	399/167	기쁘다/슬프다	139/94		

<표 2>는 대립어 가운데 어느 한 쪽의 빈도수가 높은 순서대로 정렬한 것인데 다음 두 가지 사항을 보여 준다. 첫째, 110쌍의 대립어 가운데 빈도수에서 비대칭성이 나타난다. 둘째, 한 쌍의 대립어 속에서 빈도의 비대칭성이 나타난다. 이러한 비대칭성은 대립어의 활성화 정도를 보여 주는 척도가 된다.

3.4. 대립어의 합·혼성 어순

대립어가 합성이나 혼성될 때 그 어순은 국어 공동체의 인지적 경향성과 전략에 기반을 두고 있다. 먼저, 대립어의 합성에 의한 인지적 특성을 보기로 한다. 아래의 (18)-(24)에서 대립어 A/B에 의한 합성어 어순은 대체로 고정되어 있으며(임지룡 1985: 103-111, 임지룡·김령환 2013: 119-158 참조), 그러한 어순은 인지적으로 동기화되어 있다.

첫째, 시간의 경과에 따른 상태나 동작의 변화와 관련하여 대립어가 합성될 경우, (18)과 같이 '선행 사건+후행 사건'의 어순이 형성되는데, 이것은 시간이 개재된 사건에서 시간의 경과를 물의 흐름처럼 선후의 개념으로 간주하기 때문이다.

(18) 밀당[12]/*당밀, 나들목/*들나목, 송수신/*수신송, 여닫다/*닫열다, 오르내리다/*내리오르다, 쥐락펴락/*펴락쥐락, 인과/*과인, 개폐/*폐개, 문답/*답문

둘째, 원근 관련 대립어가 합성될 경우, (19)와 같이 '가까운 쪽+먼 쪽'의 어순이 형성된다. 이것은 우리의 인지적 지평이 가까운 데서 먼 데로 확장해 나가기 때문이다. (19a)에서 '이'는 화자 근칭이며, '그'는 청자 근칭인 반면, '저'는 원칭 직시소이다.

(19) a. 이곳저곳/*저곳이곳, 여기저기/*저기여기, 이리저리/*저리이리, 그럭저럭/*저럭 그럭
  b. 나남/*남나, 자타/*타자, 국내외/*국외내

셋째, 방향 관련 대립어가 합성될 경우, (20a)의 '앞뒤', '안팎'은 지각하기 쉽거나 안에서 밖으로 향하는 경향성에 따른 것으로 한자어의 어순도 동일한 반면, '좌우'와 '우왕좌왕'은 일정하지 않다. 또한 (20b)의 합성은 고유어와 한자어 어순에 차이가 나타난다.

---

12 '밀당'이란 "연인이나 부부, 또는 경쟁 관계에 있는 두 사람이나 기관 사이에 벌어지는 미묘한 심리 싸움을 밀고 당기는 줄다리기에 비유하여 이르는 말."이다(『우리말샘』).

(20) a. 앞뒤/*뒤앞, 전후/*후전, 안팎/*밖안, 내외/*외내, 좌우/*우좌, *좌왕우왕/우왕좌왕

   b. 위아래/아래위, 상하/*하상, 가로세로/*세로가로, *횡종/종횡

넷째, 척도 관련 대립어가 합성될 경우, (21a)는 '정도가 큰 말+작은 말'의 어순이 형성되는데, 이것은 정도가 큰 말을 지각하기 쉽고 좋아하는 경향성에 따른 것이다. 한편 (21b)는 그 어순이 뒤바뀐 사례이다.

(21) a. 높낮이/*낮높이, 장단/*단장, 원근/*근원, 심천/*천심, 광협/*협광

   b. *중경/경중, *급완/완급

다섯째, 힘의 세기나 중요성의 정도에 관한 대립어가 합성될 경우, (22)와 같이 '힘센 요소+약한 요소', '더 중요한 요소+덜 중요한 요소'의 어순이 형성되는데, 이는 힘이 세거나 더 중요한 요소를 선호하는 우리의 경향성에 따른 것이다.

(22) 주종/*종주, 여야/*야여, 금은/*은금, 수저/*저수, 논밭/*밭논, 눈코/*코눈, 해달/*달해, 물불/*불물

여섯째, 긍정과 부정에 관한 대립어가 합성될 경우, (23a)와 같이 '긍정+부정'의 어순이 형성되는데, 이것은 긍정적 측면을 선호하는 우리의 경향성에 따른 것이다. (23b)는 그 어순이 뒤바뀐 사례인데, 전자의 생산성에 비해 후자는 그 사례가 열 개 미만일 것으로 보이며, 이 경우 '부정' 항목에 한결 민감한 반응을 보인 탓이라 하겠다.

(23) a. 잘잘못/*잘못잘, 행불행/*불행행, 승패/*패승, 미추/*추미, 상벌/*벌상, 길흉/*흉길, 찬반/*반찬, 선악/*악선, 가부/*부가

   b. *복화/화복(禍福), *부빈/빈부(貧富), *낙고/고락(苦樂), *익손/손익(損益), *활사/사활(死活), *이난/난이(難易), *환애/애환(哀歡), *달궁/궁달(窮達)

일곱째, 성별 관련 대립어가 합성될 경우, (24)와 같이 3가지 유형으로 나뉜다. (24a)는 '남성+여성'으로서 남존여비의 인식이 반영되어 있으며, (24b)는 '여성+남성'의 어순인데, 그 어순에는 비속어나 비천한 신분 또는 동물에 대해 (24a)와 구별하려는 인지적 전략이 개재되어 있다. 한편 (24c)의 '처녀총각' 및 '처총회'는 '여성+남성'의 어순으로 여성을 우대하려는 인지적 전략에 따른 것이며, '엄마'와 '아빠',[13] '아들'과 '딸'의 어순은 힘의 원리와 선호도에 따라 결정된다.

(24) a. 남녀/*여남, 부모/*모부, 신랑신부/*신부신랑, 소년소녀/*소녀소년

 b. 연놈/*놈년, 가시버시/*버시가시, 비복/*복비, 암수/*수암, 자웅/*웅자

 c. 처녀총각/*총각처녀,14 처총회/*총처회, 엄마아빠/아빠엄마, 아들딸/딸아들

  다음으로, 대립어의 '혼성(blending)'에 나타나는 인지적 특성을 보기로 한다. '혼성어(blend)'는 축소된 합성어인데, A(wx)와 B(yz)가 혼성될 경우 wz, xy가 혼성어이다(임지룡 1996e: 192-194 참조). (25)-(28)을 보기로 한다.

(25) 하빠=**할**아버지×아**빠**,15 엄빠=**엄**마×아**빠**, 로미엣=**로미**오×줄리**엣**, 줄리오=**줄리**엣×로**미오**, 아나듀서=아나**운서**×프로**듀서**, 코메리칸=**코**리안×어**메리칸**, 개그운서=**개그**맨×아나**운서**, 탤런서=**탤런**트×아나**운서**, 탤런페서=**탤런**트×프로**페서**

(26) a. 경라(도)=**경상**(도)×**전라**(도), 전상(도)=**전라**(도)×경**상**(도)('화개장터'), 기호(지방)=경**기**×호서

 b. 구마(고속도로)=대**구**×**마**산, 구안(국도)=대**구**×**안**동

(27) 짜파게티=**짜**장면×스파게**티**, 라볶이=**라**면×떡**볶이**, 소텐=**소**주×써니**텐**, 칼제비=**칼**국수×수**제비**, 무추=**무**(우)×배**추**

(28) 포카락=**포크**×숟**가락**,16 캠코더=**카**메라(**camera**)×리**코더**(**recorder**), 텔레퓨터=**텔레비**전×컴**퓨터**

  (25)는 인명, (26)은 지명, (27)은 먹거리, (28)은 제품명에 관한 대립어 혼성으로서 다음 세 가지 측면에서 주목된다.

  첫째, 대립어의 혼성은 대립적 요소를 아우르면서 형태를 최소화함으로써 표현 효과가 매우 높은 새말이다.

  둘째, 물리적 차원의 혼성과 화학적 차원의 혼성이 구별된다. 전자의 예로는 '로미오'와

---

13 '엄마아빠', '아빠엄마'의 두 유형이 다 쓰이지만 『엄마 아빠 사랑해요』(서성원(2000), 씨앗가게), 『엄마 아빠 사랑해요』(임채영(2004), 가교출판)에서 보듯이 '엄마아빠'의 쓰임이 우세하다.

14 1983년 국내 무대에 처음 공연된 뮤지컬 '아가씨와 건달들'은 '여성+남성'의 어순인 반면, 1955년 맨키워즈 감독의 원작명은 'Guys and Dolls'로 '남성+여성' 어순이다.

15 "JTBC '다큐SHOW'에서는 아들, 딸 키울 때도 하지 않던 육아를 60세 넘어 시작하며 늦사랑에 빠진 '**하빠**(**할**아버지 아**빠**)'들의 이야기를 공개한다." (중앙일보 뉴스 2014.2.12.)

16 '포카락'은 한 쪽은 포크, 다른 쪽은 숟가락 모양의 포크 겸용 숟가락인데, 영어에서는 'spork(=spoon×fork)'라고 한다.

'줄리엣'을 이르는 '로미엣'이, 후자의 예로는 '탤런트' 겸 '아나운서'가 프로그램에서 사회를 맡으면서 연기도 잘하는 사람을 뜻하는 '탤런서', '뿌리'는 '무(우)'이고 '잎'은 '배추'인 '무추'를 들 수 있다.[17]

셋째, 혼성의 어순도 언중의 인지적 경향성과 전략에 의해 앞자리에 초점이 놓인다. 또한 'A(wx)×B(yz)'에서 혼성의 형태를 보면 (25)-(28)의 용례 가운데, (26b)만 '내심형'인 'xy'형이고 나머지는 모두 외심형인 'wz'형이다. 이 현상은 단어의 기억과 관련된 Aitchison (1987/2003: 138)의 '욕조 효과(bathtub effect)'로 설명할 수 있는데, 1인용 욕조 안에서 사람의 머리와 발이 노출되고, 특히 머리 부분이 확연히 드러나는 것처럼, 단어를 기억할 때 첫 부분과 끝 부분이 중간보다 더 잘 기억되며, 또한 첫 부분이 끝 부분보다 더 잘 기억된다는 것이다. 곧 대립어의 혼성에서 '욕조 효과'의 인지적 전략을 사용하여 내심형 'xy'보다 외심형 *wz*가 한층 더 생산적인 결과를 낳게 된 것이라 하겠다.

3.5. 대립어의 문장 속 공존 양상

대립어가 한 문장 속에서 공존하는 양상을 통해 대립관계의 작용 양상을 사실적으로 파악할 수 있다. 말뭉치를 통해 대립어의 문장 속 공존 양상이 보여 주는 이점은 다음 두 가지이다.

첫째, 대립어의 다양한 의미망을 포착할 수 있다. 예를 들어, 문장 속에서 '감추다'가 대립어로 사용된 경우를 보면 '고백하다, 공개하다, 까발리다, 꺼내다, 끄집어내다, 끌어올리다, 나타내다, 내보이다, 내세우다, 노출시키다, 드러내다, 들추다, 재발견하다, 밝혀내다, 밝히다, 보여주다, 알아내려하다, 찾다, 찾아내다, 캐다, 털어놓다, 폭로하다'의 22가지나 되는데, 그 일부를 보면 (29)와 같다(이광호 2009a: 287-288 참조). 이는 규범적인 대립어 쌍을 넘어, 실제 문장 속에서 사용되는 대립어의 쌍을 면밀히 살펴볼 필요가 있음을 시사한다.

(29) a. 평생 동안 **감춰** 왔던 고통스러운 과거를 **고백하자** 이제는…
　　　b. 일본은 그동안 **감추어** 오던 … 예비협상 사실을 **공개하였다**.
　　　c. …가슴 속에 **감추어진** 비밀스러운 약속들을 … **까발렸다**.
　　　d. 그는 가방 밑에 **감춰** 두었던 세 자루의 칼을 **꺼냈다**.

둘째, 한 문장 속에서 공존하는 빈도 정보를 통해 대립어의 활성화 정도에 차이가 있음을 알 수 있다. 예를 들어, 1,000만 어절 '형태의미분석 말뭉치'에서 명사, 동사, 형용사 각각에서

17 　잡종교배의 결과 '사자'와 '호랑이' 사이에 난 '라이거'나 '타이곤', 그리고 '감자(포테이토)'와 '토마토'의 종간식물 '포마토'는 화학적 합성의 전형적인 보기이다.

무작위로 선정한 10쌍의 대립어 빈도 조사 결과를 고빈도 순으로 재분류하면 다음과 같다(이광호 2009a: 294-295 참조).

(30) 여자/남자(3,710), 안/밖(786), 삶/죽음(560), 전쟁/평화(309), 전체/부분(144), 희망/절망(112), 하락/상승(102), 긍정/부정(86), 권리/의무(82), 밀물/썰물(48)

(31) 가다/오다(2,540), 죽다/살다(826), 주다/받다(615), 사다/팔다(311), 나타나다/사라지다(88), 때리다/맞다(59), 떼다/붙이다(34), 성공하다/실패하다(24), 묶다/풀다(22), 삼키다/뱉다(9)

(32) 높다/낮다(276), 길다/짧다(223), 가깝다/멀다(114), 밝다/어둡다(78), 넓다/좁다(76), 빠르다/느리다(51), 선하다/악하다(26), 흐리다/맑다(20), 부드럽다/거칠다(16), 가난하다/부유하다(13)

이러한 이점에도 불구하고, 말뭉치 속에서 대립어를 어떻게 효율적으로 찾아낼 것인가 하는 문제가 남아있는데, 기존 연구에서 주로 다음의 세 가지 방식이 적용되었다.

첫째, 대립어를 말뭉치에서 검색하는 방식이다. 이 접근법의 한계는 대립어 정보의 제한성이다. 예를 들어, '자가용'의 경우『표준국어대사전』에서는 '자가용'과 '영업용'을 참고어휘로 제시하고 있지만,『우리말 반의어 사전』(2010, (주)낱말 어휘정보처리연구소 편)에서는 '자가용'과 '영업용'을 반대말로 제시하고 있다. 따라서 '자가용/영업용'을 사전에서 단순 검색하거나, 제한된 '통사적 틀'을 통해 검색할 경우 (33)과 같이 '자가용/대중교통'의 대립어는 추출하지 못할 수 있다.

(33) 이번 축제에는 많은 시민들이 몰릴 것으로 예상된다. 따라서 **자가용**보다는 **대중교통** 이용이 더 편리할 것으로 보인다. (머니투데이뉴스 2014.10.11.)

둘째, 말뭉치 자료를 의미 기능별로 기술하는 방식이다. 임채훈(2009: 245-254)에서는 '사건의 구성'에 따른 (34)의 이분과 전칭, (35)의 동의, 그리고 '사건 간의 의미 관계'에 따른 (36)의 대조, (37)의 양보, (38)의 전이, (39)의 부연으로 나누었다.

(34) a. …마음속으로 **좋고 싫은** 선생님이 두 부류로 나누어졌는데, …
     b. 상자 안에 사과는 **작은** 것에서부터 **큰** 것까지 모두 싱싱했다.

(35) …내가 뭐 언니처럼 **키가 크고 싶지 않아서 작은가**, …

(36) 자율은 **좋고** 규제는 **나쁘다.**

(37) 열 길 물속은 **알아도** 한 길 사람 속은 **모른다.**

(38) 사람들은 **나쁜** 환경에서 **좋은** 환경으로 옮겨 가면…

(39) 우리 사회가 **어두운 사회가 아니라 밝은 사회**가 될 수 있도록…

셋째, '통사 틀(syntactic frame)'을 통해 대립어의 공존 양상을 파악하는 방식이다. 김정남 (2007: 63-65)에서는 '반복 구문'을 제시하였으며, 홍윤기(2009)에서는 문법 형태나 문법 구성 을 세분하였으며, 이민우(2012a, b)에서는 연속 구성 형식을 제시하였는데,[18] 그중 이민우 (2012a: 98-102)의 대립어 연속 구성은 '～과～', '～랑～'에 의한 (40)의 명사, '～다～다', '～거니～거니'에 의한 (41)의 동사, '～든～든', '～건～건'에 의한 (42)의 형용사에서 보는 바와 같다.

(40) a. 우리는 또 다시 **삶과 죽음**을 생각하게 됩니다.
　　 b. 함께 피란을 오던 **아버지랑 어머니**를 떠올렸습니다.

(41) a. 곧 선장 소유로 **오다 가다** 관선을 만나면 뇌물을 바친다.
　　 b. 될 때까지 **주거니 받거니**를 계속했다.

(42) a. 강의 하구는 **크든 작든** 삼각주를 이루었다.
　　 b. **좋건 나쁘건** 동의 없이 저지른 일엔 관여하지 않는다.

요컨대, 말뭉치 접근법은 장차 대립어 추출을 위한 더 완성도 높은 '통사 틀'을 확립하여 대립어 공존 양상의 전모를 밝히는 일이 과제로 남아 있다.

18　홍윤기(2009: 201-202)에서는 '호응 구성(8)', '동의반복 구성(5)', '합성어 구성', '관용적 표현(3)', '속담(어휘적)', '속담(비유와 추론)', '부정 표현(3)', '연결 표현(10)' 등 32가지 이상이 제시되었다. 한편, 이민우(2012a: 97)에서는 '연속 구성'으로 명사(3), 동사(2), 형용사(2), '연속 반복 구성'으로 명사(5), 동사(4), 형용사(7), '연속 기타 구성'으로 명사(1), 동사(6), 형용사(3)로 나누었는데, 이를 종합하면 명사 연속 9개, 동사 연속 10개, 형용사 연속 14개, 총33개 유형이 제시되었다.

3.6. 대립어의 상황맥락 속 작용 양상

인지의미론적 관점에서 대립어는 개념 관계, 즉 개념화의 문제라 하겠다. 이와 관련하여 Panther & Thornburg(2012: 186)에서는 대립어를 어휘 항목 간의 고착화된 의미 관계가 아니라, 다양한 어휘-문법적 층위와 화용적 층위에 작용하는 양상을 화자가 역동적으로 해석하는 관계라고 하였다.[19] 아래에서는 담화 상황맥락 속에서 대립어의 작용 양상을 살펴보기로 한다.

먼저, 대립어는 종이사전 속에 정적으로 고착화된 것이 아니라, 담화 상황 속에서 수시로 활성화되는데, 이를 '상황적 대립어(situational opposite)' 또는 '맥락 의존적 대립어(context-bound opposite)'라 하겠다. 이러한 대립어의 형성에 관한 다음 네 가지 사항을 보기로 한다.

첫째, '부모'의 규범적 대립어는 '자식'이며, '학부모'의 규범적 대립어는 '학생'이라 할 수 있는데, (43)에서는 '부모/학부모'가 대립을 이루고 있다. 또한, '살다'의 규범적 대립어는 '죽다'이지만, (44)에서는 '살다/떨어지다'가 대립어가 된다.

> (43) "**부모**는 멀리 보라 하고 **학부모**는 앞만 보라 합니다. **부모**는 함께 가라 하고 **학부모**는 앞서 가라 합니다. **부모**는 꿈을 꾸라 하고 **학부모**는 꿈꿀 시간을 주지 않습니다. 당신은 **부모**입니까? **학부모**입니까? 부모의 모습으로 돌아가는 길, 참된 교육의 시작입니다." (공익광고협의회 '부모의 모습 편')

> (44) 우리 중 하나는 이제 떨어진다는 거죠?/우리는 별로 중요하지 않았다/하나만 중요했다//**살다의 반대말은 죽다가 아니야/떨어지다지**/내가 살아남았다는 것은 /누군가는 떨어졌다는 것이다 (오은 '서바이벌'에서)

둘째, (45a)의 '황소개구리/우리말', (45b)의 '우리/테러리스트'는 '개념적 혼성(conceptual blending)'에 의해 대립된 경우이다. 즉 (45a)는 '도입종 공간'에 '황소개구리, 유럽산 찌르레기, 블루길, 영어'가 있고 '토종 공간'에 '청개구리, 참새, 붕어, 우리말'이 있는데, 혼성공간에서 각 공간의 한 구성원을 병렬해 '황소개구리/우리말'의 대립을 형성하게 되었다. 또한 (45b)는 '아군 공간'에 '우리, 부시, 평화주의자, 의사(義士)'가 있고 '적군 공간'에 '그들, 빈 라덴, 호전주의자, 테러리스트'가 있는데, 혼성공간에서 각 공간의 한 구성원을 병렬해 '우리/테러리스트'의 대립이 이루어졌다.

---

19 여기서 '화용적 층위'는 '백과사전적 지식 및 의미'에 해당되는데, 인지의미론에서는 '사전적 지식 및 의미'와 '백과사전적 지식 및 의미'를 구분하지 않고 아우른다(임지룡 2008a: 9 참조).

(45) a. **황소개구리**와 **우리말** (최재천(2002), 『고등학교 국어(상)』)

　　 b. 당신들은 **우리** 편인지, 그렇지 않으면 **테러리스트** 편인지를 결정해야 한다.
　　 (George W. Bush 2011.9.21.)

　셋째, (46)에서 '차갑다'의 규범적 대립어는 '뜨겁다'인데, (46a-d)의 '인상'과 관련된 문맥에서는 '차갑다/부드럽다'가 대립을 이룬다. 또한, (47)에서는 '뜨겁다/미지근하다'가 대립을 이룬다.

(46) a. 그 사람 **인상이** {**차갑다**/*뜨겁다 · ?따뜻하다 · **부드럽다**}.

　　 b. 아이비는 "**인상이 차갑다**보니 '무섭다'는 오해를 받는다."

　　 c. 취재현장에서 "기사와 달리 **인상이 부드럽다**"는 얘길 듣는다.

　　 d. 선거로 당선된 … 대통령은 **인상이 부드럽다**. 반면 총으로 권력을 잡은 … 대통령
　　 은 **차갑고** 딱딱했다. (동아일보 '뇌는 첫인상 가장 오래 기억' 2002.4.2.)

(47) 총선을 맞아 각 정치세력의 각축이 **뜨겁다**. 그러나 유권자들의 반응은 **미지근하다**.
　　 (내일신문 2016.4.5.)

　넷째, 대립어는 생성과 관련하여 생태학적으로 가변적이다.[20] 예를 들어, '우편(mail)'은 '항공우편(airmail)'이 나타나자 '육 · 해상우편(surface mail)'이란 의미가 되어 '(육· 해상)우편/항공우편'이 대립관계를 형성하였다. 그러다가 '전자우편(e-mail)'이 생겨나자 기존의 '우편'과 '항공우편'은 달팽이 같이 굼뜬 재래식 우편, 즉 '보통우편(snail mail)'이 되어 '보통우편/전자우편'이 대립관계를 형성하였다. 이 관계를 도식화하면 <그림 3>과 같다(Murphy 2003: 206-207, Radden & Dirven 2007: 4-5 참조).

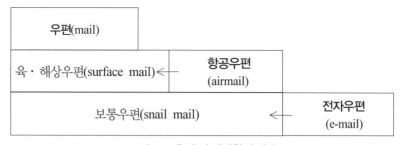

그림 3 '우편'의 생태학적 대립

20　은유는 대립어를 생성하는 기제인데, '패스트푸드'에 대응하는 '슬로푸드'나, "He trade his *hot* car for a *cold* one."에서 'cold'가 '합법적으로 획득한'의 의미를 지니자 'hot'은 '훔친'의 의미로 대립관계가 형성되었다(Lehrer 2002: 505, Murphy 2003: 505 참조).

다음으로, 담화 상황맥락에서 대립어의 해석이다. 이에 관한 다음 네 가지 사항을 보기로 한다.

첫째, (48)은 '동사', '형용사'에 관한 시인데, 객관성·체계성·엄밀성으로 상징되는 품사에 대해 '동사'를 '힘',[21] '형용사'를 '홍등가의 불빛'의 대립적 영상으로 그 특성을 형상화하고 있다.[22] 한편, (49)는 '음악'과 '미술'을 대립어로 해석하고 있다.

> (48) a. **'동사'** 너는 힘이다 견줄 데 없는 힘이다 너 없이 그 어디에 닿/을 수 있으랴 널
>   만난 문장 끝에선 새 한 마리 비상한다.//네가 계절이라면 언 땅의 봄이겠다. 잠들
>   었던 모든 것/깨어나 솟구치는//봄이다,//꿈틀거리는 동작들이 참 많은
>   b. **'형용사'** 너는 허풍쟁이 번들번들 가납사니/썩어진 모든 것들 꽃빛으로 포장해서/
>   온 사람 눈을 호리는 못 말릴 너는 정말./그 잘난 미사여구도 너로 하여 태어나고/
>   허한 것들 숨겨놓고 화려한 무늬만 놓아/속내를 비추지 않는 홍등가의 불빛이다.
>   (문무학(2009), 『품사 다시 읽기』. 동학사.)

> (49) **음악**이 본능적이고 공동체적이라면, **미술**은 인지적이며 개별적이다. 미술은 외부의
>   대상을 눈을 통해 받아들이고, 머릿속에 그 대상이 다시 한 번 '재현'된 후에야 가능
>   해진다. … 이 같은 **미술**에 비해 몸으로 직접 경험되는 **음악**은 훨씬 구체적이고 감각
>   적이다. (김정운 "행복은 철저하게 음악적이다", 조선일보 2014.10.31.)

둘째, 조사 '이/가'와 '은/는'의 대립적 의미 해석이다.[23] (50)은 『칼의 노래』의 저자에 의한 해석으로 "꽃{이/은} 피었다"에서 '이'는 '사실의 세계를 진술'하며, '은'은 '의견과 정서의 세계를 진술'하는 것으로 설명하고 있다. (51a)는 '는/(은)&이(가)'라는 시이며, (51b)는 시인과 인터뷰한 글인데, "'은/는'에는 제한적이고 주관적인 느낌이 배어 있는 반면 '이/가'에는 객관적이고 세계를 향해 나아가는 듯한 뉘앙스가 담겨 있다."로 해석하였다.

> (50) 버려진 섬마다 꽃이 피었다. 나는 처음에 이것을 "꽃**은** 피었다"라고 썼습니다. 그리고
>   며칠 있다가 … "꽃**이** 피었다"라고 고쳐놨어요. 그러면 "꽃**은** 피었다"와 "꽃**이** 피었
>   다"는 어떻게 다른가. 이것은 하늘과 땅의 차이가 있습니다. "꽃**이** 피었다"는 꽃이
>   핀 물리적 사실을 객관적으로 진술한 언어입니다. "꽃**은** 피었다"는 꽃이 피었다는

---

21 Aitchison(1987/2003: 110-121)에서는 '동사'를 '전능한', '매우 강력한' 것으로, 그리고 '힘이 있으
    며, 문장의 펌프'로서 품사 가운데 가장 중요하다고 하였다.

22 Lewis Carroll의 동화 *Through the Looking-Glass*(『거울나라의 앨리스』, 1871, London: Macmillan.)
    에서는 Humpty Dumpty가 Alice에게 단어에 대해 강의하면서 '동사'는 성깔이 있고 교만하여 마음대
    로 할 수 없는 반면, '형용사'를 갖고는 어떤 것이라도 할 수 있는 것으로 묘사하고 있다.

23 좁은 범위에서 조사 '이/가'와 '은/는'은 형태론의 단위이지만, 담화 상황맥락에서는 형태 및 어휘
    단위를 구별하지 않기로 한다.

객관적 사실에 그것을 들여다보는 자의 주관적 정서를 섞어 넣은 것이죠. "꽃**이** 피었다"는 사실의 세계를 진술한 언어이고 "꽃**은** 피었다"는 의견과 정서의 세계를 진술한 언어입니다. (김훈, 『바다의 기별: '회상'』, 2008: 140-141, 생각의 나무.)

(51) a. 당신은 내'**가**'하며 힘을 빼 한 발 앞서고/나는 나'**는**' 하며 힘을 넣어 한 발 물러선다…/강'**이**' 하면서 강을 따라 출렁출렁 달려가도/강'**은**' 하면서 달려가는 강을 불러 세우듯…/산'**이**' 하면서 산을 풀어주고/산'**은**' 하면서 산을 주저앉게 하듯…/당신은 사랑'**이**' 하면서 문이 되어 바람에 말을 걸고/나는 사랑'**은**' 하면서 거울 되어 제 바람을 가둔다/안 보며 보는 당신은 '**이 · 가**'로 세상과 놀고/보면서 못 보는 나는 '**는 · (은)**'으로 세상을 잰다/당신의 혀끝은 늘 멀리 떨어지려는 척력이고/내 혀끝은 늘 가까이 닿으려는 인력이다 (정끝별 '는/(은)&이(가)')
    b. 시인은 … "'**은는**'에는 제한적이고 주관적인 느낌이 배어 있는 반면 '**이가**'에는 객관적이고 세계를 향해 나아가는 듯한 뉘앙스가 담겨 있다"고 설명했다. (연합뉴스 2014.10.30. 정끝별 "주격조사 '은는이가'에 세상이 담겨 있어요.")

셋째, '유머'나 '난센스 퀴즈'는 대립어의 기발하고 맛깔스러운 의미 해석에 바탕을 둔 것이다. 세간에 회자되는 사례를 들면 (52)와 같다.

(52) a. 중국집 아들이 국어 시험을 보고 집에 오자 엄마가 물었다. "오늘 시험 친 것 몇 점 받았니?" "한 개만 빼고 다 맞았어요." "무슨 문제를 틀렸는데?" "**보통의 반대**가 뭐냐는 문제였어요." "뭐라고 썼기에 틀렸니?" "**곱빼기**요."
    b. "**산토끼 반대말**이 뭐지요?"라는 질문에 대해 직업에 따라 다양한 대답이 나왔다. 물구나무서기 선수는 '**끼토산**', 가정주부는 '**집토끼**', 장의사는 '**죽은토끼**', 어부는 '**바다토끼**', 상인은 '**판토끼**', 정수기 판매원은 '**알칼리토끼**'라고 답했다.

넷째, 단어에 대해 해석을 부여하는 과정에서 기존의 규범적 대립어와 달리 새로운 대립어가 형성된다. 예를 들어, (53)은 '사랑/무관심', '기자정신/맨정신', '여행/일상', '희망/포기'가 대립어로 해석되었다. 또한 (54)는 '행복'의 대립어로 '없음·불만·무감각·행복없음·분별심·불평·다이어트·불안' 등이 제시되었다.

(53) a. **사랑**의 반대말은 **무관심**이라고 생각한다. (교수신문 2013.10.2.)
    b. **기자정신**의 반대말은 **맨정신** (임철순, 한국일보 2013.10.17.)
    c. **여행**은 **일상**의 반대말이라고 생각한다. (나영석, "꽃보다 청춘" 제작 발표회 2014.7.28.)
    d. **희망**의 반대말은 절망이 아닌 **포기**라고 말하는 닉부이치치 (스포츠월드 2014.10.10.)

(54) a. **행복**의 반대말은 '**없음**'이다. (이원락, 경북매일 2012.6.8.)

b. **행복**의 반대말은 '불행'이 아니라 '**불만**'이다 (윤경 네이버카페 2013.8.24.)

c. 나에게 '**행복**'의 반대말은 '**무감각**'이다. (다음 블로그 2013.9.23.)

d. **행복**의 반대말은 불행이 아니라 '**행복없음**'이다. (김의도, 경상일보 2013.11.2.)

e. **행복**의 반대말은 불행이 아니라 **분별심**입니다. (다음 블로그 2013.12.2.)

f. **행복**의 반대말은 '불행' 아니라 '**불평**'일지도 모르겠단 생각이 드네요. (정지환 "작은 소리 큰 울림" 94호, 2013.12.15.)

g. 이런 과정을 겪다보면 '**행복**'의 반대말이 '**다이어트**'가 아닌가 하는 의심마저 듭니다. (황규림, 다이어트 2014.8.11.)

h. 『우리도 행복할 수 있을까』를 읽으면서 느낀 **행복**의 반대말은 불행이 아니라 '**불안**'이었다. (오연호, 오마이뉴스 2014.9.17.)

4. 마무리

이상에서 인지의미론적 관점에서 대립어의 작용 양상을 탐색하였다. 이제까지 논의한 바를 간추려 이 장을 마무리하기로 한다.

먼저, 대립어 연구 방법론은 구조의미론적 접근법, 말뭉치 접근법, 화용적 접근법, 인지의미론적 접근법이 있다. 그중 인지의미론은 대립어의 탐구에서 구조의미론의 자율적이고 정적인 체계의 한계를 넘어서, 대립어를 개념화와 해석의 관점에서 파악하는 열린 시각의 방법론으로 주목된다.

다음으로, 인지의미론적 관점에서 대립어에 대한 기존 논의와 다르거나 새로운 6가지 의미 특성을 논의하였다. 첫째, 대립어의 자격에 대해 피험자의 평가 실험을 수행하여 정도성이 존재함을 밝혔다. 둘째, 대립어 유형의 경계에 대해 반의어와 상보어에 소속시킬 수 없는 불명확한 사례, 즉 등급상보어가 존재함을 밝혔다. 셋째, 대립어 쌍의 분포와 빈도수 검토를 통해 비대칭성이 존재함을 밝혔다. 넷째, 대립어 합성 및 혼성의 어순이 국어 공동체의 인지적 경향성 및 전략과 동기화되어 있음을 밝혔다. 다섯째, 대립어의 문장 속 공존 양상에 대한 말뭉치 접근법의 효용성과 한계를 밝혔다. 여섯째, 대립어의 상황맥락 속 작용 양상을 통해 대립 개념의 해석 과정을 밝혔다.

요컨대, 대립어의 특별한 매력과 작용 양상을 보다 더 유의미하게 탐구하기 위해 인지의미론의 열린 시각으로 기존의 구조의미론의 연구 성과를 재해석하고 최근의 말뭉치 및 화용적 접근법을 아우르게 된다면 인지의미론 본유의 역동성에 상승효과를 도출할 수 있을 것이다.

제17장

'착하다'의 연어적 의미 확장*

1. 들머리

이 장은 '착하다'의 연어적 의미 확장을 중심으로 그 양상과 특성을 밝히는 데 목적이 있다. 먼저, '착하다'에 대한 (1)-(2)의 용법 차이를 통해 문제의 성격을 밝히기로 한다. (1)은 '착하다'에 대한 기존의 용법으로서 『표준국어대사전』에서는 '언행이나 마음씨가 곱고 바르며 상냥하다'로, 『고려대 한국어대사전』에서는 '(사람이나 그 마음이) 곱고 어질다'의 의미를 지닌 것으로 풀이하고 있다.

  (1) a. 그는 **사람됨이 착하다.**/**착한 일** (국립국어원(1999), 『표준국어대사전』.)
      b. 영수는 **마음이 착하고** 얼굴도 잘생겼다./**착한 사람**은 상을 받고 악한 사람은 벌을 받아야 한다. (고려대학교 민족문화연구원(2009), 『고려대 한국어대사전』.)

이 연장선상에서 '착하다'의 사전적 의미 또는 기존 용법을 (2)와 같이 정리할 수 있다. 즉 'X는 착하다' 및 '착한+X'에서 X는 '사람, 사람의 마음씨·사람됨, 사람의 행위'로 한정된다.

  (2) a. 내 눈에는 그 사람은 평생 시골에서 농사만 짓고 사는 **착한 남자**라는 걸 알 수 있었어요. (김승옥(1986), 『이상문학상 수상작가 대표작품선/김승옥』, '어떤 결혼 조건', 문학사상사.)
      b. 그녀는 {**마음씨·사람됨**}**가/이 착하고** 얼굴이 예쁘다. (국립국어원(1999), 『표준국어대사전』.)

---

* 이 장은 임지룡(2014d). "'착하다'의 의미 확장 양상과 의의(『언어』 39-4: 971-996. 한국언어학회.)의 내용을 깁고 고친 것임.

c. **착한 일**을 행하면서 본성을 거스를 수 있는 인위적인 의지가 그 희망입니다. (김교빈·이현구(1993), 『동녘』, 21세기 세종계획.)

그 반면, (3)은 '착하다'가 '가격', '규제' 등으로 그 쓰임과 의미가 변화되었음을 보여 준다.

(3) a. **가격** 역시 **착하다.** (경향신문 2014.1.4.)

b. 전국 소상공인 **"착한 규제** 풀지 말라" … 골목상권 지키기 나서. (한겨레신문 2014.4.9.)

(3)과 같이 '착하다'의 대상이 사람이 아닌 경우로 의미 확장이 일어난 첫 사례는 '네이버 뉴스' 검색에서 연합뉴스의 1993년 8월 25일 기사 "備忘錄: '순하고 착한 술' 평양소주 大 인기"에 등장하는 (4)의 '착한 술'인데, 이는 북한에서 수입한 평양 소주의 뚜껑 옆면에 쓰인 것이다.[1] 한편, 우리 사회에서 '착하다'의 의미 확장이 본격화된 것은 (5)와 같이 1996년의 '착한 노래', '착한 표', '착한 웃음', '착한 영화', 1997년의 '착한 비디오'로 확인된다. (4)-(5)에서 '착하다'의 의미를 보면, (4)의 '착한 술'은 '알코올 25%, 옥수수 원료, 천연샘물, 감미료 사용 않음, 순하고 부드러워 뒤끝이 깨끗함'과 같은 특성을 지녀 이른바 기존의 '독주(毒酒)'에 대립된다. 또한 (5)의 '착한 노래'는 '나쁜 노래', '착한 표'는 '미운 표', '착한 웃음'은 '악한 웃음', '착한 영화'는 '악한 영화', '착한 비디오'는 '야한·폭력 비디오'와 대립되는 것으로, '사람이나 그 마음 또는 행동이 곱고 바르고 어질다'라는 '착하다'의 기본의미에 다의적 확장이 일어난 것을 알 수 있다.

(4) "순하고 **착한 술**". 북한에서 가장 인기가 있다는 평양소주의 금빛 뚜껑 옆면에는 이 같은 글씨가 적혀있다. (연합뉴스 1993.8.25.)

(5) a. 기독교윤리실천의 '**착한 노래**를 만드는 사람들'은 … 대학로 라이브 소극장에서 '착한 노래 만들기 콘서트Ⅱ'를 개최한다. (연합뉴스 1996.4.2.)

b. C초등학교 1학년 모교사는 … '돈봉투'를 받은 뒤에는 손도 들지 않았는데도 발표를 하도록 하고 '**착한 표**'를 찍어 주고 있으며 …. (연합뉴스 1996.4.10.)

c. 鄭鎔植군은 … 순진하고 **착한 웃음**을 지어보였다. (연합뉴스 1996.12.11.)

d. 악역이 하나도 등장하지 않는 '**착한 영화**'다. (연합뉴스 1996.12.11.)

e. 단편영화 … '**착한 비디오**' …을 무료 상영한다. (연합뉴스 1997.12.13.)

---

1 이로 미루어 볼 때 북한에서 '착하다'의 의미 확장은 1993년 이전에 일어났겠지만, 사회과학원 언어학연구소 편(2007), 『조선말대사전(증보판)』(사회과학 출판소)에서는 그 의미를 '(마음씨나 행동이) 바르고 어질다'로 규정하고 그 용례로 '착한 행동', '착한 마음', '착한 학생'을 제시할 뿐 확장된 의미나 용법에 대한 언급은 없다.

'착하다'의 새로운 용법에 대한 관심은 김명광(2009), 김철규(2012), 조항범(2012), Kim(2013)의 논의가 주목된다.[2] 김명광(2009)의 경우, '착하-'는 NP가 [+사람] 또는 [+사람과 연관된 좋은 속성]에서 [+사물] 또는 [+사물과 연관된 좋은 속성]으로 구조 변화가 일어났으며, 서술형보다 관형형이 월등히 많았음을 밝히고 있다. 또한 김철규(2012)에서는 '착한+명사' 형태의 연어들을 1990년부터 2011년까지 국내 4개 일간지의 뉴스 기사를 연도별로 정리하고, 이를 '워드넷(WordNet)'의 명사 분류 체계를 따라 '착한'과 공기하는 명사들의 상위 범주를 분류하였다. 그 결과 [사람], [행위], [인성]을 상위어로 하는 명사들은 1990년부터 1991년까지 '착한'의 연어변으로 사용되었으며, [의사소통], [집단], [인지], [인공물], [음식]은 2005년 이후 증가 추세에 있음을 밝힌 바 있다.[3] 한편 조항범(2012: 93-96)은 최근 들어 급격히 의미 변화가 일어난 형용사의 일환으로서 '착하다'에 대해 신체어와 결합하여 '좋다, 예쁘다, 만족을 주다' 등의 의미를 띠며, '기업, 가격, 밥값, 광고, 관광, 돈' 등과 같은 [무정물]과 통합하여 '좋다, 알맞다, 싸다, 유익하다, 건강하다, 깨끗하다' 등의 긍정적 의미를 띠는데, 그 변화된 의미가 '착하다'의 '다의(多義)'로 정착한 것은 아니라고 하였다. 또한, Kim(2013)은 형용사 '착한'의 의미 확장을 개념적 은유의 관점에서 해석한 것이다.

앞에서 본 바와 같이 '착하다'의 의미 확장은 1993년을 기점으로 1990년대에 시작되었으며, 2000년 이후에 급속도로 팽창되기에 이르렀으며, 의미 확장의 다양성이 변화무쌍하기 짝이 없다. 그런데 의미론과 사전편찬 분야에서 이 현상에 대한 마땅한 지형도를 확립한 연구나 해석을 찾아보기 어렵다.[4] 이에 이 장에서는 인지언어학의 용법 토대적 모형의 관점에서 '착하다'의 연어적 의미 확장에 대한 양상을 기술하고 그 의의를 밝히기로 한다. 아

---

2 이밖에도 은려려(2013)에서는 최근 들어 특이한 의미 확장을 보이는 '착하다'와 '미치다'에 대해 간략히 논의한 바 있다.

3 김철규(2012)에 의한 '착한'의 명사구 논항의 상위 범주 분석을 정리하면 다음 표와 같다.

	상위 범주	용례 (착한+명사)	사용 빈도
사전적 의미 사용	사람(PERSON)	착한 {사람, 아내, 어린이} (1990년)	3252회/57.4%
	행위(ACT)	착한 일 (1991년)	629회/11.1%
	인성(ATTRIBUTE)	착한 {마음씨, 심성} (1990년)	620회/11%
확장된 의미 사용	의사소통(COMMUNICATION)	착한 {댓글, 드라마} (2011년)	301회/5.3%
	집단(GROUP)	착한 {기업, 국가} (2011년)	188회/3.3%
	인지(COGNITION)	착한 {경제학, 기술} (2011년)	153회/2.7%
	인공물(ARTIFACT)	착한 {모니터, 가게, 치과} (2011년)	136회/2.4%
	동물(ANIMAL)	착한 바이러스 (2011년)	107회/1.9%
	음식(FOOD)	착한 {과자, 원두커피, 생닭} (2011년)	78회/1.4%
	신체 부위(BODY)	착한 {가슴, 뇌, 유전자} (2009년, 2011년)	47회/0.82%

4 국립국어원의 '신어 자료집(1994년-2012년)'이나 2016년부터 개방된 『우리말샘』에서도 '착하다'의 의미 확장 용법은 제시되지 않고 있다. 이는 어휘 수집이 '의의(sense)' 단위가 아닌, 형태 단위를 기준으로 하고 있기 때문인 듯하다.

래에서 '착하다'의 의미 확장 양상 9가지를 유형별로 검토한 다음 이를 바탕으로 의미 확장의 의의 3가지를 논의하기로 한다.

2. '착하다'의 의미 확장 양상

최근 20여 년간 '착하다'의 의미는 '사람(과 연관된 좋은 속성)'에서 '사물(과 연관된 좋은 속성)'로 의미 확장이 일어났으며, 의미상 긍정적인 것 8가지와 부정적인 것 1가지로 유형화할 수 있었는데, 이를 차례로 살펴보기로 한다. 다만, 이들 유형은 경계가 불명확하고 복합적인 경우가 존재함을 전제하기로 한다.[5]

2.1. 윤리적 측면

'착하다'가 '식당', '드라마', '소비' 등과 함께 쓰이면서 '윤리적이다'라는 의미로 확장된 경우이다. 이에 대한 세부 용법을 '정직하다', '건전하다', '공정하다'로 나누어 살펴보기로 한다.

첫째, '착하다'가 (6), (7)과 같이 '정직하다'의 의미로 사용된 경우이다.

(6) '이영돈 PD의 먹거리 X파일'이라는 프로그램은 나쁜 먹을거리를 고발하는 데 그치지 않고 좋은 식재료를 쓰는 **착한 식당**[6]을 찾아내 소개한다. (신동아 2012.8: 70.)

(7) 광양제철소, 임직원 **착한 운전 서약서**[7] 경찰에 전달 (경향신문 2014.2.5.)

(6)의 '착한 식당'은 우리 사회에 만연해 있는 유해 식품 및 먹거리에 대한 반성으로서 좋은 식재료를 쓰는 '정직한 식당'을 말한다. '착한 곰탕'도 이 부류에 해당된다. (7)의 '착한 운전'은 교통 법규를 지켜 안전 운전을 실천하려는 '정직한 운전'을 뜻한다.

둘째, '착하다'가 (8), (9)와 같이 '건전하다'의 의미로 사용된 경우이다.

5　범주의 경계에 대해 종래의 '고전 범주화'에서는 경계 구분이 '명확하다(clear-cut)'라고 본 반면, 인지언어학의 '원형 범주화'에서는 그 경계가 본질적으로 '불명확하다(fussy)'라고 본다(임지룡 2008a: 48 참조).

6　이 프로그램에서는 '착한 식당'에 대해 '먹거리에 대해 원칙 있고 고집 있는 사람이 진심을 담아 제공하는 착한 먹거리의 본보기'로 풀이하고 있다.

7　경찰은 2013년 8월부터 '착한 운전 마일리지' 제도를 운영하고 있는데, 이는 도로 교통법을 활용하여 무위반·무사고를 서약하고 1년간 실천에 성공한 운전자에게 특혜 점수 10점을 부여하는 제도다.

(8) 종방 앞둔 드라마 '굿닥터'의 흥행 요인, 막장 드라마 범람 속 '**착한 드라마**'[8]의 역설
(경향신문 2013.9.30.)

(9) 울산 밝게 만드는 지름길은 '**착한 댓글**' 달기 (경상일보 2013.2.15.)

(8)의 '착한 드라마'는 '건전한 드라마'로서 불륜, 막장, 폭력성이 난무하는 기존의 방송 드라마에 대립된다. '착한 교양' 및 '착한 예능' 프로그램 등도 이 부류에 해당한다. 또한 (9)의 '착한 댓글'은 '악성 댓글', 이른바 '악플'에 대립되는 '선플'로서 '건전한 댓글'을 의미한다. 셋째, '착하다'가 (10), (11)과 같이 '공정하다'의 의미로 사용된 경우이다.

(10) 함께 상생하는 '**착한 소비**'[9]가 뜬다. (한겨레TV 2014.1.20.)

(11) a. '**착한 커피**', '**착한 초콜릿**', '**착한 설탕**' 등 이른바 '착한 소비'로 알려져 있다.
(동아일보 2008.5.7.)
    b. 올 여름에는 나도 **착한 여행** 떠나볼까? (인천시인터넷신문 2014.8.1.)

(10)의 '착한 소비'는 '윤리적 소비'를 뜻하는데, 이는 공정 무역 운동을 포함한 소비자 운동의 일환으로 인간과 동물을 포함한 자연환경에 해를 끼치는 상품은 사지 않고, '공정 무역(fair trade)'[10]에 의한 상품 구입을 말한다. 또한 '착한 소비자'는 '착한 소비' 또는 '윤리적 소비'를 하는 사람이다. (11a)의 '착한 설탕'은 공정 무역에 의해 거래되는 설탕을 가리키는데 '착한 커피' 및 '착한 초콜릿'도 이 부류에 속하며, (11b)의 '착한 여행'은 환경을 훼손하지 않고 현지인을 배려하는 '공정 여행(fair travel)'을 의미한다.

2.2. 선행적 측면

'착하다'가 '기업', '행정' 등과 함께 쓰이면서 '선행적(善行的)이다'라는 의미로 확장된 경우이다. 이에 대해 '기부'와 '배려'로 나누어 살펴보기로 한다.

---

8 '착한 드라마'는 '막장 드라마'와 대립되는데, 이는 보통의 삶에서 일어나기 힘든 자극적인 상황이나 일들이 동시다발적으로 이어지는 드라마를 말한다(김기란·최기호(2009), 『대중문화 사전』. 현실문화연구. 참조).
9 '착한 소비'는 소비자가 제품을 구매하면 제조업체가 수익금의 일부를 사회 공헌 활동에 쓰는 것을 가리키기도 하는데, 이 경우 '착한'은 '선행적(善行的)' 측면에 해당한다.
10 '공정 무역'은 윤리적 소비 운동의 일환으로, 가난한 제3세계 생산자가 만든 친환경 상품을 직거래를 통해 공정한 가격으로 구입하여 가난 극복에 도움을 주고자 하는 데 그 목적이 있다('네이버 시사경제용어사전' 참조).

첫째, '착하다'가 (12), (13)과 같이 '기부'와 관련하여 사용된 경우이다.

(12) a. "**착한 기업** 많아져 대구 기부 문화 확산을" (매일신문 2013.1.14.)
    b. 나눔을 실천하는 **착한 가게** (에이블뉴스 2014.3.5.)

(13) 나눔·기부의 '**착한 결혼식**'…시민청 1호 부부 탄생 (서울신문 2013.1.14.)

(12a, b)의 '착한 기업'이나 '착한 가게'는 이익만을 추구하기보다 기부를 통해 이익 및 매출의 일부를 사회에 환원하고 나눔을 베푸는 기업이나 가게를 가리킨다. '착한 쇼핑', '착한 패션', '착한 골목', '착한 건물', '착한 밥약'[11] 등도 기부 문화의 새로운 아이콘이라 하겠다. (13)의 '착한 결혼식'은 소박하고 작은 결혼식으로, 결혼식에 드는 비용을 아껴 경제적으로 어려운 사람들과 나누며 도움이 필요한 사람들에게 기부하는 것을 목적으로 하는 새로운 결혼 문화 형태이다.

둘째, '착하다'가 (14)와 같이 '사회적 약자에 대한 배려'와 관련하여 사용된 경우이다.

(14) "시민 행복 위한 **착한 행정** 추진" (한라일보 2014.4.2.)

(15) "술판 MT 그만" 대학가 "**착한 MT** 바람" (이데일리 2014.3.25.)

(16) a. 박서준, 시각장애아 위한 **착한 도서관** 건립 앞장선다. (매일경제 2014.4.11.)
    b. 이종석, '**착한 목소리**, 눈을 감고 느껴 봐요.' (뉴데일리 2014.1.11.)
    c. 푸르메재단은 오는 30일까지 푸르메재활센터에서 '**착한 그림전**'을 개최한다. (스포츠월드 2012.11.19.)

(14)의 '착한 행정'은 시민의 목소리를 듣고 소외계층 및 취약계층을 배려하는 복지 행정이다. 서민을 위한 '착한 대출', 사회적 약자를 우선하는 '착한 개발', 소상공인의 골목 상권을 지키기 위한 '착한 규제' 등도 같은 의미로 쓰인다. (15)의 '착한 MT'는 농어촌 봉사 활동을 곁들인 MT인데, '착한 캠핑'도 현지의 봉사활동이 포함되어 있다. (16a)의 '착한 도서관'은 시각장애인을 위한 도서관이며, (16b)의 '착한 목소리'는 목소리 기부를 통해 시각장애인용 미술 작품 해설 오디오 콘텐츠 제작 프로젝트이며, (16c)의 '착한 그림전'은 장애인이 가까운 곳에서 편리하게 그림을 감상할 기회를 제공하고 수익의 일부를 복지와 재활을 위해 기부하

---

11 "고려대 캠퍼스에 요즘 '착한 밥약'이라는 새 기부 문화가 등장했다. '밥약'이란 '밥 먹는 약속'을 줄인 말. 선배에게 밥을 얻어먹을 때마다 많든 적든 기부하는 것이 '착한 밥약'이다." (조선일보 2014.4.4.)

는 전시회이다. 농가의 일손을 돕는 '착한 무인기', 사회적 약자 도우미인 '착한 IT기기', 소외
계층의 삶의 질을 높이는 데 사용될 수 있도록 개발된 '착한 기술'도 이 부류에 속한다.

2.3. 친건강적 측면

'착하다'가 '콜레스테롤'과 같은 인체를 구성하는 주요 성분 및 '비타민' 등과 함께 쓰이면
서 '친건강적' 즉 '건강에 좋다/도움이 되다'라는 의미로 확장된 경우이다. (17)-(18)의 용법이
이에 해당한다.

> (17) a. '**착한' 콜레스테롤** 수치 높이는 음식은? (중앙일보 2014.4.13.)
>   b. 『**착한 지방**은 억울해』 (백은영(2013), 스콜라.)

> (18) 『**착한 비타민** 똑똑한 미네랄 제대로 알고 먹기』 (이승남(2010), 리스컴.)

(17a)의 '착한 콜레스테롤'은 이른바 '나쁜 콜레스테롤(LDL)'에 대립하는 것으로 동맥경화
를 예방해 주는 '건강에 유익하고 필수적인 콜레스테롤(HDL)'을, (17b)의 '착한 지방'은 이른
바 '나쁜 지방', 즉 '포화 지방'에 대립하는 것으로 우리 몸에 유익한 '불포화 지방'을 의미한
다. (18)의 '착한 비타민'은 청소년, 직장인, 주부, 노인 등의 건강에 유익하고 필수적인 맞춤
비타민을 가리킨다.

2.4. 친환경적 측면

'착하다'가 '건물', '에너지 숲' 등과 함께 쓰이면서 '친환경적이다'라는 의미로 확장된 경
우이다. (19)-(22)의 용법을 보기로 한다.

> (19) 탄소 제로 '**착한 건물**' 지었다 … 오늘 지구의 날 맞아 준공 (동아일보 2011.4.22.)

> (20) CJ대한통운, '**착한 에너지 숲**' 조성 (머니투데이 2014.4.3.)

> (21) a. "나부터 시작하는 **착한 육식**" (최새미(2012: 18-30), 『어린이과학동아』 14, 동아
>   사이언스.)
>   b. 환경을 생각하는 **착한 식용유**? … 롯데푸드, 환경 친화 정제 설비 국내 최초 도입
>   (헤럴드경제 2014.3.19.)
>   c. 지구의 날에 어울리는 **착한 와인** '라포스톨 끌로 아팔타' (매일경제 2014.4.8.)

(22) **착한 쓰레기** 배출의 생활화 (헤드라인 제주 2014.4.10.)

(19)의 '착한 건물'은 이산화탄소, 화석에너지, 또는 온실가스가 전혀 배출되지 않도록 설계된 '친환경적 건물'이다.[12] (20)의 '착한 에너지 숲'은 '친환경적 에너지 숲'으로 평상시에는 탄소를 흡수하고, 나무를 심은 뒤 2~3년이 지나면 목재 펠릿으로 만들어 이를 난방용으로 사용하는 복지 시설에 공급하기 위해 조성된 숲이다. (21a)의 '착한 육식'은 환경과 생명 윤리를 생각하는 '친환경적 육식'이며, (21b)의 '착한 식용유'는 '환경 친화적 정제 과정을 통한 식용유'이며, (21c)의 '착한 와인'은 포도를 친환경으로 재배하여 와인을 만들고 포장 박스까지 친환경 소재를 사용한 '친환경 와인'이다. (22)의 '착한 쓰레기'는 '환경 친화적 쓰레기'로서, 종량제 봉투를 사용하고 재활용 쓰레기를 적절하게 분리하여 배출하는 쓰레기를 이른다. '착한 디자인', '착한 앨범', '착한 식기세트', '착한 포장' 등도 '착하다'가 '친환경적이다'의 의미로 사용된 경우이다.

2.5. 학습자 중심적 측면

'착하다'가 '책', '공부' 등과 함께 쓰이면서 '학습자 중심적이다'라는 의미로 확장된 경우이다. (23), (24)의 '착하다'는 '학습자 중심적', 즉 '친근하고 어렵지 않다'의 의미를 지닌다.

(23) a. 『떡 만들기가 정말 쉬워지는 **착한 책**』 (강숙향(2013), 황금부엉이.)
b. 『**착한 수학**: 아이와 부모 모두 행복한 초등 수학 혁명』 (최수일(2013), 비아북.)

(24) 『14일, 공부 습관 스스로 길들이기』 이곳을 거쳐 간 90만 명이 넘는 학생들을 통해 입증된 '스스로, 재미있게, 함께'하는 **착한 공부** 비법을 담은 책이다. (한국일보 2013.5.6.)

(23)의 '착한 책' 및 '착한 수학'은 까다로운 원리를 친근하고 어렵지 않게 안내하는 '학습자 중심적인 책 및 수학'이다. 실용적인 기술에 관한 '착한 청소 비법', '착한 연애', '착한 육아' 등도 이 부류에 속한다. (24)의 '착한 공부'는 학원의 도움 없이 스스로 공부할 수 있도록 해 주는 '학습자 중심적인 공부' 방법을 뜻한다.

---

12 이와 관련하여 '액티브 하우스(active house)'는 태양열 흡수장치를 이용하여 외부로부터 능동적으로 에너지를 끌어들이며, '패시브 하우스(passive house)'는 집안의 열이 밖으로 새나가지 않도록 함으로써 화석 연료를 사용하지 않고도 실내 온도를 따뜻하게 유지한다('네이버 백과사전' 참조).

2.6. 우월적 측면

'착하다'가 '연비', '요리 실력' 등과 함께 쓰이면서 '우월적이다'라는 의미로 확장된 경우이다. (25), (26)은 '착하다'가 '우월적', 즉 '기능이 우수하다'의 의미를 지닌다.

> (25) a. **착한 연비**에 소리 없이 강한 차 … 운전석 진동 정보도 매력 만점 (헤럴드경제 2014.2.4.)
>
> b. 『**착한 글** 한글』 (남상욱(2013), 상상의 집.)
>
> c. 지난 24일 방송된 MBC <생방송 오늘 아침>에서는 '**착한 다이어트**'로 바질씨앗과 산미나리씨앗이 소개됐다. (이뉴스투데이 2014.3.28.)

> (26) a. 박정현은 '야간 매점'에서 자신의 요리 '잡채 그라탱'을 선보이며, **착한 요리 실력**을 뽐내 눈길을 끌었다. (인터넷 스타투데이 2013.11.22.)
>
> b. 유라 … 몸매만큼 **착한 그림 실력** (아시아경제 2014.2.13.)

(25a)의 '착한 연비'는 다른 차에 비해 '우월한 수준의 연비'이며,[13] (25b)의 '착한 글'은 '가치 있고 우수한 글'이며, (25c)의 '착한 다이어트'는 효과가 뛰어난 '효율적 다이어트'이다. 다이어트에 효과적인 '착한 탄수화물', 겨울철 감기 예방 효과에 탁월한 '착한 쌀국수'도 이 부류에 속한다. (26)의 '착한 요리 실력' 및 '착한 그림 실력'은 '뛰어난 요리 실력 및 그림 실력'을 가리킨다.

2.7. 경제적 측면

'착하다'가 '가격', '분양가' 등과 함께 쓰이면서 '경제적이다', '저렴하다', '알뜰하다'라는 의미로 확장된 경우이다. (27)-(30)의 용례를 보기로 한다.

> (27) a. 김씨는 "병행 수입 업체는 … **가격이 착하다**"고 만족해했다. (세계일보 2014. 1.15.)
>
> b. 이곳에서는 계란, 빵, 커피 등을 … '**착한 가격**'[14]에 판다. (문화일보 2011.6.17.)

---

13 '착한 연비'는 소비자의 기름값을 절약해 주므로 '경제적 측면'으로 볼 수도 있다.

14 『네이버 국어사전』에는 '착한 가격'을 '서민적이고 저렴한 가격 또는 적당히 싼 가격'으로 풀이하고 있다.

(28) a. 5년 전 가격으로… 실수요 맞춘 '더 **착한 분양가**' (동아일보 2014.4.4.)

　　 b. 세상 어디에도 없는 **착한 휴가** (쎄씨 디지털 2014.4.11.)

(29) a. '**착한 집밥**'

　　 b. '**착한 점심**'

(30) a. '**착한 정비**'

　　 b. '**착한 대리**'

(27)의 '가격이 착하다', '착한 가격'은 '저렴하다'를 의미한다. (28)의 '착한 분양가'와 '착한 휴가'는 각각 '경제적이며 저렴한 분양가', '저렴하고 알뜰한 휴가'이다. '착한 금리', '착한 등록금', '착한 교복', '착한 자취방', '착한 골프장', '착한 점심', '착한 결혼식' 등도 이 부류에 속한다. 또한 (29)의 '착한 집밥' 및 '착한 점심'은 이른바 '착한 가격업소'[15]에 해당하는 상호명이다. (30)의 '착한 정비', '착한 대리'는 저렴한 가격의 자동차 정비업소와 대리운전업소를 뜻한다.

2.8. 미적 측면

'착하다'가 '몸매', '얼굴' 등과 함께 쓰이면서 '예쁘다', '아름답다', '날(늘)씬하다', '매력적이다', '섹시하다'의 의미로 확장된 경우이다. (31)-(32)의 용례를 보기로 한다.

(31) a. 이효리는 CF에서 "**얼굴 착해**, 성격 착해, **몸매** 완전 **착해!**"라고 '주장'한다. (헤럴드경제 2007.1.8.)

　　 b. '**착한 몸매**' 가인, 가만히 있어도 매력 발산. (스포츠한국 2014.1.2.)

(32) a. **착한 머리** 서재응, '로페즈 잘했어' (스포츠조선 2011.7.5.)

　　 b. '짝' 여자 3호, 첫인상 선택서 최다표 "**착한 얼굴** 매력" (엑스포츠 뉴스 2013.10.24.)

　　 c. 엠블랙 승호, "라니아 티애 **착한 눈** 좋다." 공개 호감. (뉴스엔 2013.6.10.)

　　 d. 선명한 컬러와는 달리 여리여리하게, 발그스레하게 **착한 입술**을 만들어 줍니다. (안나수이 립스틱 립루즈G 300호 2014.5.2.)

---

15 '착한 가격 업소'는 인건비·재료비 등이 지속적으로 상승하고 있는 상황에도 원가 절감 등 경영 효율화 노력을 통해 저렴한 가격으로 서비스를 제공하고 있는 업소 가운데 안전행정부 기준에 의해 지방자치단체장이 지정한 업소이다.

e. 미친 몸매 장윤주, 이번엔 '**착한 가슴**' 대놓고 자랑. (스포츠조선 2011.3.3.)

f. **착한 복근**, 이미연. (세계일보 2008.9.9.)

g. '늘씬한 몸매 '**착한 다리**' 브레이브 걸스 최초 공개. (스포츠서울 2011.3.31.)

h. 수지, **착한 각선미**란 이런 것! 역시 대세는 다르긴 달라. (MBN 2013.7.30.)

i. 오초희 직찍, 보정 없이도 환상 S라인 **뒤태** '**착하다, 착해**' (경인일보 2013.4.25.)

(31a)의 '얼굴 착해, 몸매 착해'는 '얼굴과 몸매가 예쁘고 늘씬하다'를, (31b)의 '착한 몸매'는 '매력적인 몸매'를 의미한다. 미적 측면에서 사용된 '착하다'를 (32)의 신체 부위별로 보면 '착한 머리', '착한 얼굴', '착한 눈', '착한 입술', '착한 가슴', '착한 복근', '착한 다리',[16] '착한 각선미', '착한 뒤태' 등을 들 수 있다.

2.9. 몰개성적 측면

'착하다'가 '국민', '남자' 등과 함께 쓰이면서 '몰개성적' 즉 부정적인 의미로 확장된 경우이다. 이를 '사람'과 '사물'로 나누어 살펴보기로 한다.

첫째, '사람'에 관한 부정적인 의미이다.

(33) a. **착한 국민** 콤플렉스 (한국일보 2000.1.29.)

b. "의사들이 '**착한 사람** 콤플렉스'에서 벗어나 이제는 권리를 주장해야 한다." (이데일리 2012.5.23.)

c. "한국, 美중시의 **착한 동생**" (동아일보 2003.10.27.)

(34) a. "**착한 여자**"라는 굴레 (한국일보 2004.1.15.)

b. '**나쁜 여자, 착한 여자**' (문화방송 일일연속극 2007.1.1.~7.13.)

c. 소지섭 화보, 한껏 뿜어내는 **나쁜 남자**의 매력 (한국경제 TV 2014.4.2.)

d. 김민경 "**착한 남자**보다 **나쁜 남자**에 끌려" (방송엔 2014.7.25.)

(33a, b)의 '착한 국민' 및 '착한 사람'은 수동적이며 수용적인 성격으로 인해 현대사회에 적응하지 못하여 열등감에 젖어있는 인간형을 가리킨다. (33c)의 '착한 동생'은 비유적 용법으

---

16 강석봉 기자는 "몸매 女스타, 부위별 베스트(스포츠경향 2008.9.9.)"에서 '착한 몸매'란 B컵 이상의 모아진 가슴, 허벅지에서 발목으로 이어지는 일자 모양의 다리, 그리고 '초콜릿 복근'을 일컫는 것이라 하고, '착한 가슴'은 볼륨 있고 W라인이 살아있는 가슴, '착한 복근'은 복부 근육의 라인이 그대로 몸에 드러나면서 건강한 허리 라인이 강조된 복근, '착한 다리'란 군살이 없이 매끈한 다리로 규정하고 있다.

로서 한국 증시가 미국 증시 상황을 고스란히 따른다는 점에서 '형에게 순종적인 동생'을 뜻한다. (34a)의 '착한 여자'는 부덕(婦德)과 순종(順從)의 가치관에 충실한 여성형이며, (34b)의 '나쁜 여자, 착한 여자'는 일일연속극의 제목인데, '나쁜 여자'는 강하고 능동적이고 아름다운 여의사이며, '착한 여자'는 아이가 딸린 남자와 결혼해 치매 시할머니를 모시면서 얼굴 한 번 찌푸린 적 없는 가정주부이다. (34d)의 '착한 남자'는 세간에서 '찌질하고 센스 없고 능력 없는' 또는 '유약하고 만만하고, 개성이 없는' 남자로 정형화되고 있는 반면, (34c, d)의 '나쁜 남자'는 야성적이고 매력적인 것으로 인식된다. 즉 '착하다'에 대응하는 '나쁜 사람', '나쁜 남자', '나쁜 여자'는 매력적이며, 자기 주관이 뚜렷하며, 개성이 강하고 능력 있는 인간형으로 인식되고 있다.

둘째, '사물'에 관한 부정적인 의미이다.

(35) 울림이 없는 '**착한 영화**' (경향신문 2004.2.5.)

(36) '**착하다**'는 이름 빼달라는 **착한 가게들** (한국경제 2013.10.29.)

(35)의 '착한 영화'는 순수한 인간 정서를 끄집어내려 노력하지만 '감동이 없고 평범한 영화'라는 의미로 사용된다. (36)은 이른바 '착한 가게들'이 혜택은 별로 없으면서 식재료비 등 원가 상승 압박이 큰 데도 이름에 묶여 가격을 올릴 수 없기 때문에, 가격을 인상해 스스로 '착하다'는 이름을 떼려는 현상에 대한 기사이다.

3. '착하다'의 의미 확장 의의

앞에서 기술한 '착하다'의 의미 확장 양상을 중심으로 그 의의를 서로 다른 언어학적 관점, 확장의 원리와 방향, 그리고 특이성에 대해서 살펴보기로 한다.

3.1. 의미 확장에 대한 언어학적 견해

위에서 본 바와 같이 지난 20여 년 동안 '착하다'의 용법은 매우 다양한 양상을 띠고 있다. 이 현상을 세 가지 서로 다른 언어관으로 해석해 보기로 한다.

첫째, '전통적 관점(traditional view)'이다. 이른바 '전통문법' 또는 '학교문법'에서는 언어 용법의 규범성을 존중한다. 따라서 한 시점에서 정확성, 표준성, 또는 규범성으로 확립된 용법이 새로운 용법으로 확장되는 것을 타락으로 보고 용납하지 않는다. '착하다'의 의미 확장에 대해 이러한 관점에 서 있는 사례를 들면 다음과 같다.

(37) "'**착하다**' 본뜻 해치는 수식, 언론서 자제해야" (이강빈/교사, 한겨레신문 2009.6.3.): '착한 설탕'이라든가, '착한 고기', '착한 밥상' 등에 … 도덕적으로 행동하거나 도덕적인 마음씨를 가진 고기나 설탕, 밥상 등이 되어 우리나라 사람들의 언어생활에서 혼란의 요인이 될 수 있다. … '착한 소비' 역시 소비라든가 소비 행위 그 자체는 엄밀하게 본다면 도덕성과는 매우 거리가 먼 인간의 행위가 되므로 적절한 언어적 표현이 아니다. … '착하다'의 올바른 쓰임새를 확립하기 위한 몇 가지 의견을 밝히고자 한다. 첫째, 각종 언론기관에서는 '착하다'의 본뜻을 확대하여 사용하는 글이나 기사, 광고, 방송 언어 등을 자제하고 삼가야 한다. 둘째, 특히 '착한 고기'와 같이 상호로 사용하고 있는 경우에는 합당한 명칭으로 변경하도록 자성하는 사회적 분위기가 조성되어야 한다. 셋째, 사람이 아닌 대상에 관해서 '착하다'는 의미의 표현을 쓰고자 한다면 우리말에 '좋다'라든지 '아름답다' 혹은 '멋있다'는 등의 적합한 수식어가 있으므로 이러한 말들로 대체해서 사용해야 한다.

(38) "'**착한 가슴**'은 없다" (배상복/기자, 중앙일보 2009.11.15.): '착한 가격'이란 부적절한 표현은 '착한'이 들어간 억지 조어를 마구 만들어 내는 계기가 된다. … '착한 거짓말', '착한 맞춤법', '착한 드라마'는 양반이다. '착한 고기', '착한 커피', '착한 밥상', '착한 청국장', '착한 횟집', '착한 반찬' 등 우스꽝스러운 이름도 적지 않다. … 모두가 기형적인 표현이다. … 더욱 우려스러운(?) 표현이 나왔다. '착한 가슴', '착한 몸매'다. … '착한'이라는 어휘에 의지해 민망함을 피해 가는 고도의 기술로도 판단되지만 성립하지 않는 말로, 언어 체계를 심각하게 파괴하는 것이다. '착한 가슴'이나 '착한 몸매'는 없다. '풍만한 가슴', '매력적인 몸매' 등이 적절한 표현이다.

(39) "'**착한~**'이 남용되고 있다" (박미현/시민단체 활동가, 경향신문 2010.2.28.): 언제부턴가 '착한'이라는 단어가 유행처럼 번졌다. '착한 먹을거리', '착한 소비', '착한 가격' 심지어 '착한 몸'까지. 2월 27일자 경향신문에는 이런 광고도 났다. "착한 그림전-100만원전, 판매 수익의 일부는 경향신문사의 이웃사랑을 실천하는 천사운동에 쓰여집니다." … 우리 모두 무늬만 '착한'에 더 이상 중독되지 않기를 바란다.

(40) "'**착한**'이란 말을 남용하고 있다" (김보일 · 고흥준(2011/2013: 120-125), 『사춘기 국어 교과서』, 작은숲출판사.): 엄밀히 말해서 '착한'이라는 형용사는 줄 사람의 선량한 마음씨를 가리키는 말이다. … 하지만 요즈음엔 '착한'이라는 말이 가격 · 상품 · 소비 · 몸매 · 디자인 등을 가리키는 말로 무분별하게 쓰이고 있다. … '착한'이라는 형

용사가 쓰여야 할 때와 쓰이면 안 될 때를 가리지 않고 아무렇게나 쓰는 것은 옳은 일이 아니다. … 사람의 몸매에 '착한'이라는 형용사를 가져다 붙이는 것도 문제지만 자신의 상품에 '착한'이라는 이름을 가져다 붙이는 것도 온당하지 않다.

(41) 조항범(2012: 108): '착하다'의 변화된 의미는 '신체어' 및 사람의 심성이나 행동과 무관한 [무정물]과 어울려 쓰면서 생겨난 것이다. '착하다'가 사람의 심성과 행동에서 벗어나 지나치게 확대되어 사용되고 있는 현실을 무작정 인정하는 것은 바람직한 태도는 아닌 듯하다.

(37)-(41)은 '무정물'과 어울려 쓰이는 '착하다'의 용법에 대해 남용되는 현실을 우려하면서, 적절한 언어 표현이 아니며, 그러한 쓰임을 삼가야 한다는 관점이다. 이 관점의 한계를 전통문법과 언어학의 차이점을 규정한 Aitchison의 다음과 같은 기술로 대신하기로 한다. "언어의 체계적 연구인 '언어학(linguistics)'은 '규범적(prescriptive)'인 것이 아니라 '기술적(descriptive)'이라는 점에서, 언어학자는 말해져야 한다고 생각하는 것이 아닌 말해진 것에 관심을 두어야 하며, 심판관이 아닌 관찰자 또는 기록자로서의 역할을 수행해야 한다. 따라서 새로운 단어 또는 의미 확장을 타락과 부패의 표시로 간주하여 비난할 것이 아니라 자연스럽고 연속적인 언어 변화의 과정으로 보아야 한다(Aitchison 1999: 4-7)."

둘째, '생성문법(generative grammar)'의 관점이다. 즉 적형의 문장은 의미 자질로 구성된 단어 또는 논항들 간에 문법적으로 정확하고 의미적으로 수용 가능한 논리적 규칙, 즉 '선택 제약(selectional restriction)'의 규제를 받는다. 따라서 서술어 '착하다'는 (1), (2)에서 제시한 바와 같이 주어가 '사람, 사람의 마음씨·사람됨, 사람의 행위'라는 제약 관계에 놓인다. 곧 선택 제약의 관점에 따르면 (42)는 적형의 문장인 반면, (43)은 선택 제약을 어긴 부적형의 문장이 될 것이다.

(42) a. 그 사람은 착하다.
　　 b. 그 사람의 {마음/행실}이 착하다.

(43) a. *가격이 착하다.
　　 b. *그녀의 {얼굴/몸매/뒤태}가 착하다.

한편, '착하다'가 관형형으로 쓰인 '착한 NP'의 '연어 제약(collocational restriction)'[17]과

17　일반적으로 통사론에서 말하는 선택 제약과는 다른 제약, 즉 어휘들 간의 구체적인 결합을 한정하는 제약을 '연어 제약'이라고 한다(김진해 2000: 10 참조). 또한 이와 관련된 형용사와 명사의 '의미 운율(semantic prosody)'에 대해서는 강범모(2011) 및 남길임(2012) 참조.

관련하여(김철규 2012: 66 참조), 생성문법의 관점에서는 (44a)와 달리 (44b)의 경우 언어 제약을 어긴 결합형으로 간주될 것이다.

> (44) a. 착한 {사람/마음/행실}
>
> 　　 b. ?착한 {가격/얼굴/몸매/뒤태}

요컨대, 생성문법에 의한 적형의 문장과 구를 생성하는 주요 제약으로서 '선택 제약'과 '연어 제약'의 관점으로는 (43), (44b)와 같이 '착하다'가 다양한 모습으로 서술형과 관형형으로 쓰이는 오늘날의 언어 현실을 감당해 낼 수 없다. 이 언어관에 따르면 언중들은 수많은 비문법적 문장과 모순적인 연어 결합체를 사용하고 있는 셈이다.

셋째, '인지언어학(cognitive linguistics)'의 관점이다. 이 관점에서는 언어의 규칙을 구체적으로 사용되는 언어 현실의 자료에서 확립하는 '아래에서-위로(bottom-up)' 방식을 취하는데, 이를 '용법 토대적 모형(usage-based model)'이라고 한다(Langacker 2000: 91-145 참조). 이 모형에서는 생성문법처럼 언어를 폐쇄적이고 정적인 규칙의 체계로 보지 않고 실제 사용 맥락을 통한 정착도와 관용도의 시점에서 상대적으로 규정한다. 구체적으로, 언어의 규칙이란 개별 사례의 공통점을 추출하는 '일반화' 과정, 그리고 여러 가지 사례의 일반화에서 추출한 공통점으로서 '도식'의 망이라고 보는데, 이 규칙 또는 망은 새로운 용법이 출현되면 수정, 확장되는 개방적이고 동적인 성격을 띠고 있다.

따라서 '용법 토대적 모형'에 서게 되면 '착하다'의 새로운 용법에 따른 의미 확장을 매우 자연스럽게 파악할 수 있다. '착하다'에 나타난 이 현상은 자연스러운 언어 생태로서 결코 인위적으로 막을 수 없으며, 오류와 타락이라고 하여 규범의 잣대로 되돌릴 수 없으며, 선택 제약에서 벗어난 비문법적 현상으로 간주하지 않는다. 그런데 이 진행 과정에서 한 가지 주목되는 현상은 (45), (46)에서 보듯이 서술형으로서 '착하다'와 관형형으로서 '착한~'의 용인성, 즉 정착성 및 관용성 정도가 다르다는 점이다.

> (45) a. 착한 콜레스테롤
>
> 　　 b. ??콜레스테롤은 착하다.
>
> 　　 c. ?이 콜레스테롤은 착하다.
>
> 　　 d. ??이 콜레스테롤은 몸에 착하다.

> (46) a. 나쁜 콜레스테롤
>
> 　　 b. 콜레스테롤은 나쁘다.
>
> 　　 c. 이 콜레스테롤은 나쁘다.
>
> 　　 d. 이 콜레스테롤은 몸에 나쁘다.

(45), (46)을 통해서 볼 때 관형형 '착한'의 정착성 정도는 서술형 '착하다'보다 한결 더 높음을 알 수 있다. 이 점은 다음 용례에서도 확인된다.

(47) a. 사람이 착하다./착한 사람
　　 b. 마음씨가 착하다./착한 마음씨
　　 c. ??일이 착하다./착한 일
　　 d. ??식당이 착하다./착한 식당

즉 (47c, d)에서 관형형 '착한'에 비해 서술형 '착하다'의 용인성 정도는 매우 낮다. (47c) '착한 일'의 '착하다'는 기존의 용법 및 의미인데도 불구하고 서술형은 퍽 어색하다. 요컨대, 현재의 상태에서 '착하다'의 정착성 정도는 관형형에서 우월하게 실현되고 있다고 하겠다.[18]

3.2. 의미 확장의 원리와 방향

'착하다'의 의미 확장의 원리와 방향을 논의하기로 한다. 먼저, 다의어로서 '착하다'의 의미 확장이 일어나는 원리를 살펴보기로 한다. 일반적으로 의미 확장은 기본의미, 즉 원형의미를 기준점으로 삼아 '의미망(semantic network)' 또는 '의미연쇄(meaning chain)'에 의해 이루어진다. 이 두 가지 모형을 도식화하면 <그림 1, 2>와 같다.

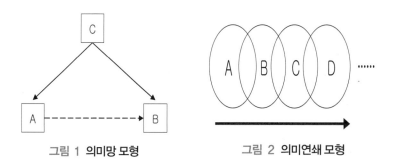

그림 1 의미망 모형　　　　그림 2 의미연쇄 모형

<그림 1>은 의미망 모형(A: 원형, B: 확장, C: 도식)으로서, 다의어는 원형과의 유사성을

---

18 '착하다'의 의미 확장에서 서술형과 관형형의 용인성 정도는 사용 빈도와 상관성을 지니는 것으로 보인다. 이와 관련하여 김명광(2009: 128)은 '착하다'가 확장된 의미로 사용된 경우를 포털 사이트인 '네이버(NAVER)'에서 검색한 결과 서술형 '착하다'(7번/100문장), '착했다'(3번/100문장), '착하겠다'(0번/100 문장)는 모두 10개(300 문장)인 반면에, 관형형 '착한'(80번/100문장), '착하던'(0번/100문장), '착했던'(22번/100문장)은 모두 102개(300문장)로 드러났다고 한다.

통하여 수평적으로 확장 관계를 형성하며, 원형과 확장의 공통성을 추상화하여 수직적으로 도식 관계를 형성한다. 의미망은 기본 구조의 확장과 도식의 순환 작용 및 '아래에서-위로'의 상향적 도식에 의해 복합적이고 방대한 망으로 확대된다. 또한, <그림 2>는 원형(A)을 중심으로 인접항 간의 '연쇄(A→B→C→D …)'에 의해서 의미가 확장되는 것을 뜻한다. 두 경우에서 다의적 의미 확장은 원형과의 유사성에 의한 은유, 인접성에 의한 환유의 기제가 작용한다. 이 경우 원형의미와 확장의미는 빛의 파장과 같이 중심과 주변으로 이루어진 '방사상 구조(radial structure)'를 형성하는데, 주변에 해당하는 확장의미는 원형과 동기화되어 있지만 일반적 규칙에 의해서 예측될 수는 없다(임지룡 1997a: 112-114 참조).

그러면 '착하다'에 관한 세 가지 유형의 용법을 보기로 한다. (48)은 '사람이나 그 마음 또는 행동이 곱고 바르고 어질다'는 사전적 풀이에 전형적인 기본의미이며, (49)는 그 대상이 '사람'이 아닌 '소', '나무', '우물', '노래', '세상'이지만 기본의미에 준하는 확장의미이며, (50)은 위의 2.1.-2.9.의 각 용례 하나를 가져온 것으로 최근 20여 년 동안 진행된 새로운 양상의 확장의미이다.[19]

(48) 『흥부놀부전: **착한 흥부**와 욕심 많은 놀부』 (한국어읽기연구회(2014), eBook 26.)

(49) a. 주인을 구한 이 어미 소는 수년전 오른쪽 다리를 다쳐 세 다리만으로 밭가는 일을 마다않는 등 心性이 **착한 소**라고 張씨는 눈물을 흘리며 고마워했다는 것. (연합뉴스 1993.6.10., '소가 멧돼지 습격 받은 주인 구제')

b. 유실수를 심은 후 6-7년차에 접어들자, 퇴비 외에 별다른 수고를 안 하더라도 열매를 맺어 주는 **착한 나무**들. (네이버 블로그 '한산섬' 2014.7.15.)

c. 이 지역 역시 우물이 없는 지역으로 하루하루를 어렵게 살아가는 마을 사람들에게 물 걱정을 해소시켜주는 '**착한' 우물**이 됐다. (중앙일보 2012.12.18.)

d. 다소 촌스러운 피아노 솔로로 시작하는 그의 노래는 아무리 거지같이 끝난 인연이라도 코끝 찡한 기억이 되게 한다. 참 **착한 노래**다. (조선일보 2013.11.1.)

e. 누구도 소외받지 않는 **착한 세상**을 꿈꾸던 괴짜 영화감독 고 김동춘 경위 (KBS 뉴스 2014.7.14.)

(50) a. 광양제철소, 임직원 **착한 운전** 서약서 경찰에 전달 (경향신문 2014.2.5.)

b. "시민 행복 위한 **착한 행정** 추진" (한라일보 2014.4.2.)

---

19 Kim(2013)에서는 '종단적 접근법(longitudinal approach)'에 따라 '착한'의 용법을 '글자 그대로의 의의'와 '은유적 의의'로 나누고 '은유적 의의'를 'LM 유형': '착한 {눈·얼굴·모습}', 'MM+c 유형': '착한 {가격·기업·생닭·커피·기술·성장}', 'MM-c 유형': '착한 {드라마·송년회·암·몸매}'로 유형화한 것으로 주목된다.

c. 『**착한 지방**은 억울해』 (백은영(2013), 스콜라.)

d. CJ대한통운, **착한 에너지숲** 조성 (머니투데이 2014.4.3.)

e. 『14일, 공부 습관 스스로 길들이기』 **착한 공부** 비법을 담은 책이다. (한국일보 2013.5.6.)

f. **착한 다이어트**로 바질씨앗과 산미나리씨앗이 소개됐다. (이뉴스투데이 2014.3.28.)

g. 5년 전 가격으로 … 실수요 맞춘 더 **착한 분양가** (동아일보 2014.4.4.)

h. 미친 몸매 장윤주, 이번엔 **착한 가슴** 대놓고 자랑. (스포츠조선 2011.3.3.)

i. **착한 국민** 콤플렉스 (한국일보 2000.1.29.)

첫째, (48)에서 (49)로의 의미 확장을 보기로 한다. (48)의 '착한 흥부'는 원형의미(A)이며, (49)의 '착한 소', '착한 나무', '착한 우물', '착한 노래', '착한 세상'은 '짐승', '식물', '무생물'로의 확장의미(B)이다. (48)의 원형과 (49)의 확장 간에는 '의미망 모형'에 의한 '선량함'이 도식(C)이 되는데, 이 경우 유사성에 바탕을 둔 은유의 기제가 작용한다. 또한 원형인 (48)의 '사람(A)'을 기준점으로 (49)의 '짐승(B)→식물(C)→무생물(D)'로의 확장 간에 '의미연쇄 모형'이 이루어지는데, 이 경우 인접성에 바탕을 둔 환유의 기제가 작용한다.

둘째, (48)에서 (50)으로의 확장을 보기로 한다. (48)에서 '착한 흥부'의 '선량함(A)'을 기준점으로 (50)의 '착한[윤리적] 운전', '착한[선행적(善行的)] 행정', '착한[친건강적] 지방', '착한[친환경적] 에너지 숲', '착한[학습자 중심적] 공부', '착한[우월적] 다이어트', '착한[경제적] 분양가', '착한[미적] 가슴'은 한층 더 추상적 도식인 '긍정적 평가(C)'에 의해 '의미망 모형'이 형성된 것으로 볼 수 있으며, 이들 확장의미에 더하여 '착한[몰개성적] 국민'에 이르는 데는 '의미연쇄 모형'이 작용한 것이라 하겠다.[20]

다음으로, '착하다'의 의미 확장에 대한 방향을 살펴보기로 한다. 다의적 의미 확장은 사람의 경험이 확장되는 경향성과 함수 관계에 있다. 이에 대한 몇 가지 경향성을 제시하면 (51) 및 (52)와 같은데(임지룡 2009a: 209-214 참조), 그 요점은 '사람'에게 가장 가까운 범주에서 점차적으로 먼 범주로 이행되고, 구체적인 범주에서 추상적인 범주로 확장되며, 그 방향이 역전될 수 없다는 점이다.

---

20 이와 유사한 사례로 Taylor(1989/2003: 108-112)에서는 다음의 'climb'을 통해서 '의미연쇄 모형'을 예증한 바 있다: (a) The boy climbed the tree. (b) The locomotive climbed the mountainside. (c) The plane climbed to 30,000 feet. (d) The boy climbed down the tree and over the wall. (e) Prices are climbing day by day. (f) John climbed out of his clothes. 즉 (a)는 '손발로 기어서 위로 이동하다', (b)는 '기관차가 바퀴 회전에 의해 산허리로 이동하다', (c)는 '비행기가 수직 이동하다', (d)는 '손발로 기어서 아래로 이동하다', (e)는 '가격이 올라가다', (f)는 '손발로 힘들여 빠져 나오다'의 의미를 지니는데, 이들을 A와 B, B와 C, C와 D의 의미연쇄를 통해서 확장된 것으로 설명하고 있다.

(51) 사람 > 사물 > 활동 > 공간 > 시간 > 질 (Heine *et al.* 1991: 31)

(52) a. 사람→동물→식물→무생물

   b. 공간→시간→추상

   c. 물리적 위치→사회적 위치→심리적 위치

   d. 문자성→비유성→관용성

   e. 내용어→기능어

실제로 다의적 의미 확장은 일정한 기준에 따라 기계적으로 일어나지는 않는다. 특히 '착하다'의 경우 20여 년 동안 10여 가지 유형 이상의 의미 확장이 일어났으므로, 그 생성과정을 추적하는 것은 매우 어려운 문제가 아닐 수 없다. 이에 의미론 전공자 30인에게 다음 두 과제에 관한 자문을 받기로 하였다.

'착하다'의 의미와 용법 자문

- 기본의미: '사람이나 그 마음 또는 행동이 곱고 바르고 어질다'
- 기본용법: "『**착한** 흥부와 욕심 많은 놀부』 '**흥부는 착하다**'는 의견에 대해 '흥부는 동네 사람들에게 **착한** 일을 했다', '흥부는 욕심 많은 형을 욕하지 않았다', '흥부는 제비 다리를 고쳐 주었다' 라는 근거를 들 수 있다." (한국어읽기연구회(2014), eBook 26./경향신문 2011.10.17.)
- 확장용법:
① 김민경 "**착한** 남자보다 나쁜 남자에 끌려" (방송엔 2014.7.25.)
② 누구도 소외받지 않는 **착한** 세상을 꿈꾸던 괴짜 영화감독 고 김동춘 경위 (KBS 뉴스 2014.7.14.)
③ 다소 촌스러운 피아노 솔로로 시작하는 그의 노래는 아무리 거지같이 끝난 인연이라도 코끝 찡한 기억이 되게 한다. 참 **착한** 노래다. (조선일보 2013.11.1.)
④ 『떡 만들기가 정말 쉬워지는 **착한** 책』 (강숙향(2013), 황금부엉이.)
⑤ 유라 … 몸매만큼 **착한** 그림 실력 (아시아경제 2014.2.13.)
⑥ 유실수를 심은 후 6~7년차에 접어들자, 퇴비 외에 별다른 수고를 안하더라도 열매를 맺어주는 **착한** 나무들. (네이버 블로그 '한산섬' 2014.7.15.)
⑦ 이 지역 역시 우물이 없는 지역으로 하루하루를 어렵게 살아가는 마을 사람들에게 물 걱정을 해소시켜주는 '**착한**' 우물이 됐다. (중앙일보 2012.12.18.)
⑧ 이곳에서는 계란, 빵, 커피 등을 … '**착한** 가격'에 판다. (문화일보 2011.6.17.34면)
⑨ 이영돈 PD의 먹거리 X파일'이라는 프로그램은 나쁜 먹을거리를 고발하는 데 그치지 않고 좋은 식재료를 쓰는 '**착한** 식당'을 찾아내 소개 한다. (신동아 2012.8:70.)
⑩ 주인을 구한 이 어미 소는 수년전 오른쪽 다리를 다쳐 세 다리만으로 밭가는 일을 마다않는 등 心性이 **착한** 소라고 張씨는 눈물을 흘리며 고마워했다는 것. (연합뉴스 1993.6.10.)

---

⑪ **"착한 기업** 많아져 대구 기부문화 확산을" (매일신문 2013.1.14.)

⑫ **착한 몸매** 가인, 가만히 있어도 매력 발산 (스포츠한국 2014.1.2.)

⑬ **착한 콜레스테롤** 수치 높이는 음식은? (중앙일보 2014.4.13.)

⑭ 탄소 제로 '**착한 건물**' 지었다. (동아일보 2011.4.22.)

<자문과제 1> '**착하다**'의 확장 용법에 대해 기본의미 및 기본 용법에 견주어 '매우 가깝다'(1점), '가깝다'(2점), '보통이다'(3), '멀다'(4점), '매우 멀다'(5점)로 표시해 주십시오. (①: 점) (②: 점) …… (⑬: 점) (⑭: 점)

<자문과제 2> 확장 용법들의 의미를 고려하여 기본 용법 '**착한** 흥부'에 가까운 것부터 순서대로 배열해 주십시오. (같은 값은 '/'을 사용할 것)

위의 두 과제의 자문을 참조하고[21] (51), (52)의 경향성에 기초하여 '착하다'에 대한 의미 확장의 궤적을 재구성해 보면 다음과 같다.

(53) 착한 흥부→⑩착한 소→⑥착한 나무→⑦착한 우물→③착한 노래→②착한 세상

(54) 착한 흥부→⑪착한[선행적] 기업→⑨착한[윤리적] 식당→④착한[학습자 중심적] 책 →⑬착한[친건강적] 콜레스테롤→⑭착한[친환경적] 건물→⑤착한[우월적] 그림 실력→⑧착한[경제적] 가격→⑫착한[미적] 몸매→①착한[몰개성적] 남자

위의 (53), (54)는 기본의미 또는 원형의미의 '중심'에서 4가지 유형으로 이루어진 확장의미의 '주변'으로 뻗어 있는 '방사상(放射狀) 망(radial network)'을 이루는 것으로 볼 수 있다. 4가지 유형은 다음과 같다.

첫째, '착한 흥부'의 '착하다'에 대한 기본의미는 '선량함', '바름', '어짊' 등의 '사람의 마음씨와 행동에 대한 긍정적인 평가'로 규정되는데, (52a)의 '사람→동물→식물→무생물'에 관한 확장의 경향성이 적용되어 '소', '나무', '우물', '노래', '세상'으로, 그 기본의미를 유지한 채 적용 영역이 확장되었다. 이러한 용법은 동화(童話)에서 이른바 '의인화 기법'으로 오랫동안 자연스럽게 사용되어 왔다.

둘째, '착한 흥부'의 '마음씨와 행동에 대한 긍정적인 평가'를 참조점으로 하여 '선행적', '윤리적', '학습자 중심적', '친건강적', '친환경적' 의의로의 확장이다. 이 유형은 기본의미의

21　이 자문 의뢰는 2014.7.1.~23.에 걸쳐 이루어졌으며, 그 자세한 반응과 해석에 대해서는 지면관계상 후고를 기약하기로 한다.

의의를 많이 가진 것으로 확장된 용법을 이해하는 데 큰 어려움이 없다.

셋째, '착한 흥부'의 기본의미를 참조점으로 하여 '우월적', '경제적', '미적' 의의로의 확장이다. 이 유형은 기본의미의 의의에서 한결 멀어진 것으로 확장된 용법과 의의가 관용화의 경향을 띤다.

넷째, '착한 흥부'의 기본의미에서 '몰개성적' 의의로의 확장이다. 이 유형은 기본의미에서 가장 멀어진 것으로 확장된 용법과 의의에 대해 학습을 필요로 한다. 이상의 의미 확장 양상을 '방사상 망'으로 도식화하면 <그림 3>과 같다.

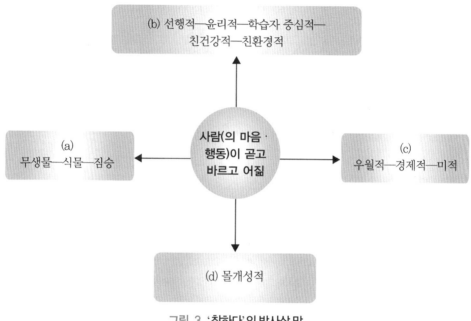

그림 3 '착하다'의 방사상 망

3.3. 의미 확장의 특이성

'착하다'의 의미 확장에 나타난 특이성 세 가지를 기술하기로 한다. 첫째, '착하다'의 의미 확장이 진행되면서 기본의미와 확장의미의 공존에 따른 생태학적 특이성이다. 이것은 언어적 측면과 사용자의 측면 간에 수용 정도의 차이를 드러낸다. 이와 관련된 몇 가지 사례를 들기로 한다.

(55) a. 대체로 **대한민국**은 참 **착하다**. 그러나 지구상에 **착한 국민**은 있을 수 있지만 **착한 국가**는 없으며 착한 국가는 살아가기 힘들다. (한국일보 2000.10.22.)

b. **나희덕의 시는 착하다.** … 시인은 오히려, 남들이 하찮고 모자라고 자질구레하다
　　　고 여기는 존재들을 다정다감한 손길로 쓰다듬는다. (동아일보 2004.9.3.)

　(56) a. **마음 착한** 사람이 **몸매도 착하다** (스포츠서울 2008.1.4.)
　　　b. 얼굴만 **착한** 게 아니라 **마음도 착하네요.** (국민일보 2014.4.1.)
　　　c. 'NS윤지'의 감사 인사 소식을 접한 네티즌들은 "**몸매도 성격도 착하다**" … 등의
　　　　반응을 보였다. (스포츠동아 2014.3.21.)

　(55)의 '착하다'는 (53)의 용례와 같이 기본의미에 해당된다. 그 반면, (56)의 '착하다'는
기본의미와 확장의미가 한 문장 안에 공존하고 있다. 즉 (56a)의 '마음 착한', (56b)의 '마음이
착하다', (56c)의 '성격이 착하다'의 '착하다'는 기본의미인 반면, (56a, c)의 '몸매가 착하다',
(56b)의 '얼굴이 착하다'의 '착하다'는 '매력적이고 예쁘다'라는 확장의미이다. 이러한 다의성
또는 중의성은 언어내적 문제일 뿐 아니라, 언중의 수용성에 관한 문제이기도 하다. 즉 3.2의
"'착하다'의 의미와 용법" 자문에서도 드러났듯이 신세대에서는 이 변화의 흐름을 잘 파악하
고 있는데 비해, 기성세대에서는 새로운 용법의 의미 확장을 따라가지 못한 실정이라 하겠다.
이와 관련하여 (57)의 세 가지 표현은 화자(필자)와 청자(독자), 그리고 표현 간의 3중적 측면
에서 시사하는 바가 크다고 하겠다.

　(57) a. **맛도 좋고 가격도 저렴하다** 보니 고대 학생들은 물론이고 근처 주민들도 빵을 사
　　　　기 위해 학교를 찾고 있다. (서울신문 2013.6.22.)
　　　b. **맛도 좋고 가격도 착하다.** (세계일보 2014.2.20.)
　　　c. **맛도 착하고, 가격도 착한** 고향모밀촌 (인천남동구 착한가격업소 2014.4.17.)

　둘째, '착한+명사'의 연어 관계에서 '모순어법적 연어(oxymoronic collocation)'의 특이성이
다.[22] 이에 관한 몇 가지 사례를 들면 다음과 같다.

　(58) a. 행복해질 수 있다면 사랑을 훔치겠다고 말한다. 그가 바로 캘러웨이 코리아의 이
　　　　상현 사장이다. 참 **착한 도둑**이다. (문화일보 2010.6.11.)
　　　b. 전혀 다른 두 마녀가 어떻게 친구가 됐으며 어떻게 해서 나쁜 마녀와 **착한 마녀**가
　　　　됐는지를 보여준다. (뉴시스 2013.9.2.)

22　'모순어법(oxymoron)'은 '기분 좋은 고통(pleasing pains)', '달콤한 슬픔(sweet sorrow)', '절규하는
　　침묵(screaming silence)', '선명한 연기(bright smoke)', '납 깃털(lead feathers)', '아픈 건강(sick
　　health)'과 같이 모순으로 보이는 연어적 결합을 뜻하는데, 이에 대해서는 이정호(1992),
　　Gibbs(1994), 김영도(2010) 참조.

c. 대학생 된 근위축증 민재 "**착한 해커** 될래요." (중앙일보 2014.2.20.)

d. 유아인 "문제아 '완득이' 이미지 벗고 **착한 반항아**로 돌아왔어요." (한국경제 2013.9.26.)

e. 사람 살리는 '**착한 좀비**' 어디 없소? (오마이뉴스 2013.10.14.)

(59) a. 동화나라의 코믹 '전쟁게임', '대머리 종족과 장발족의 아름답고 **착한 전쟁**' (동아일보 1998.6.2.)

b. **착한 유괴**는 돈을 받고 아이를 돌려주기 때문에 세상에는 알려지지 않고, 나쁜 유괴만 알려지는 거지. (한국일보 2002.3.19.)

c. '미스터 피터팬' 40대 중년男 '**착한 일탈**' 조장 프로그램 (조이뉴스24 2014.4.2.)

d. 종영 '태양은 가득히' **착한 복수**와 멜로는 남았다. (뉴스엔 2014.4.9.)

e. "애야, 난 아픈 곳 없다" 부모님 '**착한 거짓말**'에 속지 말자. (한국경제 2014.1.25.)

f. 朴대통령 "지방의료원 적자는 **착한 赤字**" (조선일보 2013.7.19.)

g. 주민 불편 규제는 풀고 **착한 규제**는 강화 (아시아뉴스통신 2014.6.29.)

h. "곽 교육감, **착한 뇌물** 가르치나" (문화일보 2011.8.30.)

i. 식탐을 줄이는 **착한 속임수** (네이브 블로그 '건강한다이어트' 2013.2.19.)

j. 김장훈, "내 노래에는 '**착한 슬픔**' 담겨 있어." (노컷뉴스 2005.6.12.)

(60) a. 완치율 98% '**착한 암**'… 갑상선 과잉 치료 딜레마 (서울신문 2014.4.1.)

b. **착한 콜레스테롤** 수치 높이는 음식은? (중앙일보 2014.4.13.)

c. **착한 바이러스**도 있다. (매일경제 2014.8.6.)

d. 『**착한 지방**은 억울해』 (백은영(2013), 스콜라.)

위의 (58)-(60)은 일반적으로 착할 수 없는 용례들이다. 그러나 (58)의 '착한 도둑', '착한 마녀', '착한 해커', '착한 반항아', '착한 좀비'는 '착한+사람'의 모순어법적 결합형이며, (59)의 '착한 전쟁', '착한 유괴', '착한 일탈', '착한 복수', '착한 거짓말', '착한 적자', '착한 규제', '착한 뇌물', '착한 속임수', '착한 슬픔'은 '착한+행위'의 모순어법적 결합형이며, (60)의 '착한 암', '착한 콜레스테롤', '착한 바이러스', '착한 지방'은 '착한+신체병리'의 모순어법적 결합형이다. 이들 명사는 모두 부정적인 의미를 지니고 있지만, '착한'이 결합되면 긍정적인 의미가 된다.

셋째, '착한+명사'의 연어 관계에서 부정적인 의미의 특이성이다. 앞의 (33)-(36)의 용례에서 보았듯이 '착한 국민', '착한 사람', '착한 여자'는 벗어나야 할 콤플렉스나 굴레로 인식되고 있다. 더욱이 세간에는 '착한 남자'와 '착한 여자'보다 '나쁜 남자'와 '나쁜 여자'가 매력적인 인간형으로 선호되고 있으며, '착한 영화'는 감동을 주지 못하여 흥행에 실패하기 일쑤이다. 다음의 (61)은 '착하다'가 갖는 부정적 의미를 가감 없이 보여 주고 있다.

(61) a. "타인에게는 착하기를 요구하지만 정작 자신이 '**착하다**'는 평가를 받으면 내심 손해 보는 듯한 억울함을 느낀다." (윤구병, 『미디어 아라크네』, 2008: 197, 휴머니스트)

b. "사회적 법망을 피해 사기 치며 사는 사람들이 **착한 사람**을 바보라고 놀리지 않는 사회가 되어야 우리가 잠자리에서 일어나 사회로 나아가는 것이 행복해질 것이다." (민도식, 『민도식의 자기경영 콘서트』, 2008: 94. 북포스.)

c. "언제부터인가, '**착한 사람**'이란 표현에는 '존재감 없는 사람', '어수룩한 사람', '딱히 특징이 없는 사람', '손해 보며 사는 사람', '순종적인 사람', '의존적인 애정을 갈구하는 사람'이란 멍에마저 덧씌워졌다." (이인선 기자, "현대사회에서 '착하다'란 의미는?", 주간한국 2010.8.7.)

d. 콩쥐보다 팥쥐가 더 조명 받는 이 시대에, '**착하다**'는 말은 더 이상 칭찬이 아니다. (정시우 기자, 『서서 자는 나무』"'착하다'는 더 이상 칭찬이 아니다", Movist 2010.12.3.)

e. "우리네 동화의 주인공들은 대개 착한 마음씨가 기본입니다. 하지만 이제 그 '**착하다**'는 '좋고 훌륭한' 것과 동일시되지는 않는 것 같아요. 대신 '바보스럽다' 혹은 '손해 보는 일' 같은 것으로 여겨지는 경우가 많아졌습니다. (오마이뉴스 2014.4.7.)

이처럼 '착한 {국민·사람·남자·여자·동생·영화}'의 연어적 결합형에서 '착하다'가 부정적인 의미까지 갖는 것은 매우 특이한 현상이며, 상대적으로 '나쁜 {남자·여자}'가 긍정적인 의미를 갖는 것도 주목된다.[23]

4. 마무리

이상에서 최근 20여 년 동안 매우 다양하고 특이하게 의미 확장을 진행하고 있는 '착하다'의 연어적 의미 확장에 대해 그 양상과 의의를 살펴보았다. 이제까지 논의한 바를 간추려 이 장을 마무리하기로 한다.

첫째, '사람이나 그 마음 또는 행동이 곱고 바르고 어질다'는 의미의 '착하다'는 1993년을 기점으로 유정물에서 무정물로의 의미 확장이 시작되었으며, 2000년 이후에 급속도로 팽창되

---

23 한편, '미치다'는 부정적인 의미를 지니지만, 최근 들어 '미친 {가창력·각선미·몸매·미모·볼륨감·비율·비주얼·선방·섹시함·연기력·예능감·외모·유연성·인맥·존재감·친화력·카리스마·타격감·활약}' 등에서 보듯이 긍정적인 의미를 획득하였다.

면서 다양한 양상으로 전개되어 주목된다.

둘째, '착하다'의 의미 확장은 무정물과 사용되어 '윤리적', '선행적(善行的)', '친건강적', '친환경적', '학습자 중심적', '우월적', '경제적', '미적' 측면의 긍정적 양상과 사람 및 무정물에 사용되어 '몰개성적' 측면의 부정적 양상 등 9가지 유형으로 대별된다.

셋째, '착하다'의 의미 확장의 의의는 다음과 같다. (i) '전통적 관점'은 오용 또는 남용을 막아야 한다는 것이며, '생성문법의 관점'은 선택 제약을 어긴 일탈된 표현이 되는데, 이 두 관점은 한계를 지닌다. 그 반면 '인지언어학'의 용법 토대적 모형은 의미 확장 현상을 자연스럽게 파악할 수 있게 해 주는데, 관형형 '착한'의 용인성 정도는 서술형 '착하다'보다 높다. (ii) '착하다'의 의미 확장 원리는 의미망과 의미연쇄에 의해 설명가능하며, 그 방향은 기본의미 범주에서 '사람→짐승→식물→무생물'의 확장이 진행되며, '사람 또는 그 마음씨와 행동의 긍정적 평가'의 기본의미를 중심으로 '선행적'→'윤리적'→'학습자 중심적'→'친건강적'→'친환경적'→'우월적'→'경제적'→'미적'→'몰개성적' 측면으로 확장의 궤적을 재구할 수 있다. (iii) '착하다'의 확장에 대한 특이성은 오늘날 그 의미와 용법이 사람에 관한 긍정적 평가의 기본의미, 기본의미 범주에 준하는 동식물 및 무생물에 관한 긍정적 평가로의 확장, 확장의미의 세 유형이 공존하여 생태학적 위상을 형성하는 한편, 그 수용 양상은 세대별로 차이가 있다. 또한 '착한+명사'의 모순어법적 결합과 부정적 의미의 결합이 이채롭다.

끝으로, 최근 20여 년간 진행된 '착하다'의 의미 확장은 그 사용 범위나 빈도 면에서 매우 활성화되고 고착화되었으므로, '착하다'의 확장된 다의적 의미와 용법에 관한 정보가 사전에 추가되어야 한다.

제5부

문화와 의미

제18장

문화의 인지언어학적 탐구

1. 들머리

이 장은 언어 및 문화와 관련하여 인지언어학의 또 다른 기반이 된 '문화'의 성격을 밝히고 그 인지언어학적 탐색의 방향을 제시하는 데 목적이 있다. "언어와 문화는 관련성이 있는가?" 그리고 "어느 것이 우선적인가?"와 같은 물음들은 무의미하다. 언어와 문화는 공생 관계로서, 언어는 문화의 한 부분이며 문화 또한 언어의 한 부분이다. 이 둘은 결코 분리할 수 없는 하나이다. 그럼에도 불구하고 지난날 학계나 교육계에서는 언어와 문화를 분리된 실체로 다루고 그 둘의 상호작용과 역학 관계에 대해 제대로 된 관심을 기울이지 않았다.[1]

실제로, 언어와 문화의 상관성에 대한 문제는 서로 다른 시각의 뿌리 깊은 전통을 가지고 있다(Dirven *et al.* 2007: 1203-1204 참조). 19세기 훔볼트의 전통에서 '언어, 사고, 문화'는 분리할 수 없는 통일체를 형성한다고 보았다. '언어-사고'와 마찬가지로 '언어-문화' 간에도 상호 대응을 가정하며, 언어는 한 민족의 문화적 의지를 대표하며 '현실 세계'를 재통합한다고 보았다. 한편, 소쉬르는 언어를 사고의 단순한 형태가 아니라 '내용'에 대한 자체의 조직과 분류를 가진 자율적 체계이며, 언어는 문화와 분리된 것으로 간주하였다. 이러한 단절을 복원시켜 언어와 문화 간의 다리를 놓은 것이 인지언어학이다(Janda 2008: 48 참조).[2]

---

1 우리의 경우 제5차 교육과정(1990) 『국어(하)』의 '민족과 문화와 언어 사회'에서는 "국어와 우리 문화와의 관계가 어떠한가를 보면, 원칙적으로 문화가 언어에 미치는 영향의 한계란 지극히 명백한 것이다."(57쪽)라고 기술하고 있다. 그 반면 영국의 『국가교육과정(1999)』 가운데 3단계 수준(key stage 3, 11-14세, 7-9학년)의 '현대 외국어' 교육과정에는 외국어 교육의 중요성을 다음과 같이 설정하고 있다(임지룡 2008c: 57 참조). "언어는 우리가 살고 일하는 우리 사회와 세계에 대한 문화적 풍부함의 일부이다. 언어 학습은 세계적 시민과 개인적 성취라는 의미에서 상호이해에 기여한다. 학생들은 다른 나라, 문화, 공동체, 사람들을 이해하기 위해 외국어를 학습한다. 비교를 통해서, 학습자들은 자신의 문화와 사회에 대한 통찰력을 얻는다."
2 이와 관련하여 Radden(1992: 514)에서는 "언어에 대한 문화 모형의 영향력은 사실상 인지과학이 출현할 때까지 인식되지 않은 상태였다."라고 언급한 바 있다.

인지언어학은 출발 당시부터 '언어·인간·문화'라는 세 축이 의미를 형성하고 해석하는 데 불가분의 관계를 맺고 있다고 보았다. 즉 이 세상에 대한 우리의 이해와 소통은 언어, 특히 언어의 의미 해석으로 이루어지는데, 언어의 의미는 언어 자체에 내재해 있는 의미 값이나 객관적인 세계에 대한 지식을 단순히 복제하는 것이 아니라, 종 특유의 몸과 마음을 가진 사람, 그리고 문화 공동체의 여러 요인이 만들어 내는 의미 작용과 밀접한 관련을 맺고 있다는 것이다. 이러한 관점은 구조언어학 및 기술언어학, 그리고 생성언어학 등의 자율언어학 또는 객관주의 세계관이 부딪힌 한계의 대안으로 커다란 관심과 호응을 받게 되었다.

이와 관련하여 이 장에서는 인지언어학적 관점에서 이제까지 우리 학계에서 제대로 논의되지 못했던 문화 및 그 모형의 기본 개념을 기술하고, 문화 모형의 또 다른 이름인 민간 모형의 특성을 논의하며, 인지적 문화 모형의 탐구 과제에 대해서 살펴보기로 한다.[3]

2. 문화 모형의 기본 개념

여기서는 인지 모형 이론, 그리고 문화 모형의 정의와 의의에 대해서 살펴보기로 한다.

2.1. 인지 모형 이론

우리는 정신적 틀, 즉 인지 모형에 의해 이 세상의 다양한 경험을 분류하고 처리하게 된다. 인지 모형은 그 중요성만큼이나 다양한 용어로 언급되어 왔는데,[4] 그중에서 '정신적 모형', '인지 모형', '문화 모형'에 대해서 살펴보면 다음과 같다.

먼저, '정신적 모형(mental model)'이란 사람들이 잠재의식적으로 자신의 삶과 그 속에 들어 있는 모든 것을 다루기 위해 스스로 구성하는 것이다. 이 모형은 날카로운 관찰, 문화적 세뇌, 기억의 단편, 어느 정도의 상상력이 얽히고설킨 혼합체로서, 이를 통해 사람들은 세상에 대한 생각을 구체화하게 된다. 또한 이 모형은 공유되고 구조화된 지식의 '내면화된 인지 모형(internalized cognitive model)'이며, 개인적이고 문화적인 구조물로서 단지 부분적으로만

---

3 인지언어학적 관점에서 '문화'에 대한 주요 논의는 Radden(1992: 526-531), Kövecses(2006), Dirven, Wolf & Polzenhagen(2007), Janda(2008) 등에서 이루어진 바 있다.

4 '인지 모형'에 대한 용어로는 'script'(Schank & Abelson 1977), 'frame'(Fillmore 1977/Barsalou 1992), 'mental model'(Genter & Stevens 1983/Johnson-Laird 1983), 'ICM'(Lakoff 1987), 'cognitive domain'(Langacker 1987), 'image schama'(Johnson 1987), 'cultural model'(Holland & Quinn 1987/Radden 1992), 'folk model'(Holland & Quinn 1987) 등이 있다.

'실재(reality)'에 닿아 있다(Aitchison 1987/2003: 70-72, 임지룡 1996d: 322-323 참조).

다음으로, '인지 모형(cognitive model)'이란 어떤 분야를 중심으로 저장된 지식 토대의 인지적·심리적 견해이다.[5] 인지 모형은 제한이 없고 선택적이라는 점에서 '불완전성'을, 고립된 실체가 아니라는 점에서 '연결망을 형성하는 경향성'을, 모든 범주화 행위에서 의식적으로 언급된다는 점에서 '편재성'을 갖는다(Ungerer & Schmid 1996/2006: 49-51 참조). 그런데 인지 모형은 보편적인 것이 아니라 문화 의존적이므로, 문화는 인지 모형을 형성하기 위한 배경을 제공한다. 그런 뜻에서 한 사회 집단이나 하위 집단에 해당하는 사람들이 공유하는 인지 모형을 '민간 모형(folk model)'이라고 한다. '인지 모형'은 개별적인 반면, '민간 모형'은 집단의 인지 모형을 뜻하므로, 이 둘은 동전의 양면과 같다. 즉 개인의 인지 모형은 민간 모형에 의존하며, 역으로 민간 모형은 인지 모형의 결합적 측면이 강조된다.

요컨대, 이 세상에 대한 우리의 이해와 행동의 대부분은 인지 모형을 통해서 이루어지며, 인지 모형은 본질적으로 문화 의존적이다. 인지 모형 또는 민간 모형은 '민간 이론'과 '전문 이론'의 두 가지 유형으로 나뉜다.[6]

2.2. 문화 모형의 정의

'문화 모형(cultural model)'에 대한 주요 정의를 들면 다음과 같다.

 (1) a. Holland & Quinn(1987: 4): 한 사회 구성원들에 의해서 널리 공유되는 모형이며
        그 사회(또는 세계) 그리고 그 사회(또는 세계)에서 구성원들의 행위를 이해하는
        데 중요한 역할을 하는 전제되고 당연하게 여겨지는 모형
    b. D'Andrade(1989a: 809): 사회 집단에 의해서 상호 주관적으로 공유된 인지 모형
    c. Dirven *et al.*(2007: 1217): 공동체 구성원들의 개별적 마음에서 획득되고 저장된
        공동체의 집단적 지혜와 경험을 나타내는 지식 구조

(1)의 정의와 관련하여, 한 문화의 집단적 지혜와 경험이 지식 구조로 진술된 것을 인지과학에서는 '인지 모형(cognitive model)', '문화 모형(cultural model)', '민간 모형(folk model)' 또는 '민간 이론(folk theory)' 등 다양한 명칭을 사용하고 있다(Dirven *et al.* 2007: 1204 참조).

---

5 Dirven, Frank & Pütz(eds.)(2003)는 언어와 사고에 있어서 '인지 모형'과 그 이데올로기 관계를
   다룬 논문 모음집이다.
6 '민간 이론(folk theory)'은 평범한 사람들이 일상적 목적을 위해 세계를 이해하는 방식을 반영하는
   반면, '전문 이론(expert theory)'은 과학자들이 전문적 목적을 위해 세계를 이해하는 방식을 반영한
   다(Kövecses 2006: 78 참조).

인지과학에서 언어와 문화의 상관성에 대한 논의는 인지인류학 및 인지언어학의 공동 관심사가 되어 왔다. 인지인류학자들에게 '언어적 용법(linguistic usage)'은 '문화 모형(cultural model)'의 재구성을 위해 이용 가능한 가장 좋은 자료가 되며, 인지언어학자들에게 '문화 모형'은 '언어적 용법'을 밝히는 열쇠가 되게 해 준다(Quinn & Holland 1987: 24 참조).

그런데 여기서 하나의 논쟁점은 문화의 중심지에 관한 견해 차이이다(Dirven *et al.* 2007: 1205 참조). Holland & Quinn(eds.)(1987)의 『언어와 사고에서 문화 모형』에서 '민간 모형(folk model)'이라는 용어는 한 언어 공동체의 문화적 지혜가 개별 구성원들의 마음속이 아닌 공동체의 집단적 마음속에 있다는 가정을 포함한다. 그 반면 Langacker(1994: 26)의 '인지 모형(cognitive model)'이라는 용어는 개별적 마음이 언어적이고 지식의 문화적 주요 중심지라는 것을 가정한다. 이에 대해 Sharifian(2003)에서는 '문화 모형(cultural model)'이라는 개념은 개인 및 주어진 집단의 구성원들 간에 문화적 도식에 대하여 균일하지 않고 부분적으로 공유된 분포를 설명하도록 해 주는 '분포적 표상(distributed representation)' 개념을 수용함으로써 문화의 중심지가 어디인지에 대한 문제를 초월하는 경향이 있다고 하였다.

2.3. 문화 모형의 의의

우리의 생각과 행동 양식의 많은 부분은 일상적 삶 속에서 자연스럽게 이루어진 '문화 모형'에 바탕을 두고 있으며 의미 해석은 이 모형에 크게 의존하고 있다. 인류학자들에 의해서 도입된 '문화 모형'의 개념은 어떤 문화권 내에서 인지적 모형의 공유된 측면을 강조한다. 아래에서는 문화 모형의 의의에 대해서 기술하기로 한다.

먼저, 인지에 대한 문화 모형의 영향에 대해서 살펴보기로 한다. D'Andrade(1989b: 135-138)는 미국 대학생 50명을 대상으로 (2)와 (3)의 문제를 제시하고 각각 적용된 세 가지 결론 가운데 하나를 선택하게 했다.

(2) 제시: 만약 이 암석이 석류석이라면 그러면 이 암석은 반보석이다.
　　가정: 이 암석은 반보석이 아니다.
　　그렇다면: (a) 이 암석은 석류석임에 틀림없다.
　　　　　　 (b) 아마도 이 암석은 석류석일 것이다.
　　　　　　 (c) 이 암석은 석류석이 아님에 틀림없다.

(3) 제시: 만약 Roger가 음악가라면 그러면 Roger는 바바리아인이다.
　　가정: Roger는 바바리아인이 아니다.

그렇다면: (a) Roger는 음악가임에 틀림없다.

(b) 아마도 Roger는 음악가이거나, 음악가가 아닐 것이다.

(c) Roger는 음악가가 아님에 틀림없다.

(2)와 (3)은 '후건부정식(modus tollens)'의 '조건 추론(conditional reasoning)' 문제인데,[7] 결론 (c)에 대해 (2)의 경우 대부분의 학생들이 바르게 답한 반면(96%), (3)의 경우에는 학생들이 과제를 매우 다르게 수행했으며 단지 절반만이 올바른 결론을 이끌어 내었다(52%). 이러한 차이는 제시된 정보의 문화적 관련성 또는 유의미성 정도에 기인하는데, (2)는 '논리적으로 일치하는 내용(coherent content)'인 반면 (3)은 '자의적인 내용(arbitrary content)'이다. (2)는 '반보석(semi-precious)'으로서 '석류석(garnet)'을 추론하는 경우인데, 학생들은 어떤 종류의 암석이 반보석으로 간주될 수 있느냐 하는 것을 자신의 문화적 지식에 의존함으로써 논리적 연산의 의미를 이해할 수 있었다. 그 반면, (3)은 자신의 문화적 모형 속에 '음악가(musician)'와 '바바리아인(a Bavarian)'의 연관성이나 논리적 규칙의 근거가 없는데, 이 경우 과제의 수행 능력이 현저히 떨어진 것으로 드러났다. 이것은 곧 삼단논법 추론에서 과제의 내용이 자의적인 내용으로 이루어진 것보다 문화적으로 실재하는 경우에 그 과제를 한층 더 잘 수행함을 보여 준다.

다음으로, 언어와 문화의 상관성에 대해서 살펴보기로 한다(Janda 2008: 48-49 참조). 언어는 문화의 일부인데, 언어가 거의 모든 유형의 문화적 표현의 수단이기 때문이다. 따라서 언어는 집단의 정체성을 형성하는 데 가장 중요한 요소가 된다. 만약 한 집단 특유의 언어가 사라지면 그 집단의 문화를 표현하는 통로는 완전히 차단되고 말며, 그 집단의 정체성은 심각히 훼손되며 마침내 사라져 버린다. 실제로 오늘날 수많은 소수 민족의 언어가 절멸 위기에 놓여 있고 그 문화 또한 같은 운명을 겪고 있다.[8] 한편, 문화는 언어의 일부인데, 공동체와 함께 성장한 언어는 공동체의 문화를 표현하는 틀이 되기 때문이다. 그 결과 문화적 개념은 언어에 녹아 있기 마련이며, 개별 언어의 어휘 및 문법적 구조 속에는 문화적으로 특징적인 요소들이 포함되어 있다. 이 경우 대우법과 같이 문법적 구조는 그 영향이 더 크다고 하겠다.

---

7   '후건부정식'은 "만약 P이면 Q이다. Q가 아니다. 그러므로 P가 아니다."의 논증 방식이다.

8   유네스코의 조사에 따르면 오늘날 지구상에는 6천 개의 언어가 사용되고 있으며, 2주 만에 평균 1개 언어가 소멸됨으로써 50% 이상의 언어가 사라질 위기에 놓여 있다고 한다. 또한 이들 6천 개의 언어 가운데 96%는 전 세계 인구의 4%가 사용하는 소수언어이며, 90%는 인터넷에서 사용되지 않는다고 한다.

3. 민간 모형의 특성

민간 모형은 우리의 삶과 사고방식에 바탕을 두고 있다. 여기에서는 인지 모형 이론의 일환인 민간 모형을 전문 모형과 대비하여 그 기본 개념을 기술하기로 한다.[9]

3.1. 민간 모형과 전문 모형

동일한 대상이나 현상이라 하더라도 그것을 범주화해서 의미를 부여하는 방식은 어떤 인지 모형을 갖고 있느냐에 따라 다를 수 있다. 여기에서는 인지 모형의 한 유형인 '민간 모형'에 대해 '정의, 성격, 해석 양상, 충돌'의 네 가지 면에서 '전문 모형'과 대조하여 살펴보기로 한다.

첫째, 민간 모형과 전문 모형은 정의상으로 다음과 같은 점에서 다르다(Radden 1992: 526-531, Ungerer & Schmid 1996/2006: 55-56, Kövecses 2006: 71-72 참조). '민간 모형(folk model)'은 '소박한 문화 모형(naive cultural model)' 또는 '소박한 모형(naive model)'이라고도 하는데, 이는 어떤 문화권의 언중들이 일상생활 속에서 얻은 경험과 직관을 통해 형성해 온 상식적인 세계관을 말한다.[10] 이러한 세계관은 비공식적 관찰, 전통적 믿음, 심지어는 미신에 근거를 두기도 하지만, 그 속에는 언중들의 경향성, 지혜, 예측력이 집약되어 있다. 민간 모형은 언중들이 사용하는 언어에 그 실체가 투영되어 있다. 그 반면, 민간 모형에 대립되는 것으로서 '전문 모형(expert model)' 또는 '과학적 모형(scientific model)'이 있는데, 이것은 기존 학문 분야에서 실험 및 사례 분석과 논증을 통하여 검증된 객관적이며 엄격한 모형을 말한다.

둘째, 민간 모형과 전문 모형의 성격을 살펴보면 다음과 같은 점에서 다르다. (4)에서 보는 바와 같이 이 둘의 명칭은 '모형, 이론, 지식, 분류법, 범주' 등으로서 전자는 언어 및 문화 공동체의 일상적이고 평범한 삶과 경험에서 비롯된 것이며, 후자는 객관적이고 과학적인 절차에 따른 것임을 알 수 있다.

(4) 민간 모형/전문 모형, 소박한 모형/과학적 모형, 민간 이론/전문 이론, 민간 지식/전문 지식, 민간 분류/전문 분류, 민간 범주/전문 범주[11]

---

9 이 부분은 임지룡(2011c). "민간 모형의 의미 특성"(『한글』 294. 한글학회.) 중 89-113쪽의 내용을 간추려서 깁고 고친 것임.

10 '민간 모형'에 대해 Kövecses(2000: 114)에서는 "일상 언어를 근거로 해서 밝혀질 수 있는 공유되고 구조화된 지식"이라고 하였다.

11 'folk model'을 Apresjan(2000a: 102-120)에서는 세계와 인간에 대해서 'naïve picture'라는 용어를 사용하며, Kay(1987: 76)에서는 'folk theory'에 대조적인 'expert theory'를 'conscious theory'로

셋째, 민간 모형과 전문 모형에 대한 해석 양상의 실례를 살펴보면 다음과 같은 점에서 다르다. 먼저, '이동'의 물리적 현상에 대한 해석 양상을 통해 이 둘의 차이를 보기로 한다. McCloskey(1983)는 실험과 면담을 통해 미국에서 널리 통용되는 이동의 민간 모형을 탐색한 바 있다. 존스 홉킨스 대학교 학생 48명에게 <그림 1>과 같이 동일한 속도·고도·방향으로 날고 있는 비행기에서 큰 금속 공이 떨어지는 것을 상상케 하고, 바람과 공기 저항을 무시한 채 그 공이 땅에 떨어질 때까지의 경로를 그리게 하였는데, 피험자들의 반응은 <그림 2>의 A-D와 같았다(McCloskey 1983: 302-304 참조).

그림 1 비행기의 금속 공 낙하 과제

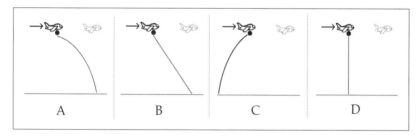

그림 2 '비행기의 금속 공 낙하 과제'에 대한 피험자들의 반응 유형

<그림 2>에서 보듯이 피험자 중에서 A와 같이 공이 포물선 모양으로 낙하하여 비행기가 진행된 지점 바로 아래의 땅에 떨어진다고 한 경우가 40%였다.[12] 그리고 B와 같이 대각선으로 떨어진다고 한 경우가 13%, C와 같이 뒤쪽으로 떨어진다고 한 경우가 11%, D와 같이 수직

사용하기도 한다. 또한 'folk'에 대해 Brown(2002: 473)에서는 동일한 공동체에서 살며 동일한 언어 변이형을 사용하는 대부분의 사람들을 뜻한다고 했고, Preston(2006: 521)에서는 탐구 중인 분야에서 전문적으로 훈련 받지 않은 사람들을 뜻한다고 한 바 있다. 한편, 이에 상응하는 '민(간)'의 주요 용어로는 (4)의 용례 외에 '민간 설화, 민간 신앙, 민간 어원, 민간요법, 민간전승', 그리고 '민담, 민속, 민요, 민화' 등이 있다.

12 A로 답한 19명 가운데 15명은 공이 땅에 떨어질 때 비행기가 공 바로 위를 난다고 하였으며, 4명은 공이 땅에 떨어지는 순간 비행기는 공보다 더 앞쪽에 있을 것이라고 하였다(McCloskey 1983: 303 참조).

으로 떨어진다고 한 경우가 36%였다. 실제로 공이 떨어진 경로는 A이며, B-D는 오답이다.

이 상황의 물체 이동에 대한 물리학적 설명은 다음과 같다. 일정한 속도로 나는 비행기에서 물체가 떨어질 경우 관성의 법칙에 의해 물체는 비행기와 같은 속도 및 방향으로 나아가는 한편, 중력 가속도($9.8m/s^2$)를 얻어 공은 지면으로 향하게 된다. 결과적으로 이 두 힘이 결합되어 물체는 <그림 2>의 A와 같이 비행기와 동일한 방향으로 진행하면서 점점 더 빠른 속도로 포물선을 그리며 땅에 떨어지게 된다. 이 실험에서 A는 물리학에서 통용되는 이동의 전문 모형에 해당하며, B-D는 소박한 문화 문형 즉 민간 모형을 드러낸 것이다. 이 실험은 대부분의 사람들이 가진 민간 모형이 객관적으로 증명되거나 전문가들에게 이용 가능한 과학적 지식과 일치할 필요가 없으며 종종 그렇지 않다는 것을 보여 준다.

다음으로, 생물 분류법에 대한 해석을 보기로 한다. 생물 분류법은 수직 차원과 수평 차원의 분류 체계를 갖는다. 이에 대한 '전문 범주(expert category)'는 복잡성과 엄격성을 특징으로 하는데, 수직 차원의 경우 층위가 많고 상위층위에 초점을 두며, 수평 차원의 경우 범주의 구성원은 '고전 범주화'의 원리를 따른다. 그 반면, '민간 범주(folk category)'는 언어의 일상적 사용과 경험이 동기화되어 있는데, 수직 차원의 경우 층위가 단순하며 '속 층위(specific level)' 또는 '기본층위(basic level)'에 초점을 두며, 수평 차원의 경우 범주의 구성원은 '원형 범주화'의 원리에 따른다.

넷째, 민간 모형과 전문 모형 간의 충돌 양상을 살펴보면 다음과 같다. 먼저, 민간 모형과 전문 모형 간의 충돌이다. 이는 생물 분류법에서 흔한데, 예를 들어, '고래(鯨)'를 전문 범주에서는 '포유동물'로 분류하지만, 민간 범주에서는 '물고기'로 간주한다. 이것은 고래가 물고기처럼 보이며 바다에서 헤엄치며 뭍으로 올라오지 않는다는 점에서, '물고기' 범주의 주요 진단 기준을 공유한 것으로 판단하기 때문이다. 또한, '토마토'를 전문 범주에서는 '채소'로 분류하지만, 우리 문화권에서는 '과일'로 본다. 이것은 문제의 도입종에 대해 그 형태가 '감'과 유사하고 땅에서 가까이 자라나는 데 착안하여 (5)에서 보듯이 '땅감'이나 '일년감'이라고 명명하여 '과일'로 파악하는 것과 관련된다.

(5) a. 우리 조상들은 토마토를 '땅감' 또는 '일년감'이라고 불렀다. 감과 비슷하게 생긴 외래 식물이라고 해서 붙은 이름이다. (서울경제 2006.6.14.)
    b. 텃밭에선 아기 주먹만큼씩 한 일년감이 다닥다닥 시든 잎 사이에서 홍보석처럼 선연한 빛깔로 익어가고 있었다. (박완서 『미망』에서)

다음으로, 민간 모형 간의 충돌이다. 이와 관련하여 Kay(1987: 67-77)는 이른바 '울타리 표현(hedge)'을 중심으로 언어의 '지시'에 대한 민간 이론의 불일치 현상을 들고 있다. 즉

(6a)의 '대략적으로 말해서(loosely speaking)'나 (6b)의 '엄격히 말해서(strictly speaking)'는 단어의 의미가 특정한 의미 자질을 가지며 언어에 대한 진리조건적 견해를 가정한다는 점에서 동일한 민간 모형에 기초하는데, (6a)는 세계와 단어 간의 일치가 그다지 엄격하지 않은 반면, (6b)는 엄격한 기준을 활용한다. 한편, (6c)의 '전문적으로 말해서(technically)'는 또 다른 민간 모형에 기초하는데, 일부 사람들은 세계의 사물을 적절한 방식으로 지시하는 전문가로서의 지식을 갖는다고 가정한다. 그런데 서로 다른 민간 이론에 기초하는 문장 (6b)와 (6c)의 경우 개념적 내용은 동일하지만, 두 가지 울타리 표현에 의해서 그 문장이 개념화되는 지시의 모형은 다르다. 즉 (6b)는 지시가 의미 자질이나 진리조건에 의해 결정된다는 관점에서 이야기하는 반면, (6c)는 지시가 전문가에 의해서 결정된다는 관점에서 이야기하므로 이 둘은 서로 충돌을 일으킨다.

(6) a. 대략적으로 말해서, 고래는 물고기이다.
    b. 엄격히 말해서, 고래는 포유동물이다.
    c. 전문적으로 말해서, 고래는 포유동물이다.

마지막으로, 전문 모형 간의 충돌이다. 예를 들어, '죽음'의 개념은 전문가라고 하더라도 분야별로 다르게 규정되는 수가 있다. 죽음에 대해 의학자들은 심폐사, 즉 심장이나 호흡이 정지되는 시점을 기준으로 삼는 반면, 법의학자들은 뇌사, 즉 뇌의 기능이 불가역적으로 정지된 시점을 기준점으로 삼는다(김동림 1992, 김완수 1994 참조). 또한 과학사에서 보듯이 전문 모형이라고 하더라도 시대에 따라 기존의 전문 모형이 새로운 전문 모형으로 대치되기도 하며, 점성술처럼 한때 전문 모형이었던 것이 민간 모형으로 간주되기도 한다.[13]

요컨대, 인지 모형의 일환으로서 민간 모형은 경험 속에서 상식 수준으로 형성된 세계관이며, 전문 지식에 바탕을 둔 전문 모형과는 정의, 성격, 해석 양상, 충돌의 네 가지 면에서 성격을 달리한다.[14]

3.2. 민간 모형의 의의

일상 언어에 널리 퍼져 있는 민간 모형의 가치와 잠재력은 주목할 만하다. 아래에서는 인지

---

[13] 이와 관련하여 Wolf(1994: 92)에서는 "오늘의 전문 이론이 내일의 민간 이론이 될 수 있다."라고 하였다. 이 언급은 전문 학설도 시간이 지나면 상식으로 보편화된다는 점에서 의미심장하다.

[14] 두 모형의 차이는 안동의 '하회(河廻)', 즉 '물도리 마을'과 같이 전통 마을 및 그 명칭, 그리고 이에 대응되는 계획도시의 마을 이름 및 도로명 주소에서 볼 수 있는데, 전자는 민간 모형에 해당하며 후자는 전문 모형에 해당한다.

언어학자들의 민간 모형의 가치에 대해 평가한 바를 제시하고, 민간 모형의 의의를 설명력·사실성·친숙성·예측력을 중심으로 기술하기로 한다.

3.2.1. 민간 모형의 인지언어학적 평가

일반적으로 '민간 모형'이라고 하면 과학적 모형이나 전문 모형에 비해 부정적인 함축을 지닌 것으로 인식되어 왔다. 이러한 흐름에 맞서 인지언어학은 민간 모형의 합리성, 효용 및 가치를 부여한다.

첫째, Lakoff(1987: 300-301)에 따르면 민간 이론은 인간 정신의 상상적 산물이며, 그 덕택에 인간은 일상생활을 제대로 영위해 나갈 수 있다고 하였다. 또한 민간 이론은 그 기능을 잘 발휘하고 매우 중요하지만, 그 적용 가능성은 제한되어 있다고 하였다.

둘째, Radden(1992: 528)에서는 민간 이론이나 민간 모형은 사람들이 이 세상의 의미를 이해하는 일, 즉 어떤 사물의 본질을 설명하고 사건의 결과를 예측하는 데 도움을 주며, 그 기제는 '추론(reasoning)'과 '유추(analogy)', 그리고 '은유(metaphor)'라고 한 바 있다. 물론 민간 모형의 추론과 유추 방식은 전문 이론 및 과학적 모형과 대조를 이루기도 하지만, 은유는 민간 모형뿐만 아니라 과학적 모형의 설명에도 널리 활용되고 있음을 지적하였다.

셋째, Wolf(1994: 84-88)에서는 Kay(1987: 76)가 "언어의 민간 이론은 내적으로 일관성이 없다는 점에서 전문 이론과 다르다."라고 가정하는 것은 매우 잘못된 생각이라고 하였다. 또한 과학적 모형도 민간 모형처럼 약점, 이상화, 틀의 단순화 등을 포함하는데, 두 모형 간의 차이는 정도의 문제이지 본질의 문제가 아니므로 엄격한 이분법으로 구분하는 것을 경계하고 있다.[15]

넷째, Lakoff & Johnson(1999: 352)에서는 민간 모형은 어떤 문화의 공유된 상식을 형성하는 모형이므로, 종종 상당한 이유가 있으며 많은 경우에 일상적인 목적을 충족시키는 데 충분히 잘 작용한다고 하였다.

요컨대, 종래의 객관주의 철학이나 자율언어학에서는 전문 모형이나 과학적 모형의 장점과 우월성을 과대평가하고, 민간 모형의 부정적인 측면과 한계만을 드러내었다. 그 반면, 인지언어학은 민간 모형이 갖는 기능성과 설명력 및 효용을 밝혀, 전문 모형과의 상보적 관점에서 민간 모형의 의의를 밝히는 데 기여하였다.

---

15 이와 관련하여 Radden(1998: 291-292)에서는 '감정'에 대한 민간 이론과 전문 이론을 비교하면서 두 견해가 본질적으로 그렇게 멀리 떨어져 있지 않다고 한 바 있다.

3.2.2. 민간 모형의 설명력

민간 모형은 난해한 과학적 원리를 일반인들이 쉽게 설명할 수 있도록 해 준다. 이것은 민간 모형이 갖는 추론 및 유추, 또는 은유의 기제에 의해서인데, 다음 두 가지 사례를 통해 민간 모형의 설명력을 보기로 한다.

첫째, 전기의 작용 방식에 대한 민간 모형의 설명력이다. Gentner & Gentner(1983)에서는 10대 후반의 학생들이 두 가지 상이한 민간 모형에 의해 전기의 작용 원리를 이해한다는 데 주목했다. 즉 전기의 작용 방식은 눈에 보이지 않으므로, 사람들은 물리적 세계에서 더 익숙한 경험인 '흐르는 물 모형(flowing water model)'과 '이동하는 군중 모형(moving crowd model)'을 통해 전기의 속성을 이해한다는 것을 발견했다. 전기회로에 대응되는 두 모형의 '사상(mapping)'은 추론 및 유추, 또는 은유의 기제에 바탕을 두고 있는데, 그 대응 양상은 <표 1>과 같다(Gentner & Gentner 1983: 110, 120 참조).

표 1 '전기'에 대한 두 가지 민간 모형

흐르는 물 모형	전기	이동하는 군중 모형
유압 체계	전기회로	이동 군중
관	전선	진로/통로
펌프	전지	군중
좁은 관	저항기	사람들
수압	전압	사람들의 밀기
관의 굵기	저항	입구
물의 유량	전류	통과하는 사람 수

전기회로에 대하여 <표 1>의 '흐르는 물'로 유추한 경우는 전기를 '유압 체계(hydraulic system)'를 통해 흐르는 물과 같은 것으로 인식했으며, '이동하는 군중'으로 유추한 경우는 전기를 축구 경기장의 출구를 떼 지어 나오는 사람들과 같은 것으로 인식했다. 이 유추에서 흥미로운 사실은 직렬회로 대 병렬회로와 관련하여 두 가지 모형이 서로 다른 측면에서 전기 회로의 특징적인 양상을 정확히 추론했다는 점이다(Foley 1997: 179-182, Evans 2011: 83-85 참조). 즉, '전지'의 직렬회로는 병렬회로보다 더 많은 '전류'를 생산한다. 이것은 유압 체계 모형으로 추론되는데, 이 체계에서 직렬 펌프는 번갈아서 더 큰 물의 유량을 생산해 내기 때문이다. 전지가 단순히 군중과 대응하는 '이동하는 군중 모형'에서는 직렬회로와 병렬회로 간의 유의미한 대조를 생각하기는 어렵다.

또한, '저항기'의 직렬회로는 전류를 줄이는 반면, 병렬회로는 전류를 증가시킨다. 이것은 '이동하는 군중 모형'에 의해서 더 잘 추론되는데, 저항은 직렬 입구보다 병렬 입구에서 더 많은 사람들이 통과하기 때문이다. 이 경우 두 가지 민간 모형의 효용은 상보적인데, '흐르는 물 모형'은 직렬 전지 대 병렬 전지가 전류에 미치는 효과를 더 정확하게 예측해 주는 반면, '이동하는 군중 모형'은 직렬 저항기 대 병렬 저항기가 전류에 미치는 효과를 더 잘 예측해 준다는 점에서 설명력을 갖는다.

둘째, 컴퓨터에 대한 민간 모형의 설명력이다. 오늘날 보편화된 컴퓨터가 처음 일반인에게 소개되었을 때, 그 작용 원리를 난해한 과학적 방식으로 설명한 것이 아니라, '사무실·동물·질병 은유'를 사용하였다. 예를 들어, '데스크 탑', '폴더', '윈도우', '휴지통' 등은 "컴퓨터는 사무실이다."라는 개념적 은유에 기초한다. '마우스(생쥐)'는 "컴퓨터는 동물이다."에 기초하며, 컴퓨터의 고장에 관한 '버그' 및 '바이러스'는 "컴퓨터의 고장은 버그(벌레)·바이러스에 의한 질병이다."의 개념적 은유에 기초한다.[16] 이처럼 은유에 의한 민간 모형은 과학적 지식을 손쉽게 설명해 주는 기능을 갖는다.

그런데, 은유는 민간 모형뿐만 아니라 과학적 모형, 즉 전문 모형에도 사용되는데,[17] 이 경우 전문 모형은 민간 모형과 다를 바 없다. 예를 들어, 물리학자 닐 보어(Niels Bohr)는 1913년에 원자핵과 전자의 배열을 태양과 행성 사이의 상호작용에 따른 "원자는 (축소된) 태양계이다."라는 은유를 사용하여 원자의 '궤도 모형(orbit model)'을 설명한 바 있다. 이 경우 <그림 3>과 같이 '전자'는 '행성', '원자핵'은 '태양'에 유추된다(Ungerer & Schmid 1996/2006: 148-150 참조).

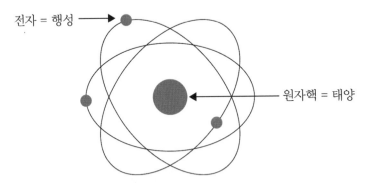

전자 = 행성

원자핵 = 태양

그림 3 "원자는 태양계이다."의 은유적 원자 구조

---

16 글쓴이는 1987년에 처음으로 컴퓨터를 사용하면서 "컴퓨터가 바이러스에 걸렸다."라고 했을 때 그 바이러스가 신체에 감염될지 모른다는 생각으로 불안해 한 적이 있었다.

17 Wolf(1994: 83)에서는 과학자와 일반인 구별 없이 은유는 이론 구성과 이해를 위해서 중요하다고 한 바 있다.

3.2.3. 민간 모형의 사실성

민간 모형은 사실성을 갖는다. 즉 민간 모형의 많은 내용이 과학적 근거를 지닌 것으로 판명된다.

첫째, 속언이 지닌 사실성이다. 김광식(1979: 179-231)에서는 '일기속담(日氣俗談)'[18]이라 하여 '하늘 모양에 관한 것 8개', '바람에 관한 것 5개', '강수 현상에 관한 것 6개', '동물에 관한 것 5개', '식물 및 기타 현상에 관한 것 8개'에 대하여 과학적 해설을 통해 속언의 사실성을 기술한 바 있다. 예를 들어, 청개구리가 울면 비가 온다는 속언에 대하여, 현대 기상학의 통계에 따르면 그 울음소리를 듣고 30시간 안에 비가 올 확률이 60-70%나 되므로 이는 비교적 정확한 단기 예보 자료의 하나로 밝혀졌다(김광식 1973: 136 참조). 또한, 제비가 낮게 날면 비가 온다는 속언에 대하여, 기상학자들은 기압골에 접근할 때 곤충이 지표면 가까이 날아다니게 되며 이것을 잡아먹으려고 제비가 낮게 나는 것으로 설명하고 있다(김광식 1979: 212-213 참조).[19]

둘째, 감정의 민간 모형은 생리학 및 의학적 근거를 갖는 것으로 판명되고 있다. 예를 들어, '화'에 관한 표현 가운데 '부아가 나다', '부아가 치밀다'가 있다. '부아'는 '허파'의 토박이말인데, 우리 겨레는 오랫동안 경험적으로 화가 나면 허파가 팽창됨을 알고 있었던 것이다. 생리학자의 설명에 따르면 정상적인 경우, 1분에 16회의 호흡을 하고 한 번 호흡할 때 들이마시는 공기는 약 500ml이지만, 화가 나면 700ml를 들이마신다고 하니 화가 나면 부아가 나는 것이 증명된 셈이다(최달수 1999: 117 참조).

또 다른 예로 '사랑'을 하면 눈이 먼다고 한다. 우리 속담에 "마누라가 귀여우면 처갓집 쇠말뚝 보고도 절한다."라고 하며, 관용 표현으로 '눈에 콩깍지 씌다', '눈이 삐다'라고 한다. 이와 관련하여, 『선데이 타임스』는 영국 런던 유니버시티 칼리지의 세미르 제키 교수가 사랑에 빠진 사람들의 뇌를 단층 촬영한 결과 비판적인 평가 능력을 상실해 모든 것이 분홍빛으로 보였다고 보도한 바 있다. 즉 사랑에 빠지면 뇌에서 비판적인 기능을 담당하는 부분의 활동이 정지되어 상대방의 결함이 보이지 않고 부정적인 감정도 생기지 않았으며, 긍정적인 관계 유지를 돕는 뇌하수체 호르몬인 옥시토신 · 바소프레신에 직접 반응하는 뇌기능이 활성화되었다는 것이다(중앙일보 2005.2.14. 참조). 같은 맥락에서 언어로 포착된 감정의 신체 생리적

---

18 김광식(1979)의 '일기속담(日氣俗談)'을 여기서는 '속언(俗諺)'으로 다룬다.
19 김연옥(1985: 291-307)은 기후에 관한 속언 150가지를 분석하였는데, 동물의 생태 가운데 뱀의 움직임, 새둥지 위치, 개구리 · 제비 · 개미 등의 움직임이 날씨 예견에 가장 많았으며, 달의 색이나 빛으로 날씨를 예지한 것은 과학적 판단이며 기상학적으로 설명 가능하며, 각지에 전해오는 미신 및 전설의 경우 현대 상식으로 해석이 곤란한 경우도 있으나 많은 경우 이론이 성립된다고 하였다.

환유에 대한 혈압, 체온, 심장 박동, 맥박, 호흡, 땀, 피부, 근육 등의 변화 양상이 현대 의학에서 실증된다.[20]

3.2.4. 민간 모형의 친숙성

민간 모형은 친숙성을 갖는다. 우리는 민간 모형에 의해서 일상적인 삶을 살아가고 그 모형은 일상 언어에 고스란히 담겨 있다. 민간 모형은 다음과 같이 언어공동체의 관습 속에서 무의식적으로 확립된 것이므로 친숙하다.

첫째, '인생, 시간, 이론, 사랑'과 같은 추상적인 개념은 비유, 곧 은유의 방식으로 표현되는데, 그 대부분은 민간 모형에 바탕을 두고 있다. 우리들은 '인생은 나그네 길'이나 '인생행로(人生行路)'라고 하여 '인생'을 '여행'으로 생각하며, "시간을 아껴 써라."나 "시간이 부족하다."라고 하여 '시간'을 '돈'이나 '자원'으로 간주하며, "그 이론이 무너졌다."나 "새로운 이론이 구축되었다."에서 '이론'을 '건축물'로 간주한다. 또한 "사랑에 빠졌다.", "사랑이 깨졌다."라고 하여 '사랑'을 '그릇'이나 '물이 담긴 그릇'으로 간주한다. 글자 그대로 인생이 여행이 아니며, 시간이 돈이 아니며, 이론이 건축물이 아니며, 사랑이 물이 담긴 그릇이 아니다. 이처럼 글자 그대로 보면 비논리적이고 이상한 표현에 대해 우리 자신은 아무런 의심 없이 관습적으로 사용하고 있다.

둘째, '화' 및 '두려움'을 비롯하여 감정은 본질적으로 추상적이지만 생리적 환유에 기초한 우리의 민간 모형은 매우 구체적이며 생생하다. 우리 모두는 '화'가 무엇과 같은지 알며, '화'가 날 때 우리 몸의 신체 생리적 반응과 증상에 대해서 친숙하다. 즉 '화'가 날 때 체온이 올라가며, 피가 솟거나 역류하며, 땀이 나고 호흡이 거칠어지고 온몸이 떨린다. 또한 신체 부위가 팽창하는 느낌을 받으며 지각상의 장애로 분별력이 떨어지게 된다. 한편, '두려움'의 상태에서는 체온이 내려가며, 얼굴에 핏기가 사라지며, 신체 부위가 수축되거나 마비되며, 배설기관에 이상이 생긴다. 이처럼 우리 자신은 '화'나 '두려움'의 신체 생리적 증상에 바탕을 둔 민간 모형을 관습적으로 사용하고 있다.

어느 면에서는 전문 모형이 더 객관적이고 정확성을 띠고 있다고 하더라도, 전문 모형이 이 세상의 작용 방식을 죄다, 그리고 제대로 밝힌 것은 아니다. 또한 설령 그렇다 하더라도 우리 자신이 전문 모형을 완전히 학습할 수도 없다.[21] 이러한 상황에서 민간 모형은 추상적인

20　이와 관련하여 임지룡(2006d)에서는 기본 감정을 나타내는 신체 생리적 반응 표현 1,013개(신체 외부 719개, 신체 내부 294개)를 분석하여 민간 모형의 사실성을 논의한 바 있다.

21　'분류법'과 관련하여 전문 범주, 즉 과학적 분류는 18세기 중엽 스웨덴의 식물학자 린네에 의해 제안된 동식물의 분류가 효시이다. 복잡성과 엄격성을 특징으로 삼는 '과학적 분류'에 대해 Ungerer

은유나 환유와 같은 기제를 통해 친숙할 뿐만 아니라 구체적이고도 생생하게 세상사를 개념화해 준다.

3.2.5. 민간 모형의 예측력

민간 모형은 예측력을 갖는다. 이 경우 예측력은 시간을 견뎌온 경험 속의 지혜라 할 수 있다.

첫째, 지명의 예측력이다. '따뜻할 온(溫)' 자나 '가마솥 부(釜)' 자가 들어간 지명은 뒷날 온천이 개발된 경우가 많다. 예를 들어, '백암 온천'은 '경북 울진군 온정면(溫井面) 온정리(溫井里)'에, '수안보 온천'은 '충북 중원군 상모면 온천리(溫泉里)'에, '온양 온천'은 '충남 온양시(溫陽市/현재의 아산시) 온천동(溫泉洞)'에, '유성 온천'은 '대전시 중구 온천동(溫泉洞)'에, '동래 온천'은 '부산시(釜山市) 동래구 온천동(溫泉洞)'에, '도산 온천'은 '안동시 도산면 온혜동(溫惠洞)'에, '울산 온천'은 '울산시 온양면(溫陽面) 운화리'에, 그리고 '부곡 온천'은 '경남 창녕군 부곡면(釜谷面) 거문리'에 자리 잡고 있다. 또한, 충북 청원군 북일면에 '비상리(飛上里)'가 있고, 인접한 청주시 강서동에 '비하리(飛下里)'가 있는데, 이곳에 청주 국제공항이 들어섰으며 신기하게도 '비상리(飛上里)'에 비행기가 이륙하는 활주로가, 그리고 '비하리(飛下里)'에 비행기가 착륙하는 활주로가 놓였다.

둘째, 감정 표현 관용어의 예측력이다. 우리말의 감정 표현을 검토해 보면 그 표현이 우리 몸의 신체 생리적 반응을 매우 섬세하게 포착하고 있다(임지룡 2006d 참조). 그 가운데서 신체 외부의 반응 표현은 신체 생리적 반응의 사실적 반영인 것을 경험적으로 알 수 있다. 그런데 감정의 신체 내부적 관용 표현 가운데, '화'에 대한 '부아가 치밀다'의 '부아', 즉 '허파' 팽창, '두려움'에 대한 '간이 콩알 만 해지다'의 '간' 수축, '슬픔'에 대한 '창자가 미어지다'의 '창자' 손상, '기쁨'에 대한 '쓸개가 벌어지다'의 '쓸개' 팽창, '긴장'에 대한 '신경이 곤두서다' 의 '신경' 과민 등은 아직까지는 과학적으로 검증된 바가 없으나, 신체 외부 반응에 비추어 볼 때 참일 개연성이 높다. 이 연장선상에서 우리말의 미각어 '떫다'를 통해 그 미뢰를 탐색해 낼 수도 있을 것이다.

요컨대, 언어 표현에 나타나는 감정 및 감각어, 그리고 속담 및 속언에 관한 민간 모형은 전문 모형이나 과학적 모형이 착안하지 못한 현상을 해명하는 데 귀중한 실마리가 될 수 있다.

& Schmid(1996/2006: 65-67)에서는 인간의 '마음만한 크기(minded-sized)'도 아니며, '마음 지향적 (mind-oriented)'이지도 않다고 하였다. 그 반면, '민간 범주'는 '기본층위의 우월성'을 비롯하여 인간적 측면인 친숙성을 지니고 있다.

4. 문화 모형의 탐구 과제

문화 모형은 일상 언어에 매우 다양하게 내재해 있다. 여기에서는 문화 모형의 탐구 과제로서 감각 표현, 속담·속언, 방언, 대우법, 문화적 대조 양상에 대해서 살펴보기로 한다.

4.1. 감각 표현

국어 어휘의 특성 가운데 고유어에 감각어가 발달되어 있음은 잘 알려진 사실이다. 우리말 고유어 중에서 색채어, 미각어, 온도어, 공간어의 구조적 양상은 우리 문화 공동체의 인지 모형인 문화 모형을 전형적으로 잘 드러내 준다. 즉, 국어 공동체의 경험과 인식의 결과는 이들 어휘에 고스란히 반영되어 있으므로, 이들을 살피는 것은 우리 겨레가 색채, 맛, 온도, 공간을 어떻게 개념화하고 있는지 알 수 있도록 해 준다.[22]

> (7) a. 희다, 검다, 붉다, 푸르다, 누르다
> 　　b. 달다, 짜다, 쓰다, 시다, 떫다
> 　　c. 춥다/차갑다, 서늘하다/미지근하다, 따뜻하다/뜨뜻하다, 덥다/뜨겁다
> 　　d. 길다/짧다, 높다/낮다, 깊다/얕다, 멀다/가깝다, 넓다/좁다, 굵다/가늘다, 두껍다/얇
> 　　　다, 크다/작다

첫째, (7a)는 5가지 기본 색채 형용사이다. 이를 바탕으로 '하얗다·거멓다·빨갛다·파랗다·노랗다', '하양·검정·빨강·파랑·노랑'을 비롯하여 다양한 파생어가 생성된다. 그러나 한자어 및 차용어의 색채어는 파생이 일어나지 않는다. 예를 들어, '무지개'의 일곱 빛깔인 '빨강·주황·노랑·초록·파랑·남색·보라'에서 고유어의 '빨강·노랑·파랑'과 한자어의 '주황·초록·남색' 및 몽골어에서 차용한 '보라(紫)'는 이 점에 있어서 퍽 대조적이다.[23] 이른바 '오색 무지개'는 고유어의 기본 색채어에 바탕을 둔 것이라 하겠다. 또한 고유어 '푸르다'는 '하늘, 들, 바다'에 두루 쓰임으로써 한자어의 '靑·綠·藍'이나 영어의 'blue·green'을 망라하고 있다.

---

22 감각 표현에 대한 우리의 문화 모형을 보다 더 잘 이해하기 위해서는 여러 언어에 나타난 색채, 미각, 온도, 공간 등에 대한 어휘를 우리말과 비교해 볼 필요가 있다.

23 이와 유사하게 영어에서 행위자 접사 '-er/-or'가 붙은 'actor, author, doctor, painter'의 경우, 'actor, painter'는 동사 'act, paint'를 갖지만, 'author, doctor'는 동사 '*auth, *doct'를 갖지 않는다. 이는 'actor, painter'는 영어의 고유어인 반면, 'author, doctor'는 라틴어 기원의 외래어이기 때문이다 (Lyons 1977: 524 참조).

둘째, (7b)는 5가지 기본 미각 형용사이다. 이를 중심으로 '단맛·짠맛·쓴맛·신맛·떫은 맛'의 기본 미각어가 형성된다. 대조적으로, 생리학에서는 독일의 생리학자 Henning(1916)의 미뢰를 기준으로 한 '미각 4면체'에 따라 '단맛(sweet)·짠맛(salty)·쓴맛(bitter)·신맛 (sour)'을 기본 미각어로 규정해 오고 있다. 이 기준에 따르면 '떫은맛'은 통각으로서 맛의 범주에서 제외된다. 그러나 우리 문화권에서는 '떫은맛'이 명확히 존재하고 있는데, 이는 '설 익은 감을 먹을 때의 거세고 텁텁한 맛'으로서, 그 의미가 확장되어 '하는 짓이나 말이 덜되고 못마땅한' 경우에 사용되며 비유적인 용법인 '떫은 표정을 짓다'의 뜻을 모르는 사람이 없을 만큼 우리의 삶에 밀착되어 있다. 이 점에 비추어 볼 때 '미뢰(taste bud)'를 찾아낸 서양의 생리학자들에게는 '떫다'에 해당하는 별도의 단어가 자신들의 언어에 존재하지 않기 때문에 그에 대응하는 미뢰나 미각을 탐색해 볼 계기가 마련되지 않은 것으로 보인다.[24]

셋째, (7c)는 8가지 기본 온도 형용사이다. 이는 영어의 'cold-cool-(lukewarm)-warm-hot'에 비하여 우리말이 한층 더 풍부하고 섬세함을 알 수 있다. 실제로 "방이 {춥다/덥다}."와 "방이 {차갑다/뜨겁다}."는 그 의미 해석이 다른데, 전자는 몸 전체 및 방 전체의 온도이며, 후자는 몸의 일부 및 방바닥의 부분에서 느끼는 온도를 가리킨다.

넷째, (7d)는 기본 공간 형용사이다. 이 경우 전자인 '길다' 쪽이 후자인 '짧다' 쪽보다 용법, 파생, 빈도수에 있어서 한층 더 적극적이다. 즉 '짧다' 쪽에 비해 '길다' 쪽은 "연필이 어느 정도 {깁니까/짧습니까}?"와 같이 중화되어 의문문으로 사용되고, '길이/*짧이'와 같이 명사 형으로서 분포가 넓으며, '길이길이/*짧이짧이'의 파생부사 및 '길쭉하다/*짤쭉하다'의 파생 형용사에서 보듯이 더 생산적이다. 또한, "{길고 짧은/*짧고 긴} 것은 대 보아야 안다."와 같이 결합 관계에서 앞자리를 차지하며, 빈도수가 더 높다. 이것은 대상 지각의 현저성 정도와 언어 구조가 함수 관계에 있음을 드러낸다.

요컨대, 국어 감각어의 구조와 의미는 자의적인 관계에 있는 것이 아니라, 우리 문화 공동 체의 경향성, 인식, 경험에 바탕을 둔 문화 모형에 의해 긴밀히 동기화되어 있다고 하겠다.

4.2. 속담 및 속언

속담과 속언은 언어문화의 보고이다.[25] 속담은 흔히 언중의 시라고 하며(천시권·김종택

---

24 실제로, 한영사전에서 '떫다'는 'astringent'라고 되어 있는데, 이를 영한사전에서는 '수렴성의, 엄한' 으로 풀이하고 있다. 또한, 독한사전에서 'herb'는 '아린, 떫은, 신, 쓴, 매운, 신랄한, 혹독한'으로 나온다. 이것은 영국을 비롯한 서구의 경우 우리나라 농촌에서 흔한 '모과'나 '땡감'과 같은 떫은맛 의 자극 원을 찾아보기 어려우므로 고유한 단어가 만들어지지 않은 것이라 하겠다.

25 속담(俗談)과 속언(俗諺)은 다음과 같은 공통점과 차이점을 갖는다. 공통점은 둘 다 오랜 기간에

1973: 371 참조), 속언은 민간의 행동 지침서라 할 만하다. 그러면 속담과 속언을 중심으로 문화 모형을 살펴보기로 한다. 먼저 속담을 중심적 내용에 따라 세 가지로 나누어 살펴보면 다음과 같다.

첫째, 교훈적 내용의 속담은 (8)과 같다. 이것은 언중들의 오랜 삶과 경험 속에서 교훈이 될 만한 것을 경구로 만든 것이다. 곧 (8a)는 위기 상황에 대처하기, (8b)는 협력의 중요성, (8c)는 절약의 중요성을 속담화한 것인데, '위기에 정신을 차려야 한다', '협력이 중요하다', '절약이 중요하다'와 같이 그 명제적 값만으로는 속담의 효과를 실현하지는 못한다. 그 대신에 '호랑이에게 물려가다', '백지장', '티끌과 태산'과 같이 그러한 상황에 부합하는 원형적 사례를 활용한 데 속담의 묘미가 있다고 하겠다.

(8) a. 호랑이에게 물려가도 정신만 차리면 산다.
　　 b. 백지장도 맞들면 낫다.
　　 c. 티끌 모아 태산.

둘째, 풍자적 내용의 속담이다. (9)는 인간사의 모순이나 탐욕 등의 일화를 풍자한 것으로 풍자와 함께 비유가 공존하고 있다. 곧 (9a)는 사람의 욕심이 끝없음, (9b)는 일을 그르친 뒤에 대비하느라 수선을 피움, (9c)는 공짜에 대한 탐욕 등에 대해 비꼼으로써 쾌재를 불러일으키는 것이다.

(9) a. 말 타면 경마 잡히고 싶다.
　　 b. 소 잃고 외양간 고친다.
　　 c. 공짜라면 양잿물이라도 먹는다.

셋째, 비유적 내용의 속담이다. (10)은 객관적인 사실에 빗대어 인간사의 유사한 경험을 풍자한 것으로 비유와 함께 풍자가 공존하고 있다. 곧 (10a)는 잉어를 따라 뛰는 망둥이처럼 자기 분수를 모르고 행동하는 인간 부류, (10b)는 가지 많은 나무가 바람이 잦듯이 자식을 많이 둔 부모에게 근심과 걱정이 끊일 날이 없음, (10c)는 빈 수레가 소리만 요란하듯이 실속 없는 사람이 더 요란하게 떠들어 대는 것을 빗대어 진술한 것이다.

걸쳐 형성되고 사용되어 왔다는 점에서 관용적이며, 민간의 삶 속에서 형성되고 사용되어 왔다는 점에서 관습적이다. 그 반면 차이점은 주로 속담은 내용이 교훈적·풍자적·비유적이지만, 속언은 내용이 민초들의 삶 속에서 형성된 경험적 사실·금기·권장에 관한 것이다. 또한 속담은 구조가 단문형과 복문형, 그리고 조건문형과 대등문형 등 다양하지만, 모든 속언은 "A하면 B하다."와 같은 조건문 구조를 이룬다(천시권·김종택 1973: 398-399 참조).

(10) a. 잉어가 뛰니까 망둥이도 뛴다.

    b. 가지 많은 나무 바람 잘 날 없다.

    c. 빈 수레가 요란하다.

다음으로, 속언을 중심적 내용에 따라 세 가지로 나누어, 문화 모형의 탐구과제를 살펴보면 다음과 같다.

첫째, 경험적 사실이 담긴 속언이다. (11)은 오랜 생활 경험을 통하여 자연현상, 의식주, 삶 등에서 전승된 지혜에 해당한다.[26] 이러한 속언은 합리성과 객관적 타당성을 지닌 것으로 주목된다.

(11) a. 청개구리가 울면 비가 온다.

    b. 제비가 낮게 날면 비가 온다.

    c. 숙지황 먹고 생 무 먹으면 머리가 센다.

둘째, 금기의 내용이 담긴 속언이다. 속언의 대부분은 금기하는 내용이며, 금기 속언은 전통 사회의 지혜, 윤리, 도덕의 기반 위에 놓여 있다. 곧 'A하면 B하다'의 구조에서 B를 피하기 위해 A를 하지 말라는 것인데, 그 초점은 A의 부정에 있다. 실제로 (12a)의 젖은 옷을 입지 말라는 것은 청결한 피부를 위해서, (12b)의 음식 찌꺼기를 남기지 말라는 것은 절약과 청결을 위해서, 그리고 (12c)의 주었다 빼앗지 말라는 것은 인간관계의 신의를 위해서 금기할 만한 사항이라 하겠다.

(12) a. 젖은 옷 입으면 애매한 소리 듣는다.

    b. 음식 찌꺼기 남기면 복 달아난다.

    c. 주었다 빼앗으면 이마에 솔 난다.

셋째, 권유의 내용이 담긴 속언이다. 이것은 어떤 행위에 대해서 권유하는 긍정적 속언인데, 금기형에 비해 드물다. (13a, b)의 어른 말 듣기, 아침에 일찍 일어나기는 권장할 만한 사항이며, (13c)는 아이를 많이 울리는 것이 목청에도 좋은 뿐 아니라 전통 사회에서 바쁜 일손으로 아이를 제대로 돌볼 수 없는 상황에서 대안의 심리적인 효과를 수반한 것이라 하겠다.

---

26 이러한 유형 가운데 "단오에 비가 오면 흉년이 든다.", "키가 크면 싱겁다.", "가마가 둘이면 장가 두 번 간다.", "눈이 작으면 간이 크다." 등과 같이 경험적 사실에 대해 그 타당성/경향성의 정도가 확인되지 않은 채 단정적으로 말하는 사례도 적지 않다.

(13) a. 어른 말을 들으면 자다가 떡이 생긴다.

　　 b. 아침에 일찍 일어나면 부자 된다.

　　 c. 아이는 많이 울려야 목청이 좋아진다.

　요컨대, 속담과 속언은 민간의 삶을 반영하고 민간의 삶을 이끌어온 민간 모형의 보고로서 그 창고 안에 민간 이해의 무한한 잠재력이 내재되어 있다고 하겠다.

4.3. 방언

　방언은 토박이말이자 문화를 담아온 그릇이므로 방언 공동체의 문화 모형을 잘 드러내 주는 창구이다. 방언은 형성 요인에 따라 다음과 같이 세 가지 유형으로 나뉘는데, 언어의 차이가 사용자들의 지리적 영역에 따른 것을 '지역방언', 사회적 범주에 따른 것을 '사회방언', 그리고, 시간적 영역에 따른 것을 '시간방언'이라고 한다(정승철 2013: 15 참조). 그 가운데서 지역방언과 사회방언을 중심으로 문화와의 관련 양상 살펴보기로 한다.

　먼저, 지역방언의 경우이다. 오늘날은 교통과 통신의 발달로 어느 방언 할 것 없이 표준어 및 다른 방언과의 교류가 활발히 진행됨으로써 한 방언권이 고유한 정체성을 유지하기란 퍽 어려운 형편이다. 예외적으로, '안동방언'은 지리적, 문화적 특성으로 말미암아 보수성을 많이 지니고 있는 방언이므로, 방언과 관련된 문화 모형의 성격을 살펴보기에 적합하다.

　안동방언이 속한 경북방언은 음운, 어휘, 어법, 화행의 측면에서 다양한 양상을 띠고 있기 때문에, 이들 모든 측면을 포괄한 상태에서 방언구획을 설정하기는 어렵다. 이와 관련하여, 천시권(1965)에서는 경북방언권을 의문형과 응답형의 어말어미에 의해서 세 가지 유형으로 나눈 바 있다. 이에 따르면, 경북방언은 물음과 응답의 어말어미에 있어서 '-능교/-구마'형의 '대구방언권', '-니껴/-니다'형의 '안동방언권', '-여/-여'형의 '상주방언권'으로 하위 구분된다.[27] 대구방언과 비교하여 안동방언의 몇 가지 특징적 모습을 보면 다음과 같다.

　첫째, 소리의 측면에서 대구방언의 소리결이 '고평평'인데 비하여 안동방언의 소리결은 '평고평'으로 실현되며, 모음의 경우 대구방언권에서 중화된 'ㅓ'와 'ㅡ'가 변별되며, 자음의 경우 대구방언권에서 중화된 'ㅆ'와 'ㅅ'도 변별된다.

　둘째, 단어의 측면에서 두 방언권 간에 상당한 차이가 나타난다. 예를 들어, 친족어 '백부' 및 '백모'에 대하여 대구방언권에서는 '큰아부지' 및 '큰어무이'라고 하는 반면 안동방언권에

---

27 '대구방언권'은 대구, 경산, 청도, 고령, 성주, 칠곡, 군위, 영천, 경주, 포항, 청송 및 영덕 일부이며, '안동방언권'은 안동, 영주, 예천, 의성, 봉화, 영양, 울진, 영덕 및 청송 일부이며, '상주방언권'은 상주, 구미, 김천, 문경이다.

서는 '맏아배/맏아부지' 및 '맏어매/맏엄마'라고 하고 '큰아배' 및 '큰어매'는 '조부'와 '조모'를 지칭한다.[28]

셋째, 문법의 측면에서, 청자 대우 체계의 어말어미가 대구방언에서는 '-능교', '-구마' 형인데 비하여 안동방언에서는 '-니껴', '-니더' 형이 사용되고 있으며, 또한 안동방언권에서는 주체존칭의 선어말어미 '-겨/기-'가 화석형으로 남아 있다(임지룡 1981 참조).

이와 관련하여, 유홍준(1997: 196)은 '-능교'의 대구방언권과 '-니껴'의 안동방언권 간의 차이를 문화유산 답사에 동행한 한 지질학도의 말을 빌어서 (14)와 같은 대조를 보여 주고 있다.

(14) "'능교형' 지역에는 화강암이 많은데 '니껴형'으로 오니까 퇴적암이 많네요. 화강암은 열정과 젊음과 화려함을 상징한다면 퇴적암은 인고의 시간을 견디어낸 지고지순의 사랑 같은 것이니 안동의 고가, 영양의 모전석탑 모두 다 퇴적암과 정서를 같이 한다고 하겠네요."

곧 (14)의 인용에서 '-능교' 형 지역에는 화강암이 많은 반면, '-니껴' 형 지역에는 퇴적암이 많음으로써 두 문화권의 건축 양식이 다를 뿐 아니라, 서로 다른 토양 위에서 풍기는 정서도 다름을 흥미롭게 지적하고 있다.[29] 실로, 뿌리를 같이 하는 한 겨레의 말이 그 놓인 시간과 공간에 따라 소리결, 어휘, 의미, 어법 등이 제각기 개성적인 모습으로 실현되는 것은 결코 우연한 일이 아니라 하겠다.

또한, 지역방언의 큰 갈래로서 남한의 표준어와 북한의 문화어는 본래 가지고 있던 방언 이상의 큰 차이가 벌어지게 되었다. 예를 들면, '도시락/곽밥', '반찬/건건이', '풋내기/생둥이', '구석구석/고삿고삿', '노려보다/지르보다', '살빼다/몸까다' 등에서 표준어와 문화어의 차이를 볼 수 있으며, '카라멜/기름사탕', '아이스크림/얼음보숭이', '젤리/단묵', '아파트/살림집', '스위치/전기여닫개', '노크/손기척' 등에서 남북한의 언어 차이를 볼 수 있다.

다음으로, 사회방언의 경우이다. 강신항(1976)에서는 안동 지역을 중심으로 반촌어와 민촌어의 이중 언어생활에 대해서 보고한 바 있는데, 1970·80년대까지 변별되었던 대조적 양상

---

28 '아버지의 형'과 '아버지의 동생'의 호칭어에 대해 '표준화법' 및 중부지방에서는 아버지의 형을 '큰아버지', 아버지의 동생을 '작은아버지'라고 부르는 반면, 영남지방에서는 아버지의 형제가 몇이든 관계없이 '큰아버지'는 한 분밖에 없다. 예를 들어, 아버지의 형제분이 다섯인데, 자기 아버지가 셋째라고 하면 순서대로 '큰아버지-작은아버지-아버지-작은아버지-작은아버지'라고 부른다(김종택·송창선 1994: 29 참조).

29 이와 관련하여, 글쓴이는 대학의 방언학 시간에 들은 은사님의 다음과 같은 말씀을 소중히 간직하고 있다. "새로운 나비가 나타나는 곳에 새로운 방언이 나타난다(나비 연구가 석주명 님).", "새로운 어종(魚種)이 나타나는 곳에 새로운 방언이 나타난다(어류학자 정문기 님)."

을 보면 다음과 같다(정승철 2013: 17 참조).

첫째, 친족명칭에서 2대 이상의 직계존속을 가리킬 때 '할아버지/할머니'에 대해 반촌에서는 '큰아배/큰어매'라고 하는 반면, 민촌에서는 '할부지/할매'라고 부른다. 또한, 1대 이상의 장(長)을 가리킬 때 '큰아버지/큰어머니'에 대해 반촌에서는 '맏아배/맏어매'라고 하는 반면, 민촌에서는 '큰아부지/맏엄니'로 부른다.

둘째, 대우법에서 부계(父系)의 여자 존속에 대해 "할머니, 장에 가세요?"에 대해 반촌에서는 "큰어매, 자아 가는가?"의 '하게체'를 쓰는 반면, 민촌에서는 "할매, 자아 가나?"의 '해라체'를 쓴다.

셋째, 청자 대우의 의문 어미에서 "아침 잡수셨습니까?"에 대해 반촌에서는 "아침 자셨느껴?"의 '-니껴'를 사용하는 반면, 민촌에서는 "아침 자셨니꺼?"의 '-니꺼'를 쓴다.

한편, 오늘날 청소년층의 언어는 기성세대와 큰 차이를 드러낸다. 예를 들면, '설(서울)', '잼(재미)', '설녀(서울 여자)', '글구(그리고)', 쌤(선생님)' 등에서 보듯이 축약형이 많이 쓰이고 있다. 또한, '짱'(최고), '깔'('이성 친구), '얼짱하다'(한 얼굴 할 만큼 잘 생기다), '쌩까다'(모른 척 하다), '간지나다(폼나다)', '떡실신(크게 충격을 받거나 놀람)', '므흣(수상쩍은 미소나 마음의 흡족함)', '아놔(상대방의 황당한 말이나 행동에 대해 사용)', '조낸(매우)', '썩소'(완소에 대립되는 썩은 미소), '삼귀다' 또는 '썸타다'(이성 간에 서로 탐색하며 알아가는 상태) 등의 새로운 말을 만들어 쓰고 있다.

4.4. 대우법

인지언어학에서는 언어를 인간의 정신과 문화의 산물이라고 한다. 이러한 관점에서 보면, 한국어는 한국인의 사고방식과 문화 모형을 들어내 주는 틀일 뿐 아니라, 우리 겨레의 정신과 문화는 한국어라는 틀에 의해서 형성되어 온 것이라 할 수 있다. 한국어의 개성적인 틀 가운데 하나가 대우법이라는 점에 대해서는 이론의 여지가 없을 것이다. 대우법의 문제가 국내외 학계의 끊임없는 주목을 받아온 것도 이러한 사실에 근거한 것으로 보인다.

국어의 대우법은 주체 대우, 청자 대우, 객체 대우로 구별된다. 그중에서 특히 청자 대우법에 관한 학계의 관심이 매우 높았으며, 주로 문법론의 층위에서 청자 대우 체계의 등급을 기술하는 데 집중되었다. 아울러, 청자 대우 체계는 화자와 청자 간의 화용적 변수에 따라 표현 양식이 수시로 바뀜으로써 화용론의 관점에서도 주목의 대상이 아닐 수 없다. 청자 대우법을 단계와 서법에 따라 그 화계를 정리하면 <표 2>와 같은데(임지룡 2015b: 360 참조), 화계의 주목되는 점은 다음 5가지이다.

표 2 청자 대우법의 화계

화계	서법	의문법	서술법	명령법	청유법
3단계	유표형	가십니까, 가시오, 가세요, 가셔요	가십니다, 가시오, 가세요, 가셔요	가십시오, 가시오, 가세요, 가셔요	가십시다, −, 가세요, 가셔요
	무표형	갑니까, 가오, 가요	갑니다, 가오, 가요	−, 가오, 가요	갑시다, 가오, 가요
2단계	유표형	가시는가	가시네	가시게	−
	무표형	가는가	가네	가게	가세
1단계	무표형	가니, 가	간다, 가	가라, 가	가자

첫째, 청자 대우법의 화계는 무표형의 어말어미와 유표형의 선어말어미 '-시-'에 의한 2원적 체계이다. 무표형 화계는 3단계로 청자 대우법의 틀을 형성하며, 유표형 화계는 2, 3단계에서 대우 의식을 더욱 섬세하게 해 줌으로써 변별력을 갖는다.

둘째, 청자 대우법의 화계는 의문법, 서술법, 명령법, 청유법의 4가지 서법에서 사용되지만, 물음에 대한 대답으로서 1인칭의 경우 유표형 2단계와 3단계에서는 사용되지 않는 제약을 갖는다.

셋째, 3단계 무표형 화계 '갑니까', '갑니다', '갑시다'에 대응하는 명령법 어형, 청유법 2단계의 유표형, 청유법 3단계의 무표형 '가오'의 유표형 어형이 '빈자리(gap)'이다.

넷째, <표 2>에서 각 단계별 어말어미에 따른 둘 이상의 어례, 예를 들어, 의문법의 경우 1단계의 '가니?, 가?', 3단계 무표형의 '갑니까?, 가오?, 가요?', 3단계 유표형 '가십니까?, 가시오?, 가세요?, 가셔요?'는 변이형 또는 동급의 종결표현이다.

다섯째, 오늘날 10대들의 청자 대우법에 대한 화계를 보면 <표 3>과 같이 의문법의 경우 2단계의 '가는가?/가시는가?', 3단계의 '가오?/가시오?'가 쓰이지 않고 1단계 '가니, 가', 3단계 무표형의 '갑니까, 가요', 3단계 유표형의 '가십니까, 가세(서)요'의 3개 유형으로 단순화되고 있다.

표 3 단순화된 청자 대우법 화계

화계	서법	의문법	서술법	명령법	청유법
3단계	유표형	가십니까, 가세(셔)요	가십니다, 가세(셔)요	가십시오, 가세(셔)요	가십시다, 가세(셔)요
	무표형	갑니까, 가요	갑니다, 가요	−, 가요	갑시다, 가요
1단계	무표형	가니, 가	간다, 가	가라, 가	가자

요컨대, 대우법의 체계와 운용은 사회·문화적 요인과 긴밀히 동기화되어 있다. 신분 서열이 뚜렷했던 조선시대, 신분제도의 전환기인 개화기, 그리고 현대사회에서도 농업기반 사회, 도시산업화 사회, 지식정보화 사회로 이행되면서 신분이나 의식이 수직 구조에서 수평 구조로의 전환됨에 따라 대우법, 특히 청자 대우법의 인식, 체계, 그리고 운용에도 많은 변화가 동반되었다.[30]

4.5. 문화유산과 언어문화

우리는 수많은 문화유산을 보유하고 있다. 한복으로 대표되는 의복문화, 김치와 된장찌개의 음식문화, 한옥과 온돌의 주거문화를 비롯하여 윷놀이나 탈춤과 같은 놀이문화, 그리고 충효에 관한 정신문화 등 그 수효를 헤아릴 수 없을 정도이다.[31] 이러한 문화유산은 그 자체로 구조와 내용을 지닌 실체이지만, 단어로서 그 지위가 보전된다. 따라서 어휘는 언어적 문화유산이며, 사전은 어휘를 담고 있는 문화유산의 보고이다.

그런데 국어사전은 전통적인 생활양식으로서 문화유산을 온전히 수용하고 있지 못하다. 먼저, 방언형으로 남아 있다가 표준어에 밀려 그 의미를 잃거나 사용자들이 사라지면서 소멸 위기에 놓인 토박이말이 적지 않다. 예를 들어, "님은 님만이 님이 아니라 긔룬 것은 다 님입니다."(한용운, '군말'에서)의 '긔룬', 즉 '기럽다'를 사전에서는 '그립다'의 방언형으로 기술하고 있다. 그러나 토박이말로서 '기럽다'는 "사람이 기럽다.", "쌀이 기럽다."에서처럼 사람과 사물을 포함하여 요긴한데 없어서 아쉽다는 의미를 지닌 것이다. 또한, 홍명희의 '임꺽정', 박경리의 '토지', 최명희의 '혼불', 김주영의 '객주' 등에는 수많은 토박이말이 담겨 있다.

한편, 문화의 다양한 유형 가운데 언어로 이루어진 문화를 특별히 '언어문화'라고 한다. 국어 공동체의 언어문화는 어휘를 비롯하여 관용어, 속담, 그리고 대우법 등에서 잘 나타나 있다. 우리의 어휘에는 친족어, 호칭어, 대우법을 통해 예절에 관한 언어문화가 섬세하게 분화

---

30 이경우(2003, 2008)는 개화기시대(1906~1912)의 '신소설'과 현대국어(1997~2001)의 'TV방송 대본'을 대상으로 청자 대우법의 변화 양상을 밝힌 것이다. 또 이경우(2001, 2004)는 'TV드라마 대본(1997~2001)'을 대상으로 현대국어 청자 대우법을 사회언어학적으로 연구한 것인데, 이들 연구는 국어 청자 대우법의 변화 양상을 체계적으로 밝힌 점에서 주목된다.

31 문화관광부에서는 한국문화의 상징으로 '김치, 한복, 한글, 불고기, 불국사, 석굴암, 태권도, 고려인 삼, 탈춤, 종묘제례악, 설악산, 세계적 예술인(백남준)'의 12가지를 선정한 바 있다. 그중 '김치'의 계절별 명칭을 보면 다음과 같이 매우 풍부하다. (가) 사철: 배추김치, 보김치, 오징어채김치, 궁중젓 김치, 속깍두기, 파김치, 갓김치, 호박김치 (나) 봄·여름: 깍두기, 오이지, 갈치젓섞박지, 배추겉절 이, 도라지김치, 무짠지 (다) 가을: 가지소박이, 나박김치, 부추김치, 오이소박이, 깻잎김치, 미나리김 치, 우엉김치, 열무김치, 쑥갓김치 (라) 겨울: 동치미, 고들빼기, 골곤짠지, 채깍두기, 명태서리깍두 기, 명태무섞박지, 총각무김치

되어 있다. 관용어 가운데는 화가 날 때에 '속이 상하다'와 '부아가 나다', 두려울 때에 '간이 콩알만 해지다', 슬플 때에 '가슴이 미어지다', 사랑할 때에 '눈이 멀다'고 하는 데서 보듯이 신체 생리적 반응에 따른 감정 표현이 잘 발달되어 있다. 속담은 "콩 심은 데 콩 나고 팥 심은 데 팥 난다.", "열 길 물속은 알아도, 한 길 사람 속은 모른다."에서 보듯이 우리 겨레의 삶과 지혜를 담고 있다. 또한 대우법에는 화자, 청자, 그리고 기술 대상 간의 관계뿐만 아니라 공적, 사적 장면에 따라 문법 장치가 복합적으로 구비되어 있다. 이와 관련하여 최근 들어 핵가족화 및 다문화 사회로의 진입으로 인해 대우법 사용의 어려움을 호소하는 사례가 빈번한데, 이는 앞으로 풀어야 할 시급한 과제 중의 하나이다.

요컨대, 언어가 소멸하면 그 속에 담겨 있는 문화도 소멸하게 된다. 따라서 사라질 위기에 놓여 있는 방언과 문학작품 속의 귀중한 언어적 문화유산을 찾아내어 사전에 올리는 일이 필요하다. 또한 언어를 모르면 문화를 모르게 되므로, 언어적 문화유산과 함께 언어문화의 가치를 공유하기 위한 방안 모색이 필요하다.

4.6. 문화적 대조 양상

언어와 인지의 상관성과 관련하여 인지가 언어를 형성한다는 관점과 언어가 인지를 형성한다는 관점의 두 가지 접근이 가능하다. 그중 후자는 '언어 상대성 가설(linguistic relativity hypothesis)'로 알려진 것이다. 'Sapir-Whorf 가설'로도 지칭되는 이 가설은 서로 다른 언어들의 다양한 문법 범주가 그 언어의 화자들에게 그들만의 독특한 방식으로 세계를 보도록 이끌거나 강요한다는 것이다(Kövecses 2006: 334-335 참조). 이 가설은 언어 유형이 사람들의 주의와 범주화 유형에 영향을 미치는 독립적 증거를 제시하지 못함으로써 많은 비판을 받아 왔다. 그런데 어린이의 언어습득 연구에서 이를 뒷받침할 만한 증거가 나타나 주목된다.[32]

Choi & Bowerman(1991), Bowerman(1996a), 그리고 Bowerman & Choi(2003)가 입증한 바에 따르면, 아이가 말을 하기 시작하는 시기인 만 20개월의 영어 사용 어린이와 한국어 사용 어린이는 (a) placing pieces in a puzzle(퍼즐 조각 끼우기), (b) putting toys into a bag(장난감 가방에 넣기), (c) putting a cap on a pen(펜에 뚜껑 끼우기), (d) putting a hat on a doll's head(인형 머리에 모자 씌우기)와 같은 행위를 비교하고 배합을 요구하는 실험에서 <표 4>와 같이 매우 다르게 반응하였다(Dirven & Verspoor 2004: 130-131 참조).

---

32 Bowerman & Choi(2003)에서는 영어와 한국어를 사용하는 어린이뿐만 아니라 어른을 대상으로 'put on/put in', '놓다, 붙이다, 쓰다, 끼다, 넣다'를 중심으로 공간 범주화의 교차 분류를 다루고 있다.

표 4 영어 사용 및 한국어 사용 어린이의 '분리하기'와 '결합하기' 행위에 대한 교차 분류
(Bowerman 1996a: 167)

영어 사용 어린이 한국어 사용 어린이	in/out ('포함관계')	on/off ('표면접촉', '지탱')
끼다/빼다 ('꼭 맞는' 및 '부착관계')	**(a)** 조각/퍼즐, 사진/지갑, 손/장갑, 책/꼭 끼는 케이스	**(c)** 마개/펜, 뚜껑/항아리, 장갑/손 자석/표면, 테이프/표면 레고 조각 함께/떨어져서
다른 동사들 ('느슨하게 맞는')	**(b)** 장난감/가방 또는 상자, 블록/받침 지하철의 타기/내리기, 집·방에 들어가기/나오기	**(d)** 옷 입기/벗기(모자, 신, 코트 등) 의자에 앉기/서기

또한, Bowerman(1996b)에서는 2세에서 2·5세 어린이들을 대상으로 (a) hanging up a coat (코트 걸기), (b) hanging up a mobile(모빌 달기), (c) hooking two toy train cars together(장난감 기차 2대 연결하기)의 행동을 실험하였는데, 영어 사용 어린이와 한국어 사용 어린이는 <그림 4>와 같은 분류의 차이를 보이고 있다. 곧 영어 사용 어린이는 (a)의 '코트 걸기'와 (b)의 '모빌 달기'를 'HANG'으로, (c)의 '장난감 기차 연결하기'를 'HOOK TOGETHER'로 분류한 반면, 한국어 사용 어린이는 (a)를 '달다'로, (b)와 (c)를 '걸다'로 분류하였다.

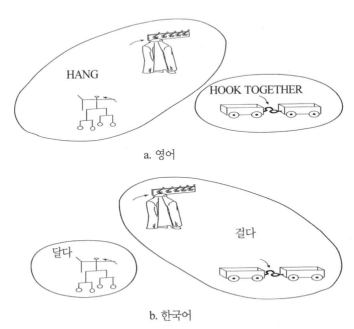

a. 영어

b. 한국어

그림 4 영어 사용 및 한국어 사용 어린이의 공간 구조화에 대한 3가지 교차 분류(Bowerman 1996b: 397)

위에서 본 두 가지 실험은 영어와 한국어 사용 집단의 어린이들이 모든 언어 범주에 존재하는 보편적이고 개념적인 범주에 기초하는 것이 아니라, 그들 자신의 개별 언어 특유의 범주에 기초하여 해석한다는 것을 의미한다. 이것은 곧 문화에 바탕을 둔 언어가 인간의 사고방식이라 할 수 있는 인지에 영향을 미친다는 것을 보여 준다는 점에서 그 의의가 크다고 하겠다.

한편, EBS<동과 서> 제작팀·김명진(2008)에서는 동양과 서양의 문화 및 사고방식의 차이를 조명한 것으로 주목된다. 그 가운데 사고방식, 범주화, 세계 인식 등의 관한 몇 가지를 들면 다음과 같다.

첫째, (15)에서 보듯이 동양인은 동사로 말하고 서양인은 명사로 말한다. 또한, (16)에서 보듯이 '원숭이, 판다, 바나나' 중 두 가지를 묶는 실험에서 동양인은 '먹다'와 같이 동사를 통해 두 사물의 관계성을 설명하는 반면, 서양인은 '동물'과 같이 명사를 통해 사물의 범주를 정하고 분류한다(EBS <동과 서> 제작팀·김명진 2008: 45-53 참조).

(15) a. 동양: (차) 더 마실래?
　　 b. 서양: (Would you like to have) More tea?

(16) a. 동양: 원숭이가 바나나를 먹는다.
　　 b. 서양: 판다와 원숭이는 '동물'이다.

둘째, <그림 5>에서 위의 꽃 그림이 아래의 그림에 보이는 A그룹과 B그룹 중 어디에 속하는가의 실험이다. 동양인(한국, 중국, 일본)은 A그룹으로, 서양인(미국, 캐나다, 영국)은 B그룹으로 반응하는 경향이 많았다. 이것은 동양인이 전체적인 인상으로 '유사성'을 판단하는 데 비해, 서양인은 각 꽃들을 하나씩 살피면서 꽃을 구성하고 있는 '규칙성'을 찾아내려고 노력하기 때문이다(EBS<동과 서> 제작팀·김명진 2008: 106-109 참조).

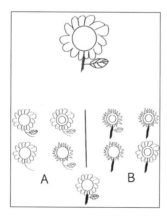

그림 5 '유사성' 대 '규칙성' 실험

셋째, <그림 6>은 "아래의 세 개의 물체 중 어느 것이 가장 앞쪽에 있는 것인가?"의 실험이다. 동양인은 하단의 제일 큰 물체를 답한 반면, 서양인은 상단의 제일 작은 물체를 선택했다. 이것은 동양인이 대상의 입장에서 사물을 보는 데 비해 서양인은 관찰자의 입장에서 사물을 보는 경향 때문이다(EBS<동과 서> 제작팀·김명진 2008: 144-161 참조).

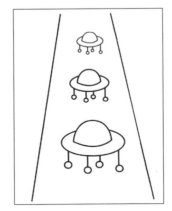

그림 6 '어느 것이 가장 앞쪽에 있는가?'

요컨대, 위에서 본 동양과 서양의 사고방식의 차이는 문화적 배경에 깊은 뿌리를 두고 있다. 사고방식, 문화, 언어의 함수관계를 고려해 볼 때 언어 속에 반영된 사고방식의 양상과 특성을 규명하는 일은 큰 의의를 지닌다고 하겠다.

5. 마무리

이제까지 인지언어학의 관점에서 인지, 언어, 문화의 상호 작용에 대해서 논의하였다. 언어는 문화적 구성원들이 공유하는 의미의 저장소로서 문화를 안정시키고 보존하는 역할을 하며, 문화는 언어의 틀을 형성하는 배경으로서 문화적 의미 창조의 역할을 하게 된다. 이상에서 살펴본 바를 간추리고 몇 가지 과제를 제시하면서 이 장을 마무리하기로 한다.

첫째, 언어와 문화는 공생 관계를 형성하면서 분리될 수 없는 하나이다. 언어는 집단의 정체성을 형성하며, 문화는 개별 언어의 어휘 및 문법 구조에 녹아 있게 마련이다.

둘째, 한 문화의 집단적 지혜와 경험이 지식 구조로 진술된 것을 인지 모형, 문화 모형, 민간 모형이라고 한다. 인지 모형은 개별적인 측면에, 민간 모형은 집단적 측면에 초점을 두는 반면, 문화 모형은 다소 포괄적이다. 그중 민간 모형은 경험을 통해 상식 수준에서 형성된 세계관으로, 설명력·사실성·친숙성·예측력을 갖는다는 점에서 주목된다. 문화 모형의 탐구 과제로는 감각 표현, 감정 표현, 속담과 속언, 방언, 대우법, 문화적 대조 및 변이 양상 등이 있다.

셋째, 언어의 보편성과 상대성의 문제에 대해서 인지언어학은 암묵적으로 '상대적 보편성'에 비중을 두고 있다. 이것은 신체화의 보편성과 문화의 상대성이 접점을 이룬 것이라 하겠다. 이에 따른 언어적 변이 양상에 대한 다양한 논의가 앞으로의 과제로 남아 있다.

제19장
동물 속담의 가치론[*]

1. 들머리

이 장은 가치론 연구의 일환으로 동물 속담의 의미적 가치 문제를 인지언어학적 관점에서 밝혀보는 데 목적이 있다. 인지언어학의 특징 가운데 하나는 언어의 원리·현상·지식이 세상사의 원리·현상·지식과 상통한다는 점이다. 대조적으로 종래의 자율언어학에서는 언어의 문제를 세상사의 문제와 관련짓지 않은 채, 언어의 원리·현상·지식에 대해 자율적이고 독자적인 질서를 추구해 왔다. 이처럼 동일한 언어 현상에 대해 인지언어학과 자율언어학의 접근 방식은 판이한데, 전자가 후자에 비해 언어 현상을 설명하고 이해하는 데 우리의 경험에 더 가깝고 삶에 바탕을 두고 있다는 점에서 한층 더 설명력이 높다고 하겠다.

먼저, 속담은 충고나 경고를 의미하는 짧은 말로서 주로 민간에서 사용되고 있다. 속담은 다음의 두 가지 특성을 갖는다(Hamawand 2016: 114 참조). 첫째, 대중성이다. 이는 속담이 불후의 지혜를 담고 있기 때문에 대중성을 갖게 된 것이다. 둘째, 간결성이다. 이는 속담이 짧은 형태 속에 많은 의미가 내포되어 있음을 뜻한다. 속담의 이러한 특성은 삶 속에서 체득된 인간 경험이 망라되어 있기 때문이다. 속담은 두 층위로 작용하고 있는데, 글자 그대로의 의미와 은유적 의미가 그것이다. 예를 들어, "쇠뿔도 단김에 빼랬다."라는 속담에서 글자 그대로의 의미는 든든히 박힌 소의 뿔을 뽑으려면 불로 달구어 놓아 열기가 식지 않았을 때 해치워야 한다는 것이며, 그 은유적 의미는 어떤 일이든지 하려고 생각했으면 한창 열이 올랐을 때 망설이지 말고 곧장 행동으로 옮겨야 한다는 것이다. 실제로 언중들은 이 속담에 대한 글자 그대로의 의미를 바탕으로 일상생활에서 비유적 또는 상징적 의미를 유연하게 적용한다.

다음으로, '가치'의 문제는 전통적으로 철학·윤리학·미학의 주요 관심사였지만, 언어학

---

[*] 이 장은 임지룡(2012). "현대 국어 동물속담의 인지언어학적 가치론"(『국어교육연구』 50: 377-404. 국어교육학회.)의 내용을 깁고 고친 것임.

의 경우 최근의 인지언어학에 이르러 언어 연구의 흥미로운 대상이 되기에 이르렀다.[1] 이것은 가치의 문제가 다른 학문 분야에서 세상사의 일환으로 논의되어 오던 것을 인지언어학에서는 언어적 가치를 다룸으로써, 세상사의 '가치'와 언어적 '가치'가 동일한 관점에서 개념화되는 성과를 거두었다. 실제로 어린이들의 성장 과정에서 일차적인 범주화는 가치의 문제일 만큼 그 중요성이 크다고 하겠다(Krzeszowski 1997: 15 참조). 그런 뜻에서 좋고 나쁨, 건강과 질병, 행복과 불행에 관한 가치의 문제는 인간의 삶에서 본능적이며 주된 관심사가 되기 마련이다. 같은 맥락에서 우리 자신뿐만 아니라, 우리 자신과 세상을 소통하는 매체로서의 언어는 가치의 측면에서 매우 다양하고 흥미로운 양상을 지닌 것으로 보인다.

이와 관련하여 이 장에서는 이제까지 우리 학계에서 제대로 논의된 바 없는 동물 속담의 의미적 가치 문제를 밝혀보기로 한다. 이를 위해서 가치론의 기본 개념에 대해서 살펴보고, 동물 속담을 가치론적인 측면에서 분석한 뒤, 동물 속담의 의미 특성을 규명하기로 한다. 이 과정에서 언어적 의미의 가치를 규명하고, 언어와 세상사의 가치가 동일 선상에서 논의될 수 있으며, 나아가 인지언어학의 지평을 넓히고 설명력을 확보하는 계기가 될 것이다. 뿐만 아니라, 전통적으로 의미의 향상 및 타락, 또는 가치의 이동에 관한 의미 변화의 양상을 새로운 관점에서 해석하는 계기가 마련될 것이다.

2. 가치론의 기본 개념

'가치론'의 기본 개념을 파악하기 위해 먼저 가치론의 성격, 가치론의 언어학적 전개, 그리고 존재의 대연쇄 이론에 대해서 살펴보기로 한다.

2.1. 가치론의 성격

'가치론(axiology)'은 그리스 시대 이래 가치에 대한 철학적 연구 방법론을 뜻하며, 윤리학이나 미학에서도 이 용어가 함께 사용되어 왔다. 20세기에 접어들어서 가치론은 윤리학의 경우 개인과 사회적 행위에서 '정당함'과 '선량함'의 개념을 탐구하였으며, 미학의 경우에는 '아름다움'과 '조화'의 개념을 연구하는 분야로 자리 잡았다.

폴란드의 철학자 Tischner(1982)는 가치의 문제를 '감각적 가치', '생명적 가치', '정신적

---

[1] 이와 관련하여 Krzeszowski(1990: 135)는 구조언어학과 생성언어학에서 'good-bad', 'ugly-beautiful' 간의 다양한 가치론적 구분에 관해 무관심했음을 지적한 바 있다.

가치'의 세 가지 위계로 분류한 바 있다(Krzeszowski 1990: 142-144 참조). 첫째, 신체 감각과 관련된 '즐거움'의 가치, 즉 '감각적 가치(sensory value)'는 신체적 접촉을 통해 소유하기를 바라는 (+) 방향의 유쾌한 가치와 소유하기를 거부하는 (-) 방향의 불쾌한 가치를 포함한다. 둘째, 생명과 관련된 '만족도'의 가치, 즉 '생명적 가치(vital value)'는 생리적·심리적 측면에서 건강과 삶의 (+) 방향의 만족스러운 가치와 질병과 죽음의 (-) 방향의 불만족스러운 가치를 포함한다. 셋째, 정신세계와 관련된 '행복함'의 가치, 즉 '정신적 가치(spiritual value)'이다. 이것은 '정의', '고귀함' 등 (+) 방향의 행복한 가치와 '불의', '천박함' 등 (-) 방향의 불행한 가치를 포함한다.

이 세 가지 유형의 가치는 감각적 가치에서 정신적 가치로 나아감에 따라 시간상으로 볼 때 지속적이며, 쾌락의 정도상으로 볼 때 심화되고 승화된다는 것이다. 이를 도식화하면 <그림 1>과 같다.

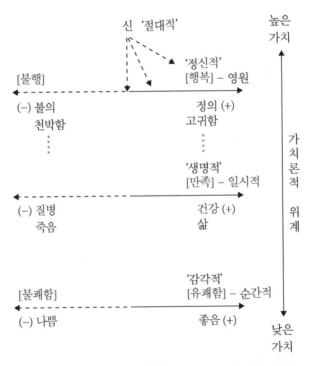

그림 1 Tischner의 **가치론적 척도**(Krzeszowski 1990: 143)

<그림 1>에서 점선은 '좋음'과 '나쁨'의 존재론적 지위가 다름을 뜻하는데, 그 둘이 동등한 지위를 갖는 것이 아니라, '나쁨'은 '좋음'의 결여이다. 예를 들어, (1)에서 보듯이 범언어적으

로 부정을 나타내는 말은 긍정에 부정접사가 첨가된다.[2]

  (1) a. 덕-부덕, 합격-불합격, 완성-미완성, 합리적-비합리적
     b. happy-unhappy, pleasure-displeasure, mortal-immortal, finite-infinite

2.2. 가치론의 언어학적 전개

  소쉬르나 촘스키에 의한 20세기의 주류 언어학에서는 언어적 의미의 가치에 대해 별다른 관심을 기울이지 않았다. 그 반면에 의미 연구에서 언어적 가치에 대한 관심은 꾸준히 이어져 왔는데,[3] 주요 사항을 개괄해 보면 다음과 같다.
  먼저, 구조의미론의 관점에서 가치론을 다룬 주요 논의는 다음과 같다.
  첫째, '의미 미분(semantic differential)'에서 가치론을 다루었다. Osgood et al.(1957)에서는 의미 분석의 척도로서 의미 미분을 활용하였는데, 다양한 평가 요소 가운데 '좋다-나쁘다'의 가치론적 척도가 33.18%로 사용됨을 알 수 있었다(임지룡 1997a: 195 참조).
  둘째, '의미의 유형'에서 가치론을 다룬 바 있다. Leech(1974: 15-18)에서는 '개념적 의미'에 대응하는 '내포적 의미(connotative meaning)' 및 '정서적 의미(affective meaning)'를 제시하고 있는데(임지룡 1992: 36-37 참조), 이는 소극적인 관점의 가치론이라 할 수 있다.
  셋째, '대립어'와 '유표성'에서 가치론을 다루었는데, 이는 언어적 가치와 직접적으로 관련을 맺고 있다. 대립어 가운데 '좋다-나쁘다', '쉽다-어렵다', '부지런하다-게으르다', '선하다-악하다', '영리하다-우둔하다', '아름답다-추하다', '유능하다-무능하다'의 평가를 나타내는 대립 쌍에서 전자는 긍정적 가치를, 후자는 부정적 가치를 지닌다(임지룡 1992: 160 참조).[4] 또한 '유표성(markedness)'의 기준에서는 '오른쪽-왼쪽'이라는 방향성과 관련하여 '오른쪽'은 '남성, 삶, 행운'과 관련되는 무표항으로서 긍정적 가치를 지니며, '왼쪽'은 '여성, 죽음, 불행'

---

[2] 예외적인 보기로서 한자어의 경우 '폭력-비폭력'이 있으며, 영어의 경우 'partial(편파적인)-impartial(공정한)', 'bias(편파적인)-unbias(공정한)'가 있다(Lehrer 1985: 421 참조).
[3] '진리조건 의미론(truth-conditional semantics)'은 이른바 '가치론'을 다루는 '가치 의미론 (axiological semantics)'과 현저히 구별된다. 가치 의미론은 폴란드 언어학계에서 독자적인 성과를 구축한 것으로 주목되는데, 그 주요한 논의로는 Cortés de Ríos(2002), Kiełtyka(2005, 2008a, 2008b), Kiełtyka & Kleparski(2005), Krzeszowski(1990, 1993, 1997) 등이 있다.
[4] 이와 관련하여 음양 대립은 가치론적 양상의 전형인데, 임지룡(1989: 49)에서는 (가)로, Yu(1995: 82)에서는 (나)로 제시한 바 있다.
  (가) 음(-)/양(+): 하늘/땅, 위/아래, 어둠/빛, 귀(鬼)/신(神), 여성/남성, 추위/더위, 겨울/여름, 물/불, 흙/길, 우수/기수, 정적/동적, 수동적/적극적
  (나) 음(-)/양(+): 정적/동적, 억제적/활성적, 희미한/밝은, 차가운/뜨거운, 연한/단단한, 약한/강한, 수동적/능동적, 은밀한/명백한, 내적/외적, 하부의/상부의, 하향적/상향적, 액체적/기체적

과 관련되는 유표항으로서 부정적 가치를 지닌다(임지룡 1997a: 414 참조).

다음으로, 인지의미론의 관점에서 가치론을 다룬 주요 논의는 다음과 같다.

첫째, Lakoff & Johnson(1980: 132-133)은 '나 먼저 방향(Me first orientation)'에 따라 '위-아래', '앞-뒤', '능동적-수동적', '여기-저기', '현재-과거'에서 전자를 긍정적 가치로, 후자를 부정적 가치로 규정하였다.

둘째, '존재론적 은유(ontological metaphor)'에서 가치론이 논의되었다. Krzeszowski(1990: 156-158)에서는 "동물·식물·사물(무생물)은 인간이다."라는 개념적 은유, 즉 '의인화(personification)'는 인간의 관점에서 동물·식물·사물(무생물)의 행위를 평가한다는 것이다. 예를 들어,

(2) a. My cat abandoned me. (내 고양이는 나를 포기했다.)
    b. My wife abandoned me. (내 아내는 나를 포기했다.)

(3) a. John's car approved of his fast driving. (존의 자동차는 그의 과속을 승인했다.→존의 자동차는 성능이 좋다.)
    b. Her plants do not approve of her smoking. (그녀의 식물은 그녀의 흡연을 승인하지 않는다.)
    c. My cat approves of my home-coming. (내 고양이는 내가 집으로 돌아오는 것을 승인한다.)
    d. My wife approves of my home-coming. (내 아내는 내가 집으로 돌아오는 것을 승인한다.)

(2)에서 '나쁜' 가치론적 성격을 지닌 동사 'abandon(포기하다)'은 (2b)와 같이 원형적으로 주어가 인간이며, (2a)와 같이 주어가 인간이 아닌 경우는 존재론적 은유, 즉 의인화된 경우이다. 한편, '좋은' 가치론적 성격을 지닌 동사 'approve(승인하다)'는 (3d)와 같이 원형적으로 주어가 인간이며, (3a)의 사물(무생물), (3b)의 식물, (3c)의 동물에서 은유적으로 확장된 비인간 주어와 함께 사용된다. 의인화에 의한 가치론적 원리는 <그림 2>와 같이 도식화된다.

<그림 2>는 인간적 요인, 그리고 '가치론적 부담량(axiological load)'과 은유화 또는 의인화의 상관성을 나타낸 것이다. 실선은 '인간성'의 척도상에서 '좋다-나쁘다'와 관련된 동사들의 가치론적 부담량을 보여 준다. 사물(무생물) 층위에서 위로 확장되는 점선은 의인화를 나타내는데, '인간성' 척도는 '사물(무생물)<식물<동물<인간'과 같이 다양한 단계를 구성한다.

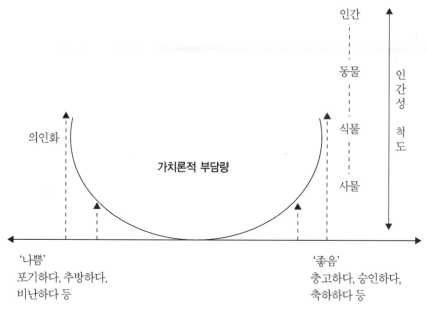

그림 2 **의인화의 가치론적 원리**(Krzeszowski 1990: 157)

셋째, '방향적 은유(orientational metaphor)'에서 가치론이 논의되었는데, 임지룡(2008a: 173-174)에서는 수직 방향과 수평 방향의 은유를 가치의 문제로 제시한 바 있다. 곧 수직 방향의 '위'는 '많음, 지배, 활성, 좋음, 기쁨, 건강'으로서 긍정적 가치를 나타내며, '아래'는 '적음, 피지배, 침체, 나쁨, 슬픔, 질병'으로 부정적 가치를 나타낸다. 또한 수평 방향의 '앞, 오른쪽, 가까움'은 긍정적 가치를, '뒤, 왼쪽, 멂'은 부정적 가치를 나타낸다.

넷째, '영상 도식(image schema)'에서 가치론이 논의되었다. Krzeszowski(1997: 108-131), 임지룡(1997b: 196-208), 윤희수(2002: 94-104)에서는 인간이 신체를 통하여 '전체-부분, 중심-주변, 연결-분리, 안-밖, 균형-불균형, 방향의 위-아래, 앞-뒤, 오른쪽-왼쪽'을 지각하며, 이 원초적 경험을 반복함으로써 전자의 긍정과 후자의 부정에 관한 가치론적 영상도식을 형성한다는 점이 논의되었다.

다섯째, '음성상징(sound symbolism)', 즉 의성어에 관한 대립적 가치론에 대한 인지적 논의이다. 범언어적으로 전설모음 /i/는 작고, 맑고, 유쾌한 느낌을, 후설모음 /u/와 /o/는 크고, 세고, 유쾌하지 않은 느낌을 대표한다. 즉 전설모음은 '긍정적인 연상(positive association)'을, 후설모음은 '부정적인 연상(negative association)'을 일으킨다(Ungerer & Schmid 2006: 305-308 참조)[5]. 또한 임지룡(2009b: 65)에서는 고유어를 중심으로 한 의성어와 의태어에서

---

5   톨킨(John Ronald Reuel Tolkien)의 고전 *The Lord of the Rings*(『반지의 제왕』)을 잘 모르는 피험

'ㅏ, ㅗ, ㅐ' 등의 양성모음은 가볍고, 밝고, 맑고, 작고, 빠르고, 긍정적 가치를 지니는 반면, 'ㅓ, ㅜ, ㅔ' 등의 음성모음은 무겁고, 어둡고, 흐리고, 크고, 느리고, 부정적 가치를 지닌다는 점이 논의되었다.

한편, 말뭉치 언어학에서 '의미 운율(semantic prosody)'[6]의 개념을 통해 가치론을 다룬 바 있다. Sinclair(1991), Bednarek(2008)에 의한 '의미 운율' 및 '의미 선호'는 말뭉치를 통해 형용사와 명사의 결합에서 가치론적 경향성을 파악한 연구로서 주목을 받고 있다. 이에 관한 국어의 논의로는 강범모(2009, 2011) 및 남길임(2012, 2014)이 있다.

2.3. 존재의 대연쇄 이론

폴란드의 인지언어학자 Krzeszowski(1997: 68)는 가치의 위계구조를 '존재의 대연쇄 이론 (theory of the Great Chain of Being)'[7]으로 설명하고 있다.

<그림 3>에서 보듯이 존재의 대연쇄는 '신→인간→동물→식물→무기물'의 하향적 전이와 '무기물→식물→동물→인간→신'의 상향적 전이 양상을 띤다. <그림 3>과 관련하여 이 세상에 존재하는 구성 요소들은 가치의 측면에서 비대칭적인데, 구체적으로 인간·동물·식물·무생물의 주요 존재 양상들은 계층 내적으로나 계층 외적으로 우열을 갖는다.

그림 3 존재의 대연쇄 순환

자들에게 등장인물의 이름을 두고 실험한 결과 Aegnor, Earendil, Idril과 같이 전설모음을 가진 이름에 대해서는 긍정적 인물로, Carcharoth, Draugluin, Gorthaur과 같이 후설모음을 가진 이름에 대해서는 부정적 인물로 판정하였다(Ungerer & Schmid 2006: 306 참조).

6 의미 운율은 개별 단어, 구, 절, 문장, 문맥에 걸쳐 나타나는 긍정적/부정적인 비축자적 (암시적) 의미를 말한다. 예를 들어, 유사한 의미를 갖는 두 단어 '권장하다'와 '조장하다'를 비교해 보면, '권장하다'는 긍정적인 일과 관련이 되고, '조장하다'는 나쁜 일과 관련된다(강범모 2011: 1 참조).

7 Lakoff & Turner(1989: 166-167)에 따르면 '존재의 대연쇄(the Great Chain of Being)'란 존재의 종류 및 특성과 관련이 있는 일종의 문화 모형인데, 그 존재의 종류와 특성을 고차원의 존재와 특성에서 저차원의 존재와 특성으로 하의관계의 척도 위에 배치하는 것이다.

먼저, 하향적 전이를 보기로 한다.

(4) 그는 더 이상 **인간**이기를 포기했다. 그는 한 마리 **짐승**으로 돌변했다.

(5) a. '**식물인간**'은 대뇌의 손상으로 의식과 운동 기능은 상실되었으나 호흡과 소화, 흡수, 순환 따위의 기능은 유지하고 있는 환자를 일컫는데, "사람들이 즐겨 쓰는 말 중에 '**식물인간**'이라는 말이 있다. 만약 뒷동산의 영민한 오리나무가 이런 오만무도한 인간의 말을 듣는다면 무슨 말을 할지 궁금하다." (동아일보 2011.9.10.)

   b. 그런 그였지만 임기를 1년여를 앞둔 시점에서의 노동법 날치기는 민심이반을 가속화시켜 끝내 **식물 대통령**으로 임기를 마감하고야 말았다. (내일신문 2011.12.19.)

   c. 육탄전 **동물 국회**가 비효율 **식물 국회**보다 나았다는 얘기 무성하나 전기톱, 해머, 쇠사슬로 국민 처참하게 만들던 야만으로 복귀는 안 된다. (조선일보 2014.2.6.)

   d. **식물정부** 틈탄 국회의 지역구 챙기기 입법 '눈살' (건설경제신문 2016.11.28.)

(6) a. 그는 **돌**이다.

   b. 저 **돌대가리** 좀 봐!

   c. 그 사람은 **목석**(木石)이다.

   d. 그는 **떡**이 되도록 맞았다.

   e. 너희 시아버님은 내가 천년만년 **무쇠**인 줄 아시지만 속은 곯고 삭아 삭신이 안 쑤시는 데가 있는 줄 아니? (박완서 "미망"에서)

(4)의 표현 및 (5c)의 '동물 국회'는 '인간→동물(짐승)', (5)의 '식물인간', '식물 대통령', '식물 국회', '식물 정부'는 '인간→식물', (6)의 '돌, 돌대가리, 떡, 무쇠'는 '인간→무기물'로 가치가 저하된 경우인데, 그 전이 양상은 <그림 4>로 도식화된다.

역으로, 상향적 전이를 보기로 한다.

(7) a. 충직한 **개**

   b. **효조**(孝鳥)

   c. 용맹스러운 **사자**

(8) a. 간사한 **여우**

   b. 가난한 **생쥐**

   c. 미련한 **곰**

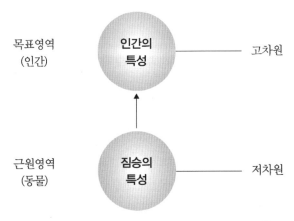

그림 4 "그는 짐승이다"의 전이 양상(Huang 2011: 37 참조)

(7)과 (8)은 '동물(짐승)→인간'으로 상향된 경우인데, 그 전이 양상은 <그림 5>로 도식화된다. 그중 (7)의 '개', '새', '사자'는 각각 인간의 특성인 '충직함', '효성스러움', '용맹스러움'이라는 긍정적 가치로, (8)의 '여우', '생쥐', '곰'은 인간의 특성인 '간사함', '가난함', '미련함'이라는 부정적인 가치로 전이되었다.

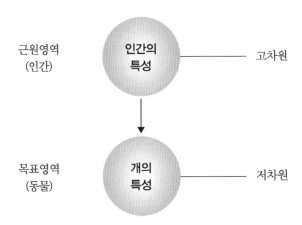

그림 5 '충직한 개'의 전이 양상(Huang 2011: 38 참조)

3. 동물 속담의 가치론적 분석

아래에서는 인지언어학의 관점에서 동물 속담에서 가치를 내포하고 있는 용례들을 중심으로, 국어에서 동물 속담이 어떤 가치를 갖는지 살피고자 한다. 국어에서 동물 속담의 수는 적지 않은데, 여기에서는 동물 속담에 관한 두 가지 사전8을 중심으로 긍정적 가치(+)와 부정적 가치(-)를 분석하기로 한다.

3.1. 송재선(1997) 『동물속담사전』

송재선(1997)의 『동물속담사전』은 164종의 동물에 대한 6천여 개의 속담으로 이루어져 있으며,9 그 유형별 종은 (9)와 같다.

(9) 길짐승류: 36종, 날짐승류: 39종, 고기류: 40종, 파충류 · 양서류: 15종, 벌레류: 34종

이와 관련하여 송재선(1997: 1)에서는 동물 속담을 분석하여 동물의 성격을 <표 1>과 같이 정리하였다.

표 1 동물 속담에 나타난 동물의 성격

성격	동물명	성격	동물명
근면함	개미 · 벌	포악	승냥이 · 범
청백함	학 · 봉	탐욕	돼지 · 부엉이 · 족제비
책임감	개 · 벌	미련	곰
부부애	원앙 · 기러기	변덕	여우
용감함	벌 · 매 · 솔개	음흉	구렁이
온순함	양 · 토끼	게으름	굼벵이 · 늑대
효심	까마귀 · 비둘기	염치	쥐
충성심	개	자만	원숭이
다변	참새	고집	닭 · 소 · 꿩
불신	박쥐	불효	올빼미

<표 1>에서 동물 속담에 관한 20가지의 성격 가운데, 긍정적인 가치는 '근면함, 청백함, 책임감, 부부애, 용감함, 온순함, 효심, 충성심'의 8가지이며, 부정적인 가치는 '고집, 불효, 포악, 탐욕, 미련, 변덕, 음흉, 게으름, 자만, 불신'의 10가지이며, '다변, 염치'는 가치가 모호하다.

한편 강성영(2004: 157)은 송재선(1997)의 동물 속담 6천여 개를 분석하여 긍정적, 부정적

---

8 이 논의에서 이들 두 사전을 활용하는 까닭은 다음과 같다. 첫째, 송재선(1997)은 일반 속담 사전과 달리 동물 속담에 관해 풍부한 표제어와 용례를 담고 있다. 둘째, 『표준국어대사전』은 약 50만 개의 표제어를 등재한, 규모면에서 큰 사전이므로 대표성을 갖고 있다.

9 이와 유사한 영어 텍스트로는 Palmatier(1995)의 *Speaking of Animals*가 있다.

시각에 대해 (10)과 같이 기술한 바 있다.[10]

> (10) a. 긍정적 시각: 개-충직함, 소-우직함, 호랑이-위세, 말-활력, 돼지-행운, 고양이-치밀함
>
> b. 부정적 시각: 개-천함/불길함, 소-고집/어리석음, 호랑이-두려움/포악, 말-사나움/어리석음, 닭-고집/경박함, 돼지-천함/탐욕, 고양이-엉큼함/탐욕, 쥐-약함/천함, 까마귀-불길함/우둔함, 당나귀-고집/우둔함

구체적으로, 송재선(1997)『동물속담사전』의 용례와 예문을 분석한 주요 결과를 보면 다음과 같다.

첫째, 『동물속담사전』에 제시된 표제어의 수는 6,243개이며, 긍·부정적 가치로 구분할 수 있는 용례는 2,682개로 이는 전체 용례의 42.96%에 해당한다. 즉, 동물 속담에서 동물의 속성이 중립적으로 사용되는 경우는 57.04%, 부정적 가치로 사용되는 경우는 31.83%, 긍정적 가치로 사용되는 경우는 11.13%이다. 이는 모든 동물 속담이 긍정 또는 부정의 가치로 대별되는 것은 아님을 뜻한다. 또한 긍정적 가치와 부정적 가치를 구분할 수 있는 표제어에 대한 상대적 비율은 긍정적 가치가 25.91%, 부정적 가치가 74.09%로 나타난다.

동물 속담에 나타난 동물 수는 모두 153개인데, 이 중에서 긍정적 가치를 갖는 것은 34개이고, 부정적 가치를 갖는 것은 109개이며, 긍정이나 부정의 가치를 갖지 않은 것이 10개이다. 긍정적 가치가 두드러지는 동물은 '굼벵이, 봉황, 기러기, 까치, 제비, 거미, 학' 등이고, 이들은 표제어 수에서 8~19개의 분포를 보이며, 부정적 가치의 표제어보다 2~4배 정도 더 많이 나타난다. 그 반면, 부정적인 가치가 두드러지는 동물은 '개, 닭, 소, 쥐, 고양이, 까마귀, 새, 참새, 개미, 꿩, 곰, 파리, 물고기, 이, 뱀, 생쥐' 등이고, 이들은 20~166개 정도의 표제어를 갖는데, 긍정적 의미의 용례보다 3~10배 정도 더 많이 나타난다. 특히 '개, 닭, 소, 쥐, 고양이, 까마귀, 말' 등은 부정적 가치를 갖는 표제어의 수가 88~196개로 다른 동물에 비해 현저히 많으며, 이에 대응하는 긍정적 가치를 갖는 표제어 또한 12~51개로 다른 동물에 비해 상대적으로 많다.

『동물속담사전』에서 가장 많은 표제어를 갖는 동물 10가지는 '개 984개(15.76%), 소 554개(8.87%), 범 454개(7.27%), 말 363개(5.81%), 닭 304개(4.87%), 돼지 219개(3.51%), 고양이 196개(3.14%), 쥐 189개(3.03%), 까마귀 177개(2.84%), 새 136개(2.18%)'의 순으로 나타난다.

---

10 강성영(2004: 157)에서는 프랑스 동물 속담을 분석하여 '말-당당함, 닭-능력, 소-강인함, 고양이-예리함'은 긍정적 시각으로, '개-천함/사나움, 말-어리석음/천함, 닭-경박함, 소-경박함/어리석음, 늑대-위험함/잔인함, 고양이-탐욕/배은망덕, 양-약함/경박함, 당나귀-우둔함/고집, 돼지-천함/탐욕, 염소-어리석음/고집'은 부정적 시각으로 기술한 바 있다.

이들 상위 10개의 동물이 차지하고 있는 비중은 전체의 57.3%(3,576개)로서 상위 10개 동물의 표제어가 전체 동물의 반 이상을 차지함을 알 수 있다.

둘째, 『동물속담사전』에서 동물을 사람에 비유한 속담만을 살펴보면 다음과 같다. 『동물속담사전』의 전체 표제어 6,243개 중에서 사람을 동물에 빗댄 속담은 1,727개로 전체의 22.12%에 해당한다. 그 가운데 긍정적 가치를 갖는 것은 382개(22.12%)이며, 부정적 가치를 갖는 것은 1,345개(77.88%)이다. 이는 동물을 사람에 비유한 경우에도 동물을 부정적으로 인지한 표현이 현저히 많다는 것을 드러낸다.

동물의 수로 보면, 긍정적 가치로 분류된 동물은 20개이고, 부정적 가치로 분류된 동물은 114개이며, 긍정과 부정의 가치가 같거나 나타나지 않는 동물은 19개이다. 긍정적 가치가 두드러지는 동물은 '까마귀, 굼벵이, 봉황'인데 이들은 9~27개 정도의 표제어를 갖고, 부정적 가치의 표제어보다 2~4배 정도 많이 나타난다. 반면, 부정적 가치가 두드러지는 동물은 '개, 소, 고양이, 말, 쥐, 물고기, 참새' 등이며, 이들은 40~152개 정도의 표제어를 갖고, 긍정적 가치를 갖는 표제어보다 2~10배가량 많이 나타난다. 특기할 만한 것은 '용'의 경우, 긍정적 가치를 갖는 표제어가 30개이고 부정적 가치를 갖는 표제어가 31개인데, 상대적으로 빈도가 높으면서도 긍정과 부정의 의미를 갖는 표제어의 수에 별다른 차이가 없다. 한편, '범'과 '닭'의 경우, 두 동물이 『동물속담사전』에서 차지하는 비중이 각각 3위(범), 5위(닭)로 높음에도 불구하고 사람에게 비유한 속담의 용례는 '닭'은 16/304, '범'은 6/454로 적게 나타났다.

3.2. 국립국어원(1999) 『표준국어대사전』

164종의 동물에 대하여 국립국어원(1999) 『표준국어대사전』의 속담 용례를 분석한 결과를 보기로 한다.

첫째, 『표준국어대사전』에 수록된 동물 속담의 표제어는 849개이다. 그중에서 긍정적 가치를 나타내는 용례는 90개, 부정적 가치를 나타내는 용례는 211개로 집계되었다. 즉 긍정 또는 부정으로 분류할 수 있는 용례는 301개로 전체의 35.45%인데, 이것은 중립적 가치를 지니는 용례의 분포가 현저히 많다는 것을 의미한다.

이들 동물 속담을 긍정적 가치 또는 부정적 가치를 갖는 표제어로 분류해 보면, 긍정적 가치를 갖는 표제어가 29.9%이며, 부정적 가치를 갖는 표제어가 70.1%로 부정적 가치를 포함한 동물 속담이 더 큰 비중을 차지하고 있음을 알 수 있다. 이는 『동물속담사전』에서 본 바와 동일하다. 동물의 수를 기준으로 살펴보면, 긍정적 가치를 지닌 동물이 17개인 반면, 부정적 가치를 지닌 동물이 31개로 나타났다. 『표준국어대사전』에 제시된 동물 속담의 용례는 그다지 많지 않으나 분석된 결과는 대체로『동물속담사전』과 일치한다. 긍정적 가치가 두드러지는 동물은 '굼벵이, 노루, 제비, 곰, 개미' 등인데, 각각의 용례수가 적고 부정적 가치의 용례수와 편차도 적게 나타났다. 그 반면, 부정적 가치가 두드러지는 동물은 '소, 개, 참새, 고양이, 범, 돼지, 쥐, 승냥이, 말, 이리' 등으로 긍정적 가치를 지닌 동물들에 비해 상대적으로 용례가 많으며, 긍정적 가치의 용례와의 편차도 크게 나타났다.

『표준국어대사전』에서 표제어를 많이 갖는 동물 15개를 살펴보면, '범 65개(7.66%), 개 52개(6.12%), 쥐 48개(5.65%), 소 47개(5.54%), 고양이 42개(4.95%), 닭 29개(3.42%), 참새 28개(3.3%), 노루 18개(2.12%), 새 15개(1.77%), 용 14개(1.65%), 돼지 13개(1.53%), 곰 11개(1.3%), 개미 11개(1.3%), 족제비 10개(1.18%), 개구리 10개(1.18%)'의 순이다. 이들 동물의 표제어는 전체 표제어의 48.65%(413/849)를 차지하고 있다. 이것은 상위 빈도 15개의 비중이 전체 동물 속담의 절반에 가까운 분포를 나타내고 있어,『동물속담사전』에서 살펴본 바와 유사하다. 또한『동물속담사전』에 제시된 상위 빈도의 동물 10개와 비교해 보면, 순위는 다소간 차이가 있으나 10위권 내에 '말'과 '까마귀'를 제외한 8개의 동물이 공통적으로 분포되어 있다. 이는 속담을 수집하여 표제어로 등재하는 방법에 차이가 있었기 때문으로 보인다.

둘째,『표준국어대사전』에서 사람에게 비유한 긍정적·부정적 예문의 결과이다. 이 사전에서 사람에게 비유한 동물 속담은 322개로 전체의 37.93%이다. 그중 긍정적 가치의 용례는 66개로 20.5%이며, 부정적 가치의 용례는 256개로 79.5%이다. 이것은『동물속담사전』의 분석 결과와 동일한 것으로서, 사람에게 비유한 속담의 경우에도 긍정적 가치보다 부정적 가치의 표현이 더 많다.

동물의 수를 기준으로 보면, 긍정적 가치로 분류된 동물이 13개인 반면, 부정적 가치로 분류된 동물이 65개로 차이를 보이고 있다.『표준국어대사전』에서 동물에 비유한 속담의 용례가 매우 적지만, 긍정적 가치로 분류된 동물과 부정적 가치로 분류된 동물을 비교해 보면, 긍정적 가치가 두드러지는 동물은 '굼벵이, 고슴도치, 꿩, 용' 등이며, 부정적 가치가 두드러지는 동물은 '까마귀, 개, 고양이, 참새, 쥐' 등이다.

4. 동물 속담의 가치론적 특성

동물 속담을 대상으로 그 가치론적 특성을 동물 자체의 가치론, 인간 비유적 가치론으로 나누고 후자의 경우 직유, 은유, 정신공간의 관점에서 살펴보기로 한다.[11]

4.1. 동물 자체의 가치론

송재선(1997)의 『동물속담사전』과 국립국어원(1999)의 『표준국어대사전』을 중심으로 한 동물에 대한 가치 평가는 세 가지 유형으로 대별된다.

첫째, 동물에 대한 긍정적, 부정적 가치이다. 이것은 동물에 대한 글자 그대로의 일차적 의미를 기준으로 한 것이다. 예를 들어, (11)의 '따오기', (12)의 '소'는 긍정적인 가치를 지니며, (11)의 '닭'과 (13)의 '미꾸라지'는 부정적인 가치를 지닌다.

> (11) **따오기**는 귀하게 여기고, **닭**은 천하게 여긴다.

> (12) **소**가 말이 없어도 열두 가지 덕이 있다.

> (13) 둠벙 망신은 **미꾸라지**가 시킨다.

둘째, 동물의 행위에 의한 긍정적, 부정적 가치이다. 예를 들어, (14)의 '까치', (15)의 '개'와 관련된 행위는 긍정적 가치를 지니며, (14)의 '까마귀', (16)의 '소, 개, 까마귀'와 관련된 행위는 부정적 가치를 지닌다.

> (14) 아침 **까치**가 울면 좋은 소식이 생기고, 밤 **까마귀**가 울면 초상난다.

> (15) 정월에 남의 **개**가 들어오면 재수가 있다.

> (16) a. **소**가 밤에 울면 주인이 죽는다.
>   b. **개**가 지붕에 오르면 흉사가 난다.
>   c. **까마귀**가 울면 재수가 없다.

셋째, 동물과 연관된 인간 행위의 긍정적, 부정적 가치이다. 예를 들어, (17)은 동물과 관련된 인간 행위가 긍정적 가치를 지니는 것인데, 구체적으로 '돼지', '소'와 관련된 가치이다. 한편, (18)은 동물과 관련된 인간 행위가 부정적 가치를 지닌 것인데, 구체적으로 '개'와 관련된 가치이다.

---

11 "개¹는 개²를 먹지 않는다. 개³가 개⁴를 먹는다."라는 속담에서 '개¹, 개², 개⁴'는 글자 그대로의 '개'이며, '개³'은 은유로서 '개'에 비유된 인간을 가리킨다.

(17) a. 꿈에 **돼지**를 보면 재수가 있다.

b. **소** 꿈을 꾸면 길하다.

(18) **개**를 따라가면 측간으로 간다.

4.2. 인간 비유적 가치론

송재선(1997)의 『동물속담사전』과 국립국어원(1999)의 『표준국어대사전』을 바탕으로 동물 또는 동물 속담의 인간 비유적 가치론을 직유, 은유, 정신공간적 측면에서 기술하면 다음과 같다.

4.2.1. 직유적 가치론

동물이 사람에게 비유적으로 사용되는 경우로서 '같이/처럼'이나 '같다'와 함께 나타나는 이른바 '직유(simile)' 표현이 있다. 직유에 의해 동물의 가치가 인간에게 비유적으로 사용되는 경우는 다음과 같다.[12]

먼저, 긍정적 가치가 직유로 표현되는 (19)를 보기로 한다.

(19) a. **양**{같이/처럼} 순하다.

b. **학**같이 고고하다

c. **기러기** 같은 부부

d. **원앙** 같은 부부

e. (목소리가) **꾀꼬리** 같다.

(19)는 긍정적 가치를 지닌 동물 속담으로서, (19a)는 양같이 순한 사람을, (19b)는 학같이 고고한 사람을, (19c)는 기러기같이 사이좋은 부부를, (19d)는 원앙같이 금실이 좋은 부부를, (19e)는 꾀꼬리같이 고운 목소리를 가진 사람을 비유한 것이다.

다음으로, 부정적 가치가 직유로 표현되는 (20), (21)을 보기로 한다.

---

12   인간의 비유에서 남성으로 비유되는 전형적 동물은 '늑대 같은 놈, 너구리 같은 놈, 쥐새끼 같은 놈, 빈대 같은 놈'의 '늑대, 너구리, 쥐새끼, 빈대'이며, 여성으로 비유되는 전형적 동물은 '여우 같은 계집'의 '여우'이다.

(20) a. **돼지**같이 {뚱뚱하다/욕심 많다}.

　　 b. **곰**같이 미련하다.

　　 c. **참새**같이 약다.

　　 d. 굶주린 **이리** 같다.

　　 e. **쥐새끼**처럼 염치를 모른다.

　　 f. 후방 병원의 위생병들은 **미꾸라지**처럼 약삭빠른 놈들뿐이다. (홍성원 "육이오"에서)

(21) a. **여우** 같다.

　　 b. 양의 탈을 쓴 **늑대** 같다.

　　 c. 그 **미꾸라지** 같은 놈 때문에 또 우리 경찰만 헛고생 했네.

　　 d. **거머리** 같은 탐관오리 때문에 농민들이 죽을 지경이다.

　　 e. 고 **생쥐** 같은 놈의 새끼, 병원을 옮겼더군. (박경리 "토지"에서)

　(20)은 '같이'나 '처럼'의 직유 표지 뒤에 동물의 속성이 드러난 경우로서, '돼지'는 뚱뚱한 사람 또는 욕심쟁이를, '곰'은 미련한 사람을, '참새'는 약은 사람을, '이리'는 (특히 성에) 굶주린 사람을, '쥐새끼'는 염치없는 사람을, '미꾸라지'는 약삭빠른 사람을 가리킨다. 한편, (21)은 '동물+같다'의 형식을 취하여 동물의 속성이 표면적으로 드러나지 않은 경우로서, '여우'는 매우 교활한 사람을, '늑대'는 음흉한 남자를, '미꾸라지'는 자기 자신에게 이롭지 않으면 요리조리 살살 피하거나 잘 빠져나가는 사람을, '거머리'는 착취하는 상태가 매우 모질고 끈덕진 사람을, '생쥐'는 뒤로 살살 빠져 다니면서 쑥덕거리며 못된 짓을 하는 사람을 비유한 것이다.

4.2.2. 은유적 가치론

　동물이 사람으로 전이되어 긍정적, 부정적 가치를 드러내는 '은유(metaphor)'의 방식을 보기로 한다.[13] 인지언어학에서는 구체적이고 익숙한 근원영역을 통해 추상적이고 새로운 목표영역을 구조화하고 개념화하는 인지 전략을 '개념적 은유(conceptual metaphor)'라 하는데, 그 관계는 <그림 6>과 같다.

13　동물의 본능적 행동이 인간의 가치론적 특성으로 '사상(mapping)' 될 경우 문화 의존적 양상을 보인다. 예를 들어, '돼지'에 대해 폴란드에서는 '더러운 계교'의 부정적 가치로 실현되는 반면, 독일에서는 '행운'이라는 긍정적 가치로 실현된다(Kiełtyka 2008a: 41 참조). 한편, 중국에서는 '더럽고 먹기만 좋아하고 일에는 게으르다'라는 상징을 가지며, 우리 문화권에서 '돼지'는 '탐욕/뚱보'와 '행운'의 양면성을 지닌다.

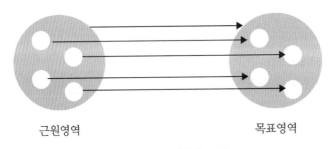

근원영역   목표영역

그림 6 개념적 은유 도식

먼저, 긍정적 가치를 지닌 은유의 경우이다.

(22) a. 동양의 **꾀꼬리**와 젊고 교양 있는 백만장자와의 호화판 약혼 소문은 거리에 때 아
　　　닌 폭풍을 일으킨 것이었다. (유진오 "화상보"에서)
　　b. 그들은 한 쌍의 **원앙**이었다.

(22a)의 '꾀꼬리'는 목소리가 고운 사람을, (22b)의 '원앙'은 금슬이 좋은 부부를 일컫는다.
다음으로, 부정적 가치를 지닌 은유 가운데서 둘 이상의 의미를 갖는 것을 살펴보면, 아래
의 (23)-(25)와 같다.

(23) a. 그는 술만 먹으면 **개**가 된다.
　　b. 그는 일제의 앞잡이 노릇을 하는 **개**다.

(24) a. 친구가 저더러 **돼지**라고 놀려서 살을 빼려고 해요.
　　b. 친구인 저로선 개를 **돼지**로 만드는 한이 있더라도 세상 속 깊이 끌어들이고 싶어
　　　요. (서영은 "술래야 술래야"에서)

(25) a. 계집은, 그러나 민 주사가 생각하고 있는 것보다도 훨씬 더 **여우**였다. (박태원 "천
　　　변 풍경"에서)
　　b. 고거 참, **여우**같네.

'개'에 대해 (23a)는 행실이 형편없는 사람을, (23b)는 다른 사람의 앞잡이 노릇을 하는
사람을 일컫는다. '돼지'에 대해 (24a)는 몹시 미련하거나 탐욕스러운 사람을, (24b)는 행실이
형편없는 사람을 일컫는다. 또한, '여우'에 대해 (25a)는 매우 교활한 사람을, (25b)는 하는
짓이 깜찍하고 영악한 계집아이를 일컫는다.
　일반적으로 사람을 목표영역으로 하는 경우, 부정적 가치를 갖는 동물 속담은 긍정적 가치

를 갖는 것보다 더 풍부한데, 그 예를 살펴보면 (26)과 같다.

(26) a. 그 엉큼한 **늑대**가 너를 건드렸단 말이냐?

b. 집안으로 **승냥이**를 끌어들였다.

c. 저 **너구리** 영감의 속은 아무도 모른다니깐.

d. 이놈이 그냥 악질인 줄만 알았더니 이만저만 **능구렁이**가 아냐. (송기숙 "암태도"에서)

e. 높은 벼슬아치들은 남문이 깨질 때 이미 몸만 빠져나와 거의 도망치고 남은 것은 **송사리** 관리거나 아전들뿐이었다. (유현종 "들불"에서)

f. 베테랑으로 자부하는 우리가 겨우 저런 **올챙이**한테 지다니!

g. 누가 저런 **맹꽁이**하고 친구를 하겠어?

h. 하나같이 **굼벵이**들이라서 아직 아무도 도착하지 않았다.

i. 측근 정치란 걸 알아? 부엌이며 안방 드나드는 **생쥐**들이 다 해 먹는 거야. (박영한 "인간의 새벽"에서)

j. "있을 때는 몰랐다. **바퀴벌레**들이 다 구멍 속에 들어가 있어서, 내가 나가자마자 **바퀴벌레**들이 쫙 출몰한 거다." (중앙일보 2016.10.27.)

(26a)의 '늑대'는 여자에게 음흉한 마음을 품은 남자를, (26b)의 '승냥이'는 사납고 포악한 대상을, (26c)의 '너구리'는 매우 능청스럽고 음흉한 사람을, (26d)의 '능구렁이'는 음흉하고 능청스러운 사람을, (26e)의 '송사리'는 권력이 없는 약자나 하찮은 사람을, (26f)의 '올챙이'는 초보자를, (26g)의 '맹꽁이'는 야무지지 못하고 말이나 하는 짓이 답답한 사람을, (26h)의 '굼벵이'는 동작이 굼뜨고 느린 사물이나 사람을, (26i)의 '생쥐'는 뒤로 살살 빠져 다니면서 쏙닥거리며 못된 짓을 하는 사람을 비유하고 있다. 또한, (26j)의 '바퀴벌레'는 군집성, 번식력, 끈질긴 생명력, 세균의 매체로서 흉측한 벌레의 대명사 또는 그런 사람을 비유하고 있다.

4.2.3. 정신공간적 가치론

동물의 속성을 인간에게 비유적으로 적용하여 긍정적, 부정적 가치를 드러내는 '정신공간 (mental space)'의 방식을 보기로 한다. 예를 들어, (27)은 '잉어'를 따라 뛰는 '망둥이'를 통하여 자기 분수를 모르고 행동하는 인간 부류를 풍자한 것이다.

(27) 잉어가 뛰니 망둥이도 뛴다.

(27)에서 속담의 비유적 의미는 정신공간의 '혼성이론(blending theory)'으로 설명될 수 있다. 이 속담은 <그림 7>에서 보듯이 입력공간₁만 언어로 나타나 있으므로, 근원영역의 입력공간₁을 통하여 목표영역의 입력공간₂를 추론해야 한다.

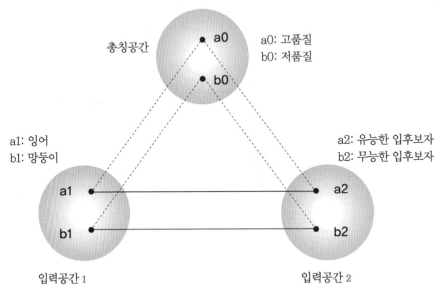

총칭공간

a0: 고품질
b0: 저품질

a1: 잉어
b1: 망둥이

a2: 유능한 입후보자
b2: 무능한 입후보자

입력공간 1　　　　　　　　　　입력공간 2

그림 7 '잉어가 뛰니까 망둥이도 뛴다'의 정신공간

입력공간₂는 담화 상황에 따라 '선거 공간', '주식 공간', '미녀선발 공간' 등 매우 다양하게 설정될 수 있는데, <그림 7>은 입력공간₂가 선거 공간이다. 따라서, 근원영역으로서 입력공간₁은 '물고기'의 집합이며, 목표영역으로서 입력공간₂는 '입후보자'의 집합이며, 총칭공간은 '품질의 높낮이'에 관한 집합이다. 이를 바탕으로, 입력공간₁의 '잉어'와 입력공간₂의 '유능한(=양질, 고품질) 입후보자'는 총칭공간의 '고품질'에 연결되며, 입력공간₁의 '망둥이'와 입력공간₂의 '무능한(=저질, 저품질) 입후보자'는 총칭공간의 '저품질'에 연결된다(임지룡 2008a: 373-374 참조).

정신공간의 방식에 의해 긍정적, 부정적 가치를 드러내는 사례를 들면 다음과 같다.

(28) a. **여우**와는 살아도 **곰**과는 못 산다.
　　 b. **참새 무리**가 어찌 **대붕**의 뜻을 알랴.
　　 c. **뱁새**가 **황새** 걸음을 걸으면 가랑이가 찢어진다.
　　 d. **똥 묻은 개**가 **겨 묻은 개**를 꾸짖는다.

(28)은 입력공간$_1$의 가치론적으로 대조되는 동물을 통해 입력공간$_2$를 유추 또는 함축하는 경우이다. (28a)를 (27)과 같은 방식으로 설명해 보면, 근원영역으로서 입력공간$_1$은 '동물'의 집합이며, 목표영역으로 입력공간$_2$는 '배우자'의 집합이고, 총칭공간은 '배우자의 적절성'에 관한 집합이다. 즉 입력공간$_1$에는 'a1-여우, a2-곰'이 있고, 입력공간$_2$에는 'a1-적절한/좋은 배우자, b1-부적절한/나쁜 배우자'가 있다. 이를 바탕으로, 입력공간$_1$의 '여우'와 '간사스럽지만 애교 있는 여자를 빗댄 표현인 여우'는 '적절한 배우자'로 연결되고, 입력공간$_2$의 '미련한 여자를 빗댄 표현인 곰'과 입력공간$_2$의 '나쁜 배우자'는 총칭공간의 '부적절한 배우자'로 연결된다.

같은 방식으로 '참새 무리/대붕'은 평범한 사람과 비범한 사람을, '뱁새/황새'는 무능한 사람과 유능한 사람을, '똥 묻은 개/겨 묻은 개'는 큰 흉이 있는 사람과 작은 흉이 있는 사람을 가리킨다. 곧 (28)의 속담들은 긍정적 가치와 부정적 가치를 갖는 동물들을 한 문장 안에 담아 서로 대조함으로서 인간 사회를 풍자하거나 교훈을 주고 있다.

5. 마무리

이상에서 인지언어학적 관점에 따라 동물 속담의 가치론적 양상과 의미 특성을 밝혀 보았다. 이제까지 논의한 바를 간추려 이 장을 마무리하기로 한다.

첫째, 가치론은 전통적으로 가치의 문제를 다루는 철학·윤리학·미학의 관심사였는데, 인지언어학에서 세상사의 가치와 언어의 가치가 동일한 관점에서 개념화되는 성과를 거두었다.

둘째, 동물 속담은 가치론적 양상을 드러내는 전형적 텍스트로서, 주요 동물 속담 사전을 분석한 결과는 다음과 같다. 비중이 높은 동물은 '개, 소, 범, 말, 닭, 돼지, 고양이, 쥐, 까마귀, 새' 순이다. 또한 부정적 가치가 긍정적 가치보다 비중이 크며, 긍정적 가치의 동물은 '굼벵이, 봉황, 제비, 거미, 학, 곰, 개미' 등이며, 부정적 가치의 동물은 '개, 닭, 소, 쥐, 고양이, 까마귀, 새, 참새, 개미, 꿩, 곰, 파리, 물고기, 이, 뱀, 생쥐' 등이다.

셋째, 동물 속담의 가치론은 동물 자체의 가치론, 인간 비유적 가치론으로 대별된다. 그 가운데서 인간 비유적 가치론의 경우 직유적 가치론은 동물의 전형적 특성을 의인화하는 데 효과적이며, 은유적 가치론은 동물의 모양, 동작, 본능적 행동의 한 특성을 의인화하는 데 효과적이며, 정신공간적 가치론은 긍·부정적 가치가 대조되어 함축적 의미를 의인화하는 데 효과적이다.

넷째, 동물 속담의 가치론적 양상은 문화 의존적이다. 이와 관련하여 전통 농경사회에서 형성된 대부분의 동물 속담은 오늘날의 정서와 다르므로 이에 대한 검토가 필요하며, 동물 속담에 관한 한국어와 타 문화권 간의 가치론적 양상에 대한 대조 연구가 장차의 과제라 하겠다.

1. 들머리

　이 장은 청자 대우법의 화계를 새롭게 설정하고, 그 화계가 갖는 의의를 유의미하게 해석하는 데 목적이 있다.1 이와 관련하여, 청자 대우법에 대한 기존의 체계 기술에서는 논자에 따라 등급의 구분이 매우 다르며, 등급에 대한 명칭도 다양하기 이를 데 없다. 이로 인해 청자 대우법 규준에 대해 국어 공동체가 겪는 혼란상은 말할 것도 없거니와, 국어교육 및 한국어교육의 장에서 교재를 비롯하여 교육의 문제가 결코 간단하지 않다. 구체적으로, 청자 대우법의 화계를 새롭게 설정하려는 것은 기존 논의가 안고 있는 다음과 같은 세 가지 문제점 또는 의문에서 비롯된다.

　첫째, 이른바 '대우법'에 대해 '주체 대우법', '객체 대우법', '청자 대우법'의 3원 체계를 엄격히 고수함으로써, '청자'가 '주체'로서 높임을 받는 경우에 대해 '청자 대우법'에서 체계화하는 것을 용납하지 않았다. 즉 대우법을 실현하는 문법적 기제로서 '주체 대우법'은 선어말어미 '-시-'가 맡고, '청자 대우법'은 어말어미가 맡는 것으로 구분해 왔다. 예를 들어, (1a)에서 '-시-'에 의한 '가십니까'는 (1b)에 바탕을 둔 '주체 대우법'의 영역이며, (1c)의 어말어미 '-ㅂ니까'에 의한 '갑니까'는 '청자 대우법'의 영역으로 봄으로써 (1a)를 포괄한 '청자 대우법'의 실상을 제대로 파악하지 못한 것이다.

　　(1) a. 선생님! 어디 가십니까?
　　　　b. 선생님께서 학교에 가십니다.
　　　　c. 선생님! 어디 갑니까?

---

* 　이 장은 임지룡(2015b). "청자 대우법의 화계와 해석"(『언어과학연구』 72: 347-376. 언어과학회.)의 내용을 깁고 고친 것임.
1 　대우의 의향에 대한 용어로 '대우법', '존대법', '높임법', '경어법', '존경법', '겸양법', '공손법' 등 여러 명칭이 있는데, 여기서는 '대우법'과 '청자 대우법'을 사용하기로 한다.

둘째, '청자 대우법' 화계의 등급 설정이 매우 혼란스럽다는 점이다. 이에 관한 수많은 논의에서 '높임(존대)'과 '낮춤(하대)', '반말(등외)' 또는 '같음(높낮이 없음)', 그리고 '격식'과 '비격식'의 기준에 의해 4등급에서 7등급으로 그 편차가 극심하다. 더욱이, 청자 대우법의 등급 체계를 종결어미 또는 종결표현으로 예시한 경우를 보면 '-시-'의 개재를 포함하여 그 규준을 찾기 어려운 만큼 교육 현장의 혼란이 퍽 우려스럽다.[2]

셋째, 청자 대우법의 여러 화계가 세대, 성별, 지역, 장면 등에 따라 사용의 활성화 정도가 매우 다르다. 이와 관련하여, (2)의 청자 대우법의 여러 화계 가운데 (2a)의 '가니?/가?', (2c)의 '갑니까?/가오?/가요?', 그리고 (2d)의 '가십니까?/가시오?/가세요?/가셔요?'의 각 그룹별로 화계의 등급이 본질적으로 같은 것인가 다른 것인가 하는 문제이다. 또한 (2b)의 '가는가?'를 포함하여, 여러 화계 가운데 그 쓰임의 활성화 정도는 어떠한가 하는 점이다.

> (2) a. 어디 가니?/가?
>   b. 어디 가는가?/가시는가?
>   c. 어디 갑니까?/가오?/가요?
>   d. 어디 가십니까?/가시오?/가세요?/가셔요?

이에 이 장에서는 청자 대우법의 올바른 위상을 정립하기 위하여 다음 두 가지 틀의 변화를 시도하기로 한다. 첫째, 이제까지 형태소 중심의 시각을 넘어 담화 화용론적 틀을 함께 고려하기로 한다. 둘째, 이제까지 문법범주의 언어 자율적인 시각에서 언어, 몸과 마음을 가진 인간, 인간의 사회 문화적 경험 간의 상관성을 중시하는 인지언어학적 관점을 수용하기로 한다. 이에 따라, 기존의 체계와 문제점을 기술하며, 대안적인 화계를 설정하고 화행을 기술하며, 대안적인 화계와 화행을 기존의 논의에 비추어 새롭게 해석하기로 한다.

2. 기존의 청자 대우법 체계

국어의 문법 현상 가운데 청자 대우법의 체계 설정만큼 관심이 많고 다양한 견해가 속출된 주제도 흔하지 않을 것이다. 수많은 논의 가운데, 어말어미의 대우 의향에 따른 청자 대우법의 체계 기술에서 대표적인 사례 10가지를 살펴보기로 한다.

최현배(1937/1980)에서는 <표 1>과 같이 낮춤에서 높임에 이르는 1원적 5등급 체계를 설정하였다. 이 체계에서는 낮춤과 높임뿐만 아니라 등외로 '반말'을 설정하고 있는데, 이는

---

2   학교문법에서 이 문제를 다룬 논의로는 임지룡(2015d) 참조.

'해라'와 '하게', '하게'와 '하오'의 중간에 있는 말로 보았다.

표 1 최현배(1937/1980: 262-281)

마침법의 높임 등분	베풂꼴	물음꼴	시킴꼴	꾀임꼴
아주 높임(극존칭, 합쇼)	-(읍)니다	-(ㅂ)니까	-소서	-(으십)시다
예사 높임(보통존칭, 하오)	-(으)오	-(으)오	-(으)오	-(읍)시다
예사 낮춤(보통비칭, 하게)	네	-(는)가	-게	-세
아주 낮춤(극비칭, 해라)	-다	-니	-라	-자
등외(반말)	-어, -지	-어, -지	-어, -지	-어

이익섭(1974)에서는 <표 2>와 같이 [하대(평대)] [존대] [친밀(격식)]과 같은 청자의 자질 및 어말어미에 따라 1원적 6등급으로 나누었다.

표 2 이익섭(1974: 60)

청자의 자질			결과
[하대(평대)]	[존대]	[친밀(격식)]	
+	-	+(-)	해라체
+	-	-(+)	반말체
-	-	+(-)	하게체
-	-	-(+)	하오체
-	+	+(-)	해요체
-	+	-(+)	합쇼체

황적륜(1976)에서는 <그림 1>과 같이 '존대'와 '격식갖춤'을 별개의 축으로 삼고, '격식갖춤'과 '비격식갖춤'의 2원적 체계를 설정하였다. '격식갖춤'에는 하대의 '-다, -네, -오'와 존대의 '-ㅂ니다'의 4등급, '비격식갖춤'에는 '-다, -네'에 대립되는 '반말', '-ㅂ니다'에 대립되는 '-요'의 2등급을 설정하였다.

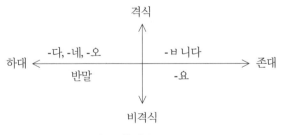

그림 1 황적륜(1976: 117)

김종택(1981)에서는 <표 3>에서 보듯이 평대와 존대의 대립체계를 설정하고, 존대를 다시 수하존대와 수상존대로 나누었으며, 수하존대는 예사존대와 가진존대, 수상존대는 예사존대·가진존대·겸양존대·겹존대로 나누었다. 이 체계의 특징은 문법적 차원의 대우법에서 하대를 제외하였으며, 수하존대 및 수상존대의 경우 선어말어미 '-사', '-오-'에 의해 세분화했다는 점이다.

표 3 **김종택**(1981: 21)

존대(+)	수상존대	겹존대(-시옵니다) 겸양존대(-옵니다) 가진존대(-십니다) 예사존대(-ㅂ니다)
	수하존대	가진존대(-시네) 예사존대(-네)
평대(0)		-ㄴ다

서정수(1984)에서는 <표 4>와 같이 2원적 체계로서, 격식체에 4등급과 비격식체에 2등급으로 나뉘고, 그 각각을 비존대와 존대에 따라 세분하였다.

표 4 **서정수**(1984: 39)

	등급	등급	서술형	의문형	명령형	청유형
격식체	존대	아주높임(합쇼체)	(으)ㅂ니다	(으)ㅂ니까	(으)십시오	(으)십시다
		예사높임(하오체)	(으)오	(으)오	(으)오	(으)ㅂ시다
	비존대	예사낮춤(하게체)	네	는가	게	세
		아주낮춤(해라체)	ㄴ/는다	니	어라/아라	자
비격식체	존대	두루높임(해요체)	어요	어요	어요	어요
	비존대	두루낮춤(해체, 반말)	어	어	어	어

한길(1991)에서는 <표 5>와 같이 2원적 체계로, 격식체에 낮춤·같음·높임에 따른 5등급, 비격식체에 안높임·높임의 2등급으로 나누었다.

표 5 **한길**(1991: 40)

구분	격식체	비격식체	구분
높임	아주높임(-으십시오)	반말종결접미사+요 (-아요, -지요)	높임
	예사높임(-오)		
같음	높낮이 없음(-으라)	반말(-아, -지)	안높임
낮춤	예사낮춤(-게)		
	아주낮춤(-아라)		

권재일(1992)에서는 격식체와 비격식체의 2원적 체계에 따라 그 각각을 '높임'과 '높이지 않음'의 대립으로 설정하고, 격식체의 경우 높임-3의 '손아래 높임', 높임-2의 '보통높임', 높임-1의 '아주높임'으로 나누었는데, 서술법의 등급 체계는 <표 6>과 같다. 또한 현대 국어에서는 높임-2와 높임-3의 [+격식]이 현격히 줄어가고 있으므로, 그 등급을 <표 6>와 같이 제시하였다.

표 6 권재일(1992: 124)

		[+격식]	[-격식]
[+높임]	1	-습니다	-어/지-요
	2	-으오	
	3	-네	
[-높임]		-다	-어/지

표 6′ 권재일(1992: 125)

등급	서술법	의문법	명령법	청유법
1 [+높임, +격식]	-습니다	-습니까	-으십시오	-읍시다
2 [+높임, -격식]	-어/지-요			
3 [-높임, -격식]	-어/지			
4 [-높임, +격식]	-다	-으냐, -니	-으라/어라	-자

김태엽(1999, 2007)에서는 <표 7>과 같이 1원적 4등급 체계를 설정하였는데, 안높임과 높임의 대립 체계를 설정하고 높임에는 어말어미에 따라 3등급으로 나뉘었다.

표 7 김태엽(1999: 131, 2007: 144)

등급		서술법	의문법
높임[+높임]	아주높임	-습니다, -어요	-습니까, -어요
	조금더높임	-으오, -어요	-으오, -어요
	조금높임	-네,-어,-지	-가, -어, -지
안높임[0높임]		-다/ㄴ 다, -어, -지	-느냐, -어, -지

서울대학교 국어교육연구소(2002)에 의한 『고등학교 문법』에서는 <표 8>과 같이 격식체와 비격식체의 2원적 체계를 설정하고, 격식체에는 4등급, 비격식체에는 2등급으로 나뉘었다.

표 8 서울대학교 국어교육연구소(2002: 173)

		평서법	의문법	명령법	청유법	감탄법
격식체	하십시오체	가십니다	가십니까?	가십시오	(가시지요)	-
	하오체	가(시)오	가(시)오?	가(시)오, 가구려	갑시다	가는구려
	하게체	가네, 감세	가는가?, 가나?	가게	가세	가는구먼
	해라체	간다	가냐?, 가니?	가(거)라, 가렴, 가려무나	가자	가는구나
비격식체	해요체	가요	가요?	가(세/셔)요	가(세/셔)요	가(세/셔)요
	해체(반말)	가, 가지	가?, 가지?	가, 가지	가, 가지	가, 가지

국립국어원(2005)의 『외국인을 위한 한국어 문법 1』에서는 <표 9>와 같이 격식체와 비격식체의 2원적 체계를 설정하고, 격식체에는 4등급, 비격식체에는 2등급으로 나누었다.

표 9 국립국어원(2005: 221-222)

높임 등급		격식체	종결어미					비격식체	높임 등급
			평서형	의문형	명령형	청유형	감탄형		
높임	아주높임	합쇼체	합니다	합니까	하십시오	하십시다	합니다	해요체 (해요)	두루 높임
	예사높임	하오체	하오	하오	하(시)오	합시다	하오		
안 높임	예사낮춤	하게체	하네	하나/ 하는가	하게	하세	하네	해체 (해)	두루 낮춤
	아주낮춤	해라체	한다	하느냐	해라	하자	하는구나		

이상에서 청자 대우법 체계에 관한 기존의 대표적인 논의 10가지를 기술하였는데, 그 내용을 간추리면 다음과 같다. 첫째, 청자 대우법의 등급을 종결어미에 의해 구분하였다. 이 경우 명령형 어미에 따라 '해라체', '해체', '하게체', '하오체', '해요체', '합쇼체' 또는 '하십시오체'로 등급을 명명하였다. 둘째, 청자 대우법의 등급은 대부분의 논의에서 '낮춤(하대)'과 '높임(존대)'의 대립체계를 설정하고, '반말(등외)', 그리고 '같음(높낮이 없음)'을 설정하기도 했다. 한편, 김종택(1981)에서는 문법적 체계에서 '낮춤(하대)'을 인정하지 않고 '평대'와 '존대'의 대립체계를 설정하였다. 셋째, 청자 대우법의 등급을 1원적 체계로 구분해 오다가, 서정수(1972: 83, 1980: 381, 1984: 39), 황적륜(1976: 117)에서 '격식체'와 '비격식체'의 2원적 체계를 설정하여 두 유형이 공존하고 있다.

3. 청자 대우법의 화계와 화행

국어의 청자 대우법은 문법적으로 형태소에 의해 대우 등급이 분화되는데, 1차적으로 어말어미에 의해, 2차적으로 선어말어미에 의해 대우에 대한 의향이 섬세하게 실현된다. 이 경우 화계 운영은 청자에 대한 화자의 대우 의향에 따르는데, 대우 의향을 가늠하는 화용적 변인은 지위, 격식, 긴장도 등이다. 아래에서 어말어미와 선어말어미에 의한 청자 대우법의 화계를 설정하고 화행의 운용에 대해서 살펴보기로 한다.

3.1. 무표형 화계

청자 대우법은 1차적으로 어말어미에 의해 화계가 3단계로 분화되는데, 이를 '무표형 화계 (unmarked speech level)'로 지칭한다. 무표형 화계는 청자 대우법의 틀 형성 기능을 한다. 의문법에 의한 무표형 화계의 양상은 (3)과 같다.

(3) a. 어디 가니?
　　b. 어디 가는가?
　　c. 어디 갑니까?

첫째, 1단계의 화계는 (3a)의 '-니'이다. 이 화계는 지위에 있어서 화자가 청자보다 손위이거나 청자와 동급인 경우에 사용된다. 화자의 청자에 대한 격식이 없으며, 긴장도도 낮다. 1단계 화계의 운용 요건을 정리하면 (4)와 같다.

(4) 1단계 화계의 운용 요건
　　a. 지위: 화자 ≧ 청자
　　b. 격식: 없음
　　c. 화자의 긴장도: 낮음

1단계의 '-니'에 해당하는 동급 종결표현은 (5)와 같다. (5b)의 '-어'나 (5c)의 '-지'는 기존의 '해체' 또는 '반말'이라고 하여 별도의 등급을 부여해 왔지만, (5a)의 '-니'와 동일한 화계이다. 지역방언에는 1단계에 해당되는 여러 유형의 동급 종결표현이 사용되고 있다.[3]

3　경상도 방언에는 "(1a) 내가 학생이가?/(1b) 내가 누고?", "(2a) 공부 하나?/(2b) 뭔 공부 하노?"와 같이 '-가/-고', '-나/-노'가 의문사의 유무에 따라 선택적으로 사용된다. 서부경남 지역에서는 (2b)를 "뭔 공부 하네?"와 같이 '-네'를 사용한다(최명옥 1976: 152-153 참조).

(5) a. 어디 가니?

    b. 어디 가?

    c. 어디 가지?

동급 종결표현을 포함하여, 1단계 화계에 대한 서법의 활용 양상은 (6)과 같다.[4]

(6) a. (의문법) 어디 가니?/가?/가지?

    b. (서술법) 학교 간다./가.

    c. (명령법) 학교 가라./가.

    d. (청유법) 학교 가자./가.

둘째, 2단계의 화계는 (3b)의 '-는가'이다. 이 화계는 1단계 화계와 같이, 지위에 있어서 화자가 청자보다 손위이거나 동급인 경우에 사용되지만, 화자가 미성년인 경우에는 사용되지 않는다. 화자가 청자에 대해 격식을 갖춘 화계이며, 긴장도는 보통이다. 2단계 화계의 운용 요건을 정리하면 (7)과 같다.

(7) 2단계 화계의 운용 요건

    a. 지위: 화자(성년)≧청자

    b. 격식: 있음

    c. 화자의 긴장도: 보통

2단계 화계에 대한 서법의 활용 양상은 (8)과 같다.

(8) a. (의문법) 어디 가는가?

    b. (서술법) 학교 가네.

    c. (명령법) 학교 가게.

    d. (청유법) 학교 가세.

---

4   이와 관련하여, 권재일(2012: 273)에서는 문장종결법의 하위범주와 그 기준을 다음과 같이 체계화 하였다.

[기준] 1. 청자에 대하여 요구함이 있음(+)/없음(-)

      2. 행동수행이 있음(+)/없음(-)

[체계] 요구함(-) ·· (1) 서술법(평서법, 감탄법, 약속법)

     요구함(+): 행동수행성(-) ····················· (2) 의문법

            행동수행성(+) ···[청자] ······················ (3) 명령법

                 ···[청자+화자] ············· (4) 청유법

셋째, 3단계 화계는 (3c)의 '-ㅂ니까'이다. 이 화계는 지위에 있어서 화자가 청자보다 손아래이거나 청자와 동급인 경우에 사용된다. 화자가 청자에 대해 격식을 갖춘 화계이며, 긴장도가 높다. 3단계 화계의 운용 요건을 정리하면 (9)와 같다.

(9) 3단계 화계의 운용 요건
  a. 지위: 화자 ≦ 청자
  b. 격식: 있음
  c. 화자의 긴장도: 높음

3단계의 '-ㅂ니까'에 해당하는 동급 종결표현은 (10)과 같다. (10b)의 '-오'나 (10c)의 '요'는 기존의 논의에서 '-ㅂ니까'에 비해 높임의 등급이 낮거나 비격식체로 간주해 왔다. 즉 '-ㅂ니까'와 '-오'는 격식체로서 전자는 '아주높임(극존칭)'이며, 후자는 '예사높임(보통존칭)'인 반면, '요'는 비격식체로서 '두루높임'으로 기술되었다. 그러나 이들은 모두 3단계의 동급 종결표현으로서 화자의 성별, 세대가 포함된 것으로 문화권의 관습에 따라 선택되는 화계이지, 등급의 차이나 격식체 또는 비격식체의 문제가 아니라 하겠다. 지역방언에는 3단계에 해당되는 다양한 동급 종결표현이 사용되고 있다.

(10) a. 어디 갑니까?
   b. 어디 가오?
   c. 어디 가요?

동급 종결표현을 포함하여, 3단계 화계에 대한 서법의 활용 양상은 (11)과 같다. 이 경우 '갑니까'에 해당하는 명령법은 빈자리이다.

(11) a. (의문법) 어디 갑니까?/가오?/가요?
   b. (서술법) 학교 갑니다./가오./가요.
   c. (명령법) 학교 —/가오./가요.
   d. (청유법) 학교 갑시다./가오./가요.

요컨대, 청자 대우법의 '무표형 화계'는 어말어미에 의한 것으로, 그 단계와 서법을 종합하면 <표 10>과 같다.

표 10 청자 대우법의 무표형 화계

서법 화계	의문법	서술법	명령법	청유법
3단계	갑니까, 가오, 가요	갑니다, 가오, 가요	−, 가오, 가요	갑시다, 가오, 가요
2단계	가는가	가네	가게	가세
1단계	가니, 가	간다, 가	가라	가자

3.2. 유표형 화계

청자 대우법은 2차적으로 선어말어미 '-시-'에 의해 그 화계가 2단계 더 세분화되는데, 이를 '유표형 화계(marked speech level)'로 지칭한다. 유표형 화계는 무표형 화계를 더욱 섬세하게 표현해 주는 수의적 기능을 한다. 의문법에서 유표형 화계가 포함된 청자 대우법 화계의 양상은 (12)와 같은데, '-시-'는 2단계와 3단계 화계에 첨가될 수 있다.

(12)　　a. 어디 가니?　　a'. *어디 가시니?

　　　　b. 어디 가는가?　　b'. 어디 가시는가?

　　　　c. 어디 갑니까?　　c'. 어디 가십니까?

첫째, 2단계의 유표형 화계는 (12b')의 '-시는가'이다. (12b')는 (12b)에 비해 화자의 청자에 대한 대우의 격이 한층 더 높다. 지위에 있어서 (12b)와 달리 청자가 미성년인 경우에는 잘 쓰지 않는다. 곧 화청자가 모두 성년일 뿐 아니라, 정중하게 대우해야 할 손아랫사람이나 친구에게 사용된다. 이 화계의 운용 요건을 정리하면 (13)과 같다.

　　(13) '-시-'+'-는가' 화계의 운용 요건

　　　　a. 지위: 화자(성년)≧청자(성년)

　　　　b. 격식: '-는가'보다 더 있음

　　　　c. 화자의 긴장도: '-는가'보다 더 높음

2단계 유표형 화계에 대한 서법의 활용 양상은 (14)와 같다. (14)에서 보듯이 '-시-'에 의한 2단계 유표형 화계는 서술법, 의문법, 명령법에는 사용하지만,5 청유법에는 사용하지 못한다.6

5　이 경우 "(자네) 어디 가시는가?"에 대한 대답으로서 "*(나는) 산책 가시네."에서 보듯이 서술법의 경우 1인칭에서 '-시-'가 붙은 2단계 유표형 화계가 사용되지 못한다.

6　경북 안동방언의 경우, 2단계 청유법의 무표형 화계는 "같이 가세."라고 하며, 그 유표형 화계는 "같이 가이세."라고 한다. 여기서 '-이-'는 선어말 어미 '-시-'에 해당하는 안동방언의 '-기-'가 약화

(14) a. (의문법) 어디 가시는가?

    b. (서술법) 자네는 오늘 일찍 못 가시네.

    c. (명령법) 잘 가시게.

    d. (청유법) －

둘째, 3단계 유표형 화계는 (12c')의 '-십니까'이다. (12c')는 (12c)와 화청자의 지위는 변함 없지만, (12c)에 비해 화자의 청자에 대한 대우의 격이 가장 높다. 다시 말해서 화자에 대한 청자의 가장 정중한 대우 의향을 드러내는 화계라 하겠다. 그런 만큼 화자의 긴장도도 가장 높다. 이 화계의 운용 요건을 정리하면 (15)와 같다.

(15) '-시-'＋'-ㅂ니까' 화계의 운용 요건

    a. 지위: 화자≦청자

    b. 격식: '-ㅂ니까'보다 더 있음

    c. 화자의 긴장도: '-ㅂ니까' 더 높음

(12c') 화계를 포함한 동급 종결표현은 (16)과 같다. (16)의 4가지 동급 종결표현은 화자의 성별, 세대가 포함된 문화권 및 장면에 바탕을 둔 화계 선택으로서, 청자의 화자에 대한 대우 의 격이 가장 높은 화계라 하겠다.

(16) a. 어디 가십니까?

    b. 어디 가시오?

    c. 어디 가세요?

    d. 어디 가셔요?

동급 종결표현을 포함하여, 3단계 유표형 화계에 대한 서법의 활용 양상은 (17)과 같다. (17)에서 보듯이 '-시-'에 의한 3단계 유표형 화계는 네 가지 서법으로 쓰일 수 있다.[7]

(17) a. (의문법) 어디 가십니까?/가시오?/가세요?/가셔요?

    b. (서술법) 오늘은 댁에 일찍 가십니다./가시오./가세요./가셔요.

    c. (명령법) 잘 가십시오./가시오./가세요./가셔요.

    d. (청유법) 함께 가십시다./가세요./가셔요.

된 것인데, 함경방언의 "동무 같이 가기오.(동무 같이 가십시다.)"의 '-기-'와도 뿌리를 같이한다(임 지룡 1998a: 473-174 참조).

7 이 경우 "(선생님!) 어디 가십니까?/가시오?/가셔요?/가세요?"에 대한 대답으로서 "*(저는) 산책 가십 니다./가시오./가셔요./가세요."에서 보듯이 서술법의 경우 1인칭에서 '-시-'가 붙은 3단계 유표형 화계가 사용되지 못한다.

이상에서 살펴본 무표형의 어말어미와 유표형의 선어말어미에 의한 청자 대우법의 화계를 단계와 서법을 화자의 요구함이 있는 의문법, 명령법, 청유법과 화자의 요구함이 없으며 물음에 대한 응답으로서의 서술법(주로 평서법)을 종합하면 <표 11>과 같다.

표 11 청자 대우법 화계

화계	서법	의문법	서술법	명령법	청유법
3단계	유표형	가십니까, 가시오, 가셔요, 가세요	가십니다, 가시오, 가세요, 가셔요	가십시오, 가시오, 가세요, 가셔요	가십시다, −, 가세요, 가셔요
	무표형	갑니까, 가오, 가요	갑니다, 가오, 가요	−, 가오, 가요	갑시다, 가오, 가요
2단계	유표형	가시는가	가시네	가시게	−
	무표형	가는가	가네	가게	가세
1단계	무표형	가니, 가	간다, 가	가라, 가	가자

<표 11>과 관련하여 두 가지 사항이 주목된다. 첫째, 청자 대우법에서 화자가 청자를 대우하는 상황의 문법적 서법은 주로 의문법·명령법·청유법의 세 가지이다. 서술법의 경우 유표형 화계가 쓰일 수 있지만, 물음에 대한 대답으로서 1인칭의 경우 2단계와 3단계에서 유표형 화계가 사용되지 않는 제약이 있다. 둘째, 3단계 무표형 화계 '갑니까'에 대응하는 명령법 어형, 2단계 유표형 화계의 청유법, 그리고 3단계 무표형 화계의 청유법 '가오'에 대응하는 유표형 화계의 어형이 '빈자리(gap)'이다.

3.3. 청자 대우법의 화행

<표 11>의 청자 대우법 화계의 화행 양상을 검토해 보기로 한다. 가능한 경우의 수는 지위를 중심으로 세 가지로 정리할 수 있다.

첫째, 화자와 청자가 '동급'인 경우, 세 가지 화계가 사용된다. 화청자 간에 1단계 화계를 쓰는 경우인데, 1단계의 의문법·명령법·청유법에 대한 1단계의 서술법 화행으로 대화하는 상황이다. 예를 들어, 화청자 간에 1단계 화계를 사용하는 (18)은 동급인 친구 간에 대화하는 장면이다.

(18) (의문법) 어디 가니?/가? ························· (서술법) 산책 간다./가.
    (명령법) 산책 가라. ························· (서술법) (지금) 못 간다./가.
    (청유법) 산책 가자. ························· (서술법) (지금) 못 간다./가.

화청자 간에 2단계 화계를 쓰는 경우인데, 2단계의 의문법·명령법·청유법에 대한 2단계의 서술법 화행으로 대화하는 상황이다. 예를 들어, 화청자 간에 2단계 화계를 사용하는 (19)는 동급 성인 세대끼리 대화하는 장면이다.

(19) (의문법) 어디 가는가?/가시는가? ……… (서술법) 산책 가네.
　　 (명령법) 산책 가게./가시게. …………… (서술법) (지금) 못 가네.
　　 (청유법) 산책 가세. ………………………… (서술법) (지금) 못 가네.

화청자 간에 3단계 화계를 쓰는 경우인데, 3단계의 의문법·명령법·청유법에 대한 3단계의 서술법 화행으로 대화하는 상황이다. 예를 들어, 화청자 간에 3단계 화계를 사용하는 (20)은 동급 성인 세대끼리 대화하는 장면이다.

(20) (의문법) 어디 갑니까?/가오?/가요?/가십니까?/가시오?/가세요?/가셔요?
　　 ………………………………………… (서술법) 산책 갑니다./가오./가요.
　　 (명령법) 산책 가오./가요./가십시오./가시오./가세요./가셔요.
　　 ………………………………………… (서술법) (지금) 갑니다./가오./가요.
　　 (청유법) 산책 갑시다./가오./가요./가십시다./가세요./가셔요.
　　 ………………………………………… (서술법) (지금) 못 갑니다./가오./가요.

둘째, 화자가 상급자이고 청자가 하급자인 경우, 세 가지 화계가 사용된다. 예를 들어, (21)의 경우 상급자는 1단계 화행으로 묻고, 명령하고, 요청하며, 하급자는 3단계 화행으로 대답하는 장면이다. 이 화행에서 대답의 서술법 '가오'는 어색하다.

(21) (의문법) 어디 가니?/가? ……………… (서술법) 산책 갑니다./?가오./가요.
　　 (명령법) 산책 가라./가. ……………… (서술법) 갑니다./?가오./가요.
　　 (청유법) 산책 가자. …………………… (서술법) 못 갑니다./?가오./가요.

(22)의 경우 상급자는 2단계 화행으로 묻고, 명령하고, 요청하며, 하급자는 3단계 화행으로 대답하는 장면이다. 이 화행에서도 대답의 서술법 '가오'는 어색하다.

(22) (의문법) 어디 가는가?/가시는가? ……… (서술법) 산책 갑니다./?가오./가요.
　　 (명령법) 산책 가게/가시게. ……………… (서술법) 갑니다./?가오./가요.
　　 (청유법) 산책 가세. ………………………… (서술법) 못 갑니다./?가오./가요.

(23)의 경우 상급자와 하급자 간에 제3단계 화계를 쓰는 경우인데, 제3단계의 의문법·명령법·청유법에 대한 제3단계의 서술법 화행으로 대화하는 상황이다. 이 경우는 상급자가 무표형 3단계를 쓴다는 점이 (20)과 구별된다.

(23) (의문법) 어디 갑니까?/가오?/가요? ········ (서술법) 산책 갑니다./가오./가요.
　　　(명령법) 산책 가오./가요 ····················· (서술법) (지금) 갑니다./가오./가요.
　　　(청유법) 산책 갑시다./가오./가요. ········ (서술법) (지금) 못 갑니다./가오./가요.

셋째, 화자가 하급자이고 청자가 상급자인 경우, 세 가지 화계가 사용된다. 예를 들어, (24)는 하급자는 3단계 화행으로 묻고, 명령하고, 요청하며, 상급자는 1단계로 대답하는 장면이다.

(24) (의문법) 어디 갑니까?/가오?/가요?/가십니까?/가시오?/가세요?/가셔요?
　　　·· (서술법) 산책 간다./가.
　　　(명령법) 산책 가오./가요./가십시오./가시오./가세요./가셔요.
　　　·· (서술법) 지금 못 간다./가.
　　　(청유법) 산책 갑시다./가오./가요./가십시다./가세요./가셔요.
　　　·· (서술법) 못 간다./가.

(25)의 경우 하급자는 3단계 화행으로 묻고, 명령하고, 요청하며, 상급자는 2단계로 대답하는 장면이다.

(25) (의문법) 어디 갑니까?/가오?/가요?/가십니까?/가시오?/가세요?/가셔요?
　　　·· (서술법) 산책 가네.
　　　(명령법) 산책 가오./가요./가십시오./가시오./가세요./가셔요.
　　　·· (서술법) 지금 못 가네.
　　　(청유법) 산책 갑시다./가오./가요./가십시다./가세요./가셔요.
　　　·· (서술법) 못 가네.

또한, 하급자와 상급자 간에 3단계 화계를 쓰는 경우인데, 3단계의 의문법·명령법·청유법에 대한 3단계의 서술법 화행으로 대화하는 상황이다. 이 경우의 화행은 (20)과 동일하다.

이상에서 살펴본 청자 대우법의 화행은 다음 2가지 특징을 갖는다. 첫째, 어말어미에 의한 무표형 화계는 화청자의 지위와 상황 등에 따라 화자가 사용해야 할 화계가 결정되며 이를 교체할 수 없는 반면, 선어말어미 '-시-'에 의한 유표형 화계는 화자가 선택할 수 있다는 점에서 수의적 성격을 지닌다. 둘째, (18)-(25)의 화행에서 의문법·명령법·청유법에 대한 대답의 서술법에서 상호 동급 종결표현은 화자의 선택에 따르게 된다.

4. 청자 대우법 화계의 해석

청자 대우법의 기존 체계와 위에서 제시한 화계를 명칭, 등급, '-시-', 압존법과 가존법, 화계의 동급 종결표현과 활성화 정도, 틀의 측면을 대비하면서 그 의의를 해석해 보기로 한다.

4.1. 명칭의 해석

기존의 청자 대우법 체계에서 '명칭'에 관한 3가지 문제점, 그리고 그 대안과 해석은 다음과 같다.

먼저, '청자 대우법'에 대한 기존의 명칭은 '존대법', '높임법', '경어법', '존경법', '겸양법', '공손법'이다. 이들 상위범주에 '상대'나 '청자'가 붙은 하위범주의 문제점은 다음과 같다. '존대법', '높임법', '경어법', '존경법', '공손법'은 상대나 청자에 대한 존대나 높임이 전제되며 '겸양법'은 겸양이 전제되는데, 실제로는 '낮춤-반말-높임'으로 등급화하였다. 그런 점에서 여기서 채택한 '청자 대우법'[8]은 '화자'가 '청자'를 대우한다는 중립적인 명칭이며, 이에 걸맞게 이 장에서는 청자 대우의 등급을 1단계, 2단계, 3단계와 같이 중립적으로 제시하였다.

또한, 청자 대우법의 등급 명칭으로 '해라체', '반말체(해체)', '하게체', '하오체', '해요체', '합쇼체/하십시오체'와 같이 명령형 종결어미를 그대로 사용해 각 등급의 이름으로 써 오고 있는데(이익섭 2005: 219 참조), 이들 명칭은 다음과 같은 3가지 문제점을 지닌다. 첫째, 의미상으로 '높임법', '존대법', '존경법'의 '높임', '존대', '존경'은 '명령'과 어울리지 않는다. 둘째, '합쇼체' 또는 '하십시오체'는 '-십시-', 즉 '-십-'+'-시-'의 선어말어미가 개재된 종결표현으로서 어말어미에 의한 '해라체', '해체', '하게체', '하오체', '해요체'와 차원이 다르다. 셋째, 종결어미의 본 모습이 명령법에서 제대로 변별되지 않는다. 예를 들어, <표 11>에서 보듯이 의문법의 '갑니까', 서술법의 '갑니다', 청유법의 '갑시다'에 해당하는 명령법의 어형은 '빈자리'로 남아 있다. 그런 점에서 이 장에서는 '청자 대우'의 화계가 가장 잘 변별되는 '의문법' 종결어미를 기준으로 삼았다.

다음으로, 청자 대우법의 2원적 등급 명칭인 '격식체'와 '비격식체'가 지닌 문제점이다. 이

---

8 '대우법'이라는 용어는 성기철(1970)에서, '청자 대우법'이라는 용어는 서정수(1972)에서 처음으로 사용되었다.

명칭은 서정수(1972), 황적륜(1976) 등에서 비롯된 것으로, '격식체'는 회의나 연설, 보고 등의 공식적인 자리와 같이 격식을 갖추어야 하는 상황에 쓰이는 반면, 비격식체는 개인적인 친분이 있는 사이와 같이 격식을 갖추지 않는 상황에 쓰이는 것으로 보았다. 그러나 이와 같은 격식체와 비격식체의 구분은 명목적일 뿐 개인의 사회 문화적 배경에 의한 관습이나 선택의 문제로서 이들은 혼용되거나 그 경계가 불명확하다. 따라서 이 글에서는 '격식'을 '격식을 갖추지 않음', '격식을 갖춤'의 일상적인 용법에 따라 전자를 화자의 청자에 대한 1단계 화계에, 후자를 2단계와 3단계 화계에 적용되는 것으로 해석하였다.

4.2. 등급의 해석

청자 대우법 체계의 '등급'에 관한 기존의 관점과 문제점, 그리고 그 대안과 해석은 다음과 같다.

기존의 청자 대우법에서는 높낮이의 등급이 논자에 따라 각양각색이며, 1원적 등급과 격식체 및 비격식체의 2원적 등급이 혼재하였다. 예를 들어, 1원적 등급에서는 '두루낮춤(해)-아주낮춤(해라)-예사낮춤(하게)-두루높임(해요)-예사높임(하오)-아주높임(하십시오,하소서)'의 6등급을 설정하였다(성기철 1970: 51 참조). 또한 2원적 차원의 격식체에서는 '아주낮춤(해라체)-예사낮춤(하게체)-예사높임(하오체)-아주높임(합쇼체)'으로, 비격식체에서는 '두루낮춤(해체)-두루높임(해요체)'으로 등급화하였다(서정수 1984: 39 참조).

이러한 등급화가 지닌 문제점은 다음과 같다. 먼저, '청자 대우법'의 정신에 비추어 보면 '낮춤(하대)'과 '높임(존대)'의 대립이 적절하지 않다. 특히 '낮춤'의 '두루낮춤-아주낮춤-예사낮춤'은 청자에 대한 배려가 아니다. 이와 관련하여 김종택(1980: 14-16)에서는 국어 대우법 체계는 문법적 차원에서 '존대'와 '평대'의 이원 대립 체계로서, 어휘적 차원의 '하대'를 배제한 바 있다. 또한, '해'와 '해라', '해요'와 '하오' 그리고 '합니까?'에 대응하는 명령법의 빈자리 '-'를 등급화하는 것은 지나치게 형태소의 틀에 매인 시각이 아닐 수 없다. 한편, '격식체' 및 '비격식체'와 관련하여, 국어 공동체의 청자 대우법에 관한 지역방언, 사회방언의 화계를 모으면 비격식체의 등급은 한층 더 늘어날 것인데,[9] 이것은 우리의 인지체계와도 크게 어긋나는 기술이 될 것이다.

이러한 문제점의 대안으로 이 글에서는 청자 대우법의 등급을 중립적인 가치의 1단계 화계, 2단계 화계, 3단계 화계로 나누었는데, 다음 세 가지 사항이 주목된다. 첫째, 이들 화계의

---

9   이 경우, '격식체'와 '비격식체'의 구분은 '격식체'는 '표준어'로 '비격식체'는 '방언'으로 2분화하는 셈이 되므로 그 구분이 합리적이지 못하다.

기본은 어말어미에 기초한 무표형 화계이며, 단계별로 어말어미의 동급 종결표현을 포괄하였는데, 이러한 동급 종결표현의 운용은 화자가 취사선택할 문제라 하겠다. 둘째, 유표형 화계는 선어말어미 '-시-'에 의한 2단계 화계와 3단계 화계인데, 청자의 대우 의식을 더욱 정중히 해 준다. 셋째, 1단계 화계는 '낮춤(하대)'이 아니라, 격식을 차리지 않고 긴장도가 낮아서 편한 화계이다. 이 화계는 화자가 청자보다 지위가 높거나 같은 경우에 사용되는데, 같은 경우 즉 동급에 '낮춤(하대)'을 사용한다는 것은 마땅한 기술이 아니다. 또한 글말에서 대체로 1단계 화계를 사용하는 것도 '낮춤(하대)'이 아니라는 점을 뒷받침해 준다.

4.3. '-시-'의 해석

기존의 청자 대우법 체계에서 선어말어미 '-시-'에 관한 관점과 문제점, 그리고 그 대안과 해석은 다음과 같다.

기존의 논의에서 청자 대우법은 문장 종결어미로, 주체 대우법은 선어말어미 '-시-'로 그 기능을 배타적인 것으로 처리해 왔다. 그런데 김종택(1981), 이익섭(1993), 임동훈(2000), 엄경옥(2008) 등에서는 청자 대우법에 선어말어미 '-시-'가 관여함을 언급한 바 있다.[10]

김종택(1981: 21)에서는 청자 대우법에서 어말어미만으로 나타나는 일반 존대 외에, {시}, {십시}, {오} 등과 어울려 더욱 다양한 표현 가치를 형성한다고 하면서 '평대'에 대립되는 '존대'를 (26)과 같이 체계화하였다.

> (26) a. 예사존대: ~ㅂ니다(갑니다), ~오(가오)
> b. 가진존대: ~{시}+ㅂ니다(가십니다), ~{십시}+오(가십시오)
> c. 겹존대: ~{시}+{오}+ㅂ니다(가시옵니다), ~{시}{옵}+소서(가시옵소서)
> d. 겸양존대: ~{오}+ㅂ니다(가옵니다)

이익섭(1993: 400-401)에서는 주체 존대 표시의 선어말어미 '-시-'가 청자 대우의 등급을 세분화할 가능성에 대해서 언급한 바 있으며,[11] 이익섭(2005: 233-234)에서는 다음의 (27a)는 (27b)보다 청자(동시에 주체)를 덜 예우하는 효과를 나타내며, (28b)는 (28a)보다 조금 더 예우

---

10 이밖에도 '-시-'를 청자 대우법과 관련하여 논의한 사례로는 성기철(1985: 26-27), 이정복(1998: 346-347), 한길(2002: 232-245), 최석재(2008: 145-152)가 있다.

11 이와 관련하여 이익섭(1993: 400-401)에서는 "국어의 경어법 등급 체계는 이원적이라는 것이 우리의 생각이다. 일반적으로 문미어미에 의해 '주등급' 체계가 이루어지고 이차적으로 호칭에 의해 '부차등급' 체계를 이룬다고 믿는다. 여기에 '-시-'에 의한 것이 부차등급의 한 요소로 포함시켜야 할지 그것은 다시 삼차등급 쯤으로 설정해야 할지는 아직 좋은 결론을 얻지 못하고 있다."라고 하였다.

하는 효과를 나타낸다고 하였다.

> (27) a. 이리 좀 오겠어요?
>   b. 이리 좀 오시겠어요?

> (28) a. 좀 앉게.
>   b. 좀 앉으시게.

임동훈(2000: 45)에서는 "화자가 청자와 대면하는 정도가 가장 강한, 청자가 호격어로 나타나는 경우는 '-시-'가 청자 경어에 관여하는 경향이 강하다."라고 하였다. 즉 (29)와 같이 청자가 호격어로 쓰이는 장면은 "화자와 청자가 아주 가까이 대면하는 장면이므로 개인과 개인 사이의 인간적 관계가 강하게 부각되는데, 바로 이 점이 '-시-'가 청자 경어에 쉽게 관여하게 되는 요소가 된다."라고 하였다.

> (29) a. 선생님, 무슨 말씀이십니까?
>   b. 이 형, 설마 나를 잊으신 건 아니시겠지요?

엄경옥(2008: 19-21)에서는 젊은 층을 중심으로 흔히 사용되고 있는 (30b)의 '-시-'에 대해서 청자를 대우하는 화자의 의도로 보았다. 따라서 청자 대우법은 종결어미에 의해 다양한 화계로 구분되는데, 선어말어미 '-시-'에 의해 더 세분될 수 있다고 하였다.

> (30) a. 할아버지 아버지 아직 안 왔어요.
>   b. 할아버지 아버지 아직 안 오셨어요.

한편, 학교문법에서는 '상대 높임법'을 기존의 논의처럼, '주체 높임법'(및 '객체 높임법')과 엄격히 구별하면서, '상대 높임법'은 '종결 표현'으로 실현되며, '주체 높임법'은 서술어에 선어말 어미 '-(으)시-'가 붙어 실현된다고 하였다(서울대학교 국어교육연구소 2002: 173-177 참조). 그런데 청자 대우법의 등급을 매기고 용례를 제시하는 과정에서 이 원칙에 어긋난 사례를 보게 된다. 구체적으로, 제7차 교육과정의 이른바 '학교 문법'에서 제시한 '상대 높임법'의 규정은 (31)과 같다(서울대학교 국어교육연구소 2002: 173 참조).

> (31) a. 상대 높임법은 종결 표현으로 실현되는데, 크게 격식체와 비격식체로 나뉜다.
>   b. 격식체는 높임의 순서에 따라 하십시오체, 하오체, 하게체, 해라체로 나뉘고, 비격식체는 해요체와 해체로 나뉜다.

위에서 제시된 <표 8>의 상대 높임법 체계는 (31)에 기초한 것이다. 그러나, <표 8'>에서 보듯이 '선어말어미', '-시-'가 개재된 용례가 포함됨으로써 자체 모순을 안고 있다.

표 8' 서울대학교 국어교육연구소(2002: 173)

	평서법	의문법	명령법	청유법	감탄법
하십시오체	가십니다	가십니까?	가십시오	(가시지요)	−
하오체	가(시)오	가(시)오?	가(시)오, 가구려	갑시다	가는구려
해요체	가요	가요?	가(세/셔)요	가(세/셔)요	가(세/셔)요

이와 관련하여, <표 8'>와 <표 9>의 국립국어원(2005)『외국인을 위한 한국어 문법1』및 이삼형 외(2011)『독서와 문법』의 <표 12>를 비교해 보면 그 차이점과 모순점이 잘 드러난다. 예를 들어, '하십시오체'의 경우 (32a)는 서울대학교 국어교육연구소(2002: 173), (32b)는 허용 외(2005: 173), (32c)는 이삼형 외(2014: 213)인데, 정도의 차이는 있어도 선어말어미 '-시-'에 대해 자유롭지 못하다.[12]

표 12 이삼형 외(2014: 213)

		평서법	의문법	명령법	청유법	감탄법
격식체	하십시오체	합니다	합니까?	하십시오	(하시지요)	−
	하오체	하오	하오?	하오, 하구려	합시다	하는구려
	하게체	하네, 함세	하는가?, 하나?	하게	하세	하는구먼
	해라체	한다	하냐?, 하니?	해라	하자	하는구나
비격식체	해요체	해요, 하지요	해요?, 하지요?	해요, 하지요	해요, 하지요	해요, 하지요
	해체(반말)	해, 하지	해?, 하지?	해, 하지	해, 하지	해, 하지

(32) a. 가십니다, 가십니까, 가십시오, (가시지요),   −

    b. 갑니다,   갑니까,   가십시오, 가십시다/가실까요, 갑니다

    c. 갑니다,   갑니까,   가십시오, (가시지요),   −

위에서 본 바와 같이, 청자 대우법에 선어말어미 '-시-'가 관여된다는 몇몇 논의가 있었지만, 그 주장이 집중적이지 못하거나 소극적이었다. 또한 학교문법에서 '상대 높임법'과 '-시-'의 혼란은 결코 가벼운 문제가 아니다. 이에 이 글에서는 <표 11>과 같이 어말어미에 의한 무표형 화계와 선어말어미 '-시-'에 의한 유표형 화계를 설정하고, 2, 3단계의 유표형 화계는 무표형 화계보다 화자의 청자에 대한 격식과 정중함으로 표상되는 대우의식이 한층 더 섬세

---

12 박영목 외(2011: 66)에서는 명령법의 경우 "가십시오, 가(시)오, 가(세/셔)요"에서 보듯이 선어말어미 '-시-'를 첨가하였다.

하고 분화된 것으로 파악하였다.

4.4. 압존법과 가존법의 해석

기존의 선어말어미 '-시-'와 관련된 논의 가운데 '압존법'과 '가존법'을 빼놓을 수 없다. 이 논의의 핵심과 문제점, 그리고 이 글에서의 관점과 해석은 다음과 같다.

이른바 '압존법(壓尊法)'은 화자의 관점에서 볼 때 문장의 주체가 높임을 받아야 할 대상이지만, 그보다 청자가 더 높기 때문에 주체의 높임을 억제하는 것이다. (33a)에는 서술어에 '-시-'가 붙은 반면, (33b)에는 압존법에 의해 '-시-'가 붙지 않았다.

  (33) a. 할아버지, 아버지께서 외출하셨습니다.
       b. 할아버지, 아버지가 외출했습니다.

역으로, '가존법(加尊法)'[13]은 화자의 관점에서 볼 때 문장의 주체나 객체가 높임의 대상이 아닌 데도 그 주체나 객체를 높이는 표현법이다. 아버지 친구가 사용한 (34a)에는 문장의 주체에 호응하는 '-시-'가 붙지 않고 (35a)에는 문장의 객체에 호응하는 동사로 '주어라'가 쓰인 반면, 가존법에 의한 (34b)에는 '-시-'가 붙고, (35b)에는 '드려라'가 쓰였다.

  (34) a. 민수야, 네 아버지 어디 갔니?
       b. 민수야, 네 아버지 어디 가셨니?

  (35) a. 민수야, 이거 네 아버지에게 주어라.
       b. 민수야, 이거 네 아버지께 드려라.

이와 관련하여, 기존의 논의에서는 (33) 및 (34)의 선어말어미 '-시-'와 관련된 '압존법'과 '가존법'을 주체 높임법의 문제로 보았으며, (35)의 경우는 객체 높임법에서 취급하였다. 또한 국립국어원(1991: 42)에서는 직장 내에서 압존법을 지키지 않는다고 하였으며,[14] 국립국어원 (2005: 218-219)에서는 (36)과 같이 평사원이 사장에게 말하는 상황에서 청자만 높이고 주체를 높이지 않은 표현은 옳은 문장이 아니라고 하였다.

---

13 '가존법'에 대한 한자어는 '假尊法'과 '加尊法'이 있는데, 김석득(1977)의 "압존법(壓尊法)과 가존법(加尊法)에 대하여"를 따라 '加尊法'을 사용하기로 한다.
14 국립국어원(1991: 42)에서는 "직장 안에서 윗사람에 대하여 말할 때는 듣는 사람의 직급에 관계없이 서술어에 '-시-'를 넣어 말한다. 즉 6급 공무원이 5급 공무원을 4급 공무원에게 말할 때도 '과장님, 계장님 어디 가셨습니까?'하고 말한다."라고 하였다.

(36) a. 사장님, 김과장님은 외출하셨습니다. (○)

b. 사장님, 김과장님은 외출하였습니다. (×)

이에 대해 여기서는 압존법과 가존법의 문제를 청자 대우법의 일환으로 파악한다. 곧 화자의 지위에서는 (33a), (34a), 그리고 (35a)가 그 눈높이에 맞는 화행이지만, 청자를 대우함으로써 (33b), (34b), 그리고 (35b)와 같은 압존법과 가존법의 화행이 사용된 것이다. 이것은 화자와 청자 간 시점의 역전 현상으로, 화자가 청자를 배려한 인지적 전략의 '청자 중심 시점'에 따른 것이라 하겠다(성광수 외 2005: 124-125, 임지룡 2007c: 190-192 참조).

4.5. 화계 동급 종결표현과 활성화 정도의 해석

4.2에서도 언급했듯이, 기존의 청자 대우법 체계에서 등급의 문제점과 이 글에서의 관점 및 해석은 다음과 같다.

기존의 청자 대우법에서는 대우의 등급 또는 정도성을 1원적으로 '해라체<해체<하게체<하오체<하십시오체'로 규정하거나, 2원적인 '격식체'의 '해라체<하게체<하오체<하십시오체', 비격식체의 '해체<해요체'로 규정하였다. 이 등급은 국어 공동체의 화계에 대한 동급 종결표현을 고려하지 않았다. 더욱이, 선어말어미 '-시-'가 붙는 경우 등급의 가짓수가 더욱 늘어나는데, 이는 국어 공동체의 청자 대우법 인식을 제대로 포착해 내지 못한 것이라 하겠다. 이에 대해 다음 세 가지 경우를 동급 종결표현으로 해석한다.

첫째, 1단계의 '하니?'와 '해?' (또는 '하냐?, 하지?')는 동급의 종결표현이다. 이 경우 '하니?'와 '해?'의 사용은 화자의 사회 및 지역 공동체가 속한 문체적 배경이나 담화 상황에 따른 화자의 화행 관습 또는 선택의 문제이지 격식체나 비격식체의 차원이 아니다. 지역방언에는 1단계 화계에 대해 다양한 변이형 또는 동급의 종결표현이 존재한다는 것도 이 화계의 위상을 이해하는 데 도움이 된다.

둘째, 3단계의 '합니까?, 하오?, 해요?'는 동급의 종결표현이다.[15] 이 경우 '합니까?, 하오?,

---

15 이와 같은 관점의 선행 연구는 다음과 같다. Hwang(1975: 86)에서는 격식의 '-ㅂ니다'와 비격식의 '-(어)요'를 높임의 최상 층위이며 동급으로 기술하였으며, 황적륜(1976: 117)에서는 "'-요'는 (격식) '-ㅂ니다'의 비격식 변이형"이라고 하였다. 서정수(1980: 381-384)에서는 "'해요'와 '합쇼'는 높낮이의 구별 없이 다만 비격식성과 격식성의 차이를 지니며, '해'와 '해라'는 사실상 높낮이의 차이 없이 쓰인다."라고 하였다. 손호민(1983)에서는 젊은 층의 화계에서 동일한 화자가 하나의 그리고 동일한 담화 안에서 동일한 청자에게 '하십시오'와 '해요', '해라'와 '해'를 교체하여 쓰는 것을 통해서 동일 등급의 변이형으로 보았다. 한편, 왕문용(2008: 845-846)에서는 일정한 범위에서 '해라체'와 '해체', 그리고 '해요체'와 '하십시오체'가 높낮이의 차이나 특별한 의미 차이 없이 상호 전환되어 사용될 수 있다고 하였다.

해요?'의 사용은 화자의 사회 및 지역 공동체가 속한 문체적 배경, 세대, 성별, 담화 상황에 따른 화자의 화행 관습 또는 선택의 문제이다. 여기서 '하오?'는 그 사용자가 고령층의 중부방언권에 제한된 것으로 보인다. 또한, '합니까?'는 공적 장면의 규범적 화계로, '해요?'는 사적 장면의 일상적 화계로, '합니까?'는 남성이, '해요?'는 여성이 더 자주 사용하는 경향성을 지니는 것으로 보인다.[16] 3단계 화계에 대해 지역방언에는 다양한 변이형 또는 동급의 종결표현이 존재하는데, 이 점도 '합니까?, 하오?, 해요?'가 동급임을 뒷받침해 준다.[17]

셋째, 3단계 유표형의 '하십니까?, 하시오?, 하세요?, 하셔요?'는 동급의 종결표현이다.[18] 이들 화계는 3단계 무표형 화계의 틀 기반 위에서 '-시-'가 개재된 만큼 청자 대우의 격이 가장 높고 정중한 화계라는 특성을 지닌다. 이렇게 볼 때, 3단계의 무표형 화계와 유표형 화계에 대한 변별 의식 없이 뒤섞어서 등급을 부여해서는 안 된다.

또한, 청자 대우법의 화계 사용 양상은 시대별, 세대별, 지역별로 많은 변화와 차이가 존재한다. 개략적으로 볼 때 현시점에서 3단계의 무표형 '하오?'와 유표형 '하시오?'는 그 쓰임이 매우 소극적이라 하겠다. 이와 관련하여 장희은(2008: 17-37)에서는 10편의 드라마 대본 말뭉치에서 청자 대우법의 화계별 사용 양상을 조사하였는데,[19] 그 결과는 <표 13>과 같다. <표 13>은 빈도의 측면에서 '해체>해요체>하십시오체>해라체>하게체>하오체' 순으로 활성화 정도를 보여 주는데, '하오체'와 '하게체'의 빈도가 매우 낮다.[20]

---

16 이와 관련하여 임지룡(1992: 336-337)에서는 방송언어를 분석한 결과 남성은 '-ㅂ니다'체를 많이 쓰는 반면, 여성은 '-요'체를 많이 쓴다고 하였다.

17 경북방언권은 의문형과 대답형의 어말어미에 따라 '-능교?/-구마'형의 대구방언권, '-니껴?/-니더'형의 안동방언권, '-여?/-여'형의 상주방언권으로 나누어진다(천시권 1965: 11-12 참조). 이 경우 "어디 가{능교/니껴/여}?"의 '-능교/-니껴/-여'는 '-ㅂ니까, -오, -요'에 해당하는 지역방언의 동급 종결표현이다.

18 이와 관련하여 이주행(2000: 280-286)에서는 40대 이상의 세대가 주로 사용하는 '구형 체계'의 '하십시오체'와 30대 이하의 세대가 주로 사용하는 '신형 체계'의 '하세요체'에 대해서, '하세요체'는 구형 체계의 '하십시오체'와 같이 화자가 청자를 아주 높여 대우하는 경어법이며, '하세요체'는 '하십시오체'보다 친근한 느낌을 주며 비격식적인 대우법이라고 하였다.

19 분석 대상으로 삼은 드라마 대본은 2002년부터 2008년에 걸친 '인어아가씨', '네 멋대로 해라', '환상의 커플', '거침없이 하이킥', '연인', '외과의사 봉달희', '개와 늑대의 시간', '엄마가 뿔났다', '태양의 여자', '리틀맘 스캔들'이다.

20 이와 관련하여 양영희(2010: 250)에서는 "'해라체, 해체, 하게체, 하오체, 해요체, 하십시오체' 가운데 가장 안 쓰는 말씨는 무엇입니까?"라는 설문조사를 하였는데, 그 결과는 다음과 같다. 고등학생의 경우 '하오체' 140명(70%), '하게체' 38명(19%), '하십시오체' 22명(11%) 순이며, 대학생 국어국문학 전공자의 경우 '하오체' 83명(87.3%), '하게체' 12명(12.6%) 순이며, 대학생 비전공자의 경우 '하오체' 57명(81.4%), '하게체' 13명(18.5%) 순이다. 이 조사에서 고등학생이 '하십시오체'를 사용하지 않은 경우 젊은 층을 중심으로 '해요체'를 그 대체형으로 인식하여 사용한다고 풀이하였다.

표 13 드라마 대본 말뭉치 청자 대우법 화계 양상 (장희은 2008: 35)

		하십시오체 2,564(17%)		하오체 19(0%)		하게체 75(0%)		해라체 2,318(15%)		해요체 4,083(27%)		해체 6,335(41%)		계 15,394(100%)	
직장	남	1,673 (65%)	72%	13 (68%)	68%	50 (67%)	71%	260 (11%)	12%	540 (13%)	26%	1,202 (19%)	27%	3,738 (24%)	32%
	여	187 (7%)		0		3(4%)		36 (1%)		530 (13%)		485 (8%)		1,235 (8%)	
가정	남	37 (2%)	3%	6 (32%)	32%	11 (15%)	19%	532 (23%)	39%	282 (7%)	16%	878 (14%)	30%	1,748 (11%)	23%
	여	14 (1%)		0		3 (4%)		363 (16%)		358 (9%)		1,036 (16%)		1,774 (12%)	
기타		653 (25%)		0		8 (10%)		1,127 (49%)		2,373 (58%)		2,734 (43%)		6,877 (45%)	

또한, '하십시오체'에서는 직장에서, 남성이 많이 쓰는 반면, '해요체'는 직장이나 가정에서 남녀 구분 없이 많이 사용함을 보여 준다.

요컨대, 청자 대우법 화계는 어말어미에 의한 무표형 화계의 1·2·3단계, 그리고 선어말어미 '-시-'에 의한 유표형 화계의 2·3단계가 있으며, 1단계와 3단계는 동급 종결표현이 존재한다. 또한 오늘날 1단계의 '가니?'/'가?'와 3단계의 '갑니까?'/'가요?' 및 그 유표형 '가십니까?'/'가세요?'/'가셔요?'가 청자 대우법의 화계로 활성화되어 있다. 그 반면, 2단계의 '가는가?'와 그 유표형 '가시는가?', 그리고 3단계의 '가오?'와 그 유표형 '가시오?'는 쓰임이 매우 소극적이다.

4.6. 청자 대우법 틀의 해석

청자 대우법에 관한 기존의 틀과 그 문제점, 그리고 여기에서의 관점과 해석은 다음과 같다.

종래 '대우법' 또는 '높임법'은 문법론의 틀 안에서 논의되었다. 그 전형적인 시각은 대우법을 주체 대우법, 청자 대우법, 객체 대우법으로 3분하고, 주체 대우법은 선어말어미 '-시-', 청자 대우법은 어말어미, 그리고 객체 대우법은 조사나 특수 어휘에 의해 실현된다고 본 것이다. 대우법에 대한 기존의 틀은 그 세 유형을 엄격히 구분하고, 각 유형의 비중을 동일하게 취급한다는 전제가 깔려 있었다. 주체 대우법의 경우, 그 등급을 어말어미에 의해 1원적 체계의 6~7단계 또는 2원적 체계의 격식체 4단계와 비격식체 2단계를 고수해 왔다. 기존의 대우법에 대한 관점은 고전 범주화의 형태론적 틀로서, (청자)대우법의 복합적이고 다양한 양상을 헤아리는 데 한계점을 지니고 있다.

이에 대해 이 글에서는 청자 대우법을 종래와 달리 더 열린 틀에서 논의해야 할 것으로 본다. 이와 관련하여, 언어의 기능은 크게 '관념적 기능(ideational function)'과 '대인 관계적 기능(interpersonal function)'으로 대별되는데, 전자는 언어를 통해 사람들이 관념을 형성하고 표현하는 방식에 관한 것이며, 후자는 대인 관계를 위해 언어의 실제적 사용에 관한 것이다 (Dirven & Verspoor(eds.) 2004: 149 참조). 이에 비추어 볼 때 청자 대우법 논의는 이 두 측면의 조화를 이룰 필요가 있다고 하겠다. 즉 체계 기술의 측면은 관념적 기능으로서 형태·통사론의 몫이며, 체계 운용의 측면은 대인 관계적 기능으로서 담화 화용론의 몫이라 하겠다.

이러한 조화를 이루기 위해서는 관념적 기능에 치우친 기존의 틀에서 대인 관계적 기능으로 시각 전환이 이루어져야 한다. 이 연장선상에서 청자 대우법은 언어과학에서 언어, 마음, 인간의 '사회 문화적 경험(sociócultural experience)' 간의 관계를 다루는 '인지언어학 (cognitive linguistics)'의 관점에서 논의될 필요가 있다(임지룡 2008a: 3-34, Evans 2009: 100 참조). 인지언어학에서는 언어를 인간의 정신과 사회 문화의 산물이라고 한다. 이 관점에 의하면, 청자 대우법은 우리 겨레의 사고방식과 사회 문화적 모형을 드러내 주는 틀일 뿐 아니라, 우리 겨레의 정신과 사회 문화의 한 고리는 청자 대우법에 의해서 형성되어 온 것이라 하겠다.

그런 점에서 청자 대우법은 겨레의 정신과 사회 문화적 경험을 가늠하는 지표이다. 즉 우리 사회에서 청자 대우법의 등급이 단계별로 나누어져 있는 것은 우리 사회의 지위 및 신분의 서열을 반영하는 것으로 볼 수 있다. 또한, 오늘날 청자 대우법의 화계 가운데 그 쓰임이 미약하거나 언어집단별, 세대별로 선호하는 화계가 있다는 것은 우리의 사회 문화적 경험이 청자 대우법 체계에 관여하고 있음을 의미한다.

5. 마무리

이상에서 청자 대우법에 대해 기존 체계의 양상과 문제점을 제시하고, 대안적인 체계를 제시한 뒤 그 타당성을 해석하였다. 그 내용을 간추려 이 장을 마무리하기로 한다.

첫째, 청자 대우법에 대한 기존의 체계는 어말어미에 의해 4등급에서 7등급까지 나누었으며, 1원적 체계뿐만 아니라, 격식체 및 비격식체의 2원적 체계를 설정하였으며, 그 명칭을 명령형 어미에 따르고, 대우 의식을 '낮춤(하대)-평대-높임(존대)'의 대립체계로 보았다.

둘째, 기존 체계의 문제점은 등급과 차원이 복잡하며, 명령형어미에 의한 명칭은 변별력이 약하며, '하십시오체'의 경우 층위상의 문제뿐만 아니라, 명령형으로 용어를 삼은 점, 그리고 등급의 '낮춤(하대)'과 '반말'은 청자 대우의 정신에 부적절하다는 점이다. 또한 청자 대우법이 선어말어미 '-시-'에 의해 정밀화되는 실상을 수용하지 못했다.

셋째, 대안적 체계는 어말어미에 의한 무표형 화계와 선어말어미에 의한 유표형 화계로 대별된다. 무표형 화계는 의문법 어미에서 1단계의 '-니/-어', 2단계의 '-는가', 3단계의 '-ㅂ니까/-오/-요'로 실현되며, 유표형 화계는 2단계의 '-시는가', 3단계의 '-십니까/-시오/-세요/-셔요'로 실현된다. 무표형 화계는 담화상황에서 단계가 고정되는 반면, 유표형 화계는 수의적이다.

넷째, 대안적 체계는 선어말어미 '-시-'에 의한 유표형 화계의 설정으로 청자 대우법의 실상을 망라하였으며, 명칭에 있어서 대우의 정신에 맞게 무표형의 1, 2, 3단계와 유표형의 2, 3단계로 나누고 변별력이 강한 의문형 어미를 기준으로 삼았다. 그리고 1단계와 3단계의 동급 종결표현을 설정하여 등급의 혼란을 없앴으며, 신세대에서 '가(시)는가' 및 '가(시)오' 형을 쓰지 않음으로써 화계가 단순화되고 있는 현상을 밝혔다. 또한 청자 대우법은 언어, 인간, 사회 문화적 맥락 간의 상호 함수관계에 놓임을 주목하였다.

제21장

'화'의 문화적 변이 양상[*]

1. 들머리

이 장은 기본 감정의 하나인 '화'를 대상으로 언어권에 따른 문화적 변이 양상을 대조함으로써 한국어 '화'의 의미 특성을 보다 더 명시적으로 밝히는 데 목적이 있다. 감정은 사람에게 가장 원초적이며 특정적인 인지 기제 가운데 하나이므로, 감정 자극에 대한 사람의 신체 생리적 반응과 인지 양상은 본질적으로 상당 부분 공통성을 지니게 마련이다. 한편, 감정은 문화권에 따라 차이점을 드러내는데, 문화적 맥락이 한 언어 공동체의 감정 인지에 깊이 관여하기 때문이다. 이와 관련하여 감정 가운데 그 작용 양식이 가장 활성화되어 있을 뿐 아니라 가장 많이 논의된 '화'를 대상으로,[1] 여러 문화권의 개념화 양상과 견주어 보면서 그 보편성과 특이성을 통해 우리 문화권에서 '화'의 개념화가 지닌 의미 특성을 규명해 보기로 한다.

감정이 언어 연구의 본격적인 대상이 된 것은 인지언어학과 그 기원을 같이 한다. 인지언어학은 Lakoff & Johnson(1980)에 의해 개념적 은유 이론을 개발함으로써 감정 분석의 새 지평을 열게 되었다. 이 원리는 우리 자신이 추상적인 감정에 대해 신체 생리적 반응과 일상의 구체적 경험을 활용하여 자연스럽게 개념화하는 과정을 해명한 것이다. 실제로 지난 30년 이상 개념적 은유 및 감정, 특히 '화'는 인지언어학 연구에서 가장 핵심적 주제로 자리매김하게 되었다. 인지언어학적 관점에서 은유와 감정 분석의 초기 버전을 대표하는 Lakoff & Johnson(1980), Kövecses(1986, 1990), Lakoff(1987), Lakoff & Kövecses(1987)는 '화'를 비롯한 기본 감정에 대해 영어권을 중심으로 체험주의 및 신체화에 바탕을 둠으로써 보편성에

---

[*] 이 장은 임지룡(2014b). "감정의 문화적 변이 양상: '화'를 중심으로"(『한국어 의미학』 44: 199-234. 한국어 의미학회.)의 내용을 깁고 고친 것임.

[1] Kövecses(2000a: 21)는 '화'가 인지의미론적 관점에서 가장 많이 연구된 감정 주제임을 밝힌 바 있으며, Potegal et al.(eds.)(2010)은 590쪽에 걸쳐 생물학적, 심리학적, 사회과정의 측면에서 9부 32편의 논문으로 이루어진 '화'의 '국제적 개론서(international handbook)'이다.

무게 중심이 놓였다.[2] 이 버전을 바탕으로 여러 언어권에서 감정의 논의가 진행되었는데, 특별히 Yu(1995)는 영어와 중국어의 '화' 및 '행복'의 은유적 표현의 비교 연구에서 처음으로 감정의 문화적 다양성에 주목하기 시작하였다.[3] 이후 이 분야의 관심이 지속되어 왔고, 한국어의 '화'에 대한 한국어와 영어(Buseon 2003, 송부선 2006, Sung-Hee 2006, 김동환 2009, Türker 2013), 한국어와 중국어(이선희 2011, 왕립향 2013), 한국어와 독일어(오예옥 2007, 강병창 2012) 간의 대조적 논의가 있었지만, 그 전체 그림을 제대로 그려내지는 못한 실정이라 하겠다. 이에 이 장에서는 다음 두 가지 사항을 전제로 '화'의 문화적 변이 양상을 규명하기로 한다.

먼저, 언어를 사람의 몸과 마음, 그리고 문화의 상관성 속에서 탐구하려는 '인지언어학적 관점(cognitive linguistic view)'과 여러 문화권의 변이 양상을 견주어 보는 '대조적 관점(contrastive view)'을 채택하기로 하는데,[4] 그 내용은 다음과 같다. 첫째, '민간 이론(folk theory)'에 기반을 둔 '화'의 관습적 표현으로써 '화'의 신체 생리적 반응 양상을 대조하기 위해 우리의 추상적인 사고 및 의미가 근본적으로 일상의 신체화된 경험에서 유래한다는 '체험주의(experientialism)' 및 '개념적 환유(conceptual metonymy)'의 기제를, 둘째, '화'에 대한 근원영역의 양상을 대조하기 위해 '개념적 은유(conceptual metaphor)'의 기제를, 셋째, '화'의 전개 양상을 대조하기 위해 '인지 모형(cognitive model)' 또는 '문화 모형(cultural model)'의 기제를 사용하기로 한다.

다음으로, '화'의 문화적 변이 양상을 규명할 10개 언어의 자료는 다음과 같다. '(미국)영어'의 양상은 Kövecses(1986, 1990), Lakoff(1987), Lakoff & Kövecses(1987), Esenova(2009)를, '중국어'의 양상은 King(1989/2007), Yu(1995), 이선희(2011), Chen(2010), 왕립향(2013)을, '헝가리어'의 양상은 Kövecses(1995, 2000)을, '일본어'의 양상은 Matsuki(1995), Matsunaka & Shinohara(2001), Shinohara & Matsunaka(2003)를, '폴란드어'의 양상은 Mikołajczuk(1998)을, 줄루어의 양상은 Tayler & Mbense(1998)을, '한국어'의 양상은 임지룡(1999, 2000, 2006b, 2010a), Türker(2013)를, '튀니지 아랍어'의 양상은 Maalej(2004)를, '독일어'의 양상

---

[2] 이와 관련하여 Kövecses(2006: 155)에서는 인지언어학자들이 이제까지 언어와 문화 간의 은유적 개념화에 대한 보편성만큼 다양성에 주의를 기울이지 않았음을 밝히고 있다.

[3] Yu(1995: 60)에서는 "언어는 문화의 부분이다. 은유는 언어에서 가장 중요한 자질 가운데 하나인데, 이 경우 언어는 인지적 시야를 반영하고 문화적 맥락을 전형적으로 보여 준다. 따라서 은유의 언어 간 연구는 생각하고 말하는 방식에 있어서 문화 간 닮음과 다름을 밝히는 데 크게 도움이 된다. 그러나 이 분야의 연구는 거의 개발되지 않았고 이 논문이 이 분야의 첫 시도이다."라고 하였다.

[4] 한편, 이정애(2007)는 Wierzbicka(1999)가 구안한 자연 의미 분석언어(Natural Semantic Metalanguage, NSM) 접근법의 관점에서, Türker(2013)는 Stefanowitsch(2006)의 말뭉치 기반 접근(Corpus-based approaches)의 관점에서 한국어 '화'를 분석한 것으로 주목된다.

은 강병창(2012)을, 그리고 '스페인어'의 양상은 조혜진(2013)을 대조의 준거로 삼는다.[5]

이 과정을 통하여 다음 세 가지 효과가 예상된다. 첫째, 한국어 '화'의 언어적 보편성과 특이성의 정도를 가늠할 수 있게 될 것이다. 둘째, 이 장에서 사용된 원리와 절차가 다른 중심 감정의 변이 양상을 규명하는 데 적용될 수 있을 것이다. 셋째, 한국어 '화'의 위상에 대해 일반 언어학계와 소통하는 계기가 될 것이다.

2. '화'의 개념적 환유 양상

감정 상태에서 우리 몸은 신체 생리적 반응을 일으키며, 특정한 감정의 신체 생리적 반응은 특정한 감정을 대표하는데, 이 인과 관계를 감정의 '생리적 환유(physiological metonymy)'라고 한다(Ungerer & Schmid 1996/2006: 133-137 참조). '화'가 날 때 사람의 몸에 나타나는 신체 생리적 증상은 관습적 언어로 정착되어 있다. 여러 문화권에서 '화'에 관한 생리적 환유의 양상을 살펴보기로 한다.

2.1. '화'의 환유적 변이 양상

'화'의 생리적 환유에 의한 신체 생리적 증상의 논의는 (미국)영어, 중국어, 헝가리어, 일본어, 폴란드어, 줄루어, 그리고 한국어 등 7개 문화권에서 이루어졌다. 그 구체적인 양상은 다음과 같다.

(미국)영어에서 '화(anger)'의 생리적 반응은 (1)과 같이 5가지로 나타난다(Kövecses 1986: 12-13, Lakoff 1987: 381-383, Lakoff & Kövecses 1987: 197 참조).

(1) a. 체열: Don't get hot under the collar.(목덜미를 붉히지 마라.)
　　 b. 체내의 압력: I almost burst a blood vessel.(나는 거의 혈관이 터질 뻔했다.)
　　 c. 얼굴과 목 부위의 붉음: He was flushed with anger.(그는 화로 얼굴이 붉어졌다.)
　　 d. 신체적 동요: She was shaking with anger.(그녀는 화로 떨고 있었다.)
　　 e. 지각의 장애: She was blind with anger.(그녀는 화가 나서 보이지 않았다.)

5　이밖에도 '화'의 일부 양상이 논의된 것으로 '스페인어'의 양상은 Soriano(2003), Barcelona & Soriano (2004)를, '터키어'의 양상은 Aksan(2006)을, 그리고 '아칸어(Akan)'의 양상은 Ansah(2010)을 참조하기로 한다.

중국어에서 '화(nu)'의 생리적 반응은 King(1989/2007: 144-155)에서 (2)의 4가지로, Yu(1995: 67-68)에서 (3)의 5가지로 기술하고 있다.[6]

(2) a. 건강의 이상[7]: qi de tou teng(두통), qi de wei teng(위통), qi de hun le tou(현기증), qi de chi bu xia fan(식욕 감퇴), qi shou le(체중 감소), qi bing le(질병), qi de yaoming(죽음)

b. 정상적 기능의 장애: qi de shuo bu chu hua lai(말하기 불능), qi hutu le(올바른 사고 불능)

c. 얼굴 모습의 변화[8]: nu mu qie chi(노려보고 이를 갊), qi de mao fa dao shu(모발이 쭈뼛함)

d. 증가된 체내 압력[9]: qi de fa dou(신체적 동요), qi de naomen chong xue(이마의 충혈됨)

(3) a. 체열: Wo qi de lian-shang huo-lala de.(화로 내 얼굴이 후끈 달아올랐다.)

b. 체내의 압력: Bie ba fei gei qi zha le.(화로 네 허파를 터트리지 마라.)

c. 얼굴과 목 부위의 붉음: Tamen zheng de gege mian-hong-er-chi.(그들은 모든 사람의 얼굴과 귀가 붉어질 때까지 다투었다.)

d. 신체적 동요: Ta qi de hun-shen fadou.(그의 전신이 화로 흔들거렸다.)

e. 지각의 장애: Wo qi de liang yan fa hei.(나는 화가 나서 눈이 캄캄해졌다.)

또한, 화의 생리적 반응의 중국어 용례[10]는 다음 (4)와 같이 10가지가 추가될 수 있겠다.

---

6   여기서 중국어에 관한 용례의 수집·해석·자문에 대해서는 리우팡, 췌이펑훼이, 왕난난, 석수영 박사의 도움을 받았다.

7   '건강의 이상'으로 나타나는 화의 생리적 반응은 중국어에 월등히 많다. 왜냐하면 중국에서는 화를 몸속 피와 기의 흐름을 방해하는 원인으로 생각하기 때문이다. 구체적 표현은 이밖에도 '气得肝疼(qi de gan teng: 간이 아픔)', '气得中風(qi de zhongfeng: 중풍)', '气得心臟病發作(qi de xinzangbing fazuo: 심장병이 발작하다)', '气得腦溢血(qi de naoyixue: 뇌출혈)', '气得心肌梗塞(qi de xinjigengse: 심근경색)', '气得血壓陡升(qi de xueya dou sheng: 혈압이 갑자기 높아짐)', '气得吐血(qi de tu xue: 토혈)', '气得睡不着覺(qi de shui bu zhao jiao: 잠을 이루지 못함)' 등이 있다.

8   구체적 표현은 또한 '气得臉都歪了(qi de lian dou wai le: 얼굴이 비뚤어짐)', '气紅了眼(qi hong le yan: 눈이 빨개짐)', '气得眼珠都快從眼眶里蹦出來了(qi de yanzhu dou kuai cong yankuang li beng chulai le: 눈알이 눈구멍에서 튀어나올 것 같음)', '气得鼻孔都大了(qi de bikong dou da le: 콧구멍이 커짐)' 등도 있다.

9   이 경우에 '气得青筋直冒(qi de qingjin zhi mao: 핏줄이 계속 솟음)'와 같은 표현도 있다.

10   중국어와 관련된 추가 용례는 베이징대학교 CCL말뭉치(http://ccl.pku.edu.cn) 및 중국의 포털 사이트 바이두(www.baidu.com)에서 추출하였다.

(4) a. 체온의 하강: 气得手脚冰凉(qi de shoujiao bingliang; 손발이 얼음같이 차가움), 气得手足發冷(qi de shouzu faleng: 손발이 시림)

　　b. 얼굴의 새파래짐: 气得臉都綠了(qi de lian dou lü le: 얼굴이 새파래짐), 气得臉色鐵青(qi de lianse tingqing: 얼굴색이 검푸르게 됨)

　　c. 얼굴의 새하얘짐: 气得面孔發白(qi de miankong fa bai: 얼굴이 새하얘짐), 气得臉色蒼白(qi de lianse cangbai: 얼굴이 창백해짐)

　　d. 비정상적 행동(특히 격렬하거나 비이성적 행동): 气得捶胸頓足(qi de chui xiong dun zu: 가슴을 치며 발을 동동 구름), 气得拍案而起(qi de pai an er qi: 탁자를 치며 벌떡 일어남)

　　e. 머리카락이 곤두서거나 수염이 꼿꼿해짐: 怒發沖冠(nu fa chong guan: 머리카락이 곤두서서 모자를 들어올림), 气得胡子都翹起來(qi de huzi dou qiao qilai: 수염이 꼿꼿해짐)

　　f. 신체 부위의 팽창: 气得肚子鼓鼓的(qi de duzi gugu de: 배가 부풀어짐), 气得臉紅脖子粗(qi de lian hong bozi cu: 얼굴이 빨개지고 목이 굵어짐)

　　g. 분비물: 气得渾身冒汗(qi de hunshen maohan: 온몸에 땀이 솟음), 气得眼里涌滿了泪水(qi de yanli yongman le leishui: 눈에 눈물이 쏟아져 꽉 참)

　　h. 호흡 장애: 气得透不過气來(qi de tou bu guo qi lai: 숨이 막힘)

　　i. 잇몸이 가려움: 气得牙根發痒(qi de yagen fa yang: 잇몸이 가려움)

　　j. 목소리 변화: 气得聲音顫抖(qi de shengyin chandou: 목소리가 떨림)

헝가리어에서 '화(düh)'의 생리적 반응은 (5)와 같이 3가지로 나타난다(Kövecses 1995: 186-191, 2000: 139-163 참조).

(5) a. 체열: forrófejü(성급한), felhevült vita(열띤 논쟁)

　　b. 체내의 압력: Felment a vérnyomása.(그의 혈압이 올라갔다.)

　　c. 얼굴과 목 부위의 붉음: Vörös lett a feje.(그의 머리가 붉어졌다.)

일본어에서 '화(ikari)'의 생리적 반응은 (6)과 같이 5가지로 나타난다(Matsuki 1995: 139 참조).

(6) a. 체열: Muna ga atsuku naru hodo no o aboeru.(가슴이 뜨거울 정도로 화를 느끼다.)

　　b. 체내의 압력: Ikari ga chooten nimade tassuru.(화가 꼭대기까지 치민다.)

　　c. 얼굴 및 목의 붉음: Kao a makka ni shite okoru.(화가 나서 얼굴이 붉어졌다.)

　　d. 신체적 동요: Ikari de furueru.(화가 나서 떨린다.)

　　e. 지각의 장애: Ikari de zengo no misakai ga tsukanai.(화가 나서 앞뒤를 구분하여 말할 수 없다.)

폴란드어에서 '화(gniew)'의 생리적 반응은 (7)과 같이 9가지로 나타난다(Mikołajczuk 1998: 159-164 참조).

(7) a. 체온의 증가: dostać białej gorączki.(고열로 되다.)

　　b. 간 기능 장애: coś komuś padło na wątrobę.(간 기능을 떨어뜨리다.)

　　c. 심장 기능의 붕괴, 혈압의 상승: knew kogoś zalewa.(피가 홍수를 이루다.)

　　d. 위장 기능 장애: bebechy się w kimś przewracają.(배를 아프게 하다.)

　　e. 지각의 장애: oślepia go gniew.(화가 그를 눈멀게 한다.)

　　f. 호흡과 소화 장애: dusi go złość.(화가 그를 숨 막히게 한다.)

　　g. 몸 전체의 동요: trząść się z gniewu(화로 떨리다.)

　　h. 얼굴색과 표정의 변화: purpurowz z wściekłości(화로 붉어지다.), zcinieć ze złości (화로 새파래지다.), najeżyć brwi z gniewu(화로 눈썹이 곤두서다.)

　　i. 난폭한 행동: kopać/gryźć z gniewu(화로 차다/물어뜯다.)

줄루어에서 '화(ulaka)'의 생리적 반응은 (8)과 같이 7가지로 나타난다(Tayler & Mbense 1998: 197-219 참조).

(8) a. 심장의 짓눌림: Inhliziyo i-th-é xhifi ngi-m-bona.(그를 보자 내 심장이 뒤틀렸다.)

　　b. 심장의 메스꺼움: Wa-gaj-wa.(그는 화가 나서 토했다.)

　　c. 호흡장애: Wa-thukuthela wa-cinana.(그는 너무 화가 나서 숨이 막혔다.)

　　d. 심장의 피 증가: Inhliziyo yami i-gcwel-e igazi.(내 심장이 피로 가득찼다.)

　　e. 심장의 붉어짐: Wa-thukuthela wa-bheja igazi.(그는 너무 화가 나서 피로 붉게 물들었다.)

　　f. 땀: Naa-m-bona qede nga-mfoma.(내가 그를 보자말자 땀을 흘리기 시작했다.)

　　g. 비정상적 행동: ⓐ신체적 동요: Wa-ye-thukuthela e-veva.(그는 너무 화가 나서 몸을 떨었다.) ⓑ비이성적 행동: Wa-thukuthela wa-gaya iziboza.(그는 너무 화가 나서 썩은 옥수수를 빻았다.) ⓒ언어소통능력 장애: Nga-thukuthela a-ngi-kwaz-anga uku-thi vu!(나는 너무 화가 나서 한 마디도 할 수 없었다.)

한국어에서 '화'의 생리적 반응은 (9)와 같이 11가지로 나타난다(임지룡 1999, 2000, 2006d: 343-346 참조). 이 반응은 '화'와 관련된 신체 부위 33개(외부 22개, 내부 11개)에서 215개의 관습적 표현에 바탕을 둔 것이다.

(9) a. 체온의 상승: ⓐ열기(熱氣)… 열 받다, {얼굴·속}이 달아오르다, 가슴이 부글부글
　　　　끓다, {부아·속·부레·오장육부}가 끓다 ⓑ화기(火氣)… 얼굴이 붉어지다, 눈
　　　　에 불이 나다, 가슴에서 불길이 솟다, 속이 타다, 간에 천불이 나다

　　b. 피의 치솟음(혈압 상승): {머리·전신}에 피가 거꾸로 솟다, {얼굴·관자놀이}에
　　　　피가 치솟다, 눈에 핏발이 서다, 이마에 핏줄이 솟다, 목에 핏대가 오르다

　　c. 땀이 남: 얼굴에 땀이 나다

　　d. 호흡 이상: 숨이 {잦아지다·막히다}

　　e. 몸의 떨림: {얼굴·눈까풀·이·관자놀이·턱·입술·몸·살·사지·손·주
　　　　먹·발·가슴}이 (부들부들) 떨다

　　f. 신체 부위의 비정상 및 장기(臟器) 이상: ⓐ얼굴이 일그러지다, {눈·속·허파·
　　　　내장·간·오장}이 뒤집히다, 이맛살이 찌푸려지다, 귀가 멍멍해지다, {골·가
　　　　슴·부아·비위·배알·창자·오장육부}가 뒤틀리다 ⓑ{속·비위·밸}이 상하
　　　　다, {복장·부아통}이 터지다

　　g. 신체 부위 및 장기 팽창: 볼이 붓다, 관자놀이가 팽창하다, 골이 {나다·붓다}, {가
　　　　슴·복장}이 터지다, 부아가 {나다·치밀다·돋다}, 속이 치밀다

　　h. 지각의 장애: 눈이 뒤집히다, 눈에 뵈는 것이 없다, 물불 안 가리다

　　i. 분비물: 눈물이 쏟아지다, 입에 거품을 물다, 침을 흘리다

　　j. 독성: 눈에 {독이 오르다, 독기를 띠다, 살기가 어리다}

　　k. 목소리 변화: 목소리가 {커지다·거칠어지다·떨리다}

2.2. 공통성과 특이성의 해석

　　(1)-(9)에서 7개 언어의 '화'에 대한 신체 생리적 반응 양상을 바탕으로 문화적 변이 양상의
보편성과 특이성을 살펴보기로 한다.

　　우선, '화'의 신체 생리적 반응에 대한 정보는 상당히 제한되어 있다고 하겠다. 다양한 문화
권의 생리적 환유에 대한 정밀한 실현 양상의 중요성에도 불구하고 이러한 제한성은 두 가지
사항과 관련되는 것으로 보인다. 첫째, 감정 연구에서 생리적 환유는 개념적 은유의 우선성에
가려 그 위상이 제대로 평가받지 못하였다.[11] 둘째, (미국)영어를 대상으로 '화'에 관한
Kövecses(1986, 1995), Lakoff(1987), Lakoff & Kövecses(1987)의 선구적인 작업은 인도유럽
어뿐만 아니라 비인도유럽어에서의 '화'에 대한 연구를 활성화시켰지만, 선행연구의 후광효

11　'화'의 '생리적 환유'의 중요성은 '개념적 은유'의 기초가 되기 때문이다. 이와 관련하여 Yu(1995:
　　63)에서는 "중국어에서 화의 개념화를 위한 신체 부위의 사용은 교차 언어적으로 감정 은유가 신체
　　적 또는 생리적 경험에 근거를 둔다는 주장을 뒷받침하는 증거를 제공하기 때문이다."라고 하였다.

과에 의해 생리적 환유의 특이성을 탐색하는 데 장애가 된 측면이 없지 않은 것으로 보인다. 예를 들어, (미국)영어에 따른 버전 (1)은 (3)의 중국어, (5)의 헝가리어, (6)의 일본어에서 보편성을 확인하는 것으로 귀결된다. 그러면, 7개 언어에서 주목되는 사항을 들면 다음과 같다.

첫째, 신체 생리적 반응의 가짓수는 (10)과 같다. 정밀함의 정도는 중국어(예문 (2), (3), (4) 참조), 한국어, 폴란드어, 줄루어 순이며, '(미국)영어/일본어'는 Lakoff & Kövecses(1987)의 동일한 기준에 따른 것이다.

(10) 중국어(15가지), 한국어(11가지), 폴란드어(9가지), 줄루어(7가지), (미국)영어/중국어/
일본어(5가지), 헝가리어(3가지)

둘째, 신체 생리적 반응의 공통성은 (11)과 같다. '체내의 압력(7)', '체온의 상승/얼굴과 목 위의 붉음(6)', '신체적 동요/정확한 지각의 장애(5)', '호흡 장애(4)', '위장 기능 장애(3)'의 순이다. 지리상으로 문화적 소통에 무관하게 7개 언어에서 5개 언어 이상이 신체 생리적 공통성을 갖는 것은 사람으로서 공유하고 있는 종 특유의 신체와 그 작용 방식에 말미암은 것이라 하겠다.

(11) a. 체내의 압력(7): (미국)영어, 중국어, 헝가리어, 일본어, 폴란드어, 줄루어, 한국어
b. 체온의 상승(6): (미국)영어, 중국어, 헝가리어, 일본어, 폴란드어, 한국어
c. 얼굴과 목 위의 붉음(6): (미국)영어, 중국어, 헝가리어, 일본어, 폴란드어, 한국어
d. 신체적 동요(5): (미국)영어, 중국어, 일본어, 폴란드어, 한국어
e. 지각의 장애(5): (미국)영어, 중국어, 일본어, 폴란드어, 한국어
f. 호흡 장애(4): 중국어, 폴란드어, 줄루어, 한국어
g. 위장 기능 장애(3): 중국어, 폴란드어, 한국어

셋째, 신체 생리적 반응의 차별성, 즉 특이성이다. 중국어에서는 '화'가 몸속을 흐르면서 생명 유지에 필수적 에너지인 '氣'가 과도한 상태라고 하는데, (2a)에서 보듯이 '화'는 질병과 관련된 것으로 파악하고 있다(King 1989/2007: 144-155 참조). 폴란드어에서는 '간 기능의 장애'와 '난폭한 행동'이 특이하며, 줄루어에서는 '화'의 생리적 반응이 심장과 관련되며 그 가운데서도 '토하다'와 같이 심장의 메스꺼움이 특이하다. 한국어에서는 '장기(臟器)의 이상'으로 '{속·허파·내장·간·오장}이 뒤집히다', '{골·가슴·부아·비위·배알·창자·오장육부}가 뒤틀리다', '{속·비위·밸}이 상하다', '{복장·부아통}이 터지다' 등이 특이하며, '신체 부위 및 장기 팽창'으로 '볼이 붓다', '관자놀이가 팽창하다', '골이 {나다·붓다}', '{가슴·복장}이 터지다', '부아가 {나다·치밀다·돋다}', '속이 치밀다' 등이 특이하

다. 그중에서도 '부아가 나다'는 허파가 팽창되는 것을 뜻한다.[12] 또한 '독성'으로 '눈에 {독이 오르다, 독기를 띠다, 살기가 어리다}'가 특이하다. 특히 한국어는 다른 언어에 비해 '화'의 신체 생리적 반응과 관련하여 신체 부위를 더 많이 명시하는 경향이 있다.

또한, '지각의 장애', 즉 시지각의 장애에서 눈 색깔의 차이가 특이한데, (12)에서 보듯이 영어에서는 붉어지고, 중국어에서는 검어지고, 한국어에서는 허예진다.[13]

(12) a. (영어) I was beginning to *see red*.(나는 (화로) 눈이 붉게 보이기 시작했다.)
　　 b. (중국어) Wo qi de liang yan *fa hei*.(나는 화가 나서 눈이 캄캄해졌다.)
　　 c. (한국어) 징역을 다 살고 나오자마자 아들은 눈알이 **허옇게** 뒤집혀가지고 기어코 연놈을 붙잡아 제 손으로 죽이고야 말겠다고 길길이 미쳐 날뛰었다. (윤흥길,『완장』, 1983: 104, 현대문학.)

한편, (11c)의 '얼굴과 목 위의 붉음'이 (미국)영어, 중국어, 헝가리어, 일본어, 폴란드어, 한국어 등 6개 언어에서 확인되었다. 대조적으로 아칸어(Akan), 월로프어(Wolof), 그리고 줄루어와 같이 아프리카의 검은 피부색을 가진 문화권에서는 이 증상이 포착될 수 없는데,[14] 이것은 피부색이 신체 생리적 반응에 중요한 변수가 됨을 뜻한다(Maalej 2004: 73, Ansah 2010: 22-23 참조).

요컨대, '화'의 신체 생리적 반응은 상당 부분 동질성을 띠고 있다. 이것은 사람으로서 보편적인 신체적 경험에 기반을 두기 때문이다. 그런 한편 일정 부분 특이성을 갖는데 이것은 '귤화위지(橘化爲枳)'의 문화적 맥락에 기인한 것으로 해석된다. 그 가운데서 한국어는 '화'의 반응과 관련된 신체 부위의 가짓수가 가장 많으며,[15] 그 신체 생리적 반응의 가짓수가 가장 정밀한 것으로 드러난다.

12　'부아'는 "肺 부화 폐"<훈몽자회 초간, 상:14>에서 보듯이, '폐', '허파'를 뜻하는 '부화' (>부하>부아)에서 변천된 것이다(임지룡 2006d: 57 참조).
13　지각 장애에 대해 영어의 경우 "She was blind with rage.", "I was so mad I couldn't see straight."라고 하며(Lakoff 1987: 383 참조), 한국어에서는 "눈이 멀다."라고 한다.
14　이와 관련하여 줄루어와 같이 검은 피부를 가진 사람들은 "Wa-thukuthela wa-bheja igazi.(그는 너무나 화가 나서 피로 붉게 물들었다.)"와 같은 표현을 많이 사용한다고 한다(Tayler & Mbense 1998: 203 참조).
15　한국어에서 '화'와 관련된 신체 부위는 33곳(외부 22, 내부 11)이다(임지룡 2006d: 35-62 참조).

3. '화'의 개념적 은유 양상

인지언어학에서는 추상적인 감정인 '목표영역(target domain)'을 구체적인 경험인 '근원영역(source domain)'을 통해 개념화하는 것으로 보고, 이를 '개념적 은유(conceptual metaphor)'라고 한다. 이 경우 두 영역 간에는 '사상(mapping)'에 의한 닮음, 즉 유사성이 부여된다. 여러 문화권에서 목표영역 '화'에 대한 개념적 은유의 양상을 살펴보기로 한다.

3.1. '화'의 은유적 변이 양상

'화'의 개념적 은유에 대한 논의는 (미국)영어를 비롯한 9개 언어에서 이루어졌다. 먼저, '화'의 근원영역과 목표영역의 사상 패턴을 보기로 한다. 예를 들어, (13a)의 '화가 (가득) 차다'라는 은유적 표현은 (12b)의 '(욕조의) 물이 (가득) 차다'라는 글자 그대로의 경험을 확장한 것이다. (13)의 두 표현을 통해서 "화는 그릇 속의 액체이다."라는 개념적 은유가 추출되며, 목표영역 '화'와 근원영역 '그릇 속의 액체'의 사상관계를 형성하는 서술어는 '차다'이다.[16]

> (13) a. 그는 화로 가득 찼다.
>   b. 욕조는 물로 가득 찼다.

그러면 9개 문화권에서 "'화'는 X이다."라는 개념적 은유 패턴에서 '화'를 개념화하는 근원영역 'X'의 양상을 살펴보기로 한다.

(미국)영어에서 '화'의 근원영역 12개와 이를 예증하는 은유 표현은 (14)와 같다(Lakoff & Kövecses 1987, Kövecses 2000a: 21 참조). 또한 Esenova(2009)에서는 인지언어학 문헌에서 소홀히 해 온 '화'의 영어권 근원영역 4가지를 (15)와 같이 제시했다.

> (14) a. 그릇 속의 뜨거운 유체: She is boiling with anger.(그녀는 화로 끓고 있다.)
>   b. 불: He's doing a slow burn.(그는 서서히 분노로 타오르고 있다.)
>   c. 정신병: The man was insane with rage.(나는 화가 나서 제정신이 아니었다.)
>   d. 전투에서 적: I was struggling with my anger.(나는 화와 투쟁 중이다.)
>   e. 포획된 동물: He unleashed his anger.(그는 화의 끈을 풀었다.)

---

16 이와 관련하여 Stefanowitsch(2006: 69)에서는 "His eyes were filled with anger."의 은유적 패턴을 다음과 같이 분석하고 있다. ①TD1 EMOTION: anger ②TD2 ORGANS: eyes ③SD CONTAINERS/LIQUIDS: The container was filled with liquid. ④General mappings: EMOTIONS ARE LIQUIDS/ORGANS ARE CONTAINERS ⑤Specific relations: *anger ≈ liquid, eye ≈ container*

f. 짐: He carries his anger around with him.(그는 화를 지고 다닌다.)

g. 공격적인 동물 행동: Don't snarl at me!(나한테 으르렁거리지 마시오!)

h. 침입: Here I draw the line.(여기까지가 내 참는 한계이다.)

i. 물리적 성가심: He's a pain in the neck.(그는 성가신 사람이다.)

j. 자연력: It was a stormy meeting.(그것은 격렬한 모임이었다.)

k. 작동 중인 기계: That really got him going.(그것은 그를 작동하게 했다.)

l. 사회적 상급자: His actions were completely governed by anger.(그의 행동은 화에 의해서 완전히 지배되었다.)

(15) a. 동물: ⓐ말… unbridled anger(굴레 벗은(→억제되지 않은) 화) ⓑ뱀… He who sheds anger just as a snake its slough, is a real hero.(뱀이 낡은 허물을 벗듯이 화를 벗어 버리는 사람은 진정한 영웅이다.)

b. 그릇: ⓐ그릇 속 유체의 열… You make my blood boil.(너는 내 피를 끓게 만든다.) ⓑ그릇 속 내용물… There was a certain bitter anger in his voice.(그의 목소리에 약간의 쓴 화가 들어 있었다.) ⓒ그릇 속 뜨거운 유체(his voice seething with anger(화로 펄펄 끓는 그의 목소리)

c. 아이: Instead, he decided to nurse his anger.(대신에, 그는 그의 화를 보살피기로 결심했다.)

d. 식물: And this, I think, is where much of the anger germinates.(내 생각으로 이곳은 많은 화가 싹트는 곳이다.)

중국어에서 '화(nu)'의 근원영역을 King(1989/2007: 155-165)에서는 (16)의 3가지로, Yu(1995: 60-71)에서는 (17)의 '열'에서 하위버전으로 '불'과 '그릇 속의 뜨거운 기'의 2가지로, 이선희(2011: 376-383)에서는 (18)의 11가지로 기술하고 있다.

(16) a. 불/열: nu huo(怒火: 화), man qiang nu huo(滿腔怒火: 인체가 화로 가득차다)

b. 몸속의 기: sheng qi(生氣: 기를 발생시키다), man qiang fen nu(滿腔憤怒: 인체가 화로 가득차다)

c. 물리적 힘: dong qi(動氣: 사람의 화를 움직이다), yi zhi ziji de fen nu(抑制自己的憤怒: 사람의 화를 억제하다)

(17) a. 열: ⓐ불… Bie re wo fa-huo.(나에게 불을 지르지 마라.), Ta gan-huo hen wang.(그의 간에 맹렬히 타오르는 불이 있다.) ⓑ그릇 속의 뜨거운 '기'… Ta xin-zhong you qi.(그는 심장 속에 기를 가졌다.)

(18) a. 뜨거운 김(氣): 生气.(화를 내다.), 气冲冲.(노기등등하다.)

  b. 불: 憤怒在胸口燃燒.(화가 가슴속에서 타고 있다.)

  c. 기후[17]: 憤怒的暴風雨就要傾盆而下了.(분노의 폭풍우가 곧 퍼부을 것이다.)

  d. 위험한 동물: 老呂暴怒得像頭獅子.(분노가 폭발한 老呂는 마치 한 마리 사자와 같았다.)

  e. 물: 她心中涌起一股怒气.(그녀의 마음에 한 줄기 분노가 솟았다.)

  f. 물건: 其實往往是自己給自己帶來了憤怒.(사실 화는 자기 스스로 가져오는 경우가 많다.)

  g. 음식물: 咽不下這口气, 他就逃出去了.(화를 삼키지 못하고 도망을 쳤다.)

  h. 적: 壓不住心頭的怒火.(마음속의 화를 누를 수 없다.)

  i. 무기·흥기[18]: 像憤怒在爆裂.(마치 분노가 폭발하는 것 같았다.)

  j. 글씨: 他的憤怒都寫在臉上.(그의 분노는 모두 얼굴에 쓰여 있었다.)

  k. 실: 他甚至連一絲憤怒都沒有表示.(그는 심지어 한 가닥의 분노도 나타내지 않았다.)

이외에, 용례를 추가적으로 검색한 결과에 의하면, 중국어에서 '화'의 근원영역은 (19)와 같이 3가지가 추가될 수 있다.

(19) a. 식물: 別讓憤怒的种子萌芽.(분노의 씨앗이 싹트지 않도록 해야 한다.)

  b. 사회적 상급자: 被憤怒所支配.(분노로 지배됨.)

  c. 미침/정신병: 生气時像瘋子一樣.(화낼 때 미친 사람과 같다.)

일본어에서 '화'의 근원영역 7개와 이를 예증하는 은유 표현은 (20)과 같다(Matsuki 1995: 139 참조).

(20) a. 그릇 속 유체의 열: Ikari ga hara no soko o guragura, saseru.(화가 배 밑바닥에서 끓는다.)

  b. 불: Ikari ga moedasu.(화가 불타기 시작한다.)

  c. 정신병: Ikari de ware o wasureru.(화가 나서 이성을 잃다.)

  d. 전투에서 적: Komiagetekuru ikari to tatakau.(솟아오르는 화에 맞서 싸우기)

  e. 위험한 동물: Suzamajii iari ga mayu no atari ni hau.(무시무시한 화가 눈썹 주위로

---

17 '大發雷霆(천둥처럼 화를 크게 내다)'라는 용례가 있는데, 이와 관련하여 '기후'라는 근원영역은 '자연력'이라는 더 포괄적인 근원영역의 일부로 볼 수도 있겠다.

18 '무기·흥기'는 '吃槍藥了(탄약을 먹은 것처럼 열을 내다)', '渾身火藥味儿(온몸에 화약 냄새가 나듯이 화를 잘 내다)'와 관련하여 '일촉즉발의 위험물'이란 근원영역으로 볼 수도 있겠다.

기어오른다.)

　　f. 공격적 동물행동: Haha wa watashi wo jitto niranda.(엄마가 날카롭게 나를 노려
　　　봤다.)

　　g. 짐: Okottara kimochi ga karuku natta.(나는 화를 표출하자 몸이 가벼워졌다.)

폴란드어에서 '화'의 근원영역 7개와 이를 예증하는 은유 표현은 (21)과 같다(Mikołajczuk
1998: 164-180 참조).

　(21) a. 신체적 통증과 몸의 질병: Giez go ukąsił.(그는 화가 나서 미칠 지경이다.), On
　　　　 jest chory ze złości.(그는 화로 아프다.)

　　　 b. 위험한 동물: On warcyz na mnie.(그는 나에게 으르렁거린다.)

　　　 c. (투쟁에서) 적: Gniew opanowuje kogoś.(화가 나를 이긴다.)

　　　 d. 악마와 지옥: diabeł go opętał.(그는 악마를 가지고 있다.), mieć piekło w domu.(집
　　　　 에 악마가 있다.)

　　　 e. 나쁜 날씨: Ktoś zachmurzył czoło.(그 사람의 이마에 구름이 끼게 했다.)

　　　 f. 불/열: płomień gniewu na twarzy(사람 얼굴에 나타난 화의 불꽃), Złość się w
　　　　 nim gotuje.(그는 화로 끓고 있다.)

　　　 g. 바다: głęboki gniew(깊은 화), przypływ złośći(화의 높은 조류)

줄루어에서 '화'의 근원영역 4개와 이를 예증하는 은유 표현은 (22)와 같다(Tayler & Mbense
1998: 197-203 참조).

　(22) a. 열: Wa-shisa-bo.(그는 아주 뜨거웠다.)

　　　 b. 위험한 동물: Inkosi ya-phenduka isilo.(추장은 사나운 동물로 변했다.)

　　　 c. 왕성한 식욕: Naa-mu-dla ng-amazinyo.(나는 그를 이빨로 먹어 치웠다.)

　　　 d. 자연력: (Ulwandle) lu-gubha amagagasi.(바다(→화난 사람)가 파도로 맹렬히 출렁
　　　　 거린다.)

한국어에서 '화'의 근원영역을 임지룡(2000, 2006d: 70-80)에서는 (23)의 10가지로, Türker
(2013: 80-81, 131-134)에서는 (24)의 16가지로 기술하고 있다.

　(23) a. 그릇 속의 액체: 화가 끓어오르다.

　　　 b. 적: 화를 이기지 못하다.

　　　 c. 물건: 화가 쌓이다.

　　　 d. 식물: 화가 돋아나다./뿌리 깊은 분노

e. 음식물: 화를 삭이다.

f. 파도: 화가 일다.

g. 폭풍우: 화에 휩싸이다.

h. 불: 화가 타오르다.

i. 흉기: 분노를 숫돌에 갈아 버리다.

j. 실: 화를 풀다.

(24) a. 그릇 속의 뜨거운 유체: (가슴 밑바닥에서) 끓어-오르는 분노

b. 불: 눈에서 불길이 타오르다.

c. 전투에서 적: 화를 이기지 못하다.

d. 자연력: 분노가 휘몰아치다.

e. 사회적 상급자: 분노에 사로잡히다.

f. 강렬함: ⓐ양… 끝없는 분노 ⓑ위/아래/깊이… 분노가 드높다/깊어지다. ⓒ열/냉… 분노가 뜨겁게 달아오르다/몸이 분노로 차갑게 식다. ⓓ긴장… 화가 단단히 나다. ⓔ색… (화가 나서) 얼굴이 붉으락푸르락하다. ⓕ속도…발칵 화를 내다.

g. 그릇속의 유체/물질: 분노가 (뱃속에) 축적되다, 분노를 토해내다.

h. 액체: 분노에 잠기다.

i. 빛: 분노의 빛

j. 어둠: 눈먼 분노

k. 질병/통증: 화병(을 앓다)

l. 신체적 동요: 화가 나 떨다.

m. 생물: 분노를 키우다, 분노를 잠재우다.

n. 색: 분노로 얼굴이 시뻘게지다.

o. 소리: 목소리에 밴 화

p. 존재/비존재: 화가 사라지다.

튀니지 아랍어(Tunisian Arabic)에서 '화'의 근원영역을 Maalej(2010)에서는 (25)와 같이 6가지로 기술하고 있다.

(25) a. 그릇 속 유체의 열: rawwib-l-i-damm-i.(그는 내 피를 끓게 했다.)

b. 그릇 속 고체의 열: rawwibl-i-muxxi.(그는 반 삶은 달걀과 같이 내 머리를 반 삶았다.)

c. 어둠을 보는 것: Huwa qal-l-i haaki il-kilma, w-id-dinya Dlaamit fi 3aynayy-a.(그가 나에게 그 말을 했을 때, 세상이 내 눈에서 어두워졌다.)

d. 신체적 고통: digdig-l-i 3Daam-i.(그는 내 뼈를 작은 조각으로 부러뜨렸다.)

e. 사나운 동물: lqayt-u yahdar ki-j-jmall.(내가 그를 보았을 때 그는 으르렁거리는 낙타였다.)

f. 자연력: Txall fi 3ajaaja.(그는 모래 폭풍 속에 들어갔다.)

독일어에서 '화'의 근원영역을 강병창(2012: 40-41)에서는 (26)의 11가지로 기술하고 있다. 그 가운데서 j의 '소음'과 k의 '일어서는 것'은 c의 '자연현상'에 포함시키는 것이 타당하다.

(26) a. 액체: Er kocht vor Wut.(그는 분노로 끓었다.), eine Welle von Wut(분노의 물결), ein Strom von Wut(분노의 강), Er schäumt vor Wut.(그는 분노로 입에 거품을 내뿜었다.)

b. 불: Ärger entzündet sich.(화가 발화하다.)

c. 자연현상: ein Sturm von Wut(분노의 폭풍우), ein Aufblitzen von Wut(분노의 번개), Der Ärger verraucht.(화로 연기가 가득하다.)

d. 그릇 속의 고체: Ärger sammelt sich an.(화가 쌓이다.)

e. 물건: Ärger bekommen/kriegen(화를 얻다/받다)

f. 동물, 사나운 짐승: von der Wut gepackt werden(화를 움켜쥐다), die Wut bändigen(화를 길들이다)

g. 식물: Ärger keimt auf.(화가 싹트다)

h. 적: seinen Ärger niederkämpfen(화를 쳐 부수다)

i. 음식물: seinen Ärger runterschlucken(화를 삼키다)

j. 소음: Sein Ärger ist abgeklungen.(그의 화가 잠잠해졌다./가라앉았다.)

k. 일어서는 것: Die Wut legt sigh.(분노가 누그러졌다.)

스페인어에서 '화'의 근원영역을 조혜진(2013: 252-271)에서는 (27)의 9가지로 기술하고 있다.[19] 그 가운데 c의 '폭력'은 h의 '동물'과 함께 '위험한 동물'로 분류하는 것이 타당하며, g의 '행위'도 근원영역으로 보기 어렵다.

(27) a. 불: Ella echaba fuego por los ojos.(그녀는 눈에서 불을 뿜었다.)

b. 그릇 안의 뜨거운 액체: Tus palabras me hierven la sangre.(네 말은 내 피를 끓게 만든다.)

c. 폭력: Juan está que muerde.(후안은 물어뜯을 지경이다.)

---

19 Soriano(2003: 110)에서는 스페인어의 '화(ira)'를 Lakoff & Kövecses (1987)의 '그릇 속 유체의 열, 불, 위험한 동물, 정신병, 적대자, 짐, 신체적 성가심'에 '자연의 물리력, 통제자'를 추가한 9개의 기본층위 은유를 (미국)영어와 대조하였는데, 그중 '그릇 속 유체의 열'은 스페인어에 존재하지 않는다고 하였다.

d. 확장·동요·약화: Como sigan así se me van a hinchar las narices.(그렇게 계속 하다간 내 코를 부풀리게 만들거야.)

e. 연기: Mi padre echa humo cada vez que pierde el partido.(아버지는 시합이 질 때마다 연기를 피운다.)

f. 담즙: Ella salió del despacho echando la bilis.(그녀는 담즙(→화)을 내며 사무실에서 나갔다.)

g. 행위: No tiene motivos por los que el humo se le sube a las narices.(그는 화를 낼 이유가 없다.)

h. 동물: Él suele estar hecho un león cuando pierde su equipo.(그는 그의 팀이 질 때면 사자가 된다.)

i. 신화적 존재: Mi abuelo está hecho un toro de fuego.(할아버지는 불로 만든 소가 되었다.)

3.2. 공통성과 특이성의 해석

(14)-(27)에서 9개 언어의 '화'에 대한 은유적 근원영역의 양상을 바탕으로 문화적 변이 양상의 보편성과 특이성을 살펴보기로 한다.

첫째, 근원영역의 가짓수는 (28)과 같다. 이 경우 둘 이상의 버전에서는 중복된 것을 피하기로 한다. 근원영역의 가짓수는 (29)에서 보듯이 한국어, (미국)영어, 중국어·독일어가 많다.

(28) a. (미국)영어(14개): ⓐ그릇 속 뜨거운 유체, 불, 정신병, 전투에서 적, 포획된 동물, 짐, 공격적인 동물 행동, 침입, 물리적 성가심, 자연력, 작동중인 기계, 사회적 상급자 ⓑ아이, 식물

b. 중국어(11개): ⓐ불, 그릇 속의 뜨거운 '기' ⓑ기후, 위험한 동물, 물, 물건, 음식물, 적, 무기·흉기, 글씨, 실

c. 일본어(7개): 그릇 속 유체의 열, 불, 정신병, 전투에서 적, 위험한 동물, 공격적 동물행동, 짐

d. 폴란드어(7개): 신체적 통증과 몸의 질병, 위험한 동물, 적, 악마와 지옥, 나쁜 날씨, 불/열, 바다

e. 줄루어(4개): 열, 위험한 동물, 왕성한 식욕, 자연력

f. 한국어(18개): ⓐ그릇 속의 (뜨거운) 액체, 적, 물건, 식물, 음식물, 파도, 폭풍우, 불, 흉기, 실 ⓑ강렬함, 빛, 어둠, 질병/통증, 생물, 색, 소리, 존재/비존재

g. 튀니지 아랍어(6개): 그릇 속 유체의 열, 그릇 속 고체의 열, 어둠을 보는 것, 신체적 고통, 사나운 동물, 자연력

h. 독일어(11개): 액체, 불, 자연현상, 그릇 속의 고체, 물건, 동물·사나운 짐승, 식물, 적, 음식물, 소음, 일어서는 것

i. 스페인어(9개): 불, 그릇 안의 뜨거운 액체, 폭력, 확장·동요·약화, 연기, 담즙, 행위, 동물, 신화적 존재

(29) 한국어(18), (미국)영어(14), 중국어·독일어(11), 스페인어(9), 일본어·폴란드어(7), 튀니지 아랍어·줄루어(4)

둘째, 근원영역의 공통성은 (30)과 같다. '(위험한) 동물(행동)(8)', '불(7)', '자연력·기후·나쁜 날씨·파도·폭풍우(6)', '그릇 속의 (뜨거운) 액체·유체/적(5)', '식물/정신병(4)', '음식물/물건·그릇 속의 고체/사회적 상급자(3)', '무기·흉기/짐/어둠(을 보는 것)/실(2)' 순이다. 한편, 한 언어에서만 나타나는 근원영역은 (31)과 같다.

(30) a. (위험한) 동물(행동)(8): (미국)영어, 중국어, 일본어, 폴란드어, 줄루어, 튀니지 아랍어, 독일어, 스페인어

b. 불(7): (미국)영어, 중국어, 일본어, 폴란드어, 한국어, 독일어, 스페인어

c. 자연력·기후·나쁜 날씨·파도·폭풍우·연기(6): (미국)영어, 중국어, 폴란드어, 줄루어, 한국어, 스페인어

d. 그릇 속의 (뜨거운) 액체·유체(5): (미국)영어, 일본어, 한국어, 튀니지 아랍어, 스페인어

e. 적(5): (미국)영어, 중국어, 폴란드어, 한국어, 독일어

f. 식물(4): (미국)영어, 중국어, 식물, 독일어

g. 정신병(4)[20]: (미국)영어, 중국어, 일본어, 한국어

h. 음식물(3): 중국어, 한국어, 독일어

i. 물건·그릇 속의 고체(3): 중국어, 한국어, 독일어

j. 사회적 상급자(3): (미국)영어, 중국어, 한국어

k. 무기·흉기(2): 중국어, 한국어

l. 짐(2): (미국)영어, 일본어,

m. 어둠(을 보는 것)(2): 한국어, 튀니지 아랍어

n. 실(2): 중국어, 한국어

(31) a. (미국)영어: 침입, 물리적 성가심, 작동중인 기계, 아이

b. 중국어: 그릇 속의 뜨거운 '기', 글씨

---

20 중국어의 경우 (19c) 및 한국어의 경우 '미친 듯이 화를 내다'라는 표현 참조.

     c. 폴란드어: 악마와 지옥, 바다

     d. 줄루어: 왕성한 식욕

     e. 튀니지 아랍어: 신체적 고통

     f. 독일어: 소음, 일어서는 것

     g. 스페인어: 폭력, 확장·동요·약화, 담즙, 행위

(30)에서 주목되는 근원영역을 보면, (미국)영어에서 '작동중인 기계', 중국어에서 그릇 속의 뜨거운 '기', '줄루어'에서 '왕성한 식욕'은 모두 그 문화권의 특성을 드러내는 흥미로운 사례라 하겠다. 그러면 (30)-(31)에서 정리한 바와 같이 '화'에 대한 여러 문화권의 변이 양상을 바탕으로, 한국어와 대조해서 주목되는 몇 가지 사항을 살펴보기로 한다.

첫째, Türker(2013)는 Stefanowitsch(2006)의 '말뭉치 기반 접근법(corpus-based approach)'[21]에 따라 한국어와 영어의 '화, 행복, 슬픔'을 분석한 것이다. 여기서 사용된 자료는 <21세기 세종계획 말뭉치>에서 '화' 관련 은유 자료이다. (24)의 '화' 근원영역에는 다음과 같은 문제점이 드러난다. 즉, (24e)의 '사회적 상급자'는 (24c)의 '(전투에서) 적'에 포함시켜야 하며,[22] (24l)의 '신체적 동요'는 생리적 환유의 주요 항목이며, (24m)의 '생물'에서 '키우다, 잠재우다'는 '식물'과 '아이'로 분리하는 것이 타당하며, (24o)의 '소리' 및 (24p)의 '존재/비존재'는 독자적인 근원영역으로 보기 어렵다. 한편, <표 1>은 총 빈도 656회의 근원영역 별 '빈도(frequency)'를 제시한 것이며, <표 2>는 개별 어휘 182개의 근원영역 별 '생산성(productivity)' 비율을 제시한 것이다. 이 표는 상위 3개 근원영역인 '강렬함', '그릇 속의 유체/물질', '전투에서 적'이 가장 빈도가 높고 전체의 반 이상에 해당하는 생산성을 갖는다는 점에서 주목된다(Türker 2013: 120 참조).

표 1 '화' 은유의 빈도수

범주	빈도	비율(%)
1. 강렬함	272	41.46
2. 그릇 속의 유체/물질	168	25.61
3. 전투에서 적	95	14.48
4. 자연력	26	3.96
5. 신체적 동요	24	3.66

---

21 이 방법론과 관련하여 '은유적 유형 분석(metaphorical pattern analysis)'을 제시하고 있는데 그 절차는 다음과 같다. 먼저, 말뭉치에서 출현하는 무작위 샘플을 뽑고, 검토하는 단어가 들어 있는 모든 은유적 표현을 확인한 뒤, 일반적인 사상에 따라 무리를 짓는 과정에 따라 목표영역을 가리키는 어휘 항목을 추출한다(Stefanowitsch 2006: 65-70 참조).

22 참고로 (13)의 (미국)영어에서 '사회적 상급자'는 서술어가 '지배하다(govern)'이다.

범주		비율(%)
6. 불	23	3.51
7. 그릇 속의 뜨거운 유체	19	2.90
8. 사회적 상급자	7	1.07
9. 색	7	1.07
10. 질병/통증	6	0.91
11. 액체	2	0.30
12. 빛	2	0.30
13. 어둠	2	0.30
14. 생물	2	0.30
15. 소리	1	0.15
계	656	100.00

표 2 '화' 은유의 생산성

범주	생산성	비율(%)
1. 강렬함	64	34.22
2. 그릇 속의 유체/물질	33	17.65
3. 전투에서 적	27	14.44
4. 불	16	8.65
5. 자연력	13	6.95
6. 그릇 속의 뜨거운 유체	7	3.74
7. 신체적 동요	6	3.21
8. 색	6	3.21
9. 사회적 상급자	5	2.67
10. 질병/통증	4	2.14
11. 액체	2	2.20
12. 빛	2	1.07
13. 생물	2	1.07
14. 어둠	1	0.53
15. 소리	1	0.53
계	182	100.00

둘째, 중국어에 특정적인 '기(氣)'에 대해서이다. 이와 관련하여 King(1989/2007)은 (16)에서 '몸속의 기'를 '불/열'과 다른 독자적 근원영역으로, Yu(1995)는 (17)에서 '열'의 하위 버전으로 '불'에 대립되는 '그릇 속의 뜨거운 기(gas)'로,[23] 그리고 이선희(2011)는 (18)에서 '뜨거운

---

23 Yu(1995)에서는 "화는 열(heat)이다."라는 개념적 은유에 대해 그 하위 버전으로 영어에서는 "화는 불이다."와 "화는 그릇 속 유체의 열이다."로, 중국어에서는 "화는 불이다."와 "화는 그릇 속의 뜨거

기(氣)'를 '불'과 다른 독자적 근원영역으로 기술하였다. 그러면 '기'의 존재는 무엇인가? 이것은 개념적 은유 "화난 사람은 가압(加壓)된 그릇이다(THE ANGRY PERSON IS PRESSURRIZED CONTAINER)"라는 '총칭적 층위 은유(generic-level metaphor)'의 정교화로서, 중국어에 나타나는 특이한 사례이다. 이 경우 '기'는 몸속에 흐르는 에너지로서[24] 몸속에서 압력을 받으면 '과도한 기'가 발생하고 위로 올라가 '화(nu)'가 되며, 가라앉아 균형이 잡히면 '화(nu)'가 사라진다. 중국어 '화' 은유의 특징은 '기'의 개념을 이용하고 그 개념에 의해 구성되는데, 이는 중국 철학과 의학의 긴 역사에 깊게 뿌리박혀 있다(Kövecses 2006: 158 참조)

셋째, '화'의 근원영역으로서 '그릇 속 유체의 열'에 대해서이다. 이는 (미국)영어와 일본어 등 여러 문화권에서 활성화되지만, Aksan(2006: 19)에 따르면 터키어에서는 이 버전이 비생산적이며, 그 대신 '화'가 '그릇 속 액체'로 나타나는데, 액체의 증가는 액체의 열이 증가해서가 아니라 그릇에 더 많은 액체의 부가에 의해서이다. 스페인어에서도 'steaming(증기)'보다 'frying(튀김)'으로 개념화되며(Sariano 2003: 111-112 참조), 중국어에서는 'gas(기체)'로 개념화된다(Yu 1995: 63 참조).[25] 또한 '화'의 그릇은 대개 '몸(신체)'으로 간주되는데, 헝가리어에서는 '머리'를 뜨거운 유체를 담을 수 있는 주요 그릇으로 보며(Kövecses 2002/2010: 199 참조), 튀니지 아랍어는 '심장(heart)'과 '신경(nerve)'으로 구체화되며(Maalej 2010: 59-63), 일본어는 'hara(배)'라고 부르는 '위, 내장' 부위에 '화' 관련 표현이 많기 때문에 개념적 은유 "화는 뱃속에 있다."에서 보듯이 '배'가 전형적인 '화'의 그릇으로 간주된다. 이와 관련해서 '화'의 내용물을 Kövecses(1987) 및 Matsuki(1995)에서는 '피'로 보았는데, Matsunaka & Shinohara(2001) 및 Shinohara & Matsunaka(2003)에서는 '피'라기보다는 '위(胃)의 내용물'로 보고 일본어에서 '토하다', '삼키다', '구역질나다'의 용례를 통해 '화'의 근원영역으로 '소화기관 속 위(胃)의 내용물'을 추가적으로 제안하였다. 이와 관련하여 한국어의 경우 '음식물'이 근원영역으로 분류된 것은 더 타당한 기준이라 하겠다.[26]

넷째, '화'의 근원영역으로서 (30a)의 '(위험한) 동물(행동)'에 대해서이다. 이 근원영역을 공유하는 문화권이 8개 언어에 나타나는데, 이는 총칭적 은유의 층위이며, 특정적 층위에서 정교화되는 양상은 다르다. 예를 들어, '(위험한) 동물(행동)'의 전형으로 폴란드어에서는 '칠면조, 멧닭, 말벌'이 사용되며(Mikołajczuk 1998: 171-172 참조), 줄루어에서는 '사자, 표범,

---

운 기체이다."로 실현됨으로써, 영어에서는 '액체'인 반면 중국어에서는 '기체'로 대립된다고 하였다.

24 대조적으로, 한국어에서 '기(氣)'는 '기가 세다/약하다/질리다/꺾이다/죽다'에서는 활동하는 힘으로, '기가 통하다'는 숨 쉴 때 나오는 기운으로 쓰인다.

25 가나 및 코트디부아르 지역의 아칸어(Akan)에서는 '화(abufuw)'를 '그릇 속의 뜨거운 유체'로, '인내(abotare)'를 '그릇 속의 서늘한 유체'로 개념화한다(Ansah 2010: 16 참조).

26 한국어에서 '성을 머금다', '(울)화를 씹다', '분노를 삼키다', '화를 내뱉다', '울화를 토해내다', '화를 삭이다' 등의 용례에 비추어 '화'의 근원영역은 '음식물'이다(임지룡 2006d: 75-76 참조).

호랑이, 살무사, 암탉'(Tayler & Mbense 1998: 209-211 참조), 튀니지 아랍어에서는 "낙타처럼 으르렁거리다"의 '낙타'(Maalej 2010: 70 참조), 스페인에는 '개, 사자, 호랑이, 하이에나, 원숭이, 파리'가 등장하며(조혜진 2013: 268-269 참조), 영어권에서 '화'에 대한 '동물 은유'에 '말'과 '뱀'이 사용된다(Esenova 2009: 6-10 참조).[27]

요컨대, '화'의 개념적 은유는 문화권에 따라 다양한 양상을 드러내는데, 이것은 실제로 개념화 방식의 특이성 때문이기도 하지만 연구자들의 관점 및 분류 기준의 차별성에도 원인이 있다고 하겠다. 여러 문화권을 통틀어 '(위험한) 동물(행동)', '불', '자연력', '그릇 속의 (뜨거운) 액체', '적' 등은 공유 범위가 넓은 근원영역이며, (미국)영어의 '작동중인 기계', 중국어의 '그릇 속의 뜨거운 기', 줄루어의 '왕성한 식욕', 중국어 및 한국어의 '실' 등은 문화 특정적인 근원영역의 보기라 하겠다.

4. '화'의 인지 모형 양상

'인지 모형(cognitive model)'은 공유되고 구조화된 지식의 '내면화된 모형'을 뜻하는데, 이를 통해서 사람들은 세상사에 대한 생각을 구체화한다(Aitchison 2003: 70-71 참조). '화'의 인지 모형은 '화' 시나리오를 통해서 개념화된다. (미국)영어를 비롯한 6개 문화권에서 '화' 시나리오의 양상을 살펴보기로 한다.

4.1. '화' 시나리오의 변이 양상

Kövecses(1986: 28-36, 1990: 67-68, 2000: 143-144, 2005: 194-195), Lakoff(1987: 397-406), 그리고 Lakoff & Kövecses(1987)에서는 (미국)영어에서 '원형적 화 시나리오(prototypical anger scenario)'를 통해 '화'의 인지 모형을 제시하였다. 이 시나리오는 참여자와 장면으로 구성되는데, 참여자는 '화'의 피해자이자 보복의 행위자인 '자아'와 자아의 공격적 행동의 표적인 '가해자'이며, '장면'은 자아와 가해자가 전개하는 다섯 개의 연속적 사건으로 이루어진다. 원형적 '화' 시나리오는 <표 3>과 같다.

---

27 '화'의 근원영역으로서 '말(horse)' 은유에 참여하는 동사는 'bridle(굴레를 씌우다), curb(억제하다), unbridled(굴레를 벗은/억제되지 않은), rein(억제되지 않은), harness(마구를 채우다)' 등이며, '화'에 대한 '말' 은유는 핀란드어, 투르크멘어, 스웨덴어, 러시아어에도 사용된다(Esenova 2009: 26 참조).

표 3 원형적 '화' 시나리오

단계	사건 내용
1단계: 불쾌한 사건	• 가해자가 자아를 불쾌하게 한다. • 가해자에게 잘못이 있다. • 불쾌한 사건이 자아를 언짢게 한다. • 모욕의 강도가 보복의 강도(이 시점에서 제로에 해당)를 능가하므로, 불균형이 발생한다. • 모욕이 화가 존재하도록 유발한다.
2단계: 화	• 화가 존재한다. • 자아는 생리적 효과(열, 압력, 동요)를 체험한다. • 화는 자아에게 힘을 행사하여 보복 행위를 시도한다.
3단계: 화를 통제하려는 시도	• 자아는 화를 통제하려는 시도로 저항력을 행사한다.
4단계: 통제 상실	• 화의 강도가 한계를 초과한다. • 화가 자아를 통제한다. • 자아는 화난 행동(판단력 상실, 공격적 행동)을 드러낸다. • 자아가 손상을 입는다. • 화의 표적, 즉 가해자가 위험해진다.
5단계: 보복	• 자아는 가해자에게 보복 행위를 수행한다. • 보복의 강도는 모욕의 강도와 균형을 맞춘다. • 화의 강도가 제로로 떨어진다. • 화가 존재하지 않는다.

<표 3>과 관련하여, '화' 시나리오의 변이 양상을 살펴보면 다음과 같다.

중국어의 경우, King(1989/2007: 168)은 제5단계가 분명하지 않다고 하였다. 즉 '화'의 보복 성분에 관한 증거가 거의 없다는 것이다. 그 결과 중국어에서 '화'의 전형적 모형은 4, 5단계에서 상이한 다음 두 개의 버전으로 나타난다(King 1989/2007: 173-174). (32)의 버전에서 <4단계>는 '화의 발산'으로, 자아는 화난 행동을 보임으로써 화를 발산한다. <5단계>는 '마음의 평정 회복'으로, 발산된 화의 양은 몸속에서 무절제와 균형을 맞추며, 불균형이 사라지고 마음의 평정이 회복된다. 한편, (33)의 버전에서 <4단계>는 '전환'으로, 화의 힘은 몸의 다양한 부분으로 전환되며, 자아는 두통이나 위통과 같은 신체상의 효과를 드러낸다. <5단계>는 '보상 사건'으로, 이 사건은 자아를 기쁘게 하며(이것은 보통 자아에게 돌려진 연민 행위이다), 보상의 강도는 모욕의 강도와 균형을 맞추며, 화의 신체상의 효과가 사라지고, 화가 존재하지 않게 된다.

(32) <1단계> 불쾌한 사건→<2단계> 화→<3단계> 화를 통제하려는 시도→<4단계> 화의 발산→<5단계> 마음의 평정 회복

(33) <1단계> 불쾌한 사건→<2단계> 화→<3단계> 화를 통제하려는 시도→<4단계> 전환
→<5단계> 보상 사건

　일본어의 경우, Matsuki(1995: 145-146)에 따르면 <표 3>의 시나리오가 적용되는데, 다만
제3단계가 (미국)영어보다 더 정교하다고 한다. 즉 '화'는 <그림 1>에서 보듯이(深田智·仲
本康一郎 2008: 154 참조), 'hara(배)'에서 발생하여 'mune(가슴)'로 올라가고 마침내 'atama
(머리)'에 이르게 된다. '화'가 'hara(배)'와 'mune(가슴)'에 있을 때는 이성에 의해 통제될
수 있지만, 'atama(머리)'에 도달하면 자아는 '화'를 통제하지 못한다는 것이다.[28]

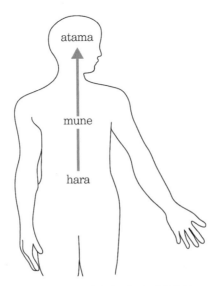

그림 1 일본어에서 '화'의 전개 양상

　줄루어의 경우, Tayler & Mbense(1998: 219-223)에 따르면 <표 3>의 '화 시나리오'가 적용
되지만, 상당한 차이를 지니고 있다고 한다. 예를 들어, 제5단계에서 화난 사람은 화에 책임이
없는 주변의 모든 사람에게 무차별적으로, 사납게 공격적이고 유해하게 화를 뿜어댄다.
　폴란드어의 경우, Mikołajczuk(1998: 181)는 '화 시나리오'를 (34)의 3단계로 제시하였다.
(34)에서는 <표 3>의 제3단계 '화의 통제 시도'가 별개의 장면으로 표시되지 않았는데, 감정과

---

28 Matsunaka & Shinohara(2001: 11-15) 및 Shinohara & Matsunaka(2003: 13-17)에서는 Matsuki
(1995)의 학설에 대해 설문조사, 필자들의 직관 및 다른 종류의 화 유발 사건과 양립 가능성 판단에
의해, 일본어에서 신체의 상체, 즉 'atama(머리)'가 항상 가장 강한 화를 표시하는 것이 아니라고
하였다. 즉 'harawata-ga-nekurikaetta(내장이 끓어올랐다)'에서 보듯이 'hara(배)'가 'atama(머리)'보
다 화의 강도가 더 높으며, '배'와 '가슴' 속의 화도 통제할 수 없을 만큼 충분히 강렬하며, 이 세
곳 어디에서나 방출될 수 있다는 것이다.

그 생리적 효과가 (미국)영어 시나리오와 다르지 않기 때문이며, 보복 행위도 동일하게 이루어진 다고 한다. 특이하게, 폴란드어에는 '화'에 'gniew(anger)'와 'złość(anger/exasperation)'의 두 종류가 있는데, 'złość'는 항상 부정적인 평가를 받고 자연적인 상황에서 통제될 수 없으나, 'gniew'는 시도할 경우 통제할 수 있으므로 영어에서보다 자아가 스트레스를 덜 받는 것으로 개념화된다.

(34) a. 불쾌한 사건: 가해자가 자아를 해친다. 이것이 자아의 불만을 초래하고 화의 원인 이 된다.
   b. 내면적 화: 자아는 몸이 (생리적 효과로) 더 좋지 못하게 작동하기 시작함을 느낀 다. 자아는 화를 통제해 보려고 시도한다.
   c. 외면적 화: 화가 자아의 통제를 떠나고 자아를 소유한다. 자아는 공격적으로 행동 하고, 이것이 자아와 가해자에게 위험하게 된다. 자아는 (직접적인 폭행에 의해) 가해자에게 보복한다. 보복은 피해와 동등하게 이루어지며 화의 강도는 감소한다.

헝가리어의 경우, 영어와 동일한 인지 모형을 갖는 것으로 보고되었다(Kövecses 2002/2010: 198-199, 2005: 195 참조).

한국어의 경우, 임지룡(2000: 712-717)은 소설 텍스트를 통해 원형적 '화' 시나리오가 실행 됨을 입증하였다. "물레방아(나도향, 1986: 17-18, 청목사.)"에서 '자아: 이방원'과 '가해자: 신치규'를 중심으로 '화' 시나리오의 전개 양상을 보면 (35)와 같은데, <표 3>의 5단계가 그대 로 적용됨을 알 수 있다.

(35) '물레방아'의 '화' 시나리오
   1단계: 이방원은 신치규와 자기 아내가 방앗간에서 나오는 것을 보았다.
   2단계: 그의 눈에는 쌍심지가 거꾸로 섰다. 열이 올라와서 마치 주홍을 칠한 듯이 그의 눈은 붉어지고 번개같은 광채가 번뜩거리었다. 그는 한참이나 사지를 떨었다. 두 이가 서로 맞춰서 달그락달그락 하여졌다. 그의 주먹은 부서질 것 같이 단단히 쥐어졌다. … 방원은 달려들어서 계집의 팔목을 잡았다. 그리고 이를 악물고 부르르 떨었다.
   3단계: 생각대로 하면 한 주먹에 때려눕힐 것이지마는 그러나 그의 머릿속에는 아까 까지의 상전이라는 관념이 남아 있었다. 번개불같이 그 관념이 그의 입과 팔을 얽어 놓았다.
   4단계: 신치규는 똑바로 쳐다보는 방원을 마주 쳐다보며, "똑바로 쳐다보면 어쩔테냐? 온, 세상이 망하려니까 별 해괴한 일이 다 많거든. 어째 이놈아!", "이놈아?" 방원은 한 걸음 들어섰다. … "네 입에서 이놈이라는 소리가 나오니? 이 사지

를 찢어발겨도 오히려 시원치 못할 놈아! 네가 내 계집을 빼앗으려고 오늘 날
더러 나가라고 그랬지?" … 신치규는 형세가 위험하니까 슬금슬금 꽁무니를
빼려고 돌아서서 들어가려 했다.

5단계: 방원은 돌아서는 신치규의 멱살을 잔뜩 쥐어 한 팔로 바짝 치켜 들고, "이놈
어디를 가? 네가 이때까지 맛을 몰랐구나!" 하며 한 번 집어쳐 땅바닥에다가
태질을 한 뒤에 그대로 타고 앉아서 목줄띠를 누르니까, 마치 뱀이 개구리 잡
아먹을 적 모양으로 깩깩 소리가 나며 말한 마디 못한다. "이놈, 너 죽고 나
죽으면 고만 아니냐?"하고 방원은 주먹으로 사정없이 닥치는 대로 들이 팬다.
나중에는 주먹이 부족하여 옆에 있는 모루돌멩이를 집어서 죽어라 하고 내리
친다. 그의 팔, **그의 온몸에는 끓어오르는 분노가 극도에 달하자** 사람의 가슴
속에 본능적으로 숨어 있는 잔인성이 조금도 남지 않고 그대로 나타났다. …
"정신 차려.", "네." 그는 무의식하게 고개가 숙어지고 말소리가 공손하여졌다.

4.2. 공통성과 특이성의 해석

'화' 시나리오가 작동되는 (미국)영어, 중국어, 일본어, 줄루어, 폴란드어, 헝가리어, 그리고
한국어의 변이 양상을 중심으로 그 보편성과 특이성을 살펴보기로 한다.

첫째, '화' 시나리오는 시간적 순서를 갖는데(Ungerer & Schmid 1996/2006: 142 참조),
'(1단계) 불쾌한 사건→(2단계) 화→(3단계) 화를 통제하려는 시도→(4단계) 통제 상실→(5단
계) 보복'에서 보는 바와 같다. 원형적 '화' 시나리오는 (미국)영어, 일본어, 줄루어, 폴란드어,
헝가리어, 한국어에서 실행되며, 중국어에서는 (32), (33)에서 보듯이 제5단계인 '보복'이 결
여되어 있다. 일본어의 경우는 <그림 1>에서 보듯이 제3단계가 세분화되며, 한국어의 경우는
(35)에서 보듯이 '화' 시나리오의 다섯 단계가 전형적으로 실행됨을 알 수 있다.

둘째, '화' 시나리오는 '화'의 신체 생리적 반응에 의한 '생리적 환유'와 이에 바탕을 둔
개념적 은유와 깊은 상관성을 형성하고 있다. 이 경우 생리적 환유는 "체온의 증가는 화를
대표한다."이며, 개념적 은유는 "화는 그릇 속에 있는 액체의 열이다.", "몸은 감정을 담는
그릇이다."에 의한 '그릇 은유(container metaphor)'이다. 이와 관련하여, 한국어의 '그릇 은유'
는 '화' 시나리오의 전개 과정을 매우 사실적으로 보여 주는데, (36a)는 그릇 은유의 근원영역
이며, (36b)는 그 목표영역이다. 실제로 '몸'이라는 '그릇' 속에서 '화'의 신체 생리적 반응은
(37)에서 보듯이 근원영역 '그릇 속의 액체'처럼 '몸속의 화'가 서술어 '차오르다→끓어오르
다→치솟아오르다→폭발하다→가라앉다'와 같이 연쇄적인 사건 도식을 이룬다. 한국어 문화
권에서는 '그릇 속의 액체'에 해당하는 '신체 속의 화'는 '(뱃)속 밑바닥→가슴·부아→목구

멍→머리꼭지'로 상승하여 그 뚜껑이 열리고 폭발한 뒤 진정되는 인지 모형을 잘 보여 준다.

(36) a. 근원영역: 그릇 속에 액체가 담김→가열→솟아오름→폭발→평정
　　 b. 목표영역: 몸속에 화가 담김→가열→솟아오름→폭발→평정

(37) a. **화가 목구멍까지 차올라** 그의 마지막 결벽증 위로 곧 범람할 것 같은 위기의식을 느꼈다. (박완서,『오만과 몽상』, 2002: 97, 세계사.)
　　 b. 그를 보는 순간 나의 **속 밑바닥에서부터 부글부글 화가 끓어올랐다.** (조세희,『난장이가 쏘아 올린 작은 공』, 1992: 219, 문학과 지성사.)
　　 c. **화가 머리끝까지 치솟아오른다.** (공선옥,『내 생의 알리바이』, 1998: 81, 창작과 비평사.)
　　 d. **화가 머리꼭지까지 치받쳐 오르다 못해 완전히 폭발해 버릴 때까지** 밀어붙여야 된다고 작정했다. **화가 완전히 폭발해서** 백종두의 목을 단칼에 치도록 만들어야 하는 것이었다. (조정래,『아리랑』5, 1995: 31, 해냄.)
　　 e. **화가 좀 가라앉을 때까지** 기다리자 싶어 그도 전화를 하지 않았던 거였다. (공지영,『고등어』, 1999: 164, 푸른숲.)

셋째, '화' 시나리오의 문화 특정성 몇 가지를 보기로 한다. 제5단계의 '보복'에 대하여 (미국)영어의 경우, Kövecses(1990: 68)에서는 보복의 표적이 처음 화를 돋운 사람이며 보복의 강도가 모욕의 강도와 일치하는 것으로 기술하고 있다. 그 반면, 줄루어에서는 화난 사람이 가해자와 무관한 주변 사람들에게 보복을 감행한다. 이 점은 한국어에서도 마찬가지인데, '화풀이(하다)'의 사전적 풀이와 용례인 (38)에서 잘 드러난다(『표준국어대사전』참조).

(38) a. 화풀이: 화난 감정을 푼다는 뜻으로, 오히려 다른 사람에게 화를 냄을 이르는 말. "그는 밖에서 당한 일로 애꿎은 식구들에게 화풀이를 해 댔다.", "그는 엄마한테 혼난 화풀이로 애꿎은 개를 걷어찼다."
　　 b. 화풀이하다: 오히려 다른 사람에게 화를 내다. "괜한 사람에게 화풀이하다."

또한, '화'의 가치와 관련된 특이 사항이다. 대부분의 문화권에서 '화'는 부정적 감정이며, 중국어와 한국어에서는 질병으로 이어지며, 통제되어야 할 대상으로 간주한다. 이 점은 줄루어에서도 마찬가지지만, 줄루어 'umoya(바람, 공기)'는 '화'와 관련되는데, 활동적인 'high' umoya는 비활동적인 'low' umoya보다 높은 가치를 부여받는다. 동사 'thukuthela'는 '화내다'와 '활동적'인 뜻을 가진 다의어인데, 화내기 쉬운 사람은 'low spirit'의 침착하거나 냉담한 사람보다 더 높은 평가를 받는데, 화내기 쉬운 사람은 고위직에 있는 경우이다(Tayler &

Mbense 1998: 222 참조).

　요컨대, '화' 시나리오는 생리적 환유 및 개념적 은유와의 상관성 속에서 시간적 순서에 따라 5단계로 진행된다. 그중 제2단계는 '화'의 생리적 환유가 발생하는 주요 단계이다. 원형적인 '화' 시나리오는 보편성의 폭이 넓은데, 제5단계에서 문화적 특이성이 드러난다. 한국어는 5단계의 실행과 그릇 은유를 통해서 볼 때 '화' 시나리오의 전형적인 양상을 보여 주는 인지 모형을 드러낸다.

5. 마무리

　이상에서 인지언어학 및 대조적 관점에서 '화'를 중심으로 감정의 문화적 변이 양상에 대해 논의하였다. 이제까지 기술한 바를 간추려 이 장을 마무리하기로 한다.

　첫째, '화'의 생리적 환유에 의한 신체 생리적 증상의 논의는 (미국)영어, 중국어, 헝가리어, 일본어, 폴란드어, 줄루어, 그리고 한국어 등 7개 문화권에서 이루어졌다. '화'의 신체 생리적 반응은 상당 부분 동질성을 띠는데 이것은 인간의 보편적인 신체적 경험에 기반을 두기 때문이며, 일정 부분 특이성을 갖는 것은 사회 문화적 맥락에 기인한 것으로 해석된다. 그 가운데서 한국어는 '화'의 반응과 관련된 신체 부위의 가짓수가 가장 많으며, 그 신체 생리적 반응의 가짓수가 가장 정밀한 것으로 드러난다.

　둘째, '화'의 개념적 은유에 대한 논의는 (미국)영어를 비롯한 9개 언어에서 이루어졌다. '화'의 개념적 은유는 문화권에 따라 특이한 양상을 드러내는데, 이것은 실제로 개념화 방식의 특이성 때문이기도 하지만 연구자들의 관점 및 분류 기준의 차이에도 원인이 있다고 하겠다. 여러 문화권을 통틀어 '(위험한) 동물(행동)', '불', '자연력', '그릇 속의 (뜨거운) 액체', '적' 등은 공유 범위가 넓은 근원영역이며, (미국)영어의 '작동중인 기계', 중국어의 '그릇 속의 뜨거운 기', 줄루어의 '왕성한 식욕', 중국어 및 한국어의 '실' 등은 문화 특정적인 근원영역의 전형적 보기라 하겠다.

　셋째, 원형적인 '화' 시나리오의 인지 모형은 (미국)영어를 비롯한 6개 문화권에서 논의되었다. '화' 시나리오는 생리적 환유 및 개념적 은유와의 상관성 속에서 시간적 순서에 따라 5단계로 진행되는데, 그중 제2단계는 '화'의 생리적 환유가 발생하는 주요 단계이다. 원형적인 '화' 시나리오는 보편성의 폭이 넓으며, 제5단계에서 문화적 특이성이 드러난다. 한국어는 5단계의 실행과 그릇 은유를 통해서 볼 때 '화' 시나리오의 전형적인 양상을 보여 주는 인지 모형을 드러낸다.

요컨대, '화'의 개념화 양상은 신체 생리적 반응에 의한 '생리적 환유'와 이에 바탕을 둔 '개념적 은유', 그리고 '생리적 환유'와 '개념적 은유'의 결합체로서 '화' 시나리오에 의해 실현된다. 이 경우 '화'가 지니는 공통적 또는 보편적인 양상은 인간으로서 '화'에 대한 신체 생리적 반응을 공유하기 때문이며, 그 특이성 또는 다양성은 사회 문화적 경험의 특이성에 기인한 것이라 하겠다.

제22장
'두려움'의 문화적 변이 양상*

1. 들머리

이 장은 기본 감정의 하나인 '두려움'을 대상으로 언어권에 따른 문화적 변이 양상을 대조함으로써 한국어 '두려움'의 의미 특성을 보다 더 명시적으로 밝히는 데 목적이 있다. 한국어에서 '두려움'의 표현은 신체 및 일상적 체험에 기반을 두고 있다. 예를 들어, '두려움'에 대하여 "온몸에 소름이 끼친다."거나 "두려움을 이기지 못했다."라고 하는데, 전자는 생리적 환유이며, 후자는 개념적 은유에 기반을 둔 표현이다. 두려움의 이러한 개념화 방식이 한국어 이외의 다른 문화권에서 어느 정도로 공통성과 차이점을 지니는가를 살펴보는 것은 큰 의의를 지닌다고 하겠다. 이와 관련하여 오늘날 감정 연구의 주요 방법론과 '두려움'에 대한 국내외의 연구 현황을 살펴보기로 한다.

먼저, 감정이 언어 연구의 주요 과제가 된 것은 20세기 후반에 등장한 인지언어학에서 비롯되었다. 인지언어학은 '감정'을 언어, 특히 의미 연구의 중심 과제로 인식하고 '감정학(emotionology)'을 성립시켰으며, 체험주의의 관점에서 우리 몸의 생리적 반응에 기초한 감정의 개념화를 추구하고 있다. 이러한 맥락에서 볼 때 언어를 사용 주체의 몸과 마음 그리고 사회 문화적 틀에서 파악하려는 인지언어학은 추상적인 감정의 본질을 밝히는 이상적인 터전을 제공해 왔다고 하겠다. 이에 더불어 감정 연구는 말뭉치언어학에 의해 대용량의 구체적 용법을 '아래에서 위로의 접근법(bottom-up approach)'으로 신속히 처리함으로써 그 작용 양상을 체계적이고 일목요연하게 가늠할 수 있게 되었으며, 대조언어학에 의해 문화권에 따른 감정의 변이 양상을 견주어 봄으로써 그 보편성과 특이성을 파악할 수 있게 되었다. 요컨대, 감정 연구는 인지언어학, 말뭉치언어학, 그리고 대조언어학의 학제적 관점의 협업을 통해 감

---

* 이 장은 임지룡(2015f). "'두려움'의 문화적 변이 양상"(『언어과학연구』 74: 217-252. 언어과학회.)의 내용을 깁고 고친 것임.

정의 본질 규명을 위해 새로운 지평을 열어가고 있다.

'두려움(fear)'에 관한 연구 현황에 대해서이다. 감정에 대한 논의가 국내외에서 매우 활성화되고 있는 추세에 비추어, '두려움'은 국내외를 통틀어 그다지 큰 관심을 받지 못하고 있는 실정인데, 그 주요 연구 내용을 살펴보면 다음과 같다. 영어를 대상으로 한 것으로는 '자연 의미 분석언어(Natural Semantic Metalanguage, NSM)'의 이론적 틀에 의한 Wierzbicka(1988), '인지언어학의 어휘적 접근법(Lexical Approach)'에 의한 Kövecses(1990: 69-87), '말 뭉치 기반 접근법(Corpus-based Approach)'의 Stefanowitsch(2006: 78-81) 및 Oster(2010, 2012)가 있으며, 영어와 다른 언어 간 대조적 논의로는 리투아니아어를 대상으로 한 Sirvydé(2006), 아칸어를 대상으로 한 Ansah(2014)가 있다. 또한, 튀니지 아랍어(Tunisian Arabic)를 대상으로 한 Maalej(2007), 중국어를 대상으로 한 King(1989/2007: 108-130) 및 李貞姬(2011)가 있다. 한편, 한국어를 대상으로 한 것으로는 임지룡(2001a, 2006d: 83-132)이 있으며, 한국어와 중국어를 대조한 이선희(2010) 및 콩판레이(2013: 59-74), 한국어와 영어를 대조한 Mitchell(2009),[1] 정희란(2004), 오상석(2014)이 있다.[2]

이상에서 보듯이 '두려움'의 문화 간 변이 양상에 대해서는 국내외를 걸쳐 두 언어를 대상으로 한 논의는 있으나, 거시적인 관점에서 이에 대해 종합적으로 논의된 바가 없다. 이에 이 장에서는 '인지적 말뭉치 기반 대조적 접근법'의 관점에서 '두려움'에 대한 9개 언어를 대상으로 '민간 모형(folk model)'의 생리적 환유, 개념적 은유, 감정 시나리오의 문화 간 변이 양상을 대조하기로 한다.[3] 이 과정에서 '두려움'의 언어 및 문화 간 공통성과 특이성이 밝혀질 것이며, 한국어의 '두려움'이 갖는 의미 특성이 보다 더 뚜렷이 드러날 것이다.

2. '두려움'의 개념적 환유 양상

감정 상태에서 우리 몸은 신체 생리적 반응을 일으키게 된다. '두려움'의 감정 상태에서 나타나는 신체 생리적 반응은 '두려움'의 감정을 대표하는데, 이 인과 관계를 '두려움'의 '생

---

1 Mitchell(2009)은 Kövecses(2000)의 영어 'fear'와 기본감정을 다룬 Lim(2003)의 한국어 '두려움'의 프레임 위에서 세종말뭉치를 통해 영어와 한국어의 'fear/두려움'을 비교한 논의이다.

2 이밖에도 Athanasiadou(1998)는 '의미적 본원소(semantic primitives)'의 비교를 통해 현대 그리스어 'fovos(두려움)'의 영역에 속하는 14개 어휘의 개념적 특성을 밝힌 것이다.

3 이 장에서 '두려움(fear)'의 문화적 변이 양상의 대조는 문화권 별 선행연구를 망라한 것으로, '생리적 환유'는 '영어, 중국어, 튀니지아랍어, 아칸어, 한국어'의 5개, '개념적 은유'는 '영어, 리투아니아어, 페르시아어, 아칸어, 중국어, 한국어'의 6개, 그리고 영어와 비교한 독일어도 참조하며, '감정 시나리오'는 '영어, 중국어, 폴란드어, 한국어' 4개 문화권이 중심이 된다.

리적 환유(physiological metonymy)' 또는 '개념적 환유(conceptual metonymy)'라고 한다 (Ungerer & Schmid 2006: 133-137 참조). 여기서는 5개 언어에 나타난 '두려움'의 생리적 환유에 대해서 살펴보기로 한다.

2.1. '두려움'의 환유적 변이 양상

'두려움'의 신체 생리적 증상에 관한 생리적 환유의 논의는 영어, 중국어, 튀니지아랍어, 아칸어, 그리고 한국어의 5개 문화권에서 이루어졌다. 그 구체적인 양상은 다음과 같다.

2.1.1. 영어

영어에서 '두려움(fear)'의 생리적 증상 및 신체적 반응은 (1)과 같이 20가지로 나타난다 (Kövecses 1990: 70-73 참조).

(1) a. 신체적 동요: He was shaking with fear.(그는 두려워서 떨고 있었다.)

　 b. 심장박동의 증가: His heart pounded with fear.(두려워서 그의 심장이 쿵쿵 뛰었다.)

　 c. 심장박동의 멈춤: His heart stopped when the animal jumped in front of him.(짐승이 그에게로 달려들 때 그의 심장이 멈췄다.)

　 d. 얼굴의 핏기 사라짐: His face blanched with fear at the bad news.(나쁜 소식을 듣고 두려워서 그의 얼굴이 핼쑥해졌다.)

　 e. 피부 수축: His skin was prickling with fear.(두려워서 그의 피부가 따끔거렸다.)

　 f. 머리카락의 곤두섬: The story of murder made my hair stand on end.(살인 이야기가 내 머리카락을 곤두서게 했다.)

　 g. 움직일 수 없음: He was paralyzed with fear.(그는 두려워서 마비되었다.)

　 h. 체온의 하강 및 움직일 수 없음: She was frozen in her boots.(그녀는 부츠에 얼어붙었다.)

　 i. 호흡 불능: She was breathless with fear.(그녀는 두려워서 숨이 막혔다.)

　 j. 말하기 불능: I was speechless with fear.(나는 두려워서 말문이 막혔다.)

　 k. 사고 불능: My mind went blank with fear.(두려워서 내 마음이 멍해졌다.)

　 l. (무의식적으로) 방광의 열림: I was almost wetting myself with fear.(나는 두려워서 거의 오줌을 쌀 뻔했다.)

　 m. 땀 흘림: The cold sweat of fear broke out.(두려움의 식은땀이 솟아났다.)

　 n. 위장의 신경과민: A cold fear gripped him in the stomach.(차가운 두려움이 그를

위장에서 움켜잡았다.)

o. 입의 건조함: My mouth was dry when it was my turn.(내 차례가 되자 입이 건조해졌다.)

p. 비명을 지름: She was screaming with fear.(그녀는 두려워서 비명을 지르고 있었다.)

q. 보는 방식: There was fear in her eyes.(그녀의 눈에 두려움이 어려 있었다.)

r. 체온의 하강: He froze with fear.(그는 두려워서 얼어붙었다.)

s. 놀람: The touch on his shoulder made him start.(그의 어깨에 닿자 그는 흠칫 놀랐다.)

t. 도피: When he heard the police coming, the thief took to his heels.(경찰이 오는 소리를 듣자, 도둑은 부리나케 달아났다.)

2.1.2. 중국어

중국어에서 '두려움(恐)'의 생리적 반응은 King(1989/2007: 109-119)에서 (2)의 17가지로, 李貞姬(2011: 180-185)에서 (3)의 10가지로 기술하고 있다. 한편, (4)는 중국 검색 포털 사이트 바이두(www.baidu.com)에서 추가한 9가지이다.[4]

(2) a. 신체적 동요: 心惊胆戰.(심장이 놀라고 담이 떨리다.)

b. 얼굴에 핏기가 사라짐: 惊恐失色.(질겁하여 얼굴색이 창백해지다.)

c. 땀 흘림: 惶汗.(두려워서 땀이 나다.)

d. 호흡 불능: 嚇得連大气也不敢出.(두려워서 숨조차 크게 쉬지 못하다.)

e. 헐떡거림: 惕息不安.(불안해서 (호흡이 짧아) 숨이 차다.)

f. 심장박동의 증가: 惊悸.(두려워서 가슴이 두근거리다.)

g. 보는 방식: 瞪目吃惊.(두려워서/놀라서 눈을 휘둥그렇게 뜨다.)

h. 정신 잃음: 嚇得魂不附体.(두려워서 혼이 빠지다.)

i. 머리카락이 곤두섬: 毛發直竪.(머리카락이 곤두서다.)

j. 체온의 하강: 通体寒栗.(온 몸이 서늘하고 떨리다.)

k. 장기 파열: 嚇破了胆.(두려워서 담이 망가졌다.)

l. 행동 불능: 惊慌失措.(두렵고 당황하여 어찌할 바를 모르다.)

m. 말하기 불능: 嚇得說不出話來.(두려워서 말이 안 나오다.)

n. (무의식적으로) 방광이 열림: 嚇得屁滾尿流.(두려워서 방귀가 나오고 오줌을 쌀 정도다.)

---

4 여기서 중국어에 관한 용례의 수집·해석·자문에 대해서는 리우팡, 췌이펑훼이, 왕난난, 석수영 박사의 도움을 받았다.

o. 몸의 수축: 畏縮不前.(두려워서 몸을 움츠리다.)

p. 비명을 지름: 嚇得哇哇亂叫.(두려워서 마구 고함을 빽빽 지르다.)

q. 도피: 把某人嚇跑了.(어떤 사람을 겁 줘서 도망치게 했다.)

(3) a. 사람을 떨게 함: 嚇得上下兩排牙齒不住敲.(두려워서 상하 치아가 떨리다.)

b. 얼굴 상태를 바꾸게 함: 嚇得面无血色.(두려워서 혈색이 없다.)

c. 체온을 내리게 함: 嚇得手足登時冰冷.(두려워서 손발이 차갑다.)

d. 몸을 꼬부라지게 함: 嚇得身子搖搖欲墜.(두려워서 몸이 쓰러질 듯하다.)

e. 신체를 가리게 함: 嚇得双手捂住眼睛.(두려워서 두 손으로 눈을 가리다.)

f. 몸을 피하게 함: 嚇得撒腿就跑.(두려워서 바로 도망치다.)

g. 신체가 분비물을 배출하게 함: 嚇得出了一身冷汗.(두려워서 온몸에 식은땀이 었다.)

h. 신체가 분비물의 분비를 억제할 수 없게 함: 嚇得尿都出來了.(두려워서 오줌을 쌌다.)

i. 신체의 장기 기능을 상실하게 함: 嚇得心胆俱裂.(두려워서 심장과 쓸개가 찢어지다.)

j. 껍데기인 육신만 남게 함: 嚇得魂飛四散.(두려워서 혼백이 흩어지다.)

(4) a. 심장박동의 멈춤/심장마비: 嚇得心跳驟停.(두려워서 심장박동이 갑자기 멈추다.)

b. 체온의 하강 및 움직일 수 없음: 被嚇得凍僵了似的.(얼어붙은 것처럼 두렵다.)

c. 호흡 불능/호흡 이상: 嚇得无法呼吸.(호흡할 수 없을 정도로 두렵다.)

d. 사고 불능: 嚇得沒法思考.(사고할 수 없을 정도로 두렵다.)

e. 위장의 이상: 嚇得胃疼.(두려워서 위가 아프다.)

f. 입의 건조함: 嚇得口干舌燥.(두려워서 입이 바싹 마르다.)

g. 놀람: 嚇得大吃一惊.(두려워서 깜짝 놀라다.)

h. 피의 응고: 嚇得血液凝固.(두려워서 피가 응고되다.)

i. 신체 부위의 경련: 嚇得腿抽筋.(두려워서 다리에 쥐가 나다.)

2.1.3. 튀니지아랍어

북아프리카의 '튀니지아랍어(Tunisian Arabic)'에서 '두려움'의 생리적 증상 및 신체적 반응은 (5)와 같이 9가지로 나타난다(Maalej 2007: 93-99 참조).

(5) a. 얼굴색 바뀜: wijh-u Sfaar bi-l-fij3a.(두려워서 그의 얼굴이 노랗게 변했다.)

b. 머리카락이 곤두섬: šar bidn-i wqiff bi-l-xawf.(두려워서 내 몸의 머리카락이 곤

두섰다.)

    c. 피부 수축: laHm-i qašar bi-l-xawf.(두려워서 내 살이 전율했다.)

    d. 위장의 신경과민: mSaarn-i daarit mi-l-fi j3a.(두려워서 내 배가 빙글빙글 돌았다.)

    e. 손 마비: yday-ya txabblit mi-l-xawf.(두려워서 내 손이 꼼짝 못하게 되었다.)

    f. 피의 응고: id-dam jmid fi 3ruqi mi-l-fi j3a.(두려워서 내 혈관의 피가 응고되었다.)

    g. 심장 마비: qalb-i skitt.(내 심장이 박동을 멈췄다.)

    h. 심장 박동 증가: qalb-i walla ydiq bi-l-fi j3a.(두려워서 내 심장이 고동치기 시작했다.)

    i. 무릎 이상: HabbaT-l-i/TayyaH-l-i l-ma fi-rkeyb-i.(그가 내 무릎을 물에 빠뜨려 젤리로 만들었다.)

2.1.4. 아칸어

서아프리카의 아칸어(Akan)에서 '두려움'의 생리적 증상 및 신체적 반응은 (6)과 같이 7가지로 나타난다(Ansah 2014: 50-51 참조).

  (6) a. 신체적 동요: Ehu ba me mu a me-ho woso.(두려워서 나는 떤다.)

    b. 심장 박동의 증가: m"akoma tui/m"akoma bɔɔ periperi.(내 심장이 반복적으로 뛴다.)

    c. 도피: Ehu bɔ me a medwane.(두려움이 나를 치면 나는 달아난다.)

    d. 피부 수축: Ehu ba me mu a awɔsee gu me.(두려움이 오면 차가운 소름이 나에게 퍼진다.)

    e. 위장의 신경과민: Meyam hye me/me yam hyehye me.(두려워서 배가 타들어간다.)

    f. 말하기 불능: Medi mmirika duruu fie no na yebisa me asem koraa a mentumi nkasa.(내가 집에 달려갔을 때까지 사고로 말문이 닫혔다.)

    g. (무의식적으로) 배설기관이 열림: ɛbaa saa no anka mereyɛ anene me ho.(그 사건이 일어났을 때 나도 모르게 똥을 쌀 뻔했다.)

2.1.5. 한국어

한국어에서 '두려움'의 생리적 반응은 (7)과 같이 18가지로 나타난다(임지룡 2001a: 123-130, 2006d: 110-119 참조).

  (7) a. 체온의 하강: {등·간}이 서늘하다, 온몸에 소름이 돋다, {등골·가슴·피}가 얼어붙다

b. 신체의 핏기가 사라짐: 얼굴에 핏기가 사라지다, 낯빛이 새하얗다, 입술이 까맣게 타다

c. 심장 박동의 증가: 가슴이 {벌떡거리다 · 두근거리다}

d. 심장 박동의 멈춤: 심장이 멎을 것 같다

e. 동공의 확장: 눈이 휘둥그레지다

f. 머리카락의 곤두섬: 머리털이 곤두서다

g. 사고 불능: 머릿속이 텅 비다, 의식이 흐려지다

h. 현기증: 현기증이 나다, 아찔하다

i. 땀이 남: {이마 · 등 · 전신}에 식은땀이 흐르다

j. 호흡 이상: 숨이 {가빠지다 · 막히다}

k. 몸의 떨림: {눈 · 입술 · 이 · 아래턱 · 손 · 몸 · 어깨 · 무릎 · 사지 · 가슴 · 속 · 염통}이 떨리다

l. 신체 부위의 경련: 오금이 저리다, 다리에 쥐가 나다, 근육이 경련되다

m. 신체 부위의 마비: {입 · 혀 · 뒷목 · 몸뚱어리 · 오금}이 굳어지다, 수족이 마비되다, 심장이 멎다

n. 신체 부위의 수축: {혀 · 사지 · 가슴 · 간}이 오그라들다, {목 · 몸}을 움츠리다, 오금이 죄어들다

o. 감각기관의 이상: 눈앞이 캄캄해지다, 귀가 멍멍해지다, 현기증이 나다, 기가 질리다

p. 배설기관의 이상: 오줌을 싸다, 똥줄이 {당기다 · 빠지다}

q. 목소리 이상: 목소리가 {떨리다 · 나오지 않다}, 울다

r. 입안의 건조함: 입안이 바싹 마르다

s. 도피: 달아나다

2.2. 공통성과 특이성의 해석

(1)-(7)에서 5개 언어의 '두려움'에 대한 생리적 환유의 양상을 바탕으로 문화적 변이 양상의 공통성과 특이성을 살펴보기로 한다.

첫째, 신체 생리적 반응 양상을 대비해 보면 <표 1>과 같다. <표 1>에서 보듯이 생리적 반응의 가짓수가 중국어(25), 영어(20), 한국어(19), 튀니지아랍어(9), 아칸어(7) 순으로 25가지에서 7가지까지 진폭이 크다.

표 1 5개 문화권의 신체 생리적 반응 양상

생리적 증상 \ 언어	영어	중국어	튀니지 아랍어	아칸어	한국어
신체적 동요/몸의 떨림	○	○		○	○
심장박동의 증가	○	○	○	○	○
심장박동의 멈춤/심장마비	○	○	○		
얼굴의 핏기 사라짐/얼굴색 바뀜	○	○	○		○
신체 부위의 수축/피부·등 수축	○	○	○	○	
신경·머리카락의 곤두섬	○	○	○		○
움직일 수 없음/행동 불능/신체부위의 마비/손의 마비	○	○			○
체온의 하강	○				○
체온의 하강 및 움직일 수 없음	○	○			
호흡 불능/호흡 이상	○	○			○
말하기 불능/목소리의 이상	○	○		○	○
사고 불능	○	○			○
배설기관의 이상/방광의 열림	○	○		○	○
땀 흘림	○	○			○
위장의 이상	○	○	○	○	
입의 건조함	○	○			○
비명을 지름	○	○			
보는 방식/동공의 확장	○	○			○
놀람	○	○			
도피	○	○	○	○	○
헐떡거림		○			
정신 잃음/감각기관의 이상		○			○
장기 파열		○			
피의 응고		○	○		
무릎 이상			○		
신체 부위의 경련		○			○
계	20	25	9	7	19

<표 1>의 신체 생리적 반응 양상은 그 정보가 평면적인 데 비해, Oster(2012: 346-347)에서는 <표 2>와 같이 영어와 독일어 말뭉치 자료에서 '두려움'의 신체적 증상을 빈도수에 따라 나타냄으로써 그 정보가 입체적이다.[5] 두 언어에서 개념적 환유의 유형은 매우 유사한데, '이

---

5   <표 2>에서 절대 빈도의 경우 영어(1861)가 독일어(681)의 거의 3배지만, 개별 표현 수는 영어(103)가 독일어(70)의 1.5배 정도이다.

성적 사고 또는 지각 장애'는 독일어에만, '오싹한 느낌 유발'은 영어에만 나타난다. 또한, '두려움'의 가장 흔한 유형은 영어의 경우 '동요 유발'이며, 독일어의 경우 '비명 또는 울음 유발'이다. 한편, '체온 하강 유발', '눈 팽창 유발', '불쾌한 맛이나 냄새 유발'은 영어에서 한층 더 생산적이며, '체온 상승 유발', '땀 흘림 유발', '신체기능의 통제 소실 유발(방광, 장)'은 독일어에서 한층 더 빈번하다.

표 2 영어와 독일어 말뭉치 '두려움'의 신체적 증상

빈도 및 언어 생리적 증상	유형별 절대 빈도		개별 표현 수	
	영어	독일어	영어	독일어
눈에 나타남	380	78	14	4
동요 유발	363	103	20	11
얼굴에 나타남	214	76	1	4
움직이지 못함 또는 수축 유발	179	73	13	12
체온의 하강 유발	151	10	5	2
비명 또는 울음 유발	117	116	6	10
목소리 영향	107	26	2	1
호흡 방해	87	35	9	4
눈 팽창 유발	80	8	6	3
불쾌한 맛이나 냄새 유발	50	4	3	2
체색 변화 유발	41	5	5	1
힘없음/무능 유발	39	83	3	4
땀 흘림 유발	31	83	3	4
오싹한 느낌 유발	13	-	3	-
체온 상승 유발	7	16	2	3
신체기능의 통제 소실 유발(방광, 장)	2	24	1	3
이성적 사고 또는 지각 장애	-	8	-	3
계	1,861	681	103	70

둘째, 신체 생리적 반응의 공통성은 (8)과 같다. 5개 언어에 공통된 사항은 3가지, 4개 언어에 공통된 사항은 6가지, 3개 언어에 공통된 사항은 5가지, 2개 언어에 공통된 사항은 7가지, 그리고 1개 언어에만 출현하는 사항은 3가지로 나타난다. 지리상으로 문화적 소통에 무관하게 5개 언어에서 2개 언어 이상이 신체 생리적 공통성을 갖는 것은 인간으로서 공유하고 있는 종 특유의 신체적 특성과 그 작용 방식에 말미암은 것이라 하겠다.

(8) a. 5개 언어 공통(3): 심장박동의 증가, 신체 부위의 수축/피부·등 수축, 도피

   b. 4개 언어 공통(8): 신체적 동요/몸의 떨림, 심장박동의 멈춤/심장마비, 얼굴의 핏기 사라짐/얼굴색 바뀜, 신경·머리카락의 곤두섬, 움직일 수 없음/행동 불능/신체부위의 마비/손의 마비, 말하기 불능/목소리의 이상, 위장의 이상, 배설기관의 이상/방광의 열림

   c. 3개 언어 공통(5): 체온의 하강, 호흡 불능/호흡 이상, 땀 흘림, 입안의 건조함, 보는 방식/동공의 확장

   d. 2개 언어 공통(7): 체온의 하강 및 움직일 수 없음, 사고 불능, 비명을 지름, 놀람, 정신 잃음/감각기관의 이상, 피의 응고, 신체 부위의 경련

   e. 1개 언어 출현(3): 헐떡거림, 장기 파열, 무릎 이상

셋째, 신체 생리적 반응의 차별성, 즉 특이성이다. (8e)에서 '헐떡거림', '장기 파열', '무릎 이상', 그리고 (8d)에서 '피의 응고', '신체 부위의 경련' 등은 특이한 양상이다. 그중에서 '장기 파열'은 중국어의 특이한 증상으로 '心胆俱裂', '嚇破了胆'에서 보듯이 '심장' 및 '쓸개(담)'가 찢어지거나 망가지는데, 한국어에서는 '간이 {오그라지다/콩알만 해지다}' 및 '간담이 서늘하다'에서 보듯이 '두려움'과 관련된 장기는 '간' 및 '담(쓸개)'으로 나타난다. '피의 응고'는 중국어와 튀니지아랍어의 특이한 증상이며,[6] '신체 부위의 경련'은 중국어와 한국어의 특이한 증상이다.

요컨대, '두려움'의 신체 생리적 반응은 5개 문화권에서 상당 부분 동질성을 띠는데 이것은 인간으로서 보편적인 신체적 체험에 기반을 두기 때문이며, 일정 부분 특이성을 갖는데 이것은 문화적 맥락에 기인한 것으로 해석된다. 그 가운데서 중국어, 영어, 한국어는 '두려움'의 신체 생리적 반응이 매우 활발한 것으로 드러난다.[7]

---

6 Maalej(2007: 92-99)에서는 튀니지아랍어에서 '문화적 신체화(cultural embodiment)'를 '생리적으로 사실적인 표현', '문화적으로 도식화된 표현', '문화적으로 까다로운 표현'으로 대별하였다. 그 가운데서 '생리적으로 사실적인 표현'에는 '피의 응고', '손이 꼼짝 못하게 됨', '심장박동의 멈춤'이 해당하며, '문화적으로 도식화된 표현'에는 '심장이 치아 사이에 걸리다', '심장이 제 자리를 떠나다'가 있으며, '문화적으로 까다로운 표현'에는 '얼굴이 {밀알 껍질 색깔/목화 색깔}로 변하다', '발이 베이다'가 있다. 세 가지 유형에서 문화적으로 도식화되거나 까다로운 표현일수록 문화 특정적이라 하겠다.

7 한국어에서 '두려움'과 관련된 신체 부위는 40곳(외부 27, 내부 13)이며, 이에 따른 관습적 표현은 185개이다(임지룡 2006d: 84-119 참조).

3. '두려움'의 개념적 은유 양상

추상적인 감정은 우리의 일상적이며 구체적인 경험에 비추어 이해된다. 곧 '목표영역(target domain)'인 '두려움'은 구체적 경험 세계인 '근원영역(source domain)'을 통해 개념화하는데, 이를 '개념적 은유(conceptual metaphor)'라고 한다. 여기서는 6개 문화권에 나타난 '두려움'의 개념적 은유에 대해서 살펴보기로 한다.[8]

3.1. '두려움'의 은유적 변이 양상

'두려움'의 개념적 은유는 "두려움은 X이다."의 사상 구조를 형성하는데, 이 경우 '두려움'은 목표영역이며, 'X'는 근원영역이다. 예를 들어, "그는 두려움에 사로잡혔다."라는 은유 표현은 "그는 적에게 사로잡혔다."라는 글자 그대로의 경험을 확장한 것이다. 이 경우 "두려움은 적이다."라는 개념적 은유가 형성되며, 목표영역 '두려움'과 근원영역 '적' 간의 '사상 관계(mapping relation)'는 서술어 '사로잡히다'에 의해 실현된다. 그러면 영어, 리투아니아어, 페르시아어, 아칸어, 중국어, 그리고 한국어의 6개 언어를 중심으로 '두려움'을 개념화하는 근원영역 'X'의 양상을 살펴보기로 한다.

3.1.1. 영어

영어를 대상으로 '두려움'의 근원영역에 대한 논의 3가지를 보기로 한다.

첫째, Kövecses(2000: 23-24)에서는 '두려움'의 근원영역을 (9)와 같이 11가지로 기술하였다.[9]

> (9) a. 그릇 속의 액체: The sight filled her with fear.(그 광경은 그녀를 두려움으로 채웠다.)
>
> b. 숨은 적: Fear slowly crept up on him.(두려움이 서서히 그에게 기어왔다.)
>
> c. 박해자: My mother was tormented by fear.(내 어머니는 두려움으로 고통받았다.)

---

8 Yu(2003: 29)에서는 '은유, 몸, 문화'는 순환적 삼각형을 이루는 것으로 보고, '개념적 은유'는 신체적 경험에서 파생되며, '문화 모형'은 개념적 은유의 특정 목표영역에 대한 신체적 경험을 여과하며, '문화 모형'은 종종 개념적 은유에 의해서 구조화된다고 하였다.

9 Kövecses(1990: 75-78)에서는 '두려움'의 근원영역으로 '그릇 속의 액체', '사나운 적(인간 또는 짐승)', '박해자', '질병', '초자연적 존재(귀신 등)', '상대(opponent)', '짐', '자연력(바람, 폭풍, 홍수 등)', '상관'의 9가지를 제시하였으며, Kövecses(1998: 129)에서는 Kövecses(1990: 75-78)의 9가지에 '정신이상(Jack was insane with fear.)'과 '불완전한 물체(I was beside myself.)'를 추가한 11가지를 제시하였다.

d. 초자연적 존재: He was haunted by fear.(그는 두려움에 시달렸다.)

e. 질병: Jill was sick with fright.(질은 공포로 병들었다.)

f. 정신병: Jack was insane with fear.(잭은 두려움으로 미쳐 버렸다.)

g. 분리된 자아: I was beside myself with fear.(나는 두려움으로 제정신이 아니었다.)

h. 투쟁에서 상대(opponent in struggle): Fear took hold of me.(두려움이 나를 사로잡았다.)

i. 짐: Fear weighed heavily on them.(두려움이 그들을 무겁게 압박했다.)

j. 자연력: She was engulfed by panic.(그녀는 극심한 공포에 사로잡혔다.)

k. 사회적 상관: His actions were dictated by fear.(그의 행동은 두려움에 의해 지시받았다.)

둘째, Stefanowitsch(2006: 78-81)에서는 '두려움'의 근원영역을 Kövecses(1998: 129)의 11가지 중 '사나운 적(vicious enemy)'과 '박해자(tormentor)'를 '적(enemy/opponent)'으로 묶고, 말뭉치 자료에서 용법이 포착되지 않은 '불완전한 물체'와 '짐'을 삭제한 (10)의 7가지 및 말뭉치 자료에 빈번한 (11)의 12가지를 제시하였다.

(10) a. 그릇 속 액체: fear permeate X(두려움이 X에 스며들다)

b. 적(enemy/opponent): overwhelmingl fear(저항하기 힘든 두려움)

c. 초자연적 존재: fear haunt/take possession of fear(두려움이 출몰하다/두려움을 손아귀에 넣다)

d. 질병: X suffer from fear(X가 두려움으로 고통받다)

e. 정신이상: irrational fear(이성을 잃은 두려움)

f. 자연력: wave of fear(두려움의 물결)

g. 상관: fear dominate X('s life)(두려움이 X(의 삶)를 지배하다)

(11) a. 액체: source of fear(두려움의 원천)

b. 그릇 속의 물질(압력을 받고 있음): X('s heart) be(come) filled with fear(X(의 심장)가 두려움으로 가득 차 있다.)

c. 혼합체: mixture of fear(두려움의 혼합체)

d. 추위: icy/cold fear(차가운 두려움)

e. 열: heat of fear(두려움의 열)

f. 빛: projection of fear(두려움의 투사)

g. 어둠: fear darken X(두려움이 X를 어둡게 하다)

h. 고통: X ache with fear(X가 두려움 때문에 아프다)

i. 날카로운 물체: fear cut to X(두려움이 X를 자르다)

j. 유기체: growing fear(자라나는 두려움)

k. 야생/포획된 짐승: X control fear(X가 두려움을 통제하다)

l. 장애물: barrier of fear(두려움의 장벽)

셋째, Oster(2010: 743-744)에서는 영어와 독일어의 '두려움'에 대한 공통 근원영역을 (12)와 같이 5가지로 기술하였다.

(12) a. 신체 내부의 어떤 것: 신체 내부에 위치함(fear in …(person, body parts), fear {inside·within}, 신체 내부의 액체(wave of fear, trickle of fear), 신체 안에서 상승함(rise in/inside)

b. 힘

   bi. 적대자(antagonist): 공격(grip, seize, overwhelming), 지배(haunt, take hold of, dominate), 파괴(gnawing, all-consuming, nagging), 반격(conquer one's fear, overcome, fight (back))

   bii. 자율적 힘: 독립적 또는 사람에 의해 통제되지 않음(spread, uncontrollable, powerful)

c. 질병/정신병: 질병(suffer, develop a fear, sick with), 정신이상(crazy with fear, mad with, insane with)

d. 물체: 물리적 대상(palpable, push away, stuck with fear), 날카로운 물체(edgy, sharp), 식품(feed on fear, be fed fear), 장애물(break through fear, {get·fast} fear)

e. 장소/그릇: 전치사의 사용{in·through·over} one's fear, out of fear)

3.1.2. 중국어

중국어에서 '두려움(恐)'의 근원영역을 King(1989/2007: 119-120)에서는 (13)의 3가지로, 이선희(2010: 257-270)에서는 (14)의 11가지로 기술하고 있다.[10] 한편, (15)는 중국 검색 포털 사이트 바이두에서 추가한 11가지이다.

---

10 이밖에도 李貞姬(2011: 185-189)에서는 '차가움'(嚇得渾身發冷: 두려워서 온몸이 차갑다), '떪'(嚇得渾身發抖: 두려워서 온몸이 떨렸다), '신체의 하강'(嚇得四肢无力: 두려워서 사지에 힘이 빠졌다), '회피'(嚇得以手掩面: 두려워서 손으로 얼굴을 가렸다), '기능 상실'(嚇得尿都出來了: 두려워서 오줌을 쌌다), '흰색'(嚇得臉都白了: 두려워서 얼굴이 창백해졌다), '영육(靈肉)의 분리'(嚇得散魂落魄: 두려워서 영혼과 넋이 흩어졌다) 등과 같이 개념적 은유 7가지를 들고 있는데, 이는 생리적 환유라 하겠다.

(13) a. 몸속에 있음: 他心里一陣恐懼.(그의 마음속에 두려움이 있다.)

b. 물리적 힘: 她盡力控制自己的增長的恐懼.(그녀는 점점 늘어나는 두려움을 온 힘을 다해서 억제했다.)

c. 정신이상: 嚇得發瘋.(두려움에 정신이 나갔다.)

(14) a. 그릇 속 액체: 這种恐懼感在他的心中不斷地上涌.(이러한 두려움이 그의 마음 속에서 끊임없이 솟아나고 있다.)

b. 적: 人們已戰胜了恐懼.(사람들은 이미 두려움을 이겨냈다.)

c. 물건: 把恐懼淹沒在激情的沸水中.(두려움을 끓어오르는 물과 같은 격정 속에 잠갔다.)

d. 추위·차가움: 她嚇得渾身冰凉.(그녀는 두려워서 온몸이 싸느랗다.)

e. 질병: 她的恐懼突然傳染了他.(그녀의 두려움이 갑자기 그에게 옮았다.)

f. 음식물: 我品嘗到一种恐懼之感.(나는 일종의 두려움을 맛보았다.)

g. 무기·흉기: 如同匕首般鋒利的恐懼刺穿了他的灵魂.(비수와 같이 날카로운 두려움이 그의 영혼을 찔러 꿰뚫었다.)

h. 실: 見一縷純粹的恐懼掠過其間.[11](순수한 두려움 한 줄기가 눈 사이를 스쳐 가는 것을 봤다.)

i. 강물·바닷물: 極度的恐懼潮水般地涌上了心頭.(극도의 두려움이 조수처럼 마음속에서 솟구쳤다.)

j. 식물: 阿森納隊在同城的切爾西隊的心中种下恐懼的种子.(아스날팀은 같은 도시에 있는 첼시팀의 마음속에 두려움의 씨앗을 심었다.)

k. 글씨: 恐懼明明白白地寫在他臉上.(두려움이 선명하게 그의 얼굴에 쓰여 있다.)

(15) a. 박해자: 恐懼在折磨着我們.(두려움이 우리를 괴롭히고 있다.)

b. 초자연적 존재: 恐懼的魔鬼.(두려움의 마귀)

c. (투쟁)에서 상대: 被恐懼感俘虜.(두려움에 사로잡히다.)

d. (무거운) 짐: 被恐懼壓得喘不過气.(두려움에 눌려 숨이 막히다.)

e. 자연력/폭풍우: 暴風雨般的恐懼席卷了在場的人們.(폭풍우와 같은 두려움은 현장에 있는 사람들을 휩쓸었다.)

f. (사회적) 상관: 被恐懼主導的人生.(두려움으로 지배된 인생)

g. 어둠: 陷入黑暗般的恐懼.(어둠과 같은 두려움에 빠지다.)

h. 짐승: 被恐懼吞噬.(두려움에게 삼키다.)

i. 장애물: 越過恐懼.(두려움을 넘다.)

---

11 '一縷(한 줄기)'와 함께 '掠過'라는 동사를 고려하면 '실'보다 '빛'이 더 적절한 것으로 보인다.

j. 장소/그릇: 走出恐惧.(두려움에서 걸어 나오다.)

k. 사람: 与恐惧爲伴.(두려움과 친구하며 지내다.)

3.1.3. 리투아니아어

Sirvydé(2006: 83)에서는 영어와 리투아니아어에 대한 '두려움'의 공통 근원영역을 (16)과 같이 11가지로 기술하였다.[12]

(16) a. 상대(opponent): Dread, yes, -he replied, -but fear can be defeated.(그러나 두려움 은 패배시킬 수 있다.)/Baltarrusijos piliečiai nugalėjo baimę ir atėjo į rinkimus.

b. 추위: Don't felt herself freeze with fear.(그녀에게 두려움으로 언다는 느낌을 받지 않도록 하라.)/Pamaniau, kad tu pastėręs tik iš baimės.

c. 존재: My sadness over and fear for Jori would not go away.(나의 슬픔이 끝나고 조리에 대한 두려움이 사라지지 않을 것이다)/Tai viena didžiasių blogybių. gimstančių iš baimės.

d. 물체/씨앗: A sour, thick fear eddied in his throat.(그의 목에서 회오리 친 시고 두꺼운 두려움.)/A trodo, lyg kažkas tyčia sėtų baimę ir nepastikėjimą tarp žmonių.

e. 질병(disease): Another epidemic of fear which McCarthy triggered off was book-burning.(매카시가 촉발시킨 또 다른 두려움의 전염병은 책을 불사르는 것이 었다.)/Kiti meistrai nuo valdiško darbo baimės gydėsi įprasru būdu - gurkštelėdami per pietus, per vakarienę, vėliau ir po pusryčių.

f. 액체: No, what I want to know is whether the US is gripped by a wave of fear of the Japanese.(아니, 내가 알고 싶은 것은 미국이 일본에 대해 두려움의 물결에 사로잡히느냐이다.)/Tai yra naivuolių gąsdinimas tatiamu baubu, tikrojo baimės šaltinio dangstymas.

g. 건설: People are actually forced to do so by the well-founded fear of persecution. (사람들은 실제로 박해라는 기초가 튼튼한 두려움에 의해 그렇게 하도록 강요를 받는다.)/ M. Laurinkus pirmiausia patikino, kad žmonių baimė rašyti komentarus apie jį nepagrįsta.

h. 공기(atmosphere): Kai bankui pradėjo vadovauti R. Viskokavičius, įsivyravo baimės ir pataikavimo atmosfera.

i. 활력을 주는 사람(물건)/항울제(energizer): Fear makes a horse run from danger. (두려움은 말을 위험으로부터 도망치게 한다.)/Meluoti skatino baimė.

---

12 영어에는 '공기'(16h), 그리고 리투아니아어에는 '그릇'(16k)에 해당하는 용례가 없다.

j. 장애물: She said fear prevented her escaping.(그녀는 두려움 때문에 도망치지 못했다고 말했다.)/Iki šiol taip pasielgti generaliniam prokurorui trukdė baimė.

k. 그릇: They turned the lights out and sat in fear.(그들은 불을 끄고 두려움 속에 앉았다.)

3.1.4. 페르시아어

Mashak *et al.*(2012: 204-205)에서는 영어와 페르시아어에서 '두려움'의 많은 근원영역 가운데 전형적인 공통 근원영역을 (17)과 같이 2가지로 기술하였다.

(17) a. 그릇 속의 액체: We went into a state of fear.(우리는 두려움의 상태에 빠졌다.)/dær tærs vævæhššæt foru ræfte bud.(그는 두려움 속에 잠겼다.), č.eššmâšš por æz tærs bud.(그의 눈은 두려움으로 가득 차 있다.), bænde delešš pâre ššod.(his heart rope was torn), delešš hori rixt.(그의 심장이 흘러내렸다.), zæhre tæræk ššod.(그 사람의 담즙이 폭발했다.), tu surætešš tærs næmâjân bud.(두려움이 그의 눈에 보인다.)

b. 상대[13]: Fear took hold of me.(두려움이 나를 붙잡았다.)/qælæbe bær tærs.(두려움을 이기다.), tærs u ra koššt.(두려움이 그를 죽였다.), xode ššo bâxte bud.(그는 그 자신에게 패배했다.)

3.1.5. 아칸어

Ansah(2014: 51-52)에서는 아칸어에 대한 '두려움'의 근원영역을 (18)과 같이 4가지로 기술하였다.

(18) a. 그릇 속의 불: Ehu baa me mu na meyam hyee me.(두려움이 들어와 내 배를 불태웠다.)

b. 사람: Ehu akye me.(두려움이 나를 체포했다.)

c. 초자연적 존재: Mehunuu saa no me ho mmoa9 nyinaa dwanee.(내가 그것을 보았을 때 모든 짐승들이 도망갔다.)

d. 상대: Ehu abɔ me.(두려움이 나를 쳤다.)

---

13 Mashak *et al.*(2012: 205)에서는 '두려움'의 '상대(opponent)' 은유를 "두려움의 존재 은유(FEAR IS BEING)", 즉 '사람' 은유의 하위 유형으로 보고, 페르시아어의 '존재' 은유를 다음과 같이 제시하였다: tærs umæd sorâqešš(두려움이 그에게 돌아왔다), in fekrhâ zâeedeje tærse(이 사고(思考)는 두려움에서 태어났다), tærs kudæki u râ ššekændje midâd(그의 유치한 두려움이 그를 괴롭혔다), tærs u râ gerefte bud(두려움이 그를 붙잡았다).

3.1.6. 한국어

한국어에서 '두려움'의 근원영역을 임지룡(2001a: 131-135, 2006d: 119-131)에서는 (19)의 12가지로 기술하였다. (19)에서 추가될 사항으로 Mitchell(2009: 65- 66)의 (20), 오상석(2014: 159-161)의 (21), 그리고 '땅'에 대한 (22)를 포함한 6가지, 계 18가지가 된다.

> (19) a. 그릇 속의 액체: 두려움이 가득 차다, 두려움에 빠지다.
>   b. 적: 두려움에 사로잡히다, 두려움에 시달리다.
>   c. 물건: 두려움이 쌓이다.
>   d. 식물: 두려움이 싹트다.
>   e. 음식물·술: 두려움을 {맛보다·삭이지 못하다}, 두려움에 취하다.
>   f. 강물·바닷물: 두려움이 밀려오다.
>   g. 폭풍우: 두려움에 휩싸이다.
>   h. 무기·흉기: 두려움이 가슴을 쑤시다.
>   i. 추위: 두려움에 떨다.
>   j. 질병: 두려움이 번지다.
>   k. 우는 아기: 두려움을 달래다.
>   l. 신: 두려움을 받들다.

> (20) 무거운 짐: 두려움을 {가중시키다, 벗다, 벗어던지다}.

> (21) a. 눈물: 두려움이 어리다.
>   b. 색깔: 두려움이 짙어지다.
>   c. 글씨: 두려움을 지우다.
>   d. 공기: 두려움을 불어넣다.

> (22) 땅: 두려움을 딛다, 두려움에서 일어서다, 두려움을 딛고 일어서다.

3.2. 공통성과 특이성의 해석

(9)-(22)에서 6개 언어의 '두려움'에 대한 은유적 근원영역의 양상을 바탕으로 문화적 변이 양상의 공통성과 특이성을 살펴보기로 한다.

첫째, 개념적 은유의 근원영역을 대비해 보면 <표 3>과 같다. <표 3>에서 보듯이 근원영역의 유형이 중국어(25), 영어(24), 한국어(18), 리투아니아어(11), 아칸어(4), 페르시아어(2) 순

으로 25가지에서 2가지까지 진폭이 크다.[14]

표 3 6개 언어에 나타난 개념적 은유의 근원영역

근원영역	영어	중국어	리투아니아어	페르시아어	아칸어	한국어
그릇 속의 액체	○	○		○		○
(숨은) 적	○	○				○
박해자	○	○				
초자연적 존재/신	○	○			○	○
질병	○	○	○			○
정신병/정신이상	○	○				
분리된 자아	○					
(투쟁에서) 상대	○	○	○	○	○	
(무거운) 짐	○	○				○
자연력/폭풍우	○	○				○
(사회적) 상관	○	○				
액체/강물/바닷물	○	○	○			○
혼합체	○					
추위/차가움	○	○	○			○
열	○					
빛	○					
어둠	○	○				
고통	○					
날카로운 물체/무기/흉기	○	○				○
유기체	○					
야생/포획된 짐승	○	○				
장애물	○	○	○			
신체 내부의 어떤 것/몸속에 있음	○	○				
장소/그릇	○	○	○			
존재			○			
물건/물체/씨앗		○	○			○
건설			○			
공기			○			○
활력을 주는 사람(물건)/항울제			○			

---

14 <표 3>에서 제시된 근원영역의 명칭은 중복이 나타난다. 예를 들어, '(숨은) 적·박해자·(투쟁에서) 상대·사람·유기체', '유기체·사람·식물', '액체/강물/바닷물·자연력/폭풍우' 등은 그 경계가 불명확하다.

그릇 속의 불					○	
사람		○			○	
물리적 힘		○				
음식물/술		○				○
실/빛		○				
식물		○				○
글씨		○				○
우는 아기						○
눈물						○
색깔						○
땅						○
계	24	25	11	2	4	18

<표 3>은 '두려움'에 관한 다양한 근원영역의 유형을 보여 주는 데 의의가 있는데, Oster(2010: 745)에서는 (11)의 영어와 독일어에 대한 공통 근원영역의 전체적 빈도를 <표 4>와 같이 제시하였다. <표 4>에서 보듯이 '신체 내부의 어떤 것'은 빈도가 2,072회(37.6%)로 가장 높다. 이어서 '장소/그릇(26.5%)', '적대자(14.5%)', '물체(11.8%)' 순이며, '자율적 힘 (7.3%)' 및 '질병/정신병(2.3%)'은 빈도가 매우 낮다.

표 4 영어 전치사 유무에 따른 개념적 은유의 전반적 분포

빈도 근원영역	절대 빈도		상대 빈도		개별 표현 수	
	전치사(+)	전치사(-)	전치사(+)	전치사(-)	전치사(+)	전치사(-)
신체 내부의 어떤 것	2,072	1,087	37.6%	35.0%	51	46
장소/그릇	1,459	36	26.5%	1.2%	9	4
적대자	801	796	14.5%	25.7%	52	51
물체	651	651	11.8%	21.0%	15	15
자율적 힘	401	401	7.3%	12.9%	36	36
질병/정신병	127	127	2.3%	4.1%	18	18
계	5,516	3,103	100%	100%	181	170

둘째, 근원영역의 공통성은 (23)과 같다. 5개 언어에 공통된 사항 1가지, 4개 언어에 공통된 사항은 5가지, 3개 언어에 공통된 사항은 7가지, 2개 언어에 공통된 사항은 11가지, 그리고 1개 언어에만 출현하는 사항은 16가지로 나타난다. 즉 6개 언어 40가지 근원영역에서 2개 언어 이상의 공통 근원영역이 24가지이다. (8)의 생리적 환유의 공통성에 비추어볼 때, 개념적 은유의 공통 근원영역은 상대적으로 매우 적다고 하겠다. 이것은 개념적 은유의 근원영역이

생리적 환유에 비해 한층 더 문화 특정적 또는 의존적임을 의미한다.

(23) a. 5개 언어 공통(1): (투쟁에서) 상대
    b. 4개 언어 공통(5): 그릇 속의 액체, 초자연적 존재/신, 질병, 액체/강물/바닷물, 추위/차가움
    c. 3개 언어 공통(7): 적, (무거운) 짐, 자연력/폭풍우, 날카로운 물체/무기/흉기, 장애물, 장소/그릇, 물건/물체/씨앗
    d. 2개 언어 공통(11): 박해자, 정신병/정신이상, (사회적) 상관, 어둠, 야생/포획된 짐승, 신체 내부의 어떤 것/몸속에 있음, 공기, 사람, 음식물/술, 식물, 글씨
    e. 1개 언어 출현(16): 분리된 자아, 혼합체, 열, 빛, 고통, 유기체, 존재, 건설, 활력을 주는 사람(물건)/항울제, 그릇 속의 불, 물리적 힘, 실/빛, 우는 아기, 눈물, 색깔, 땅

셋째, 근원영역의 차별성, 즉 특이성이다. (23e)에서 '분리된 자아, 혼합체, 열, 빛, 유기체'는 영어에만 나타나는 근원영역이다. 또한, '존재, 건설, 활력을 주는 사람(물건)/항울제'는 리투아니아어에 국한된 근원영역으로 3가지 모두 특이하다. 이와 관련하여 Sirvydé(2006: 86)에서는 리투아니아어가 영어의 모든 개념적 은유를 공유하는데, 영어에는 '공기', 그리고 리투아니아어에는 '그릇'에 해당하는 용례가 없다고 하였다. 또한 "FEAR IS A BEING(두려움은 존재다)"라는 개념적 은유를 두 언어에서 공유하지만, '존재', '생물체', 즉 '도깨비'에 대한 민간 모형은 <그림 1>과 <그림 2>에서 보듯이 매우 다르다고 한다(Sirvydé 2006: 85-86 참조).

그림 1 영어 '두려움의 존재'

그림 2 리투아니아어 '두려움의 존재'

즉, 외형상으로 영어에서는 눈이 여러 개이며 사람 형상을 하고 있다. 그 반면, 리투아니아어에서는 다리가 없으며 큰 눈, 촉수, 날개를 가진 파충류로 묘사된다. 전체적으로 영어의

경우 동물, 곤충, 조류와 직접적인 연관 없이 인간에 더 가까운 반면, 리투아니아어에는 동물, 조류, 인간의 혼합체로 간주되는데, 이것은 영어의 경우 도시의 삶과 사회 경험에 사상된 반면 리투아니아의 경우 시골 생활의 경험에 기인한 것으로 보았다.[15]

또한, '그릇 속의 불'은 아칸어에만 나타나는 특이한 근원영역이다. '물리적 힘, 실'은 중국어에만 나타나는 근원영역인데, (14b)의 '물리적인 힘'은 '적'에 해당한다. 이와 관련하여, King(1989/2007: 122)에서는 '두려움'에 대한 중국어와 영어의 주요한 차이점으로 중국어의 경우 은유를 거의 사용하지 않는 데 비해 Kövecses(1990: 75-78)에 의한 영어의 경우 은유의 사용이 많다고 하면서((9) 참조), 중국어의 인지 모형은 개념적 은유보다 개념적 환유에 의해서 실현된다는 것이다. 그런데 (14) 및 (15)에서 추가된 근원영역을 합치면 <표 3>에서 보듯이 중국어의 근원영역은 25가지로 6개 문화권 가운데 그 수치가 가장 높다.[16] 한편, '우는 아기, 눈물, 색깔, 땅'은 한국어에만 나타나는 근원영역인데, (22)의 "두려움을 딛다, 두려움에서 일어서다, 두려움을 딛고 일어서다"에 관한 '땅'은 특이한 근원영역이다.

요컨대, '두려움'의 개념적 은유는 문화권에 따라 다양한 양상을 드러낸다. 이것은 생리적 환유와 달리 개념적 은유의 근원영역은 문화권에 따른 '민간 모형(folk model)' 또는 '민간 신념(folk belief)'이 다른 데서 기원하는 것으로 해석된다.[17] '(투쟁에서) 상대', '그릇 속의 액체', '질병', '적', '강물/바닷물', '추위', '흉기' 등은 범언어적으로 공통된 근원영역이며, '건설, 활력을 주는 사람(물건)/항울제, 그릇 속의 불, 우는 아기, 땅' 등은 문화 특정적인 근원영역이라 하겠다. 그 가운데서 중국어, 영어, 한국어는 '두려움'의 근원영역의 은유적 작용이 활발한 것으로 드러난다.

4. '두려움'의 인지 모형 양상

'인지 모형(cognitive model)'은 공유되고 구조화된 지식의 '내면화된 모형'을 뜻하는데,

---

15 일본의 도깨비 '오니(鬼)'는 머리에 뿔이 나고 눈이 번뜩거리고 입이 귀까지 찢어지고 이빨이 칼날같이 날카로우며, 피도 눈물도 없이 인간을 괴롭히고 잡아 먹는 잔인성을 지닌다(고자와·요시모토 2002: 70 참조). 그 반면 한국의 민간 모형에서 도깨비는 덩치가 크고 온몸에 털이 많으며 누렁이 냄새가 난다. 또한 바지저고리를 입고 패랭이를 쓰고 나무방망이를 쥐고 다니는 동네 덩치 좋은 형님 모습과 닮았다.

16 이것은 근원영역을 설정하는 기준이나 탐색의 결과가 연구자의 주관에 크게 좌우됨을 보여 주는 사례라 하겠다.

17 이와 관련하여 Diegnan(2003: 257)에서는 "다른 문화는 근원영역의 속성에 관해 다른 민간 신념을 지니게 한다."라고 하였다.

이를 통해서 사람들은 세상사에 대한 생각을 구체화한다(Aitchison 2003: 70-71 참조). '두려움'의 인지 모형은 '두려움' 시나리오를 통해서 개념화된다. 여기서는 4개 문화권에서 '두려움' 시나리오의 양상을 살펴보기로 한다.

4.1. '두려움' 시나리오의 변이 양상

'두려움' 시나리오의 양상에 관한 논의는 영어, 중국어, 폴란드어, 한국어 등 4개 문화권에서 이루어졌다. 그 구체적인 양상은 다음과 같다.

4.1.1. 영어

영어를 중심으로 Kövecses(1990: 74-79) 및 Ungerer & Schmid(2006: 141-144)에서는 '두려움의 감정 시나리오(scenario for fear)'를 체계화하였다. 이 시나리오는 참여자와 장면으로 구성되는데, 참여자는 '두려움'의 경험자인 자아 및 '두려움'의 원인을 제공한 포괄적 의미의 가해자이며,[18] 장면은 자아와 가해자가 전개하는 연속적인 사건으로 구성된다.[19] 영어권에서 '두려움'의 시나리오는 (24)와 같다.

> (24) 영어의 원형적 '두려움' 시나리오
>   1단계: '위험' ㉠위험한 상황이 존재한다. ㉡그 상황은 죽음, 신체적 또는 정신적 고통을 포함한다. ㉢자아는 그 위험을 안다. ㉣위험은 자아에서 두려움을 생산한다.
>   2단계: '두려움의 존재' ㉠자아는 두려움의 경험과 관련하여 소극적이다. ㉡두려움은 자아의 내부에서 커다란 실체로 존재한다. ㉢자아는 일정한 생리적 효과를 경험한다. ㉣자아는 일정한 행동적 반응을 보인다. ㉤그 감정은 불쾌하다. ㉥그 감정은 자아의 행동을 지배한다.
>   3단계: '통제 시도' ㉠자아는 두려움을 통제하려고 시도한다(자아는 두려움을 드러내지 않거나 달아나지 않으려고 한다).

---

18 이와 관련하여 King(1989/2007: 122)에서는 "영어에서 은유의 기능은 '사나운 적', '박해자', '질병', '초자연적 존재'에 기초를 둔 죽음과 신체 및 정신적 고통과 같은 '두려움'의 원인이 가장 중요하게 부각된다."라고 하였다.

19 '두려움의 시나리오'는 '힘역학(force dynamics)'의 원리로 설명할 수 있는데(Talmy 1988: 53 참조), '가해자' 즉 '주힘(agonist)'은 '두려움'을 발휘하는 실체이며, '자아' 즉 '반힘(antagonist)'은 '두려움'을 차단하는 실체이다. '힘역학'의 결과는 힘의 균형에 달려 있는데, '주힘'이 이기면 '두려움'이 경험자를 압도하고, '반힘'이 우세하면 '두려움'이 정복된다(Peña 2003: 167-168, Lewandowska-Tomaszczyk et al. 2013: 429 참조).

4단계: '통제 상실' ㉠자아는 두려움에 대한 통제를 상실한다.

5단계: '도피' ㉠자아는 위험으로부터 달아난다. ㉡자아는 안전하며 안도감을 느낀다. ㉢두려움의 존재가 사라진다.

4.1.2. 중국어

중국어의 경우, King(1989/2007: 120)은 '두려움'의 원형적 시나리오 (25)와 비원형적 유형 (26)을 제시하였다. (25)는 '도망모형'이며, (26)은 '감각모형'이라고 할 만하다.

(25) 중국어의 원형적 '두려움' 시나리오

1단계: '위험' ㉠위험한 상황이 존재한다. ㉡그 상황은 죽음이나 신체적 고통을 포함한다. ㉢자아는 광경이나 소리를 통해 그 위험을 안다. ㉣위험은 자아에서 두려움을 생산한다.

2단계: '두려움의 존재' ㉠자아는 일정한 생리적 효과를 경험한다.

3단계: '통제 시도' ㉠자아는 두려움을 통제하려고 시도하며 두려움의 표시를 드러내지 않으려고 한다.

4단계: '통제 상실' ㉠자아는 두려움에 대한 통제를 상실한다. ㉡두려움의 외적 표현 ㉢자아는 비명을 지르고 뒷걸음치며, 달아나거나 숨는다.

5단계: '두려움이 서서히 진정된다.'

(26) 중국어 '두려움'의 비원형적 유형

a. 두려움의 근원이 귀로 지각됨: 風聲鶴唳.(바람 소리와 학의 울음소리도 추격병으로 의심하다.)

b. 두려움의 근원이 상상됨: 草木皆兵.(적을 두려워한 나머지 온 산의 초목까지도 모두 적군으로 보이다.)

c. 두려움의 근원이 현존하지 않음: 談虎色變.(호랑이 이야기만 해도 얼굴빛이 달라지다.)

d. 자아는 안전하지만 두려움은 여전히 존재함: 心有余悸.(위험했던 일이 지나갔는데도 가슴이 여전히 두근거리며 무섭다.)

e. 두려움의 근원이 신체적으로 출현함: 望而却步.(위험하거나 힘이 닿지 않을 듯한 일을 보고 뒷걸음치다.)

4.1.3. 폴란드어

Lewandowska-Tomaszczyk *et al*.(2013: 422-436)에서는 영어의 'fear'와 폴란드어 'strach'

의 대조에서 '두려움'의 '놀람 시나리오'와 '투쟁 시나리오'를 제시하였다.

첫째, '놀람 시나리오(fright scenario)'는 '마비 증상', '소극적', '경험자가 나약함을 느낌', '두려움에 의해 완전히 통제됨' 등의 증상을 나타내는데, 실제 보기는 (27)과 같다.

> (27) a. Strach opanował wszystkich w mieście.(두려움이 도시의 모든 사람들을 **압도했다.**)
> b. Przez lata rządził nami strach.(여러 해 동안 두려움이 우리를 **지배했다.**)

둘째, '투쟁 시나리오(fight scenario)'는 '적극적 도전', '경험자가 강함을 느낌', '지배적', '두려움을 통제함' 등의 증상을 나타내는데, 실제 보기는 (28)과 같다.

> (28) a. Skoczkowie wiedzą, że strach to jest coś, co po prostu trzeba pokonać.(스키점프 선수들에게 두려움은 자신이 단지 **싸워야** 할 어떤 것임을 안다.)
> b. Zwykle podczas lotu strach rozpuszam w podwójnym ginie z tonikiem.(보통 비행 중 진토닉 두 잔으로 두려움을 **약화시킨다.**)

말뭉치 자료에서 두 언어 간 '놀람' 및 '투쟁' 시나리오의 '유형(type)'-'형태(token)' 관계는 <표 5>와 같다.

표 5 폴란드어와 영어에서 '놀람'과 '투쟁' 간 유형-형태 관계

	폴란드어	영어
놀람	31예 - 14 유형 (2.2 형태당 1유형)	45예 - 22유형 (2.0 형태당 1유형)
투쟁	18예 - 9유형 (2.0 형태당 1유형)	44예 - 10유형 (4.4 형태당 1유형)

4.1.4. 한국어

한국어의 경우, '두려움'의 시나리오는 '동결모형', '도망모형', 그리고 '투쟁모형'의 세 유형이 공존한다(임지룡 2001a: 135-139, 2006d: 420-426 참조).

먼저, '두려움'의 동결모형은 (29)와 같다.

> (29) 한국어 '두려움'의 동결모형
> 1단계: '위험' ㉠죽음, 신체적 또는 정신적 고통을 포함한 위험한 상황 ㉡자아는 그 위험을 안다.
> 2단계: '두려움의 존재' ㉠두려움이 존재한다. ㉡자아는 생리적 효과를 경험한다.
> 3단계: '행동' ㉠자아는 동결된다.

(29)의 시나리오는 손창섭 「광야」(『현대한국문학전집』3(손창섭집), 1981: 275-276, 신구문화사.)의 (30)에서 확인된다. 이 경우 동결모형의 제3단계는 (31)에서 더 명시적으로 드러난다.

(30) 1단계: 그들은 작당하여 우리 집을 터는구나 하는 생각이었다. 예감은 과연 틀림없이 맞았다. 승두네 집 쪽에서는 문짝 쪼개지는 소리가 났다. 뒤이어 몽둥이로 무엇을 마구 갈기는 소리, 고함 소리, 절망적인 비명, 그리고는 또 몇 번 툭탁거리더니, 도로 조용해졌다.

2단계: 승두는 머리가 화끈 달아오르고 가슴이 방망이질을 했다. 찬물을 끼얹는 것처럼 전신에 소름이 끼치었다.

3단계: 승두는 그만 치를 떨고 **이불을 푹 뒤집어썼다.** …승두는 열에 들뜬 사람처럼 **정신없이 누워 있었다.**

(31) a. 어머니 눈과 마주친 나는 그 매서운 눈빛에 심장이 멎어버린 것 같았다. **몸뚱어리는 못에 박힌 듯 바닥에 달라붙어 떨어지지 않았다.** (이경아, 「나비가 사는 집」, 『2000년 신춘문예 당선소설작품집』, 2000: 39, 광주일보.)

b. 그들은 뭐라고 지껄여대고 토막 난 시체를 손가락질하며 키들거렸다. 그러나 **사람들은 꼼짝을 못하고 얼어붙어 있었다.** 헌병 넷은 여전히 그들에게 총을 겨누고 있었다. (조정래, 『아리랑』 6, 1994: 193, 해냄.)

다음으로, '두려움'의 '도망모형'은 (32)와 같다.

(32) 한국어 '두려움'의 도망모형
1단계: '위험' ㉠죽음, 신체적 혹은 정신적 고통을 포함한 위험한 상황 ㉡자아는 그 위험을 안다.
2단계: '두려움의 존재' ㉠두려움이 존재한다. ㉡자아는 생리적 효과를 체험한다.
3단계: '통제 시도' ㉠자아는 두려움을 드러내지 않거나 달아나지 않으려고 한다.
4단계: '통제 상실' ㉠두려움의 강렬함이 한계를 초월한다. ㉡자아의 두려움에 대한 통제를 상실한다.
5단계: '행동' ㉠자아는 위험으로부터 달아난다.

(32)의 시나리오는 하근찬의 「왕릉과 주둔군」(『한국현대대표소설선』 9, 1996: 276-277, 창작과 비평사.)의 (33)에서 확인된다.

(33) 1단계: 그러자 새까만 얼굴은 별안간 입을 크게 벌리며, "왓핫핫하…" 웃어젖히는 것이었다. 그리고 나서, "후익." 괴상한 휘파람을 날리더니 한 걸음 이쪽으로

내려오기 시작하는 것이 아닌가.

2단계: 박첨지는 온몸이 바짝 굳어지는 것 같았다. … 그러나 어찌 된 셈인지 자꾸 팔이 떨렸다. 아랫도리도 더욱 덜덜거렸다.

3단계: "영캄! 오케이?" 그러자 버티고 섰던 박첨지의 두 다리가 형편없이 흔들거렸다.

4단계: 새까만 얼굴은 허연 이빨을 몽땅 드러내 보이며 기분 나쁘게 웃었다. 그리고 다음 순간, "후익." 괴상한 휘파람 소리와 함께 급한 경사를 요란스럽게 굴러 내려오는 것이었다. 꼭 한 마리 사나운 짐승 같았다.

5단계: 박첨지는 질겁을 하고 마구 **뺑소니를 치지 않을 수 없었다.**

'두려움'의 '도망모형'에서 제5단계는 (34)의 '달아 빼다, 뺑소니를 치다' 등에서도 확인된다.

(34) a. 나는 소학교의 칼 찬 일본선생에게 하듯이 두려운 마음으로 잔뜩 움츠러들어서 절을 하자마자 돌아서서 동네를 향하여 **달아 뺐다.** (황석영,『손님』, 2001: 40, 창작과 비평사.)

b. 철용 아버지는 눈이 휘둥그래서 **뺑소닐 쳤다.** 순사가 무섭고 서흥수네가 두려웠던 것이다. (최정희,「풍류 잡히는 마을」,『한국현대대표소설선』6, 1996: 252, 창작과 비평사.)

한편, '두려움'의 '투쟁모형'은 "두려움은 적이다."라는 개념적 은유에 기반을 두고 있다. <그림 3>은 '두려움'과의 '전투', '패배', '승리'의 '투쟁모형'이다.

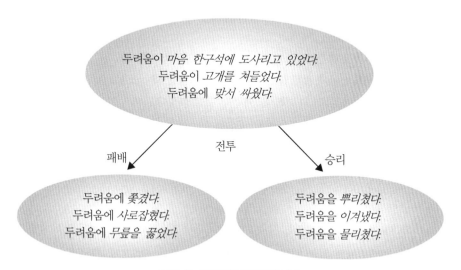

그림 3 '두려움'의 '투쟁모형'

4.2. 공통성과 특이성의 해석

(24)-(34)에서 4개 언어의 '두려움'에 대한 시나리오를 바탕으로 문화적 변이 양상의 공통성과 특이성을 살펴보기로 한다.

첫째, '두려움' 시나리오의 유형을 보면, 영어에서는 '도망모형', 중국어에서는 '도망모형' 및 '비원형적 유형', 폴란드어에서는 '놀람모형' 및 '투쟁모형', 그리고 한국어에서는 '동결모형', '도망모형', '투쟁모형'이 나타난다. 그 가운데서 '두려움'의 원형적 시나리오는 '도망모형'으로 (24)의 영어, (25)의 중국어, (32)의 한국어에서 나타나며, 2단계에서 생리적 환유가 두려움의 존재를 표상한다. '두려움'의 '투쟁모형'은 폴란드어와 한국어에 나타나며, '놀람모형'은 폴란드어에, 그리고 '동결모형'은 한국어에서만 보고된 특이한 모형이다.

둘째, '두려움'의 신체 생리적 반응에 의한 '생리적 환유'와 이에 바탕을 둔 개념적 은유는 '두려움'의 시나리오를 형성한다. 곧 '두려움'이 발생하여 고조되고 평정되는 일련의 과정은 그릇 속의 액체가 작용하는 방식과 동일한 영상 도식을 갖는다. '미움·슬픔·기쁨'과 같은 감정은 '그릇 은유'에서 "담김→가열→솟아 넘침→폭발→평정"의 5단계 시나리오를 나타내는데(임지룡 2010a: 59 참조), 한국어 (35)와 중국어[20] (36)의 경우를 대비해 보기로 한다.

(35) a. 얼굴에 두려움이 **가득 찼다.**
    b. 두려움이 **솟아났다.**
    c. 두려움이 **폭발했다.**
    d. 두려움이 **가라앉았다.**

(36) a. 他的心裡**充滿**恐懼.(그의 마음속에는 두려움이 **가득 차** 있다.)
    b. 只能把在他心中**沸騰**着的惊恐,憤怒和希望壓抑下去.(그의 마음속의 **부글거리는** 두려움, 분노와 희망을 억누를 수밖에 없다.)
    c. 一陣恐**懼涌上**了她的心頭.(두려움이 마음속에 **치솟았다.**)
    d. 自然是唯一**發泄**心頭恐惧和冤屈的對象.(자연은 유일하게 마음속의 두려움과 원망을 **터뜨리는** 대상일 것이다.)
    e. 平**息**着心中的恐惧.(마음속의 두려움을 **가라앉히고** 있다.)

(35), (36)에서 볼 때 제2단계의 '가열' 과정에서 차이점을 보이고 있는데, 한국어에서는 '가열'의 과정이 결여되어 있는 반면, 중국어에서는 '가열'의 과정이 나타나며, 두 언어 모두

---

20 (36)의 용례는 북경대학교 중국어말뭉치(http://ccl.pku.edu.cn/corpus.asp)에서 추출한 것이다.

제3단계에 '솟다'의 과정만 있고 '넘치다'의 과정은 없다. 두 언어의 시나리오 양상을 대조하면 <그림 4>와 같다.

그림 4 '두려움'의 한 · 중 그릇 속 액체 시나리오

'두려움' 시나리오	언어	한국어	중국어
그릇 속 액체의 상태 변화	5단계: 평정	○	○
	↑		
	4단계: 폭발	○	○
	↑		
	3단계: 솟아 넘침	△	△
	↑		
	2단계: 가열	×	○
	↑		
	1단계: 담김	○	○

이상에서, '두려움' 시나리오는 생리적 환유 및 개념적 은유와의 상관성 속에서 문화 모형의 특징을 잘 보여 주고 있다. '도망모형'은 보편성을 지닌 모형으로 이는 <표 1>의 신체 생리적 반응에서 '도피'가 4개 언어에서 출현하는 것과 상관성을 지닌다. '투쟁모형'은 폴란드어와 한국어에 나타나는데 이는 <표 3>의 개념적 은유의 근원영역 '적'과 상관성을 지닌다. 또한 "두려움은 그릇 속 액체이다."라는 개념적 은유에서 한국어와 중국어는 '가열'에 차이를 나타내는데, 중국어와 달리 한국어에는 '가열'의 단계가 결여되어 있다.[21] 요컨대, 두려움의 시나리오에서 한국어는 '도망모형', '동결모형', '투쟁모형'이 공존함으로써 그 민간 모형 또는 문화 모형의 특이함이 주목된다.

5. 마무리

이상에서 인지언어학, 말뭉치 언어학, 대조언어학의 관점에서 '두려움'을 대상으로 문화권 간의 개념화 양상에 나타난 공통성과 특이성을 살펴보았다. 이제까지 논의한 바를 간추려 이 장을 마무리하기로 한다.

---

21 이것은 '두려움'의 생리적 환유인 '등이 서늘하다'나 '가슴이 얼어붙다', 그리고 개념적 은유인 '추위', 곧 "두려움에 떨다."나 "두려움이 사람들의 마음을 싸늘하게 식혀 놓았다."에서 보듯이, 두려움의 상태에서 신체 생리적 증상과 일상적 경험상 체온의 하강과 상관성을 지닌다(임지룡 2010a: 67 참조).

첫째, 5개 문화권에서 '두려움'의 생리적 환유 간에는 공통성이 많은데 이것은 보편적인 신체적 체험에 의한 것이며, 일정 부분은 특이성을 갖는데 이것은 사회 문화적 맥락에 기인한 것이다. '심장박동의 증가', '신체 부위의 수축', '도피' 등은 범언어적으로 보편적인 생리적 환유이며, '헐떡거림', '장기파열', '무릎 이상' 등은 문화 특정적 생리적 환유이다. 그중 중국어, 영어, 한국어는 '두려움'의 신체 생리적 반응이 활발한 것으로 드러났다.

둘째, 6개 문화권에서 '두려움'에 대한 개념적 은유의 근원영역 간에는 공통성보다 특이성이 많이 나타나는데, 이것은 은유의 근원영역이 문화권에 따른 민간 모형의 차별성에서 기인한 것이다. '(투쟁의) 상대', '그릇 속의 액체', '질병', '적', '강물/바닷물', '추위', '흉기' 등은 범언어적으로 공통된 근원영역이며, '건설, 활력을 주는 사람(물건)/항울제, 그릇 속의 불, 우는 아기, 땅' 등은 문화 특정적인 근원영역이다. 그중 중국어, 영어, 한국어는 '두려움'의 근원영역의 은유적 작용이 활발한 것으로 드러났다.

셋째, 4개 문화권에서 '두려움'의 인지 모형은 문화 모형의 특징을 잘 드러내고 있다. '도망모형'은 생리적 환유 '도피'와 관련된 보편적 모형이며, '투쟁모형'은 폴란드어와 한국어에 나타나며, 근원영역 '그릇 속 액체'의 '폭발모형'은 중국어와 달리 한국어에는 '가열'의 단계가 결여되어 있다. 두려움의 시나리오에서 한국어는 '도망모형', '동결모형', '투쟁모형'이 공존하는 특이성을 지니고 있다.

끝으로, '두려움'을 포함하여 기본 감정의 문화 간 변이 양상의 탐구에서 생리적 환유 및 개념적 은유의 근원영역에 대한 빈도 정보를 추출하여 그 활성화 정도를 규명하는 일이 남은 과제라 하겠다.

제6부

맺음말

제23장 의의와 전망, 그리고 남은 일

제23장

의의와 전망, 그리고 남은 일

1. 의의

이제까지 인지언어학적 관점에서 한국어의 의미 특성을 몸, 마음, 의미 관계, 그리고 문화의 측면에서 탐구하였다. 인지언어학 및 그 관점에 따른 의미의 성격을 되새기고, 이 탐구의 의의를 기술하면 다음과 같다.

먼저, 언어 특히 의미 연구의 기제로서 '인지언어학'의 성격에 대해서이다. 종래 '언어'에 대한 관점은 언어과학이라는 이름 아래 체계성, 엄밀성, 객관성 등이 중시되어 왔다. 이 잣대에 의해 언어 분석의 대상은 언어 내적 자율성에 초점이 맞추어졌으며, 연구 분야는 철저히 분업화를 지향하였다. 그 반면, 인지언어학은 언어능력을 사람이 가진 인지능력의 일환으로 보고 언어를 사람의 몸과 마음, 그리고 사회 문화적인 상관성 속에서 탐구하려는 발상의 전환을 가져 왔다. 언어의 원리, 현상, 지식은 세상사의 원리, 현상, 지식과 상통한다는 생각은 이 경향의 특징을 잘 드러내 준다.

다음으로, 인지언어학에서 본 '의미'의 성격에 대해서이다. 의미는 추상적이고 심리적이므로 기술언어학에서는 의미의 문제를 회피하였으며, 구조주의의 경우 의미 관계의 파악을 통해, 그리고 형식의미론은 진리조건의 기술을 통해 의미를 포착하려 함으로써 의미 자체를 다루지는 못했다. 그 반면, 인지언어학에서는 의미를 중시하고 그 본질의 해명에 초점을 맞추어 왔다. 즉, 의미는 신체화되어 있으며, 세상사의 지식과 얽혀 있으며, 의미의 규칙은 용법에 기반한 것으로 본다. 구체적으로, 의미는 개념화자가 언어 표현을 실마리로 삼아 의미를 구성해 가는 해석 과정의 개념화로 간주한다.

이러한 바탕 아래, 『한국어 의미 특성의 인지언어학적 연구』에서는 몸, 마음, 의미 관계, 그리고 문화에 기반을 둔 의미 탐구를 지향하였는데, 이러한 논의는 다음과 같은 의의를 갖는다.

첫째, 의미 탐구의 외연이 확장되었다. 종래 의미 연구의 시계(視界)는 주로 사전적 의미를 중심으로 한 언어 내적 체계, 즉 의미 관계에 집중되었다. 그에 비해 이 논의는 백과사전적 의미를 중심으로 의미의 문제를 다룬 점에서 그 지평이 한층 더 넓어졌다.

둘째, 의미 탐구의 설명력이 확보되었다. 종래 의미 연구의 방법은 자율성의 관점에서 의미 체계 및 진리조건을 해명하려 하였다. 그에 비해 이 논의는 경험 친화적이며, 용법 기반 모형에 바탕을 두고, 인간의 경험, 경향성, 문화적 배경을 중시함으로써 의미 구조 및 개념화의 탐구에서 설명력이 한층 더 높아졌다.

셋째, 의미 탐구의 효용성이 신장되었다. 종래 의미 연구는 대상 자체의 탐구에 초점이 주어졌다. 그에 비해 이 논의는 의미 및 의미 탐구가 '사람이란 무엇인가?'에 대한 해명의 일환이며, 언어적 의미가 사람의 몸과 마음 그리고 사회 문화적 배경과 동기화됨으로써 흥미롭고 친근한 접근이 가능할 뿐 아니라, 언어 및 외국어 교육, 사전 편찬에 효율적으로 활용할 수 있다는 점에서 효용성이 크게 높아졌다.

넷째, 의미 탐구에 대한 협업의 필요성과 가능성이 확보되었다. 종래 의미 연구는 분야 및 방법론에서 자율성과 독자성을 추구하였다. 그에 비해 이 논의는 언어 내적으로 음운론, 형태론 및 통사론, 그리고 화용론 및 담화 분석과 유기적인 관련성을 맺고 있다. 또한 언어 외적으로 문학, 심리학, 철학, 사회학, 문화인류학, 현상학, 컴퓨터 공학 및 인공지능 등 여러 학문 분야와 소통하고 협력함으로써 언어 및 의미의 좌표를 더 적합하게 가늠할 수 있다는 인식을 확보하였다.

2. 전망

인지언어학적 관점의 한국어 의미 탐구에 대한 전망은 매우 밝을 것으로 기대된다. 이것은 두 가지 측면의 기반이 잘 갖추어져 있기 때문이다. 즉, 기본 방향에 있어서 인지언어학은 "인간의 마음에 대해 알려진 것과 일치하는 방식으로 언어를 연구하고, 언어가 마음을 반영하고 드러내는 창구로 간주한다."라는 점이다. 또한, 연구 방법론에 있어서 체험주의, 학제적 접근법, 용법 기반 모형 등의 열린 기제를 비롯하여, 원형 이론, 영상 도식, 개념적 환유·은유·혼성, 도상성, 해석 등의 역동적 기제를 활용하고 있다는 점이다.

이러한 방향과 방법론을 활용하고 새로운 방법론을 개발함으로써 장차 활성화될 다섯 가지 주요 탐구 분야 및 방향을 들면 다음과 같다.

첫째, 의미의 본질 해명에 한 걸음 다가서게 될 것이다. 일차적으로 형태와 의미 간의 관계를 중심으로 '머릿속 사전(mental lexicon)'의 저장과 검색의 과정 및 원리를 밝히는 일이 활성화될 것이다. 나아가서, 추상적이고 심리적인 의미가 어떤 경로를 통해 머릿속에서 생성되고 형태적으로 전환되어 전달되며, 역으로 형태로 수용된 의미가 어떻게 머릿속에서 재현되는가의 신비를 밝히는 작업이 지속적인 관심사가 될 것이다.

둘째, 말뭉치를 통한 의미 탐구의 실증적인 작업이 활성화될 것이다. 이러한 탐구 분야는 다의관계·대립관계·동의관계 등의 의미 관계, 감정 표현, 연어 관계, 관용 표현 등에 걸쳐 광범위하다. 예를 들어, 기초어휘 및 기본어휘에 대한 다의관계의 용법, 공기관계, 빈도를 바탕으로 원형의미와 주변의미의 상세한 지형도가 작성될 수 있을 것이다. 또한, 감정 표현의 경우 일정한 텍스트 안에서 '화·두려움·슬픔·미움·부끄러움·긴장·기쁨·슬픔' 등 기본 감정의 용법과 빈도에 따른 정보를 바탕으로, 빅 데이터에 의한 한국어의 감정 지형도가 작성될 수 있을 것이다. 같은 맥락에서, 연어 관계의 선호도가 드러나게 될 것이다.

셋째, 언어의 형태 및 구조와 의미 간의 동기화 또는 도상성의 다양한 사례와 원리를 탐구하는 작업이 활성화될 것이다. 종래 언어의 형태와 의미의 관계가 자의성의 원리에 갇혀 "언어의 구조는 어떤 식으로든지 경험의 구조, 즉 (화자가 세계에 부과한 관점인) 세계의 구조를 반영한다(Croft 2001: 108 참조)."라는 도상성의 발현을 놓쳐 버렸다. 그러나 언어 표현의 모든 단위 즉, 음성 및 음소, 음절 및 형태소, 그리고 단어, 어절, 문장 및 발화, 담화 및 텍스트에 걸쳐 구조와 기능 간의 유기성 또는 동기화의 사례를 바탕으로 그 작용 원리와 양상이 밝혀지게 될 것이다.

넷째, 심리학적 실험 기법에 의해 의미 작용의 실증적이며 객관적인 검증의 탐구가 활성화될 것이다. 예를 들어, 의미 분석에서 인지 기제에 대한 '심리적 또는 인지적 실재성(psychological or cognitive reality)'을 규명하는 과제인데, 시뮬레이션 의미론에 따른 다의관계의 의미 확장, 그리고 개념적 은유 및 환유, 개념적 혼성 등에서 개념 구조와 인지 기제가 심리적으로 실재하는 것을 증명하는 일이다. 이밖에도 대립관계, 동의관계, 하의관계의 어휘 쌍에 대한 원형성 및 비대칭성에 대한 실험, 그리고 혼성어, 동의문, 중의문, 속담 등에 대한 초점, 선호도 등에 대한 국어 공동체의 심리적 경향성과 전략 등이 밝혀지게 될 것이다.

다섯째, 문화적 기반에 따른 의미 변이 현상에 대한 탐구가 활성화될 것이다. 언어의 의미는 보편성과 특이성의 양면을 지니고 있다. 사람의 몸과 마음은 종 특유의 보편성을 지니고 있으며, 문화적 배경에 따라 특이성을 띠게 마련이다. 감정 표현, 의미장, 속담, 이동 사건, 비유 표현, 관용 표현 등에 대해 한국어를 중심으로 중국어, 일본어, 영어, 프랑스어, 독일어를 비롯하여 더 많은 언어와 닮고 다른 점이 넓고 깊이 있게 밝혀지게 될 것이다.

3. 남은 일

인지언어학적 관점에서 한국어 의미 특성 연구의 남은 일을 간추려보면서 미래를 기약하기로 한다.

첫째, 한국어 의미 특성의 지형도를 더 넓고 깊게 그려 내는 일이다. 몸, 마음, 문화의 상관성 속에서 어휘·문장·발화 층위를 망라하고, 중세·근대·현대 국어의 공시적·통시적·범시적 연구가 균형을 이루는 일이 필요하다. 이 과정에서 수평적, 수직적 축의 글말·입말·전자말 자료의 축적과 해석이 병행되어야 할 것이다.

둘째, 기존 연구에 대한 보존과 활용이 적극적으로 이루어져야 한다. 반세기에 걸친 한국어 의미 연구에 관한 논문, 저서, 말뭉치를 비롯한 다양한 자료를 시기별·주제별·방법론별로 '한국어 의미 연구 아카이브'의 구축이 필요하다. 이를 통해 연구의 연속성과 균형성을 확보해야 할 것이다.

셋째, 의미의 본질 규명을 위해 상승효과를 거둘 수 있는 관련 분야와 협업 또는 학제적 연구가 활성화 되어야 한다. 가까이는 음운론, 형태론 및 통사론, 화용론을 비롯하여, '국어국문학'의 이름 아래 연계할 수 있는 주제와 방법론을 탐색해야 한다. 또한, 언어학의 하위 분야인 말뭉치·심리·사회·전산 언어학뿐만 아니라, 심리학, 철학, 사회학, 문화인류학, 컴퓨터공학, 뇌 과학 등과의 학제적 연구를 일상화해 가야 할 것이다.

넷째, 응용 연구가 활성화되어야 한다. 의미의 특성 규명이 언어정책, 사전편찬, 언어교육, 문학교육, 언어공학 등에 적극적이며 효율적으로 활용될 수 있는 방안 모색이 필요하다. 이러한 모색의 실행을 통해 연구의 동력이 탄력을 받게 되고 그 효용성이 한층 더 강화될 것이다.

다섯째, 국제 인지언어학계 및 의미학계와의 소통이 적극적으로 이루어야 한다. 일반언어학계의 새로운 의미 이론을 신속 정확하고 능동적으로 수용하고, 그 이론이 국어의 의미 특성을 분석하는 데 어느 정도의 포괄성과 설명력을 갖는지에 대해 검증한 뒤 이를 일반 언어학계에 알리며, 국어와 다른 언어의 의미 특성을 대조 분석함으로써, 국어 의미의 특성을 파악하는 동시에 의미의 보편성을 확보하여, 이를 일반 언어학계와 공유하는 일이다. 이 과정에서 한국어학계와 일반 언어학계 간의 상호 소통의 시계를 넓혀가야 할 것이다.

여섯째, 학계의 활성화와 학문 후속 세대의 양성을 위해 지혜를 모아야 한다. 넓게는 국어국문학 및 언어학 관련 학계, 좁게는 한국어 의미학계 및 담화인지언어학계를 중심으로 앞에서 살펴본 여러 과제를 체계적이고도 균형 있게 논의하고 협업하는 노력이 이루어져야 한다. 또한, 초중고교의 국어 및 한국어 교육과정에서 의미교육의 비중을 한층 더 높이고, 학문 후속세대를 양성하기 위한 제도적인 뒷받침이 확립되어야 할 것이다.

가마타 히로키 지음/정숙영 옮김(2010). 『세계를 움직인 과학의 고전들』. 도서출판 부키.

가메이 미도리(2015). "韓國語와 日本語의 感情形容詞 比較 硏究: '기쁨'과 '슬픔'의 感情 形容詞를 중심으로". 중앙대학교 대학원 국어국문학과 박사학위논문.

강길운(1993). 『國語史精說』. 형설출판사.

강범모(2002). "생성어휘부 이론의 다의어 기술 방법과 그 적용: 동사 '사다'와 '팔다'". 『어학 연구』 38(1): 275-293. 서울대학교 언어교육원.

강범모(2009). "한국 영화 제목의 어휘와 의미". 『한국어 의미학』 30: 1-30. 한국어 의미학회.

강범모(2011). "형용사와 명사의 의미 운율". 『언어학』 36(1): 1-23. 한국언어학회.

강병창(2012). "한국어와 독일어의 <화>의 감정 은유에 대한 재고찰: 코퍼스 기반 인지언어학 적 분석". 『독일언어문학』 56: 25-45. 한국독일언어문학회.

강성영(2004). "프랑스와 우리나라의 동물속담에 있어서 은유추론 관계 비교 연구". 『프랑스 어문교육』 18: 149-169. 한국프랑스어문교육학회.

강신항(1976). "경북 안동·봉화·영해지역의 이중언어생활". 『성균관대 논문집』 22: 33-51. 성균관대학교.

강현화(2005). "중·고급 학습자를 위한 기초형용사의 유의관계 변별 기제 연구: 기쁨·슬 픔을 나타내는 형용사의 통합관계를 중심으로". 『한국어 의미학』 17: 43-64. 한국어 의 미학회.

고자와 야스노리·요시모토 하지메(2002). 『일본을 위한 변명』. 푸른나무.

고혜선(1993). "의미 및 음운 유사성과 처리 부담이 말의 산출에 미치는 영향". 성균관대학교 대학원 심리학과 석사학위논문.

구본관(2008). "한국어 색채 표현에 대한 인지언어학적 고찰". 『형태론』 10(2): 261-286. 박 이정.

구현정(2002). "말실수의 유형 연구: 대중매체 텍스트를 중심으로". 『사회언어학』 10(2): 1-24. 한국사회언어학회.

국립국어원(1991). 『국어의 표준 화법(시안)』. 문화부.

국립국어원(2005).『외국인을 위한 한국어 문법 1: 체계 편』. 커뮤니케이션북스.

국립국어원(2007a).『한국수화사전』. 국립국어원.

국립국어원(2007b).『미국수화사전』. 국립국어원.

권익수(2013). "표어에 대한 개념적 혼성 분석: 5분 먼저 가려다 50년 먼저 간다".『담화와 인지』20(2): 1-20. 담화・인지언어학회.

권익수(2015). "햇볕 정책, 그리고 개념적 은유".『담화와 인지』22(3): 19-37. 담화・인지언어학회.

권재일(1992).『한국어 통사론』. 민음사.

권재일(2012).『한국어 문법론』. 태학사.

김경원・김철호(2006).『국어 실력이 밥 먹여준다: 낱말편 1』. 유토피아.

김광식(1973).『알기 쉬운 기상지식』. 일지사.

김광식(1979).『생활기상과 일기속담』. 향문사.

김광해(2003).『등급별 국어교육용 어휘』. 박이정.

김동림(1992). "죽음의 개념과 시점, 뇌사입법에 관한 고찰".『형사정책』6: 155-212. 한국형사정책학회.

김동환(2005).『인지언어학과 의미』. 태학사.

김동환(2009). "개념적 은유의 문화 간 차이 연구".『인문과학연구』11: 1-18. 대구가톨릭대학교 인문과학연구소.

김동환(2013).『인지언어학과 개념적 혼성이론』. 박이정.

김령환(2015). "국어 격 표지 교체 구문에 관한 인지언어학적 연구". 경북대학교 대학원 국어국문학과 박사학위논문.

김령환(2016). "상하관계와 부분전체관계에 기초한 어휘 의미의 다의성". 임지룡 외『어휘 의미의 인지언어학적 탐색』, 215-234. 한국문화사.

김명광(2009). "형용사 '착하-'의 구조 변화에 대한 일고찰".『언어와 문화』5(3): 117-137. 한국언어문화교육학회.

김미형(2009).『인지적 대조언어학의 방법론 연구: 한국어와 영어를 대상으로』. 한국문화사.

김미형・임소영・임혜원・전영옥・전정미(2005).『인간과 언어: 본능과 능력 사이』. 박이정.

김보경(2000). "한국어 신체어의 은유와 환유". 상명대학교 대학원 국어국문학과 석사학위논문.

김석득(1977). "압존법(壓尊法)과 가존법(加尊法)에 대하여".『성봉 김성배 박사 회갑기념논문집』, 1-14. 간행위원회.

김성화(2003). "형용사 유의어 연구(5): '기쁘다/즐겁다'".『어문학교육』26: 5-33. 한국어문교육학회.

김수업(2009).『우리말은 서럽다』. 나라말.

김수현(2015).『180도』. 마음의숲.

김억조(2012).『국어 차원형용사의 의미』. 한국문화사.

김연옥(1985).『한국의 기후와 문화: 한국 기후의 문화 역사적 연구』. 이화여자대학교 출판부.

김영도(2010). "선택제약 위반을 활용한 문화콘텐츠의 네이밍 창작".『한국콘텐츠학회논문집』10(12): 164-172. 한국콘텐츠학회.

김옥녀(2012). "LCCM 이론에 입각한 국어 다의동사의 의미 분석과 의미구성 탐색". 경북대학교 대학원 국어국문학과 박사학위논문.

김완수(1994). "사람의 終期에 관한 이론적 발전 과정".『사회과학연구』17: 45-59. 조선대학교 사회과학연구소.

김은영(2004). "감정동사 유의어의 의미 연구: '즐겁다', '무섭다'의 유의어를 중심으로".『한국어 의미학』14: 121-147. 한국어 의미학회.

김정남(2007). "동일 어미 반복 구문의 통사와 의미".『이중언어학』34: 49-75. 이중언어학회.

김정현(2007). "한국어 감정형용사의 유의어 교육 연구: 고빈도 감정어휘를 중심으로". 경희대학교 외국어로서의 한국어교육전공 석사학위논문.

김종도(2002).『인지문법의 디딤돌』. 박이정.

김종도(2004).『인지언어학적 원근법에서 본 은유의 세계』. 한국문화사.

김종도(2005).『인지문법적 관점에서 본 환유의 세계』. 경진문화사.

김종택(1970). "동의어의 의미평정: 의미평정 방법의 모색을 위하여".『대구교육대학 논문집』6: 101-116. 대구교육대학.

김종택(1981). "국어 대우법 체계를 재론함: 청자 대우를 중심으로".『한글』172: 3-28. 한글학회.

김종택·송창선(1994). "명가(名家)의 전통 언어예절 연구: 영남 사대부가 종택(宗宅)의 가정언어를 중심으로".『국어교육연구』26: 1-33. 국어교육학회.

김지은(1997). "발화실수 사례연구".『성심어문론집』18·19: 177-197. 성심어문학회.

김진식(1994). "국어 인체어의 의미변화: 심리적 요인을 중심으로".『개신어문연구』11: 7-40. 개신어문학회.

김진식(1995). "인체어 <눈>의 관용표현 연구".『개신어문연구』12: 45-78. 개신어문학회.

김진해(2000).『연어(連語) 연구』. 한국문화사.

김진해(2010). "관용 표현 연구의 새로운 쟁점". 『한국어학』 49: 37-64. 한국어학회.

김철규(2012). "한국어 형용사 '착한'의 연어에 관한 단기 통시적 고찰". 『언어과학』 19(4): 65-87. 한국언어과학회.

김태엽(1999). 『우리말 높임법 연구』. 대구대학교출판부.

김태엽(2007). 『한국어 대우법』. 역락.

김향숙(2001). "'憤怒' 표현 慣用語에 나타난 意味 연구". 『어문연구』 110: 93-110. 한국어문교육연구회.

김향숙(2003). 『한국어 감정표현 관용어 연구』. 한국문화사.

김흥수(1989). "국어에 나타나는 몸과 마음의 관계에 대한 연구: 정서 표현을 중심으로". 『어학』 16: 21-45. 전북대학교 어학연구소.

나익주(2000). "개념적 은유: 사랑". 이기동 편저 『인지언어학』, 415-442. 한국문화사.

나익주(2003). "한국어에서의 성욕의 은유적 개념화". 『담화와 인지』 10(1): 79-104. 담화·인지언어학회.

남기심(1995). "어휘 의미와 문법". 『동방학지』 87: 157-179. 연세대학교 동방학연구소.

남길임(2012). "어휘의 공기 경향성과 의미적 운율". 『한글』 298: 135-164. 한글 학회.

남길임(2014). "언어 사용의 경향성과 유의어의 기술: 인내동사를 중심으로". 『한국어 의미학』 43: 59-82. 한국어 의미학회.

남영신(2005). 『한국어용법 핸드북』. 모멘토.

남풍현(1967). "十五世紀 國語의 混成語(blend) 攷". 『국어국문학』 34·35: 381-393. 국어국문학회.

노명희(2010). "혼성어(混成語) 형성 방식에 대한 고찰". 『國語學』 58: 255-292. 國語學會.

노양진(1999). "체험주의의 은유 이론". 한국분석철학회 편 『언어, 표상, 세계』, 86-106. 철학과 현실사.

노양진(2009). 『몸 언어 철학』. 서광사.

노양진(2013). 『몸이 철학을 말하다: 인지적 전환과 체험주의의 물음』. 서광사.

노재민(1999). "현대국어 식물명의 어휘론적 연구". 서울대학교 대학원 국어국문학과 석사학위논문.

呂增東(1985). 『韓國語教育論』. 형설출판사.

呂增東(1987). 『韓國歷史用語』. 시사문화사.

리우팡(2015a). "신체어에 기반한 한·중 분류사". 임지룡 외 『비유의 인지언어학적 탐색』, 305-324. 태학사.

리우펑(2015b). "한국어 분류사의 인지언어학적 연구". 경북대학교 대학원 국어교육학과 박사학위논문.

문금현(1999). 『국어의 관용 표현 연구』. 국어학회.

박경현(1986). 『현대국어 공간개념어의 의미연구』. 명지대학교 대학원 국어국문학과 박사학위논문.

박동호(2003a). "다의어 분할의 원칙: 세종 체언 전자사전의 경우". 『한국사전학』 1: 137-184. 한국사전학회.

박동호(2003b). "의미부류 체계의 구축과 적용". 『어학연구』 39(1): 243-268, 서울대학교 어학연구소.

박만규(2002). "다의어의 의미 분할과 의미 부류". 『한글』 257: 201-242. 한글 학회.

박영목 외(2011). 『고등학교 독서와 문법 I 』. 천재교육.

박영순(2000). 『한국어은유 연구』. 고려대학교 출판부.

박정운(2000). "범주화와 언어학". 『한국어 의미학』 7: 67-86. 한국어 의미학회.

배도용(2002). 『우리말 의미 확장 연구』. 한국문화사.

배승호(1996). "은유의 화용론적 접근". 『어문학』 57: 109-125. 한국어문학회.

서경원(2007). "영어 다의성 명사의 생성어휘론적 의미구조 기술". 충남대학교 대학원 영어영문학과 박사학위논문.

서민정(2010). 『<사태파악>의 한일대조연구: 'ていく/くる'와 '어 가다/오다'의 보조동사 용법을 중심으로』. 제이앤씨.

서상규 외(2000). 『한국어 교육 기초 어휘 의미 빈도 사전의 개발』. 문화관광부 한국어 세계화 추진 위원회.

서상준(2014). 『국어 연감』. 국립국어원.

서울대학교 국어교육연구소(2002). 『고등학교 문법』. 교육 인적 자원부.

서정수(1972). "현대 국어 대우법 연구: 표식화 문제를 중심으로". 『어학연구』 8(2): 78-99. 서울대학교 어학연구소.

서정수(1980). "존대말은 어떻게 달라지고 있는가?(Ⅱ): 청자대우 등급의 간소화". 『한글』 167: 357-387. 한글 학회.

서정수(1984). 『존대법의 연구: 현행 대우법의 체제와 문제점』. 한신문화사.

서혜경(2014). "국어 어휘의미 교육의 인지언어학적 연구". 경북대학교 대학원 국어교육학과 박사학위논문.

석수영(2015). "신체화에 기초한 한중 감각어의 의미 확장 연구". 경북대학교 대학원 국어교육학과 박사학위논문.

성광수 외(2005).『시와 그림이 있는 한국어 표현 문법』. 한국문화사.

성기철(1970). "국어대우법연구".『충북대학교 논문집』4: 35-57. 충북대학교.

성기철(1985).『현대국어 대우법 연구』. 개문사.

손호민(1983). "Power and solidarity in the Korean Language". *Korean Linguistics* 3: 97-122.

송부선(2006). "영어와 한국에서의 '화'와 '행복' 은유".『한국어 의미학』20: 121-137. 한국어 의미학회.

송재선 엮음(1997).『동물속담사전』. 동문선.

송창선(2010).『국어 통사론』. 한국문화사.

송현주(2015a).『국어 동기화의 인지언어학적 탐색』. 한국문화사.

송현주(2015b). "관용 표현의 인지언어학적 접근".『國際言語文學』31: 71-95. 國際言語文學會.

송효빈(2002). "동사 '보다'의 인지적 연구".『한국언어문학』49: 585-601. 한국언어문학회.

신현정(1978). "기본사물수준범주와 하위수준범주에서 전형성의 차이가 재인에 미치는 영향". 서울대학교 대학원 심리학과 석사학위논문.

신현정(2000).『개념과 범주화』. 아카넷.

심지연(2009). "국어 관용어의 인지의미론적 연구". 고려대학교 대학원 국어국문학과 박사학위논문.

양영희(2010). "국어 높임법의 올바른 교육을 위한 몇 가지 제언".『학습자중심교과교육연구』10(1): 239-259. 학습자중심교과교육학회.

엄경옥(2008). "현대 한국어 청자대우법의 사회언어학적 연구". 중앙대학교 대학원 국어국문학과 박사학위논문.

역사비평 편집위원회(2006).『역사용어 바로쓰기』. 역사비평사.

오상석(2014). "한국어와 영어의 '두려움' 개념화의 보편성과 특수성 연구".『한국어 의미학』44: 141-170. 한국어 의미학회.

오예옥(2007). "한국어와 독일어의 분노관용어의 은유적 보편성과 다양성".『독일언어문화』36: 1-21. 한국독일언어문학회.

왕난난(2016). "한중 공간어의 인지언어학적 연구". 경북대학교 대학원 국어교육학과 박사학위논문.

왕립향(2013). "한국어와 중국어의 '화' 관련 감정표현의 환유적 양상 대조 연구: 신체 부위별 표현을 중심으로". 영남대학교 대학원 외국어로서의 한국어교육학과 석사학위논문.

왕문용(2008). "소설에 나타난 상대높임법의 전환". 『선청어문』 36: 843-860. 서울대학교 국어교육과.

요시모토 하지메(吉本一)(2006). "시간 표현의 인지언어학적 연구". 부산대학교 대학원 국어국문학과 박사학위논문.

우형식(1988). "신체어의 의미론: 어휘의미론적 분석시도". 『연세어문학』 21: 291-319. 연세대학교 국어국문학과.

우형식(2001). 『한국어 분류사의 범주화 기능 연구』. 박이정.

유창돈(1973). 『어휘사연구』. 선명문화사.

유현경(1998). 『국어 형용사 연구』. 한국문화사.

윤희수(2002). "Axiological aspects of some image schemata revealed in the new International version of the Bible". 『언어과학연구』 23: 89-106. 언어과학회.

윤희수(2005). "문화모형과 문법성". 『언어과학연구』 32: 215-232. 언어과학회.

은려려(2013). "특이한 의미확장에 대한 연구". 『중국조선어문』 183: 33-39. 길림성민족사무위원회.

이두현(1971). "辟邪進慶의 歲時風俗". 『金亨奎博士 頌壽 紀念論叢』, 441-469. 一潮閣.

이경수(2012). "한국어 미각 형용사의 의미와 개념화". 상명대학교 대학원 한국학과 한국언어문화전공 박사학위논문.

이경우(2001). "국어 경어법 변화에 대한 연구(1)". 『국어교육』 110: 269-300. 한국 국어교육학회.

이경우(2004). "현대국어 경어법의 사회언어학적 연구(3)". 『국어교육』 113: 251-292. 한국어교육학회.

이경우(2008). "국어 경어법 변화에 대한 연구(2)". 『한말연구』 22: 251-292. 한말연구학회.

이계진(1995). 『정말, 경찰을 부를까』. 宇石.

이계진(2010). 『뉴스를 말씀드리겠습니다 딸국』. 조선앤북.

이광호(2009a). "코퍼스를 활용한 반의어의 총체적 목록 확보 방법에 대한 연구". 『國語學』 56: 281-308. 국어학회.

이광호(2009b). "형용사 반의어쌍 공기 패턴의 사전 편찬 및 어휘 교육적 활용연구". 『한국어 의미학』 30: 205-230. 한국어 의미학회.

이광호(2010). "한국어 교육과 국어 정보학". 『語文論集』 43: 49-73. 중앙어문학회.

이기갑(1990). "방언 어휘론". 국어국문학회 엮음 『방언학의 자료와 이론』, 107-171. ㈜지식산업사.

이루리(2004). "개념의 위계수준과 심리적 본질주의: 기본수준 그리고 속성간 상관관계". 부산대학교 대학원 심리학과 석사학위논문.

이민우(2012a). "말뭉치 統計分析을 이용한 反意語 連續 構成 研究". 『語文研究』 40(1): 85-107. 한국어문교육연구회.

이민우(2012b). "반의관계를 이용한 한국어 교육방안". 『이중언어학』 49: 119-242. 이중언어학회.

EBS<동과 서> 제작팀·김명진(2008). 『EBS 다큐멘터리 동과 서』. 지식채널.

이삼형 외(2014). 『고등학교 독서와 문법』. 지학사.

이상규(1991). "경북, 충북 접경지역의 어휘분화". 『들메서재극박사 환갑기념논문집』, 611-637. 간행위원회.

이선희(2010). "한중 '슬픔'과 '두려움' 은유 표현 인지적 연구". 『中國語文學』 56: 241-274. 영남중국어문학회.

이선희(2011). "한중 '화(火)'의 개념적 은유". 『中國語文學』 57: 373-388. 영남중국어문학회.

이성하(1998). 『문법화의 이해』. 한국문화사.

이수련(2001). 『한국어와 인지』. 박이정.

이수련(2006). "은유와 환유의 인지언어학적 관련성 연구". 『새얼 어문논집』 18: 163-183. 새얼어문학회.

이수련(2015). 『개념화와 의미 해석』. 박문사.

이영식(2009). "신체 관련 다의어의 의미 확장에 관한 연구: 얼굴 관련 어휘를 중심으로". 건국대학교 대학원 국어국문학과 박사학위논문.

이운영(2004). "한국어 명사의 다의적 해석". 서울대학교 대학원 언어학과 박사학위논문.

이유미(2006). "한국어 은유의 근원영역 특징". 『한국어 의미학』 20: 187-203. 한국어 의미학회.

이익섭(1974). "국어 경어법의 체계화 문제". 『국어학』 2: 39-64. 국어학회.

이익섭(1993). "국어 경어법 등분의 재분 체계". 양전 이용욱교수환력기념논총 간행위원회 편 『해양문학과 국어국문학』, 381-403. 형설출판사.

이익섭(2005). 『한국어 문법』. 서울대학교출판부.

이익환(1984). 『현대의미론』. 민음사.

이익환(1985). 『의미론 개론』. 한신문화사.

이재선(1986). 『우리 문학은 어디에서 왔는가: 원천·지속·변화의 문학적 주제론』. 소설문학사.

이정모 외(2009).『인지심리학』. 학지사.

이정모(2001).『인지심리학』. 아카넷.

이정묵(2008). "NSM을 이용한 한국어 '기쁘다'류 심리형용사의 의미 분석과 기술". 한국외국어대학교 교육대학원 석사학위논문.

이정복(1998). "상대경어법". 서태룡 외 공편『문법 연구와 자료: 이익섭 선생 회갑 기념 논총』, 329-357. 태학사.

이정애(2007). "문화간 의사소통을 위한 '화'의 의미분석".『담화와 인지』14(1): 149-171. 담화·인지언어학회.

이정호(1992). "모순어법에 대한 포스트모던적 조명".『人文論叢』27: 21-33. 서울대학교 인문학연구원.

李貞姬(2011). "談漢語表示 "恐惧" 的慣用方法: 以"嚇得+人体詞"結构爲主".『中國學研究』56: 177-202. 중국학연구회.

이종열(2003).『비유와 인지』. 한국문화사.

이주행(2000).『한국어 문법의 이해』. 월인.

이지혜(2006). "심리형용사 유의어의 의미 변별과 사전 기술 연구: 연어 분석을 중심으로". 연세대학교 대학원 언어정보협동과정 석사학위논문.

이창호(2004a). "말실수와 탐색 이론".『한국어학』24: 251-287. 한국어학회.

이창호(2004b). "국어 말실수에 관한 연구". 고려대학교 대학원 국어국문학과 박사학위논문.

임동훈(2000).『한국어 어미 '-시-'의 문법』. 태학사.

임지룡(1984). "공간감각어의 의미 특성".『배달말』9: 119-137. 배달말학회.

임지룡(1985). "대등합성어의 의미분석".『배달말』10: 87-114. 배달말학회.

임지룡(1989).『국어 대립어의 의미 상관체계』. 형설출판사.

임지룡(1991a). "국어의 기초어휘에 대한 연구".『국어교육연구』23: 87-131. 국어교육연구회.

임지룡(1991b). "의미의 본질에 대한 심리언어학적 해석".『언어과학연구』8: 57-74. 언어과학회.

임지룡(1992).『국어 의미론』. 탑출판사.

임지룡(1993a). "의미범주의 원형탐색에 관한 연구".『국어교육연구』25: 115-151. 국어교육연구회.

임지룡(1993b). "원형이론과 의미의 범주화".『國語學』23: 41-68. 국어학회.

임지룡(1995a). "은유의 인지적 의미특성".『한국학논집』22: 157-175. 계명대학교 한국학연구소.

임지룡(1995b). "유상성의 인지적 의미분석".『문학과 언어』16: 121-149. 문학과언어연구회.

임지룡(1995b). "환유의 인지적 의미특성".『국어교육연구』27: 223-254. 국어교육연구회.

임지룡(1996a). "말실수의 인지적 분석".『문학과 언어』17: 57-79. 문학과 언어연구회.

임지룡(1996b). "은유의 인지언어학적 의미분석".『국어교육연구』28: 117-150. 국어교육연구회.

임지룡(1996c). "다의어의 인지적 의미 특성".『언어학』18: 229-261. 한국언어학회.

임지룡(1996d). "의미의 인지 모형에 대하여".『어문학』56: 321-340. 한국어문학회.

임지룡(1996e). "혼성어의 인지적 의미 특성".『言語研究』13: 191-214. 대구언어학회.

임지룡(1997a).『인지의미론』. 탑출판사.

임지룡(1997b). "21세기 국어어휘 의미의 연구 방향".『한국어 의미학』1: 5-28. 한국어 의미학회.

임지룡(1997c). "영상도식의 인지적 의미 분석".『어문학』60: 189-211. 한국어문학회.

임지룡(1998a). "안동방언의 청자대우법".『청암 김영태 박사 화갑기념 논문집: 방언학과 국어학』, 461-484. 태학사.

임지룡(1998b). "주관적 이동표현의 인지적 의미 특성".『담화와 인지』5(2): 181-206. 담화·인지 언어학회.

임지룡(1998c). "다의어의 비대칭 양상 연구".『언어과학연구』15: 309-331. 언어과학회.

임지룡(1999). "감정의 생리적 반응에 대한 언어화 양상".『담화와 인지』6(2): 89-117. 담화·인지언어학회.

임지룡(2000). "'화'의 개념화 양상".『언어』25(4): 693-721. 한국언어학회.

임지룡(2001a). "'두려움'의 개념화 양상".『한글』252: 109-143. 한글 학회.

임지룡(2001b). "'기쁨'과 '슬픔'의 개념화 양상".『국어학』37: 219-249. 국어학회.

임지룡(2001c). "다의어 '사다', '팔다'의 인지의미론적 분석".『국어국문학』129: 165-190. 국어국문학회.

임지룡(2002). "시간의 개념화 양상".『어문학』77: 201-222. 한국어문학회.

임지룡(2002). "의미론 분야 연구사". 국어국문학회 엮음『국어국문학50년』, 383-422. 태학사.

임지룡(2003). "감정 표현의 관용성과 그 생리적 반응의 상관성 연구".『기호학 연구』14: 53-94. 한국기호학회.

임지룡(2004a). "인지언어학의 현황과 전망".『숭실어문』19: 51-90. 숭실어문학회.

임지룡(2004b). "동의성의 인지적 해석".『국어교육연구』36: 223-246. 국어교육학회.

임지룡(2004c). "장면의 인지적 해석에 관한 연구".『성곡논총』35: 45-89. 성곡학술문화재단.

임지룡(2004d). "환상성의 언어적 양상과 인지적 해석".『국어국문학』137: 167-189. 국어국문학회.

임지룡(2004e). "국어에 내재한 도상성의 양상과 의미 특성".『한글』266: 169-205. 한글 학회.

임지룡(2005). "해방 60년 우리 말글의 연구 성과와 과제: 의미론 연구를 중심으로".『우리말글』34: 1-28. 우리말글학회.

임지룡(2006a). "의미 구조의 비대칭성".『李秉根先生退任紀念 國語學論叢』, 893-913. 태학사.

임지룡(2006b). "환유 표현의 의미특성".『인문논총』55: 265-299. 서울대학교 인문대학 인문학연구소.

임지룡(2006c). "개념적 은유에 대하여".『한국어 의미학』20: 29-60. 한국어 의미학회.

임지룡(2006d).『말하는 몸: 감정 표현의 인지언어학적 탐색』. 한국문화사.

임지룡(2006e). "인지언어학적 관점에서 본 의미의 본질".『한국어 의미학』21: 1-29. 한국어 의미학회.

임지룡(2007a). "신체화에 기초한 의미 확장의 특성 연구".『언어과학연구』40: 1-31. 언어과학회.

임지룡(2007b). "인지의미론 연구의 현황과 전망".『우리말연구』21: 51-104. 우리말학회.

임지룡(2007c). "시점의 역전 현상".『담화와 인지』14(3): 179-206. 담화·인지언어학회.

임지룡(2008a).『의미의 인지언어학적 탐색』. 한국문화사.

임지룡(2008b). "한국어 의미 연구의 방향".『한글』282: 195-234. 한글 학회.

임지룡(2008c). "국제화 시대에 대비한 외국어 및 우리말 교육의 바른 길".『淡水』37: 54-74. 사단법인 담수회.

임지룡(2009a). "다의어의 판정과 의미 확장의 분류 기준".『한국어 의미학』28: 193-226. 한국어 의미학회.

임지룡(2009b). "20세기의 국어 어휘와 어휘연구".『국어국문학』152: 63-98. 국어국문학회.

임지룡(2010a). "감정의 그릇 영상 도식적 양상과 의미특성".『국어학』57: 31-73. 국어학회.

임지룡(2010b). "어휘의미론과 인지언어학".『한국어학』49: 1-35. 한국어학회.

임지룡(2010c). "국어 어휘교육의 과제와 방향".『한국어 의미학』33: 259-296. 한국어 의미학회.

임지룡(2011a). "국어 어휘범주의 기본층위 탐색 및 의미특성 연구".『담화와 인지』18(1): 153-182. 담화·인지언어학회.

임지룡(2011b). "다의어와 다면어의 변별 기준과 의미 특성".『언어과학연구』58: 169-190.

언어과학회.

임지룡(2011c). "민간 모형의 의미 특성". 『한글』 294: 89-123. 한글 학회.

임지룡(2012). "현대 국어 동물 속담의 인지언어학적 가치론". 『국어교육연구』 50: 377-404. 국어교육학회.

임지룡(2014a). "한국어의미론과 인지심리학의 접점 및 전망". 『語文硏究』 79: 81-115. 어문 연구학회.

임지룡(2014b). "감정의 문화적 변이 양상: '화'를 중심으로". 『한국어 의미학』 44: 199-234. 한국어 의미학회.

임지룡(2014c). "비유의 성격과 기능". 『한글』 306: 75-100. 한글 학회.

임지룡(2014d). "'착하다'의 의미 확장 양상과 의의". 『언어』 39(4): 971-996. 한국언어학회.

임지룡(2015a). "대립어 작용 양상의 인지의미론적 특성". 『우리말연구』 40: 65-100. 우리말 학회.

임지룡(2015b). "청자대우법의 화계와 해석". 『언어과학연구』 72: 347-376. 언어과학회.

임지룡(2015c). "대립어의 머릿속 작용 양상". 『한글』 307: 171-207. 한글 학회.

임지룡(2015d). "학교문법 상대 높임법의 새로운 이해". 『한민족어문학』 69: 359-398. 한민족 어문학회.

임지룡(2015e). "학교문법 다의어 교육 내용의 현황과 대안". 『우리말연구』 42: 61-97. 우리말 학회.

임지룡(2015f). "'두려움'의 문화적 변이 양상". 『언어과학회』 74: 217-252. 언어과학연구.

임지룡(2015g). "'기쁘다'와 '즐겁다'의 의미 차이". 『어문학』 129: 23-49. 한국어문학회.

임지룡(2016). "해석 작용의 언어 층위별 의미 특성: 어휘 층위를 중심으로". 『언어학 연구』 40: 285-318. 한국중원언어학회.

임지룡·김령환(2013). "어순에 반영된 인지적 특성". 『한글』 300: 119-158. 한글학회.

임지룡·석수영(2015). "한중 수어에 나타난 대립어의 양상 비교". 『현대문법연구』 85: 87-114. 현대문법학회.

임지룡·송현주(2012). "감각 동사의 의미 확장 양상 연구". 『담화와 인지』 19(1): 155-179. 담화·인지언어학회.

임지룡·송현주(2015). "한국 수어의 동기화 양상". 『한국어 의미학』 49: 59-85. 한국어 의미 학회.

임지룡 외(2014). 『문법교육의 인지언어학적 탐색』. 태학사.

임지룡 외(2015). 『비유의 인지언어학적 탐색』. 태학사.

임지룡 외(2016).『어휘 의미의 인지언어학적 탐색』. 태학사.

임채훈(2009). "반의관계와 문장의미 형성".『한국어 의미학』30: 231-256. 한국어 의미학회.

임태성(2016). "국어 가상 이동의 양상과 의미 특성 연구". 경북대학교 대학원 국어국문학과 박사학위논문.

임혜원(2004).『공간 개념의 은유적 확장』. 한국문화사.

임혜원(2013).『언어와 인지: 몸과 언어 의미에 대한 인지언어학적 고찰』. 한국문화사.

장세경・장경희(1994). "국어 관용어에 관한 연구: 정서 표현을 중심으로".『동아시아 문화연구』25: 295-318. 한양대학교 한국학연구소.

장희은(2008). "드라마 대본 말뭉치로 알아본 현대국어 상대높임법 체계 연구". 영남대학교 교육대학원 국어교육전공 석사학위논문.

전상범(1980). "Lapsus linguae의 音韻論的 解釋".『언어』5(2): 15-32. 한국언어학회.

정병철(2006). "지각 동사 '보다'의 의미망".『문학과 언어』28: 23-44. 문학과 언어학회.

정병철(2009).『시뮬레이션 의미론에 기초한 동사의 의미망 연구』. 한국문화사.

정수진(2003). "국어 '단맛' 표현의 인지적 의미 해석".『언어과학연구』24: 303-320. 언어과학회.

정수진(2010). "국어 공간어의 의미 확장 연구". 경북대학교 대학원 국어국문학과 박사학위논문.

정수진(2012). "국어 감각명사의 의미 확장에 대한 인지언어학적 접근".『한민족어문학』60: 271-290. 한민족어문학회.

정수진(2014). "인지언어학의 '해석'에 기초한 국어 접속문의 유형과 의미구성 분석".『언어과학연구』70: 405-432. 언어과학회.

정승철(2013).『한국의 방언과 방언학』. 태학사.

정영복(2016). "인지언어학에 기초한 초등학교 어휘 교육 방법".『제16차 동계 학술 대회 발표논문집』, 42-75. 경북대학교 인지언어학 및 국어교육 연구실.

정주리(2005). "'가다' 동사의 의미와 구문에 대한 구문문법적 접근".『한국어 의미학』17: 267-294. 한국어 의미학회.

정회란(2006). "'기쁘다' 유사 어휘군의 의미론적 연구".『언어와 문화』2(3): 105-130. 한국언어문화교육학회.

정회란(2007). "한국어 '기쁘다' 유사 어휘군의 의미론적 연구". 한국외국어대학교 한국어교육전공 석사학위논문.

정희란(2004). "영어와 한국어에 나타난 '두려움(FEAR)'의 연어 및 은유적 양상 비교". 부경

대학교 대학원 영어영문학과 석사학위논문.

정희자(2004). 『담화와 비유어』. 한국문화사.

조남호(2002). 『현대 국어 사용 빈도 조사: 한국어 학습용 어휘 선정을 위한 기초 조사』. 국립
국어연구원.

조준학(1976). "화용론과 공손의 조건". 『어학연구』 16(1): 1-11. 서울대학교 어학연구소.

조춘옥(2005). 『조선어어휘의미론』. 사회과학출판사.

조항범(2012). "현대국어의 의미 변화에 대하여(2): 형용사, 동사를 중심으로". 『한국언어문학』
81: 85-112. 한국언어문학회.

조현룡(1998). "한국어 수량 단위명사의 어원연구". 『어문연구』 26(4): 74-62. 한국어문교육
연구회.

조혜진(2013). "스페인어와 한국어 분노 관용표현의 은유적 유형 분석". 『이중언어학』 53:
241-274. 이중언어학회.

차준경(2003). "고유명사의 의미와 중의성 해소". 『한국어학』 20: 265-286. 한국어학회.

차준경(2009). 『국어 명사의 다의 현상 연구』. 제이앤씨.

천시권(1965). "경북지역의 방언구획". 『어문학』 13: 1-12. 한국어문학회.

천시권(1980). "온도어휘의 상관체계". 『국어교육연구』 12: 1-14. 국어교육연구회.

천시권 · 김종택(1971). 『국어의미론』. 형설출판사.

최달수(1999). 『몸, 그 생명의 신비』. 사계절.

최명옥(1976). "현대국어의 의문법연구: 서부 경남방언을 중심으로". 『학술원논문집 인문 ·
사회과학 편』 15: 145-174. 학술원.

최석재(2008). 『국어 대우법 체계의 정보화 연구』. 박이정.

최재천 · 주일우 엮음(2007). 『지식의 통섭』. 이음.

최지훈(1999). "전의(轉義) 합성명사의 인지의미론적 연구". 이화여자대학교 국어국문학과
석사학위논문.

최지훈(2010). 『한국어 관용구의 은유 · 환유 연구: 인지의미론적 관점을 중심으로』. 혜안.

최진아(2013). "인지언어학에 기초한 국어 비유 교육 연구". 경북대학교 대학원 국어교육학과
박사학위논문.

최현배(1937/1980). 『우리말본』. 정음사.

최기호(1995). 『사전에 없는 토박이 말』. 토담.

최호철 외(2005). 『학위 논문의 국어 의미 연구 경향』(1~3). 도서출판 월인.

쉐이펑훼이(2015). "'마음(心)'의 의미 구조에 관한 한중 대조 연구: 개념적 은유를 중심으로".

경북대학교 대학원 국어국문학과 박사학위논문.

콩판레이(2013). "한·중 부정적 감정표현 대조 연구: '분노, 슬픔, 두려움'을 중심으로". 부산 대학교 대학원 국어국문학과 석사학위논문.

한길(1991). 『국어 종결어미 연구』. 강원대학교 출판부.

한길(2002). 『현대 우리말의 높임법 연구』. 역락.

한수미(2011). 『인지심리학』. ㈜교문사.

한지오(2013). "한국어 시각형용사에 대한 인지의미론석 분석". 숙명여자대학교 대학원 국어 국문학과 석사학위논문.

허용·강현화·고명균·김미옥·김선정·박동호(2005). 『외국어로서의 한국어교육학 개론』. 박이정.

홍사만(1985). "신체어의 다의구조 분석: '손'에 대하여". 『千時權博士華甲紀念國語學論叢』, 513-536. 형설출판사.

홍사만(1987). "신체어의 다의구조 분석: '머리'를 중심으로". 『金敏洙敎授華甲紀念 國語學新研究』, 180-196. 탑출판사.

홍사만(1991). "신체어의 다의구조 분석: '눈'에 대하여". 『들메서재극박사 환갑기념논문집』, 839-856. 계명대학교 출판부.

홍윤기(2009). "문장에서의 반의관계 실현 방식 연구". 『한국어교육』 20(3): 185-204. 국제한 국어교육학회.

홍재성(2001). "연구보고서: 21세기 세종계획 전자사전 개발분과". 문화관광부·국립국어원.

황적륜(1976). "한국어대우법의 사회언어학적 기술: 그 형식화의 가능성". 『언어와 언어학』 4: 115-124. 한국외국어대학교 언어연구소.

히다카 도시다카(2003)/배우철 옮김(2005). 『동물이 보는 세계, 인간이 보는 세계』. 청어람미 디어.

島田浩之(2005). "物体を表すアメリカ手話の類似構築モデルにおけるメトニミーの 關与について". 『英語英米文學研究』 33: 83-102.

籾山洋介(2006). 『日本語は人間をどう見』ているか』東京: 研究社. (박수경·요시모토 하지메 옮김(2014). 『일본어는 인간을 어떻게 보고 있는가?』. 소통.)

山梨正明(2000). 『認知言語學原理』. 東京: くろしお出版.

大堀壽夫(2002). 『認知言語學』. 東京: 東京大學出版會.

深田智·仲本康一郎(2008). 『概念化と意味の世界』. 東京: 研究社.

野村益寛(2014). *Fundamentals of Cognitive Linguistics*. 東京: 株式會社 ひつじ書房.

Ackerman, J., C. Nocera and J. Bargh(2010). "Incidental haptic sensations influence social judgments and decisions". *Science* 328: 1712-1715.

Aikhenvald, A. Y.(2000). *Classifiers: A Typology of Noun Categorization Devices*. Oxford: Oxford University Press.

Aitchison, J.(1987/2003). *Words in the Mind: An Introduction to the Mental Lexicon*. Oxford: Basil Blackwell. (임지룡·윤희수 옮김(1993).『심리언어학: 머릿속 사전의 신비를 찾아서』. 경북대학교출판부.)

Aitchison, J.(1990). "Language and mind: psycholinguistics". In N. E. Collinge(ed.), *An Encyclopedia of Language*, 333-370. London and New York: Routledge.

Aitchison, J.(1992a). "Good birds, better birds and amazing birds: The development of prototypes". In H. Béjoint & P. Arnaud(eds.), *Vocabulary and Apply Linguistics*, 71-84. London: Macmillan.

Aitchison, J.(1992b). *Introducing Language and Mind*. Harmondsworth: Penguin Books Ltd.

Aitchison, J.(1994). "Understanding words". In G. Brown *et al*.(eds.), *Language and Understanding*, 83-95. Oxford: Oxford University Press.

Aitchison, J.(1999, fifth edition). *Linguistics*. London: Hodder and Stoughton Teach Yourself Books. (임지룡 옮김(2003).『언어학개론』. 한국문화사.)

Aksan, M.(2006). "The container metaphor in Turkish expressions of anger". *Dil ve Edebiyat Dergisi / Journal of Linguistics and Literature* 3(2): 15-34.

Allan, K.(1977). "Classifiers". *Language* 53(2): 285-311.

Ansah, G. N.(2010). "The cultural basis of conceptual metaphors: The case of emotions in Akan and English". *Papers from the Langacker University Postgraduate Conference in Linguistics and Language Teaching* 2010: 1-25.

Ansah, G. N.(2014). "Culture in Embodied Cognition: Metaphorical/Metonymic Conceptualizations of FEAR in Akan and English". *Metaphor and Symbol* 29: 44-58.

Apresjan, J. D.(1974). "Regular Polysemy". *Linguistics* 142: 5-32.

Apresjan, J.(2000). *Systematic Lexicography*. Oxford University Press.

Arnheim, R.(1969). *Visual Thinking*. Berkeley and Los Angeles: University of California Press. (김정오 역(1982).『視覺的 思考』. 이화여자대학교 출판부.)

Athanasiadou, A.(1998). "The conceptualisation of the domain of FEAR in Modern Greek". In A. Athanasiadou & E. Tabakowska(eds.), 227-252.

Athanasiadou, A. & E. Tabakowska(eds.)(1998). *Speaking of Emotions: Conceptualisation and Expression*. Berlin · New York: Mouton de Gruyter.

Bailey, D. R.(1997). "When push comes to shove: A computational model of the role of motor control in the acquisition of action verbs". Unpublished UC Berkley Ph.D. Thesis.

Barcelona, A.(2001). "On the systematic contrastive analysis of conceptual metaphors: case studies and proposed methodology". In M. Pütz *et al.*(eds.), *Applied Cognitive Linguistics II*, 117-146. Berlin · New York: Mouton de Gruyter.

Barcelona, A.(2015). "Metonymy". In E. Dąbrowska. & D. Divjak(eds.), 143-167.

Barcelona, A. & C. Soriano(2004). "Metaphorical conceptualization in English and Spanish". *European Journal of English Studies* 8(3): 295-307.

Barsalou, L. W.(1992). "Frames, concepts, and conceptual fields". In A. Lehrer and E. F. Kittay(eds.), 21-74.

Barsalou, L. W.(1999). "Language comprehension: Archival memory or preparation for situated action?". *Discourse Processes* 28: 61-80.

Bednarek, M.(2008). "Semantic preference and semantic prosody re-examined". *Corpus Linguistics and Linguistic Theory* 4-2: 119-139.

Behrens, L.(2002). "Structuring of Word Meaning II : Aspects of polysemy". In D. A. Cruse, F. Hundsnurscher, M. Job and P. R. Lutzeier(eds.), 319-337.

Bergen, B.(2015). "Embodiment". In E. Dąbrowska & D. Divjak(eds.), 10-30.

Bergen, B., S. Narayan, & J. Feldman(2003). "Embodied verbal semantics: Evidence from an image-verb matching task". *Proceedings of the Twenty-Fifth Annual Conference of the Cognitive Science Society*, 139-144.

Berlin, B. & P. Kay(1969). *Basic Color Terms*. Berkeley: University of California Press.

Berlin, B., D. Breedlove & P. Raven(1974). *Principles of Tzeltal Plant Classification: An Introduction to the Botanical Ethnography of a Mayan-Speaking People of Highland Chiapas*. New York: Academic Press.

Berlin, B., D. E. Breedlove, & P. H. Raven(1973). "General principle of classification and nomenclature in folk biology". *American Anthropologist* 75: 214-242.

Bloomfield, L.(1933). *Language*. New york: Holt.

Boers, F. & S. Lindstromberg(2006). "Cognitive linguistic applications in second or foreign language instruction: Rationale, proposals, and evaluation". In G. Kristiansen *et al.*(eds.),

Cognitive Linguistics: Current Applications and Future Perspectives, 305-355. Berlin · New York: Mouton De Gruyter.

Bolinger, D.(1977). *Meaning and Form*. London · New York: Longman.

Bonvillain, N.(2003). *Language, Culture and Communication: The Meaning of Messages*. Upper Saddle River, New Jersey: Prentice Hall.

Bowerman, M.(1996a). "The origins of children's spatial semantic categories: Cognitive vs. linguistic determinants". In J. J. Gumperz, & S. C. Levinson(eds.), *Rethinking Linguistic Relativity*, 145-176. Cambridge: Cambridge University Press.

Bowerman, M.(1996b). "Learning how to structure space for language: A crosslinguistic perspective". In P. Bloom, M. A. Peterson, L. Nadel, and M. F. Garrett(eds.), *Language and Space*, 385-436. Cambridge: The MIT Press.

Bowerman, M. & S. Choi(2003). "Space under construction: Language-specific spatial categorization in first language acquisition". In D. Gentner & S. Goldin-Meadow(eds.), *Language in Mind*, 387-427. Cambridge: MIT Press.

Bransford, J. D. & M. K. Johnson(1973). "Considerations of some problems of comprehension". In W. G. Chase.(ed.), *Visual Information Processing*, 383-438. New York: Academic Press.

Brown, C. H.(2002). "Paradigmatic relations of inclusion and identity 1". In D. A. Cruse *et al.*(eds.), 472-480.

Brown, C. H. & S. E. Witkowski(1983). "Polysemy, lexical change and cultural importance". *Man* 18: 72-89.

Brown, R.(1958). "How shall a thing be called?". *Psychological Review* 65: 14-21.

Buccino, G., F. Binkofski, G. Fink, L. Fadiga, L. Fogassi, V. Gallese, R. Seitz, K. Zilles, G. Rizzolatti, & H. Freund(2001). "Action observation activates premotor and Parietal areas in a somatotopic manner: an fMRI study". *European Journal of Neuroscience* 13(2), 400-404.

Buseon, S.(2003). "Emotion metaphors in Korean". Ph. D. dissertation Muncie, Indiana: Ball State University.

Carmichael, L., H. P. Hogan, and A. A. Walter(1932). "An experimental study of the effect of language on the reproduction of visually perceived form". *Journal of Experimental Psychology* 15: 73-86.

Carroll, D. W.(1999). *Psychology of Language*. Pacific Grove, Calif.: Brooks/Cole Pub.

Casad, E. H.(1995). "Seeing it more than one way". In J. R. Taylor & R.E. MacLaury(eds.), *Language and the Cognitive Construal of the World*, 23-49. Berlin · New York: Mouton de Gruyter.

Casasanto, D. & K. Dijkstra(2010). "Motor action and emotional memory". *Cognition* 115(1): 179-185.

Chen, P.(2010). "A cognitive study of 'anger' metaphors in English and Chinese idioms". *Asian Social Science* 6(8): 73-76.

Choi, S. & M. Bowerman(1991). "Learning to express motion events in English an Korean: The influence of language specific lexicalization patterns". *Cognition* 41, 83-121.

Chomsky, N.(1957). *Syntactic Structures*. The Hague · Paris: Mouton.

Chomsky, N.(1965). *Aspects of the Theory of Syntax*. Cambridge, M.A.: MIT Press.

Clark, E. V.(1993). *The Lexicon in Acquisition*. Cambridge: Cambridge University Press.

Clark, H. H.(1970). "Word association and linguistic theory". In J. Lyons(ed.), *New Horizons in Linguistics*, 271-286. Harmondsworth: Penguin Books.

Clark, H. H. & E. V. Clark(1977). *Psychology and Language: An Introduction to Psycholinguistics*. New York: Harcourt Brace Jovanovich.

Clark, H. H. & H. H. Brownell(1975). "Judging up and down". *Journal of Experimental Psychology: Human Perception and Performance* 1: 339-352.

Cooper, W. E. & J. R. Ross(1975). "World order". In R. Grossman, L S. & T. Vance(eds.), *Papers from the Parasession on Functionalism*, 63-111. Chicago: CLS.

Cortés de Ríos, M. E.(2002). "Cognitive semantics and axiology". *Revista Alicantina de Estudios Ingleses* 15: 39-47.

Croft, W.(2001). *Radical Construction Grammar: Syntactic Theory in Typological Perspective*. Oxford: Oxford University Press.

Croft, W. & D. A. Cruse(2004). *Cognitive Linguistics*. Cambridge: Cambridge University Press. (김두식 · 나익주 옮김(2010). 『인지언어학』. 박이정.)

Croft, W. & E. J. Wood(2000). "Construal operations in linguistics and artificial intelligence". In L. Albertazzi(ed.), *Meaning and Cognition: A Multidisciplinary Approach*, 51-78. Amsterdam · Philadelphia: John Benjamins Publishing Company.

Cruse, D. A.(1977). "The pragmatics of lexical specificity". *Journal of Linguistics* 13:

153-164.

Cruse, D. A.(1986). *Lexical Semantics*. Cambridge: Cambridge University Press. (임지룡·윤희수 옮김(1989). 『어휘의미론』. 경북대학교출판부.)

Cruse, D. A.(1990). "Prototype theory and lexical semantics". In S. L. Tsohatzidis(ed.), *Meaning and Prototypes: Studies in Linguistic Categorization*, 382-401. London: Routledge and Kegan Paul.

Cruse, D. A.(1992). "Antonymy revisited: Some thought on the relationship between words and concepts". A. Lehrer & E. Kittay(eds.), 289-306.

Cruse, D. A.(1995). "Polysemy and related phenomena from a cognitive linguistic viewpoint". In P. Saint-Dizier & E. Viegas(eds.), *Computational Lexical Semantics*, 33-49. Cambridge: Cambridge University Press.

Cruse, D. A.(1996). "La signification des noms propres de pays en anglais". In S. Rémi-Giraud & P. Rétat(éds.), *Les Mots de la Nation*, 93-102. Lyon: PUL.

Cruse, D. A.(2000a). "Lexical 'facets': Between monosemy and polysemy". In S. Beckmann, P. König & T. Wolf(eds.), *Sprachspiel und Bedeutung*, 25-36. Tübingen: Max Niemeyer Verlag.

Cruse, D. A.(2000b). *Meaning in Language*. Oxford: Oxford University Press. (임지룡·김동환 옮김(2002). 『언어의 의미: 의미·화용론 개론』. 태학사.)

Cruse, D. A.(2000c). "Aspects of the micro-structure of word meanings". In Y. Ravin & C. Leacock(eds.), *Polysemy: Theoretical and Computional Approaches*, 30-51. Oxford: Oxford University Press.

Cruse, D. A.(2001a). "The lexicon". In M. Aronoff & J. Rees-Miller(eds.), *The Handbook of Linguistics*, 238-264. Oxford: Blackwell.

Cruse, D. A.(2001b). "Microsenses, default specificity and the semantics-pragmatics boundary". *Axiomathes* 12: 35-54.

Cruse, D. A.(2002a). "Paradigmatic relations of inclusion and identity Ⅲ: Synonymy".. In D. A. Cruse, F. Hundsnurscher, M. Job and P. R. Lutzeier(eds.), 485-497.

Cruse, D. A.(2002b). "Paradigmatic relations of exclusion and opposition Ⅱ: Reversivity".. In D. A. Cruse, F. Hundsnurscher, M. Job and P. R. Lutzeier(eds.), 507-510.

Cruse, D. A.(2002c). "Discriptive models for sense relations Ⅱ: Cognitive semantics". In D. A. Cruse, F. Hundsnurscher, M. Job and P. R. Lutzeier(eds.), 542-549.

Cruse, D. A.(2002d). "Hyponymy and its varieties". In R. Green, C. A. Bean and S. H. Myaeng(eds.), *The Semantics of Relationships: An Interdisciplinary Perspective*, 3-21. Dordrecht: Kluwer.

Cruse, D. A.(2006). *A Glossary II of Semantics and Pragmatics*. Edinburgh: Edinburgh University Press.

Cruse, D. A., F. Hundsnurscher, M. Job & P. R. Lutzeier(eds.)(2002). *Lexicology: An International Handbook on the Nature and Structure of Words and Vocabularies*. Berlin · New York: Walter de Gruyter.

Cruse, D. A. & P. Togia(1995). "Towards a cognitive model of antonymy". *Lexicology* 1: 113-141.

Cuyckens, H. & B. Zawada(2001). "Introduction". In H. Cuyckens & B. Zawada(eds.), *Polysemy in Cognitive Linguistics*, ix-xxvii. Amsterdam: Selected Papers from the International Cognitive Linguistics Conference 1997. Amsterdam: John Benjamins Publishing Company.

D'Andrade(1989a). "Cultural cognition". In M. J. Posner(ed.), *Foundations of Cognitive Science*, 795-830. Cambridge, Mass.: MIT Press.

D'Andrade(1989b). "Culturally based reasoning". Gellatly, A. R. H. & D. Sloboda, A. John(eds.), In *Cognition and Social Worlds*, 132-143. Oxford: Oxford University Press.

Dąbrowska, E. & D. Divjak(2015). "Introduction". In E. Dąbrowska. & D. Divjak(eds.), 1-9.

Dąbrowska, E. & D. Divjak(eds.)(2015). *Handbook of Cognitive Linguistics*. Berlin: De Gruyter.

Dancygier, B. & E. Sweetser(2014). *Figurative Language*. New York: Cambridge University Press. (임지룡·김동환 옮김(2015). 『비유 언어: 인지언어학적 탐색』. 한국문화사.)

Davies, M.(2007). "The attraction of opposites". In L. Jeffries *et al.*(eds.), *Stylistics and Social Cognition*, 79-100. Amsterdam: Rodopa.

Davies, M.(2012). "A new approach to oppositions in discourse: The role of syntactic frames in the triggering of noncanonical oppositions". *Journal of English Linguistics* 40(1): 41-73.

Davies, M.(2013). *Opposition and Ideology in New Discourse*. London: Bloomsbury.

Deignan, A.(2003). "Metaphorical expressions and culture: An indirect link". *Metaphor and Symbol* 18-4: 255-271.

Dirven, R.(1997). "Emotions as cause and the cause of emotions". In S. Niemeier and R. Dirven(eds.), 55-83.

Dirven, R.(2010, third edition). "Cognitive linguistics". In K. Malmkjaer(ed.), *The Routledge Linguistics Encyclopedia*, 96-102. London and New York: Routledge.

Dirven, R., R. Frank & M. Pütz(eds.)(2003). *Cognitive Models in Language and Thought: Ideology, Metaphors and Meanings*. Berlin: Mouton de Gruyter.

Dirven, R. & M. Verspoor(eds.)(1998/2004). *Cognitive Exploration of Language and Linguistics*. Amsterdam/Philadelphia: John Benjamins. (이기동 외 9명 옮김(1999). 『언어와 언어학: 인지적 탐색』. 한국문화사.)

Dirven, R. & F. J. Ruiz de Mendoza Ibáñez(2010). "Looking back at 30 years of Cognitive Linguistics". In E. Tabakowska & M. C. Ł Wiraszka(eds.), *Cognitive Linguistics in Action: From Theory to Application and Back*, 13-70. Berlin · New York: Mouton de Gruyter.

Dirven, R., H.-G. Wolf, & F. Polzenhagn(2007). "Cognitive linguistics and cultural studies". In D. Geeraerts and H. Cuyckens(eds.), 1203-1221.

Esenova, O.(2009). "Anger metaphors in the English language". *Studies in Variation, Contacts and Change in English* vol. 3. http://www.helsinki.fi/varieng/journal/volumes/03/esenov.

Evans, V.(2007). *A Glossary of Cognitive Linguistics*. Edinburg: The Edinburg University Press. (임지룡 · 김동환 옮김(2010). 『인지언어학 용어사전』. 한국문화사.)

Evans, V.(2009). *How Words Mean: Lexical concepts, Cognitive Models and Meaning Construction*. Oxford: Oxford University Press. (임지룡 · 김동환 옮김(2012). 『인지언어학적 어휘의미론』. 경북대학교출판부.)

Evans, V.(2011). "Language and cognition: The view from cognitive linguistics". In V. Cook & B. Bassetti(eds.), *Language and Bilingual Cognition*, 69-107. New York and Hove: Psychology Press.

Evans, V. & M. Green(2006). *Cognitive Linguistics: An Introduction*. Edinburgh: Edinburgh University Press. (임지룡 · 김동환 옮김(2008). 『인지언어학 기초』. 한국문화사.)

Evans, V., B. Bergen & J. Zinken(2007). "The Cognitive Linguistics enterprise: An overview". In V. Evans, B. Bergen & J. Zinken(eds.)(2007). *The Cognitive Linguistics Reader*, 1-60. London; Equinox.

Fauconnier, G. & M. Turner(2002). *The Way We Think: Conceptual Blending and the Mind's*

Hidden Complexities. New York: Basic Books.

Fauconnier, G.(1985). *Mental Spaces: Aspects of Meaning Construction in Natural Language*. Cambridge, Massachusettes & London: The MIT Press(Revised. New York: Cambridge University Press, 1994).

Feldman, J. & S. Narayanan(2004). "Embodied meaning in a neural theory of language". *Brain and Language* 89(2): 385-392.

Fellbaum, C.(1995). "Co-occurrence and antonymy". *International Journal of Lexicography* 8: 281-303.

Fernandez-Duque, D. & M. L. Johnson(1999). "Attention metaphors: How metaphors guide the cognitive psychology of attention". *Cognitive Science* 23(1): 83-116.

Fillmore, C. J.(1975). "An alternative to checklist theories of meaning". *Proceedings of the First Annual Meeting of the Berkeley Linguistics Society*, 123-131. Amsterdam: North Holland.

Fillmore, C. J.(1977). "The case for case reopened". In P. Cole and J. M. Sadock(eds.). *Syntax and Theory* vol. 8: Grammatical Relations, 59-81. San Diego: Academic Press.

Fillmore, C. J.(1982). "Frame semantics". In *The Linguistic Society of Korea(ed.), Linguistics in the Morning Calm: Selected Papers from SICOL-1981* 111-137, Seoul: Hanshin Publishing Company.

Fillmore, C. J.(1985). "Frames and the semantics of understanding". *Quaderni di Semantica* 6: 222-254.

Fillmore, C. J. & B. T. Atkins(1992). "Toward a frame-based lexicon: The semantics of RISK and its neighbors". In A. Lehrer & E. F. Kittay(eds.), 75-102.

Fillmore, C. J., P. Kay, & M. K. O'Connor(1988). "Regularity and idiomaticity in grammatical constructions: The case of let alone". *Language* 64: 501-538.

Firth, J. R.(1957). "A synopsis of linguistic theory, 1930-1955". In *Studies in Linguistic Analysis* (Special volume of the Philological Society), 1-32. Oxford: Basil Blackwell.

Foley, W. A.(1997). *Anthropological Linguistics: An Introduction*. Malden. MA: Blackwell Publishers.

Fontaine, J. J. R. & K. L. Scherer & C. Soriano(2013). *Components of Emotional Meaning: A Sourcebook*. New York: Oxford University Press.

Fries, C. C.(1954). "Meaning and linguistic analysis". *Language* 30: 57-68.

Fromkin, V., R. Roadman & N. Hyams(2007). *An Introduction to Language*. New York: Holt, Rinehart & Winston.

Geeraerts, D.(2006). "Introduction: A rough guide to cognitive linguistics". In D. Geeraerts.(ed.), *Cognitive Linguistics: Basic Reading*, 83-106. Berlin: Mouton de Gruyter.

Geeraerts, D.(2010). *Theories of Lexical Semantics*. Oxford: Oxford University Press. (임지룡・김동환 옮김(2013). 『어휘 의미론의 연구 방법: 역사의미론에서 인지의미론까지』. 경북대학교출판부.)

Geeraerts, D.(2015). "Lexical semantics". In E. Dąbrowska. & D. Divjak(eds.), 273-295.

Geeraerts, D. & H. Cuyckens(2007). "Introduction to cognitive linguistics". In D. Geeraerts & H. Cuyckens(eds.), 1-21.

Geeraerts, D. & H. Cuyckens(eds.)(2007). *The Oxford Handbook of Cognitive Linguistics*. Oxford: Oxford University Press. (김동환 옮김(2011). 『인지언어학 옥스퍼드 핸드북』. 로고스라임.)

Geeraerts, D. & S. Grondelaers(1995). "Looking back at anger: Cultural traditions and metaphorical patterns". In J. R. Taylor and R. MacLaury(eds.), 153-179.

Gentner, D. & A. L. Stevens(eds.)(1983). *Mental Models*. Hillsdale/N.J.: Lawrence Erlbaum Assoc.

Gentner, D. & D. Gentner(1983). "Flowing waters or teeming crowds: Mental models of electricity". In D. Gentner & A. Stevens(eds.), 99-129.

Gharagozloo, N.(2012). "Antonymy in Persian language: A cognitive approach". *International Research Journal of Applied and Basic Sciences* 3(6): 1198-2012.

Gibbs, R. W.(1994). *The Poetics of Mind: Figurative Thought, Language, and Understanding*. Cambridge: Cambridge University Press. (나익주(2003). 『마음의 시학: 비유적 사고・언어・이해』. 한국문화사.)

Gibbs, R. W.(1996). "What's cognitive about cognitive linguistics?". In E. H. Casad(ed.), *Cognitive Linguistics in the Redwoods: The Expansion of a New Paradigm in Linguistics*, 27-53. Berlin・New York: Mouton de Gruyter.

Gibbs, R. W.(2006). *Embodiment and Cognitive Science*. Cambridge: Cambridge University Press.

Gibbs, R. W.(2007). "Idioms and formulaic language". In D. Geeraerts & H. Cuyckens(eds.), 697-725.

Gibbs, R. W.(2015). "Metaphor". In E. Dąbrowska. & D. Divjak(eds.), 167-189.

Gibbs, R. W., D. A. Beitel, M. Harrington & P. E. Sanders(1994). "Taking a stand on the meanings of stand: Bodily experience as motivation for polysemy". *Journal of Semantics* 11: 231-251.

Gibbs, R. W. & H. L. Colston(1995). "The cognitive psychological reality of image schemas and their transformations". *Cognitive Linguistics* 6: 347-378.

Gibbs, R. W. & T. Maltlock(1999). "Psycholinguistics and mental representations". *Cognitive Linguistics* 10: 263-269.

Glenberg, A. M. & M. P. Kaschak(2002). "Grounding Language in Action". *Psychonomic Bulletin & Review* 9(3): 558-565.

Glucksberg, S.(1988). "Language and thought". In R. J. Sternberg & E. E. Smith(eds.), *The Psychology of Human Thought*, 217-242. New York: Cambridge University Press.

Goldberg, A. E.(1995). *Constructions: A Construction Grammar Approach to Argument Structure*. Chicago: University of Chicago Press.

Goldberg, A. E.(2006). *Constructions at Work: The Nature of Generalizations in Language.* Oxford: Oxford University Press.

Grady, J. E.(2007). "Metaphor". In D. Geeraerts & H. Cuyckens(eds.), 188-213.

Grice, H. P.(1975). "Logic and conversation". In P. Cole & J. Morgan(eds.), *Syntax and Semantics vol 3. Speech Act*, 41-58. New York: Academic Press.

Gyõri, G. & I. Hegedũs(1999). "Is everything black and white in conceptual oppositions?". In L. De Stadler & C. Eyrich(eds.), *Issues in Cognitive Linguistics*, 57-74. Berlin · New York: Mouton de Gruyter.

Haiman, J.(1980). "Dictionaries and encyclopedias". *Lingua* 50: 329-357.

Hamawand, Z.(2016). *Semantics: A Cognitive Account of Linguistic Meaning*. Sheffield, U.K.: Equinox.

Hampe, B.(ed.)(2005). *From Perception to Meaning: Image Schemas in Cognitive Linguistics*. Berlin: Mouton de Gruyter.

Handl, S. and H.-J. Schmid(2011). "Introduction". In S. Handl and H.-J. Schmid(eds.), *Windows to the Mind: Metaphor, Metonymy, and Conceptual Blending*, 1-20. Berlin etc.: Mouton de Gruyter.

Harnad, S.(1990). "The symbol grounding problem". *Physica D* 42, 335-346.

Heine, B.(1989). "Adpositions in African languages". *Linguistique Africaine* 2: 77-127.

Heine, B.(1997). *Cognitive Foundations of Grammar*. Oxford: Oxford University Press. (이성하·구현정 번역(2004). 『문법의 인지적 기초』. 박이정.)

Heine, B., U. Claudi & F. Hünnemeyer(1991). *Grammaticalization: A Conceptual Framework*. Chicago: The University of Chicago Press.

Handke, J.(1995). *The Structure of the Lexicon: Human versus Mashine*. New York: Mouton de Gruyter.

Henning, H.(1916). *Der Geruch*. Leipzig, Germany: Johann Ambrosius Barth.

Hertz, R.(1973). "The pre-eminence of the right hand: A study in religious polarity". In R. Needham(ed.), *Right an Left: Essays on Dual Symbolic Classification*, 3-31. Chicago: University of Chicago Press.

Hill, C.(1991). "Recherches interlinguistiques en orientation spatiale". *Communications* 53: 171-207.

Hiraga, M. K.(2005). *Metaphor and Iconicity : A Cognitive Approach to Analyzing Texts*. New York: Palgrave Macmillan.

Hiragw, M. K.(1994). "Diagrams and metaphors: Iconic aspects in language". *Journal of Pragmatics* 22: 5-21.

Hoey, M. H.(2005). *Lexical Priming: A New Theory of Words and Language*. London and New York: Routledge.

Holland, D. & N. Quinn(eds.)(1987). *Cultural Models in Language and Thought*. Cambridge: Cambridge University Press.

Hollenbach, B. E.(1995). "Semantic and syntactic extensions of body-part terms in Mixtecan: the case of 'face' and 'foot'". *International Journal of Linguistics* 61(2): 168-190.

Huang, Y.(2011). "A study of cognitive perspectives on animal metaphors". Ph. D. dissertation. Department of the English Language and Literature Graduate School of Chonnam National University.

Hurtienne, J. & J. Israel(2007). "Image schemas and their metaphorical extensions: Intutive patterns for tangible interaction". *Proceedings of the 1st International Conference of Tangible and Embedded Interaction*, 127-134.

Hwang, Juck-Ryoon(1975). "Role of sociolinguistics in foreign language education with reference to Korean and English terms of address and levels of deference". Ph. D.

dissertation. The University of Texas at Austin.

Im, S.(2007). "Animal metaphors in English and Korean: Analysis and connotation". *The Journal of Linguistic Science* 71: 83-100.

Ikegami, Y.(2015). "'Subjective construal' and 'Objective construal': A typology of how the speaker of language behaves differently in linguistically encoding a situation". *Journal of Cognitive Linguistics* 1: 1-21.

Jackson, H.(1988). *Words and Their Meaning*. New York: Longman.

Janda, L. A.(2008). "From cognitive linguistics to cultural linguistics". *Slovo a Smysl/Word and Sense* 8: 48-68.

Janda, L. A.(2010). "Cognitive Linguistics in the year 2010". *International Journal of Cognitive Linguistics* 1: 1-30.

Jenkins, J. J.(1970). "The 1952 Minnesota word association norms". In L. Postman and G. Keppel(eds.), *Norms of Word Associations*, 1-38. New York: Academic Press.

Jespersen, O.(1924). *The Philosophy of Grammar*. London: George Allen and Unwin.

Johnson, M.(1987). *The Body in the Mind: The Bodily Basis of Meaning, Imagination, and Reason*. Chicago and London: The University of Chicago Press. (노양진 옮김(2000). 『마음 속의 몸: 의미 · 상상력 · 이성의 신체적 근거』. 철학과 현실사.)

Johnson-Laird, P.(1983). *Mental Models*. Cambridge: Cambridge University Press.

Johnson-Steiner, V.(1987). *Notebooks of Mind: Explorations of Thinking*. New York: Harper and Row.

Jones, S.(2002). *Antonymy: A Corpus-Based Approach*. London: Routledge.

Jones, S., M. L. Murphy, C. Paradis & C. Willners(2012). *Antonyms in English: Construal, Constructions and Canonicity*. Cambridge: Cambridge University Press.

Jostman, N. B., D. Lakens & T. W. Schubert(2009). "Weight as an embodiment of importance". *Psychological Science* 20: 1169-1174.

Justeson, J. S. & S. M. Katz(1991). "Co-occurrences of antonymous adjectives and their contexts". *Computational Linguistics* 17: 1-19.

Kagan, J., E. Havemann & J. Segal(1984). *Psychology: An Introduction*. San Diego, Calif.: Harcourt Brace Jovanovich. (김유진 · 임성문 · 이봉건 공역(1985). 『심리학개론』. 형설출판사.)

Kay, P.(1987). "Linguistic competence and folk theories of language: Two English hedges".

In D. Holland & N. Quinn(eds.), 67-77.

Kempson, R. M.(1980). "Ambiguity and word meaning". In S. Greenbaum *et al*.(eds.), *Studies in English Linguistics for Randolf Quirk*, 7-16. London: Longman.

Kiełtyka, R.(2005). "The axiological-cognitive analysis of the evaluative developments in the domain of EQUIDAE: A pilot study". *Studia Anglica Resoviensia* 3: 59-75.

Kiełtyka, R.(2008a). "Axiological bias in semantics". *Studia Anglica Resoviensia* 5: 36-44.

Kiełtyka, R.(2008b). *On Zoosemy: The Study of Middle English and Early Modern English DOMESTICATED ANIMALS*. Rzeszów: Wydawnictwo Uniwersytetu Rzeszowskiego.

Kiełtyka, R. & G. A. Kleparski(2005). "The ups and downs of the Great Chain of Being: The case of canine zoosemy in the history of English". *SKASE Journal of Theoretical Linguistics* 2: 22-41.

Kim, Chul-Kyu(2013). "The metaphorical meanings of the Korean adjective *chakhan* in Korean newspapers from 1990 to 2011". *Discourse and Cognition* 20(3): 89-109.

King, B.(1989/2007). *The Conceptual Structure of Emotional Experience in Chinese*. Doctoral dissertation of Ohio State University. Canada: Global Language Press.

Kleiber, G.(1997). "Cognition, sémantique et facettes: Une 'histoire' de livers et de Romans". In G. Kleiber & M. Riegel(éds.), *Les Formes du Sens*, 219-231. Louvain: Duculot.

Kövecses, Z.(1986). *Metaphors of Anger, Pride, and Love: A Lexical Approach to the Structure of Concepts*. Amsterdam and Philadelphia: John Benjamins Publishing Company.

Kövecses, Z.(1990). *Emotion Concepts*. London: Springer-Verlag.

Kövecses, Z.(1995a). "Anger: Its language, conceptualization, and physiology in the light of cross-cultural evidence". In R. Taylor and R. E. MacLaury(eds.), 181-196.

Kövecses, Z.(1995b). "Metaphor and folk understanding of anger". In J. A. Russell *et al*.(eds.), *Everyday Conceptions of Emotion: An Introduction to the Psychology, Anthropology and Linguistics of Emotion*, 49-71. Dordrecht: Kluwer Academic Publishers.

Kövecses, Z.(1998). "Are there any emotion-specific metaphors?". In A. Athanasiadou and E. Tabakowska(eds.), 127-151.

Kövecses, Z.(2000a). *Metaphor and Emotion: Language, Culture, and Body in Human Feeling*. Cambridge: Cambridge University Press. (김동환 · 최영호 옮김(2009). 『은유와 감정: 언어, 문화, 몸의 통섭』. 서울: 東文選.)

Kövecses, Z.(2000b). "The concept of anger: Universal or culture specific?". *Psychopathology* 33(4): 159-170.

Kövecses, Z.(2002/2010). *Metaphor: A Practical Introduction*. Oxford: Oxford University Press. (이정화 · 우수정 · 손수진 · 이진희 공역(2003). 『은유: 실용입문서』. 한국문화사.)

Kövecses, Z.(2005). *Metaphor in Culture: Universality and Variation*. Cambridge: Cambridge University Press. (김동환 옮김(2009). 『은유와 문화의 만남: 보편성과 다양성』. 연세대학교 출판부.)

Kövecses, Z.(2006). *Language, Mind, and Culture: A Practical Introduction*. Oxford: Oxford University Press. (임지룡 · 김동환 옮김(2011). 『언어 · 마음 · 문화의 인지언어학적 탐색』. 역락.)

Kövecses, Z.(2010). "Cross-cultural experience of anger: A psycholinguistic analysis". In M. Potegal *et al*.(eds.), 157-174.

Kövecses, Z. & G. Radden(1998). "Metonymy: Developing a cognitive linguistic view". *Cognitive Linguistics* 9-1: 37-77.

Kövecses, Z., G. B. Palmer & R. Dirven(2003). "Language and emotion: The interplay of conceptualisation with physiology and culture". In R. Dirven & R. Pöorings(eds.), *Metaphor and Metonymy in Comparison and Contrast,* 133-159. Berlin and New York: Mouton de Gruyter.

Krzeszowski, T. P.(1990). "The axiological aspect of idealized cognitive models". In J. Tomaszczyk & B. Lewandowandowska-Tomaszczyk(eds.), *Meaning and Lexicography,* 135-165. Amsterdam: John Benjamins Publishing Company.

Krzeszowski, T. P.(1993). "The axiological parameter in preconceptional image schemata". In R. I. Geiger & B. Rudzka-Ostyn(eds.), *Conceptualizations and Mental Processing in Language,* 307-329. Berlin: Mouton de Gruyter.

Krzeszowski, T. P.(1997). *Angels and Devils in Hell: Elements of Axiology in Semantics*. Warszawa: Wydawnictwo Energeia.

Lakoff, G.(1987). *Women, Fire and Dangerous Things: What Categories Reveal about the Mind*. Chicago and London: The University of Chicago Press.

Lakoff, G.(1988). "Cognitive semantics". In U. Eco, M. Santambrogio & P. Violi(eds.), *Meaning and Mental Representations,* 119-154. Bloomington & Indianapolis: Indiana University Press.

Lakoff, G.(1990). "The invariance hypothesis: Is abstract reason based on image-schemas?". *Cognitive Linguistics* 1(1): 39-74.

Lakoff, G.(1993). "The contemporary theory of metaphor". In A. Ortony(ed.), *Metaphor and Thought*, 202-251. Cambridge: Cambridge University Press.

Lakoff, G. & H. Thompson(1975). "Introduction to cognitive grammar". *Proceedings of the 1st Annual Meeting of the Berkely Linguistics Society*, 295-313. Berkeley, CA.: Berkeley Linguistics Society.

Lakoff, G. & M. Johnson(1980/2003). *Metaphors We Live By*. Chicago and London: The University of Chicago Press. (노양진·나익주 옮김(1995/2006). 『삶으로서의 은유』. 서광사.)

Lakoff, G. & M. Johnson(1999). *Philosophy in the Flesh: The Embodied Mind and Its Challenge to Western Thought*. New York: Basic Books. (임지룡·윤희수·노양진·나익주 옮김(2002). 『몸의 철학: 신체화된 마음의 서구 사상에 대한 도전』. 박이정.)

Lakoff, G. & M. Turner(1989). *More than Cool Reason: A Field Guide to Poetic Metaphor*. Chicago: University of Chicago Press. (이기우·양병호 옮김(1996). 『시와 인지: 시적 은유의 현장 안내』. 한국문화사.)

Lakoff, G. & Z. Kövecses(1987). "The cognitive model of anger inherent in American English". In D. Holland and N. Quinn(eds.), *Cultural Models in Language and Thought*, 195-221. Cambridge: Cambridge University Press.

Lamb, S. M.(1971). "The crooked path of progress in cognitive linguistics". *George-Town University Monography Series on Language and Linguistics* 24: 99-123. Reprinted(1973). In A. Makka and G. G. Lockwood(eds.), *Reading in Stratificational Linguistics*, 12-33. Alabama: University of Alabama Press.

Langacker, R. W.(1982). "Space Grammar, analysability, and the English passive". *Language* 58: 22-80.

Langacker, R. W.(1986). "Introduction to Cognitive Grammar". *Cognitive Science* 10: 1-40.

Langacker, R. W.(1987). *Foundations of Cognitive Grammar* Vol. 1. Stanford, California: Standford University Press. (김종도 역(1999). 『인지문법의 토대: 이론적 선행조건들』. 박이정.)

Langacker, R. W.(1990). "Subjectification". *Cognitive Linguistics* 1(1): 5-38.

Langacker, R. W.(1991). *Foundations of Cognitive Grammar* Vol. 2, Stanford: Stanford University Press. (김종도 역(1999). 『인지문법의 토대: 기술적 적용』. 박이정.)

Langacker, R. W.(1991/2002). *Concept, Image, and Symbol: The Cognitive Basis of Grammar*. Berlin/New York: Mouton de Gruyter. (나익주 옮김(2005). 『개념·영상·상징: 문법의 인지적 토대』. 박이정.)

Langacker, R. W.(1993). "Reference-point constructions". *Cognitive Linguistics* 4(1), 1-38.

Langacker, R. W.(1995). "Viewing in cognition and grammar". In Ph. W. Davis(ed.), *Alternative Linguistics*, 153-212. Amsterdam·Philadelphia: John Benjamins Publishing Company.

Langacker, R. W.(1997). "The contextual basis of cognitive semantics". In J. Nuyts & E. Pederso(eds.), *Language and Conceptualization*, 229-252. Cambridge: Cambridge University Press.

Langacker, R. W.(1999). *Grammar and Conceptualization*. Berlin·New York: Mouton de Gruyter. (김종도·나익주 옮김(2001). 『문법과 개념화』. 박이정.)

Langacker, R. W.(2004). "A study in unified diversity: English and Mextec locative". In N. J. Enfield(ed.), *Ethnosyntax: Explorations in Grammar and Culture*, 215-256. Oxford: Oxford University Press.

Langacker, R. W.(2007). "Cognitive grammar". In D. Geeraerts & H. Cuyckens(eds.), 421-462.

Langacker, R. W.(2008). *Cognitive Grammar: A Basic Introduction*. Oxford: Oxford University Press. (나익주 외 4인 옮김(2014). 『인지문법』. 박이정.)

Langacker, R. W.(2013). *Essentials of Cognitive Grammar*. Oxford: Oxford University Press.

Langacker, R. W.(2015). "Construal". In E. Dąbrowska & D. Divjak(eds.), 120-143.

Lee, D.(2001). *Cognitive Linguistics: An Introduction*. Oxford: Oxford University Press. (임지룡·김동환 옮김(2003). 『인지언어학 입문』. 한국문화사.)

Leech, G. N.(1969). *A Linguistic Guide to English Poetry*. London: Longman.

Leech, G. N.(1974/1981). *Semantics: The Study of Meaning*. Harmondworth, Middlesex, England: Penguin Books Ltd.

Lehrer, A.(1985). "Markedness and antonymy". *Journal of Linguistics* 21: 397-426.

Lehrer, A.(1996). "Identifying and interpreting blends: An experimental approach". *Cognitive Linguistics* 7(4): 359-390.

Lehrer, A.(2002). "Paradigmatic relations of exclusion and opposition I: Gradable antonymy and complementarity". In D. A. Cruse, F. Hundsnurscher, M. Job, & P. Lutzeier(eds.),

498-507.

Lehrer, A.(2010). "Experiments on processing lexical blends". (ms.)

Lehrer, A. & E. Kittay(eds.)(1992). *Frames, Field, and Contrast: New Assays in Semantic and Lexical Brgnization*. Hillsdale: Lawrence Erlbaum Associates, Inc.

Lemmens, M.(2016). "Cognitive semantics". In N. Riemer(ed.), *The Routledge Handbook of Semantics*, 90-105. London and New York: Routledge.

Lewandowska-Tomaszczyk & B., K. Turewicz(eds.)(2002). *Cognitive Linguistics Today*. Frankfurt am Main: Peter Lang.

Lewandowska-Tomasczczyk, B.(2007). "Polysemy, prototypes, and radial categories". In D. Geeraerts & H. Cuyckens(eds.), 139-169.

Lewandowska-Tomaszczyk, B., P. A. Wilson, & Y. Niiya(2013). "English 'fear' and Polish 'strach' in contrast: The GRID paradigm and the Cognitive Corpus Linguistic methodology". In J. J. R. Fontaine & K. L. Scherer & C. Soriano(eds.), *Components of Emotional Meaning: A Sourcebook*, 425-436. New York: Oxford University Press.

Lim, J. R.(2003). "Aspects of the metaphorical conceptualisation of basic emotion in Korean". *Hyeondae Munbeob Yeongu* 32: 141-167.

Lobanova, A.(2012). "The anatomy of antonymy: a corpus-driven approach", University of Groningen Dissertation. http://irs. ub.rug.nl/ppn/352770422.

Löbner, S.(2002). *Understanding Semantics*. Oxford: Oxford University Press. (임지룡·김동환 옮김(2010). 『의미론의 이해』. 서울: 한국문화사.)

Lutzeier, P. R.(1992). "Wortfeldtheorie und Kognitive Linguistik". *Deutsche Sprache* 20: 62-81.

Lyons, J.(1963). *Structural Semantics*. Oxford: Blackwell.

Lyons, J.(1968). *Introduction to Theoretical Linguistics*. Cambridge: Cambridge University Press.

Lyons, J.(1977). *Semantics*(vol. 1 & 2). Cambridge: Cambridge University Press. (강범모 옮김(2011). 『의미론 1: 의미 연구의 기초』 & 『의미론 2: 의미와 문법, 맥락, 행동』. 한국문화사.)

Lyons, J.(2002). "Sense relations: An overview". In D. A. Cruse, F. Hundsnurscher, M. Job(eds.), 466-472.

Maalej, Z.(2004). "Figurative language in anger expressions in Tunisian Arabic: An extended view of embodiment". *Metaphor and Symbol* 19(1): 51-75.

Maalej, Z.(2007). "The embodiment of fear expressions in Tunisian Arabic: Theoretical and practical implications". In F. Sharifian & G. Palmer(eds.), *Applied cultural linguistics: Implications for second language learning and intercultural communication*, 87-104. Amsterdam: John Benjamins Publishing Company.

MacLaury, R. E.(1989). "Zapotec body-part locatives: Prototypes and metaphoric expressions". *International Journal of Linguistics* 55(2): 119-154.

Maienborn, C., K. von Heusinger, P. Portner(eds.)(2011). *Semantics: An International Handbook of Natural Language Meaning*. Berlin/Boston: De Gruyter Mouton.

Mandler, J.(2004). *The Foundation of Mind: Origins of Conceptual Thought*. Oxford: Oxford University Press.

Markham, P. & E. M. Justice(2004). "Sign language iconicity and its influence on the ability to describe the function of objects". *Journal of Communication Disorders* 37(7): 535-546.

Martlin, M. W.(2004). *Cognitive Psychology*. New Jersey: John Wiley & Sons, Ins. (민윤기 외 옮김(2007). 『인지심리학』. 박학사.)

Matsuki, K.(1995). "Metaphors of anger in Japanese". In R. Taylor & R. E. MacLaury(eds.), 137-151.

Matsumoto, Y.(1999). "On the extension of body-part nouns to object-part nouns and spatial adpositions". In B. A. Fox, D. Jurafsky and L. A. Michaelis(eds.), *Cognition and Function in Language*, 15-28. Standford: CSLI Publications.

Matsumoto, Y.(2007). "Cognitive semantics: Basic concepts and applications". In *The Third Seoul International conference on Discourse and Cognitive Linguistics: Cognition, Meaning, Implicature and Discourse*(Workshop), 1-45.

Matsunaka, Y. & K. Shinohara(2001). "ANGER IS GASTRIC CONTENTS: Japanese anger metaphor revisited". *Paper read to the 4th International Conference on Researching and Applying Metaphor(RAAM IV): Metaphor, Cognition, and Culture*, 1-16. Tunis, Tunisia.

McCloskey, M.(1983). "Naive theories of motion". In D. Gentner & A. L. Stevens(eds.), 299-324.

McNeil, D.(2000). "Analogic/analytic representations and cross-linguistic differences in thinking for speaking". *Cognitive Linguistics* 11(1/2): 43-60.

Meier, B., M. Robinson(2004). "Why the sunny side is up". *Psychological Science* 15:

243-247.

Meier, B., M. Robinson, E. Crawford & W. Ahlvers(2007). "When 'light' and 'dark' thoughts become light and dark responses: Affect biases brightness judgments". *Emotion* 7: 366-376.

Meiselman, H.(ed.)(2016). *Emotion Measurement*. Amsterdam: Elsevier.

Mettinger, A.(1994). *Aspects of Semantic Opposition in English*. Oxford: Clarendon.

Mettinger, A.(1999). "Contrast and schemas: Antonymous adjectives". In L. De Stadler & C. Eyrich(eds.), *Issues in Cognitive Linguistics 1993 Proceedings of the International Cognitive Linguistics Conference,* 97-112. Berlin · New York: Mouton de Gruyter.

Mikołajczuk, A.(1998). "The metonymic and metaphorical conceptualisation of anger in Polish". In A. Athanasiadou and E. Tabakowska(eds.), 153-190.

Miller, G. A.(1991). *The Science of Words*. New York: Scientific American Library. (강범모 · 김성도 옮김(1998). 『언어의 과학』. 민음사.)

Miller G. A. & C. Fellbaum(1991). "Semantic networks of English". In B. Levin & S. Pinler(eds.), *Lexical and Conceptual Semantics,* 197-229. Oxford: Blackwell.

Mitchell, J.(2009). "Compare the metaphoric structuring of time, argument, communication or fear in English another language". Language for Education (Malle), University of York.

Mittelberg, I.(2008). "Peircean semiotics meets conceptual metaphor: Iconic modes in gestural representations of grammar". In A. Cienki & C. Müller(eds.), *Metaphor and Gesture,* 115-154. Amsterdam and Philadelphia : John Benjamins.

Morris, D.(1967). *The Naked Ape: A Zoologist's Study of the Human Animal*. N.Y.: Delta Book. (김석희 옮김(2001). 『털 없는 원숭이』. 영언문화사.)

Morris, W. & M. Morris(1971). *Morris Dictionary of Word and Phrase Origins. New* York: Harper & Row.

Murphy, G. L.(2002). *The Big Book of Concepts*. Cambridge, Massachusetts: The MIT Press.

Murphy, G. L. & E. E. Smith(1982). "Basic-level superiority in picture categorization". *Journal of Verbal Learning & Verbal Behavior* 21: 1-20.

Murphy, G. L. & M. E. Lassaline(1997). "Hierarchical structure in concepts and the basic level of categorization". In K. Lamberts & D. Shanks(eds.), *Knowledge, Concepts and Categories*, 93-132. Hove: Psychology Press.

Murphy, M. L.(2003). *Semantic Relations and the Lexicon: Antonymy, Synonymy, and Other*

Paradigms. Cambridge: Cambridge University Press. (임지룡 · 윤희수 옮김(2008). 『의미
관계와 어휘사전』. 박이정.)

Murphy, M. L.(2010). *Lexical Meaning*. Cambridge: Cambridge University Press.

Murphy, M. L., C. Paradis, C. Willners & S. Jones(2009). "Discourse functions of antonymy".
Journal of Pragmatics 41: 2159-2184.

Narayanan, S.(1997). "KARMA: Knowledge-based action representations for metaphor and
aspect ". Unpublished UC Berkeley Ph.D. Thesis.

Nerlich, B., Z. T, V. Herman & D. D. Clarke(eds.)(2003). *Polysemy: Flexible Patterns of
Meaning in Mind and Language*. Berlin: Mouton de Gruyter.

Newport, E. & U. Bellugi(1979). "Linguistic expression of category levels". In E. S. Klima
& U. Bellugi, *The Signs of Language*, 225-242. Cambridge, MA: Harvard University
Press.

Niemeier, S. & R. Dirven(eds.)(1997). *The Language of Emotions: Conceptualization,
Expression, and Theoretical Foundation*. Amsterdam and Philadelphia: John Benjamins
Publishing Company.

Nunberg, G.(1979). "The non-uniqueness of semantic solutions: Polysemy". *Linguistics and
Philosophy* 3: 143-184.

Oakley, T.(2007). "Image schemas". In D. Geeraerts and H. Cuyckens(eds.), 214-235.

Ohori, T.(2002). *An Introduction to the Science of Language and Mind*. Tokyo: University
of Tokyo Press.

Ortony, A.(1980). "Some psycholinguistic aspects of metaphor". In R. P. Honeck & R.
R.Hoffman(eds.), *Cognition and Figurative Language*, 69-83. Hillsdale, N.J.: Erlbaum.

Ortony, A.(ed.)(1979/1993). *Metaphor and Thought*. Cambridge: Cambridge University Press.

Osgood, C. E, G. J. Suci & P. H. Tannenbaum(1957). *The Measurement of Meaning*. Urbana,
Illinois: Illinois University Press.

Oster, U.(2010). "Using corpus methodology for semantic and pragmatic analyses: What can
corpora tell us about linguistic expression of emotions?". *Cognitive Linguistics* 21(4):
727-763.

Oster, U.(2012). "'ANGST' and 'FEAR' in contrast: A corpus-based analysis of emotion
concepts". In M. Brdar, I. Raffaelli & M. Ž. Fuchs(eds.), *Cognitive Linguistics between
Universality and Variation*, 327-354. Newcastle upon Tyne: Cambridge Scholars

Publishing.

Palmatier, R. A.(1995). *Speaking of Animals: A Dictionary of Animal Metaphors*. Westport, Connecticut · London: Greeewood Press.

Panther, K. U. & L. Thornburg(2012). "Antonymy in language structure and use". In M. Brdar, I. Raffaelli & M. Ž. Fuchs(eds), *Cognitive Languistics between Universality and Variation*, 161-188. Newcastle upon Tyne: Cambridge Scholars Publishing.

Paradis, C.(2005). "Ontologies and construal in lexical semantics". *Axiomathes* 15: 541-573.

Paradis, C.(2013). "Cognitive Grammar". In C. A. Chapelle(ed.), *The Encyclopedia of Applied Linguistics*, 690-697. Oxford: Wiley-Blackwell.

Paradis, C., C. Willners & S. Jones(2009). "Good and bad antonyms: Using textual and experimental methods to measure canonicity". *The Mental Lexicon* 4(3): 380-429.

Pauwels, P. & A-M. Simon-Vandenbergen(1993). "Value judgement in the metaphorization of linguistic action". In A. R. Geiger & B. Rudzka-Ostyn(eds.), *Conceptualizations and Mental Processing in Language*, 331-367. Berlin: Mouton de Gruyter.

Peeters, B.(2001). "Does Cognitive Linguistics live up to its name?". In R. Dirven, B. Hawkins, & E. Sandikcioglu(eds.), *Language and Ideology I : Theoretical Cognitive Approaches*, 83-106. Amsterdam/Philadelphia: John Benjamins.

Peña, M. S.(2003). *Topology and Cognition: What Image-schemas Reveal about the Metaphorical Language of Emotions*. Muenchen: Lincom Europa. (임지룡·김동환 옮김 (2006). 『은유와 영상도식』. 한국문화사.)

Pöppel, E.(1994). "Temporal mechanisms in perception". In O. Sporns & G. Tononi(eds.), *Selectionism and the Brain: International Review of Neurobiology* 37: 185-202. San Diego, CA: Academic Press.

Potegal, M., G. Stemmler & C. Spielberger(eds.)(2010). *International Handbook of Anger: Constituent and Concomitant Biological, Psychological, and Social Processes*. New York · Heidelberg: Springer.

Preston, D. R.(2006). "Folk linguistics". In K. Brown *et al*.(eds.), *Encyclopedia of Language & Linguistics*(Second edition), 521-533. Amsterdam: Elsevier.

Pustejovsky, J.(1995). *The Generative Lexicon*. Cambridge, Massachusetts: MIT Press. (김종 복·이예식 역(2002). 『생성어휘론』. 박이정.)

Pustejovsky, J. & B. Boguraev(eds.)(1996). *Lexical Semantics: The Problem of Polysemy*.

Oxford: Clarendon Press.

Pütz, M.(1997). "Incorporating the notion of 'function' into a cognitive approach to English Grammar". In B. Smieja & M. Tasch(eds.), 127-146. *Human Contact through Language and Linguistics*. Europäischer Verlag der Wissenschaften: Peter Lang,

Quine, W. V.(1961). "Two dogmas of empiricism". In *From a Logical Point of View: Nine Logico-Philosophical Essays*(Second Revised Edition), 20-46. Cambridge, M.A.: Harvard University Press.

Quinn, N. & D. Holland(1987). "Culture and cognition". In D. Holland & N. Quinn(eds.), 3-40.

Radden, G.(1992). "The cognitive approach to natural language". In M. Pütz(ed.), *Thirty Years of Linguistic Evaluation: Studies in Honour of René-Dirven on the Occasion of his Sixtieth Birthday*, 521-541. Amsterdam · Philadelphia: John Benjamins Publishing Company.

Radden, G.(1996). "Motion metaphorized: The case of 'coming' and 'going'". In E. H. Casad(ed.), *Cognitive Linguistics in the Redwoods: The Expansion of a New Paradigm in Linguistics*, 423-458. Berlin: Mouton de Gruyter.

Radden, G.(1998). "The conceptualisation of emotional causality by means of prepositional phrases". In A. Athanasiadou & E. Tabakowska(eds.), 273-294.

Radden, G.(2008). "The cognitive approach to language". In Z. Andor, B. Hollósy, T. Laczkó, and P. Pelyvás(eds.), *When Grammar Minds Language and Literature: Festschrift for Prof. Béla Korponay on the Occasion of his 80th Birthday*, 387-412. Debrecen: Institute of English and American Studies.

Radden, G. & K-U. Panther(2004). "Introduction: Reflections on motivation". In G. Radden & K-U. Panther(eds.), 1-46.

Radden, G. & K.-U. Panther(eds.)(2004). *Studies in Linguistic Motivation*. Berlin · New York: Mouton de Gruyter.

Radden, G. & R. Dirven(2007). *Cognitive English Grammar*. Amsterdam · Philadelphia: John Benjamins. (임지룡 · 윤희수 옮김(2009). 『인지문법론』. 박이정.)

Radden, G. & Z. Kövecses(1999). "Towards a theory of metonymy". In Panther, K.-U. & G. Radden(eds.), *Metonymy in Language and Thought*, 17-59. Amsterdam · Philadelphia: John Benjamins Publishing Company.

Ravin, Y. & C. Leacock(eds.)(2002). *Polysemy: Theoretical and Computational Approaches*. Oxford: Oxford University Press.

Reddy, M.(1979/1993). "The conduit metaphor: a case of frame conflict in our language about language". In A. Ortony(ed.), *Metaphor and Thought*(2nd edn.), 164-201. Cambridge: Cambridge University Press.

Rees, N.(2002). *Cassell's Dictionary of Word and Phrase Origins*. London: Cassell.

Renner, V., F. Maniez & P. J. L. Arnaud(2012). "Introduction: A bird's-eye view of lexical blending". In V. Renner *et al.*(eds.), *Cross-Disciplinary Perspectives on Lexical Blending*, 1-9. Berlin: Walter de Gruyter.

Riemer, N.(2010). *Introducing Semantics*. Cambridge: Cambridge University Press. (임지룡 · 윤희수 옮김(2013). 『의미론의 길잡이』. 박이정.)

Rips, L.(1975). "Inductive judgments about natural categories". *Journal of Verbal Learning and Verbal Behavior* 14: 665-681.

Roher, T.(2007). "Embodiment and experientialism". In D. Geeraerts & H. Cuyckens(eds.), 25-47.

Rosch, E.(1975). "Cognitive representations of semantic categories". *Journal of Experimental Psychology: General* 104: 192-233.

Rosch, E.(1978). "Principles of categorization". In E. Rosch & B. Lloyd(eds.), 2-48.

Rosch, E. & B. Lloyd(eds.)(1978). *Cognition and Categorization*. Hillsdlale, N.J.: Erlbaum.

Rosch, E., C. Mervis, W. Gray, D. Johnson & P. Boyes-Braem(1976). "Basic objects in natural categories". *Cognitive Psychology* 8: 382-439.

Ross, J. R.(1982). "The sound of meaning". In Linguistic Society of Korea(ed.), *Linguistics in the Morning Calm*, 275-290. Seoul: Hanshin Publishing.

Rubba. J.(1994). "Grammaticalization as semantic change". In W. Pagliuca(ed.), *Perspectives on Grammaticalization*, 81-101. Amsterdam and Philadelphia: John Benjamins Publishing Company.

Ruben, B. D.(1984). *Communication and Human Behavior*. New York: Macmillan. (정근원 역(1994). 『인간의 행동과 커뮤니케이션』. 민문사.)

Rubin, E.(1958). "Figure and ground". In D. C. Beardslee & M. Wertheimer(eds.), *Reading in Perception*, 194-203. Princeton, New Jersey, Toronto, London, New York: D. Van Nostrand Company. Inc.

Rudzka-Ostyn, B.(ed.)(1988). *Topics in Cognitive Linguistics*. Amaterdam: John Benjamins.

Saeed, J. I.(1997/2016). *Semantics*. Oxford: Blackwell. (이상철 역(2004). 『최신 의미론』. 한국문화사.)

Sallandre, M.-A. & C. Cuxac(2014). "Iconicity in sign language: A theoretical and methodological point of view". In sallandre@yahoo.com, ccuxac@univ-paris8.fr.

Schank, R. C. & R. P. Abelson(1977). *Scripts, Goals, Plans, and Understanding: An Inquiry into Human Knowledge Structures*. Hillsdale, NJ.: Lawrence Erlbaum Associates.

Schmid, H-J.(2007). "Entrenchment, salience, and basic levels". In D. Geeraerts & H. Cuyckens(eds.), 116-138.

Schnall, S., J. Benton & S. Harvey(2008). "With a clean conscience: Cleanliness reduces the severity of moral judgments". *Psychological Science* 19: 1219-1222.

Sharifian, F.(2003). "On cultural conceptualisations". *Journal of Cognition and Culture* 3: 187-207.

Sharifian, F., R. Dirven, N. Yu & S. Niemeier(eds.)(2008). *Culture, Body, and Language: Conceptualizations of Internal Body Organs across Culture and Language*. Berlin and New York: Mouton de Gruyter.

Shinohara, K. & Y. Matsunaka(2003). "An analysis of Japanese emotion metaphors". *Kotoba to Ningen*: *Journal of Yokohama Linguistic Circle* 4: 1-18.

Sinclaire, J.(1991). *Corpus, Concordance, Collocation*. Oxford: Oxford University Press.

Sinha, C.(2007). "Cognitive linguistics, psychology, and cognitive science". In D. Geeraerts & H. Cuyckens(eds.), 1266-1294.

Sinha, C. & K. Jensen de López(2000). "Language, culture and the embodiment of spatial cognition". *Cognitive Linguistics* 11(1/2): 17-41.

Sirvydé, R.(2006). "Fancy and fear: A corpus-based approach to fear metaphor in English and Lithuanian". *Man of the Word* (Žmogus ir oŽdis) 8(3): 81-88.

Sobel, C. P. & P. Li(2013). *The Cognitive Science: An Interdisciplinary Approach*. Los Angeles: Sage.

Sohn, Homin(1981). "Power and solidarity in the Korean language". *Research on Language & Social Interaction* 14(3): 431-452.

Soriano, C.(2003). "Some anger metaphors in Spanish and English a contrastive review". *International Journal of English Studies* 3(2): 107-122.

Spivey, M. J. & Geng, J. J.(2001). "Oculomotor mechanisms activated by imagery and memory: Eye movements to absent objects". *Psychological Research/Psychologische Forschung* 65: 235-241.

Stearns, P. N.(1994). *American Cool: Constructing a Twentieth-Century Emotional Style.* New York and London: New York University Press.

Stefanowitsch, A.(2006a). "Corpus-based approaches to metaphor and metonymy". In A. Stefanowitsch & S. T. Gries(eds.), *Corpus-based approaches to metaphor and metonymy,* 1-16. Berlin: Mouton de Gruyter.

Stefanowitsch, A.(2006b). "Words and their metaphors: A corpus-based approach". In A. Stefanowitsch & S. T. Gries(eds.), *Corpus-based approaches to metaphor and metonymy,* 63-105. Berlin: Mouton de Gruyter.

Stefanowitsch, A. & S. Th. Gries(2003). "Collostructions: Investigating the interaction of words and constructions". *International Journal of Corpus Linguistics* 8: 209-243.

Stefanowitsch, A. & S. Th. Gries(2005). "Covarying collexemes". *Corpus Linguistics and Linguistic Theory* 1: 1-43.

Sternberg, R. J.(2003). *Cognitive Psychology.* Stanford, Connecticuit: Thomson Learning. (김민식·손영숙·안서원 옮김(2005). 『인지심리학』. 박학사.)

Storjohann, P.(2010). "Lexico-semantic relations in theory and practice". In P. Storjohnn(ed.), 5-13.

Storjohann, P.(2010). "Synonyms in corpus texts: Concentualisation and Construction". In P. Storjohnn(ed.), 69-94.

Storjohann, P.(ed.)(2010). *Lexical Semantic Relations: Theoretical and Practical Perspectives,* Amsterdam: Benjamins.

Storjohann, P.(2016). "Sense relation". In N. Riemer(ed.), *The Routledge Handbook of Semantics, 248-265.* London and New York: Routledge.

Stratton P. & N. Hayes(1993). *A Student's Dictionary of Psychology.* London: Arnold.

Su-jung, W. & L. Jeong-hwa(2002). "Conceptual metaphors for happiness in Korean and English: A cognitive-cultural study". *Journal of the Applied Linguistics Association of Korea* 18(2): 1-25.

Sung-Hee, K.(2006). "Blood and bone: a comparative studies of body metaphors in Korean and British print media". Ph. D. dissertation of Oxford University.

Sweetser, E.(1990). *From Etymology to Pragmatics: Metaphorical and Cultural Aspects of Semantic Structure*. Cambridge: Cambridge University Press. (박정운 · 나익주 · 김주식 옮김(2006). 『어원론에서 화용론까지: 의미 구조의 은유적 · 문화적 양상』. 박이정.)

Sweetser, E.(1996). "Reasoning, mapping, and meta-metaphorical conditionals". In M. Shibatani & S. A. Thompson(eds.), *Grammatical Constructions: Their Form and Meaning*, 221-233. Oxford: Clarendon Press.

Szwedek, A.(2002). "Objectification: From object perception to metaphor creation". In B. Lewandowska-Tomaszczyk & K. Turewicz(eds.). 159-175.

Talmy, L.(1978). "Figure and ground in complex sentences". In J. H. Green(ed.), *Universals of Human Language(vol. 4): Syntax*, 625-649. Standford, Calif.: Standford University Press.

Talmy, L.(1988a). "Force dynamics in language and cognition". *Cognitive Science* 12: 49-100.

Talmy, L.(1988b). "The relation of grammar to cognition". In B. R. Rudzka-Ostyn(ed.), *Topic in Cognitive Linguistics*, 165-205. Amsterdam: Benjamins.

Talmy, L.(2000a). *Toward a Cognitive Semantics* vol. Ⅰ: Concept Structuring System. Cambridge, Mass.: MIT Press.

Talmy, L.(2000b). *Toward a Cognitive Semantics* vol. Ⅱ: Typology and Processing in Concept Structuring. Cambridge, Mass.: MIT Press.

Tanaka, J. & M. Taylor(1991). "Object categories and expertise: Is the basic level in the eye of the beholder". *Cognitive Psychology* 23: 457-482.

Takada, M.(2008). *Synesthetic Metaphor: Perception, Cognition, and Language*. Saarbrücken : VDM Verlag Dr. Müller.

Taub, S. F.(2001). *Language Form the Body: Iconicity and Metaphor in American Sign Language*. Cambridge: Cambridge University Press.

Tayler, J. R., & T. G. Mbense(1998). "Red dogs and rotten mealies: How Zulus talk about anger". In A. Athanasiadou and E. Tabakowska(eds.), 191-226.

Taylor, J. R.(1989/2003). *Linguistic Categorization: Prototypes in Linguistic Theory*. Oxford: Clarendon Press. (조명원 · 나익주 옮김(1997). 『인지언어학이란 무엇인가?: 언어학과 원형 이론』. 한국문화사.)

Taylor, J. R.(1995). "Introduction: On construing the world". In J. R. Taylor & R.E. MacLaury(eds.), *Language and the Cognitive Construal of the World*, 1-21. Berlin · New

York: Mouton de Gruyter.

Taylor, J. R.(2002). *Cognitive Grammar*. Oxford: Oxford University Press. (임지룡 · 김동환 옮김(2005). 『인지문법』. 한국문화사.)

Taylor, J. R.(2006). "Polysemy and the Lexicon". In G. Kristiansen *et al.*(eds.), *Cognitive Linguistics: Current Applications and Future Perspectives*, 51-80. Berlin: Mouton de Gruyter.

Taylor, R. & R. E. MacLaury(eds.)(1995). *Language and Cognitive Construal of the World.* Berlin and New York: Mouton de Gruyter.

Thompson, R. L.(*et al.*)(2012). "The road to language learning is iconic: evidence from British sign language". *Psychological Science* (November). doi:10.1177/09567976124 59763

Tischner, J.(1982). "Etyka wartości i nadziei" ("Ethics of values and hope"). In: *Wobec Wartości* (*Facing the Values*). Poznań: W drodze, 51-148.

Tsuji, Y.(1996). "A note on the cognitive theory and emotive language". *Poetica* 46: 15-39.

Tsuji, Y.(ed.)(2002). *An Encyclopedic Dictionary of Cognitive Linguistics.* 東京: 研究社. (임지룡 외 옮김(2004). 『인지언어학 키워드 사전』. 한국문화사.)

Türker, E.(2013). "Corpus-based approach to emotion metaphors in Korean: A case study of anger, happiness and sadness". *Review of Cognitive Linguistics* 11: 73-144.

Uexküll, J. von & G. Kriszat(1956). *Streifzüge durch die Umwelten von Tieren und Menschen: Ein Bilderbuch unsichtbarer Welten. Bedeutungslehre.* Hamburg: Rowohlt, 182. (김준민 역(1988). 『生物에서 본 世界』. 안국출판사./정지은 옮김(2012). 『동물들의 세계와 인간의 세계』. 도서출판b.)

Uexküll, J. von(1934). *Streifzüge durch die Umwelten von Tieren und Menschen: Ein Bilderbuch unsichtbarer Welten.* Berlin: J. Springer.

Uexküll, J. von(1940). *Bedeutungslehre.* Leipzig: Verlag von J. A. Barth.

Uexküll, J. von(1982). "The theory of meaning". *Semiotica* 42(1): 25-82.

Ullmann, S.(1957). *The Principles of Semantics*(2nd edn.). Oxford, Glasgow: Basil Blackwell.

Ungerer, F.(1995). "The linguistic and cognitive relevance of basic emotion". In R. Dirven and J. Vanparys(eds.), *Current Approaches to the Lexicon: A Selection of Papers Presented at the 18th LAYD Symposium*, Duisburg March 1993, 185-209. Frankfurt and Main: Peter Lang.

Ungerer, F.(2001). "Basicness and conceptual hierarchies in foreign language learning: a corpus-based study". In M. Pütz, M. S. Miemeier & R. Dirven(eds.), *Applied Cognitive Linguistics* Vol. Ⅱ, 201-222. Berlin: Mouton de Gruyter.

Ungerer, F. & H. J. Schmid(1996/2006). *An Introduction to Cognitive Linguistics*. London and New York: Longman. (임지룡·김동환 옮김(1998). 『인지언어학 개론』. 태학사.)

Varela, F., J. E. Rosch & E. Thompson(1991). *The Embodied Mind: Cognitive Science and Human Experience*. Cambridge: MIT Press.

Verhagen, A.(2007). "Construal and perspectivization". In D. Geeraerts & H. Cuyckens(eds.), 48-81.

Viberg, Å.(1984). "The verbs of perception: a typological study". In B. Butterworth(ed.), *Explanations for Language Universals,* 123-162. Berlin: Mouton.

Vogel, A.(2009). "A cognitive approach to opposites: The case of Swedish levande 'alive' and dod 'dead'". http://www. helsinki.fi/ varieng/journal/volumes/03/

von Eckardt, B.(1996). *What is Cognitive Science?*. Cambridge, Massachusetts: The MIT Press.

Wessells, M. G.(1982). *Cognitive Psychology*. New York: Harper & Row, Publishers, Inc. (金慶麟 역(1984). 『認知心理學』. 中央適性出版社.)

Wierzbicka, A.(1988). "The semantics of emotions: FEAR and its relatives in English". *Australian Journal of Linguistics* 10: 359-375.

Wierzbicka, A.(1999). *Emotions across Languages and Cultures: Diversity and Universals*. Cambridge: Cambridge University Press.

Wilcox, P. P.(2000). *Metaphor in American Sign Language*. Washington, D.C.: Gallaudet University Press.

Wilcox, P. P.(2005). "What do you think? Metaphor in thought and communication domains in American sign language". *Sign Language Studies* 5(3): 267-291.

Wilcox, S.(2002). "The iconic mapping of space and time in signed languages". In L. Alertazzi(ed.), *Unfolding Perceptual Continua*, 255-281. Amsterdam: John Benjamins.

Wilcox, S.(2007). "Signed languages". In D. Geeraerts and H. Cuyckens(eds.), 1113-1136.

Wilcox, S.(2015). "Signed languages". In E. Dąbrowska & D. Dagmar(eds.), 668-689.

Williams, L. & J. Bargh(2008). "Experiencing physical warm influences interpersonal warmth". *Science* 322: 606-607.

Willners, C. & C. Paradis(2010). "Swedish opposites". In P. Storjohann(ed.), 15-47.

Willners, C.(2001). "Antonymy in Context: A corpus-based semantic analysis of Swedish descriptive adjectives". (Travaux de l'institute de linguistique de Lund. 40) Department of linguistics, Lund University.

Wilson, E. O.(1998). *Consilience: The Unity of Knowledge.* New York: Vintage Books. (최재천·장대익 옮김(2005). 『통섭』. (주)사이언스북스)

Winston, M. E., R. Chaffin & D. Herrmann(1987). "A taxonomy of part-whole relations". *Cognitive Science* 11: 417-444.

Witkowski, S. E. & C. Brown(1985). "Climate, clothing and body-part nomenclature". *Ethnology* 24: 197-214.

Wittgenstein, L.(1953/1958). *Philosophical Investigations* (trans. by G. E. M. Anscombe). Oxford: Blackwell.

Wolf, H.-G.(1994). *A Folk Model of the 'Internal Self' in Light of the Contemporary View of Metaphor.* Berlin: Peter Lang.

Wulff, S.(2008). *Rethinking idiomaticity: A Usage-based Approach.* London & New York: Continuum.

Yamanashi, M.(1996). "Spatial cognition and egocentric distance in metaphor". *Poetica* 46: 1-14.

Yamanashi, M.(2015). "Aspects of reference point phenomenona in natural language". *Journal of Cognitive Linguistics* 1: 22-43.

Yu, N.(1995). "Metaphorical expression of anger and happiness in English and Chinese". *Metaphor and Symbolic Activity* 10(2): 59-92.

Yu, N.(1998). *The Contemporary Theory of metaphor: A Perspective from Chinese.* Amsterdam: John Benjamins Publishing Company.

Yu, N.(2002). "Body and Emotion: Body Parts in Chinese Expression of Emotion". *Pragmatics and Cognition* 10(2): 333-358.

Yu, N.(2003). "Metaphor, body, and culture: The Chinese understanding of Gallbladder and Courage". *Metaphor and Symbol* 18(1): 13-31.

Yu, N.(2009). *The Chinese HEART in a Cognitive Perspective: Culture, Body, and Language.* Berlin and New York: Mouton de Gruyter.

Yu, N.(2010). "From body to meaning in Culture". *Metaphor and Symbol* 25(1): 58-61.

Zerubavel, E.(1991). *The Fine Line: Making Distinctions in Everyday Life.* Chicago and London: The University of Chicago Press.

Zhong, C.-B. & K. Liljenquist(2006). "Washing away your sins: Threatened morality and physical cleansing". *Science* 313: 1451-1452.

Zubin, D. & K. M. Köpcke(1986). "Gender and folk taxonomy: The indexical relation between grammatical and lexical categorization". *Noun Classes and Categorization.* C. Crag(ed.), 139-180. Amsterdam · Philadelphia: John Benjamins Publishing Company.

■ 찾아보기

인명 찾기

⇒ **A**

⇒ **B**

⇒ **C**

한국문화사
인지언어학 시리즈

한국어 의미 특성의 인지언어학적 연구

1판1쇄 발행 2017년 2월 28일

지 은 이   임 지 룡
펴 낸 이   김 진 수
펴 낸 곳   **한국문화사**
등   록   1991년 11월 9일 제2-1276호
주   소   서울특별시 성동구 광나루로 130 서울숲 IT캐슬 1310호
전   화   02-464-7708
팩   스   02-499-0846
이 메 일   hkm7708@hanmail.net
홈페이지   www.hankookmunhwasa.co.kr

ISBN 978-89-6817-468-1 93700

이 도서의 국립중앙도서관 출판예정도서목록(CIP)은 서지정보유통지원시스템
홈페이지(http://seoji.nl.go.kr)와 국가자료공동목록시스템(http://www.nl.go.kr/kolisnet)에서
이용하실 수 있습니다.(CIP제어번호: CIP2017004020)

"이 저서는 2010년도 정부재원(교육부)으로 한국연구재단의 지원을 받아 연구되었음
(NRF-2010-342-A00013)."